U0164755

斯大林

斯大林

權力的悖論

1878–1928

斯蒂芬·科特金 著　李曉江 譯

下

香港中文大學出版社

《斯大林：權力的悖論，1878–1928》(上、下兩冊)
斯蒂芬 · 科特金 著
李曉江 譯

本書由Penguin Press 2014年出版之*Stalin: Paradoxes of Power, 1878–1928*翻譯而來，由Stephen Kotkin授權出版。

本書譯文由社會科學文獻出版社授權使用。

國際統一書號(ISBN)：978-988-237-203-0

2022年第一版
2024年第三次印刷

出版：香港中文大學出版社
香港 新界 沙田 · 香港中文大學
傳真：+852 2603 7355
電郵：cup@cuhk.edu.hk
網址：cup.cuhk.edu.hk

Stalin: Paradoxes of Power, 1878–1928 (in Chinese, 2 volumes)
By Stephen Kotkin
Translated by Li Xiaojiang

The original English edition was published by Penguin Press in 2014. This translation is published by arrangement with Stephen Kotkin via The Wylie Agency (UK) LTD.

ISBN: 978-988-237-203-0

First edition 2022
Third printing 2024

Published by The Chinese University of Hong Kong Press
The Chinese University of Hong Kong
Sha Tin, N.T., Hong Kong
Fax: +852 2603 7355
Email: cup@cuhk.edu.hk
Website: cup.cuhk.edu.hk

Printed in Hong Kong

目錄

上冊

下冊

39　斯大林和列寧在莫斯科郊外的哥爾克，1922年9月。由列寧的妹妹瑪麗亞·烏里揚諾夫娜拍攝。斯大林公佈了他探望列寧時拍攝的照片，以證明所謂的列寧正在康復——以及他自己與這位布爾什維克領袖的親密關係。這一姿勢的照片並未公開發表。

40　在有八百多人參加的黨的第十二次代表大會上，斯大林沒帶隨從，和一些與會者在一起，1923年4月，大克里姆林宮。列寧沒有參會。差不多在大會之後，克魯普斯卡婭馬上就拿出了據說是列寧口授的文件，要求解除斯大林的總書記職務。

41　列寧同醫生和護士在一起，1923年，哥爾克。這是他最後的照片之一，由瑪麗亞・烏里揚諾夫娜拍攝。

42　列寧的葬禮，斯大林和莫洛托夫抬着靈柩，1924年1月27日，天氣極其寒冷。

43　雕塑家謝爾蓋·梅爾庫羅夫正在製作列寧遺容的面模，這尊面模將會擺在斯大林的辦公室。

44　斯大林的暢銷書《論列寧和列寧主義》(莫斯科，1924)。不只是對機關的操控，還包括對意識形態的操控，鞏固了斯大林的權力。

45　老廣場街4號的共產黨總部(白色塔樓右側)和老廣場街8號的農業人民委員部(塔樓左側)，兩者都位於圍着莫斯科商業區的基泰哥羅德高牆的後面。除了黨，斯大林還在老廣場街4號控制着警察、軍隊和外交。

46　鐵匠橋街15號，外交人民委員部。

47　茲納緬卡街23號，亞歷山大軍事學校，後成為陸軍人民委員部和總參謀部所在地。

48　盧比揚卡街2號，契卡—格伯烏—奥格伯烏的總部。

49　和斯大林專政中的專政有關的最核心的工作人員，老廣場街，1924年：斯大林的高級助手阿馬亞克 · 納扎列江(前排右一)；另一名高級助手伊萬 · 托夫斯圖哈(左二站立者)；格里戈里 · 坎納(左一站立者)。儘管像是無政府主義者公社，但這些工作人員非常稱職。

50　斯大林和軍人：黨的第十四次代表大會，莫斯科，1925年4月。從左向右依次是：米哈伊爾 · 拉舍維奇(副陸軍人民委員)、米哈伊爾 · 伏龍芝(陸軍人民委員)、亞歷山大 · 斯米爾諾夫、阿列克謝 · 李可夫、克利門特 · 伏羅希洛夫(莫斯科軍區司令員)、斯大林、米科拉 · 斯克雷普尼克、安德烈 · 布勃諾夫(紅軍政治部負責人)、格里戈里 ·「謝爾戈」· 奧爾忠尼啟則、約瑟夫 · 溫什利赫特(副陸軍人民委員)。取代托洛茨基的伏龍芝在這一年還未結束便去世了。斯大林後來提拔了自己的親信伏羅希洛夫。

51　費利克斯·捷爾任斯基，蘇聯秘密警察首腦，1922年在黑海岸邊阿布哈茲的蘇呼姆療養。由於長期患病和過度勞累，他在1926年夏天死於心臟病。

52　抬着捷爾任斯基的靈柩，1926年7月。
從右向左依次是：走在前面的溫什利赫特、葉努基澤、布哈林、李可夫、斯大林和伏羅希洛夫(戴着帽子)。

53　奧格伯烏的掌權者。上左：維亞切斯拉夫．明仁斯基，他接替了捷爾任斯基的職務，但他自己也病勢嚴重。上右：人稱亨里希．亞戈達的約諾霍姆．約胡達(新任第一副局長)，斯大林在秘密警察中的秘密代理人。下左：亞戈達的死對頭阿爾圖爾．弗拉烏奇(反間諜機關負責人)，人稱阿爾圖佐夫。捷爾任斯基稱阿爾圖佐夫是「絕對最乾淨的同志」。下右：北高加索奧格伯烏首腦葉菲姆．葉夫多基莫夫，他在到索契的別墅拜訪斯大林時送了一份大禮——編造的破壞工業生產的陰謀。

54　諷刺格里戈里·季諾維也夫的漫畫，説他對黨的新經濟政策的批評是出於所謂的機會主義，1925年12月。漫畫作者瓦列里·梅日勞克(Valery Mezhlauk)。漫畫所配文字：「馬莎，今天晚上要開中央全會；把富農和耐普曼的木偶拿出來，我回來後再用衛生球把它們封起來，我們要到秋天才會用到它們。」

55　斯大林和新上任的列寧格勒黨組織負責人謝爾蓋·基洛夫，後者接替了季諾維也夫的職務，斯莫爾尼宮，1926年4月。從左到右依次是：尼古拉·安季波夫(新任列寧格勒第二書記)、斯大林、基洛夫、尼古拉·什維爾尼克(即將離任並調往中央委員會機關的列寧格勒第二書記)、費奧多爾·索比諾夫(人稱尼古拉·科馬羅夫，列寧格勒蘇維埃負責人)。

56　高加索的「三個火槍手」，米高揚、斯大林、奧爾忠尼啟則，1926年夏。這是報紙上公佈的一幅經過修飾的合影。

57　左：娛樂宮，克里姆林宮中唯一留存的波雅爾居所，屋頂的三角形結構可追溯到17世紀。這是斯大林和家人居住的地方，阿列克謝·李可夫也曾住在這裏。克里姆林宮各座塔樓上的雙頭鷹標誌要到1930年代才拆除。

58　右：祖巴洛沃4號，在莫斯科西郊僻靜的茂林裏，從1919年起成了斯大林一家的別墅，從前屬於巴庫的石油大亨、格魯吉亞人列翁·祖巴拉施維里（Levon Zubalashvili，俄羅斯化的名字是祖巴洛夫〔Zubalov〕）。

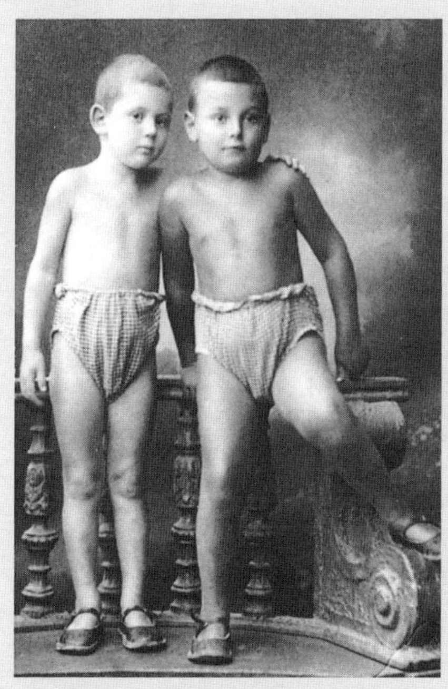

59　瓦西里·斯大林(生於1921年，左)和阿爾喬姆·謝爾蓋耶夫，雅爾塔，1926年。阿爾喬姆比瓦西里小幾個月，他的父親在內戰中死於一場事故，之後他就成為斯大林家非正式的養子。

60　娜佳和剛出生的斯維特蘭娜，1927年。由莫斯科著名的私人攝影師尼古拉·斯維曉夫—保拉(Nikolai Svishchov-Paola)拍攝。來自斯大林的岳父謝爾蓋·阿利盧耶夫的相冊。

61　左：雅科夫·朱加施維里(生於1907年)，斯大林的長子，是斯大林和卡托·斯瓦尼澤所生，約1927年。

62　右：斯大林的管家卡羅利娜·季爾(左)和斯維特蘭娜的保姆亞歷山德拉·貝奇科娃。

63　蘇波戰爭的勝利者、波蘭元帥約瑟夫·皮爾蘇茨基在對波蘭的軍事盟友羅馬尼亞進行國事訪問，1922年9月。在蘇維埃軍事情報機關的報告中，波蘭，尤其是與羅馬尼亞結盟的波蘭，是最大的威脅。

64　蔣介石，1927年3月13日，在屠殺作為其政治盟友的中共前夕。在得悉自己的襲擊行動正在進行之後，蔣介石在日記中説，他「不能安眠」，但共產黨人「可殺」。可斯大林覺得必須繼續支持中國的這位強人，因為他要倚仗蔣介石去抵擋英國和日本在中國的影響。

65　騎着自行車的紅軍，在列寧墓前整齊地通過紅場，1926年5月1日。攝影：彼得·奧楚普(Pyotr Otsup)。在演習中也騎着自行車的蘇聯軍隊，還沒有能力打一場大仗。

66　處在勝利的巔峰，黨的第十五次代表大會上，1927年12月。坐在斯大林左邊的是米涅伊·古別爾曼，人稱葉梅利揚·雅羅斯拉夫斯基，他是個全能的工作人員。就在代表大會前後，斯大林再次要求解除自己的總書記職務。

67　站成一排的敵人：1928年在紅場上參加五一閱兵的外國武官。

68　斯大林在西伯利亞的巴爾瑙爾，1928年1月22日。在這些西伯利亞的官員中，有許多人，其中包括地區黨組織負責人謝爾蓋·瑟爾采夫（坐在斯大林的右邊），都反對斯大林強制集體化的政策，這一政策是兩天前他在新西伯利亞一次極其重要的閉門講話中宣佈的。「現在，」斯大林就推行集體化問題對照片中的那些巴爾瑙爾人說，「我們會看到，誰是真正的共產黨員，誰只是講起話來像共產黨員……我們擁有我們想要的所有權力，但我們缺少運用權力的能力。」

69　斯大林從鐵路線的終點去巴爾瑙爾參加會議時乘坐的交通工具：一匹名叫「馬拉」的馬和一個帶有木筐的雪橇（裏面有件當毯子用的黑色斗篷）。巴爾瑙爾在1928年根本沒有汽車。

70　沙赫特審判，1928年春，工會大廈圓柱大廳中的外國記者。審判被拍成電影，並作了大量報道。斯大林利用沙赫特事件激起的狂熱氣氛把群眾發動起來。

71　審訊記錄，這是唯一在法庭上出示的「證據」。

72　農村中的階級，1928年維亞特卡省，打倒富農前夕：一個「富農」，腳上穿的是皮靴，被表現成盯着一個貧農幹活。貧農腳上裹着布，穿的是樹皮做的繫帶子的鞋。事實上，僱傭勞力的農民，大多數自己也勞動。

73　尼古拉·布哈林畫的斯大林漫畫，1928年2月20日。斯大林一度把政治盟友布哈林當作弟弟一樣對待，但在這一年結束以前，斯大林轉而開始對付他，並表現出自己在政治上的老道和異常的惡毒。「他正在要弄手腕，想把我們打成分裂分子」，布哈林在1928年7月11日向加米涅夫抱怨斯大林説。

第三部
衝突

列寧是為革命而誕生的。他真正是組織革命爆發的天才和領導革命的偉大能手。他在革命動盪時代覺得比任何時候都自在、愉快。

——斯大林，1924年1月[1*]

實際上，這場社會主義革命是以純粹的個人主義而告終的……布爾什維克階級最大的成就在於，造就了一個強烈地意識到土地私有的價值的農民階級。

——研究俄國農業的德國學者
馬克斯．澤林，1921年[2]

未來偶爾會被言中——比如前沙皇內務大臣彼得·杜爾諾沃預言，萬一對德戰爭失敗，就會引發大規模的社會革命和災難——但未卜先知基本不可能。弗拉基米爾·列寧的健康狀況及其後果就屬於後者。他是個非凡的政治人物。噩夢般的世界大戰以及由此造成的全面崩潰，使得想用法治秩序來取代拒不妥協的沙皇專制變得越發不可能，但列寧的負面影響也不應低估。1917年8月，甚至在布爾什維克政變之前，他就挑釁說：「誰不知道世界上所有革命的歷史都表明，階級鬥爭轉變為國內戰爭不是偶然的，而是必然的。」[3] 剛一上台，列寧就把政治暴力提到原則的高度。[4] 在他眼裏，溫和派社會主義者要比公開的反革命更危險，因為他們會用「社會革命黨人和孟什維克的關於民權制度、立憲會議、自由等等的漂亮詞句」去煽動反革命，「誰沒有從整個19世紀的歷史中學會這一點，誰就是不可救藥的白癡」。[5†] 在尋常的分歧背後，他看到的不是合理的意見，而是邪惡的勢力。他對政治的構想甚至容不得政治。[6] 有人認為，每一個社會都是由各種各樣的利益集團組成的，應該讓它們各自有政治上的代表，彼此競爭，保持平衡。列寧把這一看法斥為向「不道德的」利益集團（「資產階級」或「小資產階級」）天真地發出邀請。[7] 他拒絕接受權力在行政、立法和司法三個部門中的

409

410

---

* 譯註：《斯大林全集》第6卷，第55頁。

† 譯註：《列寧全集》第37卷，第152頁。

分立，認為那是資產階級的偽裝。[8]他拒絕法治，視之為階級統治的工具，而不是對抗國家的一種保護措施。[9]他拒絕考慮讓社會自行組織起來以約束國家。[10]結果，沙皇制度的許多削弱社會力量的特徵得到了野蠻的強化：議會成為擺設，國家工作人員變成寄生蟲，平民和私營企業家受到迫害和勒索——總而言之，就是不負責任的行政權力，在有關社會正義和進步的光芒四射的意識形態的照耀下，極大增強了其冷酷和武斷的一面。可列寧卻重病倒下了。

世界歷史上很少有人扮演了如此重要的角色之後卻突然退場。這樣的結局很像亞伯拉罕．林肯(Abraham Lincoln)，雖然他們在政治上的行事方式迥然不同：林肯打贏了內戰，解放了奴隸，接着就被暗殺了。列寧過早的離去無意中引發的革命性震動僅次於布爾什維克奪權，出人意料地為斯大林掃清了通往最高權力的道路。

幾乎沒有人知道，列寧的健康狀況早就出了問題。他患有當時的多種常見病，不僅包括傷寒、流感和丹毒(一種皮膚病)，還有偏頭痛、失眠和暈厥——例如，內戰期間，有一次打獵的時候，他突然倒在一根樹樁上，動彈不得(「感覺麻木了」，他說)。1920至1921年的冬天，他的失眠和頭痛越來越頻繁，令醫療小組一籌莫展。「很遺憾，我病得很重，」1921年2月，在坦波夫省叛亂和彼得格勒工人罷工最緊張的時候，列寧寫信給德國的克拉拉．蔡特金說，「我神經失調了(*kaputt*)。」[11]在接下來那個月黨的第十次代表大會期間，他繼續抱怨感到很累。1921年7月，他的神經十分緊張，當時他在克里姆林宮的住處正在改造：他要求房間之間的牆壁要「絕對隔音，地板絕對不能有咯吱咯吱的響聲」。[12]1921年夏天，政治局幾次要求列寧休息一個月，但他不聽；最後，列寧在8月作了讓步。[13]1921年9月中旬，列寧試圖重新開始滿負荷工作，但事實證明他做不到。10月，他幾次暈厥。[14]1921年12月，雖然工作量減少了很多，但結果還是不行；政治局要求他再休假六個星期，於是，列寧就在12月6日動身前往鄉下。在那裏，按照規定，他每天最多只能在電話裏就最重要的事情交談一個小時。1922年1月13日，他返回克里姆林宮，但身體狀況並未好轉，結果他又回到莫斯科鄉下，決定只有在參加政治局和政府會議的時候才去首都。但漸漸地，

411

就連這樣也做不到了。1922年3月1日，列寧回到克里姆林宮，但是在第二天，家人和身邊的工作人員注意到，他時不時地會喪失語言能力和身體右側的知覺。[15] 3月4日，列寧對一名醫生説，自己的歌唱完了，自己的角色演完了，現在他要把自己的事業交給其他人。[16]

列寧從未指定接班人。但是在1922年3月，他作出一個重大決定，為斯大林特設了一個新的崗位——黨的「總書記」。由於可以理解的原因，後來有傳言説，列寧從來沒有**真的**打算給斯大林那麼大的權力。然而這些傳言並不屬實。列寧在許多事情上一直很信任斯大林，而且早在1921年8至9月，他就讓斯大林幾乎專職地督辦黨務；斯大林開始負責準備政治局會議議程和任用官員的工作。[17] 不錯，中央委員會是還有兩名書記，但斯大林的資歷比他們老。儘管如此，列寧仍然在1922年3月27日至4月2日黨的第十一次代表大會上宣佈的任命中，特意強調了斯大林的領導地位，並在4月3日的中央委員會全會上正式通過——這兩次會議列寧都參加了。[18] 在代表大會上，斯大林以193票贊成、16票反對當選為「總書記」；其餘超過半數的有表決權的代表（273人）實際上都投了棄權票。[19] 這是列寧的動議，他當然清楚自己在做甚麼。就在第十一次代表大會在克里姆林宮開幕之前，他把自己最可靠的27名追隨者召集起來，在邊上的房間開了一個密謀性的會議，以確保選進中央委員會的是自己中意的候選人，而不是托洛茨基的追隨者；在列寧的名單上，斯大林的名字上註明的是「總書記」。[20] 列寧名單上的27人在代表大會上全都如願當選。大會上，有代表（普列奧布拉任斯基）質疑説斯大林怎麼能身兼那麼多職務，但列寧堅決為自己的門徒辯護。[21]

412

列寧絕對沒有打算把**最高**權力交給斯大林。他對於斯大林的新職務可能有着怎樣的設想，從這一事實中便可略知一二：政治局同意了季諾維也夫的要求，在共產國際設立一名管理日常事務的「總書記」，任命居住在莫斯科的芬蘭共產黨人奧托·庫西寧（Otto Kuusinen）擔任此職，而彼得格勒的季諾維也夫依舊擔任主席（*predsedatel'*）。[22] 按照類似的方式，列寧繼續擔任政府（人民委員會）主席，而斯大林則成為（黨的）機關的總書記。[23] 當然，作為權力基礎，俄國共產黨要比第三國際重要得多，何況斯大林的「主席」身體並不好。[24] 不過誰也沒有想到，列寧那麼快就完全不能視事。1922年3月，斯大林以每人5萬金盧布的價格從德國請了兩名醫生，神經病專家奧特弗里德·弗爾斯特（Otfried Förster）和肺病專家費利克斯·克倫佩雷爾（Felix Klemperer）。[25] 後者認為，列寧嚴重的頭痛，是四年前未遂的暗殺事件中留在他體內的子彈（一顆在脖子裏，一顆穿透肺部嵌在鎖骨）引起鉛中毒所造成。[26] 4月22日是列寧52歲生日。第二天，他做了手術，取出脖子裏的子彈：原來子彈離他的頸動脈只有3毫米。[27] 手術過後，5月19日，心情舒暢的列寧給斯大林寫便條，開起了玩笑。[28] 然而醫院醫生的記錄卻是「廣泛性的焦慮……神經衰弱」，他們認為那是「過度勞累」引起的。1922年5月23日，列寧回鄉下繼續術後恢復。[29] 在那裏，災難來襲：5月26日的夜裏，他的記憶力急劇下降並喪失部分語言能力，右腿和右臂出現局部麻痹。布爾什維克政權發佈公告，大意是說列寧胃部不適。[30] 事實上，他是患了大中風，而此時距離把斯大林提拔為總書記才過了七個星期。

列寧的患病成了斯大林和他拉近關係的又一契機。此次中風（同皇太子阿列克謝的血友病一樣）屬於國家機密，暴露出列寧身邊缺少親信和保護者的事實。他沒有孩子，否則就可以把孩子看作可能的繼承人；他也沒有古羅馬那種禁衛軍，要不然他們的首領或許就會像專制體制下經常發生的那樣，圖謀發動政變。他倒是有一個政治局，但是和列寧在工作上關係非常密切並且對他十分瞭解的莫洛托夫後來回憶說，「列寧在政治局裏一個朋友也沒有」。[31] 也許有一個原因是，列寧總是貶低自己的同事。[32] 他身邊的工作人員倒是忠心耿耿，包括一名管家和若干秘書，其中資歷最淺的是斯大林的妻子娜佳·阿利盧耶娃。[33] 但是在1920年秋天列寧的情婦伊涅薩·阿爾曼德去世之後，他只剩下兩個信得過的親信，一個是他未婚的妹妹、在《真理報》工作的瑪麗亞·烏里揚諾夫娜（Maria Ulyanova，生於1878年），另一個是他的妻子、在教育人民委員部工作的娜捷施達·克魯普斯卡婭（生於1869年），她倆都跟列寧住在一起。[34] 斯大林很好地充當了列寧的左膀右臂，為他平息所有事情。

413

在外界不知情的情況下，列寧退居到莫斯科東南郊的茂林，那裏坐落着哥爾克莊園。這是一處16世紀的花園住宅，幾經轉手後到1900年代初已經處於失修狀態。當時有位兩度孀居的貴婦（一次是嫁了個有名的藝術收藏家，一次是嫁給了倒數第二任莫斯科總督），讓人按照花哨的「帝俄」風格對該建築的主體部分進行了改造。結果就有了一座正面飾有六根白色圓柱的淡黃色豪宅，這座豪宅後來被布爾什維克收歸國有。列寧第一次去哥爾克莊園是在1918年9月25日，是在那次差點兒要了他性命的暗殺過後大約一個月。[35]（為了讓這位忙個不停的領袖有更多時間恢復，雅科夫·斯維爾德洛夫開始為列寧在克里姆林宮的帝國參政院裝修一處新住所：三間臥室，列寧、克魯普斯卡婭和烏里揚諾夫娜每人一間，還有廚房和用過道改成的小餐廳，但值得注意的是，根本沒有接待用的客廳。）[36] 隨着列寧健康狀況的進一步惡化，他在哥爾克莊園待的時間也越來越長：從他第一次去算起，之後五年中總共有兩年半的時間。哥爾克莊園配備了包括工人兼廚師斯皮里東·普金（Spiridon Putin，弗拉基米爾·普金〔Vladimir Putin〕的祖父）在內的工作人員、很大的圖書室和直通莫斯科的電話線路。列昂尼德·克拉辛在沙俄時代曾是德國西門子公司的高級銷售人員，現在是布爾什維克的對外貿易人民委員。他在1921年購買了一輛勞斯萊斯「銀魅」，那樣就可以帶着列寧四處走走，同時，放映機也可以讓列寧觀看報道布爾什維克革命紀念活動和亨利·福特（Henry Ford）流水線的新聞片。[37] 儘管如此，列寧在他的第二個家中還是覺得與世隔絕，像是因為生病喪失工作能力而被囚禁起來。[38] 核心圈中，斯大林到哥爾克莊園探望的次數比其他任何人都多，總共12次，而且列寧的妹妹瑪麗亞·烏里揚諾夫娜注意到，他為了讓列寧振作起來，會説俏皮話、模仿其他政府人員的樣子，講一些警方在監視列寧醫生時弄出的笑話。[39] 斯大林會利用這些探望的機會，從哥爾克莊園來到政治局會議上，傳達「伊里奇的問候」以及領袖的口頭指示。 414

列寧的健康問題並不是因為子彈中的鉛或過度勞累（同樣也不是因為梅毒：列寧的檢驗結果已經收到了，是陰性，但他還是注射了當時治療這種疾病的藥物——砷）。[40] 1922年5月27日，神經病理學專家

V. V. 克拉默教授（V. V. Kramer）得出最終的結論，列寧的偏頭痛、重度焦慮和失眠的原因是腦部疾病，「實際上他的主要病因不但在於大腦過於緊張，還在於腦血管病變」。診斷認為，纖維斑塊（動脈硬化）引起的動脈堵塞造成大腦供血不足。克拉默指出，自己的病人「即使還保有全部的智力，但已喪失了哪怕只是想起一些短語的能力」——這一殘酷的結論讓列寧更加擔心自己會癱瘓。[41]「在大腦疾病剛開始出現明顯症狀的時候，」烏里揚諾夫娜後來回憶說，「列寧就對斯大林說了，並向他要毒藥，因為繼續活下去會毫無意義。斯大林〔對這種可能性〕感到很懷疑，但還是答應，如果有必要，就滿足列寧的要求。」[42] 5月29日，因為做不出醫生要他做的12乘7，這位布爾什維克領袖「下了決心……自己該結束了，於是便要我們以最快的速度把斯大林叫來」。列寧的另一名俄國醫生A. M. 科熱夫尼科夫（A. M. Kozhenikov）不贊成他們見面，但列寧的態度非常堅決。5月30日，斯大林和尼古拉・布哈林一起來了。布哈林留在房間外面，讓斯大林單獨和列寧一起待了大約五分鐘。斯大林和布哈林還有烏里揚諾夫娜一起走回轎車。他透露說列寧叫他不要忘了自己要的氰化物，「要是他癱瘓了就幫他離開舞台」，還說「現在時候已到」。根據現有的材料，這三人當時決定，讓斯大林回到列寧的房間，說他已經和醫生們談過了，醫生們認為列寧的病情還沒到無可挽回的地步——這顯然是在撒謊。[43] 科熱夫尼科夫在筆記中寫道：「斯大林來探視。談到了自殺（*suicidium*）。」[44] 要是斯大林想毒死列寧，那布爾什維克領袖就親手給了他一個大好機會，而且是出於人道主義，還有可靠的目擊證人。斯大林根本沒有那樣做。

列寧的疾病對他和托洛茨基的關係也產生了影響。沒有哪個人給列寧造成的麻煩有托洛茨基那樣多。有一次在政治局會議上，托洛茨基正坐着學英語，然後停了一小會兒，開始批評政治局的組織工作做得很差，結果惹火了列寧。在另一次政治局會議上，據說托洛茨基罵布爾什維克領袖是「無賴」，使列寧臉色「蒼白」。[45] 列寧曾經在1921年3月斷定托洛茨基是「一個喜怒無常的人……在政策（*politika*）上他毫無頭緒」。[46] 1921年夏天，列寧參與了一個密謀，想把托洛茨基調到烏克蘭。托洛茨基不顧黨的紀律抵制這一調動，迫使列寧收回成命。[47] 但列寧仍然提議——這樣做違反了黨的規定——「我們召開政治局會議時撇開托洛茨基，」莫洛托夫回憶說，「我們暗中商量反對他。」莫洛托夫還說——他的回憶同檔案記錄是一致的——「列寧同斯大林的關係更近，雖然都是些公事。」[48] 但是現在，到了1922年，列寧曾經試圖調解和平衡斯大林與托洛茨基的關係。1922年夏天，列寧的健康狀況似乎在奇蹟般地好轉，《真理報》對此表示祝賀，斯大林也在7月11日探望了他。[49]「伊里奇友好地跟他打招呼，有說有笑，要我招待斯大林，於是我就拿來葡萄酒之類的東西」，烏里揚諾夫娜回憶說。她還說，「在這次以及隨後的幾次探望中，他們說到了托洛茨基……他們商量邀請托洛茨基來探望伊里奇。」她堅持認為邀請「帶有策略性質」，意思是只為了緩和一下關係，但現在看來邀請是誠心的。[50] 托洛茨基真的收到了邀請，但是在1922年卻一次也沒到哥爾克看過列寧。[51] 7月14日，斯大林打電報給奧爾忠尼啟則，說到他自己到哥爾克探望的事情：「一個半月以來，醫生們頭一次允許有人來探望列寧。今天我們收到了他的書面指示。醫生們認為，再過一個月，他就能回來像以前一樣工作了。」[52] 斯大林是在寫信給一位密友，從中可以看出，他並不擔心列寧回來，這反映出他對於自己地位的自信，也許還有他對於列寧的愛，否則就說明他善於偽裝。7月18日，列寧高興地寫信給斯大林說：「請祝賀我已獲准**看報**了！」[53] 同一天，列寧給斯大林還寫過一封信，要求後者為他自己和加米涅夫做個備忘錄，問問加米涅夫是否還記得——像他同意的那樣——就托洛茨基的問題給列寧一個答覆。[54] 列寧可能是在敲打他們不要拉幫結派。

為了實現托洛茨基與斯大林之間的和解與平衡，列寧煞費苦心。由列寧創立而現在由斯大林領導的黨掌握了太大的權力。例如，7月20日，包括托洛茨基在內的整個政治局決定，如果沒有該統治機關的允許「列寧絕對不能和任何人見面」，他們把監督執行的任務交給了斯大林。[55] 斯大林不想把事情做得太過。在黨的第十二次代表大會上（1922年8月4–7日）——那是他擔任總書記以來的第一次重大會議，是由他和手下的工作人員組織的——人們注意到他表現得特別謙遜。「這麼做提高了斯大林在代表們眼中的聲望」，大會代表阿納斯塔斯·米高揚回 416

憶說。[56] 列寧對於斯大林管理黨務一直非常信任，這一點得到了大量檔案材料的證明；在更寬泛的層面上，列寧同樣一直不遺餘力地為人民委員會和政權的未來做工作。1922年9月2日，證據顯示，列寧和妹妹瑪麗亞討論過主要人物的年齡，並指出中央委員會裏最好要有各種年齡層次的人，這樣才能長久。[57] 9月11日，列寧(代表整個政治局)寫信給斯大林，建議增加自己正式副手的人數，在人民委員會裏增加托洛茨基，勞動國防委員會(一個平行的最高執行機關，只是規模小一點)裏增選加米涅夫。[58] 列寧這樣做的目的現在還不清楚：他是在建議讓托洛茨基擔任政府的二把手，但是，列寧沒有讓托洛茨基去做他更願意做的、負責經濟的委員，而似乎想讓他接手意識形態和教育工作，以及排在第二位的國際事務問題。[59] 列寧剛剛迫使黨接受了新經濟政策中市場的合法化的做法，他是不是擔心托洛茨基執迷於國家計劃？或者是想提高托洛茨基的地位？這個問題還說不準，但可能列寧兩種考慮都有：遏制托洛茨基反對新經濟政策的衝動並平衡斯大林的權力。

列寧的建議提供了一個大好機會，可以讓托洛茨基開始要求繼承列寧在政府中的位置。[60] 斯大林把列寧的建議擺到政治局的七名委員面前(有可能就是在他收到建議的當天)，讓他們通過電話表決。斯大林、李可夫和加里寧贊成列寧的建議(「不反對」)；加米涅夫和人稱托姆斯基(Tomsky)的米哈伊爾·葉夫列莫夫(Mikhail Yefremov)棄權。有一個人反對對於托洛茨基的任命，那就是托洛茨基本人：「我堅決拒絕。」[61] 最優秀的托洛茨基傳記作者推測，他之所以拒絕，是因為他「毫不懷疑，即使作為列寧的代理人，他的每一步也都得取決於總書記處的決定。而總書記處可以選派布爾什維克到政府各個部門，單憑這一點就能有效地控制這些部門」。[62] 受制於斯大林，這對於托洛茨基來說，實在是難以接受。但同樣重要的是，托洛茨基似乎一直堅持對行政機關進行徹底的改造，並由他來領導整個經濟的計劃工作。9月12日，斯大林到哥爾克去看望列寧，顯然是為商討形勢。托洛茨基的態度意味着，在9月14日的政治局會議上，在新增補的代表中，只有加米涅夫一人身兼人民委員會代表與勞動國防委員會代表，而這就意味着，他還要主持政治局會議。9月14日的會議紀要寫道：「政治局遺憾地記錄

417

了托洛茨基同志明確的拒絕。」[63] 托洛茨基的拒絕就像他在1922年沒有到哥爾克看望列寧一樣，是一種選擇。[64]

托洛茨基剛剛拒絕成為列寧在政府中的副手，由斯大林控制的黨的機關的喉舌《真理報》，就以配有插圖的增刊形式(9月24日)，集中報道了斯大林1922年9月幾次到哥爾克探望的情況，目的是證明列寧的身體恢復得很好。斯大林列舉了據說是自己和列寧討論過的諸多問題：「國內情況……收成……工業狀況……盧布匯率……預算……外部狀況……協約國……法國的行為……英國和德國……美國的作用……社會革命黨人和孟什維克……白匪報刊……亡命徒……列寧逝世的無稽的神話。」[65]* 實際上，斯大林是在列舉自己無限的職責。另外，文章還配有一張烏里揚諾夫娜拍的照片：列寧高興地和斯大林一起，微笑着並肩坐在哥爾克莊園的外面。照片一方面是想說，列寧的氣色很好，另一方面也是要向全黨、全國和全世界表明，斯大林同他的關係很親密。[66] 接班人之爭正在進行，但列寧的康復也不是沒有可能。1922年10月2日，他回到了離開四個月之久的莫斯科，並於次日主持了人民委員會會議。「會上人很多，有54人出席，」列寧秘書處的負責人利季婭．福季耶娃(Lidiya Fotiyeva)回憶說，「大家都想盡可能早、盡可能近地看看列寧。」[67] 但托洛茨基的問題還是沒有解決。大概就是在這段時間，列寧嚴厲批評了加米涅夫和斯大林竭力削弱托洛茨基地位的做法。「你寫道，『(中央委員會)正在把或正準備把一門強力大炮扔下船，』」列寧在給加米涅夫的信中說道，「你在暗示的不是別的，就是要把托洛茨基扔下船。這一想法極其荒唐。要是你還認為我沒有蠢到不可救藥的地步，那你怎麼可能想出這樣的事情！！！」列寧最後甚至還引用普希金(Alexander Pushkin)的《鮑里斯．戈杜諾夫》中「眼前的血淋淋的孩子們」以示警告，這顯然是在影射出於政治野心的背叛會遭到怎樣的報應。[68]

10月31日，列寧戰勝疾病的希望增加了，當時他發表了自從發病以來的第一次公開講話，在蘇維埃中央執行委員會會議上致閉幕詞並

---

* 譯註：《斯大林全集》第5卷，第111–112頁。

引起長時間的熱烈鼓掌。[69] 然而這種幸福感並沒有維持很長時間。列寧謝絕了回到米歇爾遜工廠——1918年他曾在那裏遭到槍擊，而現在該廠以他的名字命名——參加1922年11月7日十月革命五週年紀念活動的邀請。[70] 11月13日那天，他倒是在共產國際第四次代表大會上用德語講了一個小時，但弄得滿身大汗，還告訴人們說，他在講話時「忘記自己說了甚麼，還要說甚麼」。[71] 11月20日，列寧在莫斯科大劇院對莫斯科蘇維埃發表了一次公開講話。觀眾們一看到他就高呼「伊里奇萬歲！」，鼓掌鼓到手疼。最後，當加米涅夫請列寧講話時，再次爆發了長時間的熱烈鼓掌。[72] 但是，有位目擊者回憶說，列寧「在我看來，似乎比在共產國際第四次代表大會上還要疲憊」。[73] 一位在場的法國共產黨人寫道：「那些頭一次見到他的人說，『這還是那個列寧！』但其他人決不會產生這樣的錯覺；現在在他們面前的這個人，不是他們所熟悉的那個機敏的列寧，而是一個被癱瘓嚴重影響的人，面部表情僵硬……他平常講話簡潔、快速而自信，現在卻吞吞吐吐、時斷時續。」[74] 列寧自己在講話時也說，他「在相當長的時期內失去了工作能力」。[75]* 第二天（1922年11月21日），監督列寧情況的「值班秘書日誌」啟動，第一篇日誌是斯大林的妻子阿利盧耶娃記載的。[76] 四天後，當列寧在走廊裏走動時，突發雙腿痙攣摔倒了。他費了好大的力氣才站起來。在徵求了醫生的意見後，他不得不取消了所有的會議和講話。列寧沒有出席11月30日的政治局會議。這一天，他在一份恩格斯的「政治遺囑」（莫斯科，1922）上寫道「擱在書架上」，意思是不要還給圖書館。[77] 也許列寧要寫他自己的政治遺囑？

在蘇維埃的歷史上，幾乎沒有甚麼事情比所謂的列寧「遺囑」——日期為1922年12月至1923年1月——更撲朔迷離了，但正如我們將會看到的，與學界根深蒂固的看法相反，那些文件，列寧有可能並不是在

---

* 譯註：《列寧全集》第43卷，第294頁。

那時候口授的，甚至有可能根本就沒有口授過。但是，不管這些文件的出處如何，它們都嚴重地威脅到了尚處於萌芽階段的斯大林的個人專政，並成為其統治中的一個糾纏不休的問題。「遺囑」常常被拿來説明斯大林作為列寧接班人的地位是不合法的，它對於理解斯大林的心理和行為具有重要的意義。「遺囑」激活了他的心魔，使他覺得自己受了委屈，是受害者，使他不再相信任何人，同時也激起了他的命運意識和鐵一般的決心。這樣説決不是想要承認斯大林是列寧的合法接班人，而是要提醒人們，關於斯大林「篡奪」權力的説法是荒謬的。事實上，斯大林在政權內部地位的上升很大程度上要歸於列寧的提攜，此外，蘇俄共產黨政權就是靠政變起家的，而且它雖然是以無產階級的名義統治，卻要處死那些膽敢質疑該黨自封的壟斷地位的無產者。篡奪權力的正是這個黨。實際上，那些有意無意地重複托洛茨基及其支持者的説法的學者們，是在指責斯大林竊取已經遭竊的東西。[78]

同樣，聲稱在斯大林之前實行的是布爾什維克集體領導的説法也是空話。列寧的秘書處實際上創造了一個先例，那就是甚麼事情都管，所以説，在實行自上而下的個人統治這方面，列寧樹立了一個活生生的榜樣，沒有人做得比他多。(當其他「集體領導人」不同意列寧意見的時候，他就威脅要開除他們，而要是開除不了，就威脅要退黨並建立一個新的政黨。) 除了關於斯大林的所謂篡權和據説是前所未有的單邊主義這些模糊焦點的話之外，托洛茨基以及斯大林政權的其他批評者還聲稱，他的勝利根本不是因為特殊的才能，只是因為特殊的環境。這種説法顯然是不對的。不過，我們仍需小心，不要反過來錯誤地去抬高他。他特別擅長管理與操控，可我們也應看到，斯大林是邊幹邊學，而且經常失敗。這不僅是因為他有很多缺點，還因為列寧幫助締造的意識形態上十分狹隘的專政制度和代價高昂的全球性對抗。在這個現在因為列寧主義的共產黨專政而變得更加複雜的世界上，要處理好俄國所面臨的極其困難的挑戰，無論由誰來做接班人，都會不知所措。斯大林付出了巨大的努力，但結果顯然是有好有壞。

第三部將檢視斯大林在布爾什維克專政內部建立個人專政的過程，以及他行使那種巨大權力的方式。建立蘇維埃社會主義共和國聯盟，幫助實施恢復性的新經濟政策，並為廣大黨員闡明列寧主義本質的正是斯大林。斯大林不僅設法培植了大量的忠誠分子，而且還為自己發明了列寧的忠實學生這一角色。斯大林扮演的意識形態衞士這一角色同無情的官僚主義力量一樣，對於他能夠佔據上風非常重要。1920年代，共產黨的全會、代表會議和代表大會構成了蘇維埃政治生活的核心，也是斯大林傳記的核心；政治上的爭鬥不僅對於他的統治方式的形成產生了很大的影響，對於他的性格和形象也是如此。他和對手們之所以發生衝突，很大程度上並不只是因為個人權力，而是因為**觀念**，是為了爭奪正在進行的革命的解釋權。意識形態就是布爾什維克的現實：當時的文件不管是公開的還是秘密的，都充滿了馬列主義的思維方式和詞彙——無產階級、波拿巴主義、小資產階級、帝國主義、資本主義包圍、階級敵人、軍事專家、耐普曼分子(NEPman)、* 富農、社會主義。事實證明，精通和控制意識形態是開啟終極權力的鑰匙，但與此同時，可悲的是，這種意識形態最終真的體現在了國內外事務中。

420

布爾什維克專政並不是革命和內戰的唯一結果。實際上，當時同時出現了兩場革命：一場是在北方的城市中，那裏日趨龐大的公職人員階級——政權的社會基礎——和數量激增、互相重疊的公共機構在為了權力和戰利品你爭我奪；另一場革命是在農村，那裏的小農戶奪取了土地，而土地依然是這個國家最主要的財富來源。(莫洛托夫晚年回憶說：「革命當初是在一個小資產階級國家發生的。」)[79] 這兩場革命的方向存在衝突。處於守勢的農民革命無法阻擋共產黨的專政，但是，它和國際環境一樣，強烈地制約了布爾什維克的雄心。另一方面，對於黨的許多忠實擁護者來說，要讓他們向農民妥協，其實也很困難。實際上，隨着時間的流逝，就如同激進分子所擔心的，新經濟政策中被迫的妥協將開始改變共產黨的成分和政治情緒，這一點讓斯大林非常擔心。他和托洛茨基在列寧生病後的衝突，事實上還只是前奏。影響更為深遠的是，俄國甚至世界歷史上一個真正包含了多方面

---

* 編註：即新經濟政策(NEP，New Economic Policy)中的資本主義分子。

衝突的舞台已經搭好了，那是斯大林的個人專政與俄國全部歐亞農民之間的衝突。

斯大林最終會對農民革命發起暴力的顛覆，這簡直像天方夜譚。一位敏銳的德國學者、研究俄國農業的馬克斯．澤林（Max Sering）在1921年的一篇分析報告中認為：「在俄國那種政權的統治下，農民並不獨立擁有自己耕種的土地，這樣的政權現在是**不可思議**的。」[80] 澤林的錯誤在於，從法律上講，農民不擁有土地，但他們的確認為自己的使用權就相當於所有權，而要取消使用權的確似乎是不可思議的。然而斯大林將會證明，澤林以及共產黨中大部分抱着懷疑態度的人錯了。集體化以及對富裕農民的暴力剝奪（去富農化）——斯大林在1928至1930年的革命性震動——相對於1917年列寧那令人震驚的政變，後果其實要複雜得多。在斯大林採取的行動中，引人注目的不僅是他想對農村開展社會主義改造的願望——那是所有布爾什維克最終都希望看到的——還有如下事實：當這場賭博遇到大規模的抵抗並造成無數人破產的時候，斯大林**將其進行到底**。在布爾什維克領導層中，或者是接近布爾什維克領導層的，包括托洛茨基在內，沒有誰能夠把如此規模、如此血腥的社會工程大冒險堅持到底。從1928年1月開始，斯大林將會利用自己煞費苦心建立起來的個人專政，上演一齣想像中的社會主義與資本主義的搏鬥，從而徹底改變和砸爛了歐亞大陸。

421

第十章
專政者

那段時間我們先是在沃茲德維任卡街工作，然後又搬到老廣場。我們總是一起工作到午夜，十二點半或是一點鐘，然後沿伊利英卡街步行回到克里姆林宮。我、莫洛托夫、古比雪夫，還有其他人。我記得有年冬天，我們在街上走，他〔斯大林〕戴了一頂有耳罩的帽子，好像兩隻耳朵在擺動……我們笑個不停，他會説點甚麼，我們再回兩句，互相開着玩笑……自由自在(*volnitsa*)……一旁看的人總是問：這幫人是誰？我們實際上沒有衛兵。很少。也許有一兩個行人，就是這樣……那是一段快樂的時光。斯大林那時的心情很好。

——拉扎·卡岡諾維奇，對1922–1924年那段時期的回憶[1]

蘇聯的一切最後都取決於收成。

——英國外交官的報告，1924年12月[2]

斯大林出人意料地建立了專政中的專政。列寧是無可爭議的領袖(*vozhd'*)，誰都沒有想到他會喪失工作能力。此事突然發生的時候，幾乎所有人都以為會實行集體領導：布爾什維克的其他高層人物打心底裏覺得自己和列寧不相上下，但他們也明白沒有誰會這麼看自己。再者，斯大林的很大一部分政治才能此時非但沒有得到賞識，甚至還被人看不起。托洛茨基有個很巧妙的說法，說斯大林是「我黨最傑出的庸才」。而據托洛茨基說，加米涅夫認為斯大林是個「小城市的政客」。[3]

423

最後，還有一個不太為人所知的因素，使得斯大林顯得不大可能取得支配的地位：在他之前，已經有幾個人擔任過黨的負責人，而在第一位負責人去世後，人們就開始懷疑，是否有人能夠勝任那份工作，更不用說將其變成整個政權的焦點。

起初，最重要的黨務管理者或者說「書記」(從1917年4月起)是雅科夫·斯維爾德洛夫。他很有聲望，因為就像有位官員吹捧的，「他比其他任何人都更瞭解我們的黨」。[4] 實際上，斯維爾德洛夫那時候非常忙碌，他手底下只有6名工作人員，而全國各地卻一下子冒出來很多黨委，1917年不到600個，到1919年已經有8,000個，而他同時還要兼任蘇維埃中央執行委員會主席(國家元首)，需要處理好與布爾什維克之外的社會主義者的關係。[5] 當33歲的斯維爾德洛夫在1919年去世的時候——33年當中有12年是在沙皇的監獄和流放地度過的——列寧迫切地想要找一個接替者。[6] 對於蘇維埃中央執行委員會，列寧甚至建議讓從1917年開始就被他調離該崗位的加米涅夫回去。最後被選中的是俄羅斯族人、貧苦農民的兒子而且看上去也像農民的米哈伊爾·加里寧，不過，這時候的蘇維埃中央執行委員會已經不再是權力的中心了。[7] 在黨的機關，密碼專家葉蓮娜·斯塔索娃(Yelena Stasova)接任書記，但是在幾個月後，她「覺得自己在政治問題上能力不足」，於是便在1919年底讓出了位置。[8] 接替她的人，即斯大林的前任中第三個擔任此職的，是尼古拉·克列斯廷斯基，他畢業於聖彼得堡大學法律系，擔任過財政人民委員。克列斯廷斯基是政治局和組織局最早的成員之一，他在接管書記處的同時——書記處是黨的頂層唯一的指揮機構——還在兼任這兩項職務。他擁有超強的記憶力，但要承受這項繁重的工作，似乎仍力不從心。[9] 1920年4月，克列斯廷斯基身邊多了兩個人，列昂尼德·謝列布里亞科夫和葉夫根尼·普列奧布拉任斯基，他們負責改善與地方黨組織的聯繫。[10] 但事實證明，這三個人既不內行，也不勤奮，這一點從黨媒的抱怨在迅速增加就可以看出來(克列斯廷斯基在財政人民委員部遇到的情況和這差不多)。[11] 文件積壓，無人過問；官員們嘆息說，骯髒的權力鬥爭(*skloki*)幾乎讓所有地方的黨務工作都陷入了癱瘓。[12] 不過,克列斯廷斯基、謝列布里亞科夫、普列奧布拉任斯基三人組之所以被拿掉,並不是因為不稱職,而是因為他們在1920至1921年的工會爭論中支持托洛茨基。列寧清理門戶,是要確保三人在黨的第十次代表大會上誰都不會再次當選為中央委員。[13]

被列寧提拔為黨的新的「責任書記」的是維亞切斯拉夫·莫洛托夫,他是斯大林的前任中第四個擔任此職的。「我沒有想到,」莫洛托夫後來回憶說,「1921年,我成了中央委員會的書記。」[14] 在他身邊的是葉梅利揚·雅羅斯拉夫斯基和瓦西里·米哈伊洛夫(Vasily Mikhailov)。兩人都是能力普通的組織者,在書記處的位置上待的時間不長。書記處的工作時間長、任務重。它要處理很多的報告,其中既有反映官員酗酒、受賄和對政治無知的,也有請求提供稱職幹部的,同時,被任命的或有望被任命的幹部也在絡繹不絕地前來尋求指導,請求指示或希望得到關照。黨的書記處報告說,他們1921年為254,468名來訪者發放了通行證,包括週末在內,平均每天近700人。[15] 但1922年4月列寧任命斯大林為「總書記」——取代了雅羅斯拉夫斯基的位置,在莫洛托夫之上——他是在彌補令人敬畏的莫洛托夫政治分量不足的缺點,並希望提高領導工作的水平和效率。[16]「中央委員會擁有巨大的權力(*vlast'*),」1922年春,就在提拔斯大林之前,列寧寫道,「……我們負責分配20萬至40萬黨的工作人員的工作,並且通過他們來分配千百萬非黨人員的工作。可是這個宏偉的共產主義事業卻被死氣沉沉的官僚主義徹底敗壞了!」列寧要求擺脱瑣碎的事務——「把它們交給助手或助手的助手去辦」——要求接受真正艱巨的挑戰。[17*] 斯大林現在成了唯一身兼政治局、組織局和書記處三處職務的人,而且會一直如此。

424

斯大林的權勢為甚麼會擴張,現在的解釋都正確地指向了共產黨的一些顯著特點,特別是其集權化的人事任命和密謀性質的保密習慣,對於信息、議題、同基層群眾的聯繫以及對所有國家機關的監督都有着無

* 譯註:《列寧全集》第42卷,第419頁。

可比擬的影響。[18] 這一切當然**可以**被用來擴張機構和個人的勢力，但那些機制必須得到進一步的加強和利用。托洛茨基有句名言：「不是斯大林創造了機關，而是機關創造了斯大林。」[19] 這話恰好倒過來了。斯大林創造了機關，而那是一個巨大的功績。[20] 誠然，我們應該看到，他是在邊幹邊學，因而犯了一些重大的錯誤，要想成為黨乃至全國公認的領導人，那還需要假以時日。但他展示了非凡的組織能力、極大的工作熱情、戰略頭腦以及和他的導師列寧相似的不擇手段。[21] 事實證明，斯大林不但能對自己繼承的各種槓桿運用自如，而且能發明新的槓桿。不可否認，他的權力，包括人事方面的權力，往往被視為出自一套非人格化的機構。托洛茨基等人所忽視或拒絕承認的是，斯大林擁有靈巧的政治手腕：他能記住別人的名字和生平經歷，會用自己的親切、關注和體貼給人們留下深刻的印象，而不管他們是屬於哪一層哪一級，哪怕只是服務人員。四十多歲的斯大林在黨的機關中找到了自己的事業：他喜怒無常，人緣卻像選區政客一樣好，雖然他掌握的工具是選區政客做夢也想不到的——共產黨管轄的範圍、紀律以及描繪了一幅光明前景的意識形態。

425

但斯大林之所以能夠佔據支配地位，最突出的原因是，組織結構給了他實行個人專政的可能性，而他正是通過履行總書記的職責才開始意識到那種可能性的。

斯大林幾乎是一下子就擁有了超乎尋常的權力。當他在1922年上任的時候，中央委員會機關、書記處和組織局的人數已經從兩年前的區區30人增加到大約600人。其他任何人的手下都沒有那麼多的工作人員：列寧在人民委員會的官署有102名工作人員。[22] 與政府不同，黨不僅是執行機構，還是群眾組織，一個刻意要把其他所有的公共機構都籠罩在自己陰影下的龐大組織。斯大林對這個機器的影響很直接。莫洛托夫做過一些重要的改進，比如對全體黨員進行初步的分類登記，但斯大林會把這一切極大地鋪開。[23] 整個1922年春天和夏天，他不斷從各省調進精幹人員，並且規定，各地方黨組織每兩個月就要以兩頁的私人信件的形式交一次報告。從1922年5月1日到1923年1月15日這六個月中，據記載，黨的機關共收到13,674份地方性的會議記錄，1,737

份總結報告，324份政治情緒報告和6,337份其他信息，同時它自己也發佈了141則指示性的通告。[24] 在黨的第十二次全國代表大會上（1923年）——那是斯大林上任後的第一次——發言者都稱讚書記處取得的巨大進步。[25] 與克列斯廷斯基一樣，斯大林的記憶力驚人，而且他會敲腦袋，確立了秩序。他**喜歡**這項工作，尤其是，他**做了**這項工作。「毫無疑問，在伊里奇看來，他是最信得過的刻耳柏洛斯，* 無所畏懼地守衛着通往中央委員會的各個大門，」斯大林的第一位高級助手、被他從高加索調來的亞美尼亞人阿馬亞克．納扎列江（Amayak Nazaretyan）在寫給梯弗利斯的謝爾戈．奧爾忠尼啟則的信中說（1922年8月9日），「中央委員會的工作現在有了很大起色。過去這裏是一塌糊塗。過去地方上對中央委員會機關是甚麼看法？現在所有人都振作起來了。」[26]

426

政權的地理空間剛好證明了斯大林的位置具有極大優勢。那些地址本身似乎沒有甚麼意義——沃茲德維任卡街5號，然後是老廣場街4號；茲納緬卡街23號；大盧比揚卡街2號；鐵匠橋街15號；伊利英卡街9號——卻顯示了安全警察和軍方當中聯絡的關鍵線路。[27] 學者們早已證實，各省的黨的機器為中央機關輸送了大量新人，為斯大林在地方上培養了大量效忠者，但我們也應該看到，作為黨的負責人，斯大林很早就開始借助於秘密警察的力量來行使自己的權力。他讓他們中的某些人進入黨的機關，並且和盧比揚卡那邊的警察機關保持非常密切的聯繫。斯大林還有效地控制了軍隊。在政治局或中央委員會召開會議後，不管作出甚麼樣的決定，斯大林都會回到辦公室落實這些決定——或者選擇不那麼做。他從自己的辦公室，通過黨務人員和秘密警察的特工人員開始實施會議之外的計劃。他獲得了自行任命自己的工作人員的權力。[28] 但他在別的地方也到處安插忠於自己的人，並且還為他們尋找或培養敵人，目的是觀察前者。這大大超出了履行總書記職責所需，但又一次在結構上成為這個位置難以剝離的一味配方。斯大林必須表現得特別克制、恭順和安分守己，才能不去建立個人的專政中的專政。

* 譯註：希臘羅馬神話中守衛冥府入口的猛犬，有三個頭。

但權力的地理分佈也反映了政權權力的限度和斯大林個人專政的限度，尤其是在生活着全國五分之四人口的廣大農村，黨近乎不存在。十月政變前夕，在這個橫跨兩大洲的國度，布爾什維克在農村的基層黨組織只有4個，農民黨員494人。[29] 到1922年，在大批紅軍士兵復員返鄉之後，農村的黨員數量達到了20萬，而共產黨員的總數是51.5萬。[30] 但是，在農村地區將近1.2億的總人口中，黨員的比例不到千分之一。大約每25個村子才會有一個黨的基層組織。省會城市中紅旗招展，到處都是共產黨的標語，但只要出城走上十分鐘，就很難再找到政權存在的明顯痕跡。[31] 這不是說黨在城市的統治一切都很順利。在城市蘇維埃的選舉中，政權不得不把秘密投票改成公開投票，而且還有秘密警察在現場監督，於是選舉的結果便像1922年12月莫斯科古容(Guzhon)冶金廠(不久就被更名為「鐮刀錘子冶金廠」)那樣盡在掌握中：布爾什維克候選人以100票贊成2票反對當選，而棄權的有1,900票。[32] 除了恫嚇，政權還對工人進行拉攏，讓他們進入管理層，給他們提供固定工資、住房、特供商店和其他津貼，但也指派他們訓斥那些被共產黨的特權和腐敗所激怒的工人。[33] 共產黨政權的社會基礎就是它本身。也就是說，這個不斷擴大的政權本身就是一個社會，而這個社會的中心是斯大林。

427

與作為助手的納扎列江不同，幾乎所有在1920年代遇到過斯大林的人都只有粗略的印象。革命博物館奉命製作塑像的女雕塑家瑪麗娜．雷恩基翁斯卡婭(Marina Ryndzyunskaya)注意到，他「中等身材」，走起路來很奇怪。「他左手插在口袋裏，突然朝前走去，」她寫道，「當他轉身的時候，他不是頭、脖子、身體慢慢地轉過來，而是一下子全轉過來，像個士兵。」[34] 但**推動**他的力量是甚麼？就連那些同斯大林一起工作的人也往往看不透他。1922年，23歲的總參謀部軍官亞歷山大．巴爾明(Alexander Barmine)，在克里姆林宮聖格奧爾吉大廳共產國際第四次代表大會上頭一次見到了斯大林。他聲稱，自己不僅看到斯大林在代表和觀眾面前出席閱兵式，而且看到他在辦公室工作。斯大林本人「看上去比較粗俗、比較普通，還比較矮」，巴爾明後來寫道，「他的臉上有麻子，臉色蠟黃……他的眼睛是深棕色的，同時又帶有一點淡褐色。從他的表情看不出他在想甚麼。他讓我心裏有一種莫名其妙的沉重和悶悶不樂的感覺。這人似乎既不是歐洲人也不是亞洲人，而是歐亞混血人種。」在會議上，巴爾明注意到，斯大林坐在一旁抽着煙斗，心不在焉地寫寫畫畫，但他憑藉自己的「意志力、耐心、狡猾、洞察人性弱點並輕蔑地加以利用的能力，以及不屈不撓、毫無顧忌地追逐既定目標的極高天賦」，逐漸積累了權力。[35] 這是個簡單化的論斷——心理學大師，鋼鐵般的意志——後來有很多人贊同，特別是在回顧往昔的時候，但它忽視了斯大林權力的一個重要來源，即他對馬克思主義理論的潛心鑽研。同時它不能解決這樣一個問題：為甚麼最後會有那麼多人容易受他影響？[36] 赤裸裸的名利心是他們想要攀附總書記的一大原因，但也有許多人被斯大林吸引是因為他頑強地獻身於革命事業，獻身於國家的權力。

從沃茲德維任卡街到老廣場街

428

在列寧患病之前，他人在哪裏，政權就圍繞哪裏旋轉：哥爾克別墅或克里姆林宮帝國參政院的辦公室和住所。而位於帝國參政院的辦公室和住所之間的，就是政權的主要會議地點，那裏是人民委員會和政治局共用的。[37] 中央委員會的辦公室都不太氣派，而且是在克里姆林宮的外面。起初，黨的工作人員是在一棟租來的房子裏面開張的，在那裏，「機關」都擠進了一個套間，儘管沒過多久就把牆敲掉，又連起一個套間。斯塔索娃，然後是克列斯廷斯基，再然後是莫洛托夫，辦公室都在這裏。機關位於沃茲德維任卡街——一條以克里姆林宮宮牆為起點的徑向大街，從聖三一塔樓開始向西到阿爾巴特街。(地址是沃茲德維任卡街4號，而在大樓的另一側，它是莫霍瓦婭街7號。)[38] 1920年，不斷擴大的機關搬到了對面的沃茲德維任卡街5號，那是一座比較威嚴的建築，是克里姆林宮帝國參政院的建築師馬特維·卡扎科夫(Matvei Kazakov)在18世紀後期建造的，但只有帝國參政院幾分之一的大小。[39]「接待室裏擠滿了來訪者；數不清的職員，大多是年輕的姑娘，穿着短裙和油光錚亮的高跟鞋，抱着文件輕盈地走來走去」，1920年，一名到訪的美籍俄裔無政府主義者寫道。他還說，那些工作人員「面色蒼白、眼窩深陷、顴骨高聳，可能是長期營養不良和操心勞碌造成的」。[40] 沃茲德維任卡街5號的附近有一座古修道院遺址，修道院已經在幫助趕走拿破侖的那場大火中被焚毀，而在那之前，它曾經是「恐怖的伊萬」手下秘密警察的所在地。斯大林就任總書記後的辦公室就設在這裏，設在這座擁擠的新古典主義風格的大樓裏。[41]

原本具有**服務性質**的黨的機關變得擁有了無限權力，這種情況讓人感到意外，卻又事出有因。[42] 列寧當初選擇了部長制的政府形式，但是，忙碌的人民委員們委託他人去參加據說是有審議之責的人民委員會會議，這些會議不管誰出席，總是由列寧控制。[43] 更重要的是，列寧過去堅持主張，黨——主要是指政治局，但是在一定程度上也包括中央委員會——應該成為最高決策機構。而在當時，無論是人民委員會還是單個的人民委員部都沒有地方性的分支機構，因此都要依靠地方黨組織去落實決定和輸送忠實可靠的工作人員，這樣一來就進一步鞏固了上述選擇。[44] 嚴格說來，黨並不是國家機構，所以它的決定必須通過人民委員會的法令或蘇維埃中央執行委員會的法律表達出來，這樣一來就容易造成混亂，於是有人建議取消黨，其他人則建議取消蘇維埃。[45] 結果是哪一樣都沒有取消。黨的中央機關的各個部門與人民委員會的組織結構開始變成平行關係。中央委員會的職工並不全是訓練有素的工作人員（或負責人員〔*otvetstvennye rabotniki*〕）；許多人是速記員、會計、司機——實際上，600名職工中大概有240人不是黨員，有340人是女性。[46]（在這裏就和在別的地方一樣，打字工作和大部分文件存檔工作都是由布爾什維克的妻子、情婦或「資產階級小姐」做的。）[47] 雖然如此，這個以黨為中心的政權的機關還是吸引了有才幹的人，他們推動了需要專門知識的領域的發展，這些領域幾乎涉及行政管理的方方面面：人事、宣傳、通訊、陸軍、海軍、對外政策、安全、金融。[48]

429

由於空間不夠，1923年12月底，黨的中央機關搬進內城的基泰哥羅德貿易區（那裏的高牆和門樓可以追溯到中世紀），接管了那裏的老廣場街4號，它在1915年曾是前莫斯科商會的貿易大樓。[49] 對於那次冬季的搬家，工作人員阿列克謝·巴拉紹夫（Alexei Balashov）回憶說：

「職工們親自用雪橇裝卸家具和文件，排成了一長列。」[50] 斯大林的辦公室設在這幢由商業資本建造的、兼具現代主義和新古典主義風格的建築的頂樓，要想進去，就要穿過另外兩間辦公室，那是他的幾個主要助手和一個傳遞文件的特別信使的。斯大林的套間寬敞而整齊，後面有扇門，通往一間大會議室，他和莫洛托夫經常在那裏商量事情(會議室另一面是莫洛托夫的辦公室)。[51] 在斯大林的辦公室，左邊是一張大桌子，可以坐得下20人；最右邊的角落裏是他的寫字檯，還有一張擺着幾部電話的小桌子和他的私人保險櫃。那時他還不像後來那樣是個夜貓子。「斯大林通常是在早上9點左右起床，11點以前趕到老廣場街的中央委員會，」據一位長期擔任警衛工作的人說，「他經常工作到深夜，尤其是在列寧去世後的那幾年，當時他不得不同托洛茨基分子作積極的鬥爭。」[52] 工作結束後，他經常和莫洛托夫一起——他也住在克里姆林宮——朝紅場方向走上一小段路，穿過救世主門(有大鐘的門)回家。

由於擔任政府職務(民族事務人民委員)，斯大林在克里姆林宮的帝國參政院大樓也有一間辦公室，但他似乎很少用。不過，克里姆林宮也是每週兩次政治局開會的地方。1922年的時候，政治局只有七名正式委員(列寧、斯大林、托洛茨基、季諾維也夫、加米涅夫、李可夫、托姆斯基)和三名候補委員或者說沒有表決權的委員(布哈林、加里寧、莫洛托夫)，雖然斯大林很快又增加了一名候補委員(揚·魯祖塔克〔Jānis Rudzutaks〕)。但政治局的會議內容很雜，參會的除了中央委員、中央監察委員以及根據相關議項獲邀出席部分會議的其他人士，還有很多來自機關的技術人員。中央全會的規模更大，而且每個月要召開一到兩次。[53] 組織局要處理人事方面的決定，會開得比黨的任何機構都多，有時甚至連開幾天——這些會議也被稱為狂歡。而黨的書記處實際上則是會議不斷。另外，中央的黨務官員可以要求各人民委員部的職工提供幫助，為斯大林搜集信息，準備政治局和中央委員會的議程、報告或建議。 430

斯大林專政中的專政正在出現，雖然從物質或人員方面與舊首都的舊政權沒有任何聯繫，但在一個重要的方面，同沙皇制度還是很像的。

1917年以前，權力中心是名義上作為服務機關的帝國總理府，直接對沙皇負責，並最終和沙皇自己的個人官署合併到一起。[54]「總理府的負責人是完全獨立的，」有位長期擔任此職的官員寫道，「並不需要聽命於大臣委員會主席。」[55]大臣們往往不如總理府的工作人員消息靈通，因為只有後者才瞭解國家的全貌，同時，由於國家的龐大和複雜，由於自身的抱負和才具，他們還積攢了巨大的權力。與人民委員會或蘇維埃中央執行委員會相比，共產黨中央機關的情況也是如此。但是，帝國總理府一直未能讓各部完全聽命於自己——官僚主義的內訌讓沙皇把總理府變成自己監管整個國家的機構這一努力化為泡影，而在蘇俄時期，除了農民村社之外的所有團體，都有黨組織，可以使黨成為國家和社會的監護人。[56]威力巨大的世界觀和信仰體系，讓無處不在的基層黨組織充滿了力量。換句話說，斯大林的機器不是沙皇專制制度的重現，而是現代的一黨專政。[57]

431

老廣場街4號，蘇維埃政權的心臟，對於那些瞭解1917年那種不拘小節的時光的人來說，開始呈現出令人生畏的對比。被叫做「日內瓦人」的亞歷山大·伊利英(Alexander Ilin)在回憶時說，中央委員會在彼得格勒原來的「總部」，那場面就「像一個寧靜的家庭」，「大家坐在餐桌旁喝着茶」。現在的是「一座巨大的建築，層層級級的部門像迷宮一樣。每層樓都有大量匆匆忙忙的工作人員」。[58]伊利英認為這種官僚主義的蛻變是不可避免的，但也是可悲的。他似乎沒有意識到，在這座新的「巨大的建築」裏，親密的關係和友情仍然存在。工作人員與斯大林一同乘電梯；有的人可以在走廊裏碰到他。他的辦公室是不鎖門的。「有時我從他的圖書室拿本書到休息室去看，」工作人員巴拉紹夫回憶說，「那裏面有幾櫃子的好書。中央的幾家出版社每出一本書都要給斯大林送兩冊，而且常常是簽了名的。許多作家自己也會把他們的書送來。斯大林會給我們一本，我們大家就把那些書分了。」斯大林的辦公桌是不鎖的。「晚上他就把所有的機密文件都還掉或者鎖進保險櫃，」巴拉紹夫解釋說，「在接待處有人值班，更遠一點的地方還有衛兵，所以他有甚麼要擔心的呢？」[59]

職務名冊與密謀性

斯大林的機關權力增大，首先在於對人事的影響。絕大多數黨員都有全職工作，不管是在工廠還是人民委員部，他們參加黨的活動被認為是自願的，但也有少數黨員是領有報酬、專門從事黨的工作的（黨務官員），比如黨組織的管理。這樣的官員理應是通過選舉產生的，但是在內戰中，選舉被放到次要位置。戰事平息後，許多官員堅持要求恢復選舉，結果列寧不得不在黨的第十一次代表大會上（1922年3–4月）反對說，「如果取消中央調配人員的權利，它就不能指導政治」。[60]* 1922年6月6日，斯大林發佈通告稱，中央委員會的監督人員有權提名候選人（通常只有一個），參加地方黨組織職務的選舉。[61] 想要在某個地區大權獨攬的人，部分是出於個人野心，部分是出於紛紛冒出來的政府機構和權力中心所造成的挫敗感，試圖將自己的意志強加給別的地方官員，而中央機關無法做到不偏不倚，於是就換掉它不支持的那一方的地方官員。這讓某些地區的官員得以鞏固其作為省級黨組織負責人的權威，而這些人又可以將其權力集中化，插手下面的事務，讓自己的人「當選」為縣級黨組織的負責人。[62] 斯大林單憑自己永遠不可能對整個國家實行集權統治，但他可以對那些正在對他們各自的省份實行集權統治的黨的負責人實行集權統治。[63]

432

斯大林的成功仍然受限於國土的廣袤和裙帶關係（*semeistvennost'*），但中央機關通過周期性的審查或「清黨」，迫使地方交出更多的人事資料，並設法將國內的所有黨員都登記在冊。[64] 他的工作人員鼓勵地方黨務官員向中央互相檢舉揭發，並派巡視組打破或至少控制住地方集團。[65] 這是在四處擴張的俄國上演的古老的貓鼠遊戲——遠方的地方官員努力規避，或者反過來，努力對付中央的命令，但現在，中央有了黨和黨的紀律這一強有力的機制。值得注意的並不是地方黨組織經常拒不接受中央建議的黨的最高職務的人選，而是中央機關得以在很大程度上推行自己的意志。僅1922年4月到1923年3月，組織局就至少

---

* 譯註：《列寧全集》第43卷，第120頁。

作了1,000項任命，其中包括不少於42名新的省級黨組織負責人。[66] 對於那些被調來調去的幹部，斯大林幾乎不可能做到人人都瞭解。[67] 為了升遷，要是騙不了斯大林，那省級官員就會一心巴結他。1922年9月，斯大林成立了一個委員會，準備把表現突出的地方工作人員提拔到莫斯科。在當年對47位省委書記的書面的秘密測評中，烏拉爾的一名官員(列昂尼德)被認為「沒有能力領導蘇維埃或黨的工作。經受不住外來的影響……是個低於省級水平的工作人員」。但另外一名官員，下諾夫哥羅德的尼古拉·烏格拉諾夫(Nikolai Uglanov)，則被說成是表現積極，「能夠把工作人員團結起來完成工作。有威信」。[68] 1923年，斯大林讓烏格拉諾夫成了有表決權的中央委員，並在第二年把他提拔到首都，成為莫斯科黨組織第二書記，而且很快就成了第一書記。[69]

在斯大林的組織局的倡導下形成的「職務名冊」(*nomenklatura*，來自拉丁語 *nomenclatura*，意思是「名冊」)讓高級工作人員的任用與調動有了一套制度。進了職務名冊的工作人員，非經中央機關的批准，不得被解除職務。最初的名冊(1923年11月)含有4,000個職務或官員：各共和國、省、縣的第一書記；人民委員及其副手；各軍區司令；駐各國大使。[70] 特別值得注意的是，由黨控制職務名冊的做法被應用到國營的工業部門。要弄清楚所有這些任命，絕對需要大量的工作，於是，斯大林就試圖減少中央機關負責的職務數量。[71] 省級黨組織仿效中央的做法，對於可以控制的任命，也編制了自己的職務名冊。實踐中的任命制與原則上的選舉制之間，以及中央與地方的權利之間，關係是一如既往地緊張。但是，建立職務名冊制度並要求更新人員資料，這在精力旺盛者的手中，是一種非常有效的恩遇機制(patronage mechanism)。斯大林極為重視能力，但他對能力是從忠誠的角度理解的。我們「必須挑選工作人員，把善於執行指示、能夠理解指示，能夠把這些指示當做自己的東西並且善於貫徹這些指示的人安置在各種工作崗位上」，他在黨的第十二次代表大會上說(1923年4月)。[72*] 執行中央的指示成了斯大林的準則，而要是誰有不執行的嫌疑，就會讓他耿耿於懷。[73]

433

---

* 譯註：《斯大林全集》第5卷，第171頁。

斯大林的機關還利用一些別的工具。契卡的創始人之一、內戰時負責監督最高革命法庭的伊萬·克謝諾豐托夫(Ivan Ksenofontov)，被安排負責黨的事務管理局。事務管理局管理日常事務，比如黨費和黨的預算，也掌管辦公室以及家具和陳設、公寓、食品供應、醫療保障、小汽車和司機、出國旅行。[74] 事務管理局有權給予或不予關照，這就給斯大林提供了巨大的槓桿。然而，另外一個關鍵的手段是政府的電話系統。因為擔心打電話時會被接線員竊聽，政權研發了一種叫做「維爾圖什卡」(*vertushka*) * 的電話。之所以取這樣的名字，是因為它有撥號盤，那在當時是個新鮮的東西。起初，接入這種可以自助撥號的政府網絡的約有60人，但很快就增加到幾百人，並成了權力的標誌(對那些沒有這種電話的人來說，就成了缺少權力的標誌)。[75] 有位叛逃者聲稱，斯大林監督了維爾圖什卡系統的安裝，也因此默許對它的監聽。[76] 這種說法貌似真實，但至少對於最初這段時期來說，還沒有得到其他證據材料的支持。[77] 我們現在可以說的是，那時的大多數維爾圖什卡電話都在老廣場街，因而加強了黨的機關作為節點的功用。[78] 政權還成立了一個特別的密碼單位，在名義上歸契卡領導，實際卻是獨立的，這樣一來，政治局的電報就不會經過秘密警察的領導層。[79] 在出生於梯弗利斯的烏克蘭人格列布·博基的管理下——他曾在聖彼得堡礦業學院學過數學和物理，還為換妻和縱酒建過一個聚居區，密碼專家們每天要為地區黨組織、駐外大使館和度假的官員們編碼、解碼幾百封電報。[80]

434

只有打着中央旗號的斯大林可以給所有地方和機構發佈指示，而各人民委員部、秘密警察或軍隊送給政治局或中央委員會的任何東西，都要經過黨的書記處。老廣場街的收發室就像是在搞軍事行動，秘密警察充當的信使對信封進行黏、縫、封、拆；信使們還必須攜帶擦得乾乾淨淨，上好了油而且填好彈藥的武器，必須反覆核實收件人的身份。[81] 但是，有關走漏消息和違反規定的投訴接連不斷，對官員的訓誡也是接連不斷。[82] 1922年7月，已被調到黨的西伯利亞局的雅羅斯拉夫斯基

---

* 編註：俄語中的「旋轉式撥號盤」。

把自己的公文包弄丢了，而那裏面有密碼本和筆記本。當局懸賞1億盧布——顯然沒打算兑現，也沒有可能兑現；公文包找到了，可裏面的東西沒了。[83] 從1923年4月開始，禁止把任何涉及國家安全的東西形諸文字；相反，安全事務要先在斯大林的書記處進行討論，然後提請政治局注意。[84] 1924年8月19日，政治局頒佈了一項〈關於處理中央文件時的保密工作〉決議，並在附錄中列出了〈處理中央保密文件時的若干規定〉。許多指示都要求官員「在處理文件時要做到絕對保密」，要注意誰看過文件，以及文件是怎樣保管的；查閱機密文件的官員無論是誰都要簽名。許多文件都必須閱後歸還。

高度保密成了一種止不住的渴求，強化了斯大林的控制力。他和他的工作人員從事務管理局分出一個獨立的實體，名叫「保密部」，負責檢舉和調查、黨的檔案以及與秘密警察的聯絡。保密部起初規模不大，到1920年代中期擴大到幾百人，下屬機構擴展到黨的地方分支組織、軍隊、工廠和國家行政部門，最終，擴展到所有重要的公共機構。這些保密部構成了一個平行的情報系統——政權中的政權，可以起到震懾作用，因為官員們並不清楚在這些平行的渠道中，有甚麼會被記錄和上報。中央保密部的辦公地點由幾道鋼門隔開。「老廣場街那棟灰色大樓裏的至聖之所是保密部，」某蘇聯官員在叛逃後寫道，「從電梯上去，然後是一條似乎沒有盡頭的走廊。開會是在晚上。因此大樓在昏暗中，空空蕩蕩、寂靜無聲。每走一步都會發出響亮的、孤零零的回聲。接着要經過幾道內衛部隊的崗哨。要出示特別通行證。最後，穿過把這個部門同大樓中其他部門分開的鋼門。然後就到了最後那道門。」[85]

435

機關的權力在相當程度上來自它的神秘性。對於難得一見的老廣場街內部，女雕塑家雷恩基翁斯卡婭寫道：「在這座設施中，頭一件讓我感到吃驚的事就是非常整潔和某種沉默寡言——要是可以那樣說的話。言語動作都非常謹慎，沒有任何多餘的東西。」後來當她在自己的工作室見到斯大林的時候，她告訴他，在中央委員會總部受到的驚嚇(*zhutko*)讓她緊張不安。「我非常、非常滿意，」據説斯大林微笑着回答説，「就應該是這樣。」[86] 但是在機關的所有秘密中，最大的秘密在於，不加節制的命令主義、對書面報告的強迫性需求以及沒完沒了的巡視組，加劇了黨國各地令人不安的管理混亂，同時也把老廣場淹沒在文牘當中。專政在不知不覺中束縛了自己的手腳。組織局的人員研究了多產的普拉東·列別傑夫（Platon Lebedev）——人稱「克爾任采夫（Kerzhentsev）」——寫的幾本手冊，比如《組織原則》，它的頭兩版不到幾個月就銷售一空；第三版（1924）的印數達5,000冊。為了給「在任何領域工作的基層組織者提供簡明而實用的指導」，克爾任采夫引用了美國和英國的著作，並複製了英國的卡片式人事檔案系統的插圖。這套系統設有每個員工的索引卡片，而他主張，在編制這套系統的時候，不僅要按照字母順序，還要按照職業和籍貫。[87] 但他關於指示要清晰具體、要貫徹到底，然後進行明智調整的主張，忽視了專政有一種趨勢，會導致甚或鼓勵管轄權重疊等有意造成的效率低下，這是確保政治控制的一種方式。

奪權時和掌權時的密謀表現得一樣。[88] 對廣大黨員來說，機關在理論上應當是透明的；列寧曾經主張應當在黨的大樓內部掛一張按字母排序的簽到表，上面寫上斯大林的名字以及他的辦公時間。[89] 不過，列寧在下發自己的書面命令時，常常要求把文件還給他或者是在看過之後立即銷毀。正如他在1919年談到布爾什維克對突厥斯坦的顛覆活動時寫的那樣，他總是主張，做事要「極端機密（因為我們知道在沙皇統治下怎麼工作）」。[90] 換句話説，密謀的起源和延續，同斯大林的個性沒有甚麼關係，儘管斯大林是個天生的大陰謀家，儘管他現在是主要的受益者。

436

茲納緬卡街23號

克里姆林宮西側有一條同沃茲德維任卡街平行的茲納緬卡街，街名源自一座古老的教堂（「聖母顯靈教堂」）。茲納緬卡街23號原先是亞歷山大軍事學校，後被共和國革命軍事委員會、陸軍人民委員部和布爾什維克總參謀部佔用。[91] 內戰時期，茲納緬卡街是權力中心，但隨着勝利和復員，其地位急轉直下，因為到1923年底，紅軍的數量已從500萬左右縮減到60萬。（數量減少的一個重要原因是擅離職守。）同樣重要的是，軍中所有的部隊都設立了共產黨的「政治部」，由獨立的紅軍政治部管理——但它成了斯大林的目標。1923年，組織局要求對軍隊中黨的工作進行「研究」——表面上是為了查明這類工作是否符合組織局的規定；組織局還進一步要求，黨的機關的代表要參加各軍區黨組織活動的討論會，紅軍政治部要定期向中央匯報。到1923年秋天，組織局針對軍隊的高級職務制定了一份類似的、由黨控制的職務名冊，涉及對象包括中央和各軍區革命軍事委員會委員及其助手、主要的軍事指揮機構、紅軍政治部主要工作人員、軍事檢察官和軍事學院。[92] 布爾什維克的所有高級官員，包括陸軍人民委員托洛茨基，都認可黨的至高無上。

與大部分專政國家不同，在蘇俄的黨國體制中，軍隊在政治上的軟弱性還深受社會貧弱落後的影響。政權希望紅軍成為「社會主義學校」，因此，托洛茨基對於政治訓練非常積極。[93] 可以想見，斯大林試圖抓住這個問題。他在黨的第十二次代表大會上說，人們習慣於把軍隊看作防禦或進攻的機關，而他認為軍隊是「工人和農民的一個集合點」。[94*] 1920年代，每年都會有大約有18萬農民應徵入伍。[95] 1924年的一項研究表明，入伍者對於「布爾什維克黨的路線、黨與孟什維主義以及其他異己集團的鬥爭」是一竅不通。[96] 另外一項調查表明，在軍隊的政治教育者當中，有近十分之九的人只受過不到兩年的小學教育。與此同時，報紙和講堂還充斥着難以理解的外來詞、新詞和術語。[97]「老實說，」軍隊的一位教育者指出，「當我們說到銀行、股票交易、議會、托拉斯、金融大王和民主制的時候，別人聽不懂我們在說甚麼。」[98] 在某些方面，紅軍比為入伍的多民族群眾開的俄語補習班好不了多少，不完全是政治權力的基礎。軍隊也不像蘇俄安全的保障。[99]「要是上帝不幫助我們……要是我們陷入戰爭，」斯大林在1924年說道，「我們就會被徹底擊潰。」[100] 不過，這位總書記試圖把軍隊置於黨的機關的領導下，這方面的工作還是取得了很大進展，只是托洛茨基依舊是軍隊名義上的領導人。然而在1923年底，斯大林控制下的工農檢查院就已正確地指出，托洛茨基實際上並未管理陸海軍人民委員部的日常工作。[101]

437

* 譯註：《斯大林全集》第5卷，第167頁。

盧比揚卡街2號

盧比揚卡是莫斯科的一個街區，它的名字同中世紀的伊萬三世征服諾夫哥羅德有關(「盧比揚人」原本是諾夫哥羅德一個區的名字，結果被那些被迫搬遷的人帶到了莫斯科)。1918年春，中央契卡在從彼得格勒搬來後，徵用了毗鄰莫斯科主商業區的大盧比揚卡街11號(捷爾任斯基在莫斯科的第一個辦公地點)和13號。隨着工作人員數量的增加和1919年秋天成立了獨立的莫斯科地區契卡，監督軍隊安全工作的契卡特別部又佔據了大盧比揚卡街2號——從那裏出發，這條狹窄的街道可以通往盧比揚卡廣場。這幾個地方由一座優美的矩形的五層大樓組成——大樓正面頂端有全俄保險公司1900年製造的大鐘——它們和黨的機關在靠近老廣場處佔據的那棟堅固的大樓一樣，反映出莫斯科商業資本的財大氣粗。保險公司出租了大盧比揚卡街2號底層的店面(書店、縫紉機商店、床店、啤酒館)以及大約20套公寓房，每套都有9個房間，但公寓的住戶都已被趕走，店面也清空了，而在契卡闖入之前，這棟建築是預備給蘇俄工會的。1920年，這裏設立了一座內部監獄(後來擴大了，那時給這棟建築加蓋了兩層)。「從外面一點也看不出那是座監獄」，有囚犯報告說。此外，契卡還佔用了附近的幾棟建築，結果就像一位觀察家寫的，契卡「佔據了市中心整整一個街區……很多行政部門及其下屬單位都設在這裏：『秘密行動處』、『調查處』、『統計處』、『資料處』等等職能部門……它**完全**是一座**城中之城**，工作起來……沒日沒夜」。[102]

438

盧比揚卡街2號實際上並不隸屬於政府，而是隸屬於列寧和政治局，這就意味着這一工具也在斯大林這位黨的機關負責人的職權範圍內。[103]

契卡的工作人員沒有看起來那麼多。[104] 從1921年3月開始，按照2,450名工作人員編入預算的盧比揚卡街2號竟然只用了1,415人，而真正的特工人員大概只佔總數的一半，雖然到1922年1月，中央契卡的工作人員已經增加到2,735人，但後來基本維持在這一水平。從1923年11月開始，秘密警察還掌握了3.3萬人的邊境部隊，2.5萬人的內衛部隊和1.7萬人的護衛部隊。[105] 名單上秘密線人的數量從1920年報告的6萬人減少到當年年底的1.3萬人。[106] 各省契卡分支機構的工作人員數量各不相同，大多總數在40人左右，其中特工人員只佔一半。他們管轄的區域範圍很廣，而交通條件卻往往有限。契卡依靠的是令人生畏的名聲。《真理報》刊登過有關契卡受害者的報道：活活剝皮、釘在尖樁上、剝頭皮、釘十字架、綁在木板上再慢慢推到通紅的火爐或沸水鍋裏。在冬天，據說契卡把水澆到赤膊的囚犯身上，製造出冰雕，傳言還說有些囚犯脖子會被擰到斷掉。[107] 不管是真是假，這些傳言增加了契卡的神秘感。不過，惡名在外可以增添力量，也會激起反感。[108] 1919年5月，在捷爾任斯基的倡議下，契卡奉命每週向當時新成立的組織局，也就是向斯大林匯報一次。1920年，捷爾任斯基被增補進組織局。[109] 捷爾任斯基還讓特工米哈伊爾·克德羅夫(Mikhail Kedrov)領導一個調查組乘坐裝甲列車巡視全國，肅清冒充契卡的騙子和瀆職行為。但是，因為敗壞政權的名聲而遭到清洗的施虐狂和地痞流氓又會出現在別的地方，出現在不同地區的分支機構。克德羅夫作為半吊子醫生和水平精湛的鋼琴演奏家，本人就因為嗜殺而臭名遠揚，據說他還短暫地尋求過精神治療。[110]

439

契卡毫不猶豫地啟用了沙皇時代遺留下來的監獄，重建了沙俄專門關押「政治犯」的上烏拉爾斯克的「隔離者」等監獄。傳說在契卡的隊伍中，很多人都是可惡的保安處的老手。此說不實，因為為了抓捕他們，契卡成立了追捕隊，但契卡的名聲還是因此而受到損害。[111] 不管特工人員是甚麼出身，「人們都開始把我們看作是保安處的」，契卡副主席、拉脫維亞人馬丁·拉齊斯十分煩惱。[112] 蘇俄的監獄看守、審訊人員和行刑人員很多都不是俄羅斯人，而往往是波蘭人和猶太人，可這種情況——其形成的原因部分在於那些民族在沙皇制度下屬於被壓迫民族，部分在於招募的方式(猶太人和波蘭人會招募他們同族的人)——對於契卡的名聲沒有幫助。[113] 整個1921年都在討論限制契卡的權力和防止它濫用職權的問題——不管怎麼說，內戰已經勝利了，秘密警察為甚麼還在隨便殺人呢？政治局裏要求徹底整頓警察機關的主要是加米涅夫。他在一次五金工人會議上說：「人們有理由憎惡盧比揚卡。」[114] 他建議把契卡的管轄範圍限制在政治犯罪、間諜活動、匪患以及鐵路和倉庫的安全工作，其餘的都交給司法人民委員部。列寧支持加米涅夫的建議。[115] 斯大林也是。捷爾任斯基不想交出契卡四處擴張並超出了正常法律程序的權力。[116] 但列寧堅持自己的立場，結果在1922年2月6日，契卡被所謂的國家政治保衛局*取代，職能範圍也受到適當的限制，儘管限制並沒有加米涅夫建議的那樣充分。[117]

在被認為暴動威脅太大的南高加索，向格伯烏的轉變在1922年2月並未獲得通過，這表明該項改革原本是真的打算削減權力，但這一初衷後來被推翻，而且是由列寧本人推翻的。[118] 1922年2月20日，他寫信給司法人民委員，要求「加緊懲治蘇維埃政權的政治敵人和資產階級代理人(特別是孟什維克和社會革命黨人)」，要在大城市安排「一批示範性審判」，「在從速從嚴懲治方面，在法院和報刊向人民群眾**說明**這些審判的意義方面作出示範」。[119]† 當時已經有過各種各樣的公審，從對索菲婭．帕尼娜伯爵夫人(Sofia Panina)的公審(1918)到涉及國家銀行、國家百貨公司、紡織托拉斯的幾起案件，還有一些公審在工人數量很多的頓巴斯進行。旨在把無產階級召集起來，對經濟領域的黨外管理人員發出警告。[120] 但最近的這次審判是到當時為止最大的一次。住在哥爾克的列寧不顧自己在1922年5月的中風，仔細查看了被捕人員的卷宗。[121] 從1922年6月8日至8月7日，34名所謂右派社會革命黨成員站在工會大廈圓柱形大廳的被告席上。他們過去全都因為從事革命活動而蹲過沙皇的大獄，而現在，據《真理報》說，他們是「背叛革命的資產階級奴僕」。格伯烏企圖利用繳獲的社會革命黨中央委員會的檔案來證實這些罪名。(濟加．韋爾托夫〔Dziga Vertov〕拍了一部宣傳片，名為《對社會革命黨人的審判》。)[122] 主審法官格里戈里．「尤利」．皮達可夫，宣佈了事先定好的判決結果——死刑。[123] 但國外輿論嘩然，於是，加米涅夫就找了一個巧妙的折衷的辦法，建議暫不執行死刑，而是等到社會革命黨有進一步

440

* 譯註：首字母縮寫為GPU，下文凡提到GPU的地方都音譯為格伯烏，而國家政治保衛總局OGPU則音譯為奧格伯烏。

† 譯註：《列寧全集》第42卷，第424–425頁。

「犯罪」行為的時候再執行。[124] 關在盧比揚卡死牢裏的社會革命黨人實際上成了人質。[125]

列寧向其他社會主義者發動的討伐破壞了警務改革。1922年8月，格伯烏得到正式授權，無需經過審判或法庭裁決，即可將人流放或送進勞改營。11月，格伯烏又獲得授權，哪怕是對那種缺少明確的反蘇維埃行為而只是基於「可疑」的情況，也可以行使上述權力。[126] 無論如何，對秘密警察機關改革的破壞，到時候就可能發生：布爾什維主義帶有一種受圍攻的心理，而格伯烏的大樓與契卡的一樣，人員也相同。[127] 不過，列寧還是親自出馬，在1922年秋天驅逐了一批知識分子，其中有神學家、語言學家、歷史學家、數學家等等。他們被送上兩艘租來的德國輪船——後來被稱為「哲學家船」。對於他們，格伯烏的記載是：「懂外語」、「愛諷刺」。[128] 被《真理報》(1922年8月31日) 稱為「思想上的弗蘭格爾分子和高爾察克分子」的那批人，數量要大得多，他們被趕到國內一些偏僻的勞改營，比如索洛維茨基勞改營，正式名稱是「北方特別勞改營」，那裏以前是修道院，在白海的一座島上。[129]

對世界作意識形態化的階級劃分讓秘密警察擁有無限的權力。「我們正在或將要處理的那些人，本身在政治上毫無價值，」托洛茨基告訴左翼外國記者、約翰·里德的遺孀露易絲·布萊恩特——布萊恩特在《真理報》上發表了這篇採訪 (1922年8月30日)，「但他們是我們可能的敵人手中潛在的武器。要是在軍事上再次出現困難的局面……我們就不得不根據戰時條例槍斃他們。」這是後來被歸於斯大林的那種觀點，即蘇俄人民不會容忍他們當中**潛在**的敵人，因為這些敵人的存在會招來並助長外來的干涉。[130]

441

斯大林從秘密警察那裏獲得大量材料。格伯烏聲稱，1920年代中期，有200多萬蘇聯人長期受到監視。[131] 保安處曾編過一份「沙皇簡報」(*tsarskii listok*)，是關於「反對派」還有天災、爆炸及轟動性的非政治犯罪的觀察報告，每週一期，每年加起來多達600頁，尼古拉二世看過，還會在上面做批註。但是，蘇俄的秘密警察依靠幾乎遍佈所有公共機構和居民區、直到各個村莊的線人，編寫了更加及時、內容更加廣泛的政治情緒報告 (*svodki*)。[132] 為蘇維埃國家檢查郵件的也有大約1萬人，相比之下，1914年為沙皇國家檢查郵件的只有50人。[133] 秘密警察的每份政治情緒報告都有編號，並被送給列寧、斯大林、托洛茨基以及托洛茨基在軍隊中的副手斯克良斯基，但是季諾維也夫和加米涅夫沒有，他們是在不久後才被添進去的。[134] 然而斯大林還以中央委員會的名義，打造他自己的線人網絡，試圖在正常的渠道之外獲得具體的第一手報告。

鐵匠橋街與柳克斯飯店

從盧比揚卡街的格伯烏總部再過去就是外交人民委員部大樓——鐵匠橋街15號。之所以叫「鐵匠橋」(*Kuznetskii most*)，是因為在早已填埋的涅格林納亞河上，原先有座石橋。革命前，這條漂亮的大街很出名，有時裝店、書店、照相館和餐廳。外交人民委員部的家是1918年從全俄保險公司手裏奪來的。那是一棟六層的手風琴式豪華建築，半新古典主義風格，建於1905至1906年，兩側有對稱的輔樓。[135] 除了辦公室，還帶有豪華的官邸(格伯烏副局長亞戈達恰好就住在這裏)。政變後，在沙皇政府各部中，外交部的變動最大，外交使團中既有返回國內的老布爾什維克流亡者，又有充滿幹勁的年輕人。「瞧，我們蘇維埃外交官都是些甚麼樣的人？」列昂尼德·克拉辛經常說，「我是工程師，克列斯廷斯基是教師。我們就是這樣的外交官。」蘇俄領導人拒絕使用「大使」這個「資產階級」的說法，稱自己的使節為「全權代表」，但是在1923年，外交人民委員部給各駐外使節下發了〈關於遵守資產階級社交禮儀的簡短命令〉。[136] 駐波蘭使節彼得·沃依柯夫(Pyotr Voikov)甚至想讓共事的年輕外交官們明白交際舞的重要性。「比如，他說外交上最偉大的勝利都是在舞廳裏贏得的，」有學生回憶說，「我不想引用他為了支持這種令人驚訝的理論而舉出的那些例子；說一下他最近提到的與〔1815年的〕維也納會議有關的例子就夠了。」[137] 從1924年開始，外交人民委員部把484人安排在負責崗位上，大學畢業生足足佔了33%，比例遠高於黨的中央機關。[138] 外交人民委員部的工作人員中，俄羅斯族的不到一半。[139]

442

離鐵匠橋街不遠就是柳克斯飯店——特維爾大街36號。在飯店被移交給共產國際之後就被不無諷刺地稱為「世界革命的總部」。這就是那個所有的下屬政黨——只有一個例外——都可以被批評的地方。[140] 為召開共產國際第三次世界代表大會(1921年6–7月)，柳克斯飯店在其狹小的客房裏安排了來自52個國家的大約600名代表。[141] 飯店裏佈滿了格伯烏的密探，他們慫恿或欺騙外國人，讓他們互相檢舉。與蘇俄居民的接觸受到嚴格的控制。[142] 不過，柳克斯飯店裝修高雅，還有一週一次的熱水。共產國際的辦公地點本身是在別的地方，在金錢巷的一棟兩層的宅邸——那以前屬於糖業大亨謝爾蓋·貝格(Sergei Berg)，德國大使館(米爾巴赫就是在那裏被暗殺的)起先也設在那裏。1921年，列寧把芬蘭社會民主黨的前任主席和芬蘭共產黨的創始人奧托·庫西寧(生於1881年)從斯德哥爾摩召來，請他擔任總書記，整頓共產國際混亂的日常工作。芬蘭人又請了一位私人助手毛諾·海莫(Mauno Heimo，生於1896年)。海莫於1924年來到莫斯科並負責共產國際的日常運作。「共產國際根本沒有合適的組織，所以你我必須建一個，」據說庫西寧對他說，「根本沒有合適的工作人員，對於職責也未作合適的說明。領取報酬的人有150個，但沒有人知道自己的上級是誰，或者他有甚麼權力，或者他實際上該做甚麼。」[143] 海莫的頭等大事就是找到更好的房子。他無意中發現了莫霍瓦亞街6號(也稱沃茲德維任卡街1號)一棟五層的大樓，就在克里姆林宮聖三一塔樓的外面。[144] 大樓的頂層(五樓)上不去，那裏是格伯烏的地盤，他們在監督着真正的工作：把非法的金錢轉移給外國共產黨，偽造簽證，把偷來的外國護照篡改後再用。

443

共產國際的資金總是會突然消失，據說是被偷了；也有傳言說，共產國際遭到外國情報人員的滲透。蘇俄的其他特殊機構對於該組織往往持鄙視的態度(「蘇俄人供養的成千上萬的共產國際寄生蟲」，蘇俄情報機關的一名特工人員寫道。)[145]「要想弄明白共產國際是怎麼運作的，必須認識到兩件事，」庫西寧的夫人寫道，「首先，它總是處在重組的過程中，其次，許多活動都是虛構的。」[146] 外交人民委員契切林要求把外交人民委員部的職能同共產國際的分開，而且後來還把共產國際稱作「內部的頭號敵人」(「格伯烏九頭蛇」只能排在其次)。可在1919年，不是別人，正是他邀請人們參加共產國際成立大會，而且他還是大會的代表。[147] 按理說，只有共產國際的特工人員可以在國外從事非法活動，可實際上使館人員也在那樣做。[148] 共產國際的工作人員(被稱作「外國人」)通常會打着不太可信的幌子，在蘇俄大使館內設有辦事處，而蘇俄大使館內還有格伯烏(「近鄰」)和軍方的情報人員(「遠鄰」)。另外，蘇俄高層官員——包括擔任共產國際執委會委員的幾個政治局成員在內——的說辭，幾乎總是與「被壓迫者」站在一起，反對所謂的外交夥伴國的政府。不過，外交人民委員部呈交了很多備忘錄，提醒政治局說，共產國際的高調以及格伯烏的就地處決壓縮了蘇俄在國際社會中迴旋的餘地：外國政府不相信這樣的政權會從事合法的事務，若是它們真的冒險相信了，總是會有醜聞出現，暴露出蘇維埃國家與共產國際合謀的詭計。

為了在他們想要與之建立正常關係並開展貿易往來的國家挑起革命，莫斯科採取了雙面的對外政策，在這種政策的背後，則是那種會削弱其國際關係的、以階級觀念為基礎的世界觀。列寧認為世界「資產階級」不可能接受工人國家的永久性存在，可事實剛好相反：雖然西方頑固地敵視蘇維埃政權，而且有些西方人一心想要推翻它，但西方**政府**的敵意基本上就像喬治·凱南(George Kennan)說的，是「零星的、分散的、混亂的」。凱南還說，「西方政府中的許多人開始仇恨蘇俄領導人是因為他們**做了**甚麼」，共產黨「仇恨西方政府並不是因為他們做了甚麼，而是因為他們**是**甚麼」。[149] 因此，莫斯科往往認為，工黨政府和保守黨政府實質上是一回事：都是帝國主義的，因而也都是不講信譽的。換句話說，協約國的和解不會讓蘇維埃俄國變成友好和放手的態度，協約國對蘇維埃俄國的敵意也不會是布爾什維克與西方對抗的理由。列寧認為，假如資本主義分子在某些方面與蘇維埃政權妥協，那只是因為他們不得不那樣，不管是由於他們自己工人的鬥爭，還是因為他們要追逐新的市場(比如俄國的市場)。[150] 斯大林全盤接受了這種思考問題的方式，並解釋說，一旦時機成熟，資本主義分子就會為復辟資本主義而再次發動武裝干涉。[151] 與此同時，在為新的貿易協議和長期貸款進行談判時，資本主義分子總是有些前提條件：償還不被承認的沙皇時代的國家債務、賠償已被國有化的外國資產。[152] 列寧曾經讓外交人民委員部

444

宣佈，蘇維埃國家願意討論1914年前的沙皇時代的債務問題，但他後來放棄了由此帶來的機會。[153]

勞合—喬治首相屬於那種19世紀的古典自由主義者，信奉自由放任和自由貿易。他想出了一個辦法：召開國際會議，簽署經過完善的和平協議，讓俄國和德國恢復生氣，以重建歐洲經濟，那樣就既可以使英國受益，或許還能保住他搖搖欲墜的聯合政府。[154] 1922年初，蘇維埃領導人接受邀請，準備參加4月10日的熱那亞會議，屆時出席會議的有34個國家。[155] 據説出於安全原因，列寧不會親自參加(契卡報告説，波蘭人計劃在意大利暗殺他)；事實上，自從1917年結束流亡回國後，列寧再也沒有離開過俄國。[156] 不過，他控制着蘇維埃國家的立場。當正在準備熱那亞會議的外交人民委員格奧爾吉·契切林問他，「如果美國人在要求建立代議制機構上糾纏不休的話，您看是否可以為得到相當的補償而對我國的憲法作些小的改動……？」列寧在信上寫道「精神失常！！」，並讓人把信交政治局傳閱，還説「契切林的這封信以及下一封信清楚地證明他病了，而且病得很厲害」。[157]*「這是高度機密的，」稍後，列寧在給契切林的信中寫道，「熱那亞會議的破裂對我們是有利的……當然，破裂並不是因為我們。」[158] 列強的當權者最後是不是準備同莫斯科全面緩和，現在還不得而知。[159] 但列寧看到的不是他們顯而易見的矛盾心理，而是一致圖謀建立反對蘇俄人民的資本主義聯合陣線，儘管這次會議明確表示，想要幫助俄國獲得外交承認和建立貿易關係。[160]

445

破壞勞合—喬治的努力的，並非只有列寧。法國總理雷蒙·彭加勒(Raymond Poincaré)沒有賞光參加熱那亞會議。在他的壓力下，會議議程沒有讓德國人得到機會訴説他們在支付賠款時的苦衷。彭加勒認為勞合—喬治想要犧牲法國的利益去修訂凡爾賽條約(「既沒有勝利者也沒有失敗者」)，但他堅持強硬路線的策略是適得其反。早在1919年

---

* 譯註：《列寧全集》第52卷，第624頁，註257；第226頁。美國人最終拒絕參加熱那亞會議。

的凡爾賽會議上，法國就增加過一個條款，即第116條，規定俄國——假定為後布爾什維克俄國——有權獲得德國的戰爭賠款，而現在蘇俄人暗示他們將會那麼做。不過，新上任的德國外交部長、傾向於同西方恢復友好關係的瓦爾特·拉特瑙(Walther Rathenau)，覺得應該同俄國舉行雙邊會談，把第116條這一達摩克利斯之劍拿走。[161] 當有傳言説，在熱那亞會議的頭幾次會議期間，蘇俄人在德國沒有參加的情況下，在勞合—喬治的私人別墅同英法進行了單獨會談時，拉特瑙請求會見英國首相，但是被拒絕了。4月16日凌晨1:15，蘇俄人接受德國人的建議，準備在當天進行會談。[162] 拉特瑙身邊的工作人員企圖再次向英國人示警，至少打了兩次電話，但勞合—喬治的助手都沒有接。英國首相在外交上的不專業，無意中放大了法國總理不切實際的僵化立場和列寧極度隱秘的背信棄義。[163] 德國代表團冒着大風大雨，驅車趕到蘇俄代表團在熱那亞的駐地——位於聖瑪格麗塔小小的利古雷海邊浴場與比較大的城市拉帕洛之間的皇家飯店，並於當天即復活節的傍晚簽署了一份雙邊條約。條約內容早在一週前就在德國定好了(契切林是轉道柏林去熱那亞的)，只是拉特瑙到現在才同意。[164]

拉帕洛條約讓德國又一次成為首個正式承認蘇維埃國家的大國——第一次是已被廢除的布列斯特—里托夫斯克條約——而且這次恢復外交關係並不需要償還沙皇時代的債務或者是在內政方面作出讓步，比如緩和布爾什維克專政。德國人承認蘇俄沒收德國人財產的合法性，而蘇俄人則放棄第116條規定的所有權利。雙方同意按照後來所謂的最惠國待遇開展貿易。[165] 拉特瑙除了在政府中任職，還是德國電氣集團(AEG)的董事長。他十分清楚俄國作為原材料供應國和商品消費國對於德國的經濟價值，尤其是俄國實行了新經濟政策並恢復了市場。(作為第一個擔任德國外交部長的猶太人，拉特瑙在不到兩個月後就被右翼極端分子暗殺了。) 拉帕洛條約再次肯定了德國之於布爾什維克命運的核心作用，它似乎搶先打消了列寧的疑慮，即列強會全部聯合起來對付蘇維埃政權。法國人不願考慮德國人的苦衷，英國人説服不了法國人，蘇俄人利用了法國人想出來的第116條——這為法國帶來了惡夢，為列寧帶來了幻想：一個顯而易見的蘇德軸心。[166] 至於拉帕洛條約，

446

有傳言說它還附有秘密議定書，內容涉及相當於同盟關係的軍事義務，對此，契切林在給法國的照會中矢口否認。[167] 事實上，紅軍同魏瑪防衛軍的聯繫非常緊密。1922年8月11日，兩國簽署了一項關於軍事合作的秘密的正式協議。為規避凡爾賽條約的限制，德國軍隊將獲得蘇俄境內的設施，用於訓練自己的空軍和坦克部隊，而作為交換，蘇方會從設在蘇俄境內的為兩國武裝力量提供裝備的工廠獲得德國的軍工技術。[168] 無論如何，前景就是這樣。

列寧是把外交事務當成個人封地來管理的。他和契切林的通話可能比和其他任何人都多，而且他們倆還有相當多的直接接觸，但他對待外交人民委員就像是對待小聽差。甚至在拉帕洛條約之後，契切林和蘇俄代表團因為看不到除了獲得西方的幫助外，還有甚麼別的辦法可以重建滿目瘡痍的俄國，仍然想要簽署熱那亞協議，於是他們便開始稍稍越出自己得到的授權，準備討論被拒絕償還的戰爭時期的債務問題，但列寧強烈譴責談判人員的「聞所未聞的可恥而危險的動搖」。[169]* 最後，沙皇時代的債務和被國有化的財產完全沒有向協約國做出償還或補償，因此也沒有為俄國成立任何投資財團或者同俄國簽訂任何和約。[170] 列寧認為，資本主義列強將不得不按照全球資本主義發展的邏輯復興俄國經濟，於是他聽任俄國失去了重新融入歐洲共同體的唯一一次機會。(對蘇俄或蘇聯人來說，下一次這樣的會議要等到1975年的赫爾辛基會議。)同時，魏瑪共和國和布爾什維克專政並不是兩個相似的政權，它們之間的合作將會隨着德國不斷尋求與西方的和解而變得困難重重。[171] 447 蘇俄人怎樣才能獲得大量的先進技術仍是一件沒有着落的事情。一旦列寧不能視事，斯大林就成了對外政策領域的核心人物，繼承了毫不妥協的列寧主義遺產中的所有這些挑戰。在國際關係方面，斯大林無論如何都算不上是一個專政者。

---

* 譯註：《列寧全集》第43卷，第165頁。

老廣場街8號

當斯大林有了建立個人專政的機會時，不但列寧中了風，蘇俄也是破敗不堪，因為戰爭、政治恐怖和移民而失去了成百上千萬人口。讓這種極度混亂的局面變得越發嚴重的，先是布爾什維克毫無節制的徵糧，然後是大旱、酷熱和熱風，把黑土地變成了塵暴區。播種面積本來就減少了，可現在僅有的3,800萬畝播種的土地有1,400萬畝* 絕收，於是就出現了饑荒，其規模之大，自18世紀以來從未有過。農民只能以野草、磨碎的骨頭、樹皮或屋頂的麥稈，以及狗肉、貓肉、老鼠肉、人肉混在一起煮成的有毒的大雜燴充饑。[172] 在整個伏爾加河流域(那裏是饑荒的中心)、烏拉爾南部地區、韃靼共和國和巴什基爾共和國、北高加索、烏克蘭南部的大部分地區以及克里米亞，有超過3,500萬人遭受嚴重的饑餓。1921至1923年，估計有500萬至700萬人死於饑餓及相關疾病，相當於每週死亡5萬人。[173] 在饑荒最嚴重的地區，格伯烏要在墓地站崗，以防饑餓的人們把屍體刨出來吃掉。僅在伏爾加河流域和克里米亞，當局登記在冊的孤兒就有二百多萬——他們能活下來真是奇蹟，雖然常常是眼窩深陷，肚子臌脹，雙腿如同火柴桿一般。[174]

在否決了取消新經濟政策的要求之後，列寧現在派了一名糧食採購全權代表前往實行了軍事管制的草原地區。當這名代表表示，如果百分之百地完成糧食指標，那這些地區就連種子也不會剩下時，他得到的命令是繼續執行原指示。[175] 1922年初，列寧派費利克斯·捷爾任斯基到西伯利亞徵糧，那裏不像其他地方，沒有遇到嚴重的乾旱，收成基本正常。[176] 捷爾任斯基還像內戰時一樣，住在專列的車廂裏。他寫信給妻子索菲婭·穆什卡特(Zofia Muszkat)，流露出對這項艱巨任務以及自己無法兼顧鐵道人民委員之職的絕望情緒(「現在到了冬天我才明白，必須在夏天就為冬天做好準備」)。他留在西伯利亞的時間被延長了——正是在捷爾任斯基在西伯利亞的時候，1922年2月6日，契卡被取消並代之以格伯烏，同時他也開了眼。「西伯利亞的經歷向我展示了

448

* 編註：3,800萬英畝約1,539萬公頃，1,400萬英畝約567萬公頃。

我們的管理制度的根本缺陷，」2月，他再次給妻子寫信說，「哪怕是來自莫斯科的最好的思想和指示在這裏也行不通，不能被落到實處。」[177] 與此同時，格伯烏從西伯利亞的某個省報告說(1922年2月14日)：「採購人員濫用職權已經到了令人瞠目的地步……各地抓來的農民被鎖進冰冷的穀倉，遭到鞭打(*nagaiki*)並受到槍斃的威脅。」逃往森林的農民「先是被馬追踏，然後剝光了關進沒有生火的穀倉。許多女人被打得不省人事，赤身裸體倒在雪地裏遭到強姦」。[178]

政權的注意力都放在為挨餓的西北各城市籌集糧食上面，對於饑荒肆虐的農村，它的反應遲緩而且無力。[179] 列寧拒絕向「帝國主義」政府求助，但流亡作家馬克西姆·高爾基在列寧的默許下，以私人名義向「所有可敬的人們」呼籲，結果在兩天之後，美國商務部長赫伯特·胡佛便作出積極回應。胡佛(生於1874年)是教友會信徒的兒子，童年時成了孤兒。他作為斯坦福大學的首屆畢業生做過採礦工程師，並在世界大戰期間成立了美國救濟署(ARA)——起初是一個政府機構，後來又轉為由政府提供資金的私人機構。在聽從援助蘇俄的召喚時，他提出了兩個條件：要允許美國賑災人員獨立開展工作；釋放被關押在蘇俄監獄中的美國公民。列寧很不情願地答應了胡佛的要求。胡佛的募捐和組織工作大獲成功。他籌集到價值六千多萬美元的外國糧食援助，主要是玉米、小麥種子、煉乳和糖，其中許多都是美國國會捐贈的，有些是蘇維埃政權用稀缺的硬通貨和黃金(用沒收的教會物品和其他珍寶熔化而成)購買的。美國救濟署僱了300名野外工作人員，而他們又請了10萬名蘇俄的幫手，負責1.9萬座野外廚房，最多的時候每天要為將近1,100萬人提供食物。[180] 高爾基寫信對胡佛說：「您的幫助將會作為一種獨特的、巨大的功德寫進歷史，它配得上最偉大的榮耀，它將長久地被無數俄國人銘記在心……是您把他們從死亡中拯救過來。」[181]

449 斯大林向外交人民委員部施壓，要求監督購買國外的糧食，並參與安排監視外國賑災人員。[182] 他還建議，在蘇俄境內運輸應急糧食援助的開支讓美國救濟署出。[183] 由於氣候好轉和農民的求生本能，再加上外國的捐助和從國外購買的糧食種子，1922年的收成非常不錯。新經濟政策對農民的刺激雖然見效晚了一些，但對於緩解災情仍然是有用的，結果，從1923年起，經濟復蘇開始了。[184] 政府也勉強起了一部分作用，通過了《土地法典》。《土地法典》禁止買賣土地，並對土地租賃和僱傭家人之外的農業勞動力在合法性及一定程度的現實性上作了限制，但它允許農民合法地種植任何種類的莊稼，飼養任何類型的牲畜和在土地上建造任何類型的建築；承認婦女是農民家庭中平等的一員。特別是，《土地法典》允許農戶在法律規定的土地使用期限內行使真正的選擇權：村社和定期重新分配土地的形式，集體農莊的形式，甚至是合併起來的宅地形式(即斯托雷平主義)。[185]《土地法典》沒有使用「村社」這個詞，用的是「土地社」，但政府不得不承認村社擁有自治權。[186] 政府還不得不大幅削減對於集體農莊的財政支持，而集體農莊所佔的耕地面積也縮小到很小部分(1%以下)。轉變十分驚人：不管是村社和定期重新分配土地的農民還是自耕農，都獲得了影響深遠的經濟自由。

收成的規模和及時的收割依然是國家安泰的關鍵，而且與布爾什維克奪權同時發生的農民革命十分強大，足以重塑蘇維埃國家。內戰時的糧食人民委員部，即「徵糧人民委員部」，將其主要職責交給了農業人民委員部，即無產階級專政內部的某種「農民的人民委員部」。為加強這一轉變，亞歷山大·斯米爾諾夫(Alexander Smirnov，生於1898年)，一個對黨忠心耿耿的實幹家，從副糧食人民委員調任副農業人民委員——他在1923年開始承擔這個高級職務。「徵糧人民委員部」設在紅場的上商業街(Upper Trading Rows)；「農民的人民委員部」在很多地點中偏偏挑選了共產黨總部再過去一點的老廣場街8號，在從前的博雅爾斯基德沃爾飯店兼商業綜合體裏面，那是一棟1901至1903年建造的新藝術風格的建築。[187] 在大饑荒的時候，農業人民委員部的工作人員找到了饑荒存在的理由。他們的結論是，農民的耕作一直處於災難的邊緣，因為農民不懂得最好的現代耕作方式。因此，農民需要接受農學家等專家的教育。[188] 農業人民委員部後來成了最大的政府部門，有三萬多名中央和地方工作人員，另有四萬人從事林業工作。如此的規模就連由民警和格伯烏合併而成的內務人民委員部以及第二大的財政人民委員部都自嘆弗如。[189]

450

伊利英卡街9號

在共產黨政權的統治下，財政人民委員部的存在是個令人稱奇的事情。內戰期間，政權沒有任何稅收收入，只能通過印鈔票和沒收糧食等商品為自己籌集資金。[190] 國家的貨幣基礎一片混亂。老百姓仍在使用的有尼古拉二世統治時期的盧布（*nikolaevki*）、杜馬時期的盧布（*dumskie*）、克倫斯基和臨時政府掌權時的盧布（*kerenki*）——這種貨幣蘇維埃政權本身也印製了一段時間，只是在雙頭鷹上去掉了皇冠——以及外幣。外幣的流通是非法的，而且匯率在不斷快速上漲。[191] 白軍在其控制的地盤承認蘇維埃政權印製的克倫斯基掌權時的盧布，但不承認蘇維埃盧布（*sovznaki*），並在蘇維埃盧布上蓋了「白癡錢」的戳子。[192] 由此造成的物價飛漲讓伏特加成了流通和保值的主要方式，物物交換接管了經濟。情況還沒有壞到魏瑪德國的惡性通脹那樣的地步，在那裏，馬克對美元的匯率從1921年的60比1變成了兩年後的4.2萬億比1，但是，一位沙皇時代的頂級經濟學家估計，1914至1923年，盧布貶值5,000萬倍。[193] 布爾什維克的一些狂熱分子聲稱，惡性通脹是階級鬥爭的形式之一；還有人稱印鈔機是「財政人民委員部的機關槍」。理論家們還斷言，「貨幣的終結」標誌着文明朝着共產主義階段的進步。[194] 但是到了1924年，蘇聯的貨幣穩定下來，經濟再次貨幣化，這是重組後的財政人民委員部的一個驚人的轉變。

財政人民委員部佔據的是被沒收的聖彼得堡國際銀行莫斯科辦事處的大樓——伊利英卡街9號。伊利英卡街得名於古代一座以先知以利亞命名的修道院，但街上擠滿了封閉的貿易行、銀行和交易所，被高牆圍住的商業區名為基泰哥羅德，曾是革命前莫斯科的金融中心。在伊利英卡街上，還有對外貿易人民委員部（14號）和已被斯大林與中央監察委員會合併的工農檢查院（21號），那是許多共產黨員被叫來接受紀律處分的地方。紅軍除了在茲納緬卡街的大樓外，還在伊利英卡街為紅軍政治部佔了一棟建築，即伊利英卡街2號。該建築原先是搞批發的中貿易行，就在紅場附近，紅軍政治部的報紙《紅星報》後來就是在那裏出版的。伊利英卡街連接着老廣場街和紅場，斯大林和他那些也住在克里姆林宮的

451

黨內同志，每天都要沿着這條街步行上下班。要是沒有伊利英卡街9號在宏觀經濟上取得的成就，蘇維埃政權就難以穩定，斯大林就難以集中精力建立他的個人專政。財政人民委員是格里戈里·索柯里尼柯夫(生於1888年)。1922年，他接替了不走運的尼古拉·克列斯廷斯基，而斯大林不久前剛接任了克列斯廷斯基在黨的機關中的領導職務。

索柯里尼柯夫擁有輝煌的革命履歷。[195] 他是在莫斯科猶太資產階級的特權家庭長大的：他的父親是內科醫生，有一棟樓，一家人住在樓上的八個房間，樓下開了一爿利潤豐厚的藥店。作為家裏的長子，格里戈里有德國和法國兩位女家庭教師，上的是阿爾巴特街區的一所古典中學(同尼古拉·布哈林以及鮑里斯·帕斯捷爾納克一起)，1905年加入莫斯科的布爾什維克(他在革命中用的化名〔*nom de revolution*〕可能與莫斯科的索柯利尼基區有關)。最後他到了西伯利亞，然後又流亡國外。在國外，他拿到索邦大學的經濟學博士學位。索柯里尼柯夫同列寧一起乘鉛封列車返回俄國並在1917年7月入選了人數不多的布爾什維克中央委員會，同斯大林並肩工作，成為黨報的主要編輯之一，參加了贊成政變的那幾次關鍵性的投票，而且幫助發動了政變。[196] 後來，索柯里尼柯夫負責監督銀行的國有化。[197] 他在29歲時接替托洛茨基，擔任布列斯特—里托夫斯克代表團團長並簽署了條約。[198] 內戰期間，索柯里尼柯夫雖然沒有受過正規的軍事訓練，但他擔任的不是政委，而是指揮官，並贏得了紅旗勳章。[199] 1920年，斯大林請求把索柯里尼柯夫派給他，到南方戰線對付波蘭人。[200] 索柯里尼柯夫沒有被調去南方戰線，而是被派去征服突厥斯坦。在突厥斯坦，就像我們看到的，他組織反暴動，在全國率先實行新經濟政策的實物稅，把私人市場合法化，實施貨幣改革。[201] 在德國做了手術之後(他有肝病和其他疾病)，索柯里尼柯夫在莫斯科依靠一支由革命前的財政專業人員組成的團隊，強行恢復了國家銀行，並且阻止了把列昂尼德·尤羅夫斯基教授(Leonid Yurovsky)驅逐出境。尤羅夫斯基力主創立名為「切爾沃尼茨」的新幣，一種發行量有限並以金條和外匯儲備為支撐的「硬」盧布。[202] 索柯里尼柯夫用鑄有遇害的尼古拉二世肖像的金幣作為切爾沃尼茨的輔幣。

452

索柯里尼柯夫不顧黨內普遍的抵觸和不解，完成了宏觀經濟的改革。[203] 當時的硬通貨和黃金儲備因為要用於緊急購買進口糧食，實際上已消耗殆盡，但1922年的大豐收使得出口又恢復了。出口帶來的大筆收入讓黃金儲備從1923年1月的1,500萬金盧布重新增長到一年後的1.5億金盧布，也讓開始採用切爾沃尼茨成為可能。[204] 常規的蘇維埃盧布（sovznaki）換了三次，每次貶值的幅度都很大，同時，通貨中切爾沃尼茨的比例也提高到80%左右。[205] 索柯里尼柯夫還加強了國際收支的紀律性，結果到1924年，蘇聯人竟然有了貿易順差。[206] 在索柯里尼柯夫的監督下，開始實行常規預算制度，國家的歲入來自關稅和運輸，特別是直接稅（農業領域的實物稅，那是一種收入稅），也來自對普通商品新開徵的消費稅，比如火柴、蠟燭、煙草、酒、咖啡、糖和鹽。鹽稅早在1881年就取消了，可得到特別授權的索柯里尼柯夫又把它恢復了。1923年，政權還開始重新實行伏特加專營（沙皇時代被譏諷為「酒鬼預算」），結果收入頗豐。[207] 格伯烏破壞了索柯里尼柯夫的工作——政治局批准了捷爾任斯基的建議，把所有「投機倒把分子」，包括倒賣外幣者，趕出莫斯科等大城市——但索柯里尼柯夫進行了反擊。[208]「你的特工人員得到的經費越多，」據說，索柯里尼柯夫對捷爾任斯基說，「製造出來的案件就越多。」[209] 工業游說團體也激烈抨擊索柯里尼柯夫，說他緊縮銀根的政策正在扼殺蘇聯的工業。[210] 但索柯里尼柯夫毫不讓步，嘲笑他們說「印錢是經濟的鴉片」。[211] 1924年，人稱尤利．拉林（Yuri Larin）的評論家米哈伊爾．盧里耶（Mikhail Lurye）指控，財政人民委員部是在推行它自己的「專政」。[212] 實際上，索柯里尼柯夫幫助斯大林接受了宏觀經濟學以及貨幣供應、通貨膨脹、國際收支同匯率的關係等方面的教育。斯大林支持他。[213]

「在斯大林的羽翼下」

453　斯大林的權力不但源自對細節的關注，還源自對人的關注，但不是對隨便甚麼人，而往往是對新人。「老布爾什維克協會」成立於1922年1月28日，斯大林在成立大會上講了話。[214] 會員必須是1905年前入黨的，他們希望自己在沙皇統治時期遭受的苦役和流放以及他們的資歷能夠得到認可。可是，政權雖然決定把省一級的黨的書記職務留給至少在二月革命前就已入黨的黨員，但這條指導思想在實踐中並沒有得到遵守。老布爾什維克在行政部門的比例很高，但主要擔任的是低級職務——政治局除外。[215] 老布爾什維克，尤其是過去僑居歐洲的那些老布爾什維克，常常對新人側目而視，認為他們是粗俗的笨蛋，而後者則認為老布爾什維克有資產階級的嫌疑。兩個集團都經歷過內戰的考驗，年輕一點的開始變得自信，認為自己用不着懂得多門外語和接受大學教育也可以把事情辦成。斯大林本人當然是一個老布爾什維克，但他卻支持那些新貴。新貴中工農出身的很多，但遠遠不是全部。[216] 1921年，**承認**自己出身白領的黨員足足有四分之一。不過，這些人過去主要不是服務於沙皇時代的公共機構，他們中的許多人都是二月革命的產物，加入過臨時政府的各種機構。十月革命後，他們歸附了新政權。[217]「從出身上來說，新的政治精英主要不是無產者，而是平民。」有學者寫道。[218] 這些沒有接受過完整教育的人接過了革命的重擔，他們常常要在長時間的工作之後還在晚上繼續學習。[219] 斯大林支持他們；他們就像他年輕時的樣子。不過，同他關係最近的有各式各樣的人。

最重要的是維亞切斯拉夫·斯克里亞賓（生於1890年）——人們更熟悉的名字是莫洛托夫（「錘子」），他或許是政權中第一個純粹的黨務官員（克列斯廷斯基曾經同時擔任黨的書記和財政人民委員）。他是小店員的兒子，讀的是聖彼得堡綜合技術學院，但卻入了黨，《真理報》有段時間是合法報刊，他在那時成了它的編輯。1915年，他取了一個黨內的化名。後來他解釋說，對於有些像他那樣口吃的人，「莫洛托夫」的發音要比「斯克里—亞—賓」容易，而且「錘子」聽上去同無產階級以及工業有關，可以給工人留下深刻的印象，因為他們不太喜歡知識分子黨員。[220]（和列寧一樣，莫洛托夫喜歡資產階級的西服和領帶。）和斯大林一樣，莫洛托夫革命前在沃洛格達流放過一段時間——他在那裏靠為餐館裏喝得醉醺醺的商人演奏小提琴謀生。他同斯大林的第一次見面可能是在1912年的聖彼得堡，是在一個牙醫的家裏——那是一處安全屋。[221] 身居要職的莫洛托夫兩次遭到斯大林的排擠（1917年在《真理

454

報》和1922年在黨的書記處），他本有可能對斯大林懷恨在心，暗中使絆。可他並沒有那麼做，而是按照列寧的願望，承認斯大林資格老，參加革命比他早11年，跟在這位格魯吉亞人的後面。托洛茨基嘲笑莫洛托夫是「平庸的化身」，但列寧用讚賞的口吻稱自己的門徒是「俄國最好的檔案管理員」。[222] 1920年代早期在機關工作的鮑里斯·巴扎諾夫(Boris Bazhanov)離開時印象也很深。「他是一個非常認真的官員，不太有才華，但很勤奮，」他在談到莫洛托夫時寫道，「他很沉着、寡言少語……對所有接觸過他的人來說，他都是正確的，他這人很容易接近，一點也不粗暴、傲慢、殘忍，也不想羞辱或毀掉任何人。」[223] 巴扎諾夫說的是莫洛托夫，也是布爾什維克的政治文化。

瓦列里安·古比雪夫(生於1888年)，一個在西伯利亞土生土長的俄羅斯人，出身軍人世家。他先是進了鄂木斯克士官學校，後來又進了首都的軍事醫學院，1906年因為參加政治活動被開除，為避免被捕就逃走了。他設法進了托木斯克大學法律系，但一年後離開，開始從事布爾什維克的地下工作。他多次被捕和流放，包括被流放到納雷姆(從1910年開始)和圖魯漢斯克(從1915年開始)，斯大林也在這兩個地方流放過。古比雪夫和莫洛托夫一樣，是個技藝嫻熟的音樂家，又和斯大林一樣，是個詩人。1917年，他參加了伏爾加河畔的薩馬拉市的布爾什維克政變。內戰期間，他在南方戰線工作，接着又在被重新征服的突厥斯坦擔任過指揮職務。他具體是在甚麼時候首次引起斯大林注意的，現在還不清楚。1922年，斯大林讓他成了中央委員會的正式委員和中央委員會的書記。1923年底，斯大林推薦他擔任黨的中央監察委員會主席——中央監察委員會本來是作為一個中立的上訴法庭成立的，但是在斯大林當權的時候，卻成了懲處黨員的大棒。[224] 古比雪夫對於地方上抵制中央指示的力量——想像的和真實的——毫不留情，並把地方和中央的官員組織起來支持斯大林。[225] 托洛茨基給古比雪夫起了個綽號：「黨的法令及道德規範的最嚴重的違反者和腐蝕者」。[226] 古比雪夫對斯大林絕對忠誠。[227] 在把斯大林派的另一個不可或缺的工作人員拉扎·卡岡諾維奇調到莫斯科這件事上，他似乎也起了作用。

455

卡岡諾維奇(生於1893年)來自沙皇統治下的小城切爾諾貝利附近「猶太人定居區」的一個村子，是那種性格粗野的平民的代表。他的父親既種地也在工廠幹活，沒有受過教育；他的母親生了13個孩子，活下來6個。拉扎會説俄語和烏克蘭語，稍稍懂一點意第緒語，曾經在一所猶太會堂下屬的兒童學校短暫就讀。但他的家庭供不起他唸書，所以他只好跟當地一個鐵匠當學徒，然後又去了基輔，同他的一個兄弟一起撿破爛。14歲的時候，卡岡諾維奇開始在一家鞋廠做工——要是斯大林在哥里和梯弗利斯的選擇少一點，也會那樣。1912年，卡岡諾維奇在基輔入黨；他參加過世界大戰。布爾什維克政變後，1918年1月，24歲的卡岡諾維奇作為布爾什維克代表，曾經到彼得格勒參加過立憲會議。[228] 內戰期間，他在下諾夫哥羅德和沃羅涅日服役，而那些地方主要是托洛茨基的人。但是在有關工會問題的爭論中，當時作為工聯主義者的卡岡諾維奇站在列寧一邊，反對托洛茨基。就在斯大林剛成為總書記兩個月後，卡岡諾維奇被調到中央機關，負責組織指導部——它很快就和登記分配部合併在一起——後來又負責監督職務名冊制度。卡岡諾維奇對充滿魅力的托洛茨基的崇拜有可能一直持續到內戰之後。(據機關中的一名助手説，卡岡諾維奇「很長時間以來，竭力模仿托洛茨基。後來大家都想要模仿斯大林」。)[229] 但很快他就會用猛烈的人身攻擊激怒托洛茨基。他屬於無可爭議的無產者，而且同斯大林一樣，不信任知識分子和「資產階級專家」。[230] 卡岡諾維奇口才好，是個天生的領導者，精力充沛，組織能力強。「他是個充滿活力的傢伙，很機靈，年輕、有幹勁」，巴扎諾夫寫道。[231] 1924年，斯大林讓卡岡諾維奇成了中央委員會書記。[232]

斯大林派的觸手遍及全國。他挑選了許多心腹，這些人因為都在烏克蘭——僅次於俄羅斯的最重要的共和國——工作過或正在那裏工作而聯合起來。他身邊的其他人則來自高加索：格魯吉亞人奧爾忠尼啟則(生於1886年)，格魯吉亞黨組織負責人；俄羅斯人謝爾蓋·基洛夫(生於1886年)，阿塞拜疆黨組織負責人；亞美尼亞人阿納斯塔斯·米高揚(生於1895年)，北高加索黨組織負責人。另一位最終同專政者關係很近的人物是米哈伊爾·加里寧(生於1875年)，他比斯大林大三

456 歲，在地下歲月裏也在高加索待過。[233] 斯大林讓自己在內戰時的心腹克利姆·伏羅希洛夫擔任北高加索軍區司令(1921–1924)；事實上，他是仍然同斯大林保持密切聯繫的察里津「幫」中唯一的心腹。[234] 其他一些從內戰時期的南方戰線出來的人物，尤其是那些同第一騎兵集團軍有聯繫的，都會隨着斯大林一起官運亨通，這其中就包括亞歷山大·葉戈羅夫和第一騎兵集團軍司令謝苗·布瓊尼。不過，在1920年代早期，莫洛托夫、古比雪夫和卡岡諾維奇才是斯大林政治小集團中最核心的成員。觀察家們開始説這些人是「在斯大林的羽翼下」(*khodit' pod Stalinym*)行走。[235]

斯大林的助手隊伍能力很強。亞美尼亞人阿馬亞克·納扎列江是商人的兒子，曾經就讀於聖彼得堡大學法律系(但沒有在那裏畢業)，被認為是「一個很有教養、聰明伶俐、善良而且性情沉穩的人」，他也像伏羅希洛夫和奧爾忠尼啟則那樣，是極少數可以用熟稔的「你」(*ty*)對斯大林講話的人之一。[236] 另外還有伊萬·托夫斯圖哈(Ivan Tovstukha，生於1889年)，他曾留學國外，有學者風度；僑居巴黎期間，他在羅浮宮給一群布爾什維克講過藝術。(斯大林曾經對他説過——據巴扎諾夫講——「我母親養過一頭山羊，牠同你一模一樣，只是不戴夾鼻眼鏡。」)[237] 革命後，托夫斯圖哈在民族事務人民委員部為斯大林工作。1922年，斯大林剛成為總書記就把他調到黨的機關。托夫斯圖哈是出了名的寡言少語。他患有肺結核，而且只有一個肺，但他很快就取代納扎列江成為斯大林的高級助手。[238] 斯大林還調來敖德薩本地人列夫·梅赫利斯(Lev Mehklis，生於1889年)，沙皇時代的一個小官員的後代，本人在革命前加入過錫安工人黨。梅赫利斯是從工農檢查院過來的，斯大林在名義上擔任過那裏的領導；梅赫利斯在工農檢查院監督削減國家僱員和開支，尤其是硬通貨開支以及打擊貪污的工作，他在1922年的一份調查表中大談自己如何使「〔國家〕機關重回正軌」。[239] 梅赫利斯搬進了蘇維埃1號樓(在格拉諾夫斯基街)，離克里姆林宮的住所很近。他為人嚴肅，不喜社交。「梅赫利斯與下屬的談話是這樣進行的：『把下面這些事情做好。清楚了嗎？解散。』半分鐘。」機關人員巴扎諾夫回憶説。斯大林對托夫斯圖哈説話比較客氣，對梅赫里斯比較粗魯。「比如，斯大林會說，『梅赫利斯，火柴！』或『鉛筆！』」巴拉紹夫說，「對托夫斯圖哈不會。〔斯大林〕對他非常尊重，也聽他的。〔托夫斯圖哈〕是個內斂的人，乾巴巴的，寡言少語，但非常聰明。他是一個很好的領導者。」但儘管「梅赫利斯不太容易相處，」巴拉紹夫最後說，「斯大林看重他的這些品質，認為梅赫利斯願意執行任何任務，不管是甚麼任務。」[240]

457

最初這些年，很多新人進入了斯大林的圈子，他們中有些人會被淘汰，有些人會飛黃騰達，比如鐵路公務員之子、馬其頓族的格奧爾吉．馬林科夫(Georgy Malenkov，1902–1988)——他先是上了一所古典中學，然後又在莫斯科技術學院讀書。還有謝爾蓋．瑟爾采夫(Sergei Syrtsov，生於1893年)，他來自烏克蘭，在聖彼得堡綜合技術學院上學時入的黨(他沒有在該校讀完)，內戰時擔任過政治委員，負責強制驅逐哥薩克。瑟爾采夫作為黨的第十次代表大會的代表還參與了鎮壓1921年喀琅施塔得暴動，並在同年被任命為中央委員會機關的人事主管，之後在1924年調任宣傳鼓動部部長。[241] 斯大林手下的黨務官員還包括斯坦尼斯拉夫．柯秀爾(Stanisław Kosior，生於1889年)，他被總書記任命為全西伯利亞黨組織負責人；以及安德烈．日丹諾夫(Andrei Zhdanov，生於1896年)，他得到了下諾夫哥羅德省；還有安德烈．安德烈耶夫(Andrei Andreyev，生於1895年)，他被斯大林留在中央機關擔任中央委員會書記。這些以及其他的例子說明，斯大林提拔的不僅僅是沒有受過教育的人。閱歷豐富的索柯里尼柯夫的情況尤其如此。他精通俄語，懂六門外語，還是頗有造詣的音樂家，是個真正的**知識分子**，這一點與卡岡諾維奇剛好相反(卡岡諾維奇在突厥斯坦工作時曾是索柯里尼柯夫的手下)。[242] 但索柯里尼柯夫還和卡岡諾維奇一樣，是個極為高效的組織者。[243] 在索柯里尼柯夫的幫助下，列寧的新經濟政策從口號變為現實，然而列寧總是貶低他。[244] 但斯大林對他比較關心。不錯，索柯里尼柯夫是不住在克里姆林宮(他和年輕的第三任妻子——一名作家——在格拉諾夫斯基大街二流精英居住的大樓裏有套住房)，但是在1924年，斯大林把索柯里尼柯夫提拔為政治局的候補委員。

尋找槓桿

許多任命並不是斯大林做出的。例如，出身貴族、同亞歷山大·普希金是遠房親戚的格奧爾吉·契切林（生於1872年）是由列寧任命的。[245] 政權中的夜貓子一開始並不是斯大林，而是契切林：他住在鐵匠橋街15號辦公室附近的地方，要工作到淩晨，並以在早晨四五點鐘打電話給下屬詢問情況或傳達指示而著名。（放鬆的時候，契切林會用鋼琴彈奏莫扎特的曲子。）為了得到更多的權力，斯大林把希望寄託在契切林最主要的副手馬克西姆·李維諾夫（生於1876年）的身上。李維諾夫出生於比亞韋斯托克的一個富裕的銀行家庭，但因為是猶太人而先後被中學和大學拒之門外。[246] 李維諾夫有件事情一直耿耿於懷：契切林是在1918年1月才加入布爾什維克的，而他早在1898年俄國社會民主黨初創時就是黨員，但是被任命為外交人民委員的卻是契切林而不是他李維諾夫。（給契切林的調令到來時，兩人都在倫敦。）[247] 列寧對李維諾夫說他是部裏不可或缺的「黨的鬥士」，而李維諾夫因為長期為黨工作的確贏得了一些信任。[248] 但他也被認為生性多疑、釣名沽譽、裝腔作勢卻又十分自卑、渴望得到賞識、工於心計。[249] 他對契切林的敵意在當時是很有名的。「我沒有哪個月不從他們倆中的一個或另一個那裏收到便函，上面寫着『絕密，政治局委員親啟』，」斯大林辦公室的工作人員巴扎諾夫寫道，「在這些便函中，契切林指責李維諾夫墮落、無知，是個下流粗野的罪犯，不該讓他從事外交工作。李維諾夫則說契切林是個同性戀、白癡、瘋子，一個不正常的人。」[250]

政治局要求契切林把李維諾夫帶去參加有關西方議題的會議，結果契切林討價還價，把出生於梯弗利斯（1889）的亞美尼亞人、人稱加拉罕的列夫·加拉哈尼揚（Karakhanyan）提拔為自己的副手，負責東方事務。[251] 加拉罕過去屬於托洛茨基的國際派，1917年夏天和托洛茨基一起加入了布爾什維克。斯大林起初極力主張換掉這個亞美尼亞人，認為政權需要一個更容易接受東方各民族的穆斯林。然而斯大林與加拉罕的通信很快就開始充滿討好的意味。（「您的身體怎樣？您感覺如何？您肯定想念〔蘇維埃社會主義共和國聯盟〕……一刻也不要相信日本的外交人員，那是最不可以信任的民族……向您的夫人問好。約·斯大林。又及：到目前為止，我一直很健康……」)。加拉罕的回信也差不多(「緊握您的手。致以衷心的問候。您的列·加拉罕」)。看來加拉罕在巴結斯大林，而斯大林則想在外交人民委員部找個自己的人。但李維諾夫也想通過明顯模仿斯大林的觀點來爭取那個角色。[252] 這種互動在蘇維埃體系中隨處可見——斯大林想從人們的私人恩怨中坐收漁利；官員們想拉攏他對付競爭對手。

秘密武器

契卡和格伯烏有三個核心人物，而這三個人同斯大林的關係都很密切。首先是捷爾任斯基。1877年，他出生於立陶宛和白俄羅斯邊界地區的明斯克附近，是一個波蘭貴族地主家庭中的八個孩子之一。後來他成了孤兒，並為了成為天主教神職人員而狂熱地學習。[253]「上帝在我心中！」據説他對自己的哥哥説過，「要是有一天，我像你那樣開始認為上帝根本不存在，我就開槍自殺。沒有上帝，我就活不下去。」[254] 做學生時，他轉而信仰馬克思主義，並在離畢業還有兩個月的時候被維爾諾中學開除。結果，用他自己的話説，他變成了「一個成功的鼓動家」，「在社交晚會，在酒館，在工人聚會的不管甚麼地方，向完全處於蒙昧狀態的群眾講明道理」。[255] 但最後，他在沙皇的監獄、流放地和苦役中一共度過了11年，而且還染上了肺結核。[256]「他的雙眼看上去真的像是充滿淚水，有無限的憂傷，但他的嘴巴露出了寬厚善良的微笑」，英國雕塑家克萊爾·謝里登(Clare Sheridan)説道——她在1920年為他做了一尊半身塑像。(捷爾任斯基對她説，「在監獄裏，人學會了保持耐心和平靜」。)[257] 捷爾任斯基在政治上有點容易遭人詬病。他是在1917年4月才加入布爾什維克的，然後又在布列斯特—里托夫斯克條約問題(1918)和工會問題(1921)上反對過列寧，但他之所以受人稱道，是因為他讓反革命分子聞風喪膽，而且過着革命苦行僧一般的生活——他睡的是鐵床，支在不生火的辦公室裏，吃的是茶和麵包皮。[258] 他親自向列寧匯報工作。在列寧因病不能工作之後，他與斯大林的關係越來越近。斯大林既沒有受到捷爾任斯基的威脅，也沒有因為秘密警察的幫助而完全依賴他。

另一位波蘭人維亞切斯拉夫·明仁斯基成了捷爾任斯基的第一副手並管理着秘密警察，因為他的上司還要同時兼任鐵道人民委員（從1924年起又兼任最高國民經濟委員會主席）。他是一個皈依了東正教的波蘭貴族兼教師的兒子，出生於聖彼得堡，畢業於聖彼得堡大學法律系。他僑居歐洲達11年之久，在巴黎做過銀行職員，在博洛尼亞的布爾什維克學校教過書，同時還畫畫、出版詩集。據説他在1917年用從前淑女學校的三角鋼琴演奏過肖邦的華爾茲，而他要是穿上三件套，看上去就像一個銀行家或花花公子。明仁斯基曾經短暫擔任過最早的財政人民委員，然後又做了一些外交工作（他通曉的語言大概有十幾種）。之後，捷爾任斯基考慮到他生來就適合做特工工作，就把他提拔到契卡。[259] 兩人都住在克里姆林宮，而且在阿爾漢格爾斯科耶的別墅也靠得很近（哥爾克6號）。關於明仁斯基的趣聞很多：躺在鋪着中國絲綢的長沙發上審問犯人，把自己手腳的指甲染成紅色，戴着金框的夾鼻眼鏡，娶的是從前諾貝爾家族的女家庭教師（她離開了他還帶走了孩子）。列寧稱他是「我的頹廢的神經質者」。[260] 事實上，明仁斯基的確有過躺在沙發上接待人的事情。在巴黎時的一次車禍，嚴重地損害了他的聽力和神經，使他落下了退行性脊椎關節炎。此外，他年輕時還得過猩紅熱和白喉，28歲時得了斑疹傷寒，並患有急性咽喉炎、動脈硬化、心臟肥大、偏頭痛、心律不齊，有一隻腎受到感染。他身高5英尺9英寸，* 但體重有200磅，† 每天要吸50至75支香煙，而因為失眠，睡眠時間不足五個小時。[261] 雖然明仁斯基在內戰時就警告過托洛茨基，説斯大林在背後不停地搗鬼，但斯大林和明仁斯基這兩位曾經的詩人相處得還不錯。不管怎麼説，病怏怏的明仁斯基構不成威脅，斯大林辦事可以繞開他。

對斯大林來説，秘密警察中影響最大的官員是約諾霍姆·約胡達（Jenokhom Jehuda）——世人更熟悉的名字是亨里希·亞戈達（Genrikh

460

* 編註：約1.75米。

† 編註：約91公斤。

Yagoda）。斯大林把亞戈達讀作「亞高達」（Yagóda），戲稱他為「要戈達（Yágoda，漿果）」。（馬克西姆·高爾基稱他「小漿果」〔*Yágodka*，要戈達卡〕）。1891年，亞戈達出生於雅羅斯拉夫爾省的一個波蘭人和猶太人家庭，是家中的八個孩子之一，但是在第二年，他們家就搬到下諾夫哥羅德；他的父親是珠寶商，母親是鐘錶匠的女兒。亞戈達的父親是雅科夫·斯維爾德洛夫的父親的表兄弟。年輕的亞戈達上了高中，學了德語和統計，但是在1907年就開始積極參加革命政治活動，基本上屬於無政府主義者。他的姊妹當中有一個是無政府主義者，而且是藥劑師學徒，所以他也做了六個月的藥劑師學徒；1912年5月，他在莫斯科被捕，似乎是因為盜竊和窩贓，贓物中包括武器和炸藥。亞戈達還給老斯維爾德洛夫當過雕刻師學徒，據說偷走了所有的工具，想要自立門戶，失敗後又回去賠禮道歉，然後又再犯。世界大戰中，他應徵入伍（他的一個兄弟因為拒服兵役而被處決了）。1915年，他娶了斯維爾德洛夫的侄女，從而獲得了未來進入政府的機會：1919年11月，他成為契卡事務管理局局長，雖然他在黨內的自傳材料中強調自己「在幾乎所有的戰線」都取得過戰績，幹過「直到殺人在內的各種工作」。[262] 1920年底，亞戈達獲得了當捷爾任斯基不在時簽署命令的權利。1923年9月，他成為格伯烏第二副主席，填補了由於捷爾任斯基兼職過多和明仁斯基生病所留下的空白。亞戈達外語不行，但是在經濟管理和搞陰謀詭計方面很有一套。[263] 他可以直接向斯大林匯報工作是從1922年夏秋的時候開始的，這一方面是因為斯大林新擔任了總書記，另一方面也反映了斯大林對警方特工人員的栽培。[264]

461

亞戈達成了斯大林的秘密武器，但專政者決不是在碰運氣。他還培養了亞戈達在秘密警察內部的幾個對頭，比如阿爾圖爾·弗拉烏奇。弗拉烏奇1891年生於特維爾省，父親是意大利人，來自瑞士，是製作乾酪的，母親有愛沙尼亞和拉脫維亞血統，而他自己能說流利的德語和法語，中學畢業時得了金獎，之後又完成了在聖彼得堡綜合技術學院的學業。弗拉烏奇經常去歌劇院聽男低音歌唱家費奧多爾·夏里亞平的演唱，他自己除了唱歌還會彈鋼琴和繪畫。他改名為阿爾圖爾·阿爾圖佐夫（Artur Artuzov，俄羅斯人聽起來會容易些），並通過關係進入了契卡

(他母親的一個姊妹嫁給了米哈伊爾．克德羅夫)，從1922年7月開始，負責反間諜工作。[265] 在盧比揚卡總部，契卡不同派系之間的鬥爭常常同對付「反對者」(反革命分子)的鬥爭一樣頻繁。阿爾圖佐夫和他的專業人員看不上亞戈達及其手下有限的反間諜技術。(更別說還有波蘭情報機關對蘇維埃情報機關的滲透，對於蘇維埃的人員以及從沙俄到蘇維埃時期的警察機關的手段十分瞭解。)[266] 除了阿爾圖佐夫，斯大林同後來管理軍隊情報機關的約瑟夫．溫什利赫特的關係也很密切。

亞戈達生活奢侈、行為不檢點，這讓斯大林很容易就控制了他。亞戈達向苦行僧似的捷爾任斯基抱怨說，警察機關的官員「既沒有錢也沒有功勞，缺吃少穿，連最基本的東西都沒有」，導致「士氣渙散，諸如受賄之類的事情盛行」。亞戈達特別指出，卡累利阿甚至連寫報告說明物資短缺的筆墨紙張都沒有。[267] 但亞戈達自己卻住在鐵匠橋街上層人物居住的大樓裏，並用國家的錢對其進行了改造。他還擁有一座很大的別墅。他在私人住所召開格伯烏會議時，是一邊喝着伏特加，一邊就着可麗餅和魚子醬。他還建立了一個小集團，裏面都是些名聲不好的人。有一次，亞戈達交給一個中間人看管的沒收來的白蘭地和朗姆酒一下子就少了二百多瓶。[268] 一個名叫亞歷山大．「薩沙」．盧里耶(Alexander "Sasha" Lurye)的同夥名聲更臭，把「沒收來的」珠寶拿到國外換取硬通貨——名義上是代表格伯烏，還從自己的鑽石生意中給亞戈達提成，並弄來上等的洋酒和假陽具。亞戈達沾上商人(*commerçant*)的臭味，於是，他的最高上司斯大林就可以緊緊地盯着盧里耶之流所搞的那些見不得人的勾當——那是專政者的保險措施。

462

「關鍵在於領導」

這話讓我們轉向了政權的焦點，即專政者本人。斯大林的性格將會成為世界歷史上的核心因素，並影響到對他的所有評價。有個學者的說法很有代表性。他認為，與戰爭、革命及內戰所造成的曠日持久的緊急狀態有關的那種政治鬥爭，其實非常適合斯大林個人的特點。這話的確有道理，但也適合絕大多數布爾什維克。[269] 事後對於斯大林性格的「洞見」，可能會產生非常大的誤導。他的自我認知同高層的大多數革命者一樣：1920年，在黨的調查表中的「職業」一欄，斯大林填的是「作家(時評家)〔*publitsist*〕」。[270] 列寧在前一年類似的黨內調查表中寫的是「文學家」(*literator*)；托洛茨基在加入「前政治犯協會」時對自己的職業寫的是「作家和革命家」。[271] (當然，對於沙俄時期的革命者來說，寫作和編輯屬於為數不多的幾種合法活動。) 在斯大林身上，體現出馬克思主義和俄羅斯的知識分子傳統，可他還是一個獨樹一幟的實踐家(*praktik*)，一個力行者，一個實幹家，是非無產者出身的革命家中最接近於擁有無產者身份的人。不過，斯大林仍然一再返回到列寧的著作這個試金石。同他有關的一個基本事實是，他是透過馬克思主義的理論來看世界的。

463

對於斯大林的描述，最普遍的——尤其是在知識分子當中——可能是說他有自卑感。「由於斯大林的嫉妒心和野心極其強烈，」托洛茨基後來聲稱，「他每一步都會不自禁地感覺到在知識和道德上的自卑。」[272] 托洛茨基把道聽途說的描寫斯大林自卑感的每一點東西都收集起來。「他要我做的我做了，但他還是覺得不夠，」阿韋利·葉努基澤說——據列昂尼德·謝列布里亞科夫說，因為這話是他告訴托洛茨基的——「他要我承認他是一個天才。」[273] 但是，托洛茨基對斯大林有多瞭解，現在還很難說。這兩人並沒有甚麼交往。(托洛茨基承認自己「從來不去斯大林的家裏」。不過，這並不妨礙他自認為已經把斯大林看透了。) [274] 毫無疑問，斯大林的野心很大，想要成為舉足輕重的人物；事實上，他也在為此不懈地努力。斯大林訂閱了相當多的期刊，並在不久後指示托夫斯圖哈，按照不同的主題為他建立一個龐大的圖書室：哲學、心理學、社會學、政治經濟學、俄國歷史、其他國家的歷史、外交、軍事、文學、文學評論、回憶錄。這不是擺設，而是為了工作。[275]

斷言斯大林有自卑感，至少同樣暴露出其他人的優越感，而這不僅是說托洛茨基。比如鮑里斯·巴扎諾夫，他上過大學，自負甚高，移居國外後很是輕視斯大林的才智，說「他經常不知道做甚麼和怎麼做，但他不露聲色。我經常看到他猶豫不決，寧可跟在事件的後面而不去引導它們」。據說這種行為證明了斯大林沒有受過教育、沒文化、不讀書。[276] 然而，在一次採訪中，巴扎諾夫終於屈尊對斯大林細心謹慎的習慣作了正面的評價。「斯大林非常明智，在別人還沒有充分展開自己的論點前從來不說甚麼，」巴扎諾夫說，「他會坐在那兒，看看討論是怎麼進行的。在所有人都發言之後，他會說：好的，同志們，我想解決問題的辦法是如此這般——然後他就開始重複大多數人在不知不覺中得出的那些結論。結果，久而久之，人們在提到斯大林的時候就開始說⋯⋯他擁有各種各樣基本的智慧，使他得以提出解決困難的正確辦法。」[277]

可以說明斯大林心胸狹窄的事例很多，但都沒有甚麼特別突出的。比如說下面的：1920年底，列寧也許在無意中幫了他在思想上的死對頭尤利·馬爾托夫一個忙，在馬爾托夫到德國參加完會議後不讓他回到蘇俄，使馬爾托夫躲過了孟什維克黨人後來受到的審判。不巧的是，馬爾托夫得了肺結核，兩年後，列寧要斯大林用黨的經費給馬爾托夫支付在柏林的醫藥費。斯大林無疑還記着馬爾托夫1918年指控他搶劫的事情，因為指控帶來了一場誹謗罪的官司，於是斯大林拒不同意。「甚麼，要把錢浪費在工人階級的敵人身上？」據說斯大林是這樣答覆列寧的，「這事您找〔黨的〕其他書記吧！」[278] 1923年4月4日，馬爾托夫去世；李可夫代表列寧出席了在柏林的葬禮。但是，從此事來看，很難說斯大林就特別喜歡報復。憎惡馬爾托夫的遠遠不止斯大林一個人。為《消息報》寫了訃告的拉狄克說，馬爾托夫是「從前革命的小資產階級的最真誠和無私的代表」。[279] 托洛茨基的評價也不怎麼樣，他稱馬爾托夫是「民主社會主義的哈姆雷特」。[280] 馬爾托夫的來自右翼的批評者，包括立憲民主黨人，甚至是他自己所在的孟什維克黨人，則正確地指責他犯了教條主義和政治上短視的錯誤。[281] 而列寧不但想從政治上，還想從肉體上消滅除馬爾托夫之外的孟什維克派社會民主黨人。

464

斯大林待人是有區別的。有些人是他賞識的，也有很多人是他要對付的。(紅軍騎兵指揮官布瓊尼回憶說，斯大林會在私下裏對布瓊尼任命的這個那個人提出質疑。) [282] 但是並沒有可靠的證據可以證明，在1920年代初斯大林有甚麼了不起的墮落行為。托洛茨基講的下面這件趣聞顯然發生在1922年，說是布哈林告訴他的：「我剛剛看過柯巴。

您知道他是怎麼打發時間的嗎？他把週歲大的兒子從床上抱起來，從煙斗裏吸一口煙，再吐到孩子臉上。『這會讓他長得更壯實』，柯巴說……『那樣做很野蠻』，我說。您不瞭解柯巴。他就那樣——有點兒古怪。」[283] 這故事聽上去像是真的，但在後來會從比較險惡的角度理解。據糧食人民委員部的一名高級官員說，在1921年的一次會議上，列寧對他說，「當我直視着你的時候，你似乎同意我的看法並說『是的』，但要是我轉過身去，你就會說『不』」。[284] 如果這事說的是斯大林，倒是臨床妄想症的主要證據。

最初很少有人看得懂斯大林。「我對自己的工作滿意嗎？」阿馬亞克．納扎列江寫信給回到梯弗利斯的密友奧爾忠尼啟則說(1922年6月14日)。「既滿意也不滿意。一方面，我經受了重大考驗，瞭解了全俄和世界事務，我還將經受紀律的磨練，學會在工作中保持嚴謹的態度，從這個角度說，我是滿意的。另一方面，我的工作完全是和文件打交道，很辛苦，主觀上沒有甚麼令人滿足的東西，純屬體力活，佔了那麼多時間，連打噴嚏和喘口氣都不行，尤其是在柯巴的鐵腕管理下。」納扎列江接着還說，「從他身上要學的東西很多。因為可以近距離地瞭解他，我對他產生了不尋常的敬意。他擁有的性格只能讓人羨慕。我不可能感到生氣。他對工作人員很嚴厲，同時也很關心。」[285] 納扎列江對斯大林的理解非常精確：體貼，苛刻，尤其是任勞任怨。那還不是全部。「他老奸巨猾，」納扎列江在給奧爾忠尼啟則的另外一封信中寫道(1922年8月9日)，「很難對付，很難馬上就弄懂他。」[286] 可以想見，斯大林的對手們會如何用陰暗的眼光看待他既關心人又老奸巨猾的性格。[287]

465

斯大林既可以很封閉，讓人難以接近，但也可以變得很有魅力，而且事實證明，他對於那些在「其羽翼下」的人來說，是個忠實的靠山。[288] 1919年見過斯大林的米高揚很好地捕捉到了斯大林給那些他喜愛的人留下的印象。米高揚後來在回憶中提到，1922年，當時他擔任下諾夫哥羅德黨組織負責人，斯大林如何因為黨的第十一次代表大會地方代表選舉的事情把他叫到克里姆林宮的家中——以及列寧如何直接走了進來。「斯大林在我眼中的地位提高了，」米高揚回憶說，「我看得出，他在如此重要的黨內事務上是列寧的左膀右臂。」1922年夏天，斯大林將米高揚調任黨的東南局負責人（總部在羅斯托夫）。「黨的第十一次代表大會之後，斯大林開始大力集中幹部，組織他們在各省和中央輪換，」米高揚繼續說道，「就我所知道的以及與我的工作有關的方面而言，我喜歡他的做法。」斯大林能夠迅速領會米高揚關心的問題，而且從不拒絕這個外省人的建議。「所有這些都增強了我對斯大林的信任，於是我開始經常向他請教，在去莫斯科的時候就會拜訪他。」米高揚接着還說，「斯大林那時一心撲在工作上……他的健康狀況很好，這很讓人佩服，而他的態度和行為也得到人們的贊同。」

出於仕途的考慮，野心勃勃的米高揚顯然正在密切關注着一股正在上升的政治力量。「1923年春天，大概是5月份，我正好在莫斯科，就順便去了他家，」他繼續說道，「他那時候住在從克里姆林宮的三一門進去右邊第一棟樓，在那棟兩層樓房的二樓。房間都很簡樸，除了餐廳之外都不太大。他的辦公室很小。」（後來，當斯大林提高了自己在克里姆林宮的住房待遇並把米高揚調到莫斯科時，他就把這套房子給了米高揚。）「斯大林胳膊上吊着三角巾走出了他家裏的辦公室。我頭一次見到這種情況，自然就問是怎麼回事。」斯大林說：「我的胳膊疼，尤其是在春天。好像是風濕。過段時間就好了。」斯大林的關節炎可能在童年的時候就有，後來變得嚴重了，特別是當他在西伯利亞流放的時候；這種病的週期性復發會伴有扁桃體發炎和流感。[289]（1904年斯大林26歲時，沙皇警察機關寫道，「一個明顯的特徵：很久以前的脫臼讓他左胳膊的活動受到限制」。這顯然是根據斯大林自己的話記錄下來的。）[290] 米高揚問斯大林為甚麼不去治，他回答說：「醫生有甚麼辦法？」但米高揚諮詢了醫生，並從1923年開始，讓斯大林到南方的馬采斯塔河附近接受藥浴治療。[291] 含有硫磺的礦泉水起了作用，緩解了斯大林的關節痛，於是他開始每年到南方度假。「斯大林太喜歡索契了，」米高揚認為，「甚至當他不再需要到馬采斯塔做藥浴的時候還去那裏。」[292]（實際上，斯大林的關節痛一直沒有消除。）

466

另外一個秘密的聚會地點是斯大林在莫斯科郊外的別墅。這座鄉間的房子位於梅德文卡河左岸的烏索沃，以前屬於列翁·祖巴洛夫（Levon Zubalov，祖巴拉施維里〔Zubalashvili〕），是那位已過世的巴庫石油大亨在磚砌的高牆後面的茂林中，在一塊開闊土地上為自己和家人建造的四棟磚砌別墅之一。[293] 主建築（祖巴洛沃4號）有兩層；上面一層，斯大林和他的妻子各有一個房間，而且斯大林還有一間辦公室。娜捷施達（生於1901年），或者按照昵稱「娜佳」，是他的第二任妻子，年幼時被他抱在膝頭而到少女時卻成了他的新娘。她在列寧的秘書處工作。她想要一份事業，而不是被人稱作執政者的妻子，但她患有嚴重的頭痛，而且心情抑鬱。[294] 下面一層是絡繹不絕的親戚和逢迎拍馬者使用的：阿利盧耶夫家和斯瓦尼澤家（斯大林已故的第一任妻子的家人）這兩大幫人，還有姨娘姨夫、舅舅舅媽以及他們的孩子。瓦夏（Vasya）出生的那年，斯大林第一次婚姻的棄兒、當時14歲的雅科夫被人從梯弗利斯送到莫斯科，同他一起生活。斯大林之前是把他丟給格魯吉亞的姨媽和舅舅撫養；搬到莫斯科是一個艱難的轉變，因為他不懂俄語，因此也不懂他父親說的話。斯大林不喜歡雅科夫，在別人面前稱他是「我的傻瓜」。這其中的部分原因也許在於，他讓他的父親想起了失去的那位可愛的格魯吉亞妻子。有段時間，斯大林的家裏還有一位年輕的成員阿爾喬姆·謝爾蓋耶夫（Artyom Sergeyev）。他和瓦夏是在同一所醫院出生的，比瓦夏晚19天。他的父親是斯大林在內戰時的親密戰友，在對裝有飛機發動機的高速軌道車進行測試時撞車而死，之後斯大林就收養了他。

467

祖巴洛沃距離莫斯科足足有8英里，* 而且沒有直通的公路；冬天人們需要在汽車輪子上加裝防滑鏈或者需要汽車雪橇（車身裝有坦克履帶）。斯大林很少外出，即便出去也基本上是在週日。不過別墅裏有架自動鋼琴，是從老祖巴洛夫那時留下的，而令人驚嘆的是，它還能用。這架鋼琴斯大林非常喜歡，因為他特別喜歡音樂。另外，他在院子裏還種了塊菜地，養了些鵝、家雞和珍珠雞，弄了個小養蜂場。他偶爾會從附近的國營農場借一個馬拉的雪橇——就如同斯大林最喜歡的作家之一契訶夫小說中描寫的情景。「在晚上，斯大林特別喜歡駕雪橇」，

---

* 編註：約13公里。

阿爾喬姆回憶説。[295] 這是一個人們很少見到的斯大林。托洛茨基的別墅——人稱「總部」——要更加氣派，就在莫斯科北面阿爾漢格爾斯科耶被國有化的尤蘇波夫宮。那處莊園過去歸戈利岑家族所有，那之前則歸舍列梅捷夫家族。尤蘇波夫宮的藝術品仍然掛在牆上：提埃坡羅(Giovanni Battista Tiepolo)、布歇(François Boucher)、弗拉戈納爾(Jean-Honoré Fragonard)；* 這不是以社交聚會出名的地方。相比之下，奧爾忠尼啟則以及後來的謝爾蓋·基洛夫——他也許是斯大林最親密的朋友——總是到祖巴洛沃拜訪斯大林。米高揚夫婦和他們的四個孩子佔據了祖巴洛沃的一座更大的別墅(祖巴洛沃2號)，伏羅希洛夫夫婦在那裏也有一棟別墅。[296] 不過，斯大林到祖巴洛沃時有時情緒低落，並開始和娜佳吵架。他們的婚姻因為對於妻子角色的不同看法而變得緊張起來。

娜佳的上司利季婭·福季耶娃回憶説，斯大林的妻子「非常漂亮」，長着「格魯吉亞人的眼睛」(她的祖父是格魯吉亞人)，但福季耶娃也指出，「斯大林對她非常粗暴」，儘管他的嗓門不大(「斯大林説話總是輕聲細語」)。當娜佳在列寧的秘書處工作時，斯大林有時也會讓她記錄自己口授的內容，但多數情況下是要她好好招待來家裏的客人。在她懷瓦夏的時候(1920–1921)，斯大林下了決心要她辭去外面的工作。福季耶娃聲稱，當她向列寧匯報説斯大林對娜佳施壓要她辭職的時候，列寧要求有甚麼情況就告訴他；斯大林讓步了，列寧説了句「亞洲人」。1921年12月10日，瓦夏出生後八個月，娜佳這位政治局委員的妻子兼列寧的私人秘書，因為政治上「消極」在清黨時被開除了。[297] 她寫信向列寧求助。誰會這麼冒失或者説有這樣的權力清洗她呢？只有一個人，他顯然是企圖逼迫自己的妻子回到家中。列寧通過電話向黨的中央監察委員會主席口授了一張便條，強烈要求恢復娜佳的黨籍。[298] 娜佳恢復了候補黨員資格，但是要到1924年才能重新成為正式黨員。[299] 她不想讓人知道並被當作總書記夫人看待，就在《真理報》下轄的《革命

468

* 譯註：提埃坡羅(1696–1770)為意大利畫家，布歇(1703–1770)與弗拉戈納爾(1732–1806)均為法國畫家。

與文化》擔任秘書工作。由於有頭痛和抑鬱的毛病，娜佳的狀態可能極其艱難。斯大林同時是一個以自我為中心的、家長意識很強的丈夫和不稱職的父親。

因此，1920年代初，處於權力中心的就是這樣的一個人：有風度但行事詭秘，有魅力但表裏不一，關心人但要求苛刻，為人隨和但是對希望得到他的愛的妻子比較狠毒。可是，在由黨務人員組成的「家庭」中，斯大林是至高無上的守護神。「他的性格既聰明又野蠻，要是我可以這樣說的話，」納扎列江在提到斯大林的古怪性格時認為，「但他這人還是很溫和的，有同情心，能尊重人的價值」。[300] 最後，斯大林最突出的一點就是他在機關內部的控制力。「同斯大林共事不容易，尤其是對書記處的領導們以及關係最密切的助手們來説，」工作人員阿列克謝·巴拉紹夫回憶説，「在他周圍會覺得非常緊張……毫不誇張地説，你必須夜以繼日地工作，回家只是睡個覺。」他們都覺得精疲力竭，渴望獲得允許去學習。據巴拉紹夫説，有一次，他們開了一個他們稱之為「真正的列寧主義者」的會議——又稱「二十人會議」——「斯大林説，『捷爾任斯基同志，這裏的〔格里戈里·〕坎納(Grigory Kanner)請求放他去學習。您認為如何？所有的助手們都靜了下來，注意聽着。『那太好了，』捷爾任斯基回答道，『我有空着的牢房。讓他在那裏學習。』我們都覺得涼颼颼的。」[301]（人稱「小個子」的坎納，長着「綿羊毛」一般的「黑色鬈髮」，是在1922年5月初進的斯大林機關，因為總是被分派別人最不願意幹的事情而出了名。）[302] 巴拉紹夫還説，「當時根本不存在害怕。有的是對〔斯大林的〕堅韌、勤奮和嚴謹的尊重。我那時覺得，對於怎樣成為一個優秀的領導者和組織者，他身上有很多值得學習的東西。」[303]

不過，巴拉紹夫補充了一點：這位總書記活在機關的天地裏。「我不喜歡的一點是，斯大林是一個機關工作人員，一個黨務人員，」巴拉紹夫強調説，「我們按照官署的方式管理黨和國家，沒有考慮群眾的建議。當然，他〔斯大林〕會和很多不同的人見面，比如參加農村通訊員會議、專家會議。但那都是在辦公室。好像人們都在抽煙(*makhorka*)，結果呢，煙霧騰騰的，甚麼也看不見。」[304] 但是，如果説斯大林同群眾

469

接觸的機會有限，他同政權中年輕的工作人員接觸的機會卻非常多。托洛茨基公開嘲笑工作人員把革命引入歧途，據説布哈林後來對孟什維克費奧多爾·唐恩説，斯大林「就如同黨的象徵，基層的人都相信他」。[305] 巴拉紹夫是卡岡諾維奇的門徒，但卻通過一個叔叔私下看望了托洛茨基。他説自己在中央機關的那些年(1922–1926)，托洛茨基只去過一次。[306] 斯大林同這些人打成一片，傾聽他們的聲音，而且想辦法讓中低層工作人員能夠提高能力，掌握馬克思主義理論和管理的方法——雖然並不一定能夠達成真正的共鳴。對於蘇維埃制度，斯大林形成了一種他畢生都會堅持的羅曼蒂克的看法。「**黨的**專政必須是指甚麼？」他在列寧寫的一份1923年的文件上寫道，「國家政權要依賴於武力？不，那是廢話！依賴於黨的無限的權力？也不是！關鍵不在於權力，關鍵在於對黨的信任，而信任根本不以黨的無限權力作為必備的前提條件。關鍵在於領導。」[307] 掌握了權力後，斯大林終其一生所追求的不僅是個人的榮耀，還有破解統治的秘訣，擴大俄國在世界上的影響。

沃茲德維任卡街和老廣場街先後成了斯大林王國的巨大車輪的軸心。就像以前的俄羅斯帝國一樣，蘇維埃國家開始成為一座裙帶關係的迷宮，對正式的制度有着多方面的影響。但斯大林的裙帶關係是高度制度化的：共產黨這部機器儘管效率低下，而且有摩擦，卻正是沙皇政權所沒有的。由於有了黨，組成黨國的大批個體擁護者就可以向某個人看齊，這個人就是黨的領袖。[308] 在很短的時間內，斯大林在各個重要的部門都有了支持者。很多工作人員明白，自己既是在為事業服務，也是在為斯大林個人服務。之所以人們對這種驚人的影響力感到意外，是因為他們低估了斯大林。但即便是一個立刻被公認為史上最偉大政治人物之一的人，他如果能那麼快就確立了如此程度的政治控制力，也會讓同時代的人感到驚訝。當然，1922至1924年的專政能力還很有限，但要強於沙皇制度的專政能力，因為與君主專制不同，蘇維埃政權以群眾的名義積極發動群眾。然而，當時的蘇維埃國家還沒有找到竅門，把發動起來的群眾充分地整合到威權主義的政體中。

470

政權在政治上甚至空間上的安排，反映出1917至1918年的革命是一種雙重革命——布爾什維克革命和農民革命——兩者互相抱有戒心。另外，新經濟政策在政府部門的兩個支柱，老廣場街8號（農業）和伊利英卡街9號（財政），構成了黨的中央機關的兩翼。三個機構剛好都設在革命前莫斯科的商業和金融區（基泰哥羅德）的中心，三個機構的建築都是商業資本和商業抱負的化身。置身於革命前莫斯科的資本主義中心，同時卻管理着共產黨並主持共產黨對資本主義的赦免工作（新經濟政策），斯大林作何感想，現在還不清楚。清楚的是，他是浸泡在共產主義意識形態中的。很多政權都有秘密警察，都追捕敵人。這個政權的不同之處，在於其特殊的一黨制結構以及超驗的觀念，即對豐裕、公正、和平的新世界的幻想。在一黨制的框架內，很多人都堅定地建設那個世界，但其他人對於那個世界還沒有變為現實感到失望。有流言說新經濟政策是一次熱月——那是法國革命中對7月的稱呼，當時，即1794年7月，發生了反革命，雅各賓人被推翻。當然，實施新經濟政策的是布爾什維克自己，而且他們仍在台上。[309] 但仍有觀察家認為，工業領域肯定會被迫實行非國有化，政治制度也會有相應的變化。按照這種想法，新經濟政策只是讓步的開始。[310]

列寧在1922年11月坦承：「我們現在應該在甚麼地方和怎樣重整隊伍、適應情況、重新組織，以便在退卻之後開始極頑強地向前進攻，這一點我們還不知道。」[311]* 給出答案的任務會落到斯大林頭上。儘管在那之前，他必須先解決掉托洛茨基。所有的專政都需要一個無處不在、從內部構成威脅的「敵人」。托洛茨基就是為此而量身定制的，是老天爺賜給斯大林的機會——只要他明白這一點。事實證明，將會對總書記職務所固有的絕對權力以及對斯大林的心理平衡構成最嚴重威脅的，不是托洛茨基，更不是季諾維也夫或加米涅夫，而是斯大林最重要的保護人列寧，或者至少可以說是所謂的列寧口授文件。　471

---

* 譯註：《列寧全集》第43卷，第296頁。

第十一章

「把斯大林調開」

472

斯大林同志當了總書記，掌握了無限的權力，他能不能永遠十分謹慎地使用這一權力，我沒有把握。

——據説由列寧在1922年12月24日口授的文件，
轉交時間為1923年5月底[1][*]

斯大林太粗暴，這個缺點在我們中間，在我們共產黨人相互交往中是完全可以容忍的，但是在總書記的職位上就成為不可容忍的了。因此，我建議同志們仔細想個辦法把斯大林從這個職位上調開。

——據説由列寧在1923年1月4日口授的文件，
轉交時間為1923年6月[2][†]

在大多數人連斯大林都不瞭解，更別提瞭解斯大林的權力之前，他就處在了權力之巔。1922年秋，托洛茨基似乎率先認識到，由於列寧的退場，斯大林如何掌握了可怕的權力。到1923年夏天，正如我們將要看到的，季諾維也夫和布哈林對於斯大林可以動用的資源之多深感震

---

* 譯註：《列寧全集》第43卷，第339頁。

† 譯註：《列寧全集》第43卷，第340頁。

驚。假如我們像上一章那樣，對斯大林在中央機關掌握的種種工具細究一番，那他通往絕對統治的道路就顯得易如反掌。但是，建立專政中的專政的手段雖然已經落到他的手中，最驚人的事情仍然發生了：列寧似乎要求解除斯大林的職務。就在斯大林緊鑼密鼓地鞏固自己權力的時候，他的巨大權力受到了圍攻。與其説是總書記辦事易如反掌，倒更像在敵人的地盤上露營那樣危機四伏。

有很長一段時間，列寧對托洛茨基十分惱火，這是有大量文獻可以證明的，但是，所謂的列寧對斯大林很憤怒，則是以神秘文件的形式在1923年春夏突然冒出來的。這些文件的核心部分後來被稱為「列寧遺囑」(*zaveshchanie*)，是由列寧妻子娜捷施達·克魯普斯卡婭在幾名為列寧工作的女性——特別是瑪麗亞·沃洛季切娃(Maria Volodicheva)和列寧秘書處負責人利季婭·福季耶娃——的幫助下，或者説合謀下產生的。那些據説是出自列寧的最重要的文件，現在並沒有原稿存世(文件也沒有「遺囑」之類的標題，在首次出現的時候實際上根本沒有標題)。就像有俄羅斯學者通過縝密而詳細的考察所顯示的，文件的真實性根本沒有得到證明。這位學者正確地指出，除非能拿出有説服力的文獻材料來證明這些文件是出自列寧之口，否則，我們就必須慎重對待他是否為作者的問題。[3] 不過，不管這些文件是不是，如果是，又是以何種形式出自列寧本人之口，它們都成了蘇聯政治生活中，特別是斯大林生活中的一種現實。我們將不是根據這些被歸於列寧的文件的所謂口授日期，而是根據它們產生的時間和背景，尤其是根據它們產生的後果來分析。這些文件中的關鍵詞——「把斯大林調開」——最終會長期徘徊在蘇聯的歐亞大地以及蘇聯之外的世界，但首先是，將長期糾纏着斯大林本人。

473

1922至1923年形勢的發展非常奇怪。引發對斯大林而言可能是致命的政治麻煩的，不是別的地方，正是格魯吉亞，是他已經拋卻但又合謀讓布爾什維克政權再次征服的祖國。在莫斯科，反對斯大林繼續擔任共產黨總書記的陰謀之所以出現，是因為格魯吉亞有人挨了一記耳光。此事本來跟斯大林無關，因為他當時正在從事一項艱巨的工作，要把內戰中出現的各個蘇維埃共和國之間那種鬆散、模糊、就連邦聯也談不上的結構強行改造成一個可以正常運轉的國家。他之所以能擁有至高的地位，關鍵在於諳熟全國錯綜複雜的形勢，而不僅在於他是總書記。但在這項打造日後的蘇聯的重要任務啟動不久，斯大林就趕上季諾維也夫策劃的一個瘋狂的陰謀，要在整個敵對的資本主義世界中唯一承諾與蘇聯進行秘密軍事合作和技術轉移的國家，挑起「德國的十月革命」，或者說共產黨政變。此外，聲稱在德國出現「革命形勢」的蘇維埃政權，自身也飽受工潮的襲擾，儘管政權是以工人的名義統治的。[4] 還有新經濟政策，本來想讓國家恢復元氣，結果卻弄得人心惶惶，造成農村糧價與城市生產的製造品價格的巨大落差。這期間，列寧接連出現了大中風。

474

對於這一時期，人們經常從由斯大林、加米涅夫和季諾維也夫組成、反托洛茨基的三駕馬車* 的角度敘述。這樣做有其道理，只是多年來人們一直誤以為，斯大林是初級合夥人。但是，反托洛茨基的三駕馬車因為下列事實而蒙上了陰影：就在它開始運轉的時候，發生了一起針對斯大林的陰謀；策劃者是季諾維也夫和布哈林，而且後者還試圖在季諾維也夫與托洛茨基之間充當自薦的中間人，只是沒有成功。三駕馬車的敘事不應掩蓋遠比這重要的故事，即布爾什維克的核心圈子作了多次嘗試，以防止黨的總書記建立專政中的專政——這種能力難以預見但卻自有其內在結構上的淵源。這些努力造成了一種新的現實，疊加在第一個現實之上：斯大林覺得被冤枉和出賣了。假如說在上一章，他在行使權力時給人的印象是充滿魅力和自信——儘管有時也讓人覺得古怪——那在這一章，他在與季諾維也夫和托洛茨基作鬥爭，尤其是與被歸於列寧的口授文件作鬥爭時，給人的印象是多疑和自憐，是一個自視為受害者的統治者。

共產黨人的這種組織生活——代表大會、中央全會、政治局會議(斯大林的政治生活)——並沒有把哪怕是一小部分的普通黨員包括在內，更別說去規定這個幅員遼闊的國家的生活節奏。對於大部分農民來說

* 編註：「三架馬車」原文為triumvirate(三頭同盟，即三個有權人物佔主導地位的政體；與下一章的duumvirate〔二頭同盟〕呼應)。俄語文獻中形容斯大林等執政三人的表述則是troika，其本意為「三駕馬車」，故相關中譯本的慣用譯法即為「三駕馬車」，本書也採用此譯法。

——農民依然佔居民的壓倒多數——黨就是一個貪得無厭的敵人，打着言辭漂亮的幌子收稅徵兵。(黨的會議不對公眾開放，主要是擔心黨外群眾會從台下猛烈抨擊黨員。)農民一心想着怎樣度過饑荒和把地種好；想着怎樣把牲口養好，要是有牲口的話；想着除草和天氣；想着置辦和保養農具；想着抵擋疾病和老鼠；想着不讓老婆利用共產黨的新法律跟自己鬧離婚。這個實行了社會主義的國度非常貧窮，正在努力從嚴重的破壞中恢復過來。1920年代初，至少根據有案可稽的經濟活動來看，蘇俄的人均年收入大概不到70盧布。因此，接下來不是要描述這個國家的生活——斯大林基本上是通過電報和信使送來的那些扭曲的、高度機密的報告來認識它的——而是描述蘇聯的成立和所謂「德國的十月革命」，描述一種能力有限但目標遠大的專政制度，描述位於這一切的中心的那個人。那個人一面時刻保持警惕，一面巧妙地擴大國家的專政力量。

475

蘇維埃社會主義共和國聯盟以及梯弗利斯的一記耳光

成立蘇聯的宏大故事充滿了誤解，列寧被當成了各民族的捍衛者，而斯大林則是俄羅斯沙文主義者和推行中央集權的頭號人物。[5] 斯大林的確主張讓俄羅斯社會主義聯邦蘇維埃共和國吸收其他各蘇維埃共和國，建立一個中央集權制的國家，但他也主張讓這些蘇維埃共和國在大部分內部事務上擁有「自治權」，列寧起初接受了斯大林的計劃。托洛茨基的反應也差不多：「斯大林同志的建議簡單易懂，很有吸引力。」[6] 1922年中期，推動這一框架的機會來了。當時，格魯吉亞共產黨允許英、法資本出資的奧斯曼銀行在梯弗利斯開設分行，蘇俄財政人民委員格里戈里·索柯里尼柯夫對此非常憤怒，要求吊銷該銀行在格魯吉亞的營業執照，結果觸怒了格魯吉亞共產黨的中央委員會。[7] 可是，被世界大戰釋放出來的民族國家這頭妖怪，還能放回到瓶子裏嗎？斯大林認為可以。

作為組織局解決國家結構問題的專門委員會的負責人，斯大林起草了提綱，要求「把〔各蘇維埃共和國〕統一成一個單一的聯邦，在軍事和經濟事務上，以及在外部聯繫〔外交和對外貿易〕上融為一個整體，並保留各共和國在內部事務上的自治權」。[8] 但是，對於俄羅斯社會主義聯邦蘇維埃共和國吸收烏克蘭、白俄羅斯、格魯吉亞、亞美尼亞和阿塞拜疆的正式提案，表示接受的只有阿塞拜疆和亞美尼亞兩個中央委員會。阿塞拜疆面對的是過去統治它的伊朗國家，亞美尼亞面對的是土耳其。亞美尼亞人在土耳其遭受過屠殺。格魯吉亞中央委員會只同意，「經濟力量和總體政策的統一，但要保留所有的獨立屬性」。白俄羅斯中央委員會要求得到與目前存在於蘇維埃烏克蘭和蘇維埃俄國之間的同樣的條約關係——含糊不清加上事實上的獨立——而烏克蘭中央委員會甚至沒有討論新草案。[9] 只有非凡的人物通過非凡的努力，才會造就可以正常運轉的一體化國家。 476

一開始，斯大林最頑固的對手是當時的烏克蘭政府首腦、受人尊敬的克里斯托・斯坦切夫(Kryasto Stanchev)，也叫做克里斯季安・拉柯夫斯基(Cristian Rakovski)。他主張的盡可能最弱的中央權威相當於邦聯。不過，要阻止斯大林可不是那麼容易：9月23和24日，拉柯夫斯基等人剛好在度假，他讓委員會批准了他的計劃，成立一個具有自由意志的中央集權制國家。[10] 在莫斯科，黨的書記處甚至在政治局開會之前，就把文件立即傳達給蘇維埃俄國的中央委員。斯大林還私下裏游說列寧，說自己的計劃極為急迫，說俄羅斯社會主義聯邦蘇維埃共和國的機關發現，它對於各共和國的決定時常要重新考慮，而各共和國則抗議蘇維埃俄國的「非法」干預。他提出一種苛刻的選擇：要麼是真正的獨立(「分家」)，「要麼是把各蘇維埃共和國真正統一成一個經濟整體，並把俄羅斯社會主義聯邦蘇維埃共和國的人民委員會、勞動國防委員會和中央執行委員會的權力範圍，正式擴大到高於各獨立共和國〔的那些權力〕之上」。後者「在語言、文化、司法、內務和農業領域」，他強調說，仍將保留「實際的自治權」。斯大林提醒列寧，由於內戰時期的「莫斯科自由主義」而膽大起來的「共產黨中的獨立派」，要是控制不住，勢力只會變大。[11] 列寧在9月25日收到斯大林的來信，那是在這封信已經獲得組織局委員會通過之後。第二天，斯大林前往哥爾克，與列寧私下會晤很長時間。後來他再也沒有去過哥爾克(列寧在接下來的那週回到了莫斯科)。據說有人看到斯大林在離開哥爾克時心情不好。[12]

列寧不贊成建立中央集權制國家，要求斯大林把「加入」俄羅斯社會主義聯邦蘇維埃共和國改成「同俄羅斯社會主義聯邦蘇維埃共和國一起正式聯合成歐洲和亞洲蘇維埃共和國聯盟」。* 列寧的方案意味着包括蘇維埃俄國在內的各成員國一律平等，意味着有更多國家發生社會主義革命後，它們也可以加入這個聯盟。對於這一修改，斯大林同意讓步，這使得列寧當天就很興奮地把斯大林作出「重大讓步」的消息告訴了加米涅夫。[13] 列寧堅決認為，俄羅斯社會主義聯邦蘇維埃共和國的蘇維埃中央執行委員會不應該只管這一個國家，這一點和斯大林相反，但是斯大林建議的在共和國一級設立的人民委員部(財政、糧食、勞動)，列寧建議在聯盟一級也要設立。[14] 另外，從列寧作為俄羅斯社會主義聯邦蘇維埃共和國的政府首腦卻替所有的蘇維埃共和國做決定的行事方式來看，很難說他是一個真正的聯邦主義者。[15] 但是在給加米涅夫的信中，列寧堅持說：「重要的是，我們不去助長『獨立分子』，也不取消他們的獨立性，而是再建一層新樓——平等的共和國聯邦」。† 不過，斯大林也感到此事關係到原則問題，因此提出在列寧的計劃中，有些共和國——比如烏克蘭和白俄羅斯——已經獲得與俄國平等的待遇；但其他共和國，比如目前俄羅斯社會主義聯邦蘇維埃共和國內部的各個自治共和國，則沒有獲得。他認為自己提出的**所有**民族共和國自治的計劃，實際上更加公平。這無疑適用於巴什基爾、韃靼或突厥斯坦，而它們在斯大林的方案中是和烏克蘭或白俄羅斯平等的。此外，在斯大林的方案中，俄羅斯共和國將成為母艦，而這是列寧反對的。

477

列寧從來沒有為這件事去過格魯吉亞，連烏克蘭也沒有；對於這個各地情況差異很大的國家，斯大林的直接經驗要豐富得多，而且他知道，要得到政治上的擁護，就要遷就民族主義，但他也認識到，一個國家必須馴服民族主義。在列寧的眼中，格魯吉亞是個弱小民族，深受帝俄的壓迫；與列寧不一樣，斯大林瞭解格魯吉亞民族沙文主義壓迫高加索其他民族的情況。[16] 不僅如此，斯大林還不無道理地懷疑，格

---

* 譯註：《列寧全集》第43卷，第213頁。

† 譯註：《列寧全集》第43卷，第214頁。

魯吉亞共產黨實際上只是想通過結盟，謀求事實上的獨立。波利卡爾普·「布杜」·姆季瓦尼既是組織局的委員會委員，同時也是格魯吉亞的中央委員，他請人交給列寧一封信——布哈林轉交的——並在信中憤怒指責斯大林和奧爾忠尼啟則，後者是布爾什維克在南高加索的最高領導。[17] 9月27日，列寧剛接待過斯大林便又接待了姆季瓦尼。[18] 同一天，斯大林發作了。他給所有政治局委員寫了一封怒氣沖沖的信，指責列寧的「草率」以及「民族自由主義」。在黨的高級官員中，從來沒有誰使用如此激烈的語氣與這位布爾什維克領袖進行書面溝通。[19] 然而斯大林知道，列寧的想法前後不一：1922年初，這位布爾什維克領袖曾經指責烏克蘭共產黨人——「那裏管事的人很狡猾」——想要躲避黨的指示，抵制莫斯科的中央集權。[20*] 而在斯大林看來，這恰恰就是他的格魯吉亞同志們現在幹的事情，所以他才會發作。儘管如此，斯大林給1922年10月5至8日的中央全會下發的計劃，與列寧提出的方案，即把各蘇維埃社會主義共和國組成一個聯邦制的聯盟，還是完全一致的。列寧因為病重沒能出席全會，但斯大林確保列寧的計劃獲得了通過。[21]

斯大林的併入俄羅斯這一提案面臨的重大阻礙，不但有列寧和有民族主義傾向的格魯吉亞共產黨人，還有烏克蘭的一些布爾什維克領導人，比如拉柯夫斯基，他是在羅馬尼亞長大的保加利亞族人，以及烏克蘭族的共產黨人，他們在組織局的專門委員會內部進行了堅決的鬥爭。[22] 實際上，在姆季瓦尼造成的混亂中，被忽略的一個事實是，反對建立中央集權制國家的人當時已經獲得了勝利。(人們對「歐洲和亞洲的」這個說法提出反對意見——要是在非洲或美洲發生了革命怎麼辦？——所以這種地理上的標識就被去掉了。) 蘇維埃國家變成了聯邦。在這種紛亂中同樣被忽略的還有，斯大林是想在歐亞地區實行中央集權，但列寧是想在全球實行中央集權。波蘭戰爭期間，他不但想要蘇維埃化，還想在紅軍揮師西向、進入歐洲之後，把一些國家合併進來。斯大林當時回應說，「對於組成舊俄國的各個民族來說，我們可以而且應該認為，我們

478

* 譯註：《列寧全集》第43卷，第103頁。

這種形式的聯邦(蘇維埃)是通往國際性的聯合的一條合適的道路，」但是對「未來的蘇維埃德國、波蘭、匈牙利、芬蘭」來說，卻並非如此，「這些民族……決不會同意按照巴什基爾或烏克蘭的模式，直接和蘇維埃俄國結成聯邦性質的聯繫」。相反，他認為「邦聯(由一些獨立國家組成的聯盟)是結合的最佳形式」。[23] 斯大林還特別提及芬蘭和波蘭，認為它們雖然過去是「舊俄國」的一部分，但對於和蘇維埃俄國的結盟，卻不太容易接受。[24] 列寧的回信即使有，也已經遺失或毀掉，但是從斯大林那裏仍然可以瞭解到它的大致內容：列寧把斯大林建議的歐洲邦聯斥為「沙文主義、民族主義」，並堅決認為「我們需要一種中央集權的世界經濟，要單獨由一個機構管理」。[25] 斯大林沒有這樣的妄想。

在1922年格魯吉亞人製造的混亂中，過去人們沒有注意到的還有一個事實：歐亞地區任何一種聯邦性質的國家結構，哪怕還沒有誕生，都會被套上籠子。那是因為俄共當時雖然已經允許成立各民族的共產黨，但是在成立蘇聯的同時，1919年第八次代表大會定下的黨的非聯邦性質並未被取消。要在實踐中落實莫斯科對各共和國共產黨嚴格的上下級關係很困難，但歸根結底，正如馬克思主義者喜歡說的，黨戰勝了國家。對於姆季瓦尼那種有民族主義傾向的共產黨人，其實可以這樣來責問：他們要服從共產黨的紀律，也就是說，要服從斯大林控制的莫斯科機關的統治。

479 在烏克蘭人和格魯吉亞人竟然守住防線，不肯併入俄羅斯的同時，格魯吉亞人仍不滿意：他們在聯盟中沒有得到和烏克蘭一樣的地位，而造成這種結果的原因，他們認為在於奧爾忠尼啟則。謝爾戈·奧爾忠尼啟則，1922年的時候36歲，出身於格魯吉亞西部一個非農奴家庭，曾在梯弗利斯學過醫，有從事護理工作的資格，同時也加入了布爾什維克(1903)。1907年，他在巴庫監獄的3號牢房遇到了又名「柯巴」的斯大林。[26] 1920至1921年，奧爾忠尼啟則與斯大林合謀，用武力重新佔領了亞美尼亞、阿塞拜疆和格魯吉亞，結果引起格魯吉亞人的憤怒。只是由於列寧的強行干預才使奧爾忠尼啟則沒有被開除出中央委員會。「我能怎麼辦？」奧爾忠尼啟則辯稱，「我是個暴脾氣。也許到了50歲，我會變得溫和一點，但在這期間，我改不了。」[27] 此後不久，

1921年11月，奧爾忠尼啟則不顧與其共事的格魯吉亞布爾什維克的反對，着手組建南高加索聯邦。[28] 格魯吉亞人當時正在把大批亞美尼亞居民直接或間接地強行趕出梯弗利斯，而且格魯吉亞人民委員會下達指示，規定蘇維埃格魯吉亞的公民身份要以種族標準為基礎。[29] 武裝的領土爭端、關稅壁壘以及其他帶有「沙文主義毒藥」性質的行動也是成立聯邦的理由。[30] 在奧爾忠尼啟則造成最新的既成事實之後，列寧給斯大林寫了張便條(1921年11月28日)，認為建立南高加索聯邦的時機尚未成熟，不過還是接受了。[31] 建立南高加索聯邦的正式條約是在1922年3月12日簽訂的。

格魯吉亞中央委員會拒絕讓步。「親愛的約瑟夫！」斯大林已故的首任妻子卡托的哥哥阿廖沙．斯瓦尼澤絕望地寫信給他，「在最近召開的中央委員會會議上，謝爾戈和布杜沒有哪一次不是從頭吵到尾……教教他們互相尊重吧。又及：要是讓我擺脱這種環境並有機會到國外去工作，我將不勝感激。」[32] 姆季瓦尼同樣出身於格魯吉亞西部的貴族家庭。他為人固執，脾氣火爆。他和奧爾忠尼啟則對於格魯吉亞在聯盟中的地位問題存在嚴重的政策分歧，這讓兩人產生了強烈的敵意。[33] 在普通代表的支持下，奧爾忠尼啟則的聯邦計劃在格魯吉亞黨代表大會上獲得通過。[34] 奧爾忠尼啟則的背後還有斯大林。斯大林沒有像為巴什基爾人和韃靼人那樣，站在民族「平等」的立場上為格魯吉亞人說話。這其中的部分原因在於宿怨——斯大林和姆季瓦尼早就認識而且互相憎惡——但也是由於格魯吉亞地處邊疆。斯大林認為，就像格魯吉亞孟什維主義的例子所證明的，社會經濟狀況「落後」滋生了大量的「機會主義分子」，他們為了脱離蘇維埃俄國，有意無意地利用民族主義，結果讓國際資產階級趁機建立了「外國干涉和佔領區」。[35] 姆季瓦尼及其支持者向列寧反映過非格魯吉亞人湧入格魯吉亞、莫斯科把格魯吉亞領土割讓給土耳其，以及格魯吉亞放棄對亞美尼亞和阿塞拜疆的領土要求等問題。[36] 這在斯大林看來與格魯吉亞孟什維克的行為沒有甚麼兩樣。

480

由於成立蘇聯到了最後階段，奧爾忠尼啟則大怒，決心清洗格魯吉亞中央委員會中的「沙文主義敗類」。1922年10月21日凌晨2:55，姆季瓦尼用休斯電報機從梯弗利斯打電報給莫斯科，對蘇維埃中央執行委員會主席團秘書、格魯吉亞人阿韋利·葉努基澤大罵奧爾忠尼啟則。葉努基澤十分震驚：要是格魯吉亞的形勢惡化，那這種「土壤是由格魯吉亞中央委員會的多數派準備的」。[37] 列寧此時對他們也受夠了。他在當天晚些時候的一封電報中嚴厲斥責姆季瓦尼，維護奧爾忠尼啟則，並建議把爭端交由黨的書記處也就是斯大林處理。[38] 在梯弗利斯，當地的中央委員會當着奧爾忠尼啟則和李可夫(他碰巧在南方)的面召開了會議。然而與蘇維埃俄國中央委員會的決定相反，大多數人都贊成不以南高加索聯邦的形式而是作為格魯吉亞共和國加入蘇聯，這是在明目張膽地挑戰黨的紀律。那些格魯吉亞人被責令辭職，結果在10月22日，11名格魯吉亞中央委員有9人辭職。奧爾忠尼啟則清洗的目的達到了。[39] 但格魯吉亞人仍不肯罷休，姆季瓦尼的一名支持者正式在黨內指控奧爾忠尼啟則，說後者拿着大理石鎮紙和小刀追着他跑，威脅要槍斃他；奧爾忠尼啟則拒不承認這些指控。[40]

雖然南高加索聯邦問題已經在格魯吉亞人的投票中由多數票給解決了，但那些指控卻不能不管，於是，1922年11月25日，政治局決定派出一個三人調查小組，由格伯烏首腦捷爾任斯基負責，當時他正在黑海岸邊的蘇呼姆度假，離梯弗利斯不遠。[41] 不知是甚麼原因，在確認調查小組的人員構成時，列寧沒有參加電話表決，但他可能是讓李可夫替他去關注此事，因為李可夫也在蘇呼姆度假。李可夫住在奧爾忠尼啟則的梯弗利斯家中，並在那裏安排會見了曾經一起在西伯利亞流放過的阿卡基·卡巴希澤(Akaki Kabakhidze)，後者這時屬於姆季瓦尼集團。聚會很有可能就是喝酒。卡巴希澤指控奧爾忠尼啟則用國家的錢養了一匹上等白馬。奧爾忠尼啟則的朋友米高揚後來解釋說，那匹馬是高加索山地部落的人送的禮物——這樣的禮物是不能拒絕的——而且奧爾忠尼啟則已經把牠交給了國家養馬場，只是偶爾騎一騎。[42] 奧爾忠尼啟則打了卡巴希澤。李可夫把兩人分開，並向莫斯科報告說是私人爭吵，與政治無關。[43] 但這記耳光的反響很大，會成為向斯大林的專政發起挑戰的基礎。

481

謀求經濟專政未果

就在斯大林忙於打造一個囊括整個歐亞地區的可以正常運轉的國家時，托洛茨基也在忙於奪取經濟的指揮權。就在1922年春天黨的第十一次代表大會之前——就是在那次大會上，斯大林被任命為共產黨的總書記——托洛茨基給列寧遞了一張批評性質的便條，抱怨各省黨組織都在關心諸如農業播種運動或工廠出租之類的經濟問題。「作為一個黨，如果黨不從直接的統治和監督工作中擺脱出來，就不可能清除黨內的官僚主義和經濟中的放縱」，托洛茨基寫道。他認為黨應該把注意力放在年輕一代的理論教育之類的事情上。[44] 列寧在便條上寫道：「存檔。」[45] 但托洛茨基繼續鬥爭，並為打造「經濟專政」而建議大力擴充那個小小的國家計劃委員會的權力範圍。國家計劃委員會並不制定經濟計劃，只是專門與管理人員磋商。[46] 但托洛茨基想要的那種計劃與新經濟政策不兼容。托洛茨基警告革命正淹沒在小資產階級農民的汪洋中，列寧警告説農民是布爾什維克的「法官」：農村的勞苦人是在延長布爾什維克的政治「貸款」，要是布爾什維克不能帶來生活水平的提高，他們就不幹了。[47] 列寧稱「只要還沒有可能去依靠獲勝的歐洲工人階級」，工人階級與農民的「同盟」(*smychka*) 就是必需的。[48] 在列寧的倡議下，第十一次代表大會再次確認了新經濟政策以及黨在包括經濟在內的所有領域中的支配地位。

482

在第十一次代表大會上失敗之後，托洛茨基開始批評列寧，説他的建議對於改善國家的運行情況可能不起作用。[49] 兩人的交鋒變得激烈起來。1922年10月，托洛茨基在一次講話中宣佈，如果世界資本主義能夠再堅持十年，就會「強大到足以把全世界，當然也包括蘇維埃俄國的無產階級革命徹底地鎮壓下去」。[50] 毫無疑問，托洛茨基是想改變列寧版的新經濟政策，結果他激起了列寧的反應。1922年11月20日，列寧在莫斯科蘇維埃全會上——那是他最後一次公開露面——宣佈：「我們並不懷疑，我們……必須靠單獨幹來取得成就。」他想要強調「社會主義現在已經不是一個遙遠將來……的問題了」，並暗示資本主義列強之間的競爭會提供缺口，但總的來説，他是被難住了：「我們把社會主義拖進了日常生活，我們應當弄清楚這一點。」* 工人在工廠裏自行組織生產，農民在成立合作社，或許社會主義，至少是社會主義的種子，就在於此吧。[51] 托洛茨基執意揭露列寧立場中的絕望情緒，要求通過計劃立即實行工業化。列寧實際上是在説，要有耐心，政權暫時是充分安全的，只要做好自己的工作，控制好與資本主義的關係，就會取得最終的勝利。托洛茨基是在説，現在就應該建設社會主義經濟，否則就永遠失去機會了。[52]

第二次中風

在經過漫長、緩慢和部分的療養後，中風後的列寧重返公共生活的時間實際上非常短暫：只是從1922年10月2日到12月。[53] 在12月7日的政治局會議上提前離開後，他就被送回哥爾克。兩天後，剛從梯弗利斯回來的李可夫去那裏探望他。[54] 列寧堅持要求回到克里姆林宮，並在12月12日真的回去了，但是，白天在克里姆林宮的辦公室與政府的幾位副手討論問題，晚上又聽取捷爾任斯基對格魯吉亞事件的匯報，之後當列寧順着走廊回到自己的住處時，就感覺非常不好。[55] 結果這成了他在克里姆林宮辦公室的最後一個工作日。次日上午，他的病兩次發作。「弗拉基米爾．伊里奇……每天都出現麻痹症狀……」醫生日誌寫道。「他心情沮喪，為病情惡化而憂慮不安。」[56]† 儘管如此，列寧仍在住處接見了斯大林，從夜裏12:30開始，持續了兩個多小時。[57] 但就在同一天，他向幾位副手表示，「清理」完手頭的幾件事情，他不得不再次休假。[58] 12月14和15日，列寧繼續在自己的住處工作，同幾位官員談了話，包括托洛茨基，要他們不要放鬆國家的貿易壟斷。[59] 12月15日，列寧想要口授一封關於民族問題的信，但是沒有成功。[60] 不過，他給斯大林送了一封信，説他已經把幾件緊要的事情「清理」完畢，並提

483

* 譯註：《列寧全集》第43卷，第297、302頁。

† 譯註：《蘇聯歷史檔案選編》第2卷，第284頁。

醒斯大林說，會讓托洛茨基在即將召開的全會上維護自己在貿易壟斷問題上的立場，同時警告，不能把這個問題拖下去。[61*]

這封信後來在托洛茨基的回憶錄中成了證據，證明列寧當時提議，他和托洛茨基應該在貿易壟斷問題上組成一個「集團」，而列寧和斯大林除了在民族問題上的齟齬外，在這個問題上也出現了裂痕。[62] 但是在這段時間的通信中，無論是列寧還是托洛茨基，都不僅強調了他們的部分一致(貿易壟斷)，還有他們的持續分歧(計劃)。[63] 此外，在貿易壟斷問題上，就像在蘇聯的結構問題上一樣，對於列寧所希望的東西，斯大林都欣然同意。集團和裂痕都是子虛烏有的事情。

在列寧可以動身前往哥爾克重新開始康復治療前，12月16日凌晨，他可能又經歷了一連串中度中風。「病情惡化……」醫生們寫道，「他費了九牛二虎之力寫的信，女秘書卻無法辨認……指尖摸不到鼻尖……」[64†] 列寧再也沒能寫東西。[65] 他不顧偏頭痛、痙攣、失憶、語言功能受損、陣陣的麻痹，還有絕望的心情，勉強給三位副手口授了一封信(由克魯普斯卡婭記錄)，指示把國家計劃委員會交給李可夫。[66‡] 12月16至18日期間的某個時候，列寧口授了一封給斯大林的信，說就在幾天前(12月14日)，他接待了加米涅夫，並有過「一次熱烈的政治談話。睡得香，感覺非常好。後來，星期五〔12月15日〕那天，麻痹。我要你馬上過來，要同你說些事情，以防病情加重」。[67] 列寧害怕會完全癱瘓，於是想要毒藥。在列寧辦公室的訪客登記簿中沒有斯大林，但他有可能像加米涅夫一樣，是去了列寧的住處。[68] 1922年12月18日，因為診斷的結果是過度勞累，遵照醫囑，中央全會通過表決，責成斯大林負責「斷絕弗拉基米爾·伊里奇同工作人員之間的個人聯繫以及信件往來」。[69§] 除了直系親屬、醫生、護工和秘書，禁止探視列寧，少數允許接觸的人也禁止討論當前的事情，以免讓他激動。[70]

484

---

* 譯註：《列寧全集》第43卷，第333–334頁。

† 譯註：《蘇聯歷史檔案選編》第2卷，第284–285頁。

‡ 譯註：《列寧全集》第52卷，第552頁。

§ 譯註：《蘇聯歷史檔案選編》第2卷，第232頁。

從醫生日誌來看，12月19至22日，列寧沒有任何活動。[71] 托洛茨基宣稱，12月21日，列寧通過克魯普斯卡婭給他口授了一封充滿溫情的信件(「致以最熱烈的同志般的問候」)，感謝他贏得了對外貿易壟斷問題上的鬥爭。[72] 但是在托洛茨基的檔案中，這封可疑的信件並不是原件，而是副本的副本，而列寧檔案中的副本又是**上述**副本的副本。[73] 列寧當然有理由高興：12月18日的中央全會投票贊成他的意見，保持國家在對外貿易領域的壟斷地位，決議草案就在斯大林手裏。[74] 關於新的國家結構，全會還通過了列寧的更可取的方案——蘇維埃社會主義共和國聯盟——這事是斯大林安排的。最後，全會否決了托洛茨基的在國家計劃委員會的領導下整頓經濟管理的主張。[75] 對於12月21日口授信件的進一步懷疑，與克魯普斯卡婭編造的一起在12月22日發生的事件有關：據説斯大林在知道前一天列寧給托洛茨基口授所謂的賀信之後，打電話訓斥了克魯普斯卡婭。[76] 斯大林的確會對克魯普斯卡婭發火，但那要到一個月之後，而且，就像我們將會看到的那樣，時間上的差異至關重要。現在我們可以肯定的是，12月22日，列寧(通過利季婭·福季耶娃)勉強口授了一份正式的請求，向斯大林要氰化物，説「這種辦法是人道的」。[77]* 就在那時，列寧最擔心的事情發生了：12月22日夜裏，他出現了第二次大中風。[78]「右臂和右腿一動也不能動」，醫生們寫道。[79]

現在我們可以肯定的還有，12月23日晚上，列寧得到允許，可以對速記員口授五分鐘——據醫生日誌的記載——「因為有一個問題使他感到不安，他怕睡不着覺」。口授了一小會兒之後，他「安靜下來」。† 12月23日口授文件的原稿似乎在娜佳·阿利盧耶娃手裏。[80] 如果是那樣，那它就是斯大林妻子最後一次被叫來記錄口授內容。[81] 那份簡短的口授文件是給斯大林個人的一封信，這一點從它的稱呼是大寫(給某個人的)而不是小寫(給某個群體的)便可以看出來；信裏的主要內容符合斯大林作為黨的負責人的角色：即建議把中央委員會從當時的27人增加到50甚至100人。[82] 列寧給斯大林的口授信件還要求，不僅要賦予

485

* 譯註：《蘇聯歷史檔案選編》第2卷，第287頁，註2。

† 譯註：《蘇聯歷史檔案選編》第2卷，第288頁。

國家計劃委員會以行政功能，還要賦予立法功能，並強調他準備「在一定程度上和一定條件下同意托洛茨基同志的意見」。* 列寧當時非常憤怒，堅持認為他能繼續口授，這讓政治局下設的負責他的事務的委員會（斯大林、加米涅夫、布哈林）不得不和醫生們一起在12月24日開了一次會；他們決定「弗拉基米爾·伊里奇有權每天口授五到十分鐘，但這不能帶有通信的性質，而且弗拉基米爾·伊里奇也不可以接收任何回信。」這些限制非但沒有讓列寧消氣，反而激起了他的怒火，削弱了表面上的治療作用。[83] 限制令加重了列寧已經變得近乎偏執的疑心——政治局同事在對他隱瞞那些違背他指示的政治決定。

證據顯示，斯大林把列寧在12月23日的信——包括沒有具體説明的在經濟問題上對托洛茨基的讓步——直接告訴了托洛茨基。[84] 托洛茨基似乎受到了鼓舞，因為他在12月24日和26日兩次致信中央委員會，再次為他要求對行政機構進行大整頓的提案辯護，並堅決要求將此事納入即將召開的黨代表大會議程。[85] 在這兩封信中，托洛茨基實際上是想把國家計劃委員會和最高國民經濟委員會合併起來，由自己領導。[86] 列寧收到了這兩封信的副本，他明確反對托洛茨基要求成立一個綜合性部門來管理經濟的建議，反對托洛茨基提出的批評，並為國家計劃委員會主席格列布·克爾日扎諾夫斯基——一個受人尊敬、説話和聲細語的專家——辯護。[87] 列寧身邊的工作人員當即把他在12月27日口授的內容傳遞給斯大林，交由政治局討論。[88]

1922年12月30日，在莫斯科大劇院召開的第十次蘇維埃代表大會宣告蘇聯正式成立，這次大會現在成了蘇聯的第一次蘇維埃代表大會。加盟共和國獲得對司法、教育、土地、衞生及社會安全等人民委員部的控制權，而軍事、外交、外貿、財政以及格伯烏——它此時被冠以「聯合」之名，或者稱為「奧格伯烏」——則歸莫斯科的聯盟政府掌管。列寧缺席了討論新的國家形式的1922年10月和1922年12月的兩次中央全會，他也沒能參加蘇維埃第十次代表大會並在會上發表講話，但蘇聯的

---

* 譯註：《列寧全集》第43卷，第337頁。

國家結構符合他的設想——一個由若干平等的成員國組成的聯邦。誠然，因為黨的緣故，蘇聯的聯邦性質實際上受到了踐踏，但正如列寧堅持的，像烏克蘭那樣的社會主義蘇維埃共和國和俄羅斯社會主義聯邦蘇維埃共和國一起組成一個共同的聯邦，這一事實終將帶來巨大的影響。蘇聯後來解體了，組成它的各共和國各自為政，但俄羅斯社會主義聯邦蘇維埃共和國依舊是完整的。列寧選擇了蘇聯這種形式，歸根結底，是把希望寄託於世界革命，而斯大林的方案——併入俄羅斯社會主義聯邦蘇維埃共和國——則是把希望放在具有重要歷史地位的俄羅斯身上，雖説並沒有把世界革命排除在外。

首次得到認可

根據醫生的建議，從1923年1月6日開始，托洛茨基請了六個星期的假，但他留在了莫斯科。同日，斯大林致信中央，建議讓托洛茨基擔任最高國民經濟委員會主席和政府副主席，而對於這個建議，斯大林如實説明是列寧的意見。[89] 托洛茨基堅辭不就。1月15日，托洛茨基作了詳細的解釋，説明自己為甚麼早在1922年9月就沒有接受列寧讓他擔任副主席的建議，説他既不喜歡「副主席團」的做法——它讓人無法去管理他們各自負責的人民委員部——也不喜歡（斯大林領導下的）黨的機關的政策。例如對於軍事問題，在做出決定時實際上是越過了有關的主管部門，甚至是背着它，所以「我認為自己不可能再去為其他機構承擔責任」。托洛茨基聲稱列寧曾打算成立一個委員會，檢查幹部的挑選、培養和提拔工作——那屬於斯大林的管轄範圍——但由於列寧的病情惡化，一直沒能成立。[90*] 1月17日，斯大林建議讓托洛茨基擔任國家計劃委員會主席和政府副主席。[91] 對此，托洛茨基也拒絕了。[92] 在列寧病重的時候，托洛茨基拒絕成為列寧的高級副手，實際上就是在拒絕接手政府。這種做法令人費解。其中的原因部分在於，托洛茨基一直

---

* 譯註：《蘇聯歷史檔案選編》第5卷，第448–449頁。

堅持要求用「工業專政」代替索柯里尼柯夫的「財政專政」(就像托洛茨基在這次通信中寫的),然而列寧堅決不同意。同樣重要的是,托洛茨基明白,作為黨的負責人,斯大林可以(通過職務名冊等手段)控制政府,而他根本不打算接受一個要服從斯大林領導的職務,雖然托洛茨基對此並沒有明說。

487

托洛茨基所要求的工業專政和結束黨對經濟工作的監管,既有政策的方面(計劃、超級工業化),也有政治的方面:這是他對付斯大林的黨的機關專政的辦法。但關鍵是,斯大林——他和托洛茨基一樣,不喜歡新經濟政策——和列寧一樣,並且由於列寧的緣故,懂得為了更大的事業,有必要採取靈活的策略,所以斯大林接受了新經濟政策。換句話説,在1922年,斯大林的黨專政能夠和新經濟政策共存,而托洛茨基的經濟專政不能和新經濟政策共存。這意味着斯大林提出的托洛茨基主義的指控,儘管有各種各樣的歪曲,還是有一些根據的:托洛茨基在經濟問題上堅決抵制列寧的基本政策。此事還表明,由於列寧喪失了工作能力,托洛茨基突然意識到斯大林的巨大權力。

但梯弗利斯的耳光讓斯大林一下子成了眾矢之的。現在,列寧從一個格魯吉亞人身上(奧爾忠尼啟則)和一個波蘭人身上(捷爾任斯基),看到了他最厭惡的東西——大俄羅斯沙文主義;他懷疑捷爾任斯基在掩蓋格魯吉亞事件的真相。[93] 1923年1月25日,在列寧缺席的情況下,其餘的政治局委員召開會議——就連正在休假的托洛茨基也參加了——聽取捷爾任斯基委員會和姆季瓦尼的匯報,接着又表決通過了捷爾任斯基的調查結果,宣佈奧爾忠尼啟則沒有過錯,並將格魯吉亞共產黨的四個主要人物調離格魯吉亞。[94] 按照醫囑,誰都不能把有關黨務的情況隨時告訴列寧,但是在1月24日,根據列寧秘書處的記載,列寧指示瑪麗亞·沃洛季切娃從斯大林或捷爾任斯基那裏把捷爾任斯基委員會的材料拿來,給秘書處研究並向他匯報,好讓他準備即將召開的黨的第十二次代表大會的報告(時間定在1923年春)。[95] 疾病和減少政治參與的療法,加重了列寧固有的猜忌心理。據醫生們説,他開始指責自己的秘書長福季耶娃「陰謀」反對他,因為她早就發現捷爾任斯基不在莫斯科卻報告説等他回來的時候會向他要材料。[96] 現在,大概在1月底的某個時候，斯大林和克魯普斯卡婭在電話裏發生了爭吵。證據顯示，衝突的起因是調閱捷爾任斯基的報告，它是列寧的秘書處在1月29日向斯大林正式提出的。[97]

調閱捷爾任斯基報告這件事讓斯大林覺得，明擺着有人——很可能是克魯普斯卡婭——一直在違背政治局按照醫生的要求定下的嚴格禁令，把黨和國家的事務告訴列寧。莫洛托夫十分瞭解斯大林，他在晚年時回憶說：「斯大林被激怒了：『我為甚麼不能對她發火？和列寧睡在一起並不意味着一定就懂得列寧主義！』斯大林跟我是這樣說的：『就因為她跟列寧使用同一間浴室，我就該把她當列寧一樣敬着？』他當時太粗魯、太粗暴了。」[98] 克魯普斯卡婭後來說斯大林在電話裏極其粗暴，但此說無法得到他人的證實。瑪麗亞·烏里揚諾夫娜作為目擊者——哥爾克別墅的電話就在列寧房間外面的走廊裏——後來回憶說，斯大林「很嚴厲地」指責克魯普斯卡婭違反了政治局的決定，結果克魯普斯卡婭一下子變得歇斯底里：「她像是完全變了個人，大喊大叫，在地上打滾，等等。」也許克魯普斯卡婭是在故意製造一起難忘的事件。烏里揚諾夫娜在回憶時還說，「幾天後」，克魯普斯卡婭把這件事告訴列寧，並說她（克魯普斯卡婭）與斯大林已經和解了。[99]

488

粗暴對待克魯普斯卡婭這件事，不是像多數人說的那樣發生在12月22日，而是發生在1月底，而這就有助於說明，在1923年2月1日的政治局會議上，斯大林為甚麼要宣讀聲明，要求解除自己「對醫生們為列寧同志規定的飲食起居制度負有的監督之責」。政治局一致否決了他的請求。[100] 同一天，斯大林還把捷爾任斯基委員會的材料交給了列寧的秘書處。調閱捷爾任斯基委員會材料的做法於慣例不符，因為那些材料應該由一個新的「委員會」進行複查——不曾有黨的哪個機構批准過這個新的「委員會」——而且其成員只應該是不持任何立場的技術人員。[101] 第二天，政治局再次討論了托洛茨基堅持的把經濟權力集中在國家計劃委員會並打開金融業閘門的問題；這個問題被擺到了桌面上。[102] 他的建議移交給了整個中央委員會，並最終移交給黨的第十二次代表大會。[103] 托洛茨基堅持要求經濟專政，以反制斯大林的黨專政。

可疑的口授文件

列寧負責政治局事務的秘書瑪麗亞·格拉塞爾(Maria Glasser)回憶說，1922年12月至1923年3月，這位布爾什維克領袖「每天只有半個小時的時間——很少有超過的，有時還要少些——匆匆忙忙地交待和完成所有必要的事情」。[104] 但克拉默教授在1923年2月寫道：「弗拉基米爾·伊里奇發現，要麼是很難想起他要用的詞語，要麼是看不懂他對秘書口授的內容，要麼是他會開始說些完全語無倫次的東西。」[105] 向他傳遞政治信息雖然受到嚴格禁止，但政權的所有材料仍在送給他的秘書處，於是，被限制在克里姆林宮住處小房間裏的列寧，就用好話說服秘書們把事態的進展透露給他，並代表他打電話。正是這些忠誠的女人，福季耶娃、沃洛季切娃，尤其是克魯普斯卡婭，承擔起任務，去理解他那幾乎無法理解的講話和半癱瘓的手勢。[106] 2月14日，據說他指示秘書「轉告某個受到侮辱的〔格魯吉亞人〕，他站在他們那邊」。列寧還說，「斯大林知道嗎？他為甚麼沒有反應？」[107] 醫生的記載說，2月20日，克魯普斯卡婭把第十次蘇維埃代表大會的備忘錄壓着沒有交給列寧，而該備忘錄恰好表明，斯大林執行了列寧的遺囑。[108] 3月3日那天，福季耶娃記錄說，她把她們有關格魯吉亞事件的材料交給了列寧，那些材料逐條反駁了捷爾任斯基委員會的報告。[109]

489

這些反面材料帶有明顯的傾向性。僅舉一例：它遺漏了一個明顯的事實，即菲利普·馬哈拉澤給中央的密信，加上加米涅夫的答覆，已被泄露給孟什維克流亡者的《社會主義通報》，也就是說，有格魯吉亞人泄露了國家機密。[110] 這些反面材料還提供了對梯弗利斯耳光事件的政治意見(「分歧帶有政治性質，應該在下次黨的代表大會上提出來」)。現在還不清楚是誰把這些評價性質的內容塞進去的。有人說和托洛茨基有關。[111] 但他覺得有點不舒服，縮在克里姆林宮的住處沒有出來，而且他的住處和列寧的住處並不在同一棟建築。「列寧和我都無法接觸到電話；再說，醫生嚴格禁止列寧打電話」，托洛茨基後來寫道。他還說列寧的秘書們不停地在兩人之間往返傳遞消息。這其中包括一張據說是來自列寧的便條，日期是1923年3月5日，請托洛茨基「務必在黨中央為格魯吉亞那件事進行辯護。此事現在正由斯大林和捷爾任斯基進行『調查』，而我不能指望他們會不偏不倚。甚至會完全相反。」[112]* 同一天，托洛茨基打電話給列寧的秘書處，對沃洛季切娃說自己病得很重，無法執行列寧的要求。托洛茨基還說，奧爾忠尼啟則在這起事件中的行為是反常的。[113]

490 事實表明，是克魯普斯卡婭製造了反捷爾任斯基的材料和給托洛茨基的便條。另外一則據説是列寧口授的文件——據説也是由沃洛季切娃記錄的——是給斯大林的，並在第二天送到了他的手裏。[114] 它是打印的；沒有留下手寫的速記副本。列寧秘書處的工作人員也未做通常都有的記號，標明信已送出。那封打印的信件要求為對待克魯普斯卡婭的粗暴態度道歉，並威脅說要斷絕關係。† 由於某種原因，信的副本也送給了季諾維也夫和加米涅夫。斯大林已經向克魯普斯卡婭道過歉了，但現在又舊事重提。3月7日，斯大林作了書面答覆：「大約5個星期前〔即1月底〕，我同娜．康斯坦丁諾夫娜談過一次話，在我看來，她不僅是您的妻子，而且也是我在黨內的一位老同志。當時我（在電話裏）對她說了大致如下的話：『醫生禁止告訴伊里奇政治方面的消息，認為這種制度是治好他的病的一種極為重要的手段，然而您，娜捷施達．康斯坦丁諾夫娜，竟然破壞這個制度；不能拿伊里奇的生命開玩笑……』」斯大林繼續寫道：「我並不認為這些話裏有甚麼粗暴或不可容忍的地方和『反對』您的意思，因為除了願您儘早康復之外，我別無他求。此外，我把監督制度的執行視為自己的指責。我同娜．康交換過意見，已證實在這件事上除了一些不值一談的誤會外甚麼問題都沒有，也不可能有。不過，既然您認為為了保持『關係』我應當『收回』上面那些話，我可以把它收回，但我弄不明白這是怎麼回事，我『錯』在哪裏，到底想要我怎樣。」[115]‡

---

* 譯註：《列寧全集》第52卷，第554頁。

† 譯註：《列寧全集》第52卷，第555頁。

‡ 譯註：《蘇聯歷史檔案選編》第5卷，第493頁。

另外還有一份據說是列寧口授的文件，這份文件是一封電報，日期為3月6日，是發給姆季瓦尼和馬哈拉澤的：「我全神關注着你們的事。我對奧爾忠尼啟則的粗暴，對斯大林和捷爾任斯基的縱容感到憤慨。我正在為你們準備信件和發言稿。」[116]* 僅僅在幾個月前，列寧還在嚴厲責備姆季瓦尼和馬哈拉澤。不知道列寧是在甚麼狀況下口授信件的。醫生在3月6日的記錄如下：「他醒來時叫來了一個護士，但他幾乎無法跟她交談，他想要護士去叫娜捷施達·康斯坦丁諾夫娜，但他說不出來她的名字……弗拉基米爾·伊里奇躺着，顯得很困惑，臉上露出害怕的表情，眼神悲傷，像是要詢問甚麼，淚水從他的眼裏淌了下來。弗拉基米爾·伊里奇變得狂躁起來，想要說話，但又忘了詞，結果他說道：『啊，見鬼！啊，見鬼！病成這樣，這是老毛病又犯了』等等。在採取了一些措施之後，『他說話清楚了一些』，弗·伊·列寧安靜下來，睡着了。」[117]

491

值得注意的是托洛茨基在後來寫道，「**通過克魯普斯卡婭**，列寧與格魯吉亞反對派領導人（姆季瓦尼、馬哈拉澤等）進行了秘密接觸，反對斯大林、奧爾忠尼啟則、捷爾任斯基的小集團」（粗體為後加）。[118] 也許克魯普斯卡婭篡改了列寧的意圖，3月的三封信全是她編造的。也許她把那些話先用口型默示列寧，然後列寧再用口型不出聲地把它們說出來。也許它們的內容是由他本人含糊不清地說出來的。我們可能永遠也無法知道。不管那些信的由來如何，它們都造成了影響。3月7日，加米涅夫寫信給斯大林，透露說列寧支持格魯吉亞的「民族傾向分子」；在給季諾維也夫的信中，加米涅夫把自己說成是和平的製造者。[119] 此時，列寧的病情已經急劇惡化：3月6日的夜裏，他突然發病。[120]（3月6日那天，由列寧的秘書們記錄的日誌，話沒寫完就中斷了。）[121] 對於斯大林3月7日因為克魯普斯卡婭的事情而回給列寧的道歉信，記錄是列寧「未閱」。按照3月那三封信的日期來看，它們將會成為被歸於列寧的最後的文件，但卻不是打着他的名義出現的最後的文件。

---

* 譯註：《蘇聯歷史檔案選編》第5卷，第492頁。

第三次中風和偽造的文章

1923年3月9日的夜裏，列寧又一次大中風，結果，據神經病理學專家克拉默教授說，「語言功能完全喪失，右肢完全癱瘓」。[122] 3月11日的醫生值班日誌寫道：「他不斷想要說些甚麼，但只能發出一些輕微的、不連貫的聲音……今天，特別是傍晚時候，他對跟他說的話理解得很差，有時在該說『是』的時候他回答說『不』。」第二天，醫生們寫道：「他無法理解要他做甚麼。把鋼筆、他的眼鏡，以及裁紙刀給他看了。要他拿眼鏡的時候，他拿了眼鏡，要他拿筆的時候，他拿的還是眼鏡。」[123] 3月11日，斯大林給所有的省和共和國的黨組織發了一封密碼電報：「各省委需要比以往任何時候都更加關注群眾的情緒，不允許出現任何混亂。」在1920年代的莫斯科，謠言和小道消息滿天飛，而且蘇聯報紙正在和流亡者的報刊進行論戰，因此，無論是甚麼事情，要想完全保密是不可能的。3月12日的《真理報》特刊披露了列寧的病情，儘管極為謹慎：「右手和右腿的運動功能受到削弱」，「說話有點混亂」。[124] 這份由德國醫生簽字並發表的說明，足以讓敏銳的讀者推斷出列寧已經局部癱瘓。[125]

492

同日，奧格伯烏給各地區分局發去密碼電報，命令它們加強活動：「列寧同志病情嚴重。有可能會去世。立即成立秘密的『三人小組』，以便採取一切必要措施，防止發生反蘇騷亂。」[126] 捷爾任斯基擔心在法國的流亡分子會游說法國，也許還有波蘭，趁機發動武裝干涉。政治局考慮實行軍事管制。3月14日開始進行局部動員。不久，在討論向公眾披露列寧病情時，托洛茨基在發言中表示：「我認為，同志們，你們可以想像一下這次政治局會議舉行時的氣氛……我們要真正地警覺起來，問一問自己，那些黨外的人——農民和紅軍士兵——是怎麼知道這些消息的。」[127]

所有事情都在通過繼承權這面棱鏡的透視。1923年3月14日，《真理報》開始發佈關於列寧健康狀況的特別通告。那期報紙恰逢黨正式成立25週年和黨的第二次代表大會20週年紀念日，而布爾什維克派正是在該次代表大會上形成的，因此它刊登了一些紀念文章。有一篇很突出，題目是〈列夫 · 托洛茨基——勝利的組織者〉，作者卡爾 · 拉狄克認為托洛茨基是「第一領袖」。他高調讚揚托洛茨基的「天才」，甚至對一些有爭議的話題也是稱讚有加，比如「他的勇敢的決定，利用軍事專家創建軍隊」。[128] 有傳言説，列寧已經把托洛茨基指定為自己的接班人。[129] 不久，奧格伯烏提交了一份竊聽報告，範圍覆蓋城市工人和城市附近及鐵路沿線的農民，因為「列寧生病的消息幾乎還沒有開始傳到真正的農村」。有些人不相信有關列寧生病的報道，其他人則表現出對列寧的擔憂。據奧格伯烏説，人們指名道姓地談論誰會成為列寧的接班人，在提到托洛茨基的時候據説「並不特別同情」，奧格伯烏把這種態度歸結為「群眾的反猶情緒」。其他被認為有可能成為人民委員會主席的人包括加米涅夫、布哈林、季諾維也夫和捷爾任斯基。[130] 沒有提到斯大林。總的來説，在1923年春天，這個國家中知道他的人還很少。但奧格伯烏的報告是交給他的。

493

列寧此時正在焦急地想讓護士給他氰化物，或者讓斯大林給他氰化物。3月17日，星期六，克魯普斯卡婭親自把斯大林叫來，告訴他列寧的病情「很嚴重」，並再次要求得到毒藥。[131] 斯大林趕到列寧在克里姆林宮的住處，並在當天給加米涅夫和季諾維也夫寫了一張解釋的便條，接着在四天後又給全體政治局寫了一張便條。斯大林沒能進入列寧的房間；克魯普斯卡婭傳達了列寧想要毒藥的要求和斯大林的答覆——一個含糊的承諾：「必要的時候我會毫不猶豫地執行您的要求。」但他告訴政治局：「我沒有勇氣滿足弗 · 伊里奇的這一請求，因而必須拒絕這項任務，因為這不人道，也沒有必要。」政治局委員們支持斯大林的緩兵之計。[132] 還是在3月21日，列寧的秘書處不再收到政權的文件，而要停掉送給列寧的文件，只有在得到斯大林命令的情況下才可以。[133]

與此同時，加米涅夫自告奮勇地承擔起為格魯吉亞謀求和平的角色，和古比雪夫（中央監察委員會）一起參加了3月14日在梯弗利斯召開的格魯吉亞黨的第二次代表大會。[134] 在由25名委員組成的新的格魯吉亞中央委員會中，格魯吉亞黨的代表們拒絕恢復姆季瓦尼和另外7名「民族傾向分子」的委員資格，但莫斯科的特使們堅持要求那樣。[135] 謝爾戈 · 奧爾忠尼啟則覺得加米涅夫在耍兩面派。[136] 3月21日，斯大林打電報給奧爾忠尼啟則，溫和地責備他說，他已從加米涅夫和古比雪夫那裏得知，南高加索聯邦憲法是「錯誤的和非法的」，因為那三個共和國的經濟人民委員部都缺乏真正的業務職能。「這個錯誤必須馬上糾正。」[137] 3月23日，托洛茨基突然對格魯吉亞中央委員會的事業來了興趣，建議政治局把奧爾忠尼啟則調走，但只有另外一名政治局委員支持他的建議。加米涅夫和古比雪夫返回莫斯科，並在3月26日向政治局匯報了格魯吉亞「雙方」的錯誤。托洛茨基繼續發動攻擊。[138] 4月1日，他試圖讓布哈林在黨的代表大會即將到來之前（大會已從3月30日推遲到4月17日），寫一篇有關民族問題的重要文章。《真理報》上沒有出現布哈林的文章，[139] 但發生了某件很不尋常的事情：4月16日，利季婭·福季耶娃打電話給加米涅夫，說列寧有篇關於民族問題的新文章。

494 福季耶娃接着又打電話給斯大林，匯報了同樣的事情。斯大林拒絕接收這篇「文章」，說他不想「摻和」。[140] 那篇題為〈關於民族問題的筆記〉*的文章提倡聯邦制，嚴重偏離了列寧在民族問題上畢生堅持的觀點，甚至也偏離了他最近的觀點。[141]「筆記」還借列寧之口說，「我想，斯大林的急躁和喜歡採取行政措施以及他對有名的『社會民族主義』的憤恨，在這件事情上起了決定性的作用」，這意思是說，帶着格魯吉亞事件引起的仇恨。「憤恨通常在政治上總是起極壞的作用。」[142]†

列寧的所謂「筆記」，標註的日期是1922年12月30至31日，但福季耶娃後來說，這篇長文是在兩個15分鐘的時間段裏口授的。[143] 打印稿上面沒有簽名或首字母縮寫。現存的證據強有力地表明，這是克魯普斯卡婭和列寧秘書處的工作人員玩弄的花招，是為了偽造她們理解中的列寧遺囑。她們知道他對格魯吉亞事件非常擔憂；實際上，在這件事情上，他受了她們的慫恿。到了這個時候，托洛茨基有可能也串通一氣。接着，對於他聲稱的，他在中央委員會收到之前——因而應該是在列寧第三次中風之前——就已經收到了列寧的〈關於民族問題的筆記〉，但卻令人費解地沒有把它們交出來的說法，又產生了爭議。[144] 據

---

* 譯註：在《列寧全集》中文版中，這篇文章的名稱是〈關於民族或「自治化」問題〉。

† 譯註：《列寧全集》第43卷，第350頁。

説由列寧口授的那些內容，恰好和托洛茨基在《真理報》上發表的觀點(1923年3月20日)完全一致。[145] 更耐人尋味的是，甚至在列寧第三次大中風並且永久喪失了語言能力之後，他的秘書們還一直在整理格魯吉亞問題的反面材料，為列寧準備在即將召開的黨的代表大會上的報告。她們的材料包括下面這張便條(日期為3月12日)：「搜集這些材料，與其説是為了給〔民族〕傾向分子辯護，不如説是為了批評大國沙文主義分子」——這意思指斯大林。實際上，她們的反捷爾任斯基委員會的材料讀起來就像是〈關於民族問題的筆記〉的初稿。4月16日，當福季耶娃拉開「筆記」的序幕時，托洛茨基這才拿出那封據説是列寧在3月6日口授的給姆季瓦尼的信。當時有傳言説，「列寧表達了對托洛茨基的信任並給予他某些重要的任務和特權」。[146]

缺席的列寧

1923年4月17至25日，黨的第十二次代表大會在莫斯科召開，出席大會的825名代表中，有表決權的代表408人。它是自1917年夏天——當時列寧處於地下狀態——黨的第六次代表大會以來，列寧頭一次沒有出席的黨代表大會。最初，政治局像以往一樣，指定列寧作最重要的政治報告，但現在，這項任務落到了季諾維也夫頭上。[147]「你們記得，我們過去總帶着怎樣的渴望聆聽這一講話，那種渴望就像一個人在炎炎夏日意外地發現了一潭清泉而想要痛飲一樣」，季諾維也夫説道——他吊起了人們的胃口，卻沒能滿足它們。[148] 斯大林在組織工作報告中吹噓説「最近六年以來中央委員會籌備代表大會的工作從來沒有像這一次這樣民主」。[149*] 事實上，大會開幕的時間被推遲了，因為大會代表的選舉結果被宣佈無效，結果，偏遠地區重新選舉時有中央的「代表」在場。囉哩囉嗦的季諾維也夫後來承認：「人民會對我們説：就在中央委員會將遭到批評的代表大會召開之前，黨的中央委員會……已經把它自己的代

495

* 譯註：《斯大林全集》第5卷，第181頁。

表集中起來，剝奪了黨員的選舉權……但是，從維護革命利益的觀點出發，我們必須這樣做。從維護革命利益的觀點出發，〔我們決定〕只讓那些真正捍衛黨的人擁有表決權。」[150] 言外之意就是要剔除托洛茨基的支持者。從下面這則軼事中，可以體會到當時那種唇槍舌劍的氣氛：當伏羅希洛夫在代表大會上看到拉狄克走在列夫·托洛茨基後面，他就開始大聲嚷嚷，大意是，「列夫〔列昂〕走在前，尾巴跟在後」。拉狄克也沒閒着，一會兒過後便巧妙地還擊説：「啊，克利姆，你腦袋空空，/塞滿大糞，/成為列夫的尾巴/好過做斯大林的屁股。」[151]

托洛茨基在耀眼的燈光和不停轉動的攝影機下亮相，引起雷鳴般的歡呼。[152] 他的講話又長又繁雜。為了説明正在擾亂政權經濟政策的重大危機，他用了一個巧妙的比喻。蘇聯的工業恢復得比農業慢，生產的產品量少價高（由於把工業經濟組織成托拉斯，托拉斯又利用壟斷價格進行敲詐，結果形勢進一步惡化）；與此同時，農產品的價格卻持續下跌，而這種價格差使得農民不願把自己的糧食拿到市場上出售。托洛茨基用了讓人一目了然的曲線圖，表現不斷上升的製造品價格和不斷下跌的農產品價格。他把這幅圖比做張開的剪刀。[153] 講話的高潮部分是稱頌計劃經濟。「我們的新經濟政策的確立是嚴肅的、長期的，但不是永久的」，他説。他把市場稱為「邪惡現象」，結果獲得了掌聲。[154] 托洛茨基沒有説明應該如何向計劃經濟過渡，但他倒是指出，為了向計劃經濟過渡，他會付出怎樣的代價：「也許有時候國家並沒有支付全部的工資，或者只付了一半，因此，你們工人是犧牲了自己的工資貸款給國家。」有些人向托洛茨基指出這是在號召剝削工人，但領導層的大部分成員並沒有批駁他的發言。發言贏得了掌聲。[155] 托洛茨基然後做了甚麼呢？「講話一結束他就離開了大廳，」一名學生崇拜者説，「在走廊裏沒跟任何人有過接觸。」[156]

496

斯大林作了第二個報告，即關於民族問題的報告。由於在戲劇效果上無法超越托洛茨基，他就把重點放在內容上，發表了直到當時為止他的革命生涯中最重要的講話。他沒提列寧〈關於民族問題的筆記〉是偽造的，但他倒是承認：「列寧同志忘記了，他近來忘記了很多事情。他忘記了我們和他一起通過了聯盟的基本章程（喊聲：他沒有出席那次全會)。」[157] 斯大林繼續逐條反駁〈筆記〉的觀點。斯大林瞭解列寧。他竭力證明列寧本人曾唾棄邦聯論，為此他還引用了他自己與列寧的通信以及列寧的其他許多著述中的原文。斯大林證明說，列寧贊成成立聯邦，新成立的聯盟原來就是這樣設計並得到通過的；列寧贊成建立一個單一的、一體化的經濟體；「對列寧而言，民族問題和工人問題比較起來，只有從屬的意義。」[158]* 斯大林進一步證明，列寧早就支持成立南高加索聯邦，以削弱過分的民族主義傾向。[159] 為了使人充分地理解這一點，斯大林強調說，格魯吉亞人壓迫各少數民族，而且不僅是各個部族(阿布哈茲人和奧塞梯人)，還包括亞美尼亞人——看看格魯吉亞官員是如何處心積慮地想把當地的亞美尼亞人趕走並「把梯弗利斯變成真正的格魯吉亞首都」的吧。[160]† 換句話說，沙文主義並不是大俄羅斯人獨有的。不管怎麼說，最突出的問題不是沙文主義，而是落後和如何發展的問題。為了使各民族能得到發展，黨需要採取區域自治和本地語言教育這兩種手段，它們現在會有助於各民族的聯合——大會通過了這項「本地化」(*korenizatsiia*)政策。[161]

持不同意見的人試圖團結起來。拉柯夫斯基公開反對篡奪共和國的權利和在不知不覺中產生的「行政的、機關的和官僚的心理」，並試圖利用列寧去對抗斯大林，但斯大林作了有力的反駁，詳細描述了自己在1920年波蘭戰爭期間與列寧的爭論，援引自己說過的話和列寧的答覆，證明列寧是主張中央集權的主要人物；斯大林則是承認差異的人。[162] 烏克蘭的斯克雷普尼克說大俄羅斯沙文主義是「和他們母親的乳汁一起吸入的」，所以它已經成了「許許多多同志的本能」——某種程度上也包括那位格魯吉亞人斯大林——而姆季瓦尼則指責南高加索聯邦是「人為建立的」。沒有誰想要搬出所謂列寧致姆季瓦尼的信，托洛茨基沒有，甚至姆季瓦尼也沒有。姆季瓦尼倒是想搬出所謂列寧〈關於民族問題的筆記〉那篇文章，但主持大會的加米涅夫打斷了他的話。[163] 只有布哈林站在拉柯夫斯基一邊，贊成建立邦聯(在聯盟聯邦已經建立之

---

* 譯註：《斯大林全集》第5卷，第215頁。

† 譯註：《斯大林全集》第5卷，第206頁。

後）。[164] 絕大多數代表都站在斯大林一邊。「可以聽到全場雷鳴般的掌聲，」布哈林承認。[165] 就連在一年前的代表大會上因為斯大林身兼數職而責難過列寧的葉夫根尼，普列奧布拉任斯基也承認，「斯大林同志的報告非常實在，我要說，它是一個很有思想的報告」。[166]

斯大林受到高度關注並贏得了一場壓倒性勝利。[167] 在新經濟政策和聯盟聯邦這兩個問題上，托洛茨基把是選擇擁護列寧的權威還是他的權威擺到黨的代表大會面前，結果給了斯大林機會，證明自己才是忠於列寧的那個人。加米涅夫也曾憤怒地說過，「新經濟政策可以被你們或蘇維埃政權的隨便哪個高級機構的一道命令終結掉，而且這樣做不會引起任何政治上的震動」，而季諾維也夫則說，「現在還沒輪到新經濟政策」。[168] 斯大林擔心「新經濟政策的因素帶來的腐蝕性影響」，甚至把大俄羅斯沙文主義以及格魯吉亞、阿塞拜疆、烏茲別克等民族主義的滋長歸咎於新經濟政策和私人資本，但是在政權的高層中，斯大林是列寧的新經濟政策的擁護者。[169] 他再次獲得批准擔任總書記。在新中央委員會的選舉中，托洛茨基總共得到的票數排在第35位，而不是像上次黨代表大會那樣排在第2。加米涅夫排在第24位，季諾維也夫第32位，斯大林和列寧並列第一（在全部386票中得到了384票）。[170] 要不是斯大林這時按照列寧在12月23日給他口授的信件中的建議，大幅增加中央委員會的人數，托洛茨基連中央委員的資格都保不住。

神奇的口授文件

498

1923年5月15日，列寧從克里姆林宮轉送到哥爾克，過程極其緩慢，隨行的有一個醫生團隊。除了癱瘓，列寧還患有失眠、厭食、胃痛、發熱和失憶。他急切地想要恢復語言能力——主要靠背字母表和唱《國際歌》。[171] 但他只能說出少數的幾個詞，如「大會」、「農民」、「工人」，而在他重複克魯普斯卡婭對他說的話時，不清楚他是不是明白其中的意思。醫生們注意到，在給他乾麵包片時，他花了很久都只能把手放到盤子周圍，無法直接伸到盤子裏。[172] 他有時會哭泣並對醫生發脾氣，就好像是他們的錯。很顯然，他再也不能在政治生活中發揮任何作用了。從5月16日開始，官方不再發佈他的病情通告。克魯普斯卡婭的壓力巨大。[173] 列寧終身的事業和革命的命運必須要由其他人發揚光大，而在她陪伴一個沒有希望的病人期間，斯大林已經有了接班人的勢頭。

然而天空炸裂，一道閃電劃過：1923年5月底的某個時候，克魯普斯卡婭拿出一份很短的文件，說是列寧口授的。她將其交給季諾維也夫，因為她和季諾維也夫早在僑居瑞士時關係就比較密切。[174] 給口授做記錄的據說還是沃洛季切娃，而且記錄分成幾次，時間是1922年12月24至25日。[175] 但這份所謂的口授文件並沒有在列寧的秘書處做過登記。它是打印件；檔案中找不到速記的原稿。打印件上沒有列寧的首字母簽名，連他並未癱瘓的左手的簽名都沒有。[176] 據托洛茨基說，打印件沒有標題。[177] 列寧「遺囑」或「給代表大會的信」這樣的標題是後加的。人們還煞有介事地編造了一個神話，說口授文件被放在一個蠟封的信封裏，而且列寧有指示，信封只能在他死後打開。當然，克魯普斯卡婭是在列寧還活着的時候把打印稿給季諾維也夫的。

這幾張非同尋常的紙上有對六個人的尖刻評價。(據說斯大林拿到口授文件看了之後，驚呼說列寧「他糟蹋了自己，也糟蹋了我們！」[178]) 不過有幾名高層官員被漏掉了，包括李可夫、托姆斯基和加里寧，他們都是政治局的正式成員，還有莫洛托夫，他是政治局的候補委員，工作上同列寧的聯繫非常緊密。[179] 相比之下，倒是提到了另一名政治局候補委員布哈林，還有皮達可夫。列寧在哥爾克見過這兩人，他也很關心下一代幹部；這份所謂的口授文件稱他們是「最傑出的力量(在最年輕的力量中)」。不過，文件還是揭了兩人的短處：

499

> 布哈林不僅是黨最寶貴的和最主要的理論家，他也理所當然被認為是全黨喜歡的人物，但是他的理論觀點能不能說是完全馬克思主義的，很值得懷疑，因為其中有某種經院哲學的東西(他從來沒有學過辯證法，因而——我想——他從來沒有完全理解辯證法)……
>
> 其次是皮達可夫，他無疑是個有堅強意志和傑出才能的人，但是太熱中於行政手段和事情的行政方面，以致在重大的政治問題上是不能指靠他的。

口授文件敦促當時34歲的布哈林和32歲的皮達可夫有機會就要「充實自己的知識並改變自己的片面性」。這種看似慈父一般的建議肯定讓人感到芒刺在背。

但是在打印件中，前面緊挨着的幾句關於季諾維也夫和加米涅夫的話更容易讓人身敗名裂：

> 季諾維也夫和加米涅夫在十月的那件事當然不是偶然的，但是此事不大能歸罪於他們個人，正如非布爾什維主義不大能歸罪於托洛茨基一樣。

對於政權中兩位最重要的人物，這麼一句話就算完了——表面上是原諒了他們過去泄露消息、反對十月政變的行為。

但是在說到加米涅夫和季諾維也夫之前的內容堪稱驚天動地：

500

> 斯大林同志當了總書記，掌握了無限的權力，他能不能永遠十分謹慎地使用這一權力，我沒有把握。

斯大林不知怎的就掌握了「無限的權力」，好像當初不是列寧讓他做了總書記似的。緊接着下面的內容同樣令人瞠目結舌：

> 托洛茨基同志，正像他在交通人民委員部問題上反對中央的鬥爭所證明的那樣，不僅具有傑出的才能。他個人大概是現在的中央委員會中最有才能的人，但是他又過分自信，過分熱中於事情的純粹行政方面。[180]

口授文件警告說，「現時中央兩位傑出領袖的這兩種特點」——斯大林的草率，托洛茨基的自負和政治狂熱——「會出人意料地導致分裂，如果我們黨不採取措施防止，那麼分裂是會突然來臨的」。[181*]

雖然這封信對所有六個人以及其他不值一提的人都表示懷疑，但托洛茨基還是作為中心人物顯現出來，被稱為最有才能的人，之前直到1917年為止的非布爾什維主義也得到了原諒，甚至在談到其他人時

---

* 譯註：《列寧全集》第43卷，第339頁。

也提到他。在黨的第十二次代表大會之前、期間和之後，托洛茨基都受到了污言穢語的無情攻擊。反對派的匿名小冊子要求把斯大林、季諾維也夫和加米涅夫開除出中央委員會，但當時出現的攻擊托洛茨基的「地下」作品數量要多得多，比如《一個大人物的小傳》(有傳言說，它是出自斯大林的寵兒托夫斯圖哈之手)和《對於托洛茨基，伊里奇寫過甚麼和想過甚麼》(它把列寧以前那些難聽的話又翻了出來)。[182] 顯而易見，所謂1922年12月底的口授文件中的所有措辭，要麼與擁護托洛茨基的匿名印刷品一致，要麼與代表大會期間擁護和反對托洛茨基的發言一致：分裂的危險、要開除三駕馬車或者說領導小組、托洛茨基的非布爾什維主義(季諾維也夫提到過)、斯大林的粗暴。工聯主義者弗拉基米爾·柯秀爾(Vladimir Kosior，斯坦尼斯拉夫·柯秀爾的兄弟)的大會發言簡直就是口授文件的草稿。他指責「三駕馬車」、「書記處」和「黨的領導機構」有着與整個黨不一樣的利益，因而有分裂的危險。[183] 總的來說，現在可以強烈地感覺到，據說是在1922年12月形成的口授文件，其作者研究過1923年春天黨的第十二次代表大會上的發言。[184]

在4月25日結束的黨的代表大會上，沒有人，包括克魯普斯卡婭在內，暗示過有所謂列寧口授文件的存在。克魯普斯卡婭為甚麼沒有選擇向黨的第十二次代表大會出示這份文件呢？她當時已經拿出了〈關於民族問題的筆記〉，那份明顯是偽造的文件沒有引起任何關注。

501

儘管缺乏支持性的證據材料，但現在對於那份評價六人的沒有標題的打印文件，還不能排除列寧口授的可能性。同樣可能的是，某個瞭解列寧想法的人，把一些手勢和幾乎聽不見但確實由他所說的話以這種形式表達了出來。但也可能是中間人在沒有具體口授的情況下，在列寧的話裏插入了一些內容。1923年5月底這個時機的選擇，非常符合一個間接的事實，即所謂列寧口授文件的出現，是黨的第十二次代表大會的結果——斯大林大勝和托洛茨基大敗——所引發的黨內鬥爭的一部分。文件的出現也是在列寧從克里姆林宮搬到哥爾克和官方停止發佈他的健康狀況通告之後，而停止發佈他的健康狀況通告，意味着對於他的病情在某種程度上已經不抱多少希望。[185] 此外，1923年6月2日那天，或者就在那天之前，克魯普斯卡婭把據說是列寧口授的有關國家計劃委員會的文件交給了季諾維也夫。令人驚奇的是，該文件現在支持托洛茨基一直想要實現的經濟專政，而就在列寧第二次大中風期間，他對此始終是激烈反對的。[186]

有件事情是沒有爭議的：要是沒有克魯普斯卡婭的介入，那份神奇的口授文件是不可能從列寧的內室傳出來的。[187] 但她為甚麼會支持托洛茨基？她和斯大林劍拔弩張的關係已經持續一段時間了，而她與托洛茨基的不和卻可以追溯到更早的時候。[188] 在1898年成為列寧的妻子兼秘書之後，她就捲入到將會造成布爾什維克和孟什維克分裂的激烈爭論中，而且她在當時的通信中言辭尖鋭，不僅反對馬爾托夫，也反對托洛茨基，還把他的一本小冊子説成是「多年來革命運動中最可恥的變態行徑」。[189] 近些年來，克魯普斯卡婭敏鋭地覺察到列寧對於托洛茨基的憤怒，因為他在內戰期間和新經濟政策初期，總是公開與列寧爭辯。把她看作托洛茨基一方是錯誤的，正如把瑪麗亞·烏里揚諾夫娜看作斯大林一方是錯誤的一樣。[190] 兩個女人想要做的都不是去支持某個人，而是維持平衡。[191] 克魯普斯卡婭在列寧身邊生活了四分之一世紀，已經成了玩弄政治陰謀的老手，而且毫無疑問，她深信自己瞭解列寧的願望。她可以從政權的深處看到斯大林「無限的權力」，而她採取的策略——要是確實有的話——似乎就是，不讓這位格魯吉亞人成為列寧唯一的接班人。

第二院行動（蘇丹—加利耶夫主義）

502

黨的第十二次代表大會剛結束，斯大林就施展了他慣用的那套操縱手段，目標是黨的少數民族幹部，因為他懷疑他們不忠。首先行動起來的是奧格伯烏的東方部，它負責國外及蘇聯境內的穆斯林和佛教徒。由拉脱維亞人雅科夫·彼得斯成立並領導的東方部當時已經對蘇聯的穆斯林共產黨人進行嚴密的監視，從政見到私情，一切都跟蹤調查。在代號為「第二院」的行動中，具體的目標是韃靼人米爾賽義德·蘇丹—加利耶夫。他是斯大林的門徒，也是一個難得的人才。韃靼利亞只有3,483名黨員，其中韃靼人只佔28.5%。[192] 蘇丹—加利耶夫是個有文化的穆斯林共產黨人，他在一個難以開展工作的地區(這一點，斯大林從自己在巴統和巴庫做穆斯林的鼓動工作時起就十分清楚)贏得了大批追隨者，但他在黨的論壇上總是為了這樣一些事情批評斯大林，比如把穆斯林突厥斯坦納入俄羅斯社會主義聯邦蘇維埃共和國的一部分而不是成為聯盟中一個獨立的共和國。[193] 他把伏爾加河流域、烏拉爾南部、中亞和高加索的穆斯林各民族稱為世界革命的跳板，反對俄羅斯社會主義聯邦蘇維埃共和國農業人民委員部有關韃靼利亞土地的法令，資助對中世紀韃靼可汗的美化，並強制推行韃靼語，作為蘇維埃俄國各地穆斯林的語言。1923年春天，斯大林偶然碰到蘇丹—加利耶夫並對他説，自己看到一封韃靼人寄給巴什基爾某同志的密信，從那封信來看，存在一個地下組織。斯大林還警告他要小心。不管警告是不是設計好的，總之蘇丹—加利耶夫在聽了之後就用密碼寫信給一個聯絡人，要求銷毀自己以前的信件。[194] 這封信被奧格伯烏截獲並交給黨的中央監察委員會主席古比雪夫。1923年5月初，蘇丹—加利耶夫被召到中央監察委員會，以泛突厥主義、泛伊斯蘭主義和民族主義的罪名被開除黨籍並逮捕。[195]

雖然黨的第十二次代表大會剛剛深入討論過民族問題，但要開除一名中央政府(民族事務人民委員部部務委員會)成員，政治局還是覺得需要召集一次由各民族共產黨人參加的特別會議。出席會議的有58人，還有二十多名中央委員和候補中央委員。1923年6月9日，加米涅夫主持會議，與會的穆斯林知道蘇丹—加利耶夫正關在盧比揚卡的內部監獄。古比雪夫給這次為期四天的會議作了開幕報告，摘引了那封表明蘇丹—加利耶夫有罪的信中要求銷毀從前信件的內容，以及他供詞中的內容。古比雪夫聲稱，蘇丹—加利耶夫已經承認密信是他寫的，並稱自己的被捕是「合法的」，「對我處以最高的懲罰措施即槍斃也是合法的。這是我的真心話」。古比雪夫最後説蘇丹—加利耶夫已經承認犯了嚴重的罪行，但可以把他放了，因為他承認了自己的所作所為；要不然，這個韃靼人可能會成為烈士，儘管有剛剛(在秘密會議上)公佈的證據。[196] 在接下來的討論中，發言的基本上都是在工作中與蘇丹—加利耶夫關係密切的人，他們都竭力為自己辯解。但奧爾忠尼啟則説，在突厥斯坦——他最近去過那裏——內部糾紛的形式是遜尼派對什葉派、突厥人對波斯人，不是民族共產主義，而在高加索，阿塞拜疆穆斯林教師學校的學生戴着刻有土耳其穆斯塔法·凱末爾頭像的徽章。他要求把少數民族的共產黨人培養成(他自己那樣的)國際主義者。與此形成鮮明對照的是，烏克蘭共產黨人斯克雷普尼克說，有人想利用這件事改變政策的方向，使之對各民族共產黨人變得更加強硬(托洛茨基大聲喊道：「完全正確」)。[197] 斯克雷普尼克，還有拉柯夫斯基，讓斯大林在最終確定聯盟治理結構的制憲委員會問題上大發脾氣。[198]

討論中，斯大林接着古比雪夫的報告作了發言，儘管他自己的報告安排在當天晚上。他把穆斯林民族主義者與孟什維克派等同起來，認為「民族主義是在各邊疆地區和各共和國培養馬克思主義幹部，培養馬克思主義先鋒隊道路上的主要思想障礙」，是「資產階級思想」和資產階級在新經濟政策條件下復活的平台。* 在這次四天的會議之前，他可能一直在考慮成立一個革命法庭，甚至考慮將蘇丹—加利耶夫處以死刑。[199] 但現在，斯大林同意他的寵兒古比雪夫的意見，認為必須釋放蘇丹—加利耶夫。「這傢伙承認了他所有的罪行並希望得到寬恕，」斯大林說，好像很寬宏大量似的，「他已經被開除出黨，當然不會允許重新加入。但要是把他關起來有甚麼意義呢？」當有人插話問蘇丹—加利耶夫能幹甚麼工作時，斯大林回答說：「他不是我們的人，他是外人，但是，我向您保證，他決不比某些在重要崗位上從事非常重要的工作的軍事專家差。」[200] 把少數民族的共產黨人和沙皇時代的軍事專家相提並論，說明斯大林的疑心很重。他拿蘇丹—加利耶夫做典型，以便起到恫嚇和控制的作用。就在季諾維也夫在會上竟然疏忽大意地顯露出自己對於民族事務的無知時，加米涅夫——他清楚斯大林為了加強政治控制而施展的伎倆——結束了此次會議，並提醒與會者，像蘇丹—加利耶夫這樣的內部威脅可能會成為英國這個「最大的帝國主義國家」手中的武器。[201] 6月14日，奧格伯烏的明仁斯基讓人釋放了已關押45天的蘇丹—加利耶夫。(他最後受到降級處分，在國家狩獵協會工作。)[202] 斯大林讓人把會議的

504

---

* 譯註：《斯大林全集》第5卷，第252頁。

速記記錄迅速分發下去，讓各民族共和國黨組織討論。韃靼斯坦黨組織的討論是由當地奧格伯烏負責人主持的。[203] 各民族的幹部將會按照黨的第十二次代表大會的要求實行「本地化」，但還是要受奧格伯烏的監視。這些手段斯大林可不只是用在穆斯林共產黨人身上。

「山洞會議」

1923年7月10日，季諾維也夫和布哈林離開莫斯科，到基斯洛沃茨克度長假，那是俄國南方有名的礦泉城，擁有具藥用價值的「酸性礦泉水」(*kislye vody*)。[204] 兩人在出發前就已瞭解到另一份轟動一時的所謂列寧文件，叫做〈伊里奇關於書記的信〉。據說是這位布爾什維克領袖在1923年1月4日口授的，是對12月24日口授內容的補充；福季耶娃聲稱為補充口授做了記錄。[205] 克魯普斯卡婭又一次找了季諾維也夫。[206] 加米涅夫當時還在莫斯科，所以也知道這件事。信的內容是爆炸性的：

> 斯大林太粗暴，這個缺點在我們中間，在我們共產黨人相互交往中是完全可以容忍的，但是在總書記的職位上就成為不可容忍的了。因此，我建議同志們仔細想個辦法把斯大林從這個職位上調開，任命另一個人擔任這個職位，這個人在所有其他方面只要有一點強過斯大林同志，這就是較為耐心、較為謙恭、較有禮貌、較能關心同志，而較少任性等等。這一點看來可能是微不足道的小事。但是我想，從防止分裂來看，從我前面所說的斯大林和托洛茨基的相互關係來看，這不是小事，或者說，這是一種可能具有決定意義的小事。[207]*

505

為斯大林特意設立總書記職務剛過15個月，列寧可能會想着要解除他的職務嗎？要是那樣，口授文件為甚麼不提出替代人選？還有，為甚麼這封信又提到了托洛茨基？

* 譯註：《列寧全集》第43卷，第340頁。

現在沒有找到〈伊里奇關於〔總〕書記的信〉的速記原稿。在秘書處工作人員記錄列寧活動的日誌裏，沒有提到「伊里奇的信」之類的事情。1923年1月4日的醫生日誌記載説，列寧夜裏失眠，情緒「不很好」，「兩次口授並閱讀」，* 但沒有哪個原始資料可以支持1月4日口授的**內容**。[208] 令人奇怪的還有，5月底的時候，〈伊里奇關於〔總〕書記的信〉並沒有和對政權中六個人的評價一起讓季諾維也夫知道。新的打印件是6月才出現的。[209]

這份所謂的口授文件本該掀起更大的政治風浪，因為它也許是直到當時為止政權整個歷史上關係最為重大的文件。但季諾維也夫和布哈林在知道列寧顯然在下令設法解除斯大林總書記職務的情況下，卻沒有那樣做。兩人所做的就是，把其他幾名也在基斯洛沃茨克或者附近度假的官員暗中召集到懸崖峭壁上開了一次「山洞會議」。[210] 與會者除了季諾維也夫和布哈林，還有格里戈里・葉夫多基莫夫 (Grigory Yevdokimov)，他是彼得格勒工會的負責人，也是季諾維也夫最親密的盟友之一；米哈伊爾・拉舍維奇，西伯利亞軍區司令，季諾維也夫另外一個親密的支持者；以及克利姆・伏羅希洛夫，斯大林的忠實支持者，當地的北高加索軍區司令，司令部在大約300英里† 外的羅斯托夫，他接到電報，要求他趕到基斯洛沃茨克。[211]「洞人」總共是五個。正在25英里‡ 外的熱列茲諾沃德斯克度假的烏克蘭和克里米亞軍區司令米哈伊爾・伏龍芝也收到邀請，但他在第二天才到。[212]

托洛茨基碰巧也在基斯洛沃茨克度假，但大家都説他沒有參加山洞會議。[213] 當然，對於斯大林管理黨的書記處的方式，他和季諾維也夫或布哈林一樣感到不滿，但托洛茨基此時正在與這兩位潛在的盟友論戰，擺出一副敬而遠之的樣子。因而，不管是誰想要同他結盟都很困難。那年夏天，他基本上都在專心寫作，不過倒是同意了接待美國的左翼作家馬克斯・伊斯特曼 (Max Eastman)——後者在蘇聯待了21個月，這次

506

---

* 譯註：《蘇聯歷史檔案選編》第2卷，第293頁。

† 編註：約483公里。

‡ 編註：約40公里。

到基斯洛沃茨克是為了同托洛茨基商量給他寫傳記的事情(「當今世界上擁有最廣泛才華的人」,伊斯特曼後來寫道)。[214]

季諾維也夫後來解釋說,「所有參加會議的人都明白,列寧領導下的書記處是一回事,但沒有了列寧,書記處完全是另外一回事」。推動山洞會議進程的可能是布哈林,他建議說,他們應該把書記處「政治化」,也就是說,(在斯大林之外)再增添季諾維也夫和托洛茨基,或者托洛茨基和加米涅夫,或者托洛茨基和布哈林,把它變成一個小政治局。「對於這個問題,爭議很大,」季諾維也夫繼續解釋說,「許多人(包括我自己在內)都認為,托洛茨基同志願意和我們共事,而我們在一起,就會成功地創造出一種穩定的均勢。」[215]

1923年夏,反托洛茨基的牢固的「三駕馬車」還沒有形成;相反,由於列寧的三次中風,當前最讓人擔心的不是托洛茨基的權力,而是斯大林的權力。

山洞會議之後又過了幾天,梯弗利斯南高加索地區黨委負責人謝爾戈·奧爾忠尼啟則——他之前就安排好轉道莫斯科前往柏林治病——中途在基斯洛沃茨克停留。季諾維也夫向被認為是斯大林心腹的奧爾忠尼啟則簡要介紹了山洞會議討論的內容,並請他給斯大林和加米涅夫轉交一封信(日期為7月29日)。[216] 不出所料,斯大林勃然大怒。在此期間,季諾維也夫收到斯大林的兩封信(日期為7月25日和27日),報告了斯大林作為總書記所採取的各種行動。[217] 對季諾維也夫而言,最重要的就是斯大林決定取消要求德國共產黨採取更冒險的行動,這是季諾維也夫的共產國際的指示。此舉激怒了季諾維也夫。7月30日,怒氣沖沖的季諾維也夫從基斯洛沃茨克匆匆寫了一封信給莫斯科的加米涅夫,責備後者在斯大林獨斷專行的決策中與之串通一氣。「你就在莫斯科,」季諾維也夫寫道,「你的影響不算小。而你卻任憑斯大林公然捉弄人。」季諾維也夫在舉了一些例子後說道:「斯大林在確定這些任命時徵求過誰的意見嗎?當然沒有徵求過我們的意見。」即便在季諾維也夫(和布哈林)領導的共產國際會議上,斯大林也頤指氣使:「斯大林到這兒一看便做出了裁決!我和布哈林活像兩具『殭屍』——用不着徵求我們的意見。」接着,季諾維也夫說出了最關鍵的話:

507

> 我們對此再也不會容忍了。如果黨注定要經歷一段斯大林的專制統治（*edinoderzhavie*）時期（也許是非常短暫的時期），那就任其自然吧。但我至少不想把這一切不像話的行為掩蓋起來……其實根本沒有甚麼「三駕馬車」，有的只是斯大林的獨裁。伊里奇的話千真萬確。

最後那句指的只能是〈伊里奇關於書記的信〉。[218]

季諾維也夫提醒加米涅夫說「你自己就不止一次地説過同樣的話」，同時還表達了憤怒（「要是這次你再不回信，那我們就再也不通信了」）和希望：「但使我吃驚的是，伏羅希洛夫、伏龍芝和謝爾戈幾乎也是這麼想的。」* 但是在這裏，季諾維也夫也許沒完全講實話。對於斯大林的掌權，伏龍芝態度如何我們並不清楚，雖然他有可能傾向於採取「尋求均勢」的策略，而奧爾忠尼啟則——斯大林剛剛在格魯吉亞事件中保住了他的政治生命——卻有自己的主張，不但把自己在黨內的高位歸於斯大林，也歸於列寧。[219] 可是，不管伏龍芝和奧爾忠尼啟則的傾向如何，伏羅希洛夫肯定是反對季諾維也夫的。[220] 在此期間，布哈林自己也給加米涅夫寫過信（7月30日），抱怨説當他（布哈林）不在的時候，斯大林沒跟他商量就任命了一個臨時的編輯集團來監督《真理報》的工作。實際上，政治局曾經任命托洛茨基的擁護者普列奧布拉任斯基為臨時主編，但他因為重新實行伏特加專營（這種利用酗酒的惡習來增加國庫收入的做法在沙皇時代就飽受批評）而辭職，這讓斯大林措手不及，只好在布哈林度假回來之前採取別的臨時措施。[221] 在這個例子以及其他例子中，斯大林尋常的行動權似乎給布哈林和季諾維也夫兩人造成極大的震動。他們發現斯大林確實擁有「無限的權力」。

季諾維也夫認為自己的行為合情合理。「不要把它當成壞事，也不要往壞的方面去想。請冷靜地思考一下」，他在7月31日給斯大林的信中寫道。† 因為有所謂的列寧口授文件，要求把斯大林**調開**，而季諾維也夫僅僅是在要求斯大林分享權力。[222] 但斯大林並不領情。再說，他

---

* 譯註：《蘇聯歷史檔案選編》第2卷，第310–314頁。

† 譯註：《蘇聯歷史檔案選編》第2卷，第316頁。

沒有看到那份所謂的列寧口授文件，所以他肯定十分急切地想知道整個文件可能包含哪些內容，或許還很害怕。奧爾忠尼啟則寫信對伏羅希洛夫說（1923年8月3日），斯大林認為季諾維也夫和布哈林的建議是要任命「一些政治委員」去監視他，好像他和從前那些沙皇將軍一樣不值得信賴。同一天（8月3日），斯大林開始反擊。他寫信對季諾維也夫和布哈林說：「你們〔7月29日〕的來信收到了。我已同謝爾戈談過話。我不明白，我究竟應該怎樣做才會使你們不罵人，這到底是怎麼回事？」斯大林建議當面談一談——「這當然都要看你們是否認為今後有可能齊心協力地工作（因為通過同謝爾戈談話我才明白，你們看來真要準備決裂，認為這是不可避免的）。」[223*]

斯大林不會讓他們用他剛剛對付韃靼人米爾賽義德·蘇丹—加利耶夫的辦法來對付自己。在收到季諾維也夫和布哈林8月6日用安撫的口氣（「您談到了『決裂』——這肯定是由於您累了。不可能發生這樣的事。」）寫的另一封信之後，斯大林爆發了。「何必引用一封我並不知道的伊里奇談〔總〕書記問題的信呢——難道沒有證據說明我並不看重地位，因而也就不怕甚麼信嗎？」斯大林在8月7日寫道，「小組的成員都在想方設法相互恐嚇……該如何稱呼這樣的小組呢？」斯大林還說，決定並不是書記處不和其他部門商量就獨自做出的，議事日程也不是不聽取書記處以外的任何人的意見就定下的。他把自己描寫成一個受害者：「你們畢竟是有福之人：能夠在閒着沒事幹的時候想入非非，琢磨種種不切實際的東西，等等。可我卻在這裏沒完沒了地工作，像一條被鏈子拴住的狗，苦悶不堪，而且還成了『有罪的人』。所有的工作都是他在做！他嘲笑他們假裝友好，說他們騙人：「我同意撤換〔總〕書記，但我反對實行政委制（政委已經不少了：組織局的、政治局的，全會）。」[224†]

斯大林的回信充滿自憐，但卻很有力量——而且明確提出辭職——導致季諾維也夫和布哈林寫了直到當時為止最尖銳的一封信。

---

* 譯註：《蘇聯歷史檔案選編》第2卷，第320頁。

† 譯註：《蘇聯歷史檔案選編》第2卷，第320–325頁。

「是的，是有弗．伊的一封信，他在信中建議(第十二次代表大會)不要選您當〔總〕書記，」他們在8月10日寫道，「我們(布哈林、加米涅夫和我)決定暫時不對您提這封信的事。其原因是不難理解的：您對於同弗．伊的分歧的認識本來就極為偏執，所以我們不想使您心煩。」當然，他們已經讓他心煩了，緩和關係的嘗試也不尷不尬：

509

> 根本問題是伊里奇不在。因此，從客觀上說(拋開您的險惡的意願不談)中央書記處在中央已開始起着任何一個省委書記處所起的那種作用，也就是說它實際上(不是形式上)決定了一切。這是不可否認的事實。誰也不願意設政委(您甚至把組織局、政治局和全會都算作政委！)……情況(既是指托洛茨基，也是指各種各樣的「綱領」)變得越來越複雜，黨內的不滿情緒也在增長(不要看表面)。由此可見，要尋找最佳的合作形式。

此信由布哈林執筆，但署名的只有季諾維也夫。信的最後說：「我們一刻也不懷疑：我們一定會取得諒解的。好好地休息吧。祝一切都好！格．季諾維也夫。」[225]* 但這封信根本沒有送出去。[226] 原本安排斯大林在1923年8月15日到基斯洛沃茨克度假，時長一個半月，但他延期了。[227]

譫妄

讓斯大林推遲度假的一個關鍵議題是，幻想德國會發生十月式的革命。[228] 德國是世界上對蘇聯最最重要的國家，可是由於惡性通貨膨脹，它已淪落到公然拖欠戰爭賠款的地步。法國在世界大戰中元氣大傷(戰爭是在法國國土上進行的)，但讓法國人憤怒的是，英國人想要削減德國的債務。賠款委員會宣佈德國拖欠賠款，於是，法國和比利時派出軍隊，佔領了生產德國80%鋼鐵和煤炭的魯爾區。[229] 此舉導致德國市場的崩潰，加劇了四處蔓延的通貨膨脹(到1923年11月，1美元可兌換1,300億馬克)。[230] 為了顯示與拉帕洛夥伴休戚與共，蘇聯直接警告死

---

* 譯註：《蘇聯歷史檔案選編》第2卷，第329–330頁。

敵波蘭，不要乘人之危，不要去佔領凡爾賽條約製造出來的位於波蘭走廊另一端的東普魯士。[231] 莫斯科還敦促拉脫維亞和立陶宛同意採取不干涉德國事務的政策。與此同時，季諾維也夫和布哈林決定，對蘇聯來說，策劃共產黨人政變、干涉德國事務的時機已經成熟。當兩人正在基斯洛沃茨克考慮如何限制斯大林的權力時，他們收到海因里希·布蘭德勒(Heinrich Brandler，生於1881年)的一封信(日期為7月11日)——布蘭德勒是德國共產黨的領導人，做過泥瓦匠，有四分之一世紀的革命鬥爭經驗。他報告說德共很快將策劃一次大型的反法西斯日集會，「每當有一個共產黨人遇害，我們就殺掉十個法西斯分子」。[232]

510

卡爾·拉狄克警告布蘭德勒，要避免發生衝突，以免貽人口實，對共產黨人進行大鎮壓。季諾維也夫則認為布蘭德勒的來信反映了新的決心，拉狄克的行為屬於不服從命令，因為共產國際是由季諾維也夫領導的。斯大林支持拉狄克，在和季諾維也夫的通信中對德國的形勢表示懷疑，就像他在1920年對所謂的波蘭革命時機已經成熟表示懷疑一樣。布蘭德勒沒有理會拉狄克的警告，而是在7月31日公開宣告，德國共產黨人的目的是要「贏得政治權力」。幾天後，他宣佈，「資產階級秩序」即將垮台，「內戰」即將開始。[233] 斯大林仍然感到懷疑。儘管在1923年的德國，工人階級的數量要遠遠超過1917年的俄國，但斯大林在8月7日給季諾維也夫的信中，列舉了1917年對布爾什維克有利的種種具體條件。他強調的不僅是，甚至主要不是，工人對布爾什維主義的支持，還有布爾什維克面對的是極度渴望和平的人民和急於奪取地主土地的農民。「德國共產黨人現在毫無這些條件。」他指出，「當然，他們毗鄰蘇維埃國家，這一點是我們不曾有的，可我們當前又能給予他們甚麼呢？如果德國的政權馬上——比如說——就垮台，而共產黨人接管了它，那他們將一敗塗地。這種情況還是『最好的』。最糟的情況是：他們將被徹底打垮並被拋到後面去……我認為，應當阻止德國人，而不是鼓勵他們。」[234]*

* 譯註：《蘇聯歷史檔案選編》第2卷，第326頁。

這種分歧無法通過電報解決，於是，斯大林在8月9日讓政治局正式要求各個委員結束休假，回來進行面對面的討論。8月12日，從季諾維也夫和布哈林那裏傳來肯定的答覆。托洛茨基提出的條件是，中斷他的治療時間「不超過一個星期」。[235]

群眾性的罷工席捲德國，參加罷工的工人有300萬，這樣的規模就連德國共產黨中的好鬥分子也感到吃驚，結果在倒霉的德國中央政府辭職後，取代其位置的是古典自由主義政治家古斯塔夫·施特雷澤曼(Gustav Stresemann)的大聯合政府，德國社會民主黨也在其中。社會民主黨中的左派甚至在此之前就進入了圖林根和布蘭德勒的家鄉薩克森的地方政府。德國明顯的激進化點燃了季諾維也夫最初的熱情；斯大林警告說，法國和波蘭有可能會對德國的工人政府發動武裝干涉，繼而殃及蘇聯。[236] 8月21日，政治局決定通過地下渠道給德國人送去100萬金馬克——這是那個貧窮、荒蕪、仍然飽受饑餓之苦的國家源源不斷地輸送金錢的開始。[237]兩天後，政治局進行了緊張激烈的討論，*斯大林在會上表示，支持政變，但認為此事應高度保密。「斯大林的觀點是正確的——」托洛茨基指出，「不能讓人看出是我們在領導；不僅俄共，就連共產國際也不行。」托洛茨基顯得疑慮重重，要求暴動有詳細的計劃，而斯大林則豪邁地說道：「或者是德國革命失敗，我們被打倒，或者是革命獲得成功，一切順利，從而我們地位得到保障。」這裏可能存在某種冷酷的算計：要是德國真的成了共產黨掌權的國家，因為記錄表明斯大林曾經是不支持德國革命的，那他最後就會像1917年的季諾維也夫和加米涅夫一樣。不過，斯大林的轉變也反映出一定程度的熱情，不像是要刻意證明甚麼。他狂熱地表示，蘇聯需要「一條同德國接壤的邊界」，而「推翻各資產階級邊境國家中的一個」就可以做到這一點。†當

511

---

* 譯註：參見《蘇聯歷史檔案選編》第5卷，第621–624頁。對於此次會議的時間，作者的說法與《蘇聯歷史檔案選編》第5卷的說法不一致。

† 譯註：在此次會議記錄的中譯本中，這一觀點表述如下：「有一小塊同德國的共同邊界對我們很重要，也很必要。應當力求在某一個資產階級緩衝國打開一個窗口，從而形成一個通往德國的走廊。」《蘇聯歷史檔案選編》第2卷，第624頁。

契切林問蘇聯是打算聯合捷克斯洛伐克和南斯拉夫這兩個國家還是準備在那裏發動起義時，有人大聲喊道，「當然，兩個都要」。[238]

8月25日，共產國際向全世界形形色色的工聯主義者和社會主義者發出呼籲，要他們在「法西斯主義」的威脅面前採取統一行動，結果無人響應。[239] 同日，托洛茨基指示共和國革命軍事委員會的副手埃夫拉伊姆·斯克良斯基，讓紅軍做好準備，以防協約國發動進攻。[240] 三天後，中央書記魯祖塔克給各省黨委發了一封密碼電報，大意是，在德國即將發生革命，估計德國會像蘇俄以前那樣遭到資產階級的武裝干涉。[241]

揮之不去的恐懼

斯大林知道他的眾多黨羽會竭力維護自己。當他把情況告訴忠於自己的另外兩名中央書記古比雪夫和魯澤塔克的時候，據説他們嘲笑了季諾維也夫的陰謀。[242] 但是，政治局委員們手裏有列寧的明確指示，要求調開斯大林，這可不是鬧着玩的。在《無產階級革命》雜誌上，可以找到有力的間接證據，證明斯大林的內心惶恐不安。9月出版的這份雜誌的1923年第9期，刊登了列寧在1917年春天給卡爾賓斯基(Karpinsky)和加涅茨基(Ganetsky)的信。正是這些信件被臨時政府的警察機關截獲，在1917年7月用來指控列寧是德國間諜因而犯有叛國罪。[243] 這種依據警察機關的副本公佈的帶有罪證性質的文件，要是為了抹黑列寧而出現在流亡者雜誌上，那還説得過去，但為甚麼會出現在蘇聯的雜誌上呢，而且雜誌原本是打算在1923年8月出版的？這有可能是個奇怪的巧合。但現在看來，這件事很有可能是斯大林策劃的——他掌管列寧的檔案——目的是敗壞列寧的名聲。[244] 果真如此，那這就是一種絕望之舉。斯大林究竟是在甚麼時候第一次看到了「伊里奇的信」，現在還不清楚。人們以為可以在他的檔案中找到帶有他的鉛筆記號的信件抄本，但現在沒有發現這樣的抄本。是誰把信給他看的，是甚麼時候，在甚麼情況下，他的反應如何，這些或許永遠都無從知道。不過，我們可以猜測，在季諾維也夫和布哈林1923年8月20日左右返回莫斯科的時候，斯大林要求看到那封信。但有可能克魯普斯卡婭並沒

512

有把信件的副本給季諾維也夫，而只是讓他看了那封信，這會讓斯大林更加提心吊膽。

斯大林用了一個比較聰明的、能夠被其他人接受的建議化解了山洞會議的攻勢：在組織局——起初建議的是書記處——增加兩名政治局委員季諾維也夫和托洛茨基作為正式委員，同時增加伊萬·科羅特科夫(Ivan Korotkov，被提拔到莫斯科的一名地區黨委負責人)和布哈林(排在第二位)作為新的候補委員。可想而知，在勞動密集型的組織局，托洛茨基和布哈林後來一次會議也沒有參加；季諾維也夫說他參加過一兩次。[245]

山洞會議的陰謀沒有成功，部分原因在於托洛茨基的表現。布哈林後來解釋說：「從個人來講，我當初是想把那幾個最重要的人物——斯大林、托洛茨基和季諾維也夫——聯合成中央的上層……我竭盡全力調和黨內的矛盾……季諾維也夫同志猶豫不決，但他很快就開始向托洛茨基發起無情的進攻，從而破壞了這個計劃。托洛茨基同志用盡辦法去破壞關係。」[246] 的確如此，但是還有一個更重要的因素，就是加米涅夫的態度。[247] 加米涅夫因為會議組織得好，漸漸有了做事幹練、講究實際的名聲，但那些對他比較熟悉的人都知道，他是個積習難改的陰謀家。他當時是怎麼想的，現在還無法從文獻中得到證實。他對季諾維也夫非常瞭解，但他對季諾維也夫也許並不像季諾維也夫對他那樣有很高的評價。同樣，加米涅夫認識斯大林的時間也很長，從1900年代初在梯弗利斯的時候就認識，而且1917年他們是一起從西伯利亞的流放地回到彼得格勒，然後又一起共事的。加米涅夫當然明白，斯大林絕對不是甚麼天使——他敏感、表裏不一，是個卑鄙的挑唆者——但加米涅夫顯然沒把斯大林看得**特別**危險，要不然，他就會參與到反對斯大林的行動中。這就說明，至少在1923年的時候，後期那個怪物一般的斯大林尚不存在，或者說，對於某些和他一起共事而且關係非常密切的人來說，還看不出來。相反，加米涅夫似乎認為可以控制住斯大林。他告訴奧爾忠尼啟則，季諾維也夫和布哈林的不滿是誇大其詞。[248] 加米涅夫對於斯大林作為總書記所肩負的重擔可能還是很理解的。1923年7月6日，蘇聯憲法草案在大克里姆林宮象徵性地獲得蘇維

513

埃中央執行委員會的通過——民族事務人民委員部被撤銷，因此斯大林不再擔任正式的政府職務——但蘇聯的組織結構仍然有待落實，而斯大林在這方面是不可或缺的。[249] 不管加米涅夫究竟有甚麼算計或誤判，他站在斯大林一邊都是經過慎重考慮的，這對那位總書記政治生命的延續來說是至關重要的。

季諾維也夫和布哈林看錯了加米涅夫，加米涅夫又看錯了斯大林，但季諾維也夫的行為最讓人不可思議。所有人都明白，季諾維也夫野心勃勃，想成為一號人物。[250] 而且在1923年那個夏天，克魯普斯卡婭曾交給他一封列寧的信，信裏建議他們把斯大林調開。但季諾維也夫對此沒有採取任何行動。他有了改變歷史進程的機會，但沒抓住。當然，李可夫、加里寧、托姆斯基還有莫洛托夫的意見也要考慮，但就連跟調離沒甚麼關係的建議，加米涅夫都是站在斯大林一邊，這讓季諾維也夫十分意外。而且，對於季諾維也夫通過布哈林做出的尚屬初步的試探，托洛茨基抱着一貫的孤高態度。儘管如此，季諾維也夫本來仍然可以要求執行列寧的遺囑，強行提出把斯大林從總書記的中樞位置上調開這一問題。他本可以要求召開中央全會、甚至黨的特別代表大會來討論這個問題。可他非但沒有那樣，反而召開了山洞會議，然後在布哈林寫給斯大林的幾封信上簽署自己的名字，再然後甚至都沒把那幾封信發出去。斯大林的性格到最後起了重要的作用，而季諾維也夫卻沒能按照他自己露骨的野心行事，強行提出把斯大林調開的問題，這可以說是在列寧不可逆轉地退場之後，一個政治局委員後果最嚴重的作為(或不作為)，甚至比加米涅夫躊躇於僅僅想要約束斯大林的某些權力還嚴重。 514

克魯普斯卡婭在1923年夏天策劃的〈伊里奇關於〔總〕書記的信〉，到頭來沒能扭轉局面。但是對於斯大林來說，這事沒有完。他可能擔心季諾維也夫會再次利用所謂的列寧口授文件，也許會把它透露給中央委員會，也許還不止那樣。難道托洛茨基不會也參與進來？加米涅夫能支持多久呢？對於布哈林在山洞陰謀中的突出作用怎麼辦？不過，斯大林最擔心的還是列寧，雖然這位布爾什維克領袖現在既不能說也不能寫。在莫斯科郊外的哥爾克，他坐在進口的輪椅上，被人推着在院子裏散步，一邊用自己的左手勉強寫出幾個詞(「媽媽」、「爸爸」)，一邊聽克魯普斯卡婭像對幼兒一樣給他讀書。[251] 列寧再也不會重返公共生活了。但是，一些據說是由他口授的文件，在口授出來幾個月後，被陸陸續續地拿了出來。斯大林可以通過奧格伯烏，以安全為由，密切監視進出哥爾克的情況，但他控制不了克魯普斯卡婭，所以他沒有辦法確定還會不會有其他據說是「伊里奇」指示的文件被拿出來。最後，斯大林似乎是在8月底動身去了基斯洛沃茨克。[252] 但讓人好奇的是，有達摩克利斯之劍懸在頭頂，那會是一種甚麼樣的「度假」呢。不管怎麼說，這種充滿了不確定性的喘息期是短暫的，因為到9月的第三週，他就要到首都出席會議了。

羞辱

1923年9月，莫斯科陷入革命的狂熱。布蘭德勒8月底就來了，到9月中旬其他德國共產黨人到來的時候，他們發現這座城市到處都是旗幟，宣告「德國的十月革命」即將到來，而工廠則召開會議，討論蘇聯工人該如何為德國工人提供幫助。[253] 但德共內部發生了激烈的爭論，分裂成左、中、右三派，所以布蘭德勒懇求要麼由季諾維也夫，要麼由托洛茨基領導暴動。同年9月，在共產國際的推動下，保加利亞爆發起義，目標是推翻原本也是剛剛因政變上台的政府。在起義遭到鎮壓後，保加利亞維護秩序的力量開始瘋狂報復，殺害了2,000名共產黨積極分子和農民運動成員，但這絲毫沒有放慢德國計劃的步伐。[254] 季諾維也夫希望在德國取得突破，以洗刷1917年十月革命中反對奪權的污點。斯大林不甘落後。「德國即將到來的革命是當今最重要的世界性事件，」9月20日，他在答覆德共喉舌《紅旗報》編輯的約稿時寫道，「革命如能在德國取得勝利，那對於歐美無產階級來說將比六年前俄國革命的勝利意義更加重大。毫無疑問，德國無產階級的勝利會把世界革命的中心從莫斯科轉移到柏林。」[255]

515

政治局的或者說政治局德國委員會的會議從9月21日一直開到23日。[256] 一項關鍵的議程是如何對待德國社會民主黨。斯大林認為，要是他們同意成為共產黨的小夥伴，那麼，同他們合作是有幫助的；要是他們拒絕，那就更好，因為這會讓他們在德國工人面前暴露出社會民主黨的真面目。[257] 就在這些會議期間，中央執行委員會主席團的秘書阿韋利·葉努基澤正式批准了蘇聯國徽的設計圖案：旭日照耀下的地球上，有錘子和鐮刀，還有用六種文字(俄文、烏克蘭文、白俄羅斯文、格魯吉亞文、阿塞拜疆文、亞美尼亞文)寫成的「全世界無產者，聯合起來！」[258] 季諾維也夫詳細說明了建立歐洲工農共和國聯邦的可能性。[259] 托洛茨基在《真理報》上(1923年9月23日)發表文章，總結了法國和俄國革命中的革命策略——他打算用這些去指導德共的軍事力量。柏林用德文轉載了這篇文章。現在還不清楚文章對於德共的組織者們起了甚麼作用，但卻引起了德國駐莫斯科大使的正式抗議。[260] 處於狂熱狀態的季諾維也夫和托洛茨基一起，整夜整夜地守在後者位於茲納緬卡街23號的陸軍人民委員部辦公室，向紅軍總司令謝爾蓋·加米涅夫提出各種與德國有關的行動問題。[261] 在莫斯科近郊召開的波蘭共產黨代表大會上，布蘭德勒吹噓說德共有超過35萬黨員，能把20萬武裝工人、可供應15個師(每個師5,000人)的武器和330個敵後游擊小組投入戰場——這些數字是為了鼓舞人的，或者說是為了哄人的。[262]

516

9月23至25日在大克里姆林宮召開了中央全會，與會者有52人。會議開始那天有兩個報告，一個是季諾維也夫關於國際形勢的，和德國有關；另一個是政府第一副主席李可夫關於國防和建立特別儲備金的。[263] 全會把德國政變的日期定在11月9日，即德皇退位和「資產階級」革命(即成立共和國)的週年紀念日。[264] 古比雪夫的報告談的是改變托洛茨基領導下的革命軍事委員會的人員構成。換句話說，全會非但沒有討論列寧明確要求解除斯大林職務的問題，沒有討論〈伊里奇關於〔總〕書記的信〉，托洛茨基還被打了伏擊，在沒有徵求他意見的情況下，就提出一個方案，要用斯大林、季諾維也夫和加米涅夫的黨羽去擴充革命軍事委員會。托洛茨基宣佈，他打算辭去自己擔任的所有職務，包括政治局委員和中央委員，還請求把自己作為一名「革命戰士」派到國外，在計劃發動的政變中給德共提供幫助。[265] 當一位來自彼得格勒的與會者、被稱作尼古拉·科馬羅夫(Nikolai Komarov)的費奧多爾·索比諾夫(Fyodor Sobinov)——他父親是個貧苦的農民，而他本人以前是工廠工人——突然問托洛茨基為何「如此做作」的時候，托洛茨基爆發了。他跳了起來，說道，「請你們把我從這種丟人把戲的演員名單中劃掉」，然後就跺着腳走出去，還想摔一下門，但那扇巨大的鑄鐵門不太適合作宣洩感情的摔門之用，他只能讓門慢慢關上，因而在不經意間顯露了自己的無能。[266]

不管是有意的還是趕巧了，總之，斯大林、季諾維也夫和加米涅夫羞辱了托洛茨基。

有幾個人被派到托洛茨基在附近的住處，想勸他回來，但他拒絕了。於是全會繼續進行，並正式譴責了他的行為。[267] 會議備忘錄還強調：「把摘要立即送給托洛茨基同志。」在他缺席的情況下，全會經過表決，給革命軍事委員會增加幾名中央委員。[268] 這是不顧托洛茨基的反對，第二次改變委員會的人員構成；第一次是列寧決定的，是在1919年3月，那次也使得托洛茨基突然宣佈辭職。那時候，他的辭職沒有被接受，列寧安撫了他的情緒。這一次，托洛茨基的辭職也沒有得到批准，但卻沒有列寧來平息事態和平衡各人之間的關係。

517

直到現在，政治局的另外三名高級成員才開始作為三駕馬車，步調一致地行動起來。在隨後召開的一次政治局會議上，托洛茨基和季諾維也夫吵了起來，後者脫口而出：「沒看出來你在箍子(*obruch*)裏嗎？……你的把戲不管用了，你是少數，你是一個人。」從此以後，每到要召開政治局會議的時候，季諾維也夫和加米涅夫就偷偷地到書記處斯大林那裏，預先安排好議題，他們的三方秘密聚會獲得了「箍子」這個暗中流行的稱呼。[269] 托洛茨基被身邊的這個箍子激怒了。

左派反對派

新經濟政策下市場交易勉勉強強的合法化，對於緩解工人的赤貧——政權正是以他們的名義統治的——沒有任何作用。工業被改組為巨型的托拉斯(金屬加工、紡織)，那些被認為最重要的企業，所謂「制高點」，都被置於國家的保護下，可這沒能阻止許多工廠的倒閉或租讓，有時就出租給從前擁有它們的資本家。多餘的工人要被解僱，那些沒被解僱的工人，工資要和舊政權統治時一樣，同產量掛鈎。[270] 與此同時，工程師和「專家」則享有明顯的特權，也好像沒有發生過任何革命一樣。「專家生活得更好，得到的報酬更高，他發號施令；專家是外人，十月革命不是專家發動的」，工會負責人米哈伊爾·托姆斯基在總結工人的看法時解釋説。[271] 當有人説國家現在很窮的時候，工人們厲聲説，當官的該去城裏的餐館看看，那裏面的黨的頭頭們可不像是在體驗貧窮。[272] 從1923年春天開始，這種危險的局勢終於在幾個最大的工廠引發了罷工浪潮，並一直持續到秋天。[273] 蘇聯和英國的情報機關分別指出，在戰爭臨近和蘇維埃政權垮台這兩種充滿希望的傳言之間存在聯繫。[274] 奧格伯烏進行了大逮捕，但是根據送給黨的總部的秘密報告，工人們為了解救自己的同志，往往會再次罷工。情況同喀琅施塔得暴動時一樣：只有狂熱分子(「特種部隊」)才會狠狠地打擊無產者。[275]

布爾什維克的宣傳機器試圖為工人的騷亂辯白，説無產階級已經被婦女和從農村來的新人「稀釋」了；或者乾脆詭辯。「現在，工人政黨雖然有幾個，但無產階級政黨只有一個」，1923年，在紀念建黨25週年的黨史系列演講中，季諾維也夫言之鑿鑿地説。他還表示，「一個政黨從其人員構成來説可能是工人的政黨，但是從方向、綱領和政策來説，卻不是無產階級的政黨」。[276] 換句話説，這個政權的「無產階級」甚至都不再是具有某種程度的社會學意義的存在，而完全是意識形態的產物。 518

秘密警察竭力查禁獨立工會和非共產黨的工人團體，但是在這個唯一的政黨的內部，圍繞托洛茨基卻出現了一個表面上的另類選擇，人稱「左派反對派」。1923年秋天，托洛茨基開始要求「黨內民主」，指責「黨的機關憑藉書記選拔〔任命〕這種手段，將官僚化發展到前所未聞的程度」，指責「非常廣泛的工作人員階層已被製造出來，這些人一進入黨的政府機關，就立刻完全放棄了他們自己對黨的意見，至少是不再公開表達自己對黨的意見」。[277] 當然，毫不奇怪，布爾什維克對私有財產和法治的攻擊並沒有造就出一個靈活、高效、反應迅速的行政機關。不可能指望黨的官員一方面用就地處決的方式進行無情的階級戰爭，另一方面又為某種希臘式的城邦讓路。不負責任的官僚統治、政治恐嚇和無法控制的假公濟私，是托洛茨基自己所信奉的共產主義的必然結果。此外，就在他反對官僚主義「退化」的同時，他也在建議成立一個由各種專家組成的超級官僚機構（最好由他來領導），以便對經濟進行「計劃」。左派反對派的建設性綱領幾乎沒有給罷工的勞動人民帶來甚麼希望。1917年秋天，托洛茨基的表現就像是政治魔法師，能把哪怕是最艱深的思想變得讓勞動者易於接受，能把龐大的人群引向癲狂，對他主張的立場立下神聖的誓言，但是在1923年秋天，他在寫作中關心的不是真正的工人及其家人的困境，不是他們需要工作或住房，而是抽象地談論「危機」。拖欠工資和為認購國債而強行扣除工資，特別適合於民粹主義者的訴求，但托洛茨基沒有盡力去煽動他們。

但托洛茨基的批評對機關產生了相當大的影響。1923年10月12日，也就是在托洛茨基給中央委員會遞交了一封措辭嚴厲的信件之後僅僅過了四天，莫洛托夫就給所有黨組織下發了一則秘密通告，列舉了「豪華」住所、「養有比賽及騎乘用馬的馬場」、「在飯店大吃大喝」等現象。「交給中央處理的一系列事實表明，無論是中央還是各省黨組織……都養着與工作需要無關的汽車隊和馬車隊，」通告寫道，「我們注意到，經常有一些特別列車被派往南方的度假勝地，目的只是為了送一名乘客……用國家的錢，派出整趟的貨運列車將汽車運往南方的度假勝地。」[278] 機關收到大量的報告，反映官員酗酒、貪權和盜竊，那些官員就像行話說的「脫離了群眾」——除非是他們想要掠奪群眾。[279]

519

1923年秋天，托洛茨基向三駕馬車主動挑起公開的爭論，但內容非常狹隘——它由憤怒的論戰組成，主要關於在用階級的方法（而不是人類普遍情感）討論現代社會的複雜性時，一個處於壟斷地位的黨應該採取何種**程序**。[280] 在黨外群眾看來，左派反對派不但綱領缺乏新意，政權的組織結構也讓它非常吃虧。布爾什維主義自身無非是一個派別，一個少數派。早在1903年，它就脫離出來並自稱多數派（布爾什維克），而把自己的對手稱為少數派（孟什維克），但是，自從黨的第十次代表大會通過了有關黨的統一的決議後，意見相似的黨員要想批評政權的政策，就必須冒着被開除的風險。所謂的「四十六人聲明」——

「四十六人」是一群身份各異的政策批評者——想要扭轉局勢，要求黨的中央機關的「派別制度應該由同志團結和黨內民主制度來取而代之」。[281]* 托洛茨基和他那幾名身居高位的支持者都沒有在聲明上簽名。但三駕馬車仍然發動黨的機構，譴責該文件以及托洛茨基本人的信件是非法的派別活動。[282] 可政權的失敗已是昭然若揭，結果在莫斯科基層黨組織的會議上，對左派反對派的決議進行了投票，以示抗議。斯大林的高級助手納扎列江把獲勝方的計票結果扔進了垃圾堆，並在《真理報》上公佈了虛假的投票結果。但納扎列江的助手覺得良心不安，吐露了真相。兩人後來都被調出中央機關，但做了手腳的投票結果卻沒能改正過來。[283] 批判托洛茨基的鬥爭令黨對自身原則的背離更快地實現了制度化。[284] 當法國和波蘭共產黨抗議對托洛茨基的污蔑時，斯大林讓人指控托洛茨基，說他企圖分裂共產國際。[285] 法國人此舉的主要倡議者、人稱「蘇瓦林」(Souvarine) 的波里斯 · 利夫希茨 (Boris Lifschitz) 後來寫了一本優秀的斯大林傳記譴責他。[286]

520

交鋒

個性倨傲的托洛茨基沒能分化自己的對手，反倒讓他們聯合起來。[287] 他天性孤高，即便在事後也對這樣的後果渾然不覺。就像他後來回憶時説的，他之所以拒絕與統治集團中的其他人交往，是因為「不願勉強自己做這種無聊的事情。到彼此的家中拜訪、兢兢業業地觀看芭蕾舞演出、缺席者要被撕成碎片的酒會，這些對我來説毫無吸引力⋯⋯正因為如此，我一出現，許多原本湊在一起的談話就會停下來」。[288] 不過，托洛茨基有時候倒是很拼命。[289] 但他的身體受不了。就像他後來講的，1923年10月的一個星期天，在莫斯科北面特維爾省的沼澤地裏，為了捕到大雁、白腰杓鷸、半蹼鷸和野鴨子，他跳進冰冷的深水，結果到了車裏身體還沒有暖過來，出現了流感症狀。[290] 總而言之，他

* 譯註：《蘇聯歷史檔案選編》第5卷，第549頁。

是真的發燒了，而且醫生讓他臥床休息。考慮到這一情況，在加米涅夫的建議下，10月16日的政治局會議是在克里姆林宮騎兵大樓托洛茨基住處的書房裏召開的。命令中央監察委員會立刻調查托洛茨基「派別活動」的正是這次會議。據這位陸軍人民委員的妻子說，他「走出書房時渾身濕透了，脱了衣服就睡了。他的床單和衣服都得弄乾，就好像他淋了暴雨一樣」。[291]

托洛茨基在發燒的同時還要承受政治上的攻擊，而恰好在這個時候出了一件怪事。1923年10月18日，列寧出現在他已經五個月沒來過的克里姆林宮。[292] 事情是這樣的：那天傍晚，列寧在哥爾克像往常一樣用餐之後，讓人用輪椅把他推到車庫，穿着矯正鞋爬進了那輛「銀魅」，堅決表示——從他的舉動來看——他要去莫斯科。工作人員勸他換了一輛封閉的車子，於是，大約在下午4點，他和克魯普斯卡婭、瑪麗亞以及幾名護理人員一起出發了，而其他人，包括他的幾名醫生——奧西波夫教授、羅扎諾夫教授(V. N. Rozanov)、普利奧羅夫教授——和一隊衛兵，也坐上了隨行車輛。一到帝國參政院，列寧就把自己在克里姆林宮的住處看了一遍，還用了茶和晚飯。夜裏他住下了。10月19日，他看了看自己在克里姆林宮的辦公室，從圖書室取了幾本書(三卷本的黑格爾，還有普列漢諾夫的著作)。他堅決要求讓人推着自己在克里姆林宮的院子裏轉一轉——在那裏，人們當然認出了他——但驟降的大雨讓他只能坐車在莫斯科市中心到處看看，包括去全俄農業和手工業展覽會參觀，展覽會很快就要結束了，列寧已經通過報紙饒有興趣地瞭解過情況，但因為下着大雨，此時他只能透過車窗來看了。到了傍晚，他感覺疲憊，同意返回哥爾克。[293]「弗拉基米爾·伊里奇到來的消息傳遍了克里姆林宮，人們正在從所有的門窗向外張望」，列寧的司機回憶說。[294] 斯大林不可能不知道，因為奧格伯烏的渠道肯定已經把列寧的活動報告了黨的書記處。再者，列寧的司機們也要向特別車隊的負責人報告，而後者主要就是給斯大林開車的。作為陸軍人民委員的托洛茨基會從克里姆林宮衛戍部隊和莫斯科軍區得到消息。然而奇怪的是，從所有的記述來看，列寧並沒有同斯大林、托洛茨基、季諾維也夫、加米涅夫或領導層的其他任何人會面。

521

10月18日和19日(星期四和星期五),列寧辦公室和住處旁邊通常用來召開政治局會議和人民委員會會議的地方實際上是空着的。列寧是不是希望趕上開會的時候現在還不得而知。「他〔列寧〕此行是不是想見哪個同志呢?」瑪麗亞·烏里揚諾夫娜後來在回憶時寫道,「我想不是。我的判斷是基於這樣一個事實,即在此行之前不久,當時他想要甚麼東西,結果,不管我們如何絞盡腦汁也弄不明白他想要甚麼,我問他,是不是想見哪個同志。我說了幾個名字,但他痛苦地搖了搖頭——他根本沒有理由見他們,因為他已經被剝奪了工作的機會。」[295] 就算那樣,一些材料稱,當哥爾克開來的、載着列寧的小汽車剛剛能夠看到莫斯科金色穹頂的天際線時,他興奮地用手指着——這個手勢此時人們都熟悉,意思是說:「是它,是它,是它,是……它!」[296] 列寧在莫斯科的整個過程都非常亢奮,回到哥爾克後就明顯變得悲傷了。他此行似乎是實現了一個存在已久的願望,是為了再看一眼莫斯科。後來他再也沒有踏入過克里姆林宮。

如果列寧是在尋找布爾什維克的「權力陰謀」,那他並沒有找到,因為10月18日那天,政治局雖然開了會,但卻陰差陽錯,是在騎兵大樓正在發燒的托洛茨基的住處召開的,那裏和列寧在參政院的住處不是同一棟樓。(還有,在列寧從哥爾克到來之前,會議可能已經結束。)會議討論的內容是,急需把糧食運往德國——因為計劃中的共產黨政變可能會引發內戰——以及德國的幾個鄰國有可能採取的行動。「我認為最好不要去試探波蘭人,而是去試探拉脫維亞人——拉脫維亞人可以被嚇住,可以被控制等等」,會議期間,斯大林在一張紙上寫道。「對波蘭人那樣不行。必須把波蘭人孤立起來,我們將不得不同他們戰鬥。從他們那裏,我們永遠探聽不到甚麼,只會暴露我們的底牌……波蘭人要孤立。拉脫維亞人要收買(和恐嚇)。羅馬尼亞人要收買。但是對波蘭人,我們要等一等。」[297] 對斯大林而言,德國那樣的革命,拋開其他不談,還可以成為一種手段,用以對付那些曾經完全或部分屬於沙俄的新獨立的國家。

522

10月19日,當列寧在克里姆林宮的院子裏散步而托洛茨基待在騎兵大樓沒有出來的時候,政治局在一篇主要是出自斯大林之手的長文中——文章由沃茲德維任卡街的書記處打印並分發——以集體的名義答覆了托洛茨基致中央的批評信。「如果我們黨不能迫使托洛茨基同志放棄他在1923年10月8日的『信件兼提綱』中所犯的那些可怕的錯誤，那不但是俄國共產黨，蘇聯和德國革命也會蒙受巨大損失」，政治局回應說。[298] 政治局（在托洛茨基的住處）又安排了一次會議，同時準備在10月25至27日召開中央委員會和中央監察委員會聯席全會。在10月25日會議開始的那天晚上，托洛茨基緊接着斯大林的報告作了45分鐘的發言。所謂的聯席全會有點像是斯大林的又一個伎倆，是想多增加一些來自機關的忠誠分子。他做的手腳不止這個。他不僅邀請了現在懲罰性的（而不是主持公道的）中央監察委員會的人員，還邀請了十個主要「工業部門」的黨組織代表。那些代表實際上都是各省的黨組織負責人，都是斯大林的組織局任命的。與此同時，在「四十六人聲明」的

523

簽署者當中，獲准參會的只有12人，而且只是在第二天。[299] 第二天是用來討論的，高潮出現在總結發言的時候，先是托洛茨基（晚上10:33至11:25），然後是斯大林（晚上11:25至凌晨12:10）。斯大林讓政治局負責記錄的秘書鮑里斯·巴扎諾夫偷偷整理了發言摘要，因為他預計要用摘要去對付托洛茨基。[300]

這是在列寧缺席的情況下，斯大林和托洛茨基在黨的論壇上首次正面交鋒，那些在場的人必須明白其中的利害。

作為進攻方，托洛茨基承認，由於自己在兩年前工會問題的爭論中扮演的角色，他被指控為屢教不改的慣犯，但他也指責說，現在，「政治局裏還有一個政治局，中央委員會裏還有一個中央，所以實際上在討論該問題時，我被排斥在外……因此我只剩下這一條路」。在試圖解釋那件看似令人費解的事情，即他先前為甚麼拒絕列寧的要求、不肯擔任政府副首長時，他透露說，1917年他就謝絕了列寧的要求，沒有擔任內務人民委員。「事實是，同志們，關於我的工作，有一個個人因素，雖然在我的個人生活和我的日常生活中不起甚麼作用，但在政治上卻影響很大，」他說道，「這就是我的猶太人出身……我堅決拒絕了他的建議，理由和以前一樣，就是我們不能讓敵人有機會說我們的國家正在被猶太人統治。」[301] 不久前，當列寧建議托洛茨基做他的政府副首長時，

托洛茨基説，他基於同樣的理由拒絕了。這些話很難讓人相信。托洛茨基當時接受了政府中的其他幾個高級職務。

在全會的發言中，托洛茨基承認，他和列寧在經濟政策上存在分歧，兩人的關係也因此而變得緊張了。但他再次強調，黨應該抓思想工作和黨組織生活，經濟應該交給經濟領域的專家去管理。「如果解除我的其他工作，安排我到國家計劃委員會去，我是不會反對的。」他説，「國家計劃委員會是我們極其重要的部門」，但目前的制度結構不適合他。「我回到下面的問題：『如果不對這個委員會進行改組，我在人民委員會裏怎麼辦？』」他聲稱他的性格就是如此，「容不得懶散和馬虎」。最後，托洛茨基懇求與會者不要譴責他搞派別活動。「同志們……請試着想一想並理解我的處境。我曾處於非常悲慘的境地」——黨的報刊和流言蜚語指責他反列寧，指責他製造了「托洛茨基主義」；其他人背着他開會，他被圈在一個籠子中：「我必須突圍。」[302]

524

斯大林在發言中表現得不屑一顧。「難道有誰反對改組國家計劃委員會嗎？」他説，「制定一個必須改組國家計劃委員會的行動綱領是可笑的……你們不去幫助討論這些嚴重問題，卻糾纏不休地要制定行動綱領。在反對派的所有發言中我沒有聽到一條具體建議。」對於他們明確要求的黨內民主，他回答説：「中央正在執行代表大會的決議」。他還説：「民主派們，請告訴代表大會，這種使黨免受新經濟政策影響的做法是不必要的。讓我們看看代表大會會不會答應你們」。至於有與會者抱怨的「沒有討論」，斯大林把他比作「契訶夫筆下的女性，『給我空氣』。* 有些時候，問題不是出在討論上」。他還厚着臉皮説，「從未發生過有人向中央建議就某個問題進行爭辯而遭中央拒絕的情況」。他指責四十六人集團和托洛茨基沒有通過合適的黨內途徑，就將其指控中央「錯誤」的聲明直接向黨員呼籲。斯大林斷言：「現在中央進行爭論是非常危險的。無論是農民，還是工人都會對我們失去信任，敵人會把這看做是我們的軟弱。1921年我們經歷過這樣的爭論。當時我們遭到巨

---

* 編註：《契訶夫獨幕劇集》(李健吾譯，上海譯文出版社，1997)，第135頁。這是〈結婚〉中史麥由金娜的一句台詞。

大損失……當時是托洛茨基挑起爭論，他拒不執行列寧關於在代表大會工會委員會中解決問題的建議……托洛茨基再次採取行動，造成了使我們面臨分裂威脅的氣氛。」[303]* 實際上，1921年，列寧是有意挑動托洛茨基進行公開爭論的，而現在，1923年，托洛茨基沒有向廣大黨員呼籲——他沒有這樣做的可能性，因為斯大林控制了黨的報刊。

斯大林發言後，沒有允許別人反駁。雖然托洛茨基對於自己為甚麼會拒絕擔任列寧的副手、為甚麼會繼續執迷於計劃手段作了冠冕堂皇的解釋，可他並未訴諸赤裸裸的謊言。斯大林急於編造虛假的理由，但表現得心浮氣躁，像個有知識的流氓。當然，機會已經準備好了：在對譴責托洛茨基和左派反對派的派別活動及分裂活動的長篇決議進行表決時，記錄表明，贊成的有102票，棄權的有10票，反對的只有2票。違背黨的原則的是，一些並非中央委員的人——斯大林邀請的十個主要「工業部門」黨組織的20名代表——也被允許參加表決。[304] 這樣的小動作是心虛的標誌。至於暗中記錄下來的有關此次與托洛茨基交鋒的文字整理稿，斯大林根本沒用上。

525

斯大林的另外一個主要的對手是克魯普斯卡婭，她也參加了此次「聯席」全會，並在10月31日送給季諾維也夫一封措辭強烈的責備信。她在表決時和大多數人一起反對托洛茨基，但現在，她又在私下裏堅決認為，托洛茨基不是唯一應該對黨內分裂負責的人，工人們雖然不知道黨內發生了甚麼，但將來他們「要嚴厲審判的不只是托洛茨基，還有我們」。「這個時刻關係重大，不能製造分裂，不能讓托洛茨基在心理上拒絕工作。」她批評了「過激的語言」以及「私人的爭吵和鬥嘴」，而她尤其不滿的是「濫用弗拉基米爾·伊里奇的名義……提到伊里奇的時候都是沒有必要的、不真誠的……他們只是做做樣子」。對於有人暗示說托洛茨基寫給黨內機構的信誇大了列寧的病情，她似乎特別憤怒（「我該大聲地說這是撒謊」）。她提醒季諾維也夫，列寧在口授文件中警告過有可能因為斯大林而造成分裂。[305] 然而，克魯普斯卡婭作為唯一有資格

---

* 譯註：參見《蘇聯歷史檔案選編》第2卷，第332–342頁。作者引用的托洛茨基的發言與會議記錄中譯本的內容稍有出入。

表達列寧心願的人，在全會上對此卻隻字未提，而要是在全會上説出來，那會產生重要的影響。她指望季諾維也夫，但季諾維也夫醉心於世界革命，完全沒有把約束斯大林的權力放在心上。

奧格伯烏和共產國際向德國派去了大批特工並資助了大量金錢，還和外交人民委員部密切合作，得到契切林的批准，借用它的密碼和外交郵袋。[306] 但布蘭德勒吹噓的德共掌握的龐大武裝現在已真相大白：派駐德國的共產國際特工、匈牙利人拉科西·馬加什(生於1892年)向莫斯科報告説，統治勢力與共產黨武裝人員的比例是20：1。與布蘭德勒之前吹噓的相反，薩克森只有800支步槍，而不是20萬支。[307] 應該購買並儲備武器的共產國際特工，要麼是沒能完成這項艱巨的任務，要麼是盜用了經費。但最嚴重的缺陷在於，1,400個地方性的工會委員會中只有200個，70,000個工廠委員會中只有5,000個是由德共佔據多數的。[308] 德國工人絕大多數都是社會民主黨成員。實際上，1923年秋天在德國有兩起共產黨陰謀：一起是針對德國政府，一起是針對德國社會民主黨。為了分裂德國社會民主黨並抹黑他們中的左派，進而把整個革命空間留給共產黨，斯大林曾經建議，成立一個純粹策略性的、反對德國右翼勢力的「統一戰線」。就像共產黨發現並向莫斯科報告的，德國社會民主黨在秘密組建戰鬥隊以防備共產黨人發動進攻的同時，還發佈秘密通告，要求只有在迫不得已要反對右翼勢力的情況下才可以和德共合作。[309] 斯大林假的「統一戰線」，非但沒能像他預計的那樣抹黑工人眼中的左派社會民主黨人，反而徹底暴露了德國共產黨。[310]

526

缺少武器、德共的準備不足以及社會民主黨的冷眼，促使現場的蘇聯人在最後一刻取消了起義。「我記得很清楚，〔1923〕10月22日晚上，在柳克斯飯店我們的住處，奧托〔·庫西寧〕、〔奧西普·〕皮亞特尼茨基(Osip Pyatnitsky)和〔德米特里·〕馬努伊爾斯基(Dmitry Manuilsky)在等候柏林通知革命爆發的電報，」庫西寧的妻子艾諾(Aino Kuusinen)回憶説——她是受共產國際掩護的眾多蘇聯軍事情報官之一，「他們抽着煙，喝着咖啡，在奧托的書房待了幾個小時。當時有一條電話線路，可以直通列寧在哥爾克的病床，這條電話線路通宵都保持暢通：列寧不能説話，只能冒出幾個音節，但他的思維是完全敏捷的。」柏林沒來電報，三人在黎明時散去，「共產國際的幾位領導人非常憤怒和沮喪，迫不及待地想要查清楚哪裏出了差錯，還有，是誰的錯。」[311] 可是，在德國的第二大城市漢堡，300名共產黨人在1923年10月23至25日自行發動了起義。他們襲擊警察局並繳獲了大量的武器，但在後來被援兵鎮壓了；打死的估計有90人，受傷的有幾百人。[312] 在莫斯科，政治局對起義延期和起義者遭到屠殺深感震驚。[313] 在德國，蘇聯特工對國內造成分裂的反托洛茨基政治鬥爭深感震驚，並威脅說要放棄他們在德國的工作。[314] 斯大林想要弄明白發生了甚麼。「要是伊里奇在德國，他會說：『我想，革命的主要敵人是社會民主黨人，尤其是他們的左派。』」，他給在柏林的蘇聯特工小組寫道（1923年11月8日）。[315] 就在第二天，不知所措的他又推翻了自己原先的想法，認為社會民主黨的「左派在許多方面是正確的」：德共沒有工人的支持，想要奪權就會失敗。[316] 然而，527 遭遇慘敗的政治集團不只是共產黨。11月8日，阿道夫·希特勒，加上赫爾曼·戈林（Hermann Göring）、魯道夫·赫斯（Rudolf Hess）以及一個中隊的褐衫軍，在朝着慕尼黑的市民啤酒館進軍。[317]

布爾什維克政權正在把國家和自身扼殺在文牘和官僚作風之中。它不顧貧困大肆侵佔財物，敵視但又依賴市場，不但懼怕農民的政治傾向，也懼怕工人的政治傾向。然而，在這種混亂的局面下，斯大林正在建立個人的專政。他的生活就是提綱和反提綱，編寫和傳達會議備忘錄，組織局緊張乏味的人事工作，審閱奧格伯烏、軍隊、外交使館、報紙記者轉交的和關於它們的檢舉材料及秘密報告。他對成立蘇聯的貢獻無人能及。用計謀迫使人口眾多的東部穆斯林共產黨人聽從命令的是他。為列寧惹人反感的新經濟政策辯護的是他。客觀地說，就日常的管理而言，對於共產黨的事業，沒有人比他更重要，而斯大林自己多半也這麼認為。可是在這幾年，要求解除其職務的一紙文件對他的權力構成了嚴重威脅。沃洛季切娃和福季耶娃在斯大林死後寫的回憶錄——原因顯而易見——包含了許多不太可信或完全不可能的細節。列寧的幾個醫生也從未說清楚口授文件的由來。[318] 從有關記錄來看，克魯普斯卡婭從來沒有公開解釋過口授文件產生的具體情況。莫洛托夫後來回憶説:「克魯普斯卡婭非常憎惡斯大林。但斯大林也憎惡她,因為列寧在遺囑上的簽名據説是在克魯普斯卡婭的影響下添上去的。或者説,斯大林相信是這樣。」[319] 這是個奇怪的説法,因為口授文件沒有列寧的簽名,但這説明斯大林相信口授文件的內容,甚至口授文件的存在本身,同克魯普斯卡婭有關。

瑪麗亞·烏里揚諾夫娜同那份關鍵的口授文件似乎沒有任何直接的關係,但她在哥哥生病期間幾乎天天去看他,而且她提到,列寧感到不安的有兩件事,都和斯大林有關。一件事是在1921年,當時孟什維克領導人尤利·馬爾托夫病了,列寧要求給馬爾托夫撥付治療經費,斯大林沒有執行。另一件是1922年的格魯吉亞事件,其影響要大得多。「一天早上,斯大林把我叫到列寧的辦公室,」她在幾年後解釋説,「他的表情非常沮喪和難過。『我一夜沒睡,』他對我説,『伊里奇把我當甚麼人了,他怎樣對我的!好像我是叛徒似的。我全心全意地愛他。哪天把這告訴他。』」烏里揚諾夫娜回憶説,她「對斯大林感到抱歉。在我看來他是真的覺得受了委屈」。斯大林的巨大權力受到了威脅。烏里揚諾夫娜向她的哥哥轉達了斯大林的口信,説他愛他,但她回憶説,列寧對此反應冷淡。烏里揚諾夫娜接着告訴她的哥哥説,「不管怎樣,斯大林很聰明」,這讓列寧不高興了,説,「他一點也不聰明」。烏里揚諾夫娜還説,這話不是氣話,而是就事論事,據她所知,是她哥哥一貫的看法——這話的殺傷力太大了。她還説——她是想緩和一下,結果帶來了更沉重的打擊——列寧「從實用的角度看重斯大林」。這話聽起來肯定很扎心。烏里揚諾夫娜稱讚斯大林的奉獻精神和勤奮,可結論卻是,列寧想過要約束斯大林的怪脾氣,而這就是他為甚麼會要求解除斯大林總書記職務的原因。[320]

528

烏里揚諾夫娜決不是斯大林的對頭,她既沒有證明口授文件的作者是她的哥哥,也沒有證明口授文件產生的準確日期,她只是證明,口授文件反映了列寧的某些看法。同樣能夠説明問題的是,作為畢生忠於和崇拜斯大林的人,莫洛托夫認為口授文件中的批評是合理的。「我認為列寧對斯大林的評價是正確的,」莫洛托夫回憶説,「列寧剛剛去世的時候，我自己就在政治局的會議上說過。我想斯大林記得這件事情，因為在列寧去世後，我們曾經到季諾維也夫在克里姆林宮的家中討論過『遺囑』問題，大概有五個人，包括斯大林和我。當時我說，我認為列寧對斯大林的所有評價都是對的。斯大林當然不喜歡這樣說。不過，我們仍然保持了多年的親密關係。我想，他之所以欣賞我，是因為我對有些事情直言不諱，不像別人那樣言不由衷、避而不談，所以他任由我直截了當地談論『遺囑』問題。」[321] 對於列寧口授文件的真實性，斯大林本人從來沒有公開地表示懷疑。他無法迴避一個事實，即列寧的口授文件不管是怎樣產生的，都符合對於自己性格的普遍看法。換句話說，即使口授文件有一部分或者完全是捏造的，聽上去也都是真的。就像我們在上一章看到的，斯大林的領導對於把這個四處擴張的政權捏合為整體起了很大的作用，但他也有可能居心叵測，而且擁有過大的權力。

斯大林把口授文件歸咎於克魯普斯卡婭，可文件還是會影響他對列寧的感情。對於斯大林在1922至1923年的情緒狀態，現有的直接證據很少。他的幾個最親密的同事，比如卡岡諾維奇，回憶起在黨的 529 總部的那些日子總是滿懷深情，說喜歡結交朋友的斯大林愛說愛笑，讓人覺得很溫暖（「那是生命中一段幸福的時光。斯大林那時的心情很好」）。[322] 但現有的記錄還包括斯大林的一些書面言論——這些得到了他當時核心圈子中其他人的進一步證實——他在寫給基斯洛沃茨克的季諾維也夫的信中，覺得受了傷害和委屈。口授文件的作用才剛剛開始顯露出來。

第十二章
忠實的學生

列寧同志和我們永別時囑咐我們要珍重黨員這個偉大稱號，並保持這個偉大稱號的純潔性。列寧同志，我們謹向你宣誓：我們一定要光榮地執行你的這個遺囑！ 530

列寧同志和我們永別時囑咐我們要保護我們黨的統一，如同保護眼珠一樣。列寧同志，我們謹向你宣誓：我們也一定要光榮地執行你的這個遺囑！

——斯大林，1924年1月26日[1*]

斯大林地位的迅速上升，包含了如下看似矛盾的地方：從1922年春天開始，他便早早擁有了「無限的權力」，當時他被任命為黨的總書記，而列寧在接下來的那個月發生了第一次嚴重的中風，但僅僅過了一年，1923年春天，突然冒出一紙文件，要求把斯大林調開。大權在握卻缺乏安全感，定義了他的內心秩序，對他的性格產生了重要影響。與之相似，布爾什維克專政本身與外部世界的關係也令人擔憂：危機四伏的資本主義包圍與所謂的革命事業在全球的必然性。當然，這種既雄心勃勃又感到四面受敵的心態，在俄國漫長的歷史中是人所共知

---

* 譯註：《斯大林全集》第6卷，第42–43頁。

的——作為一個大國，俄國在錯綜複雜的歐亞地區的野心，似乎總是超出自身能力。但這種困境也是源自列寧的傑作，亦即一黨壟斷所有權力，用爾虞我詐的方式處理國際關係。整個革命以及斯大林在革命內部的個人專政，都患上了一種內在的、結構性的多疑症，在獲勝的同時卻感到被不懷好意的人和敵人給包圍了。革命的困境與斯大林的性格開始互相強化，並在列寧口授文件帶來的壓力下，形成了某種莫比烏斯環。* 在斯大林的生命中，列寧獨一無二，永遠佔據着最重要的位置。斯大林是列寧的門徒，而且不僅事實上如此，關鍵是在自我認知上也是如此。就像我們將會看到的，1924年，斯大林在確立其列寧繼承人地位這方面做得非常成功，但事情又一次露出了看似矛盾的一面：這種成功只會增加口授文件的威脅。

531

幫助斯大林擺脱困境的不是別人，正是托洛茨基。在政權最高層的那些人中，只有托洛茨基不是老布爾什維克，他加入布爾什維克的時間較晚(1917年7月)，使他很容易被説成是外人，是孟什維克，不是真正的列寧主義者。托洛茨基本人的文章為這種指控提供了大量的證據。1904年8月，在布爾什維克與孟什維克分裂後，托洛茨基指責列寧是個「馬虎的律師」，是「羅伯斯庇爾」式的人物，想實行「**對**無產階級的專政」。攻擊性的説法還包括「可怕」、「肆無忌憚」、「有煽動性」、「居心叵測而且道德上令人厭惡」。托洛茨基這種縱然準確卻有點過分的指責持續了數年。[2] 同樣，列寧在以往的著作中也對托洛茨基作了猛烈的回擊。「不久前出版了托洛茨基的一本新的小冊子……滿紙無恥讕言」，列寧在1904年10月寫道。[3]† 1909年8月，他寫道：「托洛茨基的行為表明他是一個最卑鄙的野心家和派別活動者……嘴上滔滔不絕地談黨，而行動卻比所有其他的派別活動者還壞。」[4]‡ 同年10月，列寧

---

* 編註：將紙條的一端旋轉180度，再把兩端黏連起來，就形成了莫比烏斯環。它不分正反，只有一個面。

† 譯註：《列寧全集》第44卷，第478頁。

‡ 譯註：《列寧全集》第45卷，第241頁。

在私人書信中發明了「托洛茨基主義」這個帶有貶義的說法。[5*] 1911年1月，他提到「猶杜什卡．托洛茨基」。[6†] 直到1917年初，他還(給伊涅薩．阿爾曼德)寫道：「好一個托洛茨基！！他總是搞他那一套＝搖擺，欺詐，裝成左派，其實一有可能就幫助右派……」[7‡] 斯大林在中央機關的手下掌握着列寧的檔案，他們不費甚麼力氣就找出了列寧批評托洛茨基的寶貴材料。[8] 沒有甚麼是無中生有的，儘管有許多是在脫離語境的情況下編造或挖掘的。但托洛茨基把自己描寫成與列寧不相上下甚至在某些方面比列寧還要優秀的做法，卻放大了那些材料的效果。托洛茨基似乎沒有明白，他和列寧的關係不是事實的問題，而是把自己擺到甚麼位置的問題。[9]

人們早就意識到，斯大林很幸運，碰到的對手是托洛茨基等人。[10] 當然，加米涅夫和季諾維也夫——兩人都比斯大林小五歲——擁有比人們通常認為的更成熟的政治技巧，尤其是季諾維也夫，他在列寧格勒打造了一部令人生畏的政治機器。不過，學者們正確地指出，當時人們普遍認為，按照能力來說加米涅夫適合做副手而不是領袖，而季諾維也夫的性格則樹敵過多(意大利共產黨人安傑莉卡．巴拉巴諾夫〔Angelica Balabanoff〕認為，他是「繼墨索里尼之後……我遇到的最卑鄙的傢伙」)。[11] 但人們可能沒太意識到，實際上，托洛茨基與其說是斯大林擴充權勢的障礙，不如說是工具。正如布爾什維克政權為了建立國家而需要內戰一樣，斯大林為了鞏固其個人專政也需要而且找到了「反對派」。托洛茨基喜歡對政權的這個那個政策說三道四——這就給人留下話柄，說他搞分裂和派別活動——與之相比，斯大林把自己打扮成中央委員會以及列寧遺產的忠實維護者。同時，明明斯大林才是那個有着鮮明身體特徵的人，包括突出的鼻子、濃重的口音，而結果托洛茨基卻成了外人。[12] 和顧影自憐的托洛茨基相比，斯大林就像任勞任怨的革命步兵。托洛茨基精通多種歐洲語言，文筆曉暢，寫過多部文化和政治

---

* 譯註：《列寧全集》第45卷，第283頁。

† 譯註：《列寧全集》第20卷，第96頁。

‡ 譯註：《列寧全集》第47卷，第550頁。

著作，在俄國少數見多識廣的知識分子中很有人氣，相比起來，斯大林是眾多才智平平者的代表，他像音叉一樣捕捉到了這些人的渴望。[13] 斯大林撞到一個大好的機會，可以和舉世聞名的托洛茨基交手並打敗他，從而成為正統的列寧主義者和家喻戶曉的人物。

斯大林無疑非常狡猾。他總是設法佔據正統的中間立場，迫使自己的批評者成為明顯的分裂分子和宗派分子，同時採取傳統的手段，讓政治上的同盟關係變得對自己有利，但這些教科書上的花招終究有限度。繼位之爭不僅關乎赤裸裸的權力，還關乎思想與敘事。沒有甚麼比扣人心弦的故事，特別是在革命框架內的扣人心弦的故事更有力了，而這勢必會引發創造新的符號、新的詞彙、新的看世界的方式、新的身份和新的神話的鬥爭。[14] 斯大林在1924年寫的東西甚至比1917年還多。他在那年比較重要的作品，也是他到當時為止比較重要的作品，〈論列寧主義基礎〉，是抄襲他人的。[15] 其實這是一部非常成功的作品，不僅折射出不誠實，還折射出勤奮甚至敏鋭的判斷力：他選了一個很好的底本，而且似乎將其改得更好了。此外，斯大林還出了第二重要的作品，《論一國社會主義》。這本書是他自己的思想，而且和人們普遍接受的觀點相反，它同放棄世界革命毫無關係，倒是關於設想一種切實可行的馬克思主義地緣政治的方法。1924至1925年，自稱是列寧忠實學生的斯大林，以一個理論家(「資本」、「資產階級」、「帝國主義」)和尚未成熟的地緣戰略思想家的形象出現在世人面前。

啟示

533

1924年1月8日，《真理報》披露説托洛茨基病了，而據奧格伯烏的線人説，普通群眾認為這種説法是個訊號，説明他即將被解除職務。[16] 他當時正在生病：高燒，偏頭痛，胸痛，上呼吸道發炎，支氣管淋巴結腫大，厭食，消瘦。有些專家認為他是傳染了副傷寒；克里姆林宮的醫生們診斷是流感。[17] 托洛茨基的支持者還在繼續戰鬥。[18] 但當托洛茨基到莫斯科郊外的一個村子養病時，斯大林在為期兩天的中央全會上(1924年1月14–15日)對他進行了猛烈的抨擊，而且在黨的第十三次代表會議(1月16–18日)的報告中，他的批評更是毫不留情——出席那次會議的代表有350人，其中大多沒有表決權，這顯然是為了把會場塞滿，以便最大程度地製造敵對氣氛。[19] 斯大林責備黨員們把民主「偶像化」，把民主看作是「某種在一切時間和一切條件下都一成不變的東西」，「似乎只是『機關工作人員』的惡意妨礙着民主的實行」。他要求知道為甚麼普通工人就得服從紀律，而托洛茨基卻「自命為站在中央委員會上面、站在它的法規上面、站在它的決議上面的超人」。[20*] 然後，斯大林抽出了棍子：「我認為已經到了我們應當公佈關於統一的決議中的一項條文的時候了，這項條文根據列寧同志的提議，由我們黨的第十次代表大會通過，當時並沒有公佈。」[†] 那就是，只要有三分之二的代表贊成，就可以把組織非法派別的人開除出中央委員會。[21] 斯大林似乎覺得，趁托洛茨基不在的時候打敗他要容易很多。[22] 第十三次代表會議把左派反對派妖魔化，說他們「不僅直接脱離了列寧主義，而且明顯表現出小資產階級傾向」。[23] 當斯大林用聲色俱厲的講話結束了此次會議後，一名意大利記者注意到大部分人都認為「托洛茨基同志的政治角色結束了」。[24]

接連不斷的羞辱加上污蔑似乎讓托洛茨基變得消沉，而且這種羞辱和污蔑恰恰來自那個他為之獻出整個生命的黨。當然，以前在譴責和污蔑孟什維克、社會革命黨人或喀琅施塔得革命水兵的時候，他也很賣力，但那並沒有減輕對他的衝擊。[25]「《真理報》沒完沒了，每一行，甚至每一個詞都是謊言，」他的妻子娜塔莉亞．謝多娃(Natalya Sedova)說，「列．達．保持沉默⋯⋯在家裏，我們避免談論受到的迫害，可別的也沒甚麼可談。」[26] 托洛茨基最信任的醫生費奧多爾．蓋捷(Fyodor Guetier)建議到蘇聯的亞熱帶地區長期休養，因此，1924年1月18日，即斯大林在黨的代表會議上作總結發言的同一天，托洛茨基避居南方的黑海。事實證明，這一時機的選擇關係重大。

534

列寧雖然還活着，但對於政權來說他已經死了。關於他的結局，蘇聯報紙還在散佈各種虛幻的希望。[27] 第十三次代表大會的會議間歇，

---

* 譯註：《斯大林全集》第6卷，第9、12、14頁。

† 譯註：《斯大林全集》第6卷，第22頁。

瑪麗亞·烏里揚諾夫娜告訴她周圍的代表們說，他已經好轉了，還參加了在哥爾克舉辦的正教聖誕節的慶祝活動。[28] 在此期間，克魯普斯卡婭為了緩解丈夫的痛苦，在1月19日為他讀了傑克·倫敦《熱愛生命》(1906)中的一則故事，説的是一位加拿大的淘金者，在荒野中沒有吃的，身後還跟了一頭狼，狼在等待他死去。第二天，列寧醒來時感覺很差；當天晚上，他開始指着自己的眼睛。10點左右，從莫斯科召來的眼科醫生到了，但除了一隻眼睛近視外沒有查出別的問題。1月21日，星期一，醫生們給列寧做了檢查；他們剛離開幾分鐘，他就開始抽搐。像往常一樣，布哈林一直留在列寧莊園附近，在莫斯科黨組織設在哥爾克的機構裏。通常情況下，他只能從遠處看一看列寧，但這一次，似乎是醫生把他叫來的。[29]「當我急匆匆地走進伊里奇滿是藥品和醫生的房間時，他已經快要咽氣了，」布哈林後來説，「他的頭向後扭着，臉色蒼白，可以聽到喘息的聲音，兩隻手在顫抖。」[30] 克魯普斯卡婭回憶説，因為列寧的胸腔有咯咯聲，他的衞兵兼護士就用雙臂托着他，列寧「有時會輕輕地呻吟，渾身顫抖，起初我握着他那又熱又濕的手，但後來只能眼看着毛巾被鮮血染紅，死亡的印記落在他毫無血色的臉上」。[31] 醫生們做了人工呼吸。下午6:50，列寧去世了。[32]

瑪麗亞·烏里揚諾夫娜打電話給克里姆林宮，電話又被轉給第十一次全俄蘇維埃代表大會主席團，他們在莫斯科大劇院中較小的貝多芬廳；她要求找斯大林或季諾維也夫。證據顯示，是斯大林接的電話。[33] 列寧去世的消息讓大廳裏的人們深感震驚。「我從來沒有見過那麼多痛哭流涕的男人」，當時在大劇院的一名17歲的共青團員回憶説。[34] 核心圈子的成員集中在克里姆林宮季諾維也夫的住處，於當晚9:30左右乘着裝有履帶的汽車出發前往哥爾克。[35] 李可夫病了，托洛茨基正在前往蘇聯亞熱帶地區的路上。莫洛托夫和魯祖塔克留在黨的總部準備發表公開聲明；捷爾任斯基也留在莫斯科負責公共秩序。在哥爾克，很有戲劇性的是，據説第一個走進房間的是斯大林。「他步履沉重、嚴肅而堅定，右手別在他那類似軍隊制服的上衣後面」，有目擊者寫道。他還説，在告別的時候，「斯大林突然激動地、深情地挨近列寧的頭：『永別了，一路走好，弗拉基米爾·伊里奇……一路走好！』他面色蒼

535

白，用雙手抱着列寧的頭，托起它，幾乎靠到自己的胸口，靠到自己的心上，並用力地、用力地吻了吻列寧的面頰和雙唇……他揮揮手，快步退了出去。」[36] 加米涅夫、季諾維也夫和布哈林也都道了別，雕塑家謝爾蓋·梅爾庫羅夫(Sergei Merkulov)製作了列寧雙手和遺容的石膏模型，那尊石膏面模後來就擺放在老廣場街斯大林的辦公室。[37]

1月22日凌晨2:30返回莫斯科後，核心圈子召集蘇維埃執行委員會的主席團開會，成立治喪委員會商討安排後事。[38] 在哥爾克，醫生們開始解剖列寧的遺體。他們在切開列寧大腦後發現，脂肪沉積物堵塞了本該給大腦供應血液(和氧氣)的動脈，這種病在當時是沒有辦法治療的。有些動脈鈣化得很嚴重，連人的頭髮絲都無法穿過。血壓不斷升高，最終血管破裂，導致腦部大出血。破裂的血管恰好處在大腦中控制呼吸功能的那部分，所以列寧就停止了呼吸。[39] 公開的報道有點過分詳細，甚至提到列寧大腦重量的精確數據(1,340克)。[40] 私下裏，神經病理學專家克萊默教授記載説，列寧的病「前後總共約兩年半時間，而在病情的總體特徵中，有一些表現，無論是俄國還是外國的神經病理學專家，全都認為不同於平常的神經系統疾病」。[41] 列寧的父親在五十出頭的時候很顯然是因為腦溢血病逝，或許就是動脈堵塞引起的。疾病影響了列寧的情緒：興高采烈很快就變成鬱鬱寡歡；無緣無故地大笑；極為易怒。[42]

列寧因病不能視事已一年多，但現在，政權必須面對他永遠不在了的事實。1月22日，當樂隊演奏葬禮進行曲的時候，加里寧請出席第十一屆全俄蘇維埃代表大會的代表們起立。「同志們，」他流着淚説道，「我不得不向你們報告一個非常不好的消息。弗拉基米爾·伊里奇的健康狀況……」淒厲的叫聲響徹大廳。有些代表忍不住發出抽泣聲。加米涅夫、季諾維也夫、布瓊尼以及主席團的其他成員都哭了起來。蘇維埃中央執行委員會書記阿韋利·葉努基澤插話要求大家安靜，可加里寧再一次失聲痛哭。米哈伊爾·拉舍維奇走上講台宣佈弔唁和葬禮的詳細安排。代表大會暫時休會。[43] 對於斯大林此時的心情，目前缺乏可靠的記錄。在列寧突然去世的前一天，一名造訪過大克里姆林宮附樓中斯大林那狹小的克里姆林公寓的工作人員寫道，「到處都是書」。[44] 著

536

述既是斯大林之前以及今後把自己和列寧聯繫在一起的方式，也是斯大林自我表達的方式。1月23日上午，列寧的靈柩從哥爾克莊園起運，下午1時左右，在莫斯科大劇院樂隊演奏的哀樂聲中，靈柩抵達莫斯科。迎接的隊伍有5英里長，* 裹着紅布的靈柩被安放在工會大廈的圓柱大廳(那裏也曾是斯維爾德洛夫的遺體供人瞻仰的地方)。[45] 靈床設在大廳中央，四周是無數的花圈、芬芳的百合和輪值的儀仗隊。當晚7時，靈堂開始對公眾開放。早在1923年春天列寧病危的時候，各地區的軍事指揮官就接到秘密電報，要求做好鎮壓暴動的準備。[46] 現在，捷爾任斯基通過奧格伯烏的渠道下達指示，要求「主要注意黑色百人團、君主派和白衛分子」，同時一定要「保持完全鎮定和預防恐慌，不要用招搖的行為或毫無事實根據的大逮捕搞得人心惶惶」。[47]

如果人們像斯大林那樣看過奧格伯烏交給黨部的那些政治情緒報告，就會以為蘇聯到處都是君主派和舊社會的殘餘勢力、神父和毛拉、懷有敵意的知識分子、悶悶不樂的工人、愛財的農民、紅軍中的不滿分子。[48] 捷爾任斯基多次向亞戈達表達過自己的不滿，説「這些報告造成了一種令人非常沮喪的印象，一片黑暗，沒有一絲光亮」。(亞戈達總是回答説：「我們的任務就是揭示陰暗面⋯⋯因此，我們的報告造成悲觀的印象是正常的。」)[49] 1924年1月，來自農村的報告表示，列寧不在了，農民們盼望政權垮台，盼望帝國主義列強趁機再次干涉。[50] 因此，對於下面説的這種情感流露，蘇維埃政權確實完全沒有準備：三天時間，就有50萬至100萬人從工會大廈圓柱大廳中敞開的列寧靈柩旁走過，隊伍絡繹不絕，在零下28華氏度的室外溫度下排了1.5英里長。† (黨政部門的代表團可以在指定的時間弔唁，不用排隊。) 肯定有很多人看到列寧死了感到很高興。但也有很多人似乎認為，單憑實行新經濟政策——一項勇於承認錯誤的人性化政策——他就好過其他共產黨人。[51]「全國的絕大部分人，」一位並不在體制內的人目睹了這一場景後寫道，「都對列寧的去世極為悲痛。」[52]

537

---

* 編註：約8公里。

† 編註：分別約為零下33.3攝氏度和2.4公里。

政治癱瘓與神聖誓言

離開莫斯科朝着蘇聯的亞熱帶地區阿布哈茲的方向行駛了四天後，1月22日星期二一早，托洛茨基的列車停靠在梯弗利斯車站，那裏離黑海海岸還有一段路程。但一名信使帶着一封已經譯好的、通過秘密警察的渠道發來的電報，來到他的車廂：「請告訴托洛茨基同志。1月21日下午6:50，列寧同志不幸去世，因為他的呼吸中樞癱瘓。葬禮定於1月26日星期六。斯大林。」托洛茨基回電說：「我認為必須返回莫斯科。」列車留在車站。一個小時後，斯大林的回覆到了：「葬禮將於星期六舉行，你無法及時趕到。政治局考慮到你的健康狀況，認為你應該繼續前往蘇呼姆。斯大林。」[53] 托洛茨基聲稱，一到蘇呼姆，裹着毯子在屋外的陽台上休養時，他就得知葬禮推遲了一天，直到星期天才舉行，這證明斯大林騙了他。[54] 沒錯，斯大林是很狡詐。但當時的特別列車正在源源不斷地駛進首都，有些還是來自比梯弗利斯更遠的地方，捷爾任斯基主持的治喪委員會因此才在1月25日宣佈列寧的葬禮將於一天後的星期天（1月27日）舉行。[55]（此外，工人已經用炸藥炸開了克里姆林宮宮牆前面冰凍的地面，同時在趕工建造臨時的木製墓穴。）即使按照斯大林原定的時間，托洛茨基也有差不多100個小時，可以折回1,000英里*外的莫斯科。1918年9月，在列寧遭到槍擊後，斯大林繼續留在察里津，但托洛茨基卻從內戰中遙遠的東部前線火速返回，在第二天到了莫斯科。也就是在那一天，政權成立了共和國革命軍事委員會，托洛茨基直到1924年1月仍是其領導。要是他擔心自己的列車不能及時趕回莫斯科，其實也可以徵用軍用或是民用飛機，南高加索軍區就在身邊，司令部就設在梯弗利斯。

538

沒有參加葬禮的高層官員並非只有托洛茨基一人：李可夫因為患上流感，早在幾個月前就和妻子一起，用化名到意大利療養去了，但他的缺席對於自己的政治生涯沒有影響；畢竟只有從官階職銜的角度看，李可夫才是列寧的副手和潛在的繼承人。莫斯科的所有人都在盼望托洛

---

* 編註：約1,609公里。

茨基。「最後三天一直有消息說，他正從高加索返回——他在那裏生病了，」《紐約時報》的記者寫道，「為了迎接他，一撥一撥的人不止一次地聚集在車站，而官方的攝影師也被派到圓柱大廳的前面，在寒風中等了幾個小時，要拍攝他進入大廳的情景。直到最後還有許多人相信他會來。」[56] 托洛茨基17歲的兒子、憂愁的列夫·謝多夫(Lev Sedov)自己也在發着高燒，遠高於華氏100度，* 但依然從莫斯科的病床上爬起來，到圓柱大廳向列寧致敬。他不能理解自己父親的缺席。[57] 在給民眾和世界播放的新聞片中也沒有見到托洛茨基。[58] 幾十年後，他充滿悔恨地說，「我無論如何都該來的」。[59] 的確是這樣，但他後來還寫道，1月22日那天，當他的列車在接到列寧去世的噩耗後停在梯弗利斯車站的時候，他曾經想一個人待着。在一群當地官員的懇求下，托洛茨基匆匆寫了一篇簡短的悼文：「現在，弗拉基米爾·伊里奇沒有了。黨成了孤兒。工人階級成了孤兒。這就是我們的導師和領袖去世的噩耗給人帶來的感受。我們將怎樣向前走，我們會找到路嗎？我們會不會迷失呢？……我們的內心無比沉痛，我們大家有幸成為和列寧同時代的人，有幸和他一起工作，有幸向他學習……我們該怎樣前進呢？高舉列寧主義的明燈。」[60] 很動人，或許也同時表明，托洛茨基感覺自己成了孤兒。

斯大林使詐在1924年1月操縱黨的會議指責托洛茨基搞派別活動，從此以後托洛茨基變得意志消沉。列寧的去世為他提供了一個潛在的機會，可以突圍而出，扭轉在閉門會議上受到的挫折，在紅場這個最大的舞台戰勝他們所有人。本來托洛茨基可以像列寧到達芬蘭車站那樣，以戲劇性的方式從遠方突然降臨莫斯科，並利用自己的影響力，抓住列寧去世造成的普遍的悲痛心理，把人們的情緒調動起來，成為下一階段中革命的化身。曾經以扣人心弦的筆法寫下「起義的藝術」的不是別人，正是托洛茨基，而現在他就可以嘗試一下，使用這種藝術去粉碎那些被他視為侏儒的人在周圍形成的「籠子」。本來他可以用保衛革命這項更偉大事業的名義，不去顧及黨的紀律，在紅場上

* 編註：約37.8攝氏度。

大聲宣讀所謂的列寧口授文件，把列寧要求解除斯大林總書記職務的命令當作自己的法寶，然後像1917年那樣迅速地在一間間工廠召集工人，讓他們去逮捕斯大林。當然，如果是那樣，就需要托洛茨基把列寧的去世看作是一次戰略機會，需要他用一種有説服力的方式，説明可以怎樣復興社會主義的宏偉夢想，説明他和列寧有過的所有那些激烈爭吵為甚麼都是偶然的，説明他（托洛茨基）為甚麼是把神聖的列寧主義事業進行下去的唯一合格人選。説得好聽點，這些要求有點太高了。但是，如果是列寧發現有人在陰謀反對他，誰會懷疑他不會對自己的黨發動政變呢？斯大林要是處在托洛茨基的位置，是沒有能力採取大規模街頭行動把群眾爭取過來的。當然，斯大林用不着那麼做：他已經掌握了隱藏在老廣場街的那些權力槓桿。實際上，斯大林正是在1924年1月搬到了老廣場街的新黨部。

對斯大林來説，列寧的去世代表了一種不同的機會，而且他抓住了這個機會。1月26日，有二千多名代表參加的全蘇蘇維埃第二次代表大會在莫斯科大劇院開幕，大會第一天安排的是悼念列寧。在加里寧（國家元首）和克魯普斯卡婭（遺孀）之後發言的是季諾維也夫。他對人們成群結隊地前來致敬感到驚訝，並建議大家永遠要想着，「要是列寧同志處在我的位置會怎麼做？」但是，如果季諾維也夫處在列寧的位置會怎麼做？不知道。接下來是斯大林，他描繪了一種神秘的衝動。「同志們，我們共產黨人是具有特種性格的人，」他在悼念列寧的那篇有名的講演的第一段説道，「我們是由特殊材料製成的。偉大的無產階級戰略家的軍隊，列寧同志的軍隊，就是由我們這些人組成的。在這個軍隊裏做一個戰士，是再光榮不過的了。以列寧同志為創始人和領導者的這個黨的黨員稱號，是再高尚不過的了。並不是任何人都能做這個黨的黨員。」現在，那些得到這種榮譽的人要經受考驗了。「列寧同志和我們永別時囑咐我們要珍重黨員這個偉大稱號，並保持這個偉大稱號的純潔性。列寧同志，我們謹向你宣誓：我們一定要光榮地執行你的這個遺囑！」斯大林説道，「列寧同志和我們永別時囑咐我們要保護我們黨的統一，如同保護眼珠一樣。列寧同志，我們謹向你宣誓：我們也一定要光榮地執行你的這個遺囑！」一次次的集體宣誓：保衞無產

階級專政，保衛新經濟政策的工農聯盟，保衛共和國聯盟，保衛共產
540 國際。每次他都莊重地作出集體承諾：「我們一定要光榮地執行你的這個遺囑！」[61]* 斯大林那些禮拜儀式中的疊句，效果不但明顯好過季諾維也夫乾巴巴的講話——按説他是個很出色的演説家——也好過所有人的發言。[62] 可當斯大林這些講話發表在《消息報》上的時候，編輯去掉了其中的宗教氣息。[63] 也許是因為這傷害了某種共產黨人的感情。但是在三天後，作為總書記的斯大林讓《真理報》重新全文發表了這些講話。[64] 在列寧去世的那幾天，這位曾經的神學院學生暴露出他將要運用的取勝之道：讓自己和全黨滿懷熱情地致力於執行神聖的列寧「遺囑」。

蘇維埃代表大會的代表通過表決，將「彼得格勒」更名為「列寧格勒」，在蘇聯各地為列寧立碑，大量出版列寧的著作，然後，代表們休會，參加在室外舉行的葬禮。葬禮是在第二天即1月27日舉行的，在零下30華氏度† 的嚴寒中持續了六個小時。[65] 下午4時，當靈柩被安放在臨時的木製墓穴中的時候，所有的無線電和電報都播發了一條消息：「同志們，請起立。伊里奇的遺體正在緩緩地放入墓穴！」隨着整個國家突然安靜下來，所有的工廠和運輸工具也都停了下來，默哀五分鐘。無線電在4:06播送了一條新的消息：「列寧已經去世了，但列寧主義還活着！」

在緬懷列寧的時候，人們爭相拉近與逝者的關係。[66] 1月28日，斯大林又作了一次演講，這次是對克里姆林軍校的學員。在演講中，他聲稱在1903年收到過列寧的一封「簡單而內容豐富的信」——他沒有把信拿出來，但那封信把他們實際相識的時間提前了兩年。[67]‡ 托洛茨基的支持者此時正在複印所謂的列寧口授文件，打算發給從全國各地趕到莫斯科參加葬禮的黨員。托洛茨基的人添加了「遺囑」這個書面的名稱，那是這份書面文件第一次被冠以這樣的名稱。中央監察委員會在1月30日明令禁止傳播列寧的這些文件。[68] 同一天晚上，全蘇蘇維埃第二

---

* 譯註：《斯大林全集》第6卷，第42–43頁。

† 編註：約零下34.4攝氏度。

‡ 譯註：《斯大林全集》第6卷，第48頁。

次代表大會復會，並於次日通過了新的蘇聯憲法。[69] 李可夫被正式任命為蘇聯人民委員會主席，但是在過去參政院三樓開會的地方，列寧的椅子還空着，那把椅子正對着列寧從前的辦公室。[70] 不過，有很多細節證明了斯大林佔據優勢，其中包括他掌握着政府的特別車隊。能夠分配稀缺的政府汽車最能顯示權力了。從給尼古拉二世的母親在英國購買的1914年產6缸沃克斯豪爾(二月革命後由保羅·米留可夫使用)，到斯大林在察里津用的12缸帕卡德(原來是為沙皇軍隊買的)，汽車剛好也是斯大林特別感興趣的。斯大林很快決定為政府購買一批美國車：林肯、凱迪拉克、別克，而給他自己買的是一輛帕卡德。此後的幾十年，帕卡德一直是斯大林喜歡的車，車身重但速度快。[71] 與此同時，在列寧下葬後，1924年2月初，斯大林去度假了。

說來也怪，正是托洛茨基的度假證明了斯大林的優勢。1924年冬天是托洛茨基第一次去阿布哈茲和它的首府、位於溫暖的黑海岸邊的蘇呼姆。避居此地似乎讓托洛茨基很愜意。他們住在郊外的一座山間別墅，名叫希諾普(希諾普季克)，別墅四周是植物園，園裏有各種各樣的植物和動物，都是園子的主人革命前從世界各地進口的。[72]「在別墅餐廳的牆上有兩幅肖像，一幅用黑布蒙着，是弗拉基米爾·伊里奇，另一幅是列·達·〔托洛茨基〕」，娜塔莉亞·謝多娃寫道。[73] 他們的東道主是小個子涅斯托爾·拉柯巴(Nestor Lakoba)——他差不多是個聾子，助聽器也不太管用——但托洛茨基喜歡這位受到自己的阿布哈茲(被戲稱為「拉柯巴斯坦」)同胞愛戴的共產黨人的平民作風。[74] 拉柯巴差不多天天都去看望托洛茨基，給他帶橙子、柑橘和檸檬，進行長時間的討論。不過，他那種高加索人的熱情好客還有別的意圖：捷爾任斯基在托洛茨基離開莫斯科的當天就給他發了電報，說這位陸海軍人民委員要到蘇呼姆休假，這事「知道的人很多，就連國外也知道，所以我擔心白衛分子會不會企圖搞暗殺」。啊，是的，那些白衛恐怖分子：捷爾任斯基要求把托洛茨基完全隔離起來。同一天，拉柯巴還收到從梯弗利斯發來的信，是南高加索黨組織負責人奧爾忠尼啟則寫的，信裏要拉柯巴「照顧」好托洛茨基，還說在梯弗利斯「事情進展得很順利。左派反對派已被徹底粉碎」。[75]

典型的高加索式熱情好客紓緩了托洛茨基的心情，他似乎並沒有懷疑在這背後還有甚麼不可告人的目的，儘管自己是在斯大林的地盤上。[76] 早在托洛茨基踏上蘇呼姆的那天，1月23日，警察機關一位年紀輕輕卻已成為格魯吉亞契卡副首腦的特工人員（生於1899年）寫信給莫斯科的亞戈達，說自己已經看望過托洛茨基。這表面上是要通知他作一次演講（仍然發着高燒的托洛茨基答應寫篇文章），實際上是想親自探查一下托洛茨基的想法。「伊里奇的去世對他影響很大，」這位實為秘密警察的談話人報告說，「他認為目前需要的是緊密團結起來（*splochennost'*）……代替列寧的只能是一個集體。托洛茨基同志身體不太舒服。」[77] 這位年輕老成的格魯吉亞契卡人員謙卑地請求自己在莫斯科的上級亞戈達，把情況立即轉告斯大林。這位秘密警察的特工人員名叫……拉夫連季·貝利亞。

542

托洛茨基的政治隔離狀態被克魯普斯卡婭打破了。她送來一張暖心的便條（1月29日）告知，大概在一個月前，「弗拉基米爾·伊里奇在翻閱您的書時，在您概括馬克思和列寧思想的地方停住了，要我再讀給他聽一聽：他聽得非常專心，然後自己又看了一遍。我想告訴您的還有一件事：在您從西伯利亞前往倫敦找到我們的時候，弗·伊對您的態度一直到他去世都沒有改變。我祝願您，列夫·達維多維奇，保持強壯和健康，我會熱情地擁抱您。」[78] 同樣是這個克魯普斯卡婭，在同一個月的早些時候，曾經反駁托洛茨基最近的文章，否認黨脫離群眾，指出他在批評官僚主義的同時沒有拿出切實可行的解決辦法——除非是用托洛茨基的支持者取代現任官員。[79] 但是現在，為了制約斯大林，克魯普斯卡婭打出了感情牌。[80] 然而斯大林派出了一個以米哈伊爾·伏龍芝為首的代表團，通知托洛茨基說，準備由他伏龍芝來接替托洛茨基在陸海軍人民委員部忠實的第一副手埃夫拉伊姆·斯克良斯基。[81] 在阿布哈茲，托洛茨基的身體養得很好，都可以去打獵了——這項嗜好從一開始就讓他迫不及待。頂級射手拉柯巴向當地的主要報紙《東方欲曉報》誇讚道，托洛茨基能「射中飛在空中的野鴨子；在蘇呼姆郊外，沒有哪個藏有獵物的湖泊或沼澤能逃過他的眼睛」。[82] 1924年4月中旬以前，逃不過拉柯巴眼睛的正是托洛茨基，之後，托洛茨基終於回到了莫斯科。

列寧主義

把列寧遺體製成木乃伊安放在克里姆林宮牆邊的墓穴供人瞻仰，現在看來也許是順理成章的，但在當時，核心圈中的許多人，也許是大多數人，都反對這個想法；力主作出這一決定的是治喪委員會主席、曾經努力學習想要成為天主教神父的捷爾任斯基，而他還得到斯大林這位曾經的神學院學生的支持。捷爾任斯基的理由是，「如果科學可以長期保存人的遺體，那為甚麼不呢」。他還說，「沙皇的遺體做防腐處理，僅僅因為他們是沙皇。我們這樣做是因為他是一個偉人，和其他任何人都不一樣」。[83] 把列寧的遺體當作供人瞻仰的聖物來保存，需要極其高超的科學技術，而這種科學技術並不會馬上出現；領頭的科學家最後想出了一個妙招，把甘油、酒精、水、乙酸鉀和奎寧混合在一起，可以勉強讓屍體保持原貌。[84] 至於用一座更耐久的陵墓來代替原先倉促建成的墓穴，政府把這項工作交給了因其新藝術風格的莫斯科喀山火車站而出名的建築師阿列克謝·休謝夫(Alexei Shchusev)，他以古代瑪雅人的圖案為基礎，提出了一個很有吸引力的設計方案，將三個立方體水平排列，用走廊連接起來。[85] 在陵墓內部的禁入區，列寧被安放在用玻璃密封起來的一副環以紅線的石棺中，穿的不是他通常穿的資產階級西服，而是卡其布的緊身短上衣，胸前別着死後獲得的紅旗勳章。[86] 列昂尼德·克拉辛提議加設一個平台，從那上面可以對群眾發表講話，休謝夫採納了這個意見，只不過是設在兩側，而不是在正面的頂層。[87] 陵墓正式對公眾開放是在1924年的晚些時候。[88]「遺體保存得很好」，《紐約時報》的沃爾特·杜蘭蒂(Walter Duranty)興奮地說。他還提到蘇聯的幾位教授對他誇口說，和埃及法老的木乃伊不一樣，不僅是軀幹，整個臉部都保存完好。杜蘭蒂還說，「給遺體做防腐處理的人甚至製造出微笑的效果」。[89] 事實證明，由一個聖徒般的人物做成的這具栩栩如生的木乃伊，對於政權來說具有不可估量的價值。

543

蘇維埃政權出人意料地在紅場上獲得了一塊聖地。(許多參觀列寧陵墓的人都擺出一副迷信的樣子。)[90] 在此期間，列寧博物館已經建成。[91] 那裏有些物品並不公開展出。被請來為一本書挑選照片的藝術家尤利·安年科夫注意到有一隻玻璃罐子，裏面是「浸泡在酒精中的列寧的大腦……一半是健康的，大小正常，盤繞的形狀清晰可辨；另一半可以說是靠一根帶子吊着的，已經起皺變形，擠成一團，不會比胡桃更大」。[92] 在對公眾開放的區域，博物館把列寧人性化了，除了革命的英雄事跡外，還展出了他童年的照片。「在玻璃櫃中有1918年擊中他的那把左輪手槍，」早期參觀過博物館的一位芝加哥教授寫道，「一同展出的還有取出的子彈，以及手術醫生簽署的報告。」[93] 對列寧留存的文字的編纂工作也在緊張地進行。在莫斯科黨組織的倡議下，非正式的列寧研究院成立了，不過，斯大林將其置於中央機關的領導下，而他之所以這樣做，部分是為了讓該院得到更充分的財政支持，但主要還是想確保自己的控制力。[94] 他安排自己的助手、馬克思主義學者伊萬·托夫斯圖哈主持日常工作。[95] 斯大林後來讓人在蘇維埃廣場(從前的特維爾廣場)1/3號新建了一座現代主義風格的五層大樓，那也是革命後建造的首批公共建築之一。[96] 加米涅夫依然是列寧《全集》的主編，但列寧的一些重要文件是出版還是封鎖則受托夫斯圖哈監督。[97] 所有過去認識列寧的人都要給列寧研究院交回憶文章。[98] 克魯普斯卡婭把自己的回憶文章送給斯大林徵求意見；對她的文章，斯大林未作修改就發表了。[99]

544

《真理報》的描述——多半是布哈林寫的——體現出正在形成之中的正統說法：列寧為人謙遜、嚴謹、忠於原則、相信群眾、意志堅定、不屈不撓。[100] 沒有提到他極端的殘忍。列寧只是「在一般意義上」愛人民，自我流放的作家馬克西姆·高爾基在1924年的一本小書中精闢地概括說，「他的愛無遠弗屆，穿透了仇恨的烏雲。」[101] 莫洛托夫在工作上與列寧和斯大林的關係都很密切，他後來對列寧的評價很有名：「比較苛刻」、「比較嚴厲」。[102] 列寧喜歡把自己與馬克思相提並論(有一次，有個工人向他要張照片作為會面的紀念，列寧便從自己的口袋裏掏出一枚小徽章，上面有馬克思的肖像)。不過，雖然每逢重大節日列寧和馬克思兩人的巨幅肖像會並排懸掛在紅場上，許多人還是把馬克思稱作理論家，把列寧(只是)稱作實踐家。[103] 後來正是斯大林解決了這個問題。1924年4月，他深入虎穴，去了斯維爾德洛夫共產主義大學，即托洛茨基的左派反對派1923年秋天在黨的會議上進行表決的地方。[104] 斯大林的演講在1924年4月和5月連載時的標題就是〈論列寧主義基礎〉。[105]

長期以來，斯大林一直被認為是組織家，而不是理論家。[106] 很少有人知道他以前的〈無政府主義還是社會主義？〉(1906–1907) 完全是從已故的格里戈里．捷里亞那裏抄來的。現在，他的〈論列寧主義基礎〉抄襲的是《列寧的革命學說》，那是依然健在的菲利普．克謝諾豐托夫 (Filipp Ksenofontov) 的手稿 (他和契卡特工伊萬．克謝諾豐托夫無關，不要混淆)。作為記者兼編輯的克謝諾豐托夫 (生於1903年) 被突然打發到塔什干，同時有傳言，說他曾經就斯大林借鑒其作品一事提出過抗議。(在一封致克謝諾豐托夫的私人書信中，斯大林對他的幫助表達了謝意；後來，斯大林不讓克謝諾豐托夫援引這封信的內容。) [107]* 在塔什干期間，克謝諾豐托夫於1924年出版了一本紀念世界大戰十週年的書，名叫《列寧與1914–1918年的帝國主義戰爭》，他在書中對列寧主義的描述和那本以斯大林名義出版的書籍非常相近。[108] 克謝諾豐托夫寫道，與許多人想像的不一樣，列寧主義並不只是實踐中的馬克思主義，而是「工人階級在帝國主義條件下的革命的政治科學，即無產階級革命的理論與實踐」。[109] 斯大林在〈論列寧主義基礎〉中說得更加簡潔：「列寧主義是帝國主義和無產階級革命時代的馬克思主義。」[110]† 斯大林還十分清楚地表明，1917年的勝利，原因在於列寧，而不是托洛茨基 (也不是他自己)。

545

托洛茨基也作了類似的努力，在1924年5月把一些老的材料和現有的回憶文章彙編成冊，只不過斯大林是把自己放在門徒的位置上，而托洛茨基採取了很不一樣的立場。[111] 他的《論列寧》就像意料中的那樣，對列寧說得很少，對他和列寧的所謂特殊的親密關係說得很多 (托洛茨基的一名支持者在吹捧性的書評中也指出了這一點)。[112] 但托洛茨基把自己說成是革命事業的共同領導者，當列寧還健在的時候，這種立場就曾讓他一再陷入麻煩。事實上，1917年10月的列寧，被描述成是**在聽從托洛茨基的建議**。這種說法引起了強烈的憤慨。莫洛托夫抨擊托洛

---

* 譯註：《斯大林全集》第9卷，第137–138頁。

† 譯註：《斯大林全集》第6卷，第63頁。

茨基，說他把列寧描寫成容易犯錯的人。[113] 季諾維也夫攻擊托洛茨基，因為他(托洛茨基)把自己在1918年布列斯特—里托夫斯克和談中犯下的大錯與列寧在1920年波蘭戰爭中的失利相提並論。[114] 但是在虛榮方面，季諾維也夫或許比托洛茨基還要過分，他的回憶錄中有幾段話，沒有人會蠢到想把它們發表出來。「在巴黎，有一次我們喝酒慶祝他的新書取得成功，我們在咖啡館一直坐到後半夜(雖然除了少數幾個社會民主黨人，老實說，我想像不出誰會讀那本書)」，他寫道。[115] 在大多數情況下，季諾維也夫是走向了另一個極端，他那些吹捧的話即便是按照正在出現的聖徒式傳記的標準也讓人覺得臉紅：「如同海洋一般浩瀚；如同勃朗峰一般峻拔和難以企及；如同南方的太陽一般和煦；如同世界一般偉大；如同兒童一般善良。」[116] 季諾維也夫很善於演講，但他的文字往往比較難懂，這和斯大林剛好相反。

1924年春天，形勢已經明朗了：斯大林贏得了爭奪列寧主義表述權的鬥爭。[117]「斯大林的書無疑是到目前為止論述列寧主義的最佳文本，雖然它不像其他類似的出版物那樣，有一個響亮而做作的標題」，《布爾什維克》雜誌上的一篇署名評論文章寫道。評論者亞歷山大·斯列普科夫(Alexander Slepkov，生於1899年)是斯維爾德洛夫共產主義大學以及紅色教授學院(1924)培養出來的學生——斯維爾德洛夫共產主義大學是斯大林發表演講的地方，而紅色教授學院則是第一所以馬克思主義為基礎、涵蓋從文學批評到自然科學的所有學科的高等教育機構。他代表了斯大林的目標受眾。[118] 斯列普科夫對總書記的作品提出了一些批評，但他特別稱道該書整體上概念明確、佈局嚴謹、表達簡練，並把黨的核心原則清晰地表述為「代表無產階級的歷史利益」。[119]

546

〈給代表大會的信〉

1924年5月23至31日在大克里姆林宮召開了黨的第十三次代表大會，出席大會的代表1,164人(有表決權的748人)，他們代表了73.6萬黨員。只有大約15萬黨員不是生活在城市，而在這當中，有6.1萬人是生活在俄羅斯共和國和烏克蘭的中部地區。整個蘇維埃白俄羅斯的黨員只有大概3,000人，蘇維埃遠東共和國的黨員數量也差不多。[120] 雖然政權還在壯大，但基礎依然相當狹窄。對於此次代表大會，三駕馬車絲毫不敢大意：左派反對派受到限制，只能成為沒有表決權的代表，而在他們當中，只有托洛茨基被選進了42人的大會主席團。[121]

由於列寧的離開，所有人都知道此次大會不同尋常，但代表們仍然免不了大吃一驚。幾個月來，克魯普斯卡婭一直在協商公佈列寧的口授文件——此時被稱為〈給代表大會的信〉。[122] 已故的列寧的有些口授文件已經公佈，但是對於六位可能的繼承人的爆炸性評價，或者是要求解除斯大林職務的那封〈伊里奇關於書記的信〉還未公開。[123] 只有托洛茨基一個人主張公佈，他還對討論的過程做了筆記。加米涅夫說：「不能公佈：這不過是一篇沒有在政治局會議上發表的講話。」季諾維也夫說：「娜．康．〔克魯普斯卡婭〕當時也是這個意見，認為它只應該交給中央委員會。我當時並沒有過問公佈的事情，因為我認為（現在也這樣想），那不在考慮範圍內。」斯大林說：「我認為沒有必要公佈，尤其是因為列寧並沒有說可以公佈。」[124] 5月21日的晚上，在按照慣例於代表大會前夕召開的中央全會上，加米涅夫代表負責列寧文件的特別委員會作了報告。[125] 現在沒有任何文字記錄存世。據黨務官員巴扎諾夫說，當時加米涅夫宣讀了口授文件，之後季諾維也夫起身為斯大林辯護，加米涅夫在主持討論時也強調了這一信息。[126]

547

斯大林主動提出下台。「好吧，是的，我確實比較粗魯，」托洛茨基引用了斯大林的說法，「伊里奇建議你們另外找人，他只要在外在的禮貌方面和我不同就行。好吧，試試去找個這樣的人吧。」但是，在這個滿是斯大林支持者的會堂裏，有個聲音高喊道：「沒關係。我們不怕粗魯，我們整個黨就是粗魯的、無產階級的。」[127] 手段漂亮，不過，這個時刻還是不比尋常。早在1923年夏天山洞會議期間，斯大林就很惱怒地表示他可以放棄總書記的職務，但那只是在私人信件裏。[128] 這可是中央全會，全會是有權免去他的職務的。但斯大林逃過了一劫：這次在代表大會之前召開的全會保留了他的職務。[129]

5月23日，黨的第十三次代表大會開幕，少年先鋒隊——年齡為十至十六歲的兒童組織——在紅場上木製的列寧墓旁邊接受檢閱。[130] 那天，在送給阿塞拜疆黨委書記的一本自己寫的有關列寧的書上，斯大林用他對其他任何人都不曾用過的語言寫道：「贈給我的朋友和親愛的兄弟基洛夫。」季諾維也夫就像在黨的第十二次代表大會上一樣作了主政治報告，並要求左派反對派公開宣佈放棄自己的主張。[131] 托洛茨基起身發言，而他的出現就像在之前的那次代表大會上一樣，引起了長時間的鼓掌。托洛茨基得到了一個繼續發動進攻和宣讀列寧口授文件的機會，但他並沒有那樣做。他也沒有公開宣佈放棄自己的主張，而是想用和解讓自己的批評者放下武器。「同志們，我們誰都不希望，也不可能與我們的黨針鋒相對」他說，「不管怎麼説，黨永遠是正確的，因為黨是無產階級用來完成自己根本任務的唯一工具……我知道反對黨不可能是正確的。只有和黨在一起並通過黨才可能是正確的，因為要實現正確的東西，歷史並沒有創造別的道路。」托洛茨基最後把英國的格言「不管對錯，都是我的祖國」換了個表述，説「這仍然是我的黨」。[132] 這種姿態的效果適得其反。就連克魯普斯卡婭都指責他，説黨如果永遠都是正確的，那他就不該挑起眼下這場持續了半年之久的關於新方針的爭論。[133] 正式的決議再次譴責左派反對派的「小資產階級傾向」。有傳言説，托洛茨基在被選進新的中央委員會的52名委員中排在第51位，這有可能是斯大林唆使的，為的是中傷托洛茨基，因為政權明顯違反常規，沒有宣佈各人的總得票數。[134]

548 代表大會前的全會決定分別向各代表團出示〈給代表大會的信〉，而不是在代表大會的會議上。[135] 這意味着代表大會的速記記錄——那是斯大林的書記處控制的——可以把那些討論是怎麼進行的省略掉。不過，回憶錄仍然提供了一些暗示。「他們讀了信，大家都覺得很震驚，」共青團官員亞歷山大·米爾恰科夫（Alexander Milchakov，生於1903年）回憶説，而且他還強調自己所在的北高加索代表團要求把原文再讀一遍，「又讀了一遍後，讀的人提出下面的建議：考慮到黨和國家的困難形勢，考慮到共產國際的情況和斯大林同志答應接受列寧同志批評的事實，建議要求斯大林留在總書記的崗位上。北高加索代表團同意了這一建議。」[136] 類似的一幕也出現在5月25日中部工業區代表團和伏爾加河流域代表團聯合舉行的會議上（由斯大林的兩名支持者伊賽·「菲利普」·戈洛曉金〔Isai "Filipp" Goloshchokin〕和尼古拉·烏格拉諾夫主持)，出現在5月26日烏拉爾、西伯利亞、遠東、巴什基爾和維亞特卡省各代表團聯合舉行的會議上(由忠實的季諾維也夫分子米哈伊爾·拉舍維奇主持)。這些經過精心策劃的會議接受了關於斯大林同意列寧的批評並承諾改正自己行為的保證，接受了有關他已經有所改進而且在承受巨大的負擔，以及不管列寧有甚麼樣的擔心，畢竟時間已經表明斯大林並沒有因為其性格而濫用權力等說法。[137] 代表大會之後，新的中央委員會一致同意再次選舉斯大林為總書記。[138] 就連山洞會議上增補季諾維也夫和托洛茨基為組織局委員的決定也正式取消了。

儘管和謠傳的相反，列寧的口授文件在很大範圍內作了宣讀和討論，但很多揭示實情的文件依舊禁止公開。例如，一群失業工人曾經給季諾維也夫、加米涅夫和斯大林三位同志(按照俄語字母順序)寫過一封信，說「同志們，沒有人在認真討論上百萬失業大軍的問題」。[139] 寫信者徒勞地要求在大會上宣讀他們的來信，同時還說，「我們要求，給我們工作，給我們麵包，讓我們能夠謀生，那樣，我們的家人就不會在充滿『光輝』的地方餓死」。[140] 農村的人們也一樣憤怒。「你們這些赤色屠夫要知道，農民的耐心這座鍋爐總有一天會爆炸的，」據警察機關的報告，1924年，有個憤怒的村民對鼓動人員大聲喊道，「你們要知道，農民在晨禱時詛咒你們這些篡位者……哪裏有真理？哪裏有公義？你們為甚麼要用自由、土地、和平、平等之類的字眼愚弄我們？」[141]

549

法西斯主義的教訓

世界大戰的時代，除了布爾什維主義之外，另一個比較大的反對憲政自由秩序的群眾運動是法西斯主義。早在1922年，法西斯黨在表現最好的這次公開選舉中僅贏得500個席位中的35席，貝尼托·墨索里尼卻罔顧這一事實，要求當總理，否則他就帶領黑衫軍(*squadristi*)向羅馬進軍。隊伍隨便武裝了一下，人數也誇大了。[142] 所謂「進軍」，不過是虛張聲勢和心理戰，國王維托里奧·埃馬努埃萊三世(Vittorio Emanuele III)似乎準備召集軍隊驅散這些暴徒。但一想到要流血，這位國王就退縮了，而裝備精良的軍隊也沒有自行採取行動。[143] 相反，將軍們以及有影響的工商界人士、教皇，甚至一些憲政主義者都認為，應該將墨索里尼當作左翼的解藥，給他一個「恢復秩序」的機會。搖擺不定的國王打電報給墨索里尼，要他成為聯合政府的總理（眾議院只有35個法西斯分子）。[144] 1922年10月30日，這位39歲的法西斯領袖坐着豪華臥鋪車來了，他在抵達羅馬前的最後一站下了車，然後再好似進軍一般來到羅馬。墨索里尼差點就失去了勇氣，結果是一位同志讓他下了決心。[145] 直到他被任命為總理之後，才有2萬名法西斯分子進軍羅馬。他們中的許多人都沒能在指定地點集合，而在真正來到指定地點的那些人當中，許多都缺少武器或食物。在黑衫軍像征服者一樣在羅馬到處遊行並向無名烈士墓以及王宮致敬之後——他們按照古羅馬的方式（伸直右臂）向國王敬禮——墨索里尼把他們送回了家。[146] 但他們能夠在羅馬出現卻創造了一個政變成功的神話。

法西斯主義讓莫斯科的共產黨人大惑不解。檢察官葉梅利揚·雅羅斯拉夫斯基審理過想要成為蒙古征服者的施虐狂馮·溫格恩—什捷爾恩貝格男爵，他在1922年10月3日從羅馬寫信給列寧，預言說意大利的法西斯主義即將奪取政權，並指出他們的組織能力正在影響到「被法西斯分子的力量所打動的」工人，還說「我們的意大利同仁」（即意大利共產黨）「有些東西是要向法西斯分子學習的」。[147] 但雅羅斯拉夫斯基很有預見性的猜測——法西斯主義是能夠吸引住工人和農民的右翼運動——在莫斯科並沒有受到重視。相反，《消息報》從10月31日開始，連續幾天轉載了共產國際的講話，強調墨索里尼出身社會黨（不是共產黨），並將意大利社會黨與法西斯主義的勝利聯繫起來。[148] 變節的社會黨人墨索里尼很快就像資產階級敵人一樣，用燕尾服、翼領和鞋罩把自己裝扮起來，從而加強了社會主義者與法西斯分子在表面上的聯繫。德國工人對社會民主黨人的忠誠，強化了共產黨人思維中的這種與墨索里尼的生平及衣着相關的膚淺印象，尤其是在1923年秋天共產黨人暴動失敗期間。但是，法西斯主義和社會民主主義實際上是不共戴天的敵人。（事實上，就像有歷史學家說的，布爾什維主義和法西斯主義都是「社會主義中的異端」。）[149] 此外，當共產黨人在意大利和德國造成左翼的分裂並使右翼行動起來的時候，在意大利把法西斯主義扶上台的是傳統的右翼，而不是社會民主黨人。

斯大林很顯然沒能理解法西斯主義。他接受的是列寧的觀點，認為在布爾什維克之外的那些左翼力量，比如孟什維克、社會革命黨以及其他溫和派，是所有反革命中最危險的，因為他們隱藏在社會主義的面具背後。左翼的這種分裂不但加深了對法西斯主義的誤解，還在共產國際第五次代表大會上在全球範圍內被制度化了——那次大會是1924年6月17日至7月8日在大克里姆林宮華麗的安德烈耶夫廳召開的，出席大會的有來自46個政黨和49個國家的504名代表。代表大會是在「布爾什維克化」這個明確的口號下舉行的，這意味着各個成員黨要按照列寧主義的路線組織起來，要與「小資產階級傾向」作鬥爭，同時也意味着俄國化，從而有助於擴大斯大林在共產國際的影響(他不會說德語)。[150] 斯大林接替了托洛茨基在共產國際執行委員會的位置。[151] 在沒完沒了地控訴托洛茨基及其外國「走狗」的時候，一名來自法屬印度支那*的代表插話說：「我覺得同志們還沒有充分領會到全世界無產階級的命運……是和各殖民地被壓迫民族的命運緊密相連的。」他名叫阮愛國，通常被稱為胡志明。[152] 儘管會議的氣氛比較激烈，但代表們在議程結束時仍然集體唱起了《國際歌》。大會代表還瞻仰了列寧的遺體，而且大會期間有次會議就是在紅場上進行的，發言者就坐在立方形陵墓的頂端。[153] 但第五次代表大會最突出的就是讓季諾維也夫在講話中說的「法西斯分子是資產階級的右手，社會民主黨人是資產階級的左手」成了一種約定俗成的分析。斯大林在講話中重申了這一觀點，認為共產國際需要的「不是和社會民主主義聯合，而是要把它當作法西斯化的政權的支柱進行殊死鬥爭」。[154]

如果說意大利的法西斯主義提供了一個重要的教訓，說明斯大林的思維方式存在重大的局限，那它的故事還提供了一個絕好的教訓，說明專政體制是如何紮根的。1924年4月，總理墨索里尼的「國家名單」

---

* 編註：今越南、老撾與柬埔寨。

贏得了66.3%的選票，而社會黨和共產黨只有14.6%，天主教人民黨9.1%。這讓法西斯分子得到了535席中的374席。5月30日，賈科莫·馬泰奧蒂(Giacomo Matteotti)——威尼托一個富裕家庭的兒子、博洛尼亞大學法律學院畢業生、統一社會黨領導人，他一貫批評墨索里尼並且擁有巨大聲望——指責法西斯分子有恐嚇和公然舞弊的行為，要求宣佈選舉結果無效。「我要講的話都講了，」他在最後說，「你們為我準備悼詞吧。」[155] 11天後，他被人塞進一輛小車，用木工刀捅了很多次，然後被人打死。兩個月後的8月16日，他的屍體在離羅馬大約20英里*遠的一座淺墳裏被人發現。殺害他的動機是甚麼，現在仍不太清楚。[156] 但此事和法西斯分子有關是早已有了定論的：與法西斯秘密警察有聯繫的五個兇手在當時差不多立即遭到逮捕。說墨索里尼參與或至少知情，那是推測；這從來沒有得到證明或證偽，但謀殺事件對於他擴大自己聯盟的密謀起了破壞作用，還差點使他的政府倒台。街頭發生了反法西斯示威活動，還有傳聞說要舉行總罷工，議會中墨索里尼的許多溫和派支持者都摘掉了他們的法西斯黨徽。(托斯卡尼尼以這裏不是「啤酒園」為由，拒絕在斯卡拉歌劇院演奏法西斯青年的黨歌《青年》。)[157] 受到質疑的墨索里尼有點躲躲閃閃。到了1924年12月，人們普遍認為他會被迫辭職。國王拒絕解除墨索里尼的職務，於是，反法西斯議員為了向他施壓，離開議會退往阿文提諾山，那裏是古羅馬的平民對貴族進行復仇的地方。[158] 他們的愚蠢行為讓人想起了1917年10月退出蘇維埃代表大會的孟什維克和社會革命黨人。

有歷史學家解釋說，意大利參議院反法西斯議員的領袖，「主張用突然襲擊(*coup de main*)的方式逮捕墨索里尼」，但是，大部分反法西斯議員都拒絕使用非法的手段。[159] 與此同時，強硬派法西斯分子也在向墨索里尼施壓。他們指責對馬泰奧蒂的謀殺太愚蠢，要求自上而下革新法西斯主義，並威脅他說要發動政變，再一次向羅馬進軍。[160] 1925年1月3日，墨索里尼在議會發表講話時說：「我在此宣佈，在這莊嚴的

* 編註：約32公里。

會議前面，在所有的意大利人民面前，我，而且是我獨自一人，為已發生的一切承擔政治的、道義的和歷史的責任。」他想看看那些在場的人敢不敢起訴他。他們不敢。1月10日，他發佈法令，宣佈除法西斯黨之外，所有政黨都不受法律保護，而且他還開始控制報刊。他拒絕讓對手們回到議會，並宣佈由於退出議會，他們已失去議員資格。直到這個時候，意大利才從君主立憲變成了一黨專政。法西斯黨的黨員證成了在大、中、小學獲得教職的先決條件。很快，墨索里尼便開始自稱為領袖(*duce*)。讓法西斯奪得政權的不是1922年的向羅馬進軍，而是在馬泰奧蒂危機中擊敗反對者，一舉扭轉局面。

在歷史上，有些時刻本來可以卻沒有成為轉折點，或者是轉向了相反的方向，就像1924年在法西斯意大利和蘇聯同時發生的那樣——前者是因為反對派退出了議會以及國王的原因，後者是因為季諾維也夫和加米涅夫。代表大會是斯大林有軟肋的少數時刻之一，而且他在大會召開前的全會上已經提出解除自己的職務，因此，季諾維也夫和加米涅夫本來可以把該項措施列入大會議程。他們不可能察覺不到斯大林的野心。[161] 也許他們以為披露口授文件，讓他受傷就可以了。不過，單是從機會主義的立場出發，他們就該利用所謂的列寧口授文件去拿下這位總書記。在意大利，如果墨索里尼的政治生命毀滅，風雨飄搖的議會制度本有可能在街頭戰鬥隊的壓力和國王的軟弱無能中倖存下來，儘管也有可能推動法西斯中最強硬、最卑鄙的地方首領羅伯托·法里納奇(Roberto Farinacci)之流崛起，而此人或將推動更激進的法西斯主義社會革命。在蘇聯，由於斯大林的競爭對手都很平庸，解除他職務的結果有可能只是暫時的；基於同樣的原因，也有可能會加速由他所維持的一黨統治的最終瓦解。

就像墨索里尼克服了馬泰奧蒂危機一樣，斯大林也克服了列寧口授文件所引發的危機，不過，斯大林沒有能夠全身而退。出席黨的第十三次代表大會的近1,200名代表見證了他所受到的羞辱。其中許多人無疑又把情況講給了他們所代表的75萬黨員。巴黎的孟什維克流亡分子的報紙《社會主義通報》(1924年7月24日)，提到了列寧的口授文件。[162] 漸漸地全世界都知道了：列寧曾要求解除斯大林的職務。

553

蘇聯的地緣政治理論

在莫斯科，很難用幾句話説清楚這樣一種局面：蘇聯有意成為全球秩序的新選項，而現存的秩序又並未消失。[163] 到1920年代中期，約有20個國家——這其中不止日本和波蘭，還包括幾乎所有的主要國家，例如德、英、法、意(美國除外)——都承認了蘇維埃國家，但誰都沒有把這個共產黨專政的國家看作是一個親密而又可信賴的夥伴。鑒於蘇聯的行為，它們怎麼可能這麼看呢？[164] 在某種意義上，蘇聯與當時的其他任何國家沒甚麼兩樣，都在設法攔截和破譯外國人的無線電信號和郵件。事實上，從1921年開始，一個特別的密碼部門就能讀懂外國使館從莫斯科發往柏林和安卡拉的加密電報，波蘭的密碼也在1924年得以破譯(日本的密碼在1927年破譯)；這進一步加深了蘇聯本來就很深重的懷疑心理，認為「外交關係」就是同敵人打交道。[165] 同時，英國人也破譯了蘇方的密碼，因而可以對共產黨在內部和外部説的話進行比較，結果失去了對蘇方本就很薄弱的信任。然而斯大林和他那些好管閒事的外國同行不一樣，他不太理解，或者説沒甚麼興趣，為甚麼在外交事務中還要同時建立信任關係。在蘇聯領土上的外國使館被當作帝國主義的特洛伊木馬——就連至關重要的貿易條約也被當作「帝國主義代理人」的刺探和顛覆活動——另一方面，蘇聯也在一邊與外國進行外交和經濟的往來，一邊利用自己的駐外使館煽動這些國家的共產黨發動政變。[166]

作為蘇聯之外唯一發生過共產黨式的「革命」的國家，蒙古有着特殊的地位。列寧去世的時候，德國大使烏爾里希·馮·布羅克多夫—蘭曹伯爵(Ulrich von Brockdorff-Rantzau)以駐莫斯科全體外交官的名義敬獻花圈，但蒙古大使本人向「全世界勞苦大眾的領袖、弱小民族的朋友和捍衛者」專門送了花圈。[167] 1924年，類似於君主的首領博克多格根去世，時年55歲。當時沒有按照傳統的方式確定他的轉世化身，而是在蘇聯人的監督下成立了「蒙古人民共和國」。[168] 蘇聯「顧問」已經在牽着蒙古名義上的領導人背後的繩子。[169] 在蒙古版的奧格伯烏成立後，蒙古黨的黨員數量因清洗而減少了一半；接着又發生了多起神秘的死亡事件，死者包括幾位最早的蒙古革命家，而他們還向蘇聯尋求過幫助。

554

德國外交部一名官員在訪問時發現，蒙古「實際上正在變成俄國的一個省」。[170] 儘管由蘇聯領導的建立單一中央集權的貿易合作社的嘗試失敗了，儘管蒙古的入學兒童只有400人，可政治洗腦的工具依然出現了：1924年11月10日，在西伯利亞的伊爾庫茨克出版了第一期蒙語報紙，那是蒙古人民黨的喉舌。[171] 要在一個牧人和僧侶的國度建立社會主義秩序，這給共產主義的實踐和理論提出了一些深刻的難題。不過，衛星國蒙古最直接的作用，是作為亞洲民族解放的前出基地為蘇聯的安全利益服務。

至於歐洲，再次發動共產黨政變的夢想並未因為在德國和保加利亞的失敗而破滅。人稱揚·別爾津(Jan Berzin)的蘇聯軍事情報機關負責人、前拉脫維亞步槍團成員彼得里斯·庫濟斯(Pēteris Ķuzis)，在1924年春天派遣大概60名特工人員潛入愛沙尼亞，準備和愛沙尼亞共產黨一起奪取政權。[172] 但愛沙尼亞反間諜機關加快滲透當地共產黨地下組織，結果在1924年11月10至27日的審判中，有149名當地共產黨人受到指控，罪名是參加秘密的共產黨組織(該黨已遭到取締)，是蘇聯的奸細。7人被判無罪，但是對於那些被判有罪的人，處罰很嚴厲：1人死刑；39人終身監禁；28人15年監禁。

無論如何，莫斯科還在繼續準備暴動。[173] 12月1日星期一，拂曉時分，幾百名波羅的海沿岸地區的地下黨員、蘇聯商船上的武裝裝卸工人和蘇聯領事館的工作人員分成若干小分隊，襲擊了愛沙尼亞首都塔林的各個戰略要點。[174] 黑暗中，暴動人員在兵營裏四處追逐衣衫不整的士兵，扔手榴彈——保險栓沒拔——還爬進坦克，卻沒想到坦克車庫的出口被堵住了。[175] 儘管如此，這些小分隊還是把最主要的火車站佔據了兩小時，他們在那裏殺死了鐵道部長(他是趕來調查情況的)。他們還佔領了政府首腦(州長老)的宅邸和一處軍用機場。但原計劃一同進行的工人起義並未實現。到上午10時，政變結束。[176] 按照官方的統計，250多名暴動人員有12人在交火中身亡；後來又死了一些，而在長達數月的搜捕中，被捕的約有2,000人。有些人逃到了蘇聯。蘇聯的報紙想當然地寫道，愛沙尼亞的工人起義遭到了「資產階級白衛分子集團」的鎮壓。[177]

555

就在這個時候，斯大林在《真理報》上又發表了一篇猛烈抨擊托洛茨基的文章（1924年12月20日），並把它作為自己的文集《走向十月革命的道路》（1925年1月）的序言，標題是〈論一國社會主義〉，* 認為社會主義能夠在一國建成。[178] 同樣的話斯大林在1917年8月黨的第六次代表大會上也說過，現在實際上只是在肯定蘇聯這七年的存在。列寧之前已經悄悄地接受了這一觀點，認為如有必要社會主義是可以在一國建成的。[179] 就連托洛茨基也在1923年春天，在斯維爾德洛夫共產主義大學的一次非公開演講中認為，「如果除俄國之外的整個世界都崩潰了，我們會不會毀滅？⋯⋯不會，我們不會毀滅，因為我們的資源，因為我們佔地球的六分之一」。[180] 誠然，當斯大林的〈論列寧主義基礎〉在1924年4月和5月在《真理報》上連載並以《論列寧和列寧主義》為題出版單行本（1924年5月）的時候，裏面有段話否認了在一國建成社會主義的可能性，但是在1924年底再版的時候，那段話被刪掉了。[181] 而且斯大林只是宣佈**率先**在一國建成社會主義的可能性，因為他強調社會主義的「最後」勝利，需要幾個國家的無產階級的幫助，強調世界革命仍會發生，最有可能是因為受帝國主義壓迫的那些國家發生起義，而那些國家有望得到蘇聯的幫助。這意味着社會主義在一國的勝利實際上「具有國際性質」，意味着俄國負有特殊的使命，而這種使命現在披上了革命的外衣。[182] 在他的著述中，這篇文章受到的誤解最多，但在最初發表的時候，並未引起甚麼爭議。[183]

歐洲的孟什維克報紙《社會主義通報》把斯大林的立場誇張地説成是「歐洲算得了甚麼——我們自己能行」。[184]這種觀點在俄國的確是根深蒂固。過去帝俄的國際姿態搖擺不定，一方面想和西方建立同盟，另一方面，作為拜占庭帝國和蒙古人宏偉的歐亞帝國的繼承人，又想在一個完全屬於自己的空間，擔負起拯救世界的特殊使命。斯大林對「一國社會主義」的論述，表面上看來就像是這樣的一篇獨立宣言——蘇聯用不着等待西方的革命也可以前進——也因此像是耽溺於那空間不斷擴張卻又自我設限的老調陳腔之中。但是，擺好防禦的架勢，實際上並不

556

* 譯註：在《斯大林全集》第6卷中的標題是〈十月革命和俄國共產黨人的策略〉。

能讓俄國擺脱西方：西方仍然很強大，在地緣政治上仍然是一種威脅，況且它們還擁有對俄國（以及現在的蘇聯）來説不可或缺的先進機器。把俄國視為堡壘的態度雖然有誘惑力，卻根本不管用，這一點別説是托洛茨基，連斯大林也很清楚。他的〈論一國社會主義〉一文的關鍵，不在於對西方的那種有些想當然的輕蔑態度，而在於有段話中他認為，布爾什維克取得勝利之所以相對容易是和三個外部情況有關，而那三個外部情況又都和世界大戰有關：存在「兩個帝國主義集團，即英法集團和德奧集團」，它們忙於殊死搏鬥，無暇認真關注俄國的革命；可惡的戰爭在俄國激起了對和平的渴望，這讓無產階級革命似乎成了擺脱戰爭的唯一出路；戰爭在各帝國主義國家引發了強大的工人運動，而那些工人對俄國革命抱着同情的態度。[185] 換句話説，就在斯大林用階級分析的方法對法西斯主義作出淺陋理解的同時，他在思想上也取得了突破，把革命與戰爭——而不僅僅是階級——聯繫起來。

另外，斯大林還承認，世界革命給蘇聯提供了工具，可以承擔起全球性的特殊使命，突破受到圍困的地緣政治空間。從古莫斯科大公國開始，俄國總是以邊界敞開、缺乏安全感為由，通過犧牲較弱的鄰國（瑞典、波蘭、奧斯曼帝國、中國）來擴大自己的疆域。闖入中亞和滿洲，在那裏修築鐵路，以縮短到符拉迪沃斯托克的路程，過去這些帶有純粹冒險主義色彩的行為，現在可以看作是一種合乎邏輯的進步，不這麼做的話進步就會半途而廢。[186] 布爾什維克煽動世界革命，在某種程度上是終極的「防禦性」擴張主義。但是，沙皇時代的邊疆地區容易受到外國勢力的影響，與**國內**沙皇制度的反對者一起惹是生非，而現在的邊疆地區則有許多羽翼豐滿的反蘇國家：愛沙尼亞、拉脱維亞、立陶宛、芬蘭、波蘭、羅馬尼亞。按照蘇聯人的説法，這些國家被稱為「邊陲國家」。它們要求列強擔負起重任，確保小國間的合作，以備再次對蘇聯發動武裝干涉，可在蘇聯人眼中，這些小國不過是世界帝國主義陰謀中的玩物。斯大林之所以要在愛沙尼亞發起暴動，部分原因就是為了不讓反蘇武裝在波羅的海沿岸地區獲得採取行動的基地。[187] 蘇聯的情報分析報告稱，1924年，芬蘭與波羅的海三國召開過一次會議，交換了有關蘇聯的情報——那些情報是靠設在赫爾辛基、里加、塔林（列

557

維爾）、利沃夫和維爾諾的監聽站得到的——並準備在希望與移居國外的親人團聚的流亡者家屬中間招募特務。[188]（這類情報更容易使人把前帝俄領地的獨立看作是非法的。）[189] 斯大林如此熱衷於在德國發動共產黨政變，也是出於對俄國國際處境的考慮，因為在他看來，政變是對獨立的波蘭以及波羅的海國家的打擊，否則沒有辦法解釋那種狂熱。

在1925年1月19日討論國防預算的中央全會上，斯大林關於在愛沙尼亞政變失敗的講話很能說明問題。他在會議議程中增加了讓托洛茨基繼續擔任陸海軍人民委員和革命軍事委員會主席的議題。[190] 托洛茨基不想等別人來解除自己的職務，就在1月15日提交辭呈，然後再次前往南方的阿布哈茲。[191] 加米涅夫順水推舟，建議由斯大林接替托洛茨基的軍事職務，但斯大林不想放棄或放鬆他對黨的機關的控制。[192] 剛被任命為政治局候補委員、已經在負責陸海軍人民委員部日常工作的米哈伊爾·伏龍芝，從第一副手晉升為人民委員。[193] 但是全會對於愛沙尼亞事件的分析同樣值得注意。斯大林認為：「那裏的人民開始行動起來了，製造出一些聲音，並試圖得到某些東西，但所有的事實表明，如果沒有紅軍的存在，如果不能團結一致、提高警惕並〔在民眾中〕造成事實，那就做不成甚麼重要的事情。」他還說：「我們的旗幟依然是和平的旗幟。但是，如果戰爭一旦爆發，我們就不應該坐着不動。我們必須行動，但我們是最後行動。我們行動的目的是為了把有決定性的砝碼、把能夠舉足輕重的砝碼放在天平盤上。由此應該得出結論：要準備對付一切，要準備好自己的軍隊，要供給軍隊鞋子和衣服，要訓練軍隊、改進技術裝備，要改進化學部隊和空軍，要把我們紅軍的水平普遍提到應有的高度。這就是國際形勢要求我們做的事。」[194]*

在列寧去世的週年紀念日（1925年1月21日）之後，斯大林重申了自己關於戰爭與革命的主題，當時，紅軍政治部在停止向托洛茨基匯報後，沒過幾天就下發了一張推薦讀物清單，排在首位的是斯大林的《論列寧和列寧主義》。[195]「同志們，這似乎很奇怪，但這是事實，」斯大林

* 譯註：《斯大林全集》第7卷，第14–15頁。

在1月27日莫斯科黨組織代表會議上說，「如果資本主義國家的兩個主要聯盟在1917年帝國主義大戰中不互相進行殊死的鬥爭，如果它們不互相扼住喉嚨，如果它們不是自顧不暇，沒有工夫來反對蘇維埃政權，蘇維埃政權當時就未必站得住腳。重複一遍，我們敵人之間的鬥爭、衝突和戰爭是我們極大的同盟者。」[196*] 蘇聯的地緣政治理論誕生了。 558

拒絕與歐洲和解

斯大林幻想資本主義內部會發生戰爭，從而使自己坐收漁利，這一點是可以理解的。共產黨人似乎陷入了過去困擾沙俄外交政策的兩難境地：是像杜爾諾沃主張的那樣面向德國，還是像倒霉的沙皇政權選擇的那樣面向英法。[197] 與列寧一樣，斯大林也把英國視為世界帝國主義的主要支柱，這是透過馬列主義棱鏡折射出的那種在帝俄時代就很常見的恐英情緒。此外，重建法俄同盟的可能性之所以變小，不只是因為法國人憎惡共產黨政權，也是因為波蘭國家在德國另一側的復活削弱了俄國的戰略價值；為了遏制柏林，巴黎的目標轉向了與華沙的夥伴關係。就斯大林而言，他主要操心的倒不是遏制德國，那是沙皇時代與法國結盟的理由，他考慮的主要是從德國那裏得到好處：可以和它團結起來反對凡爾賽體系，也從德國得到轉讓的技術。但斯大林一定會大吃一驚，因為兩大敵對集團曾為沙皇俄國提供一個攸關生死的選擇，而蘇聯連這個選擇也被奪走了。

蘇聯率先採取了某些措施。斯大林鄙視資本主義列強的要求，尤其是英國人的要求，即在雙邊協議中須有不得進行宣傳之類的條款——英國人不停在宣傳，指責蘇聯的內政，比如說鎮壓活動，就好像他們的警察沒有毆打罷工工人似的——但蘇聯人忍氣吞聲，象徵性地宣佈放棄共產國際在英帝國的宣傳。[198] 這讓蘇聯在1924年2月從英國那裏得到了夢寐以求的外交承認，接着又在1924年8月8日，與英國歷史上的首

---

* 譯註：《斯大林全集》第7卷，第26–27頁。

屆工黨政府就簽訂商務條約草案一事達成協議。該條約草案為英國商品提供最惠國待遇，而作為交換，蘇聯將會獲得大筆貸款，雖然只是在成功解決沙皇時代債務法律地位問題的談判之後。[199] 後一個交易尚未得到確認，英國就在10月29日舉行議會選舉，結果工黨選舉失敗(由於英國情報機關的暗中破壞)。保守黨的斯坦利·鮑德溫(Stanley Baldwin)成為首相。新任英國外交大臣奧斯丁·張伯倫(Austen Chamberlain)向莫斯科遞交了官方照會，說「陛下的政府認為，不能把這些條約推薦給議會考慮或者是提交給國王陛下批准」。當時出現了一封偽託季諾維也夫之名的信件，似乎證實了共產國際在不列顛群島從事顛覆活動以及工黨與莫斯科在政治上的眉來眼去。[200] 當反共利益集團在英國活動的時候，在蘇聯，遠遠不是所有的共產黨人都能認識到，給英國吸血鬼資本家償還淌血的沙皇政權欠下的債務具有重要意義。[201] 不過，各個主要的資本主義國家的力量不容小覷。[202] 西方擁有技術。

559

莫斯科還實現了與柏林的商業往來——其意義被外交承認掩蓋了——因而有望在德國的幫助下，推動蘇聯工業的現代化，但是在這裏，共產國際也產生了持久的影響，特別是共產黨人在德國發動的未遂的暴動。[203] 柏林方面指責德共勾結德國右翼民族主義分子反對魏瑪共和國，蘇聯人則對德國謀求與西方的和解極為憤怒。在蘇聯軍方情報機關截獲的一份秘密文件中，德國國內的親西方分子斷言，「毫無疑問，莫斯科準備犧牲德國的利益」。[204] 但是在德國的外交界也有一個「東方派」，其代表人物就是德國駐莫斯科大使烏爾里希·馮·布羅克多夫—蘭曹伯爵。他支持過高爾察克和其他反布爾什維克武裝，但在他們最終失敗之前，他就準備充分利用布爾什維克政權。[205] 在擔任魏瑪共和國首任外交部長的時候，布羅克多夫—蘭曹率領德國代表團參加過1919年的凡爾賽條談，公開宣稱如果只有德國認罪，那無異於說謊。他還警告，凡爾賽條約的內容會讓德國的民族主義與社會主義聯合起來。[206] 之所以要同蘇聯人建立緊密的關係，在他看來是為了對付法國的凡爾賽投降令，並讓德國再次擔負起在世界上的特殊使命。當然，他厭惡布爾什維主義，但也憎恨法國除干邑白蘭地之外的一切，而且他擔心自己在柏林的同事會讓德國與英國結盟，從而把蘇聯人推向法國的懷抱，那就是在重複世界大戰中兩線作戰的錯誤。這位伯爵與同樣是貴族出身的契切林有了共同的追求，他們甚至都習慣於在夜間工作（兩人常常在午夜過後會晤）。[207] 最重要的是，契切林和布羅克多夫—蘭曹的雙人舞，符合斯大林恐英親德的列寧主義傾向。 560

蘇德關係中的一個隱藏維度是秘密的軍事合作，那在列寧主政時就開始了。[208] 凡爾賽條約對德國軍隊的規模、訓練、武器生產甚至是否可以在國外派駐武官，都有嚴格的規定，但蘇聯人表示德國可以不遵守這些規定。大型的德國製造商（比如布洛姆—福斯公司、克虜伯公司、信天翁飛機製造廠）可以在蘇聯境內生產潛艇、飛機和大炮，而魏瑪防衛軍也獲得了秘密的訓練設施。至於蘇聯人，他們是想吸引德國公司以租賃或特許經營的方式，接管並振興瀕臨倒閉的武器工廠。莫斯科歡迎「非官方」德國軍事代表團，該團打的旗號是核實德國在蘇聯境內的經濟特許權，在秘密文件中被稱為「莫斯科中心」，為首的是一位「阿拉伯的勞倫斯」式的人物，名叫奧斯卡．馮．尼德邁爾（Oskar von Niedermeyer）。他曾在世界大戰中率領代表團出使過阿富汗和奧斯曼帝國，號召各個部落反對英國人。除了合作，德國人還利用「莫斯科中心」搜集情報，但容克公司的確重新開了一家飛機廠，就在莫斯科郊外（菲利）。[209] 同時，德國還有望在財政上為蘇聯遠遠超出軍事範圍的工業採購提供巨大的便利。契切林知道馮．布羅克多夫—蘭曹直接聽命於德國總理，於是就在1924年秋天向這位大使提出，把拉帕洛夥伴關係擴大為「大陸集團」，與法國一起對抗英國；他還強調說，蘇聯與英國在亞洲存在利益衝突。[210]

再說柏林，那裏對蘇聯人的懷疑仍然沒有消除，人們普遍認為德國需要英國的支持，以便同法國作鬥爭，修正凡爾賽條約；德國拒絕了蘇聯的建議。[211] 在大陸集團議題上受挫後，契切林在政治局的全力支持下，提議建立蘇德雙邊同盟。[212] 德方沒有馬上就拒絕這一想法，因為雙方都對波蘭存在敵意和領土要求，但是對於後者，至少從契切林表達的意思來看，蘇方還在猶豫，因為契切林想要的不是重新瓜分波蘭，而是不要經由波蘭領土或從波蘭領土出發侵犯蘇聯的安全保證。[213] 蘇聯人沒有忽視法國的作用，而法國也承認了蘇聯（1924年10月），但法國的保守分子極為憎惡飄揚在重新建立的大使館上方的紅旗。共產國際官員卡爾·拉狄克在德國報紙上談到蘇聯與法國的談判，但這並沒有觸動柏林。雖然有拉帕洛條約的突破，但德蘇間的逢場作戲就像是形式婚姻，雙方互相欺騙。斯大林這時正在大談「英美之間由於石油，由於加拿大，由於銷售市場等等而引起的鬥爭；英美集團和日本之間由於東方市場而引起的鬥爭；英法之間由於爭奪歐洲的勢力而引起的鬥爭；以及被奴役的德國和佔統治地位的協約國之間的鬥爭，——這些大家都知道的事實表明，資本的成就是不鞏固的，資本主義『恢復健康』的過程裏隱藏着它內部衰朽和瓦解的前提」。* 接着，德國外交部長古斯塔夫·施特雷澤曼伸出了觸角，想要實現與協約國關係的正常化。[214]

英國優先考慮的是自己的帝國，它不想在歐陸投入過多的資源，因而迫切希望在政治上和經濟上整合德國，以消除想像中的戰爭基礎，甚至也許可以讓德國去控制蘇聯。英國外交大臣奧斯丁·張伯倫對於法國在安全上的關切十分敏感，這在倫敦的高級官員中十分難得，但他一心想把德國從蘇聯那裏撬走。然而就施特雷澤曼來說，他仍想保持蘇德間的軍事合作。1925年4月15日簽訂了開辦航校的協議，並在蘇聯的利佩茨克市破土動工（不到兩年航校就會全面啟用）。[215] 1925年8月，魏瑪防衛軍軍官首次觀摩了紅軍演習（他們到達時假扮成德國工人共產黨員）。一群裝扮成保加利亞人的紅軍軍官回訪德國，觀摩了秋季軍演。「德軍指揮機構想方設法不讓我們和士兵接觸」，1925年10月3日，代表團團長米哈伊爾·圖哈切夫斯基向莫斯科匯報說。而且他還說，「秘密觀摩是被接受的」。（可以想見，為蘇聯人開車的德國司機其實懂俄語，卻假裝不懂。）令圖哈切夫斯基印象特別深刻的是：「士兵們紀律嚴明。我沒有看到軍官粗暴對待士兵的現象，但我的確看到了中士粗暴對待士兵的現象……有人注意到，在野戰指揮部和總參謀部的軍官中貴族的比例很高。」[216] 可就在此時，施特雷澤曼與西方的接觸有了結果。

---

* 譯註：《斯大林全集》第7卷，第47頁。

洛迦諾公約包括七個協議，是英國、法國、意大利、比利時與德國及波蘭和捷克斯洛伐克之間在度假勝地馬焦雷湖畔通過談判達成的(1925年10月5–16日)。德國承認它在西部的邊界(萊茵蘭)，實際上就是把阿爾薩斯和洛林割讓給法國，並同意對其東部邊界含糊的仲裁結果，其實就是為將來的修正留下餘地。德國有了加入國際聯盟的機會，從而可以擺脱自己低下的地位。「戰爭的大門關上了」，法國外交部長阿里斯蒂德·白里安(Aristide Briand)宣佈(以前在凡爾登受到圍攻時他曾擔任過政府首腦)。但是對於德國與其東部幾個鄰近小國的關係，當時並未作出類似的不侵犯保證或共同擔保。波蘭外交部長約瑟夫·貝克(Józef Beck)後來抱怨説，「那是正式要求德國進攻東方，以換取西方的和平」。已退休的前國家元首約瑟夫·皮爾蘇茨基評論説，「所有誠實的波蘭人聽到這個詞〔洛迦諾〕都會啐一口」。[217] 儘管如此，三個主要的人物(白里安、施特雷澤曼和張伯倫)後來全都得了諾貝爾獎。沒有接到邀請的蘇聯人驚恐地發現，德國顯然已被拖回到西方的軌道，成了據信以英國為首的反蘇同盟的一分子。契切林倒是讓施特雷澤曼作出承諾，説德國不會參與對蘇聯的制裁，也不會謀求與波蘭恢復邊境友好關係。[218] 但是對德國動機的懷疑仍然沒有打消。蘇聯報刊談到了「一個聯合起來的帝國主義反蘇集團」。[219]

562

洛迦諾公約意味着兩個資本主義集團達成了協議，這就讓斯大林的理論——蘇聯可以從即將發生的資本主義的內部戰爭中坐收漁利——有了破產的危險。這是資本主義的「穩定」嗎？[220] 在準備1925年底的講話時，斯大林在筆記中苦苦思考洛迦諾公約的意義。「他們想要重複普法戰爭前存在的『保證條約』的歷史，」他寫道，「無論是過去還是現在，為了準備新的戰爭而對各種力量進行編組的活動都是隱藏在保障和平的説法(和平的保證)下面的。」但是在過去，斯大林繼續寫道，俄國是帝國主義小集團的炮灰，而現在「俄國不可能也不願意要麼成為資產階級國家的武器，要麼是後備軍，要麼是炮灰」。他還着重提到了英國保守黨人的花招，因為他懷疑他們正在陰謀利用波蘭對付蘇聯。[221] 在1925年的其他講話中，斯大林認為國際形勢的特點與世界大戰即將爆發的那段時間很相似。[222] 換句話説，他拒絕接受資本主義能夠**持久**穩定的觀念。洛迦諾公約雖然讓斯大林很是震驚，但他仍然堅持認為，帝國主義集團之間肯定會發生自相殘殺的戰爭，蘇聯有可能因此而獲益，革命有可能因此而爆發。要是作出相反的判斷，那就意味着蘇聯必須在核心原則上對資本主義列強作出重大的讓步，直至同意在國內實行政治多元主義。要麼是資本主義列強因在市場和殖民地上固有的矛盾而開啟戰端、自相殘殺，要麼是列寧主義錯了而蘇聯陷入困境。

563

二頭同盟

斯大林的機關，還有季諾維也夫在列寧格勒的機關，向公眾印發了大量帶有傾向性的小冊子，抹殺托洛茨基在十月政變和內戰中的功績，抹黑他的形象(「擁護列寧主義，反對托洛茨基主義」)。[223] 斯大林有辦法讓這句話在各省報刊上出現。[224] 但他在繼續詆毀托洛茨基的聲譽，尤其是國際聲譽方面，也很有一套：在1925年2月的一份被奧格伯烏截獲的報告中，有英國外交官認為，托洛茨基在被解除職務之後仍是「俄國布爾什維主義最有影響力的人物」，甚至是「歐洲社會主義革命中最重要的人」。報告副本送給了斯大林。[225] 不過，托洛茨基不再是斯大林唯一的目標。早在1924年底，斯大林就開始對他的兩位盟友加米涅夫和季諾維也夫採取行動。他用剛成為自己心腹的尼古拉·烏格拉諾夫取代了加米涅夫的一個門徒，擔任莫斯科黨組織負責人和中央委員會書記。[226] 烏格拉諾夫原先是在列寧格勒季諾維也夫的手下工作，但兩人發生了衝突，而斯大林發現了烏格拉諾夫，並把他從下諾夫哥羅德提拔到首都；在莫斯科，烏格拉諾夫拒絕了季諾維也夫的拉攏。[227] 最重要的是，尼古拉·布哈林已經進入政治局，填補了列寧去世空下的位置，讓正式(有表決權的)委員繼續保持七名，而斯大林對他變得十分關心。從1924年8月起，三駕馬車在政治局會議之前的集會擴大為「七重奏」：除了季諾維也夫、加米涅夫和斯大林，還有布哈林、李可夫、托姆斯基和古比雪夫，也就是除托洛茨基之外的所有政治局委員，再加上中央監察委員會負責人(古比雪夫)。[228] 但斯大林已在着手重新佈局，與36歲的布哈林以及李可夫和托姆斯基建立同盟。[229]

對於斯大林的計謀，托洛茨基無意中幫了大忙。1924年底，再次從高燒中康復的托洛茨基從溫泉城基斯洛沃茨克又引爆了一顆文字炸彈——〈十月的教訓〉。[230] 它描述了季諾維也夫和加米涅夫反對1917年政變的經過，托洛茨基給這件事情貼上的標籤是「擅離職守」和「當然不是意外」——這個說法直接出自列寧的口授文件。(沒有提到斯大林，就好像他1917年沒有露面似的。)托洛茨基本性難移，又說到自己幾次糾正列寧的錯誤。儘管如此，他還是讓三駕馬車受到了沉重打擊。斯大林發動了所有反對托洛茨基的力量：兩個月時間，《真理報》刊登了至少30篇譴責「托洛茨基主義」的文章，其中包括布哈林、加米涅夫、季諾維也夫甚至索柯里尼柯夫的文章。[231] 單是在同一期《真理報》上，就刊登了加米涅夫一篇冗長、拖沓的抨擊文章和斯大林一篇犀利的短文。[232] 克魯普斯卡婭的反駁文章稱讚了托洛茨基的「巨大能量」，但認為他用馬克思主義分析問題的能力「薄弱」，往往從「純粹『行政的』和完全表面的」角度理解黨的作用——這也和列寧口授文件的說法相似。[233] 但季諾維也夫和加米涅夫的形象嚴重受損：大部分黨員都沒有聽說過兩人曾反對1917年政變，而且托洛茨基還把它和1923年德國政變的失敗聯繫起來，警告說，要是任由這種「怯懦行為」發展下去，那會很危險。

564

先與季諾維也夫以及加米涅夫聯合起來反對托洛茨基，再與布哈林、李可夫、托姆斯基聯合起來反對季諾維也夫和加米涅夫，斯大林這種為了削弱競爭對手而不斷改換政治同盟的做法，幾乎算不上甚麼特殊的本領：這不過是「個人專政課101」。可他那些初級的伎倆仍然讓昔日的夥伴大吃一驚。季諾維也夫、加米涅夫和克魯普斯卡婭——她仍然住在以前和列寧一起住的地方——三人開始單獨開會。與此同時，斯大林也開始明目張膽地向他們挑釁：書記處的莫洛托夫不再邀請季諾維也夫的支持者參加沒有了托洛茨基的黨的半閉門會議，這或許是想誘使「列寧格勒幫」獨自開會，那樣一來，就會讓它顯得像是一個非法的派別組織。另外，托洛茨基後來聲稱——聽起來像真的似的——當時斯大林的手下散佈謠言說，他們的頭領正打算與托洛茨基和解，甚至在1925年3月派了幾名使者去阿布哈茲找他。(搭載那幾名使者的飛機墜毀了。)「斯大林並不是亂了方寸，」托洛茨基寫道，「他只是想在『托洛茨基分子』中引起幻想，在季諾維也夫分子中引起恐慌。」[234] 想來最後一擊嗎？後來，當季諾維也夫及其在列寧格勒黨組織中的支持者強烈要求取消托洛茨基政治局委員和中央委員的資格甚至黨籍的時候，斯大林在他們的攻擊面前為托洛茨基**作辯護**。[235] 至於布哈林，他在撕咬過托洛茨基之後，便開始利用自己流暢的文筆，幹勁十足地向加米涅夫和季諾維也夫發起兇狠的攻擊。完全處於斯大林庇護下的布哈林，成了正在形成的二頭同盟中的另一半。

「發財吧」

565 使新經濟政策發揮作用的不是布哈林這位意識形態理論家，而是格里戈里·索柯里尼柯夫這位財政人民委員。索柯里尼柯夫沒有擺出布爾什維克身穿皮衣的典型姿態。「他是個外表有些柔弱的紳士，有一張印度王公似的臉，」他的妻子加林娜·謝列布利亞科娃(Galina Serebryakova)寫道，「他那優雅的姿態，純潔高貴的面龐，直挺高傲的鼻子，橢圓形的黑眼睛，高挑的身材，輪廓鮮明的嘴唇和漂亮的耳朵——他的風度舉止就像一個發育良好、身體強健的英國貴族。」[236] 但索柯里尼柯夫其實很強硬。他雷厲風行，提高黨務官員的工資，並且取消紅包(「獎金」)、特殊食品袋、特殊的時裝工作室、國家提供的別墅、個人小汽車等其他所有待遇。這些額外的好處哪怕是漲工資也很難取消，但索柯里尼柯夫在竭力防止黨務官員利用國家預算中飽私囊的同時，自己就過着他所倡導的生活。「他不會接受不認識的人的禮物，下屬的東西也堅決不要。」他的妻子強調說，「他為蘇維埃政權節約每一個戈比，他不但不花給他在國外出差的錢，而且一般情況下會把很大部分預支的錢又還回去。」他在國外出差的時候總是坐三等座，住最便宜的旅館。[237]

索柯里尼柯夫從戰後歐洲的資本主義經驗中為蘇聯吸取了教訓。例如，在1924年7月的一次講話中，他認為在法國和德國，「資產階級」利用通貨膨脹，犧牲工人和農民的利益支持**私有**工業。他相信國有工業更好，但仍然警告，國有工業的**利益**有可能與「作為一種政治組織的國家」的利益發生衝突。換句話說，如果國有工業自主行事，造成的通貨膨脹的代價就要由農民來承擔，因為他們是不可能讓自己的資金快速周轉的，結果只能眼睜睜地看着資金貶值。索柯里尼柯夫還根據歐洲的通貨膨脹推斷，由於缺少穩定的貨幣，蘇維埃國家可能會陷入政治危機，就像法國所發生的那樣，更別說魏瑪德國了。索柯里尼柯夫得出結論，儘管蘇維埃國家**試圖**利用通貨膨脹來支持工業，可它會像歐洲「資產階級」那樣，不得不放棄這種打算。[238] 但許多共產黨人依然不相信在社會主義條件下黃金可以保值，不相信蘇聯需要積累資本主義國家的貨幣作為儲備，儘管他們對於黨控制着「制高點」(重工業、鐵路、對外貿易) 的事實頗感欣慰。[239] 蘇聯工業部門的托拉斯連支付拖欠的工資都很困難，更談不上投資未來。「蘇聯存在非常大的資金缺口，」1924年12月，英國外交部門的一份秘密報告說，「工廠急需更新設備，但哪裏有資源可以支付這些設備的費用呢？」[240]

566

1925年的工業平均產量不到1913年的一半，索柯里尼柯夫在蘇聯工業游說團體中的對手們驚呼，他正在扼殺國家建設社會主義的「物質基礎」。最突出的是，左派經濟學家葉夫根尼·普列奧布拉任斯基提交了一篇系統考察的論文，標題是〈社會主義積累的基本規律〉。它根據馬克思關於資本主義原始積累的思想，主張存在一個強制「徵收剩餘產品」的階段，也就是以低價大量抽取農村和手工業勞動的資源。[241] 但索柯里尼柯夫的貨幣改革和嚴格控制預算的做法收到了回報——到1924年，貨幣稅取代實物稅，經濟重新貨幣化——可是在國有工業中，成本上升，勞動生產率卻沒有提高。同時，管理不善和浪費的現象非常突出。國有托拉斯在很大程度上不受市場規律的約束：那些經營狀況較好的，分配到的預算反而少，差的卻可以得到緊急財政撥款從而免於破產。[242] 索柯里尼柯夫的猶豫是完全有道理的。他著書立說，堅持認為蘇聯制度的特點是「國家資本主義」，認為要在過渡時期維護無產階級利益，就必須採取資本主義的方法，認為國家要想振興經濟，就只有與世界經濟重新結合起來。[243]

但是，導致索柯里尼柯夫受挫的原因在於1924年的收成很差，而且有些地區的饑荒沒有結束。為了獲得外匯而出口糧食的做法在那個饑餓的夏天完全中止了。[244] 政府首腦阿列克謝·李可夫和奧格伯烏的亞戈達在記者的陪同下巡視了伏爾加河流域。(「亞戈達同志，」蘇聯記者米哈伊爾·柯爾佐夫(Mikhail Koltsov)說，「您有沒有想過，要是沒有角，您看上去就不像是您了？」包括亞戈達在內的所有人都大笑起來。)李可夫在自己的家鄉薩拉托夫市中心的廣場對一大群人發表了講話——12年前，在舊制度統治的時候，他在參加五一示威活動時在廣場上挨過打。「就是這些石頭曾經被我們的鮮血染紅了，」他說，「在那些日子裏，我們夢想着一個擺脫沙皇制度的禍害而獲得拯救的俄羅斯。這個夢想現在實現了。但是，摧毀專制制度只是我們任務的一部分。567 我們現在的目標是建設一個真正自由的社會主義俄羅斯。」廣場上爆發出熱烈的掌聲。但是當李可夫來到農村的時候，農民問他：「甚麼人算是富農？會不會一個農民(*muzhik*)擁有一匹馬、一頭牛和幾隻家禽就算是？」李可夫想要安撫那些農民，但卻回答說：「如果我們讓富農日子好過，我們很快就會回到舊社會——每個村子都有少數富有的農民，其他的都是窮人。你們想要那些剝削分子嗎？」[245] 當然，李可夫十分清楚，危險在於治理上的無能和腐敗。[246] 但是，報告都在聲稱富農已經奪取了合作社和農村蘇維埃的控制權，在這種情況下，黨內有關農業政策的爭論都集中在階級劃分問題上。[247]

與沙皇時代一樣，國家不可能向下一直「看」到實行自治的農村。農民革命強化了村社的力量，並讓「土地社」獲得新生，而「土地社」在政權的眼中是落後時代的殘餘。在村社制度下，牲畜雖然常常是群體放牧，但一般來說都是個體擁有的(按家庭計算)，而且土地也是由各家各戶而不是集體耕種的(除了草地上一些割草的活兒)。但作為集體，村社授予土地使用權，並給各家各戶劃撥若干塊大小和位置各異的條田，那些條田要根據家庭人口數量變化等因素定期重分。用施肥等辦法來改進自己分到的條田的地力沒有甚麼意義，因為它們會被重新分配。在黑土地區，每戶家庭的條田數量一般在20至30塊；在非黑土地區是50至80塊。有些條田很窄，只有7至15英尺寬，長度只有70英尺。它們會在10英里* 外甚至更遠的地方，所以有時候農民就把田地撂荒了。有些耕

---

* 編註：寬約2.1至4.6米，長約21.3米，10英里約16公里。

地因為沒有路可以進去而被浪費了，重新分配又可能耗費時間，需要在原來的位置丈量，需要召集情況難料的會議。蘇維埃立法機關因為重新分配的效率低下而試圖對其加以限制，但是把村社置於農村蘇維埃領導下的努力常常是失敗的。村社有自己的收入，因為它們收稅，而農村的蘇維埃需要上面的補貼（並把經費用於支付行政人員的工資）。[248] 就像斯托雷平時期一樣，農民可以退出村社，同時在西北部地區、烏克蘭或白俄羅斯，佔支配地位的是一些私有農莊而不是村社，可是在那裏，黨和蘇維埃也都只是偶爾出現。1924年，黨的理論雜誌用挖苦的語氣稱新經濟政策不但是「富農傾向」，還是新的「斯托雷平—蘇維埃」政策。[249]

索柯里尼柯夫堅持認為，與「富農危險」作鬥爭的主要手段只能是經濟的，比如說累進稅，但布爾什維克需要更多的糧食，而且馬上就要。無奈之下，政治局只好同意動用寶貴的硬通貨去進口糧食。儘管如此，有幾個省的農民，包括李可夫視察過的伏爾加河流域的農民，直到1925年還在吃替代糧。牲畜的數量在增加，消費也在上升，播種面積最終達到了1913年的水平，但畝產量低了不少，糧食的總交易量似乎也在下降。[250] 農產品價格急劇上漲，每普特（*pud*，36磅*）黑麥從102戈比漲到206戈比，有報告說富農因為預計價格還會繼續上漲而大量收購和囤積糧食。《真理報》指責私人資本「擾亂」了國內的糧食市場。[251] 政權不得不花費更多的預算收入，給國營工廠工人支付更高的工資，好讓他們可以買到麵包。與此同時，糧食進口對索柯里尼柯夫的強勢貨幣和預算紀律構成了威脅：糧食進口會讓國家重新陷入貿易赤字。很多問題，比如氣候惡劣、治理不善、政策失誤，都被歸咎於農業的「落後」。

568

斯大林的態度就是像列寧那樣，把靈活的策略與毫不動搖的核心信念結合起來。他嚴格按照已故的列寧關於新經濟政策的教導，敦促黨的官員要爭取除富農之外的其他農民的信任。他還斷定，如果採取資本主義的發展道路，那會讓蘇聯農民陷入貧困，並製造出一個由工資的奴隸組成的下層社會，被迫在大莊園裏勞作；他斷定私商會欺詐農民，

---

* 編註：約16千克。

所以強調要讓大多數農民加入農業和供銷合作社，而這也符合列寧對於新經濟政策的看法。[252] 但是在1924年11月7日，即革命七週年紀念日那天，斯大林參觀了莫斯科狄納莫工廠，讓人稍稍看到了他更深層的思維方式。「我對『狄納莫』工廠的工人和全俄國的工人的希望是，」他在參觀者的留言簿中寫道，「使我國工業向前發展，使俄國無產者的人數在最近時期內增加到兩千萬至三千萬，使農村的集體經濟繁榮並使個體經濟接受它的影響……」* 斯大林那天的話作為左傾宣言，直到幾年後才公開。[253] 1925年1月，這次是一個公開場合，斯大林真的透露了他原本閉口不談的觀點。「〔農民〕就在我們的身邊，我們和他們生活在一起，和他們一起建設着新生活，好也罷，壞也罷，總是和他們在一起。」他在莫斯科黨組織的一次會議上說，「你們都知道，這個同盟者不十分堅強，農民這個同盟者不像資本主義發達的國家中的無產階級那樣可靠。」但斯大林也在一直指責托洛茨基低估了農民的力量，並在講話中稱「托洛茨基主義」的實質就是「不相信我國革命的力量，不相信工農同盟」，而工農同盟對於新經濟政策的成功，對於革命的最終勝利是必不可少的。[254]† 換句話說，對托洛茨基的抨擊變成了對新經濟政策的堅定支持。

569

這就是1925年4月召開黨的第十四次代表會議的背景，當時斯大林負責監督更加堅決地執行新經濟政策的租讓政策，他一面繼續按照索柯里尼柯夫的建議，保證財政紀律和貨幣穩定，同時也在遷就布哈林在農民問題上極力主張的調和立場。中央委員會削減了農業稅和農業機械的費用，擴大了租賃土地和僱傭勞動力的權利，增加了貸款項目，放鬆了對於小型貿易的限制。[255] 採取這些措施，是希望它們能夠帶來豐收，既可以讓國人吃飽肚子，又可以通過出口為高速工業化提供資金。[256]

斯大林喜歡展示其高超的領導技巧，尤其是因為高層中的其他人把他看作後生晚輩。比如說有一次，政治局討論把對外和對內貿易的兩個人民委員部合併起來並任命列寧從前的副手亞歷山大·瞿魯巴為唯一

---

* 譯註：《斯大林全集》第6卷，第278頁。

† 譯註：《斯大林全集》第7卷，第28、30頁。

的負責人，於是加米涅夫就找瞿魯巴談話。「他搖着手，臉色發白，顯然非常憤怒，我趕緊停止了對話」，放棄談話的加米涅夫寫信給斯大林說。但斯大林回信稱：「我也跟他談過了(他自己要求的)。表面上他反對把自己列為候選人，但眼中充滿笑意。我告訴他，由此看來，他很顯然是同意的。他沒做聲。我想他會同意的。」[257] 在國際政治經濟事務方面，斯大林也證明自己上手很快。蘇聯在資本主義的金融世界中運行，不管這個世界是好是壞，已經重新開始實行準金本位，建立了可兑換貨幣的儲備制度，但是在中央委員會裏，幾乎沒有人領會到這些問題的重要性。[258] 斯大林總是在發言中用自己特有的方式去解釋問題(一點，兩點，三點)。例如，在有關物價的講話中，他闡述了貿易利潤為甚麼仍然是起作用的，儘管這是社會主義貿易。他還強化了索柯里尼柯夫的觀點，認為在貨幣發行量與通貨膨脹之間存在着因果關係，並告誡說對於開支必須加以控制，而這就意味着長期的高失業率和低速經濟擴張，就像資本主義分子出於相同的原因所做的那樣。[259] 但是，在解釋對於新經濟政策的深化這方面，焦點人物是得到斯大林支持的布哈林。

1925年4月17日，在對莫斯科黨積極分子會議發表的一次令人難忘的演講中，布哈林嚴厲斥責了那些對農村不屑一顧的人，因為他們「不懂得我國工業取決於農民市場的道理，是最有害的事情」，那就是說取決於農民的需求和對製造品的購買力。但他感嘆，「富裕的上層農民和渴望成為富裕農民的中農，現在不敢積累。在這種情況下，農民不敢蓋鐵皮屋頂，因為怕被宣佈為富農；如果他買機器，他就不讓共產黨員看到。高級的技術變成了秘密的技術」。與此同時，貧農也有怨言，說蘇維埃政權阻撓他們去為殷實的農民幹活。(僱傭勞力的農民大多自己也勞動；他們並非靠收租生活的地主。)黨的態度是要保住生產，因為那是國家富裕和工業化的希望。布哈林認為集體農莊的想法行不通，因為農民是不會願意加入的。「我們的確應該在農民中採取各種辦法宣傳成立集體農莊，但要是以為農民群眾奔向社會主義的道路有捷徑可走，那就錯了」，他說。相反，答案在於從經濟的激勵措施中得到好處。「應當對全體農民，對農民的所有階層說：『發財吧，積累吧，發展自己的經濟吧，』」他對黨的積極分子說，「只有白癡才會說，我們永遠應當貧窮；

570

現在我們應當採取的政策，是要能在我國消除貧窮的政策。」[260*]

雖說布哈林的言論帶有他那種特有的煽動性，可他不過是在得出政權自身政策的邏輯結論：難道共產黨希望收成少一點？難道只為了不讓農民變成富農，就應該鼓勵他們生產得少一點？但是對於布哈林咄咄逼人的邏輯，有人怒不可遏。此外，就在這時，斯大林的「一國社會主義論」也開始受到猛烈抨擊，說斯大林的觀點是反對世界革命——少見的自嘗苦果。[261] 布哈林輕率的講話，再加上被有意歪曲的斯大林的文章，給新的二頭同盟的批評者提供了大好機會。1925年5月，季諾維也夫說，「在一個革命政黨身上所能發生的最糟糕的事情，就是喪失它的〔革命〕立場」。[262] 按照他對於列寧格勒的瞭解——那裏的工人一再舉行怠工和罷工活動——他敏銳地意識到，人們對於財富和特權的懸殊越來越感到不滿，在這種背景下，更加堅定地執行新經濟政策，將被視為而且實際上就是在把賭注押在富農身上。[263] 他認為布哈林的主張是在無意中為資本主義復辟張目，而這恰恰是流亡的批評者所預言的，當時他們說布爾什維克將被迫對資本主義作出更大的讓步。季諾維也夫後來說，14%的農民生產了60%的糧食，掙了5億盧布。[264] 1925年6月，斯大林在非公開場合表示，「『發財吧』不是我們的口號」，還說「我們的口號是社會主義的積累」。[265†] 布哈林只好公開聲明，而且是一次又一次地公開聲明，放棄自己發出的發家致富的號召，但反對派不依不饒。

571

關於新經濟政策的全部問題還是沒有得到解決。列寧本人就曾發出過警告，說「農民的布列斯特—里托夫斯克條約」有自作自受的危險，可能帶來資本主義復辟，可是，由於德國在西線的失敗，原來的布列斯特—里托夫斯克條約被推翻，那甚麼東西——如果說有的話——會推翻新經濟政策呢，這在當時還不清楚。退卻要持續多長時間？列寧的說法非常模糊（「認真地和長期地」、「若干年內長期實行的」、「至少需要十年」、「25年是太悲觀了」）。[266] 唯一清楚的是，當時並沒有打算讓新經濟政策永遠實行下去。再者，它是在導向社會主義，還是導向

---

* 譯註：《布哈林文選》（人民出版社，2014），第213–215頁。

† 譯註：《斯大林全集》第7卷，第128頁。

資本主義的全面復辟？新經濟政策又是在如何促進工業化的必備條件的呢？普列奧布拉任斯基之類的左派堅持認為，新經濟政策永遠不會產生可以為工業化提供資金的「剩餘產品」；所以，為甚麼還要對富農採取姑息的態度呢？[267] 斯大林本人在1925年5月的《真理報》上也寫道，「我們要有一千五百萬到兩千萬工業無產者」，而當時俄國只有差不多四百萬。[268*] 這是否可行？利用帝國主義分子之間的矛盾，聽上去不錯，可要是沒有現代的機器工業，社會主義怎麼生存？要是富農農莊受到打擊和遏制，那麼在資本主義包圍的條件下，小農經濟如何為國家的強大而服務？新經濟政策的俄國如何變成社會主義的俄國？與季諾維也夫的路線相反，斯大林在1925年5月黨的第十四次代表會議的總結報告中指出，「現在主要的問題完全不是挑起農村中的階級鬥爭」，同時還空泛地說，「工人階級的領導是使建設沿着社會主義道路前進的基本保障」。[269†]

警察機關的、黨的和新聞媒體的渠道在繼續報告農村存在嚴重的仇富心理，而對於針對官員的憤怒情緒基本上避而不談。[270] 政權把怒火發泄到被貶稱為「耐普曼」的私商頭上。絕大多數私商都是些小商小販，賣的是自家種的或製作的東西（或者是自己的財物），但奧格伯烏的特工會定期對巴扎進行突擊檢查。「那時候在可以允許的利潤與非法的投機之間有一條非常細微的界線，」有位目睹過抓人場面的人寫道——抓人被說成是撇去新經濟政策表面的雜質——「廚子知道怎樣撇去浮在魚湯上面的雜質，但我不能肯定耐普曼們全都明白他們屬於哪種，是泡沫還是魚。」[271] 少數耐普曼的確做得很大，用自己的財富開飯店、檯球室、浴室和娛樂設施，換句話說就是公共場所，人們可以在那兒交換消息、流言和想法，而且少數人還對重要的鐵路網施加影響，給收入不高的官員行賄。當時甚至還有一家私人航空公司，總部在烏克蘭，是國內僅有的三家航空公司之一，為哈爾科夫（首府）、羅斯托夫、敖德薩、基輔和莫斯科提供服務。[272] 但是，如果不和當局尤其是奧格伯烏合作——奧格伯烏在那些飯店徵用了上等的房間——那就沒有哪個耐普曼

572

---

* 譯註：《斯大林全集》第7卷，第112頁。

† 譯註：《斯大林全集》第7卷，第105頁。

可以出人頭地。[273] 除了說不清道不明的意識形態難題，蘇聯最大的挑戰既不是富農，也不是耐普曼，而是官員為了「發財」而敲詐勒索和大肆貪污的行為。[274]

拒不執行的遺囑

斯大林還有一件要操心的事情：列寧那該死的口授文件，托洛茨基的支持者把它稱為「遺囑」。有人把一份副本給了作家馬克斯·伊斯特曼，他認識一些俄國人，還娶了尼古拉(後來成了副司法人民委員)的妹妹葉蓮娜·克雷連柯(Yelena Krylenko)。1925年春，伊斯特曼出版了《列寧死後》，該書轉述了托洛茨基對於在斯大林領導下發生的官僚主義蛻變的分析，引用了所謂的列寧口授文件中的一些片段，並提到克魯普斯卡婭在列寧剛去世後給托洛茨基的那封讓人感到溫暖的私人信件。由於蘇聯駐法使節(某種形式的流放)克里斯季安·拉柯夫斯基讀過伊斯特曼的手稿，那個美國人就以為得到了托洛茨基的允許。那年5月在莫斯科，托洛茨基在試圖為自己辯解時，聲稱他已有超過一年半的時間沒跟伊斯特曼聯繫，也沒給過他任何機密文件。但「資產階級」報刊都在引用伊斯特曼書中的說法，該書也引起了身在國外的共產黨人的疑問。[275] 斯大林的機關把它譯成俄文，結果，斯大林在1925年6月17日寫了一封長信，引用了許多段落的具體內容，作為「誹謗」列寧和黨的證據，並要求托洛茨基撰文對那些內容予以批駁。第二天，政治局把托洛茨基召去，命令他公開譴責伊斯特曼的書。托洛茨基回應文章的初稿未能得到斯大林的通過，卻被共產國際特工和斯大林的心腹馬努伊爾斯基泄露出去，在法國發表了，目的是用更多的泄密事件抹黑托洛茨基。

573

對於托洛茨基最終拿出的文章，斯大林親自作了修改。[276] 托洛茨基的長篇聲明用英文刊登在《星期日工人報》上(7月19日)，然後又用俄文刊登在蘇聯黨的主要理論刊物上。「伊斯特曼的書裏有幾個地方談到中央對黨『隱瞞了』列寧在逝世前不久寫的許多極其重要的文件，」托洛茨基的文章說道，「這無非是對我們黨中央的污蔑。」托洛茨基的文章進而斷定，與伊斯特曼的說法相反，列寧原本就沒有打算公佈那些文件，它們只是提出了「組織內部建議」，甚至「弗拉基米爾·伊里奇沒有留下任何『遺囑』，無論就他對黨的關係來說，還是就黨本身的性質來說，都不可能有這種『遺囑』」。[277*] 托洛茨基的文章還說，列寧的文件並沒有被隱瞞，而是「由黨的第十三次代表大會作了最仔細的檢查」。[278] 托洛茨基最後說，伊斯特曼的「小書只能為共產主義和革命的最卑鄙的敵人服務，結果在客觀上充當了反革命的武器」。[279] 一直在冒着風險偷偷傳播「遺囑」的托洛茨基支持者們被弄得目瞪口呆。「他讓自己成了一個卑鄙小人」，有人在評論那篇托洛茨基署名的在他看來滿紙謊言的文章時說道。[280] 但政治局已經對這些說法作了表決，托洛茨基要服從黨的紀律。[281]

列寧的遺孀克魯普斯卡婭也被召去要求駁斥伊斯特曼的說法，她的看法發表在《星期日工人報》(1925年8月2日)以及黨的理論刊物上。[282]「就像列寧想要的那樣，所有參加代表大會的代表們都熟悉這些信件，」她的文章斷言，「把它們稱為『遺囑』是不對的，因為真正意義上的列寧遺囑要廣泛得多——包括他最後的那些文章以及有關黨和蘇維埃工作基礎的論述。」她指責「俄國共產黨的敵人正試圖利用『遺囑』抹黑現在的黨的領導人，抹黑黨本身」。對於伊斯特曼利用了她1924年1月寫給托洛茨基的私人信件的做法，她也表示不能接受：「那封信無論如何不應該像馬克斯·伊斯特曼那樣去解讀。從那封信中不能得出列寧把托洛茨基看作自己的副手這一結論。」[283] 至於斯大林作何反應，現在還看不到任何記錄。[284] 但要是他以為，自己敵人送來的這份大禮已經解決了「遺囑」問題，那他就錯了。這個問題永遠也不會結束。

574

伏羅希洛夫的高升

斯大林的地緣政治理論要以強大的紅軍為前提，但這個工具給政權招來了麻煩。早在升任人民委員之前，伏龍芝就領導過軍隊的一個委

---

* 譯註：《斯大林全集》第10卷(第150–151頁)所引托洛茨基〈關於伊斯特曼《列寧死後》一書〉與此處略有出入，譯文從英文原書。

員會，在1925年9月之前推動了一項改革，把現存的（並且是不充分的）地方民兵制度與和平時期的常備軍結合起來，改善生活條件和補給，增加軍隊中黨員和共青團輔助組織的數量。[285] 伏龍芝想用（他自己那樣的）紅軍指揮官把前沙皇軍官全部換掉，並希望通過快速的工業化徹底改變軍隊的物質基礎，因為令人痛心的是，西方的軍工生產已經取得了進步，而蘇軍的物質基礎還趕不上1916年（布魯西洛夫攻勢期間）。可是在新經濟政策的條件下，伏龍芝很難保住專門的軍工廠：紅軍軍事主義這個字眼非但不好聽，還費錢。[286] 與此同時，圍繞前沙皇軍官的陰謀沒有消停過，雖然他們的數量已從高峰時的75,000人（包括士官）減少到不足2,000人。[287] 前沙皇軍官在包括總參軍事學院在內的軍事院校佔據了主導地位，而紅軍中的黨員數量大概還不到6%。[288] 就連托洛茨基——最主要的就是因為他，才會把前沙皇軍官大量招進紅軍——也在1925年的文章中把前沙皇軍官區分為自覺選擇與白軍戰鬥的少數人以及「不堅定的、缺乏信仰的和膽怯的」多數人，後者站到了布爾什維主義一邊，但也有可能改變立場，回到另一邊。[289] 很難說在當時哪一種情況對軍隊的威脅更大，是簡陋的物質基礎還是多疑的階級政治。

奧格伯烏的報告把前沙皇軍官描寫成一個組織嚴密、擁有共同的價值觀、有能力採取集體行動並在等待時機的社會集團，而蘇聯開展的對外情報工作，目的幾乎都在於打入流亡分子的小圈子，尤其是那些帶有軍事性質的小圈子。[290] 奧格伯烏特別部在軍隊策劃了一個假的反蘇陰謀，利用為契卡工作的前白軍軍官挑事，揭發軍中的反蘇傾向；而在國外，奧格伯烏圍繞一個虛構的地下君主派「中心」，精心組織了一次代號為「托拉斯」（或辛迪加）的行動。據說這個「中心」聯合了從前的沙皇軍官、沙皇政府的高級官員以及被剝奪了財產的實業家，他們一面為布爾什維克政權服務，一面暗中策劃反對它。[291]「托拉斯」行動中的政府特工人員把一些真實的文件偷偷帶到國外，由此漸漸贏得了信任，使他們得以散佈有關紅軍現狀和計劃的假情報。[292] 就連對奧格伯烏的手法有所瞭解而心存疑慮的流亡者也想要相信，可以設法從不信神的、野蠻的布爾什維克手中把祖國奪回來。因此，他們總是幻想會有一個拿破侖式的人物來領導一場衞國運動，而他們提及最多的是米哈伊爾·圖哈

575

切夫斯基：出身高貴，野心勃勃，而且據說「處處模仿拿破侖，一直在讀他的傳記和歷史」。[293] 有流亡分子的出版物嘲笑圖哈切夫斯基，說他是「一個典型的冒險家，自戀、自負，只追求一樣東西：事業和權力」。該出版物承認他「有可能決心」去效仿那位屠殺過巴黎公社社員的法國將軍。無論如何，在喀琅施塔得對水兵和在坦波夫對農民，圖哈切夫斯基就是那麼幹的，共產黨人對他來說算得了甚麼？[294] 蘇聯情報機關通過多種渠道為這些異想天開的說法推波助瀾，說圖哈切夫斯基實際上不忠於布爾什維克政權，比如，由奧格伯烏贊助的柏林俄文雜誌《戰爭與和平》就把他吹捧為與外國情報機關有聯繫的反布爾什維克的民族主義救星。[295] 在國內，圖哈切夫斯基受到警察機關的嚴密監視。[296]

伏龍芝的健康狀況不佳也是一件令人擔憂的事情。1916年，他曾因潰瘍穿孔做過一次手術，可慢性炎症並未消除，而且醫生警告說，他的內臟器官已完全損壞，建議切除，那是當時知道的唯一辦法，但他只同意採取不太需要手術的治療手段。結果事情拖了好幾年，直到1925年夏天，當時他的內出血已相當嚴重；9月初，政治局批准了七週的假期。伏龍芝和妻子索菲婭一起動身前往雅爾塔，但在9月29日，他又回來住進了克里姆林宮醫院。至少有12位著名的內外科醫生給他做了兩輪檢查，一致認為需要進行外科手術。[297]「我現在覺得身體很好，別說是做手術，哪怕是考慮做手術都是可笑的，」10月26日，伏龍芝寫信給還在克里米亞的索菲婭說，「不過，兩次會診都決定要做手術。我個人對於這一決定感到滿意。就讓他們徹底弄清楚那裏是怎麼回事並做一次真正的治療吧。」[298] 兩天後，他被轉到國內設施最好的索爾達瓊科夫醫院，列寧也曾在那裏做過手術。第二天下午，以給列寧看過病的V. N. 羅扎諾夫醫生為首的團隊進行了手術。一天半後，1925年10月31日凌晨，伏龍芝去世。據報紙報道，他是死於麻醉導致的心臟衰竭。[299] 他當時使用的氯仿劑量過大，由此可能引發了重要器官的肌肉麻痹。[300] 11月3日，伏龍芝被埋葬在克里姆林宮宮牆附近。[301] 他成長的地方，吉爾吉斯的比什凱克，被更名為「伏龍芝市」。

576

有傳言說，是托洛茨基的人害死了這位無產階級的指揮官，以報復他搶走了托洛茨基的位置，而托洛茨基的手下也反過來把矛頭指向斯大林。[302] 除了這些不實的指控，布爾什維克容易生病的現象也成了日常的談資，當時有位神經精神病學家提交了一份可怕的報告，談到革命者普遍覺得疲憊不堪，身體每況愈下。[303] 前去就診的黨內高層，差不多有一半都是因為神經失調(患肺結核的要少很多，約佔四分之一)。[304] 兩位德國專家受邀給50名政要做檢查，從捷爾任斯基和明仁斯基開始，一直檢查到李可夫和斯大林。檢查的結果如何現在還不清楚，但內部的討論表明，包括托洛茨基在內，大家都接受了伏龍芝死於自然原因的事實，雖然如果得到更好的治療是有可能挽救他的生命的。[305] 對斯大林來說，伏龍芝的死亡又提供了一次機會。圖哈切夫斯基在一次尋常的談話中表示支持謝爾戈·奧爾忠尼啟則——此事當然得到了匯報——但一個不祥的預兆是，斯大林任命了自己的親密夥伴伏羅希洛夫。[306]

經歷過內戰中的起伏後，伏羅希洛夫寫信給斯大林，懇求他讓自己離開軍隊(「您要可憐可憐我」)，但斯大林未予理睬。[307] 1924年5月，斯大林把他提拔為莫斯科軍區司令，取代了托洛茨基的夥伴尼古拉·穆拉洛夫(Nikolai Muralov)。由於伏龍芝不在，伏羅希洛夫成了「無產階級」最高指揮官中排名第二的。季諾維也夫一派的米哈伊爾·拉舍維奇成了第一副陸海軍人民委員。[308] 圖哈切夫斯基成了所謂軍隊大腦的總參謀部首腦，也是伏羅希洛夫有力的競爭對手，於是，伏羅希洛夫便開始限制總參謀長的權力，把軍事情報機關劃出他的職權範圍。圖哈切夫斯基作了言辭激烈的書面申訴，但伏羅希洛夫不為所動。[309] 伏羅希洛夫對托洛茨基的鄙視很可能無人能及，哪怕是斯大林本人也比不上，但伏羅希洛夫與圖哈切夫斯基的不和後來達到了戲劇性的程度。577 這加強了斯大林的控制力，但對於提升戰鬥力沒有任何好處。「紅軍的處境非常困難，」圖哈切夫斯基報告說，「要是敵人瞭解到這種情況，他們或許會想做點甚麼。」[310]

捷爾任斯基的困惑

加米涅夫和斯大林的關係很近，可是卻加入了季諾維也夫的列寧格勒反對派，結果從1925年9月開始，報刊甚至黨的會議的「速記」記錄上，就見不到他的講話了。[311] 與列寧格勒的季諾維也夫不同，加米涅夫沒有任何政治機器和出版社，但他詭計多端，設法拉攏了財政人民委員索柯里尼柯夫，抗議斯大林和布哈林的二頭同盟領導。他們和克魯普斯卡婭一起拿出了一份〈四人綱領〉，沒有公佈但發給了中央委員會和中央監察委員會的委員們，在10月3至10日的全會上進行了討論。[312] 索柯里尼柯夫與其他署名者不同，他支持新經濟政策對農民採取的安撫政策，但反對壓制黨內爭論，反對恃強淩弱。狡猾的加米涅夫甚至還想拉攏奧格伯烏的負責人捷爾任斯基，而且並不是沒有效果：10月5日的夜裏，捷爾任斯基給斯大林以及奧爾忠尼啟則送去一封低聲下氣的信(但最後沒有給克魯普斯卡婭，這表明她可能在拉攏他的過程中也扮演了某種角色)。「我請求你們在列寧主義派的會議上說一說我下面的這封信」，捷爾任斯基以這句話開頭，揭發了季諾維也夫和加米涅夫的「陰謀」，一次「在我們黨內的新的喀琅施塔得暴動」。他指出這起陰謀特別令人震驚，因為「大多數農民雖說不反對我們，可也不支持——我們還沒有把農民組織起來站到我們一邊」。在解釋了黨內的分裂會給敵人敞開大門並使得熱月不可避免之後，捷爾任斯基坦白說，自己糊裏糊塗地也參與了這起陰謀。「我不是政治家，我找不到解決問題的辦法，也提不出甚麼辦法，也許在審判我的時候，你們會找到一點解決問題的辦法。但我要離開這個〔反對〕派，繼續做一個列寧主義者，因為我不希望捲入分裂，分裂會把黨帶向死亡。」預計會被解除職務的捷爾任斯基表示，無論交給他甚麼工作，他都願意接受。[313]

斯大林肯定想知道，在奧格伯烏，還有誰有可能已經被拉到反對派一邊。捷爾任斯基作為政治警察的首腦，作為一個擁有很高聲望因而不會被輕易調開的人，佔據的位置舉足輕重。斯大林當然沒有提出要解除他的職務；要是把他們之間的裂痕公之於眾，那會帶來毀滅性的後果。　578

捷爾任斯基過去是個堅定的左派共產黨人，他在自己的盧比揚卡辦公室懸掛着德國左翼的波蘭裔烈士羅莎·盧森堡的肖像，但同時兼任最高國民經濟委員會主席的實際工作經歷——在他的最高國民經濟委員會裏聘用了一大批「資產階級」經濟學家——又讓他成了新經濟政策的堅定捍衛者。[314] 早在1923年，他就公開指責「層出不窮的新機關、形形色色的醜陋的官僚作風、堆積如山的文件和無數敷衍了事的文員、搶佔大樓和設施、汽車氾濫」，以及他稱之為「合法的供養制（*kormlenie*）」的現象，即工作人員像在古莫斯科大公國一樣，寄生於他們本該服務的那些人。[315] 他預言不可一世的官僚機構和中飽私囊會使蘇維埃制度破產，卻也想不出甚麼切實可行的辦法。[316] 斯大林在給莫洛托夫的機密信件中稱捷爾任斯基為「費利克斯」（當時他對其他所有人都是稱呼姓氏），他知道捷爾任斯基的工作負擔很重而且心臟不好。捷爾任斯基第一次心臟病發作是在1924年底，醫生要他限制自己的工作時間，可他沒當回事。[317] 1925年夏天，捷爾任斯基曾經要求辭職。[318] 當時斯大林已經動身前往索契，但仍然給他寫了信（1925年7月25日）——「我懇求您別那樣」——並要他保持耐心。[319] 同一天，斯大林寫信給布哈林：「捷爾任斯基十分不安，他快淹死了。事情會過去的。」[320] 1925年8月，當托夫斯圖哈打電報給斯大林，問正打算到南方度假的捷爾任斯基可否到索契去看他時，斯大林回答說：「我很樂意接待休假的捷爾任斯基和他的朋友們。斯大林。」[321] 此後不久，加米涅夫就開始同捷爾任斯基接觸，因為他發現奧格伯烏對經濟政策的不滿。

雖然捷爾任斯基很快就背離了加米涅夫和季諾維也夫，但反對派並沒有收手，而是在對抗性的黨的地區代表會議上發起了進攻，包括莫斯科黨組織的一次代表會議，那是在1925年12月5日召開的（一直開到13日），還有列寧格勒黨組織的一次代表會議，開始和結束都要早些。在列寧格勒，代表們猛烈指責布哈林及其「發財吧！」的口號；在莫斯科，布哈林大肆嘲諷季諾維也夫及其支持者，說他們是「歇斯底里的小姐」，並強行通過一項決議，譴責列寧格勒黨組織的「反黨」行為。[322] 除了因為新經濟政策似乎有支持富農的傾向而產生的政策爭論外，列寧格勒黨還在力爭維護它的自主權。但就像孟什維克流亡分子的報紙所指出的，新反對派把一些相互矛盾的傾向都混合在一起。[323] 索柯里尼柯夫在演講中讚美市場關係，認為它不同於資本主義，讚美有教養的農民，認為他們不同於富農。這種說法的言外之意是市場與社會主義是可以兼容的，至少在農村是可以的。不過，索柯里尼柯夫也明確指出，新經濟政策的根本難題在於：「我們先鼓勵中農上升到一定程度，然後我

579

們就開始掐死他們。」換言之，政治限制了經濟增長。另一名發言者、《農民報》的創始人兼主編雅科夫．雅科夫列夫（Yakov Yakovlev），乾脆建議政權應該允許農民把自己耕種的土地變成私有財產，可以買賣和繼承。他認為，合法的所有權，而不僅僅是使用權，可以提高產量，因為那樣一來，農民就可以把辛苦勞動的果實傳給他們的兒女。[324]

至於捷爾任斯基，他在12月12日給斯大林送去了一封長信，列舉了經濟方面的種種難題，表示自己沒有能力把這些處理好，並強調自己身體不好、神經緊張，要求允許自己辭去最高國民經濟委員會的職務：「要是弗拉基米爾．伊里奇還活着，他肯定會尊重我的要求。」[325] 斯大林再次拒絕了捷爾任斯基的要求。但他也發現，1925年底的某個時候，隨着黨的第十四次代表大會召開在即，一些重要人物開始出入於烏克蘭共產黨人彼得羅夫斯基的家中——捷爾任斯基沒有參加——商量由捷爾任斯基接替斯大林的總書記職務。[326] 但捷爾任斯基和大多數專政制度下的秘密警察首腦不一樣，他並不渴望最高權力。實際上，捷爾任斯基後來在第十四次代表大會上並沒有發言。

生日當天的彈劾

黨的第十四次代表大會被斯大林兩次延期，結果等到召開的時候（1925年12月18–31日），距離上次代表大會已經過去了一年半，這是到當時為止間隔時間最長的一次。列寧格勒代表團在12月14日就到了，他們分頭到工廠和市里各區的黨組織為自己的問題申辯。早在上一次代表大會——當時斯大林還在和季諾維也夫結盟——兩人就曾約定，下次代表大會在列寧格勒舉行，可是在1925年10月，斯大林在政治局的新的多數派宣告，這個約定「過時了」。代表大會召集了1,306名代表（其中有表決權的665名），代表108.8萬名黨員和候補黨員。從革命前算起，斯大林第一次作了主政治報告。但在開幕那天，季諾維也夫搶先在《列寧格勒真理報》上開了一炮。「他們與富農作鬥爭，但他們提出了『發財吧！』的口號，」他指責說，「他們宣佈實行新經濟政策的俄國是一個社會主義國家。」為了讓人以為是反對派在製造不和，斯大

580

林在講話中巧妙地避開了與季諾維也夫以及加米涅夫的分歧。果不其然，列寧格勒的代表們請求讓季諾維也夫作副報告。報告在第二天晚上進行，持續了四個小時，矛頭直指布哈林。[327] 短暫的休息過後，輪到布哈林發言，他喋喋不休地講了更長的時間。[328] 當時的氣氛火藥味很濃。代表反對派的克魯普斯卡婭沒有提到斯大林，但她指責布哈林的「發財吧！」不是社會主義口號，同時也責備代表們對季諾維也夫的起哄是「可恥的」。她舉了黨的1906年斯德哥爾摩代表大會的例子，孟什維克當時佔據了多數，意思是現在的季諾維也夫、加米涅夫和克魯普斯卡婭集團雖然屬於少數，但卻是真正的布爾什維克和列寧主義者。[329] 不過，在所有參加代表大會的人當中，引起轟動的卻是加米涅夫。他說話一向模稜兩可，但12月21日的發言卻措辭尖銳。[330] 那天剛好是斯大林的生日(按照官方的說法，他當時46歲)。

加米涅夫先是談了自己作為列寧研究院名義上的院長的職責——此舉意在表明自己在列寧主義上的發言資格——然後就把矛頭指向對列寧的新經濟政策所作的「玫瑰色的」描述。[331]「在許多會議上我都責備過斯大林同志，在這次的代表大會上我還要這樣做：『你並不是真的贊成這一〔支持新經濟政策的〕路線，但你維護它，而這就是你作為黨的領導人錯誤的地方，』」加米涅夫說，「『你是個堅決的人，但你不允許黨堅決地放棄這條路線，這條黨內大多數人都認為是錯誤的路線。』」他稱斯大林是「這條錯誤路線的囚徒，而這條錯誤路線的制定者和真正的代表是布哈林同志」。但加米涅夫所做的遠不只是把斯大林和布哈林拆分開來。

> 我們反對創立一種「領袖」理論，我們反對樹立一個「領袖」。我們反對認為書記處因為在實踐上把政策和組織工作結合起來，地位就應該高於最重要的政治機構，即政治局……我個人認為我們的總書記不是個有能力把在他周圍的各個老的布爾什維克機關統一起來的人……恰恰因為我已經跟斯大林同志說過多次，恰恰因為我已經跟列寧的一群老同志說過多次，我要在這兒，在代表大會上說：我得出的結論是，斯大林同志不可能履行把各個布爾什維克機關統一起來的職責。

581

在發出這些驚人之語的過程中，加米涅夫的講話一再被人打斷，譏諷聲幾乎震耳欲聾：

「不對！」「胡說。」「這就是他們在搞的名堂。」「斯大林！斯大林！」代表們站起來，向斯大林同志致敬。暴風雨般的掌聲……「斯大林同志萬歲。」經久不息的暴風雨般的掌聲。「烏拉」的歡呼聲。一片沸騰。

公佈的速記記錄繼續寫道：

葉夫多基莫夫從自己的座位上喊道：「俄國共產黨萬歲！烏拉！烏拉！」(代表們站起來高呼「烏拉！」喧鬧聲。暴風雨般的長時間的掌聲)(葉夫多基莫夫從自己的座位上喊道)「我們的黨中央萬歲！烏拉！」(代表們高喊「烏拉！」)「黨高於一切！理所當然！」(掌聲和喊聲，「烏拉！」)[332]

斯大林從未以這樣的方式過生日(後來也沒有)。

托姆斯基作了批駁性的發言：「某些同志在這裏的那些講話是荒謬的，他們想說，有人把權力都集中在自己手裏……這怎麼可能呢？」[333] 托姆斯基的問題的答案，有一部分就在於加米涅夫本人，斯大林一路上幾乎每一步都得到了他的支持。

斯大林的慶生活動還沒完：當天晚上，索柯里尼柯夫發表講話。斯大林完全倚仗他來支持新經濟政策。「加里亞和斯大林的關係……是友好的，」索柯里尼柯夫的妻子加林娜．謝列布利亞科娃後來回憶說——她在說起丈夫時用的是他真名(吉爾希〔Gersh〕)的昵稱，「我聽到他們經常用內部電話交談。在語氣上或相互關係上從來沒有任何緊張或不平等……在代表大會之前，據加里亞對我說，斯大林跟他碰過面，懇求他不要支持克魯普斯卡婭和克拉夫季婭．尼古拉耶娃(Klavdiya Nikolaeva)，不要提列寧『遺囑』和另選總書記。但加里亞是不會同意的。『你會後悔的，格里戈里』，斯大林警告他，在那天深夜還給他打了內部電話，要求得到他的支持以及發言時別提『遺囑』。」索柯里尼柯夫拒絕讓步。[334] 在代表大會上，他講了差不多一個小時，引用列寧的話反對布哈林，說蘇聯是「國家資本主義」，呼籲不要剝奪富農的財產而

582

要提高農業的水平，那樣才能有更多的糧食可供出口，才能有進口機械設備的資金，而進口的機械設備反過來又可以發展農業，從而形成良性循環，這是唯一符合實際的工業化道路。可索柯里尼柯夫雖然在經濟政策上支持以斯大林和布哈林為首的中央委員會的多數派，不同意反對派的主張；但是在反對派批評的缺乏黨內民主和斯大林權力高度集中的問題上，他卻支持反對派，反對中央委員會。[335]

公佈的速記記錄上只有索柯里尼柯夫講話的梗概，但未公佈的版本包含了細節內容。對於正式決議和黨的報刊上關於季諾維也夫和加米涅夫充滿偏見的描述，他說：「你們是從甚麼時候開始亂用這樣的罪名的？」索柯里尼柯夫的發言一再被人打斷——「把事實拿出來！」——但他並沒有停下來，而是繼續說道，他覺得沒有季諾維也夫和加米涅夫的政治局是不可想像的，並且要求由政治局而不是書記處來管理國家。他還說，斯大林作為總書記不該同時列席政治局會議。「無論是從個人還是政治的角度，我對斯大林同志都絕對沒有任何敵意，絕對沒有，」索柯里尼柯夫說，「我必須表明這一點，因為有人說我們之間的關係充滿了個人層面或者政治層面的敵意。不是這樣的，而且我毫不懷疑，斯大林同志的工作為全黨帶來的好處是最大的。」索柯里尼柯夫反對把討論更換總書記等同於政變。他說，事實上，「我們怎麼就不能在代表大會上討論任何一個省級黨組織都可以討論的問題，即誰將成為書記的問題呢？」索柯里尼柯夫最後質問說：要是「斯大林同志」想要享有「列寧同志享有的那種信任」，那就請「斯大林同志贏得那種信任吧！」[336]

大會剩下的大部分時間，主要討論了斯大林的權力問題，也就是它的範圍以及合法性問題。伏羅希洛夫說：「很顯然，要麼是天性，要麼是命運，讓斯大林同志能夠把問題講得比政治局的其他任何成員都好。斯大林同志是最重要的政治局委員，這我可以肯定。」[337] 季諾維也夫再次發言並搬出了「遺囑」。「當時大家很清楚，要是弗拉基米爾·伊里奇不在了，中央書記處就會獲得絕對的決定性地位，」他用山洞會議時送給斯大林的那幾封信中的語言說，「大家就想，我們可以怎麼做事……好讓我們達到眾所周知的力量平衡，不去犯大的政治錯誤……那時候，與斯大林同志的某種個人衝突，而且是相當尖銳的衝突，就顯露

583

出來了。」[338] 這讓斯大林有了一語雙關的機會：「我過去不知道我們黨內到如今還有『洞人』！」

一些馬屁精跳了出來，要求別再討論斯大林的個人專政。[339]「好了，關於書記處和總書記『無限的權力』，」中央機關中由斯大林任命負責監管報紙的部門領導謝爾蓋·古謝夫説，「看看經驗對此説了些甚麼。過去是否存在濫用這種權力的事情呢？證明一下哪怕是一件濫用這種權力的事實嘛。誰能舉出這種濫用權力的事實？我們這些出席政治局會議的中央監察委員會委員，有條不紊地監督着政治局書記處的工作，某種程度上也監督着總書記的工作。我們看到濫用這種『無限的權力』了嗎？沒有，我們沒有看到這種濫用權力的事情。」[340] 當一位來自列寧格勒的代表提出，檢舉揭發盛行，以至於「最親密的朋友之間都不能傾訴心中的想法」時，古謝夫反駁道：「列寧教導過我們，所有的黨員都應該是契卡人員，也就是説，都應該監督和檢舉揭發⋯⋯如果我們感到痛苦，那不是因為檢舉揭發，而是因為沒有檢舉揭發。」[341]

重大的政策議題也談到了。斯大林的報告提到，要與資本主義國家「和平共處」。這種説法是和政權本身一起出現的，有些人，比如副外交人民委員李維諾夫，認為它意味着要共同努力以防止任何戰爭，以為社會主義是所有人的和平，與他們不同，斯大林之所以主張「和平共處」，是因為國際衝突説到底是經濟衝突，他預計——實際上是希望——資本主義列強之間會發生衝突。大會決議提到的只是資產階級世界和無產階級世界之間的「一個『和平共處』時期」。[342*] 在此期間，為了進口機械設備和糧食，為了維持盧布的匯率，蘇聯正在大量輸出黃金，但這些都不是可持續的政策；斯大林扮演了兩個相反的角色，既贊成索柯里尼柯夫堅決主張的「貿易順差、控制工業化的速度和避免通貨膨脹的重要性」，也指責財政人民委員部想讓蘇聯在經濟上繼續依賴西方。[343] 對於布哈林大會報告的內容，斯大林作了糾正，並籠統地強調説，由於採用了機器，由於農民對集體化農業的「全面支持」，農業的技術改進

584

---

* 譯註：《斯大林全集》第7卷，第218頁。

就要開始了。斯大林的説法得到了大會的批准。[344] 大會還決定設法創建世界級的軍事工業。[345]

斯大林12月23日的總結發言非常有意思。他斷言季諾維也夫和加米涅夫「想要布哈林同志流血」，但「我們不會把那血給你們」。他繼續説道：「我們所以沒有同意季諾維也夫和加米涅夫的建議，是因為我們知道，割除政策對黨是很危險的，割除的方法，流血的方法——而他們正是要求流血——是危險的，是有傳染性的；今天割除一個人，明天割除另一個人，後天再割除第三個人——那在我們黨內還會留下甚麼人呢？(鼓掌)」[346*]

大會決議譴責列寧格勒代表團「企圖破壞我們列寧主義政黨的團結」。[347] 大會代表之所以支持斯大林，不僅因為他們由他任命以及他選區政客一般的作風，所以承認他有發號施令的權力，而且因為他們在各自的地盤有共同的敵人，即「反對派分子」(那是他們的競爭對手)，而斯大林主動出擊，幫助他們鞏固在地方上的權力。[348] 在選舉新的中央委員會時，反對加米涅夫的有217票，反對季諾維也夫的有224票，反對斯大林的有87票，反對布哈林的有83票。[349] 托洛茨基不在候選人名單上。後來他也沒再出席過黨的代表大會。他的一些支持者事先一直主張與季諾維也夫以及加米涅夫聯合起來反對斯大林——不管怎麼説，季諾維也夫和加米涅夫現在承認，「托洛茨基分子」一直都是正確的——但另外一些忠於托洛茨基的人堅決主張，和這兩人當中的任何一個都要保持距離。托洛茨基曾經秘密會見過季諾維也夫和加米涅夫，但沒有取得任何結果。[350] 有傳言説，斯大林為了徹底打敗季諾維也夫，在大會即將開始的時候曾經尋求托洛茨基派的幫助。[351] 即使真有那回事，那也不是因為斯大林需要托洛茨基幫忙，而是為了進一步離間反對派。在代表大會上，斯大林的心腹們(米高揚、雅羅斯拉夫斯基)稱讚托洛茨基與季諾維也夫及加米涅夫的鬥爭。至於托洛茨基，他在季諾維也夫重提列寧「遺囑」時甚麼也沒説。作為大會主席團成員，他甚至在有

* 譯註：這裏的引文與中文版的內容略有不同，參見《斯大林全集》第7卷，第317頁。

人直接對他説話時也是一言不發。在近兩個星期的會議中，他只介入過一次。最突出的是，在加米涅夫大膽地、無畏地譴責斯大林的個人專政時，托洛茨基沒有任何反應。「那種爆發絕對出乎我的意料，」托洛茨基後來寫道，「大會期間，我在不安地等待着，因為整個形勢已經發生了改變。對我來説完全看不清楚。」[352]

現在，一人當權

585

1926年1月，沒有做過政治局候補委員的伏羅希洛夫一下子成了正式委員，而且是斯大林統治時期絕無僅有的軍人出身的政治局委員。莫洛托夫和加里寧也被提拔為正式委員，這樣一來，有表決權的委員就增加到九個。加米涅夫被降為候補委員，和捷爾任斯基以及斯大林的三個門徒(魯祖塔克、彼得羅夫斯基、烏格拉諾夫)一樣了。斯大林解除了索柯里尼柯夫政治局候補委員和財政人民委員的職務。索柯里尼柯夫的妻子謝列布利亞科娃表示，「斯大林沒有完全斷絕與索柯里尼柯夫的關係。他們不太經常見面了」。[353] 在政治局會議上，索柯里尼柯夫收緊貨幣和增加黃金儲備的政策再次得到正式確認，但由於沒有了他與工業游説團體的堅決鬥爭，貨幣發行量似乎增加了很多。[354] 加米涅夫因為發表了言辭尖鋭的講話而被任命為貿易人民委員，儘管他本人強烈反對(「我不懂這個東西」，他寫信給中央説)。[355] 季諾維也夫在列寧格勒的機器是個更大的威脅，所以斯大林就派去了一個由莫洛托夫和伏羅希洛夫領導的擴大的調查組以及幾組共青團積極分子。在列寧格勒的大學和大型工廠中召開了幾次鬧哄哄的黨的會議。「昨天我在三角工廠，那是一個擁有2,200人的集體，」1月16日，由斯大林任命接管列寧格勒黨組織的謝爾蓋·基洛夫寫信對自己的密友奧爾忠尼啟則説(他用的還是印有阿塞拜疆黨組織抬頭的信箋)：「吵得很厲害，〔1917年〕10月以後我就沒見過。我沒想到黨員會議會開成那個樣子。有幾次差點真的動手。告訴你，我沒有誇大。」[356] 為了確保批判季諾維也夫的決議獲得通過，莫洛托夫威脅説：「婊子養的、工賊、反革命，我要滅了你們，我要把你們交給中央監察委員會。」[357]

基洛夫請求斯大林讓他回巴庫，但他是斯大林在列寧格勒不可或缺的人物。[358] 在那裏的第一年，基洛夫幾乎跑遍了列寧格勒的所有工廠——總共一百八十多間。由於理論底子薄，他就用簡單、直接的講話贏得人們的好感。「我頭一次發現基洛夫是個了不起的演説家」，有目擊者寫道。而且他還説，基洛夫的演講「並不特別深刻，但用了很多寓言、比喻、對照、俗語。我感到他講得很誠懇」。[359]

586

加米涅夫還在妄想斯大林一方會作出妥協。1926年3月18日，他在政治局會議上説：「在代表大會上，當我説斯大林不能把布爾什維克的總參謀部團結在他的周圍時，當代表大會亂哄哄地抗議這一説法並為斯大林起立鼓掌時，要是我説，我只是在重複伊里奇的話，那我本來是可以打斷這種掌聲的。」斯大林插話説：「那你為甚麼不説？」加米涅夫説：「因為我不想用這樣的辦法。」[360] 簡直想不到這就是在1904年給過斯大林一本俄文版馬基雅維利作品的那位布爾什維克。加米涅夫差不多和托洛茨基一樣，讓斯大林輕輕鬆鬆就打敗了，在這一點上，他們連季諾維也夫都不如。

為了進一步製造不和，就在斯大林控制的黨報連篇累牘地中傷托洛茨基的時候，他還和托洛茨基進行了一對一的會面。[361] 與此同時，加米涅夫也邀請托洛茨基到自己在克里姆林宮的家中與季諾維也夫一起召開私下的會議——那是三年來他們頭一次這樣聚會——並且奉承他説：「有您和季諾維也夫出現在同一份綱領中就夠了，黨會找到真正的中央的。」[362] 他們從模仿斯大林的口音和肢體動作中找到了共同語言，並互相寫了一些可以算是道歉的話。但有個托洛茨基的支持者在回首往事時反對説：「我們怎麼可能和圍捕並污蔑過我們的官僚分子坐在同一張桌上呢？他們可是糟蹋了黨的原則和思想的。」[363] 至於托洛茨基，他打點行裝，去柏林做了兩個月的治療——他出行時用的是假身份（刮掉了山羊鬍子）。[364] 多年之後，在提到1926年初的陰謀時，他引用一位支持者的話説：「既不要和斯大林在一起，也不要和季諾維也夫在一起；斯大林會騙人，季諾維也夫會逃跑。」[365]

斯大林親自前往獲得解放的列寧格勒，並在4月12日給當地黨組織作了一次關於最近召開的中央全會的報告。人稱恰金（Chagin）的記者彼得·博爾多夫金(Pyotr Boldovkin)被叫到基洛夫的住處,結果發現斯大林也在那裏。恰金在給出自己校對的斯大林講話的校樣後想要離開,但基洛夫和他的妻子瑪麗亞·馬庫斯(Maria Markus)請他留下來和其他人一起吃飯。據恰金回憶說,基洛夫說道:「『列寧不在了,事情當然很難,但我們有黨,有中央,有政治局,它們會帶領全國沿着列寧主義的道路前進』。斯大林在房間裏走來走去,說:『是的,的確是這樣——黨、中央、政治局。但是要想到,人民在這方面是不太理解的。俄國人民被沙皇統治了幾百年。俄國人民習慣了專制。幾百年來,俄國人民,尤其是俄國的農民,已經習慣了有一個領頭的人。所以現在也該有一個。』」[366]

危險的轉折

587

與德國的三年秘密軍事合作對於提升蘇聯武器生產的水平作用很小,但是為了再次取得突破,1926年春天,負責裝備的副陸海軍人民委員約瑟夫·溫什利赫特,一個會講德語的波蘭人,率領代表團訪問柏林,試圖把蘇聯境內的蘇德聯合生產擴大到很廣的範圍:坦克、重炮、機槍、精密光學儀器、野戰電話、無線電。[367] 但據蘇方的報告說,1926年3月30日,位於菩提樹下大街的蘇聯大使館召開的盛大招待會上——出席招待會的有德國總理、外交部長和陸軍總司令——德國政府似乎有點猶豫,想要「淡化他們的作用,只在德國的私人公司與蘇聯的各個組織之間充當中間人」。[368] 德國的私人公司則更願意出售武器,而不是幫助潛在的競爭對手製造武器。德國外交部官員赫伯特·馮·迪克森(Herbert von Dirksen)警告自己的政府,莫斯科把加強軍事合作視為「我們希望繼續與之交往的最有力的證據」。[369] 但是,雖然德國的統治集團對於英國會在多大程度上允許修訂凡爾賽條約已不抱多少希望,德國政府仍然不想與莫斯科達成有可能被視為反英的交易;同時,儘管莫斯科政權實行了新經濟政策,可骨子裏仍是不開明的,這在德國也引起了人們的反感。[370] 不過,德國也擔心在失去東方的同時卻沒有贏得西方的歡心,結果就有了一個折中方案:1926年4月24日的《蘇德中立和互不侵犯條約》，也稱為「柏林條約」，該條約肯定了早先的拉帕洛條約的內容：兩國保證要在一方遭到第三方的無端進攻時保持中立。這聽起來很像那麼回事，其實沒甚麼作用，實際上，它就是德國做出的保證，不給敵視蘇聯的其他國家過境權。[371] 只要德國對和西方恢復友好關係還抱有希望，蘇聯就只是達到這一目的的手段。[372]

斯大林把英國視為世界帝國主義秩序的支柱，但他並沒有排除與英國達成交易的可能性，只是全球的政治經濟形勢影響了已經重啟的貿易談判。歐洲的集體決定——按照第一次世界大戰前英鎊的金平價恢復金本位制——意味着恢復英鎊對美元的匯率(4.86美元)，那樣一來，英國出口商品的價格就提高了。貨幣價值的高估會造成國際收支赤字和黃金外流，進而抑制國內經濟的活躍度。批評者認為這是為了金本位而犧牲工業，但是讓英鎊貶值這個明顯的辦法，在倫敦的金融區看來無異於申請破產或對債權人的欺詐。財政大臣溫斯頓·丘吉爾(Winston Churchill)想不通英格蘭銀行行長為甚麼「對於英國擁有世界上最好的信用，同時又有125萬人失業這種奇觀十分滿意」，並聲稱自己「寧可看到金融界少一些得意而工業界多一些滿意」。[373] (這讓我們對於蘇聯國內的索柯里尼柯夫——有斯大林支持——與皮達可夫的工業游説團體之間的爭論有了更深的瞭解。) 金本位和財政緊縮對於英國礦業的打擊尤為嚴重。世界大戰阻礙了出口並讓其他國家有了發展本國煤炭工業的機會，同時，德國也在出口「免費」煤炭，以償還凡爾賽條約規定的債務，結果導致國際價格也在下跌，而這段時間英國因為煤層的過度開採，生產率正持續下滑。為了去掉過剩的產能，必須作出重大的結構調整，但礦工及其家屬或許佔到英國總人口的10%，而且他們的工資已經下降了。有些礦主準備妥協，其他的則一心想要廢除第一次世界大戰時制定的全國性的協商制度並強迫工人接受條件；保守黨政府最終與那些不肯讓步的礦主串通一氣，結果在1926年5月1日，約有100萬礦工被關在門外。英國礦工拿到了一手沒甚麼勝算的牌，他們決心鬥爭而不是和解。[374] 其他150多萬工人團結一致，在5月3日發動了英國歷史上的第一次(也是唯一的一次)總罷工，整個國民經濟一片混亂，包括食品的生產和分配。[375] 5月4日，政治局決定給英國工人提供資金援助，同時在報刊上發佈公告。[376] 季諾

588

維也夫在《真理報》上對英國發生的「偉大事件」表現出極大的熱情。[377] 但總罷工失敗了，礦工的罷工雖然又持續了幾個月，最後也以適當降低工資而告終。蘇聯陷入尷尬的境地，重啟談判以改善雙邊貿易的希望也面臨破滅的危險。

波蘭的事態發展構成了最直接的威脅。到1926年5月波蘭貨幣茲羅提崩潰為止，議會制的波蘭接連更換了不下14屆不同的內閣。[378] 蘇德柏林條約儘管低調，但華沙仍然憂心忡忡，害怕再次被強鄰瓜分。捷爾任斯基在5月初的度假結束後，準備到烏克蘭視察一個月。由於要離開，他指示留在莫斯科的亞戈達要盯緊那個微不足道的流亡分子、前臨時政府陸海軍部長亞歷山大·古契科夫。5月12日早晨，一介平民、已經卸任的波蘭元帥約瑟夫·皮爾蘇茨基也離開家，和忠於自己的部隊會合後一起向附近的華沙進軍。[379] 這位元帥想通過展示自己的實力和巨大的聲望，迫使總統解散剛剛成立一個星期的中間偏右的政府；但總統沒有這樣做，而是趕到通往華沙的橋上攔住了皮爾蘇茨基。原本打算不流血的政變演變成了一場小規模的衝突。底氣不足的皮爾蘇茨基交了好運：5月13日，政府軍司令沒有乘勝追擊，而是坐等援兵，結果釀成大錯，讓皮爾蘇茨基從前在社會黨內的夥伴——不是他所仰仗的軍隊——與鐵路工人合謀，護送忠於皮爾蘇茨基的援軍通過，並阻止忠於右翼政府的部隊到來。5月14日，總統和總理下台。皮爾蘇茨基過去對於政變的想法不屑一顧。5月27日發表的評論指出，幾年前他對記者說過，「要是我違反法律，我就是在為各種各樣的冒險家打開政變和暴動的大門」。[380] 現在他再次成了波蘭的主人。波蘭議會把他選為總統，但他拒絕了，他以總司令和陸海軍部長的身份進行統治。在波蘭由半民主制變成溫和的專政制度時，新聞界以及各政黨和工會都選擇了容忍。

英國政府沒有參與政變，但對此基本持歡迎態度。[381] 已經很緊張的蘇波關係變得更加緊張了。[382] 圖哈切夫斯基和亞歷山大·葉戈羅夫分別被派到明斯克和哈爾科夫，以防皮爾蘇茨基像幾年前那樣突然揮師東進，與此同時，蘇聯的新聞機構塔斯社則否認紅軍部隊在向波蘭邊境大規模集結的傳言，認為那是波蘭人典型的挑釁言論。[383] 那位元帥向蘇聯駐華沙的使節強調，要是俄國人以為他想發動戰爭，那一定是把他當成了蠢貨，因為波蘭從戰爭中不會得到任何東西。[384] 這説的是實話，波蘭的確不太可能扮演一個重要的歐洲國家的角色，它夾在德、蘇這兩個懷有敵意的國家之間，與立陶宛不和，看不起捷克斯洛伐克，哪怕是對盟友法國的態度也很冷淡，歧視自己國內人數眾多的烏克蘭人和白俄羅斯人，同時又對蘇聯境內的烏克蘭和白俄羅斯抱有領土野心。但是，外交人民委員契切林認為，皮爾蘇茨基「不可預測」。大羅馬尼亞也讓人頭疼，因為在世界大戰之後，隨着許多少數民族的加入，羅馬尼亞的國家方案變得激進起來。它的法西斯運動聲勢浩大，僅次於意大利和德國而排名第三，而在它的反城市和反猶太人的民族主義意識形態中，也夾雜着反布爾什維主義的成分。[385] 羅馬尼亞甚至拒絕在外交上承認蘇聯。誠然，羅馬尼亞只是一個1,700萬人的農民國家，而波蘭是一個3,200萬人的農民國家。但它們在1926年簽訂了互助條約，這兩個對蘇聯抱有刻骨仇恨的國家的聯合，以及與法國結為同盟——或是受到其他更為詭秘的帝國主義陰謀的慫恿——讓莫斯科如坐針氈。

590

斯大林還要擔心東方暴露的側翼。日本在1925年同意，在繼續佔有薩哈林島南部並延長薩哈林島北部的租借期用於石油和煤炭開採的同時，在外交上承認蘇聯並讓出薩哈林島的北部，而蘇聯則承認日本在滿洲的霸權。[386] 但曠日持久的漁業公約談判和木材特許權談判，反映出雙方從根本上來説缺乏禮讓，而且在莫斯科，幾乎沒有人懷疑，一旦蘇聯在國際上遇到困難，日本就會乘人之危。在蘇聯的遠東地區，到1926年，朝鮮族——其祖國被日本帝國吞併——人口幾乎翻了三倍，差不多有17萬，在蘇聯具有重要戰略價值的符拉迪沃斯托克地區，他們佔到總人口的四分之一。[387] 蘇聯人知道，日本人在他們境內的這個龐大的東亞人口中培養了間諜。斯大林允許設立一個朝鮮民族區域和幾十個設有朝鮮語學校的朝鮮民族城市，但布爾什維克政權也開始討論，要把這些集中居住的朝鮮人趕到遠離邊境的地方——這表明他們缺乏安全感。[388] 在蘇聯的歐洲部分，據估計波蘭族人口數量在250萬至400萬之間，而在他們之中許多人心懷不滿，其中至少有一些被認為與波蘭情報機關合作。[389] 另外，在與芬蘭接壤的邊境，蘇聯一側有芬蘭族人。蘇聯並不是唯一懷疑自己國內的少數民族居民與國境線對面的同族人有勾結的國家，但蘇聯的邊境極為廣闊。[390]

對於政權，特別是對於斯大林來說，列寧的去世也就是列寧的復活。托洛茨基的政治地位顯然要有列寧在身邊才有保障。[391] 但是，哪怕托洛茨基再善於搞政治，他的經歷(曾經的孟什維克派和知識分子)、他的個性(孤高)以及他的職務(陸海軍人民委員)，也讓他幾乎沒有可能成為列寧的接班人，特別是他還有個很難對付的競爭對手。當然，在托洛茨基看來，斯大林是「厭倦的激進派、官僚、耐普曼、富農、暴發戶、卑鄙的人，從施了肥的革命的反過來的土壤中爬出來的一切蟲豸」* 招來的畸形人物。[392] 當然，斯大林恰好也這樣描述自己的宿敵。即使沒有托洛茨基，斯大林也要虛構出一個托洛茨基。或者更準確地說，斯大林虛構出了他所需要的那個托洛茨基，這是一項只有在事後看來才顯得簡單的任務。斯大林是在意識形態層面打敗托洛茨基的，而在這方面，這位格魯吉亞人看似不堪一擊，實際上卻非常強大。他所宣傳的那種通俗易懂的列寧主義是有效的，這也讓他扮演了擔保人的角色，雖然他在這方面的剽竊顯得肆無忌憚。斯大林自然是集中並且巧妙利用了他在政府中的所有優勢條件，但他在學習上仍舊非常刻苦。「我要再說一說作為作家和演說家的斯大林為甚麼能夠打動人，這使他勝過了其他更老練的演說家和作家，」有位同時代的蘇聯文學評論家說道，「加米涅夫、季諾維也夫、布哈林，甚至托洛茨基，對於列寧著作的熟悉程度都比斯大林差遠了……和他們不同，斯大林研究列寧的文本，諳熟列寧發表的文字。如有需要，他可以毫不費力地去引用列寧的原話。」[393]

591

斯大林把自己擺在列寧「遺囑」執行人的位置上。本來，他可以像托洛茨基一樣作出不同的選擇，把自己與列寧相提並論。斯大林也很

---

* 編註：托洛茨基《斯大林評傳》(齊干譯，東方出版社，1998)，第551頁。

自負。但他選擇了一種更聰明的姿態，裝作十分謙卑的樣子，只把自己當作列寧的學生，而且很善於把這一點表現出來。[394] 說來也怪，斯大林還展示出比托洛茨基強得多的移情能力。後來，托洛茨基會惡毒地嘲笑作為官員和斯大林心腹的拉扎·卡岡諾維奇，他未能看到沒受過甚麼教育的卡岡諾維奇具有傑出的組織才能和洞察力。一度崇拜過托洛茨基的卡岡諾維奇是個非常敏銳的人，他認為托洛茨基在演講甚至組織方面(指的是內戰時期)都極有天賦，只可惜謀略不如斯大林。[395] 斯大林的確是個謀略家，能在突如其來的機會面前，比如在卡岡諾維奇之類憑藉自身努力爬上來的無數新人所帶來的巨大機會面前，通過巧妙應對而佔據上風。但斯大林最後成了一個充滿怨氣的勝利者，自憐，忿忿不平，覺得受了虧欠。許多學者把這樣的感受歸結為自卑，這樣說可能正確，也可能不正確。但可以肯定的是，他是在一種深刻的結構性的敵意中實行個人專政的：斯大林是一個似乎曾要求解除他職務的人的追隨者。這種受到圍攻的狀況與整個革命的形勢非常相似。

592

兩大資本主義集團的關係在洛迦諾的明顯好轉，以及新近獨立的波蘭、芬蘭、愛沙尼亞、拉脫維亞和立陶宛，擴大了的羅馬尼亞，還有日本，這些國家所擺出的敵對姿態，對斯大林在地緣政治上的想像——蘇聯能夠避免陷入在他看來必然發生並且會引發新的革命的下一場帝國主義內戰——提出了挑戰。近鄰的敵意，更別說還有新經濟政策的模糊的發展方向，讓斯大林憂心忡忡地迎來1926年夏天。而可惡的「遺囑」問題仍在繼續糾纏着他。

第十三章

勝利中的失敗

> 同志們！三年了，我一直要求你們解除我的總書記職務。全會每次都拒絕了我的要求⋯⋯我承認，儘管有列寧同志那封大家都知道的信，但還是有必要讓我留在總書記的位置上。但現在條件不同了。條件不同，是因為反對派被打垮了⋯⋯在我看來，現在是聽從列寧指示的時候了。因此我要求全會解除我的中央總書記職務。我向你們保證，同志們，這樣做對黨只會有好處。
>
> ——斯大林，中央委員會全會，1927年12月19日[1]

斯大林住在克里姆林宮的娛樂宮二樓。那是一棟不起眼的三層建築，緊挨着聖三一塔樓，曾經是波雅爾居住的地方，不久前還做過克里姆林宮衞戍司令的住處。斯大林的住所有六個房間，包括一間橢圓形的餐廳、兩間兒童臥室、一間主臥室，一間辦公室，以及一間小的電話室。斯大林住在主臥室，他的妻子娜捷施達·「娜佳」·阿利盧耶娃住在一間兒童臥室。五歲的瓦西里（「瓦夏」）和同年的阿爾喬姆——他的父親在內戰中死了——合住在另一間兒童臥室。斯大林的長子、當時19歲的雅科夫睡在餐廳。從娜佳房間的窗子可以看到外面的亞歷山大花園和庫塔菲婭塔樓，那是克里姆林宮唯一還保留吊橋的塔樓。[2]但總的來說，斯大林住得並不闊綽。不過也算是改善了，因為這是他家在克里姆林宮住過的第二處寓所，先前住在大克里姆林宮的附樓，那裏非常

594

嘈雜。[3] 在斯大林向列寧反映後，負責領導人警衛工作的阿布拉姆·別連基(Abram Belenky)建議斯大林搬到大克里姆林宮的房間。托洛茨基的妻子、博物館館長娜塔莉亞·謝多娃堅決反對，認為大克里姆林宮屬於博物館管轄的範圍。[4] 後來她心軟了，表示可以把博物館的幾間辦公室騰出來作為住房，但斯大林卻讓衛戍司令挪了地方。[5] 後來，別連基想討好斯大林，結果卻適得其反。「在搬到新住處的時候，中央執行委員會事務處有人——也許是格伯烏的別連基同志——擅自動用國家的錢為我的住處訂購了新家具，」斯大林反映説，「我明確表示過，舊家具完全可以滿足需要，這種任性的做法卻反着來。」他要求中央監察委員會負責人調查並處罰相關責任人，新買的家具要立即搬到倉庫或有需要的地方。[6] 斯大林誠心想住得簡單一點，可他周圍的人想拍馬屁，這讓政府的工作人員很難處理。

斯大林沒有承擔太多家長的責任。克里姆林宮的住處顯然太侷促了。莫斯科郊外祖巴洛沃兩層的哥特式別墅有5,000平方英尺，* 12個房間，但斯大林在星期天的時候並不經常去那裏，哪怕在夏天也是如此。他的寡母凱克·格拉澤仍然住在格魯吉亞，沒有到莫斯科來；娜佳和她保持着聯繫(「我們在莫斯科向您問好。我們生活得很好，身體全都很健康。孩子們在長大……」)。[7] 娜佳的父母謝爾蓋和奧爾加·阿利盧耶娃已經搬到列寧格勒。斯大林和已故的卡托·斯瓦尼澤的第一次婚姻的姻親們住在莫斯科，偶爾會看到他，至於見面的頻率還不清楚；他很少看到自己的妻子。斯大林的婚姻生活不太幸福。他似乎愛過娜佳，但有點漫不經心，哪怕是他確實在乎她的時候，對她也是經常惡聲惡氣，肆意謾罵，或者是更令人難以忍受的，根本不和她説話。[8] 她患上了偏頭痛，身體虛弱，還要忍受孤獨的折磨。「很顯然，我在莫斯科和誰都不相干，」1926年初，娜捷施達寫信給斯大林第一任妻子的弟媳瑪麗亞·斯瓦尼澤(Maria Svanidze)説——後者當時在柏林，正抱怨感到無聊，「有時候甚至很奇怪：這麼些年過去了，一個親密的朋友都沒

---

* 編註：約465平方米。

有，但很明顯，這是性格問題。奇怪的是，我感到和黨外的人更親近(當然是和女人)。這顯然是因為她們更單純。」娜捷施達對領導夫人的角色以及隨之而來的好處毫無興趣。相反，她擔心的是，如果不出去工作，她就不會被當回事，但與此同時，她希望能夠勝任所得到的任何職務。在寫信給斯瓦尼澤時，她正懷着他們的第二個孩子而且離生產不遠，所以她接着說，「非常遺憾，又一副家庭的枷鎖把我困住了」。[9]

1926年2月18日，女兒斯維特蘭娜(Svetlana)出生；嬰兒室就設在娜佳的房間。在斯大林留下的大量文件證據中，沒有任何有關他作何反應的記錄。他對孩子們可能非常關心，當他在家——通常是吃得很晚的午餐——和有空的時候，他會瞭解他們的情況，送書給他們，帶他們去劇院，用傳授人生經驗的方式管教他們。照料孩子和家庭的責任主要交給了服務人員的負責人卡羅利娜·季爾(Karolina Til)，她還要負責從克里姆林宮的食堂取回全家的飯菜。由於斯大林的家長作風和他作為領導人的地位，不管他以前有多愛娜佳，這個十幾歲就成了他妻子的女人並不是他現在想要的那種快活而恭順的女主人。至少有一回，娜佳帶着瓦西里和斯維特蘭娜跑回了列寧格勒的娘家。[10] 克里姆林宮的長舌婦們都說是**她**「拋棄了」斯大林。[11] 彷彿是命中注定，她又回來了。雅科夫的善良讓他和同父異母的弟弟妹妹們以及自己的繼母(只比他大六歲)關係很親近，他和娜佳一同承受着斯大林在家中的專橫與暴虐。[12] 雅科夫從一所機電高中畢業後並沒有進入大學，而是宣佈要和16歲的同學卓婭·古尼娜(Zoya Gunina)結婚，斯大林對此大發雷霆。在克里姆林宮娛樂宮斯大林家中的廚房裏，雅科夫趁沒人的時候用槍對準了自己的心臟，結果打偏了幾英寸，只是受了傷。斯大林寫信給娜佳，說雅科夫是「一個小無賴，敲詐勒索，他和我再沒有任何關係了，也不可能有任何關係了」。[13] 在斯大林的眼中，雅科夫的行為不是因為絕望，不是因為自己無情地反對他的婚事，而是想對自己施壓。不過，雅科夫還是和卓婭結了婚，娜佳讓夫婦倆住進了她父母的房子。卓婭後來生了個女兒，那也是斯大林的長孫女，但她因為肺炎夭折了。[14]

絕對的權力並沒有帶給斯大林絕對的歡樂。他為之欣喜，又因之自憐。他興奮的是自己成了關注的中心，成了決策者，成了列寧的繼承人，成了領導者，但所有人都知道，列寧在遺囑中要求解除他的職務，這讓他寢食難安。令人眩暈的滿足與折磨，長期的野心與眼前的重擔，權力所帶來的這些悖論都壓在他的身上。在完成黨的第十四次代表大會繁瑣的籌備工作以及其他許多事務後，他感到累了。「我在考慮休兩個星期的短假，我真的累了」，1926年2月1日，他寫信對梯弗利斯的奧爾忠尼啟則說。但是，不受約束的權力還在繼續圍困着斯大林：國家銀行主席、國家統計局的工作人員、中央消費合作社主席、鐵路部門、烏克蘭的官員、巴什基爾的官員、白俄羅斯的官員、達吉斯坦人、哈薩克斯坦人、布里亞特蒙古人、衛生人民委員、國營托拉斯的管理人員、這個那個地方黨組織的首腦、工人代表、工會工作人員、報紙編輯、大學校長、外交人員、大使、外國共產黨人、秘密警察、軍隊將領、青年組織家、為了令人失望的對德條約而進行的最後談判、婦女組織家、五一遊行和招待會、英國史上第一次總罷工等各方面的會議。但他最後還是逃跑了。「再過幾天我就到索契了」，5月16日，他再次寫信給奧爾忠尼啟則。「你打算怎麼度假，柯巴？」[15] 5月23日，斯大林抵達目的地。他幾乎是立刻就給留在莫斯科看家的莫洛托夫發了一封加密電報(5月24日，星期一)：「我在星期天晚上到了這裏。天氣很差……別連基告訴我說(1)托洛茨基早在星期三早晨就〔從柏林〕回到了莫斯科；(2)普列奧布拉任斯基在柏林時去看過他(秘密會面？)。有意思。」[16] 是的，就連度假的時候都這樣。

596

在擔任總書記後的大約四年時間，即便是遠離莫斯科，斯大林的個人統治也是牢固的。不過，要想保住自己的權力，仍需保持在政治局的多數地位。到1926年1月為止，該機構(有表決權的)成員的組成罕有變動：葉蓮娜·斯塔索娃只是在斯維爾德洛夫去世後，在1919年7至9月短期擔任過政治局委員；列寧在1921年免去了尼古拉·克列斯廷斯基的委員職務，讓季諾維也夫接替了他；布哈林在1924年接替了已經去世的列寧的位置。直到1926年，季諾維也夫和托洛茨基仍然是正式成員。但是在1926年1月，斯大林把加米涅夫降為(沒有表決權的)候補委員，同時把伏羅希洛夫、莫洛托夫和加里寧提拔為正式委員。在這個由九人組成的機構中，斯大林的有表決權的多數除了這三個人之外，還包括李可夫、布哈林和托姆斯基三人。身體不好的捷爾任斯基是五名候補委員之一，而候補委員還包括斯大林的幾個門徒：莫斯科黨組織負責人尼古拉·烏格拉諾夫，老廣場街的中央委員會書記揚·魯祖塔克，以及烏克蘭的政府官員彼得羅夫斯基——該國第十大城市葉卡捷琳諾斯拉夫就是為了表彰他而在1926年被更名為第聶伯羅彼得羅夫斯克。換句話說，許多斯大林的親信都得到了沒有表決權的委員職務。誠然，從1926年夏天開始，他還會讓政治局的人員構成變得對自己更加有利。但是他要等到1927年底最終召開黨的第十五次代表大會的時候，才會把季諾維也夫—托洛茨基反對派全部開除出黨並且在國內流放。險惡的政爭會在黨的一個又一個論壇上繼續下去，把斯大林身邊的人全部捲進去，也衝擊着斯大林的心靈。

此外，從1927年12月斯大林在政治上完勝反對派之後，他的政策就接二連三地遭遇慘敗。幾乎所有的問題都可以追溯到政權的力量之源：共產主義意識形態。布爾什維克的社會主義(反資本主義)讓作為突擊隊的積極分子們覺得有吸引力和意義，給黨內外成百上千萬的人提供了話語和世界觀，並實現了對公共領域的壟斷，但同樣是這種可以在政治上給人以力量的意識形態，對國際局勢或國內不穩定的準市場經濟卻沒有任何幫助。相反，這種意識形態讓那些難以克服的挑戰變得更加不易處理。奪權的結果，是要在十分有限的選擇空間中管理俄國在世界上的權力，使之在全然不同於國外列強及國內佔人口多數的農民的新維度上展開。個人動力強化了這種包圍意識：政治上取得的勝利只會激起斯大林證明自己的渴望。他不懂得甚麼是仁慈。對於被打敗的對手，他只表現出虛假的大度。忠誠的革命者，長期共事的老同志，因為質疑他個人的統治或政權的政策就成了所謂的叛徒。當然，這種妖魔化的做法是布爾什維主義所固有的，也和列寧的行為非常相似，可斯大林卻更進一步，把它用在共產黨人身上。黨內對手在被斯大林打敗之後，就成了陰謀殺害他並勾結外國勢力的所謂恐怖分子。

革命中遇到的問題激發了斯大林身上的多疑症，而斯大林又激發了革命所固有的多疑症。1926至1927年，由於事態的發展和反對派聲勢的逐漸增大，兩者相互刺激，越演越烈。然而斯大林周圍知道內情的人，似乎並沒有把他看作是有罪的暴君。當然，他們開始看出，這個人臉皮薄，愛記仇，但他們也看到了一個鍥而不捨又不知疲倦的、強硬而且老練的、駄馬一般的黨和事業的領導人，對於他的情緒和任性，他們希望以政治局作為主要的機制加以約束。可即便到了1927年12月，黨內是否有人真正看透他的性格，仍然是個問題。

598

遊覽高加索

斯大林剛到索契，聰明的阿納斯塔斯·米高揚就在5月26日找到他，後者30歲，是鄰近的北高加索地區黨的負責人。米高揚——他在信封上寫的收信人名字是「親愛的索索」，那是斯大林的母親用來稱呼兒子的昵稱——就是先前勸說斯大林到索契附近的馬采斯塔嘗試藥用硫磺浴的那個人，結果斯大林每年都要到南方度一次假。[17] 現在，米高揚勸說斯大林放鬆一下，到他的家鄉南高加索轉一轉。他們當天就乘列車從黑海海岸出發，前往梯弗利斯。斯大林隨身只帶了內衣和一把獵槍。「我先要痛快地玩一玩，然後再考慮健康和休養」，斯大林說。[18] 托夫斯圖哈在5月28日打電報說，在政治局的一次會議上，托洛茨基和莫洛托夫為了一份對外租讓合同弄得劍拔弩張，莫洛托夫覺得那份合同吃虧了；那是幾個月前托洛茨基簽的，但直到現在才公開細節。好吧，就讓莫洛托夫去和托洛茨基鬥吧。同一天，斯大林的一名隨行人員給托夫斯圖哈回話說，「主人的心情很好」。[19]

「主人」(*khoziain*)這個源於莊園領主的帶有家長專制色彩的稱呼，逐漸成了斯大林的外號，但是到了南方，在自己相識多年的老鄉面前，他還是那個復仇者柯巴。他和米高揚參觀了以礦泉水出名的博爾若米、庫塔伊西，甚至還有哥里。(對於他引起的騷動，我們只能想像了。)遊覽途中，斯大林接見了佩季·「彼得」·卡帕納澤，那是他從梯弗利斯神學院的時候就認識的一位老朋友，後來居然做了神父，他的照片一度掛在斯大林的牆上。[20] 在梯弗利斯，斯大林觀看了歌劇，還像他喜歡做的那樣，去後台問候了演員和導演。在格魯吉亞首府，他和米高揚住在奧爾忠尼啟則的住處，謝爾戈的哥哥康斯坦丁記得，斯大林在那裏唱了一首粗俗的格魯吉亞歌曲。[21] 斯大林喜歡跟他們在一起。只有他們共同的密友兼「名譽高加索同胞」基洛夫* 缺席了——後者此時在列寧格勒。

在莫斯科，在斯大林缺席的情況下，政治局於1926年6月3日開會討論了英國的罷工。托洛茨基公開反對蘇聯繼續支持英國現存的工會組織，因為要是這樣，與資產階級政權合作的勢力就會加強，英國共產黨的力量就會削弱，對於即將到來的可以實現革命性突破的危機一機會，英國工人階級就會缺乏準備。[22] 這次有43人參加的政治局會議，持續了6個小時。開會當天，在給莫洛托夫的電報中，斯大林憑直覺正確地預見到總罷工是「由英國保守黨挑起的」，也就是說，「是資本而不是革命在發動進攻」。他還說：「所以，我們並不是到了一個革命發起暴風雨般的猛攻的新階段，而是持續的穩定，暫時的，不是永久的，但畢竟是穩定，儘管資本會千方百計再次對工人發動新的進攻，工人仍將被迫保護自己」。他譴責托洛茨基和季諾維也夫擺出的激進姿態，認為在革命不會很快到來的情況下，這種姿態只會令英國工會運動有分裂的危險。[23] 斯大林認為，蘇聯支持英國的工會和罷工工人可以起到威懾作用，防止他們再次入侵蘇聯。儘管如此，他仍然想完成一直被擱置的1924年的雙邊貿易談判。總罷工期間，英國駐莫斯科代辦再次私下向倫敦提出請求，希望重啟談判，以便「和俄國達成這樣那樣的協議」。[24] 但是，由於蘇聯不但暗中向殖民地輸出革命，還宣佈給罷工者撥款，英國政府凍結了重啟貿易談判的計劃。[25]

599

無論是想讓蘇俄與德國重新融入國際秩序的熱那亞會議(1922)，還是想要與德國建立互相利用的特殊關係的拉帕洛條約(1922)，都沒有讓蘇俄形成切實可行的安全政策。而現在，雖然總罷工已經以失敗而告終，英國保守黨仍然帶頭發動了一場聲討蘇聯的公共運動。托洛茨基在政治局會議上指責說，在內部從來沒有討論過總罷工問題，這種說法不對：政治局在5月4日、6日和14日討論過這個問題，並專門成立了一

* 編註：斯大林、米高揚和奧爾忠尼啟則都出身高加索地區(三人在政治局被稱為「高加索小集團」)，基洛夫並不是，此處為戲稱。

個由蘇聯工會負責人托姆斯基領導的委員會（托洛茨基不是該委員會的成員）。6月3日的與會者否決了季諾維也夫的共產國際關於英國罷工的教訓的提綱。差不多是一刻不停的冷嘲熱諷讓本已十分緊張的氣氛變得越發緊張。加米涅夫用譏諷的口氣質問那些在他發言時出語威脅的人：「你們為甚麼全都在幫我？」托洛茨基插嘴說：「『集體領導』恰恰就是在大家互相妨礙或互相攻擊的時候。（笑聲）」托洛茨基也許是想要緩和一下緊張的氣氛。[26] **集體領導，哈！**斯大林會得到一份全面的報告。

600

斯大林在高加索，某種程度上就是闊別多年之後回到自己的地盤。6月8日，他接見了梯弗利斯鐵路總廠的代表團，二十多年前，他曾是那裏的一個年輕的鼓動家。「同志們，我應當告訴你們，憑良心說，這裏對我的頌揚，我連一半也不敢當。」據當地的報紙報道，他謙遜地表示：「原來我又是十月革命的英雄，又是蘇聯共產黨的領導者，又是共產國際的領導者，又是神奇的勇士，又是甚麼等等。同志們，這都是無謂的話，都是絕對不必要的誇張。這種話通常是在革命烈士靈前講的。但是我還不打算死呢……我過去的確是而且現在仍然是梯弗利斯鐵路工廠先進工人的一個學生。」在保持這種**假惺惺的**謙卑姿態的同時，斯大林接着就大致講述了他的地位是如何在地下革命鬥爭中逐步上升的：從他1898年成為「工人的學生」時的第一個工人「小組」開始，到1917年成為「我的偉大導師列寧」的學生為止。呈現在大家面前的不是一個高高在上的知識分子，而是一個與工人以及「奠基人」緊緊地聯繫在一起的埋頭苦幹的革命者。「從學徒的稱號（梯弗利斯），經過幫工的稱號（巴庫）而到我國革命的一個師傅的稱號（列寧格勒），——同志們，這就是我學習革命的經歷……如果毫不誇大地憑良心說，我原來是怎樣一個人以及我成了怎樣一個人的真正情形就是如此。（掌聲，轉為熱烈歡呼。）」[27]*

這和五年前斯大林在梯弗利斯得到的噓聲和謾罵完全不同，那時他是灰溜溜地離開會場的。這次，奧爾忠尼啟則及其手下顯然沒有掉以

---

* 譯註：《斯大林全集》第8卷，第154–155頁。

輕心，而是清除了所有阻力。但斯大林那天在鐵路工廠就自己的成長經歷所說的話，並未發表在全國性的報刊上，他附帶着對外交事務所講的內容也沒有。特別突出的是他對前一個月在波蘭發生的政變的評論。他在回顧該事件時，先是用煽動性的語言指責波蘭共產黨支持皮爾蘇茨基（推翻保守派政府）的行動，然後又扼要說明了支持皮爾蘇茨基的力量與其在國內的右翼競爭對手國家民主黨之間的政治分歧，並預言說，儘管前者在軍事上更為強大，但後者會贏得最終的勝利：波蘭會進一步向右，轉向沙文主義。不過，斯大林稱皮爾蘇茨基是「小資產階級」而不是法西斯主義，後來，皮爾蘇茨基的立場轉向了被斯大林歸於這位陸海軍部長在國內的對手的那種立場時，斯大林改變了自己的看法。[28] 因此，就在格魯吉亞民族主義情緒似乎開始平息的時候，在獨立的波蘭，民族情緒完全是另外一番情形。

601

在莫斯科，鬥爭越演越烈。在7月14日斯大林缺席的另一次政治局會議上，從烏克蘭回來的捷爾任斯基聲稱記錄他們內部討論過程的做法（這是反對派提出的一個合法要求）是「犯罪」，托洛茨基回擊說：「我們應該指示格伯烏阻止我們說話；這樣一切都簡單了。」[29] 捷爾任斯基對令人窒息的官僚體制十分憤怒，他在那年6月對自己在最高國民經濟委員會的下屬說，蘇聯的行政機器是「以普遍的不信任為基礎的」，並且認為「我們必須拋棄這種體制」。他還說，不斷轉移的機關癌細胞正在「吃光工人和農民的家當，他們用勞動創造了真正有價值的東西」。[30] 他給李可夫寫信說：「政府的政策沒有我的份。我不理解它，我也看不出它有甚麼意義。」[31] 在給古比雪夫的信中，他寫道，就連優秀的行政管理者都「淹沒在不同部門間的協調工作以及各種報告、文件和委員會當中。每一個資本家都有自己的方法和主要的職責。我們現在是由勞動國防委員會和政治局總管一切……這不是工作，這是受罪」。與此同時，捷爾任斯基擔心自己的批評可能會「被那些把國家拖進深淵的人，比如托洛茨基、季諾維也夫和皮達可夫利用……如果我們找不到正確的路線和發展的步調，我們的反對派就會壯大，國家就會出現專政者，那是革命的掘墓人，儘管他衣服上有漂亮的羽毛。墨索里尼、皮爾蘇茨基，當今幾乎所有的專政者都曾經是赤色分子」。[32]

疾病纏身

高加索的「三個火槍手」慢慢結束了遊覽：奧爾忠尼啟則陪同斯大林和米高揚登上了返程的列車，直到黑海的港口城市波季，斯大林和米高揚從那裏乘船，於1926年6月15日抵達索契。有人覺得，要是斯大林可以一年到頭都待在索契，在那裏管理政府，或許他就滿足了。他看看文件——為了消遣而不只是工作——玩玩九柱戲（*gorodki*），搞搞園藝。「他喜歡野餐，」斯大林的衛士長、立陶宛人伊萬·尤西斯（Ivan Jūsis）的女兒說，「通常我們是去爬山，找個有意思的地方，然後在那裏安排歇腳。我們總是帶上一塊白色的桌布。烤肉串和各種單片三明治肯定是要有的：上面碼着魚子醬和魚——鱘魚、鮭魚。還有奶酪和香草，特別是香菜。我父親知道怎樣做熊肉香腸，立陶宛風味的，那是斯大林喜歡的。」[33] 看來，尤西斯那時與斯大林特別親近。在莫斯科，他已經從（盧比揚卡大街附近）契卡精英們居住的瓦爾索涅夫耶夫巷搬進了大克里姆林宮裏從前侍從女官住的地方。捷爾任斯基住在同一條走廊的盡頭；著名的無產階級詩人傑米楊·別德內住在樓上，住處很豪華，和伏羅希洛夫的一樣。在索契，尤西斯不僅是衛士，還是遊伴。

602

斯大林因為吃了腐爛變質的魚而食物中毒，醫生要他按規定飲食。他們還認真檢查了他的身體，做了到當時為止或許是最詳細的健康記錄。索契附近馬采斯塔療養院新上任的科學主管伊萬·瓦列京斯基（Ivan Valedinsky）和另外三名醫生在斯大林住的四號別墅的一個小房間裏為他做了檢查。「斯大林同志從陽台一側進來，坐在我們醫生對面，沒有一點架子，」瓦列京斯基回憶說，「我們醫生也感到放鬆了。」檢查結果發現，斯大林患有慢性的、儘管是非活動期的肺結核。他的腸道也有問題，好像以前中過毒。（實際上，他年輕時得過斑疹傷寒，在胃壁上留下了潰瘍。）他還患有持續性腹瀉。胸部因為心臟供血不足而疼痛，他自己用檸檬治過。他抱怨說左手的指尖疼。他的關節發炎、紅腫。醫生們提到，他的左前肩的肌肉開始萎縮了。「左上肢肌肉疼痛和關節炎」，他們寫道。（肌肉疼痛如果不是外傷造成的，往往就是病毒感染引起的。）醫生們還注意到慢性扁桃腺炎的發作（扁桃體周膿腫），而慢性扁桃腺炎的發作又引發喉嚨疼痛和腫脹。斯大林的呼吸沉重，但作為病因的右肺病變（胸腔積液）要到多年之後才被發現。他說話的聲音很小，可能也是因為這個緣故：即使開始使用麥克風，他的講話有時候也不太聽得清楚。

瓦列京斯基後來寫道，在對斯大林的內部器官作客觀檢查期間，沒有發現任何病變的成分。不過，檢查似乎得出了患有埃爾布—沙爾科綜合症（Erb-Charcot syndrome）的診斷結果——疲勞、痙攣，並且越來越消瘦。[34] 不管正確的診斷結果是甚麼，斯大林左臂肘部潰爛的情況還在繼續惡化，幾乎無法使用。他還覺得自己的兩個膝蓋總是嘎吱嘎吱作響，當他轉動脖子的時候也是這樣。他疼痛的肌肉露出某些營養不良的跡象，或許也是埃爾布—沙爾科綜合症的症狀，儘管這有可能是一種遺傳病。[35] 醫生們推薦了十幾種馬采斯塔硫磺浴。「檢查結束離開時，斯大林問我，『來點白蘭地怎麼樣？』」瓦列京斯基回答說：「星期六可以稍微喝點，星期天才真正可以放鬆，但是在星期一上班的時候要保持清醒。」他接着又用共產黨人指代酒宴的暗語說：「斯大林同志對這一回答十分滿意，結果下次他就組織了一場讓我非常難忘的『星期天義務勞動』（*subbotnik*）。」[36] 斯大林顯然很喜歡瓦列京斯基。瓦列京斯基是神父的兒子，他本人也讀完了神學院，在得到父親的允許後，又去托木斯克接受了醫學訓練，之後他得到博士學位，參加了世界大戰，並就職於克里姆林療養院。斯大林要是願意的話，也可以表現得特別有魅力，尤其是和服務人員在一起的時候。索契和馬采斯塔的放鬆可能讓斯大林的心情好了很多。

爛魚的影響還沒有消除就傳來了好消息：受到圍攻的反對派無意中又給他們鄙視的這位專政者送了一份大禮。設法保住了職務的左派反對派成員、莫斯科紅色普列斯尼亞區區委書記格里戈里·別連基（Grigory Belenky），在莫斯科郊外約20英里*處的一座林中別墅組織了

* 編註：約32公里。

一次會議。參加會議的可能有70人。他們打算把大工廠、高校和國家機構中的支持者組織起來。[37]「哪怕只有百分之一的機會使革命及其工人民主制獲得新生，也要不惜一切代價抓住這個機會」，一名與會者堅定地說。[38] 別連基估計會得到自己區的62個黨支部的支持。據說，他認為「要是我們能拿下紅色普列斯尼亞區，我們就能拿下所有的地方」。[39] 這完全是自欺欺人。格伯烏的人就坐在各黨支部的會議廳裏，而且表決用的是公開舉手的方式，這種情況下誰願意為**他們**出頭呢？別連基邀請了第一副陸海軍人民委員米哈伊爾·拉舍維奇參加樹林會議。當有人問拉舍維奇軍隊裏的反對派是否正在組織起來的時候，據說他回答道，「哦，形勢很好」。[40] 至少有一個與會者檢舉了這個小集團，於是，審訊在6月8至9日就開始了。[41] 反對派的秘密的樹林會議牽扯到第一副陸海軍人民委員，這真是天賜良機。

604

6月24日，托夫斯圖哈給索契發來電報說，由於斯大林還沒有回來，他將把在莫斯科召開的中央全會推遲到7月12日，於是，為了充分利用反對派的最新「陰謀」，斯大林行動起來，在6月25日給「莫洛托夫、李可夫、布哈林及其他朋友」回信說，「季諾維也夫集團」肯定參與了此次「拉舍維奇事件」。季諾維也夫那天沒去樹林，但不管怎麼說，**事物是普遍聯繫的**。斯大林還說了一些帶有傾向性的話，說「忠誠的」反對派如何頭一次越出了界限，他不但要求把拉舍維奇趕出陸海軍人民委員部，還要把季諾維也夫趕出政治局，甚至趕出共產國際。「我向你們保證，」斯大林最後用明顯很得意的口氣說，「在黨和國家中，沒有哪個人會為季諾維也夫感到惋惜，因為他們太瞭解他了。」[42]

純粹的快樂。一名陪同斯大林的工作人員向自己在莫斯科的上級匯報說，詩人傑米楊·別德內「經常過來，給我們講些下流的笑話」。不過，早就該把這位專政者哄回首都了。1926年7月1日，莫洛托夫在信中很堅決地寫道，「我們認為您必須在7月7日到達」。莫洛托夫的來信反映出對於斯大林的堅強領導的欣賞與愛戴。斯大林動身回莫斯科的時間不早於7月6日。[43] 他剛剛回到首都，捷爾任斯基就寫信說，波蘭皮爾蘇茨基政變的幕後支持者是英國。「（對我來說）整個材料都無可置疑地表明，波蘭正準備對我們發動軍事進攻，目的是讓白俄羅斯和烏克蘭脫離蘇聯，」捷爾任斯基肯定地說，「皮爾蘇茨基的所有工作都集中在這一點……羅馬尼亞很快就會從意大利那裏收到包括潛艇在內的一大批武器。」他同時還強調說，在芬蘭、愛沙尼亞、拉脫維亞、立陶宛和波蘭這些「邊陲國家」，「白衛分子又活躍起來了」。皮爾蘇茨基政變後，蘇聯幾乎是馬上就提議，與愛沙尼亞和拉脫維亞簽訂互不侵犯條約，但它們誰都沒有作出肯定的回應。[44] 捷爾任斯基堅持認為，皮爾蘇茨基的猶豫不決只是因為顧及國內的政治狀況，而他要發動入侵，需要的只是鼓動公共輿論。捷爾任斯基要求中央委員會檢查紅軍的戰備、補給、動員和疏散能力。[45] 歡迎回到莫斯科，斯大林同志！（每次遇到人，他耳邊總是響起這句問候。）

遺囑問題又來了

推遲後的中央全會於7月14日召開（一直開到23日）。第二天，在全會之外，捷爾任斯基命令亞戈達轉移距離波蘭和羅馬尼亞最近的邊境地區的奧格伯烏地方機關的檔案資料。他還要求把關押在西部邊境附近監獄中的特務、白衛分子和土匪運走。[46] 7月20日，捷爾任斯基向全會作了報告。最近剛指示亞戈達清理莫斯科及其他城市投機倒把分子的捷爾任斯基，現在就指責說各省的奧格伯烏「逮捕、流放、監禁、壓迫和敲詐私商（在此期間，他們準備每天工作14至16個小時）」。[47] 他稱托洛茨基的支持者、國家計劃委員會副主席皮達可夫「對工業的擾亂最嚴重」。對於曾經拉攏過捷爾任斯基的加米涅夫，他說，「你是在搞陰謀（*politikantsvo*）而不是幹工作」。捷爾任斯基說，要是他事先知道反對派在莫斯科郊外召開秘密會議，他會「毫不猶豫地帶領兩個連的奧格伯烏部隊，用機槍解決問題」。他汗水漣漣，面色蒼白，勉強講完後才回到自己的座位上。很快，人們幫助他離開大廳，讓他躺在會議廳外面的沙發上。有人給他用了樟腦藥。捷爾任斯基想要走回他在大克里姆林宮附近的住處，但卻頹然倒下。49歲的他去世了。在全會發言過程中，他顯然是心臟病發作。屍檢顯示，他的動脈硬化已經到了晚期，尤其是流向心臟的血管。[48]「繼伏龍芝之後，捷爾任斯基又逝世了，」在

605

7月22日葬禮上的簡短講話中，斯大林說，「『資產階級的大災星』——當時人們這樣稱呼費里克斯·捷爾任斯基。」[49]*

全會繼續進行。托洛茨基代表他本人、季諾維也夫以及加米涅夫宣讀了一份聲明，宣佈他們要一起與機關的暴政作鬥爭，要反對新經濟政策，維護工人的利益，要增加對富農的稅收，要實行農業的集體化和快速的工業化。†斯大林的手裏有「拉舍維奇事件」，可反對派正在散佈列寧的遺囑，還把裏面談到托洛茨基非布爾什維主義的那幾行刪掉了。對於遺囑問題，斯大林沒有迴避，而是完整地宣讀了遺囑的內容。托洛茨基後來寫道，當時斯大林忍氣吞聲，而且還不斷地有人打斷他，說他歪曲列寧的意思。「到最後，他完全失去了平靜，踮着腳，扯着嗓子，舉起一隻手，聲嘶力竭地大喊，胡亂指責和威脅，讓整個大廳的人都愣住了，」托洛茨基聲稱，「以前和此後我都沒有看到他如此失態。」[50]但是，已經解密的有關此次爭論的記錄表明，當時反對派處於守勢，斯大林處於攻勢。

606

「把列寧的信稱為遺囑是不對的，」斯大林在7月22日的長篇講話中指出，他還繼續說道，「列寧的信提到了六位同志。對於托洛茨基、加米涅夫和季諾維也夫三位同志，信裏說他們犯過原則性的錯誤，而且那些錯誤並不是偶然的。我想，要是我在這裏說，『遺囑』裏隻字未提斯大林的原則性錯誤，那並不是不謙虛。伊里奇責備斯大林並指出他的粗暴，但在信裏絲毫沒有提到斯大林有原則性錯誤。」[51]斯大林還說，對於這些批評，他已經作了反省，而托洛茨基、季諾維也夫和加米涅夫卻充耳不聞。托洛茨基攻擊人的方式，斯大林聲稱，就是散佈謠言，尤其是把一切都說成是性格問題。「信裏說我們不能把托洛茨基的非布爾什維主義歸罪於他『個人』…… 由此可以得出結論，說托洛茨基同志需要改正『非布爾什維主義』，」斯大林說，「但是由此不能得出結論，說托洛茨基同志有權利去修正列寧主義，說當他修正列寧主義的時候我

---

* 譯註：《斯大林全集》第8卷，第173頁。

† 譯註：參見〈托洛茨基等13人致中央七月聯席全會〉，《蘇聯歷史檔案選編》第9卷，第7–25頁。

們應當點頭同意。」托洛茨基插話說，非布爾什維主義指的是「過去」，對此，斯大林回答說，「信裏並沒有說『過去』，只是說非布爾什維主義……兩者不是一回事。托洛茨基的『非布爾什維主義』是事實。不能把托洛茨基同志的非布爾什維主義歸罪於他『個人』也是事實。但托洛茨基的非布爾什維主義是存在的，與之作鬥爭是必要的——這也是事實，毋庸置疑。列寧的意思不容歪曲。」[52] 斯大林把列寧〈關於民族問題的筆記〉當作這位領袖記憶力衰退的產物而不予考慮，並聲稱姆季瓦尼和那幾位格魯吉亞人應該得到比他(斯大林)給予的更嚴重的處罰：不管怎麼說，他們拉幫結派了，而這是非法的。斯大林除了承認自己的粗暴外，甚麼也不承認，而這種粗暴比起與托洛茨基似是而非的非列寧主義的鬥爭，實在算不了甚麼。[53]

斯大林也沒有放過季諾維也夫和加米涅夫「在十月的那件事」。他仿照遺囑中的說法，說它「不是偶然的」，而是一種長期存在的、習慣性的、特有的、關鍵性的特徵，就像托洛茨基的非布爾什維主義一樣。「這種『事件』可能會再次發生。難道你們認為，同志們，季諾維也夫和加米涅夫在黨的第十四次代表大會上，在我們面前，不是重複了十月革命時的錯誤，而且可以說是屢次犯下這些錯誤嗎？」斯大林自問自答：「這是真的。由此可以得出結論，加米涅夫同志和季諾維也夫同志沒有把列寧的指示當回事。」[54] 季諾維也夫在輪到自己發言時承認，「我犯過許多錯誤……我在1917年的第一個錯誤大家都知道……我的第二個錯誤我認為更危險，因為1917年的錯誤是在列寧同志領導時犯下的，所以列寧糾正了它，而在他的幫助下，我們在幾天後也糾正了它，但我在1923年的錯誤在於……」這時，奧爾忠尼啟則打斷他的話：「你在幹甚麼，把全黨都當傻瓜嗎？」奧爾忠尼啟則自己也捲入了1923年夏天山洞會議的陰謀，他不想讓參加全會的人知道。

607

就這樣，斯大林不僅讓他們的主要武器——該死的遺囑——失去了作用，而且還利用它去攻擊他們。[55] 他一直都是謙卑的僕人和黨的意志的執行人。「第十三次代表大會的各個代表團討論過這個問題，要是我報告說當時所有的代表團都無一例外地贊成讓斯大林留在總書記的崗位上，我認為這並不是不謙虛。我這裏就有這些決議，如果需要，我可以把它們念給你們聽聽。」下面的聲音：「沒有必要。」斯大林説道：「不過，黨的第十三次代表大會剛結束，我就在中央的第一次全會上提出辭職。雖然我請求解除我的職務，但全會決定，而且我記得還是全體一致決定，讓我留在總書記的崗位上。我能怎麼辦呢，同志們？我不能按照自己的意志行事，我要服從全會的決定。」[56]

通過投票，季諾維也夫被徹底趕出政治局。「打倒派別和派別鬥爭，」決議説，「列寧主義政黨的統一和團結萬歲。」[57] 然而，斯大林竟然還裝成溫和派的樣子，強調説他曾經不顧季諾維也夫和加米涅夫的堅決要求，拒絕把托洛茨基開除出政治局。

斯大林把魯祖塔克晉升為政治局委員，接替季諾維也夫的職務，而米高揚和奧爾忠尼啟則這兩個高加索人則和列寧格勒的基洛夫、卡岡諾維奇以及安德烈·安德烈耶夫一起成了政治局的候補委員。幾天後，斯大林通知北高加索黨委書記米高揚，準備把他調到莫斯科，接替加米涅夫擔任貿易人民委員。米高揚有點猶豫，但斯大林要他服從安排。[58] 斯大林任命瓦列里安·古比雪夫接替捷爾任斯基的最高國民經濟委員會主席職務，這樣一來就在黨的中央監察委員會留下一個空缺。斯大林把奧爾忠尼啟則從梯弗利斯調來領導它，並警告他「不要違抗命令」，但調動還是費了一些周折。[59] 在這一年結束前，斯大林在首都會擁有兩位重要的新盟友（米高揚和奧爾忠尼啟則），在列寧格勒也有一位重要的盟友（基洛夫）。[60]

608

捷爾任斯基的辦公室成了不會被腐蝕的苦行者的聖地。「一張簡樸的書桌，一塊舊簾子遮着一張小鐵床……除了假期，他從不回家」，他的一位老同學説。[61] 這位曾經堅持保存列寧遺體的人，有幸享受到稍低一點的待遇：根據捷爾任斯基去世後的臉和雙手的模型製作的塑像被套上制服，放在奧格伯烏軍官俱樂部的一個玻璃櫃下面。[62] 後來，對捷爾任斯基的崇拜成了蘇聯警察制度的支柱。據説他在摘花的時候都小心翼翼，以免踩到近旁的螞蟻窩，但是對於革命的敵人來説，他卻是災星。[63] 明仁斯基被正式提拔為奧格伯烏的主席。「所有人都感到意外，他身上沒有任何軍人氣質，」特工人員賴扎·索博利（Raisa Sobol）回憶説，「他説話輕聲細語，之所以能夠聽得到，只是因為大廳裏氣氛緊張，十分安靜。他講話的方式不是命令式的，而是沉思式的。奇怪的是，這位主席像個教師。」[64] 但有病在身的明仁斯基——也是因為捷爾任斯基的去世而感到情緒低落——去了南方的馬采斯塔洗了六個星期的硫磺浴。

遺囑風波的影響超出了全會的範圍。季諾維也夫曾經指控說，「在給斯大林的一封私人信件中，列寧和他斷絕了同志關係」。[65] 斯大林則作了書面回應，「列寧從來沒有和我斷絕同志關係——這是一個昏了頭的人在誹謗。列寧生病期間，幾次找我交代了非常重要的任務，而那些任務，他從來沒有想到要交給季諾維也夫或加米涅夫或托洛茨基。從這一事實大家就可以判斷出列寧和我的私人關係。政治局的成員以及克魯普斯卡婭同志、瑪麗亞·伊里奇娜〔烏里揚諾夫娜〕同志都瞭解這些任務。」[66]（斯大林沒有說明那些任務是要毒藥的。）1926年7月26日，烏里揚諾夫娜利用她作為列寧妹妹的權威地位在遺囑之爭中為斯大林辯護，給剛剛閉幕的聯席全會主席團簽發了一封正式信件；檔案中有布哈林為她寫的草稿（她在《真理報》工作，而布哈林是該報編輯）。「弗·伊·列寧對斯大林的評價很高，」她在信中說——用的是她哥哥的首字母，「弗·伊·常給他打電話，給他最親密的指示，那樣的指示只能給特別信任的人，只能給知道是真心實意的革命者的人，知道是一個親密同志的人……事實上，在他整個生病期間，只要他有可能看到自己的同志，他最經常邀請斯大林同志，而在他的病情最嚴重的時候，斯大林是他邀請的唯一的中央委員。」她承認發生過一件「與政策無關、純屬個人性格方面的」小事，因為斯大林支持醫生禁止列寧在生病期間處理政務的規定。「斯大林同志道了歉，於是，那件事情就過去了……關係過去是，並且仍然是最親密和最同志式的。」[67]

609

此後不久，顯然是受負罪感的折磨，烏里揚諾夫娜寫了第二封信——沒有人為這封信提供草稿——說她這些天來一直在作更廣泛的反思，而不只是在制止加米涅夫和季諾維也夫的陰謀的背景下，結果發現，她起初的那封信是不完整的：列寧的確想過要約束斯大林的權力，認為斯大林的個性特點不適合擔任總書記的職務。[68] 但是和第一封信不同，烏里揚諾夫娜的第二封信是私人信件，沒有在聯席全會的與會者當中傳閱。克魯普斯卡婭作為聯席全會的與會者之一，照理說會收到烏里揚諾夫娜的第一封信，可她似乎並沒有站出來反駁她的說法。[69] 克魯普斯卡婭仍想發表遺囑，但斯大林指出，只有代表大會，即黨的最高機關，有權解除黨的第十三次代表大會通過的出版禁令。「我很遺憾，中央委員會和中央監察委員會聯席全會並沒有權利決定在報刊上發表這些信件，」他說，「我對此非常遺憾，我會在我們黨的第十五次代表大會上解決這個問題。」[70] 在發給全國各地的黨組織的全會文字記錄中提到了遺囑問題。[71] 對反對派取得的每一步進展都來之不易，伴隨着陰霾。

(關注美國的)俄國新統治者

名義上，季諾維也夫仍是共產國際的主席，但斯大林早就和他共同處理共產國際的事務了。背後把季諾維也夫稱為總督的共產國際秘書長庫西寧，所有的重要事務一直都是向斯大林匯報。[72] 斯大林讓加米涅夫擔任駐意大利大使。這位短命的貿易人民委員暗中拿了60萬金盧布資助意大利共產黨。在加米涅夫和墨索里尼已知的一次會晤中，那位領袖很討厭接待這樣一名外交官，他不但是共產黨員，而且還遭到自己的政府貶黜。加米涅夫則告訴墨索里尼，說他「很高興能離開俄國和斯大林」。[73] 在放逐加米涅夫的前一天，斯大林平生第一次接受了一位美國記者的採訪。採訪者名叫傑羅姆·戴維斯(Jerome Davis)，曾是在俄國的基督教青年會的領導人，勞工活動家，耶魯大學神學院教授，他跟隨一個由大約20名所謂進步人士組成的美國代表團來到了俄國。戴維斯設法獲得了斯大林的接見，條件是能夠幫助蘇維埃國家獲得美國的外交承認。[74] 戴維斯在保守派威廉·倫道夫·赫斯特(William Randolph Hearst)旗下的《紐約美國人報》上發表了一篇轟動性的文章，名為〈俄國的新統治者〉——這是他對斯大林的稱呼。「在熱情地握手之後，」戴維斯寫道，「我就在桌旁坐下了，對面是一個大權在握、充滿魅力的人物——黑色鬈髮，棕色眼睛，留着充滿男子漢氣概的八字鬍，帶有明顯天花印記的臉上露出友好的微笑，表示歡迎。」[75]

610

戴維斯填補了一項空白。但是，美國的其他報刊大多沒有關注赫斯特旗下報紙的專訪。據塔斯社紐約分社的負責人説，如果是美聯社或《紐約時報》的專訪，那這種情況就不會發生——斯大林在這段話的下面劃了線。[76] 不過，不管沒有在國際上引起反響是多麼令人失望，發表的採訪還是為雙方提供了某些東西：它把斯大林描寫得能言善辯(這對蘇聯是有利的)；其中有斯大林生活中的一些有趣的細節，有他的明確的政治觀點(這是戴維斯的功勞)。

採訪中，當戴維斯請求給他一份斯大林的個人簡介時，專政者遞給他一張附有簡短説明的照片。「太少了，」戴維斯回應説，「您是怎樣成為一個共產主義者的？」斯大林説：「很難説。一開始，人們投奔反對派，然後他們成了革命者，然後他們為自己選擇了一個政黨。我們有很多政黨——社會革命黨、孟什維克、無政府主義者、布爾什維克。」戴維斯繼續問道：「為甚麼要成為一個共產主義者？」斯大林説：「我們有很多共產主義者，因為俄國的資本主義是最野蠻的……我們的政治制度是最嚴酷的，結果連最溫和的人都變成了反對派；因為單純的反對對於反對黨人來説沒有幫助。從富人到勞工，他們都被流放到西伯利亞，〔於是〕他們就努力建立一個政黨，這個政黨站在最尖鋭的反政府的立場上，而且行動起來最堅決。因此，所有那些傾向於反政府的人都同情布爾什維克，把他們看作英雄。」斯大林講述了他那據説是因為閱讀馬克思著作而被神學院開除的故事。他還提出一套統治理論，説共產黨——它是戰鬥組織，不是討論問題的俱樂部——有100萬黨員，但一個組織即便是擁有100萬成員，也無法統治這麼大的國家：決定一旦做出，就必須得到執行。為此，政權就需要有一種共同的使命感。戴維斯指出布爾什維主義帶有密謀性質，而斯大林則提到英國政壇的「影子委員會」，並聲稱政治局每年都要重新選舉。[77] 在戴維斯談到農民時，斯大林説：「光靠宣傳，你甚麼事也做不了。我們希望我們會吸引農民，因為我們創造了把農民推向布爾什維克這邊的物質條件。」農民需要能買得起的消費品、貸款以及在遇到饑荒時的救助。「我不想説他們有了布爾什維克就高興得不得了。但農民是講究實際的，他們把不跟他們商量而又剝削他們的資本主義分子和跟他們商量、説

611

服他們並且不會掠奪他們的共產黨人作了比較，最後得出結論，認為和我們在一起更好。他們並不認為我們是最好的，但他們認為我們比其他的要好。」[78]

在竭力使蘇維埃國家的形象變得溫和的同時，斯大林主要關心的是獲得美國的外交承認、貿易和對外投資，以推動蘇聯的經濟。他抱怨說仍然不清楚他具體還能做甚麼；蘇聯已經多次公開聲明，表示想要實現關係正常化。戴維斯指出，蘇維埃國家要想得到承認，斯大林就該考慮承認沙皇和克倫斯基政府的債務；對於大部分財產被沒收的美國人的損失要作出補償；不要再利用蘇聯的駐外代表搞宣傳。斯大林反駁說，針對美國的任何鼓動都是因為它沒有像其他大國一樣承認蘇維埃國家。在商業方面，他談到埃夫里爾·哈里曼(Averell Harriman)在勒拿金礦獲得的利潤，因為蘇聯的工資水平在國際上是比較低的。戴維斯問斯大林，蘇聯人是否遵守他們的協議。「關於布爾什維克有各式各樣的神話，說他們不吃不喝，說他們不是人，說他們沒有家庭，說他們除了內訌和互相罷免之外甚麼也不幹(結果他們仍然全都在那裏)，說他們夜以繼日地向全世界發送指示，」他回應說，「在這裏，那樣說只會讓人發笑。」斯大林不承認，美國政府也許是基於道義原因才拒絕與共產主義打交道的；無論如何，帝國主義分子甚麼時候有道德？「德國在技術水平和文化方面不如美國，但德國得到了更多的租約〔特許權〕，它對市場更瞭解，介入得更深……為甚麼？」斯大林問道，「德國給我們提供貸款。」斯大林同樣渴望美國的貸款。「美國有技術，有充足的剩餘資本，」他說，「因此，世界上沒有哪個國家更適合幫助俄國……如果它們合作，美國無與倫比的技術加上俄國的需求和龐大的人口，會為美國人帶來巨大的利潤。」

612

不難理解斯大林看中美國的是甚麼：美國在全球產值中所佔的份額很快將達到驚人的三分之一。就拿亨利·福特的T型車來說，那簡直是供不應求。當福特在高地公園開辦一座新的工廠時，他利用機械化的輸送裝置沿着生產線運送汽車框架，生產線上的每一名工人都被分配了一項簡單的、重複性的裝配工作，要在一種被稱作大生產的制度中完成這項工作。它涉及到產品核心部件的標準化，需要對不同車間之間的產品流動進行重組，需要用機器來代替人力。在底特律附近，福特的胭脂河工廠每隔十秒鐘就有一輛整車下線，而整個經濟和成千上萬的社區都可以感受到它的影響。單是胭脂河工廠的員工就有6.8萬人，這讓它成了世界上最大的工廠，但比這更重要的是，它的車需要數百萬噸的合金鋼，以及大量的玻璃、橡膠、紡織品和汽油。汽車還需要有公路和服務站。由4,500萬工人組成的勞動大軍中，總共有將近400萬個工作崗位直接或間接地和汽車有關。美國在生產和商業領域的組織水平令世界着迷。[79] 但這只是事情的一個方面。美國在1925年的時候，每六個人當中就有一輛汽車，而在洛杉磯，每兩個人就有一輛，這是因為標準化讓T型車的價格從850美元降到290美元。為了進一步拓寬市場，福特給自己的工人支付每天5美元的工資，約為美國製造業平均工資的兩倍。「大生產必須具備的先決條件是，」福特寫道，「潛在的或已經形成的**大規模消費**的能力，即吸收巨大產量的能力。二者密切相關，而前者的原因就在於後者。」[80] 美國家庭的平均收入在1920年代提高了25%。到1920年代中期，1,100萬家庭都有自己的住房。斯大林不太明白這個**消費者**共和國超乎尋常的力量。美國工業的現代化能給蘇聯帶來甚麼好處依然不得而知。

革命的掘墓人

613

1926年8月，當斯大林在莫斯科的時候，老廣場大街各方面的人是絡繹不絕：地方黨組織負責人、黨的中央監察委員會委員、中央消費合作社負責人、勞動人民委員部和貿易人民委員部的工作人員、蘇聯駐波斯的使節、《布爾什維克》雜誌的編輯、青年共產國際的執行主席、副陸海軍人民委員，甚至還有斯大林〈列寧主義基礎〉的原作者菲利普·克謝諾豐托夫。[81] 這種情形日復一日，直到8月底，再到9月底，斯大林返回他鍾愛的索契。他在那裏表示，從英國發來的有關礦工罷工的報道傳遞速度太慢，令人失望。在莫斯科，一個英國代表團即將到達。8月27日，斯大林通過電報要求給罷工的英國礦工提供一筆可觀的資金——多達300萬盧布。[82] 9月5日，莫洛托夫告訴斯大林，蘇聯調撥了300萬盧布。這筆錢來自蘇聯國營托拉斯工人的工資，據說是為了體現團結一致的精神，結果在英國激起了反共的喧囂。[83] 但斯大林是不會被「金融資本」嚇住的。

托洛茨基此時匆匆寫下了一些反思性的文字。他寫道，「黨的統一這一口號越來越成為執政派手中意識形態的恐怖武器」，壓制黨內的批評意見。不僅如此，他還覺察到一個明確的戰略意圖，那就是要「徹底消滅不久前被叫做老列寧近衛軍的核心力量，由斯大林一人領導，而他所依靠的是一批總是對他言聽計從的同志」。托洛茨基預見到「斯大林及其小集團稱之為『黨的統一』的黨的管理的獨裁制，不僅要求消滅、罷免和除掉現在的聯合反對派，而且要求逐步罷免現執政派中較有威信和有影響的代表人物的領導職務。顯而易見，不論是托姆斯基，還是李可夫，或是布哈林，從他們的過去和他們的威望來看，都不可能也不能夠在斯大林手下發揮出烏格拉諾夫、卡岡諾維奇、彼得羅夫斯基等人在斯大林手下所發揮的作用」。托洛茨基預言說卡岡諾維奇等人追擊李可夫、布哈林和托姆斯基的時期即將到來。他甚至預言說「黨內的機會主義分子也會對斯大林開火，說他『左的』偏見中毒太深，妨礙他們更迅速、更不加掩飾地上升」。[84]* 值得注意的是，事實證明托洛茨基能夠而且幾乎只有他能夠辨別政治鬥爭的動向，但更值得注意的是，他只是把斯大林看作官僚勢力擴張過程中更大的社會力量的工具，而沒有看出斯大林可以自主地駕馭個人專政。

614

托洛茨基、季諾維也夫和加米涅夫組成了他們自稱的聯合反對派，並於1926年10月初在克里姆林宮加米涅夫的住處再次聚在一起商討對策，而季諾維也夫此時已經被趕出了政治局。托洛茨基繼續向季諾維也夫發難，因為季諾維也夫先前曾經猛烈地攻擊過「托洛茨基主義」，造成了難以彌合的嫌隙。[85] 但三人鑒於實力對比，決定向斯大林求和，並承諾停止反對活動。[86] 斯大林提出的條件是，他們要承認中央所有決定的約束力，要公開聲明放棄一切派別活動，並拒絕為他們在外國共產黨中的支持者(露特·菲舍爾〔Ruth Fischer〕、阿爾卡季·

* 譯註：參見《蘇聯歷史檔案選編》第9卷，第101–104頁。最後一句引文的內容略有不同。

馬斯洛夫〔Arkadi Maslow〕、波里斯·蘇瓦林）承擔責任。10月17日，《真理報》發表了他們的聯合聲明，一同署名的還有索柯里尼柯夫和皮達可夫。[87] 然而就在第二天，馬克斯·伊斯特曼恰好在《紐約時報》全文發表了列寧的遺囑，除蘇聯之外，全世界的報紙都轉載了這個爆炸性消息。[88] 10月19日，斯大林再次提出辭職，而且這次是以書面形式。「在列寧退出然後又去世之後，與季諾維也夫以及加米涅夫兩位同志在政治局一年半的共事讓我完全明白了，與這兩位同志一起在委員會的小範圍內，誠實而真摯地一同從事政治工作是不可能的，」他在給即將召開的中央全會的便條中寫道，「因此，我請你們考慮讓我離開政治局。」他還說，因為非政治局成員不能領導書記處和組織局，應當考慮讓他一併離開這些崗位。他要求給他兩個月假，然後把他派到西伯利亞荒涼的圖魯漢斯克——革命前他曾在那裏流放過，或者是遙遠的雅庫特，或者也許是國外。[89]

斯大林給人留下了很好的印象，覺得他受了委屈。從他的觀點來看，《紐約時報》發表遺囑，強化了他帶有偏見的看法，即反對派是背信棄義的敵人。當然，無論是他在政治局的多數——包括托洛茨基私底下預言很快會失勢的那些人——還是他在中央委員會的多數，都沒有接受他的辭呈。相反，《真理報》在10月22日發表了斯大林譴責反對派的「提綱」，正好趕上黨的第十五次代表會議。[90] 第二天，他讓中央委員會和中央監察委員會聯席全會召開會議，以最終確定黨的代表會議的議程，插入一個將由他親自來作的關於反對派的「特別報告」：實行了不到一個星期的停戰結束了。[91] 615

10月26日，黨的第十五次代表會議開幕了（它一直開到11月3日），出席大會的人很多，有194名有表決權的代表，640名沒有表決權的代表。托洛茨基到了這個時候才指責斯大林的「一國社會主義」是對世界革命的「背叛」，是資本主義在俄國復辟的罪魁禍首。[92] 季諾維也夫也抓住這個問題大做文章。「在一國取得最終勝利的理論是錯誤的，」他寫道，「我們會贏得最終的勝利，是因為在其他國家中的革命是不可避免的。」[93]（當然，斯大林說過，在一個國家中的**最終**勝利是不可能的。）克魯普斯卡婭保持沉默，她顯然是放棄了反對派的事業。11月1日，斯大林作了報告，從自己的角度敘述了反對派的整個歷史，並嘲笑托洛茨基著作中所謂的音樂性。「把列寧主義看做『體力勞動中肌肉的感覺』。」斯大林語帶譏諷地援引托洛茨基的話說，「這豈不是又新鮮，又奇特，又深奧。你們懂得一點甚麼了吧？(笑聲)這些話都很漂亮，很像音樂，還可以說，甚至很雄壯。只是缺少一點『小東西』：簡單而又人人懂得的列寧主義定義。」[94]*

托洛茨基站起身來，轉向這位格魯吉亞人，用手指着，大聲說道：「第一書記擺出了他要做革命的掘墓人的架勢！」斯大林氣得滿臉通紅，摔門而出。會議在一片混亂中結束。

在騎兵大樓托洛茨基的住處，在他之前就趕到那裏的幾個支持者對他的爆發表示擔憂。皮達可夫說：「唉，列夫．達維多維奇為甚麼要那麼說呢？哪怕過了三四代之後，斯大林都不會原諒他！」[95]托洛茨基讓斯大林惱羞成怒，可不管他有感到多麼滿足，這種滿足都不會長久；第二天，在黨的代表會議繼續召開的時候，斯大林通過投票把托洛茨基趕出了政治局。加米涅夫被取消了政治局候補委員的資格，而且斯大林還把解除季諾維也夫共產國際首腦的職務列入了該機構執行委員會接下來的會議議程。季諾維也夫和加米涅夫責怪托洛茨基惹惱了斯大林。面對專政者的污蔑，他們都試圖為自己辯護，但他們的發言被毫不客氣地打斷了。尤利．拉林指出，我們革命中最富戲劇性的一幕是「革命的發展讓一些革命領導人跟不上形勢了」。[96]布哈林的發言哪怕是按照他本人的標準也稱得上非常惡毒。為了扭轉局面，他用挖苦的口吻援引了托洛茨基「革命的掘墓人」的說法。[97]對於布哈林那些能讓人氣得口吐白沫的評論，斯大林非常高興，不由得插嘴說，「說得好，布哈林。說得好，說得好。他不跟他們爭辯，他抽他們！」[98]

616

啊，猛烈的指責是多麼令人快意。11月3日，斯大林作了代表會議的總結發言。他不厭其煩地奚落季諾維也夫、加米涅夫和托洛茨基，引起陣陣的哄笑。[99]與此同時，1926年11月的新選舉法反對新經濟政

---

* 譯註：《斯大林全集》第8卷，第244–245頁。

策的傾向更加明顯，它剝奪了更多富農和私商的投票權。在黨的代表會議上，有幾位發言者警告說，戰爭迫在眉睫。

分析戰略形勢

甚麼也不能保證蘇聯的安全。布爾什維克政權嘴巴很硬，也經常有些侵略性的行動，但它依然覺得自己很脆弱。從莫斯科拒絕償還沙皇時代的貸款或者提供足夠的原材料，到西方急於繼續瓦解俄國，讓烏克蘭、高加索以及中亞分離出來，蘇聯對於可能的開戰理由的推測不一而足。由於物資封鎖可以掐住蘇聯的脖子，於是就有傳言說，帝國主義分子甚至用不着發動進攻，只需要勒索就可以迫使布爾什維克政權就範。[100] 儘管不能排除真正的戰爭，奧格伯烏報告說，在英、法的挑唆和支持下，它可能會採取波蘭和羅馬尼亞聯合入侵的形式，進而把所有的「邊陲國家」，即拉脫維亞、立陶宛、愛沙尼亞和芬蘭，都捲進來。[101] 契切林一再警告，波羅的海沿岸國家甘願充當西方列強的爪牙，結為反蘇同盟，但總有一天會自食其果，喪失自己的獨立。他對波蘭也發出類似的警告。[102] 奧格伯烏還相信，外國敵對勢力計劃把蘇聯境內的不滿分子召集起來——不管怎麼說，協約國以前就利用過代理人(俄國內戰期間的白軍)。

即使沒有英國的挑唆，華沙獨裁政府也在垂涎它尚未控制的歷史上屬於烏克蘭和白俄羅斯的那些地區，這一點已經不是甚麼秘密。[103] 斯大林接到大量的報告，談到波蘭對蘇維埃烏克蘭和蘇維埃白俄羅斯的滲透，並準備在蘇聯境內從事破壞活動。為了緩和蘇聯波蘭族人的反蘇情緒，他在白俄羅斯成立了一個做過大量宣傳的波蘭民族地區，但那樣做是否有幫助，仍然不確定。[104] 為了考驗皮爾蘇茨基，1926年8月，蘇聯人恢復了年初開始的簽訂互不侵犯條約的談判，但談判沒有取得任何進展。波蘭本打算同時與莫斯科和柏林簽訂兩份可以保持均勢的協議，但是與德國的談判甚至還沒有開始。到處都在傳說波蘭即將入侵立陶宛，那裏的左翼政府釋放了包括共產黨人在內的全部在押政治犯，並於1926年9月28日與蘇聯簽訂了互不侵犯條約，從而壯大了「布爾什維主義」的

617

聲勢，儘管立陶宛之前的右翼基督教民主黨政府已經開始與莫斯科談判。蘇聯—立陶宛條約有對付波蘭的意思。[105] 在蘇聯東方的側翼，蘇聯軍事情報機關繼續鼓噪，說日本有可能再次發動武裝干涉。日本撤出他們在內戰期間佔領的蘇聯領土的時間，要比其他任何干涉勢力都晚。日本當時已經吞併了朝鮮，還把滿洲甚至蒙古（蘇聯的衛星國）視為自己的勢力範圍。1926年8月，東京拒絕了蘇方簽訂中立條約的要求。西伯利亞奧格伯烏首腦、化名列昂尼德·扎科夫斯基（Leonid Zakovsky）的拉脫維亞人亨里希·什圖比斯（Henriks Štubis，生於1894年），向明仁斯基報告說「中國境內的俄國白衛分子十分活躍」，這在他看來，不是證明了流亡分子的活力，而是證明了日本打算向北入侵。扎科夫斯基建議在邊境的蘇聯一側準備好游擊戰的部隊，以對付日本人的軍事佔領。[106]

不過，英國才是一直以來的心腹之患。英國武官在英國駐莫斯科的大使館多次宴請紅軍將領，就像奧格伯烏向斯大林報告的，裝作熱情好客，利用「我們的話多和嘴巴不嚴……我們的同志在這些宴會上經常喝醉」。喝醉了的蘇聯官員談到在中國執行的秘密任務，這些任務就像俗話說的公牛面前的紅布一樣，刺激了本就疑心重重的英國人。[107] 在倫敦，「東方動亂問題跨部門委員會」把布爾什維克在土耳其、阿富汗、中國、波斯以及王冠上的明珠印度所策劃的陰謀逐一登記。[108] 1926年12月3日，英國的《曼徹斯特衛報》利用泄露的情報，曝光了德蘇之間違反凡爾賽條約的秘密軍事合作。兩天後，德國社會民主黨的報紙轉載了這一報道。[109] 德國國會隨即發生爭吵，其中的社會民主黨人指責德國軍隊的非法活動。契切林剛好在柏林療養。為了平息事態，他在12月6日和克里斯廷斯基大使一起，拜訪了德國總理威廉·馬克思（Wilhelm Marx）。《真理報》到12月16日才承認了這起醜聞，並將泄密歸咎於「德國社會民主黨中協約國的聽差們」。蘇聯報紙承認德國人在特許權（租賃）的基礎上，在蘇聯境內幫助建造了一些設施，用來生產飛機、毒氣和彈藥，但重申蘇聯有防衛權。[110] 英國國內考慮斷絕外交關係，但外交部基於實用主義的理由認為暫時不能那麼做，因為那樣非但不能改變蘇聯的行為，反而會給柏林那些想要「面向東方」的人幫忙。儘管如此，英蘇關係仍然十分危險。「蘇聯實際上和大英帝國處於戰爭狀態，只是沒有發生直接

618

的武裝衝突，」1926年12月10日，英國外交部的一名官員寫道，「不管是插手英國國內的罷工還是煽動中國的反英勢力，蘇聯在世界各地的行動，從里加到爪哇，事實上都是把摧毀英國作為其首要目標。」[111]

一個星期後，立陶宛軍隊推翻了通過民主選舉產生的政府——由社會民主黨、農民人民聯盟以及德國人、波蘭人、猶太人等幾個少數民族的小政黨組成的左翼同盟。暴亂分子扶植了以安塔納斯·斯梅托納(Antanas Smetona)為首的右翼獨裁政府，他所領導的立陶宛國民聯盟在全國有2,000名成員，在國會有3個代表席位。在導致左翼同盟上台的那次選舉中，基督教民主黨第一次未能獲得多數，因此也支持暴亂。在宣佈軍管之後，幾百名立陶宛共產黨人被捕。立陶宛和波蘭現在必須在繼續互相敵視與團結一致反對共產主義之間作出選擇。

蘇聯軍事情報機關的負責人揚·別爾津總結了到1926年底為止蘇聯的國際處境，他承認緊張的程度增加了，但在1927年不可能發生反蘇的軍事行動。[112] 不過，除了與土耳其、波斯以及中國發展友好關係外，別爾津的建議幾乎是完全被動的：阻撓波德解決但澤和上西里西亞問題，破壞波蘭與波羅的海沿岸國家的同盟關係，防止德國轉向西方，加劇英法和德國之間、英法之間以及美國和日本之間的緊張關係。[113] 共產黨人關於資本主義穩定的「脆弱性」以及關於歐洲和殖民地世界革命運動風起雲湧的陳詞濫調遭遇到嚴峻的現實。蘇聯1926至1927財年的軍費開支只有1913年的41%。[114] 除了內戰時從白軍手中繳獲的西方製老式坦克外，紅軍基本上沒有坦克。[115] 紅軍士兵在假日的紅場閱兵和軍事演習中騎的是自行車。三分之一的入伍士兵連制服都沒有。[116] 據伏羅希洛夫說，1926年，蘇聯甚至沒有一份全面的戰爭計劃，以應對各種突發狀況。[117] 作為戰爭計劃制定工作的一部分，副國防人民委員米哈伊爾·圖哈切夫斯基在1926年12月26日強調說，萬一發生戰爭，「我們可以調動的極少的作戰資源，恐怕連第一階段的作戰都撐不下來」。圖哈切夫斯基此時正在謀求擔任國家計劃委員會防務部門的負責人，所以就得到了編制計劃的任務。不過，他講的是對的。「我們的處境只會更糟，特別是在受到封鎖的情況下，」他繼續說道，「無論是紅軍還是國家，都沒有做好戰爭的準備。」[118]

突然間，斯大林再次提出辭職。12月27日，他寫信給李可夫說，「我請求您解除我的中央委員會總書記職務。我認為我再也不能在這個崗位上工作了，我的身體狀況不再適合在這個崗位上工作了。」[119] 斯大林最近這次自憐，還不清楚確切原因。就在四天前，斯大林還寫信給正在南方度假的莫洛托夫，說「你不用急着回來——你可以輕鬆地再待一個星期(甚至更長時間)…… 我們這裏一切都很順利。」[120] 斯大林的情緒幾乎就像蘇聯的外部敵人的意圖一樣，正在變得捉摸不定。

圍攻

沒有一支真正的軍隊，沒有一個盟友，蘇聯的大戰略要想成功只能碰運氣(資本主義世界內部的戰爭)。由於外部形勢的明顯惡化，1927年1月初，伏羅希洛夫在莫斯科省黨的代表會議上說——《真理報》刊登了這篇講話——「我們不要忘了我們處在戰爭的邊緣，不要忘了這場戰爭可不是鬧着玩的」。[121] 李可夫和布哈林這段時間也發表了類似的講話，說戰爭即將來臨，可能在幾天內，可能到春天，也可能到秋天。[122] 這樣的警報聲之所以響起，不是由於確鑿的情報，而是由於不斷加深的憂慮，再加上總是把一些完全不相干的事情聯繫在一起，並把它們歸結為某種陰謀。[123]「情況越來越明朗了，」駐莫斯科的一名英國外交官在1927年初表示，「現在的這種恐慌——這從公眾人物的每一次講話中都可以聽出來，從每一篇社論中都可以讀出來——並不是『假裝的』……而是確實反映了共產黨和蘇聯政府的感受和情緒。」[124]

620

蘇聯國內談論的並不都是與資本主義包圍有關的問題。從1927年1月中旬一直到3月底，流亡巴黎的謝爾蓋·普羅科菲耶夫(Sergei Prokofyev)返回國內，在莫斯科、列寧格勒以及他出生的烏克蘭(哈爾科夫、基輔、敖德薩)舉辦了令人疲憊不堪的巡迴音樂會。他之前在1918年離開了俄國，娶了一位西班牙歌唱家，並在國際上贏得了聲譽，雖然他在歐洲從來沒有像斯特拉文斯基(Igor Stravinsky)那樣星光奪目。(斯特拉文斯基認為，普羅科菲耶夫是繼他之後俄國最偉大的作曲家。)回到祖國後——普羅科菲耶夫一直保留着自己的蘇維埃護照——他在一位青年作曲家的晚會上聽到20歲的德米特里·肖斯塔科維奇(Dmitry Shostokovich)演奏了他自己的《第一鋼琴奏鳴曲》。在蘇聯，音樂會的現場其實是活潑而熱烈的，普羅科菲耶夫的歌劇《三個橙子的愛情》讓蘇聯觀眾如癡如醉。與此同時，他的電話卻遭到竊聽；他未能解救出被捕的表兄弟(童年的玩伴)；排練、演出、崇拜者、演出經辦人和騙子弄得他焦頭爛額(「如果事情就是這樣，」他對一個洗衣工說，「也許你能告訴我，為甚麼整個莫斯科的人不是在靠熨褲子為生？」)。舞台設計師伊薩克·拉比諾維奇(Isaak Rabinovich)對普羅科菲耶夫說，「莫斯科看上去一點也不像個樣子」。考慮到完全重建要花很長時間，他透露了一項個人計劃，要把一條街整個刷成藍色，而把與之交叉的另一條街刷成兩種顏色。在離開蘇聯去波蘭的路上，就連蘇聯的海關官員也認識普羅科菲耶夫，問他：「箱子裏是甚麼，橙子嗎？」[125]

斯大林沒有接見普羅科菲耶夫。實際上，1927年斯大林辦公室的日誌中沒有出現任何音樂家、演員、導演、舞蹈家、作家或畫家的名字。當然，他對藝術尤其是音樂懷有濃厚的興趣，但只是到了後來才有隨意召見藝術家的權威。現在，他是在出去觀看演出的時候看到他們。斯大林喜歡去劇院，那裏令人驚奇的表演接連不斷：由弗謝沃羅德·梅耶爾霍里德(Vesvolod Meyerhold)出品的亞歷山大·奧斯特洛夫斯基(Alexander Ostrovsky)的《森林》和尼古拉·埃德曼(Nikolai Erdman)的《委任狀》；還有米哈伊爾·布爾加科夫(Mikhail Bulgakov)的《圖爾賓一家的命運》，而他是斯大林喜愛的劇作家。斯大林偶爾也會從克里姆林宮沿特維爾大街去尼爾恩澤劇院頂樓那家有名的電影院。尼爾恩澤劇院是莫斯科當時最高的建築，位於大格涅茲得尼科夫巷10號。[126](在那裏還可以看到布爾加科夫和莫斯科上流社會的其他名人。)在普羅科菲耶夫舉辦巡迴音樂會期間，斯大林抽空接待了革命前在圖魯漢斯克流放時的熟人康斯坦丁·格魯萊季斯—斯捷普羅，他不是黨員，而是為「個人的事情」在辦公時間到老廣場街來的。他失業了，其生活軌跡與同樣來自冰冷的西伯利亞沼澤地區卻一路高升的斯大林形成鮮明對比。[127]

621

然而，消遣活動是件奢侈的事情。斯大林知道，英國正在慫恿德國控制但澤和波蘭走廊，並用立陶宛的部分領土(甚至是全部)補償波蘭。[128] 德國讓他很失望。就在《曼徹斯特衛報》曝光蘇德秘密合作的當天，德國軍方高層終於同意在莫斯科簽署協議，在喀山共同開辦一所秘密的坦克學校。不過，這與莫斯科所希望的相距甚遠。溫什利赫特用悲觀的口氣向斯大林描述了各層面合作的大致情況——航校（利佩茨克）、代號「托姆科」的化學戰試驗場（薩馬拉）、德賴澤機槍、貝爾索爾公司的化學儀器、容克飛機生產特許權（菲利）以及坦克學校（喀山）——但在最後表示，「我們想通過經濟部門吸引德國投資我國軍工的嘗試失敗了」。溫什利赫特建議，「繼續我們在坦克學校和航校以及在化學戰試驗方面的合作」。[129] 蘇聯統治集團中的其他人堅持這種交流。「凡到這兒來參加演習或學習的同志全都發現，德國軍隊展示的技術創新非常有用，」從柏林回來的克列斯廷斯基在1927年1月18日同李維諾夫爭辯說，「我們現在向德國人提供的東西並不需要花費甚麼，因為是他們承擔一切費用，而在蘇聯腹地為他們的學校和其他較小的軍事機構尋找秘密地點毫無困難。」[130] 不過，加強紅軍物質基礎的目標仍然不易實現。[131]

在此期間，蘇聯反間諜機關截獲了一份日本人的文件，名為〈對俄總體戰略措施〉，在2月7日將其譯成俄文。該文件主張加劇「蘇聯國內的種族鬥爭、思想鬥爭和階級鬥爭，特別是共產黨內部的緊張關係」，並主張把蘇聯領土上的所有亞洲民族聯合起來，反對俄國的歐洲部分。作為目標，它列出了軍隊中非俄羅斯族軍人的名單，因為從他們那裏可以得到與蘇聯在遠東的軍事計劃和軍事行動有關的秘密情報。它還建議煽動蘇聯西部和南部邊境各國，先發制人，防止蘇聯向東調動部隊，並破壞蘇聯的運輸和基礎設施以及電報和電話聯絡。[132]

622

斯大林非常不安。馬克西姆·李維諾夫曾在1927年1月中旬的外交人民委員部部務委員會會議上發表講話，對蘇聯在國際關係中的立場提出嚴厲批評，結果有人暗中寫信揭發，把具體情況告訴了斯大林。據說李維諾夫認為，「英國對我們採取了敵對政策，因為我們對他們也採取了敵對政策」，還有，「英國是一個大國，而在英國的對外政策中，我們扮演的是一個相對次要的角色」。據說，李維諾夫最標新立異的說法在於，他聲稱「我們在歐洲的利益與英國的利益並沒有衝突，到處都看到『英國之手』是一個大的錯誤」。他舉出的例證是波蘭的皮爾蘇茨基政變。這違背了斯大林的整個世界觀。甚至在亞洲，揭發者指出，李維諾夫認為英蘇雙方的利益也是相容的，認為蘇聯的對英政策是在製造噪音，是自己拆自己的台。他認為蘇聯軍方情報機關以及外交部門情報機關的報告，99%都是假情報或特工人員的幻想。揭發者指出，「李維諾夫同志一直強調，他在表達他個人的看法，而他個人的看法是與我們官方的政策相矛盾的」，還說那位副外交人民委員甚至警告說，蘇聯在犯下走向戰爭的大錯。[133] 在1927年2月12日的中央全會上，伏羅希洛夫匯報了蘇軍的備戰情況；政治局批評了他的提綱草案，認為「對於使全部工業和一般經濟適應戰爭的需要説得太少」。[134] 李維諾夫在發言中對國際形勢作了評估。對於李維諾夫的一貫主張，斯大林當然早就知道了。他在全會期間用鉛筆給莫洛托夫寫了一張便條，問是否應當發表一個糾正性的聲明。莫洛托夫回答説遇到一些冷嘲熱諷可能是正常的，建議讓這件事過去算了。李可夫寫道，「也許，斯大林應該發表一個警告性的聲明」。

但李維諾夫對此事揪住不放。1927年2月15日，他給斯大林寫了一封信，所有的政治局委員也都有一份。這位副外交人民委員在信中大膽地聲稱，外交人民委員部部務委員會「至少有95%的人，也許是100%，包括契切林在內」，都同意他的分析。李維諾夫承認，不存在來自東部的戰爭威脅，只是萬一西部發生戰爭，蘇聯在東部的後方存在一定的脆弱性。他還認為西部的威脅來自皮爾蘇茨基、波蘭的盟友羅馬尼亞，以及除(波蘭的敵人)立陶宛之外的所有「邊陲國家」。他強調説，波蘭是一個獨立的行動者，不是西方手中的玩物，不過他也承認，波蘭可能會利用蘇聯與西方的戰爭。因此，蘇聯的政策不僅應該儘量阻止波蘭與波羅的海沿岸國家結盟，還要爭取避免造成戰爭的一般條件，比如説人為造成的、會讓蘇聯在經濟上付出代價的英蘇衝突。還有，因為法國對波蘭的影響很大，李維諾夫強烈建議要加大努力，在拒不償還帝俄債務的問題上作出讓步，以便與巴黎達成協議。李維諾夫在原來的信件之外又加了幾頁(至少在存檔的卷宗裏是放在一起的)，進一步談到對德國的看法，強調德國不再出於權宜之計敷衍蘇聯並轉投西

623

方的可能性及其不良後果。他還把信的複印件給了外交人民委員部部務委員會的部分成員(鮑里斯·斯托莫尼亞科夫〔Boris Stomonyakov〕、特奧多爾·羅茨泰因〔Teodor Rotstein〕、拉柯夫斯基、克列斯廷斯基)。「我強烈要求政治局討論上述問題並向外交人民委員部指出哪些結論是不正確的」，李維諾夫在最後大言不慚地説——就好像他剛剛親自對政策作了全面的評論。

斯大林顯然非常憤怒。他給政治局起草了一份好幾頁內容的備忘錄，日期為2月19日，最終完成是在四天後，用的全都是紅色鉛筆。他開頭就指出，和李維諾夫的説法相反，他(斯大林)在全會上就反駁了李維諾夫的觀點，不是以自己的名義，而是代表整個政治局；而李維諾夫説得到了外交人民委員部部務委員會100%的支持，這和列夫·加拉罕(李維諾夫沒把自己的信給他)在全會上的話是矛盾的。關於問題的實質，斯大林再次強調頭號敵人是「英國的金融資產階級和保守黨政府」，他們「在執行的政策是要從東面(中國、阿富汗、波斯、土耳其)和西面(各邊陲國家等)把蘇聯包圍起來」。他嘲笑李維諾夫説的「如果關係惡化，那首先是錯在我黨的報刊和演説家，好像要不是因為這些罪惡(報刊和演説家的極端言論)，我們就會跟英國簽了條約」。英國竭力阻撓蘇聯在中國的革命的和進步的政策，而這樣的政策，斯大林堅持認為，對蘇聯的安全和世界的解放至關重要。斯大林進一步指出，李維諾夫錯誤地理解了蘇聯的對德政策，「把所有資產階級國家都混為一談，沒有把德國同其他『大國』區分開來」。斯大林自己似乎就是這樣做的。他強調中央十分清楚蘇聯的經濟發展必然會引起與資本主義國家的衝突。「我們不能抱有幻想，以為可以同『所有』資產階級國家建立『良好的』和『友好的』關係，」他寫道，「在將來的某個時刻，與那些眾所周知最敵視我們的資產階級國家發生嚴重的衝突，這種必然性既不可能靠報刊上溫和的語調，也不可能靠外交人員充滿洞察力的經驗去避免。」一個社會主義國家，斯大林最後説，「必須實行社會主義的外交政策」，而這就意味着「與各個所謂的大國的帝國主義政策」沒有共同的利益，只是「利用帝國主義分子之間的矛盾」。

624

不出所料，政治局在2月24日通過了領導人關於蘇聯外交政策的設想與目標的聲明，決定要求外交人民委員部必須服從中央的指示，不要再糾纏於英國人是不是「主要敵人」的問題。巧合的是，英國外交大臣同日向莫斯科遞交了一份措辭嚴厲的照會，裏面摘錄了很多蘇聯領導人的講話，要求蘇聯立即停止反英宣傳，停止為國外的革命提供軍事援助。從英國政治人物的演講中，也可以收集到有關蘇聯的一模一樣的「宣傳」言論，然而英蘇關係還是像李維諾夫警告的那樣處在刀鋒之上。不過，外交人民委員部在受到斯大林的嚴厲批評後，仍然用威脅對倫敦作出了回應。[135]

斯大林顯然在無意中讓蘇聯陷入了一種受到圍攻的境地。在英國遞交照會的第二天，列寧格勒幾個工廠的工人舉行罷工，不滿分子還在該市的瓦西里島策劃了示威活動，要求言論和新聞的自由，要求自由選舉工廠委員會和蘇維埃。政權非但沒有把它看作是表現了工人的強烈願望，反而認為無產者們主動充當了國際資產階級外來干涉的幫兇。[136] 奧格伯烏報告說社會上出現了各種各樣的失敗主義言論，在這種情況下，斯大林開始試圖打壓造謠行為。「無論今年春天還是秋天，我們這裏都不會有戰爭，」按照《真理報》(1927年3月3日)刊登的內容，他對莫斯科鐵路工廠的工人說，「今年不會有戰爭，是因為我們的敵人還沒有作好戰爭準備，是因為我們的敵人比誰都懼怕戰爭的後果，是因為西方工人不願和蘇聯作戰，而沒有工人，作戰就不可能，最後是因為我們堅定不移地執行和平政策，這種情況使敵人難以和我國作戰。」[137]* 但他收到的報告不斷提出蘇聯的大後方問題。「一旦外部出現困難，」中央消費合作社的一名高級官員在那年春天寫信給斯大林和政治局說，「我們在農村並沒有一個安全的後方。」他主要是認為，目前農產品和原材料的出口水平——「不到戰前的一半」——無法承擔勢在必行的工業化費用。[138]

625

* 譯註：《斯大林全集》第9卷，第155頁。

內爆

列寧曾經教導，如果能夠切斷資本主義與它從中獲得廉價勞動力、原材料和市場的殖民地和半殖民地的聯繫，那麼它的力量就會被削弱，也許還是致命的削弱。他還認為殖民地人民是歐洲先進國家無產階級革命的「戰略後備」。[139] 因此，蘇聯的戰略不會僅僅依靠，甚至不會主要依靠亞洲的共產黨人，而是要把階級敵人——民族資產階級政黨——當作朋友一樣對待，並制止外國共產黨人建立蘇維埃。印度共產黨人羅易反對列寧的觀點，並要求在殖民地世界也建立蘇維埃，列寧仍堅持認為，總的來説，殖民地的工人數量太少，力量太弱，不足以奪取政權，但他也承認，在某些情況下，蘇維埃是合適的。這樣一來，無論是反對建立蘇維埃還是建立蘇維埃，都完全符合列寧主義。

斯大林對亞洲的看法是在列寧主義的模式下逐步形成的。他認為殖民地的共產黨和工人應該支持各獨立的「革命民主主義的民族」國家聯合起來反對「帝國主義力量」，這種鬥爭不同於布爾什維克革命，而是類似於俄國1905年和1917年2月的事件。「1917年10月，國際條件對於俄國革命極為有利，」他在1926年對印度尼西亞共產黨人説，「現在不存在這樣的條件，因為沒有帝國主義戰爭，帝國主義分子之間沒有分裂……因此，你們必須從革命民主主義的要求開始。」[140] 但斯大林也建議説，所謂的殖民地世界與資產階級的同盟必須是一個「革命陣營」，是「共產黨與資產階級革命政黨」的聯合。他考慮的模式是中國。

1920年代的中國仍然處於1911年帝制垮台和共和國創立後的四分五裂的狀態。首都北京的準政府得到了國際社會的承認。但它其實只是地方性的軍閥政府，是全國眾多掌握了區域性政權的軍閥政府之一。南方的廣州有一個與北京敵對的政府，那是國民黨人建立的，這一運動試圖吸引社會下層，但並非以階級為基礎；相反，國民黨是一個吸納了三教九流的民族主義運動，吸引力很大，但也很散漫。與此同時，在中國有大量的蘇聯顧問，在他們的幫助下，一個由富有戰鬥精神的知識分子組成的鬆散的集體轉變成了中國共產黨。中國共產黨把自己與棉紡廠、碼頭、發電廠、鐵路和電車公司、印刷廠、精密機械製造廠的勞

626

工運動結合起來，在傳播民族主義思想的同時也在傳播有關階級的政治詞彙和世界觀。[141] 當1921年7月中國共產黨在上海法租界的一所女校召開成立大會的時候，出席大會的有兩名共產國際的官員、中國共產黨中一位不能參加會議的重要人物的特使，以及代表了總共53名黨員的12名代表。[142*]（毛澤東作為內地湖南省的代表出席了大會。）到1926年中期，中國共產黨已經發展到大約2萬人。到1926年7月為止，名冊上專職的黨務人員只有120人，大多是在上海、廣州和武漢。[143] 不過，從1926年7月開始不到一年的時間，黨員人數就增加了三倍，達到近6萬人。[144] 國民黨也在蘇聯顧問的幫助下，從鬆散的人際網絡轉變為一個同樣帶有列寧主義特色的層級制軍事化政黨。國民黨黨員的數量大約比共產黨多出五千餘人，而且他們受過更好的教育，有五分之一的人讀過大學。但是在國民黨中，黨員常常只是一種身份的標誌：在一份調查表中問及他們參加與黨有關的活動的情況時，超過三分之一的人回答「無」。另有50%的人聲稱做過一些宣傳工作。只有6%的人參加過群眾活動。[145] 共產黨員是一群活動家。不過，兩個政黨誰都不是真正的群眾性的政黨：中國有將近5億人口。

共產國際的政策迫使中國共產黨人成為與國民黨的聯合政府中的初級合夥人，目的是強化後者「反帝」（英國的影響）的堡壘角色。為此，蘇聯顧問不僅在中國建立了兩個存在激烈競爭關係卻被迫結為同盟的平行政黨，還建立了一支有紀律的真正的軍隊。[146] 蘇聯人拒絕了國民黨創始人孫中山提出的把紅軍部隊派到滿洲的請求，認為那帶有危險的挑釁性質，有可能招來「日本的干涉」。[147] 但蘇聯人確實為他提供了武器、資金和軍事顧問。蘇聯人每年為中國共產黨送去一筆可觀的援助，大約10萬美元，但每年給國民黨的軍事援助達到一千多萬盧布。[148] 這其中有一部分用於1925年在廣州附近開辦的黃埔軍校，該校由孫中

627

* 編註：中共一大會址為法租界望志路106號（李漢俊私宅）。博文女校是會議代表的臨時寓所，他們在此召開「預備會」。兩名共產國際官員是馬林和尼克爾斯基。包惠僧受陳獨秀委派參會，也是廣東代表，算他在內，一共有13位中共黨代表出席會議。詳見石川禎浩《中國共產黨成立史》（增訂版）（袁廣泉、瞿艷丹譯，香港中文大學出版社，2021），頁1–2，243–249。

山的門徒兼參謀長、曾在日本受過訓練的蔣介石(生於1887年)領導。[149] 1925年3月12日，孫中山因肝癌去世，享年58歲。此後，蔣贏得了繼位之爭。一位顧問稱他「自負、矜持，而又野心勃勃」。不過，這位蘇聯顧問認為他還是有用的，只要他能得到「恰當的表揚」和「平等」對待，「而且絕不表現出想要奪取他哪怕是一丁點的權力」。[150] 事實上，那裏的蘇聯顧問往往一邊高估了自己的專家意見和建議，一邊看不起中國軍官，並且經常侵佔名義上由中國人負責的職務。不過，黃埔軍校仍然幫助造就了由蔣介石指揮的中國最強大的軍隊。[151]

從思想上來說，列寧主義中反帝國主義和反資本主義的成分兼而有之，但中國的許多知識分子，包括那些成為馬克思主義者的知識分子，都認為由於中國遭受外國列強的蹂躪，所以反帝的任務才是根本。[152] 托洛茨基在一條給自己的筆記中稱，「〔在中國，〕對我們來說，主要的特點不是民族壓迫這個一貫存在的事實，而是不斷改變的階級鬥爭的進程」——這和中國國內的情緒恰好相反。[153] 斯大林認為世界革命需要所謂的「資產階級的」國民黨打敗軍閥以及為他們出錢的帝國主義分子，進而統一中國，認為共產黨應該同「革命的資產階級」聯合起來，但也要準備好在某個時刻最終採取獨立的行動。[154] 因此，對斯大林而言，中國共產黨與國民黨的聯合本身就預設了背叛：共產黨要在共同開展的運動的基層贏得地位，然後像力學中一樣，自下而上地撬動。[155] 這會讓中國共產黨能夠從內部奪取「革命」。蘇聯的政策要求共產黨和國民黨的聯合是一種「黨內合作」。

與在德國、保加利亞以及愛沙尼亞的失敗相比，中國一直是共產國際成功的典範。[156] 但實際上，共產國際的眾多顧問都支持他們自己的門徒互相拆台，令中國政壇四分五裂。「日前在和斯大林長談的時候情況變得很明顯了，他以為共產黨已經融入到國民黨中，以為他們缺少獨立的、固定的組織，以為國民黨在『虐待』他們，」被稱作沃伊京斯基(Voitinsky)* 的格里戈里 · 扎爾欣(Grigory Zarkhin) 1925年4月25日對蘇

628

* 編註：又譯作維經斯基，中文名吳廷康。

聯駐北京大使列夫·加拉罕説，「斯大林同志在對共產黨的依附地位表示遺憾的同時，顯然認為這樣的狀況從歷史的角度來説，是目前不可避免的。當我們解釋説共產黨有自己的組織而且比國民黨更有凝聚力，説共產黨在國民黨內部有批評的權利，説國民黨自身的工作很大程度上是由我們的同志在做的時候，他感到非常意外。」沃伊京斯基認為斯大林的看法是受到人稱鮑羅廷(Borodin)的米哈伊爾·格魯森貝格(Mikhail Grusenberg)的報告所誤導。鮑羅廷是白俄羅斯猶太人，在拉脱維亞受的教育，在芝加哥做過一所學校的校長。[157] 但是，照理説應該支持內部聯合的沃伊京斯基卻竭力主張共產黨獨立。事態也在朝着這個方向發展。

潛在的最嚴重的矛盾或許是蔣介石對共產黨的不信任，雖然他很想得到蘇聯的軍事援助。1923年，蔣曾經以孫中山的名義率代表團訪問莫斯科。「根據我看到的來判斷，要信任俄共是不可能的，」他在一封私人信件中寫道，「在蘇維埃俄國的時候，對於他們告訴我們的，大概只能相信30%。」[158*] 1926年3月20日，他強行逮捕了軍隊裏的所有政治委員——他們大多是共產黨員——並軟禁了蘇聯顧問，解除了工人罷工委員會的武裝。蔣想要鎮壓工會，想要出兵撲滅農民騷亂(並搶走他們儲備的糧食去養活軍隊)。他還讓他的憲兵嚴刑拷打中國共產黨人，以獲得有關各種密謀的情報。中共再次正式要求莫斯科同意退出黨內合作並對蔣介石予以回擊，但斯大林不同意。1926年5月，蔣指使國民黨中央執行委員會，開除了所有擔任高級職務的共產黨人，雖然他的確釋放了被關押的蘇聯顧問。在莫斯科，政治局的一個委員會在5月20日聽取了有關蔣介石「政變」的報告。[159] 但斯大林贊成黨內合作。[160]

托洛茨基不太關注中國。[161] 他倒是主持了一個委員會，該委員會因為擔心英日結盟而主張搶先一步，宣佈滿洲「自治」，實際上就是給日本行賄，主動送上一個衛星國，就跟蘇聯人得到外蒙的方式一樣。[162] 但托洛茨基要去柏林治病，所以在公開場合依舊對中國問題保持沉默。　629

---

* 編註：蔣介石書信原文為：「以弟觀察，俄黨殊無誠意可言，即弟對兄言俄黨所言只有三分可信者，亦以兄過信俄人，而不能盡掃兄之興趣也。」與此處略有出入。見〈蔣介石致廖仲愷函〉，1924年3月14日，載於《蔣介石年譜初稿》(中國檔案出版社，1992)，第167頁。

但季諾維也夫引發了爭吵，這激怒了斯大林。長期以來，季諾維也夫一直是共產國際中黨內合作政策的主要支持者，甚至說過國民黨是「工農的（多階級）政黨」。直到1926年2月，季諾維也夫仍然竭力主張，接受國民黨加入共產國際的請求。[163]

1926年7月，為把國民黨的統治範圍擴大到全中國，在南京國民黨政府的蘇聯首席軍事顧問瓦西里·布柳赫爾（Vasily Blyukher）的策劃下，蔣介石發動了北伐。1926年7至12月，當統一中國的攻勢正在激烈進行的時候，國民黨發生了分裂：左派以上海西邊長江流域的中心城市武漢——由漢口等城市組成的城市群*——為根據地建立了自己的軍隊。北伐期間，蔣不顧鮑羅廷的強烈反對，決定向東部的上海推進。在他的軍隊到達該市外圍的時候，共產黨影響下的上海市工會號召舉行總罷工並動員了糾察隊，第三次試圖把上海從軍閥統治者手中奪過來。到1927年3月底，在這個擁有近300萬人口的城市，罷工工人已達50萬。上海的起義超出了「黨內合作」政策的範圍；當地中共領導人的目的是成立一個能夠管理該市的蘇維埃。但共產國際命令上海的共產黨人收起自己的武器，不要反對蔣的軍隊，結果，蔣的軍隊在4月1日順利進入上海。「蔣介石在遵守紀律，」4月5日，在莫斯科工會大廈的圓柱大廳，斯大林對與會的大約3,000名工作人員說，「為甚麼要搞政變？為甚麼要在我們擁有多數而右派也聽從我們的時候趕走右派？」斯大林承認「蔣介石也許並不同情革命」，但又說這位將軍在「領導軍隊，而且除了反對帝國主義分子，不可能做出別的事情」。斯大林強調說，國民黨右派「與富商們有聯繫，因此可以從他們那裏籌錢。所以，對他們要一直利用到最後，要把他們像檸檬一樣榨乾，然後扔掉」。[164]

不過，災難來臨的徵兆隨處可見。1927年4月6日上午11時，一大群人襲擊了蘇聯駐北京大使館，該市警察在徵得外國駐華公使團同意後，進入蘇聯大使館院內，拉走了可以證明蘇聯在中國支持顛覆活動

---

* 編註：1926年仍是漢口、武昌、漢陽三鎮分立；1927年1月，國民政府將三者合併為武漢市。

630

的罪證文件。[165]與此同時，在上海，蔣介石手下的特務處處長*正在同一些幫派老大商量，如何對赤色分子發動襲擊。4月12日，幫會和國民黨軍隊招募的非正規武裝人員摧毀了中共在上海的總部。†接下來的兩天，他們在上海的幾個主城區，在傾盆大雨中用機槍和步槍屠殺共產黨人和勞工積極分子。被殺害的有數百人，或許更多；從工人那裏沒收的步槍有幾千支；共產黨人遭到挨家挨戶的搜捕。[166]共產國際命令該市工人避免與正在屠殺他們的蔣介石部隊發生衝突。命令沒有執行，可不光彩的是，也一直沒有取消。[167]倖存的共產黨人逃到了農村。

4月13日，原計劃為期三天的蘇聯中央全會在莫斯科召開。激烈的爭論大多圍繞經濟問題。但季諾維也夫的一位支持者提出增加一項議程，檢討在中國革命問題上的政策；斯大林不停地打斷他的發言，但接着又答應討論這個問題。然後，季諾維也夫突然向全會提交了五十多頁「提綱」，指責斯大林在中國問題上犯下的錯誤，認為在中國工農被迫揭竿而起，同國民黨戰鬥的時候，中國社會主義革命的時機已經成熟，而蔣介石領導下的國民黨注定會實行阿塔圖爾克在土耳其實行的那種反社會主義的獨裁制度。[168]圍繞蔣的襲擊，托洛茨基和斯大林在4月15日的會議上進行了交鋒。

> 托洛茨基：到現在為止，這件事一直得到了你的幫助。
> 斯大林（插話説）：得到了你的幫助！……
> 托洛茨基：我們並沒有提高蔣的地位，我們並沒有把自己親筆簽名的肖像送給他。
> 斯大林：哈，哈，哈。

事實上，蔣介石是共產國際執委會的名譽委員，而且就在他4月12日對中共發動襲擊的幾天前，布爾什維克上層還收到過共產國際分發的由他親筆簽名的相片（很快就有來信要求歸還那些相片）。[169]斯大林派大叫大嚷，要求暫停全會的速記記錄，結果全會沒有答覆反對派的指

* 編註：即楊虎，時任總司令部特務處處長。
† 編註：即「四一二事件」。

控就休會了。斯大林倒是允許把季諾維也夫的提綱附在會議記錄的後面，但中央委員會的新聞部門下發的秘密通告警告，全會禁止公開討論631中國事件；與此同時，有幾個省的黨報刊登文章，針對在中國的失敗，試圖駁斥反對派的觀點。[170]

從馬列主義理論來看，蔣和資產階級「背叛」了中國革命，與封建勢力以及為封建勢力撐腰的帝國主義者站到了一起。實際上，蔣並不是出於金錢利益的考慮，他只是反對共產主義。蔣不讓鮑羅廷和布柳赫爾「逃跑」，而且即便是在屠殺事件發生後還在繼續向莫斯科邀寵。說實話，對斯大林而言，強大的國民黨軍隊似乎依然是實現中國的統一與穩定的最佳選擇。為了打倒軍閥和趕走帝國主義者，蔣不惜付出巨大的代價，繼續向北推進。1927年五一節當天，蔣的肖像和列寧、斯大林、馬克思的肖像一起，並排通過紅場。但有人指責斯大林，說他站在「反動的」資產階級一邊，背叛了中國革命。到1927年3月31日才第一次公開批評中國政策的托洛茨基，開始主張——主要是針對過去的事情——蘇聯應該允許中共退出黨內合作並成立蘇維埃。[171]但中共直到國民黨掃除軍閥、統一中國的北伐期間，才成了一支全國性的政治力量。反對派的批評雖然為時已晚而且是紙上談兵，卻反映了一點，即本以為會由中共從內部接管的黨內合作，反而讓國民黨接管了。由於蘇聯，國民黨有了軍隊，而中共卻沒有。直到很晚的時候，國民黨軍隊才有了共產黨的基層組織，而即便到那個時候，基層組織的力量仍然很弱。[172]

斯大林曾誇口說黨內合作埋藏着最終的背叛，他說對了，但他不是那個背叛者。蔣介石比他搶先一步，而與此同時，斯大林還在完全依靠蔣，把他作為工具，以削弱英國在中國的影響(「帝國主義」)。

蘇聯的對外政策看來陷入了自己造成的死胡同。契切林長期在法國的里維埃拉和德國療養，想要治好自己的病——不都是由於心理原因造成的(糖尿病、多神經炎)。他寫信給斯大林和李可夫，說布哈林在蘇聯報刊發表的反德文章很白癡，造成了很大損失，「我正在返回莫斯科，以請求解除我在外交人民委員部的職務」。[173]不過，眼前更讓人擔632憂的是英國。1927年5月12日，倫敦的英國警察對全俄合作社的駐地

(沼澤門49號)開始了持續四天的大搜查,而此次行動依據英國的法律進行;蘇聯官方的貿易代表團的辦事處也設在同一棟建築。保險櫃和保險箱被風鑽破開,文件被拉走。[174] 密碼人員挨了打,密碼本被沒收;列寧的肖像受到污損。[175] 幾年前類似的事件曾經嚴重損害了蘇德貿易;這一次,莫斯科也沒有「示弱」。5月13日,政治局決定發動媒體戰並舉行公開的示威活動,譴責英國的戰爭販子行徑。[176]

幾乎就在此時,日本拒絕了蘇聯為簽訂互不侵犯條約而再次作出的試探。[177] 好像這還不夠讓斯大林操心似的,蔣介石的行動又給托洛茨基的誇誇其談增添了新的內容。「斯大林和布哈林在背叛布爾什維主義最核心的東西,在背叛無產階級革命的國際主義精神」,托洛茨基向克魯普斯卡婭申訴說(1927年5月17日)。「1923年德國革命的失敗,在保加利亞和愛沙尼亞的失敗,英國〔1926年〕總罷工的失敗,以及4月份中國革命的失敗,全都嚴重削弱了國際共產主義運動。」[178] 第二天,共產國際第八次擴大全會開幕,斯大林決心讓自己在中國問題上的路線再次得到確認。[179] 在5月24日的演說中,他奚落托洛茨基,聲稱「與其說他像個英雄,不如說像個演員,把演員和英雄混為一談無論如何是不行的」,而在談到英國的首相時,他還說,「正在建立一種從〔奧斯丁·〕張伯倫到托洛茨基的統一戰線之類的東西」。[180]* 托洛茨基回擊道:「沒有甚麼比斯大林的錯誤政策,尤其是在中國的錯誤政策,對張伯倫的工作促進更大了。」[181]

感受到威脅的斯大林採取了行動。不出所料,共產國際全會通過決議,「宣佈反對派(托洛茨基、季諾維也夫)的提議明顯帶有機會主義和投降主義性質」。[182] 但在5月27日,英國保守黨政府宣佈斷交,給了蘇聯專政者當頭一棒。[183] 斯大林大怒:帝國主義者庇護反蘇流亡組織,資助蘇聯領土上(烏克蘭和高加索)反蘇的民族地下運動,派遣大量特務,還裝模作樣,指責共產國際的所謂顛覆活動?!但這畢竟是個打擊。英國已經成為蘇聯最重要的貿易夥伴之一。[184] 看來英國保守黨有

---

* 譯註:《斯大林全集》第9卷,第258、282頁。

可能正在動員他們的工人階級與蘇聯人開戰。蘇聯報刊紛紛警告說戰爭即將來臨，同時召開群眾大會，討論備戰問題，結果適得其反，引發失敗主義言論。[185] 斯大林知道英國並沒有準備入侵，但他仍然認為，帝國主義分子肯定會挑起代理人戰爭。李可夫的看法似乎也一樣。[186] 據說英國一面努力促成德國與波蘭的和解，一面忙於建立一個由羅馬尼亞、芬蘭以及波羅的海沿岸國家組成的廣泛的反蘇集團。[187]

633

迫於當前的壓力，斯大林在中國問題上開始變臉。1927年6月1日，他給駐在國民黨左派根據地武漢的幾名共產國際代表發了一封長篇電報，指示他們組建一支5萬人的革命軍隊，把「反動」軍官送交軍事法庭，禁止所有與蔣介石的接觸——蔣介石是現有軍隊的總司令，所有士兵和軍官都對他宣誓——並約束農民的「過火行為」。[188] 這樣的命令沒有辦法執行。收到電報的馬納本德拉．納特．羅易把它給國民黨左派的領袖*看了，而這位領袖已經在考慮同南京的國民黨右派和解，此時他看到了莫斯科自身背叛的證據。[189]

恐怖主義

儘管形勢嚴峻，斯大林依然在1927年6月5日開始了夏季度假，地點是他鍾愛的索契，而這次是住在比較豪華的七號別墅——按照前主人的名字被叫做「普扎諾夫卡」，位於索契和馬采斯塔之間的一個懸崖上。「當我們醫生到達別墅時，娜捷施達．謝爾蓋耶夫娜．阿利盧耶娃招待了我們，她是個非常可愛而好客的女人，」伊萬．瓦列京斯基回憶說，「那年我給斯大林做過三次檢查，分別是在他開始做馬采斯塔浴療之前、期間和結束的時候。就和上一年一樣，斯大林說他四肢肌肉酸痛。」斯大林還做了X光和心電圖檢查，未發現任何異常。就連血壓的測量結果也是正常的。「從這次檢查的情況來看，總的來說，斯大林的身體非常健康，」瓦列京斯基回憶說，「我們發現他性格開朗，表情專注

---

* 編註：即汪精衛。

而且充滿活力。」泡了溫泉後，還要躺很長時間，光着身子，只裹一條浴巾，好讓血液流向皮膚、肌肉和四肢。「這種治療方法讓斯大林的手腳變得暖和起來」，瓦列京斯基寫道。在做了浴療後，斯大林請瓦列京斯基和其他醫生在星期六喝了「白蘭地」，一直喝到星期天凌晨。聚會開始時，瓦夏和斯維特蘭娜出現在露台上。「約瑟夫·維薩里奧諾維奇*變得活躍起來，開始和他們玩打仗的遊戲，對着目標射擊，事實上，斯大林打得非常準。」[190]

634

在斯大林開始度假的第二天，俄羅斯社會主義聯邦蘇維埃共和國的刑法典新增了一項關於反革命罪的法律條文。對於反革命罪，過去的定義籠統而模糊，而現在，其範圍擴大了。哪怕是試圖「削弱」而不是推翻蘇維埃制度都是反革命；針對政權工作人員或工人運動代表的「恐怖主義行為」，與武裝暴動同等對待，要被處以死刑；對反革命罪行知情不報的懲罰從一年提高到十年。[191] 這是斯大林的建議，而導致他這樣做的原因是奧格伯烏誘捕流亡分子的雙面遊戲「托拉斯」行動的曝光，隨後在6月3日有幾名雙面間諜受流亡分子的逼迫，試圖在莫斯科奧格伯烏的宿舍（在小盧比揚卡街3/6號）引爆炸彈，結果沒有成功。[192] 但是在6月7日，一個奧格伯烏所不知道的、由流亡分子組成的單獨的恐怖小組真的在位於莫伊卡運河59號列寧格勒黨組織的中心俱樂部引爆了炸彈，至少炸傷26人，其中1人不治身亡。參與行動的3名恐怖分子設法回到了芬蘭。[193] 同一天，在華沙火車站的站台上，發生了一起更大的恐怖行動：在獨立的立陶宛國內一家白俄羅斯語報紙工作的記者鮑里斯·科韋爾達（Boris Koverda）槍擊了蘇聯駐波蘭使節彼得·沃依柯夫。逃亡的君主派分子盯上沃依柯夫，是因為他曾經是殺害羅曼諾夫全家的烏拉爾蘇維埃的主席。[194] 但至今仍然讓人想不通的是，一個反共流亡分子19歲的兒子如何避開車站裏穿着制服和便衣的眾多警察；實際上，科韋爾達是怎樣知道沃依柯夫那天早晨要到車站的，現在也還是一個謎。[195]（沃伊柯夫到車站去，是為了給被逐出倫敦後途徑那裏返

---

* 編註：即斯大林，他的本名是約瑟夫·維薩里奧諾維奇·朱加施維里。

回莫斯科的蘇聯外交人員送行。）一小時後，39歲的沃依柯夫死於波蘭一家軍醫院。

對斯大林來說，在波蘭領土上的這起可疑的暗殺，是緊跟在英國人在倫敦的突擊搜查、英國人的斷交，以及中國的國共關係破裂——為了不讓帝國主義者立足，蘇聯調整了在那裏的政策——後面的。「我覺得是英國在操縱，」他在莫洛托夫6月8日發來的報告沃伊柯夫遇害的密碼電報的背面寫道，「他們想挑起（我們）與波蘭的衝突。他們想再來一次薩拉熱窩事件。」斯大林建議搞一兩次對英國間諜的審判，並且還命令說，「立即宣佈把關在我們監獄和集中營裏的重要的君主派分子當作人質」，要槍斃「五到十個」，同時在報刊上發佈公告。[196] 莫洛托夫把斯大林的指示變成了政治局的命令。那天，奧格伯烏又增加了一些超出常規司法程序的權力，包括為加快案件審理速度而重新啟用被稱作「三人小組」的緊急特別法庭（只在某些省份得到正式批准，以幫助平定叛亂）。[197] 莫洛托夫在6月9日回覆說：對於發佈採取報復性鎮壓措施的政府公報的必要性，少數同志有過猶豫，「但現在大家都認為那正是時候」。[198] 6月9日的夜裏，不久前作為君主派「組織」成員被捕的大約20名貴族被控圖謀對蘇聯領導人採取「恐怖行動」，未經審判就被處決了。據說有5個是英國情報機關的特務。[199] 為了肯定那些處決，黨組織在許多工廠發動了集會，據說工人們以讚許的口氣說：「契卡終於幹事了。」[200]

635

「我個人的看法是，」斯大林在從索契發給明仁斯基的電報中寫道，「倫敦在這裏的特務隱藏得比看起來要深，不過他們會現身的。」他要求反間諜機關的阿爾圖佐夫把逮捕英國特務的事情公之於眾，以粉碎英國人招募特務的活動並鼓勵蘇聯青年加入奧格伯烏。[201] 7月，《真理報》報道說，處決了一幫「白衞恐怖分子」，據說他們是由列寧格勒的一名英國間諜指導的。[202] 1926年下半年一起間諜案都沒有的西伯利亞，1927年卻出了很多間諜案。[203] 明仁斯基暗中向政治局報告說，奧格伯烏進行了2萬次挨家挨戶的搜查，在全聯盟逮捕了9,000多人。[204]「恐懼的烏雲籠罩着整個社會，一切都陷入了癱瘓」，瑞典的一名外交官向斯德哥爾摩報告說。[205] 斯大林的想法正在同國家的政治氣氛融合在一起。

皇帝沒有穿衣服

持續的戰爭流言引發了搶購和囤積，還有人放話說，要是發生衝突，就拒絕作戰或者搞破壞，這些都是奧格伯烏的政治情緒報告中經常提到的，也是政權最擔心的。[206] 6月15日前後，契切林結束了他在歐洲的長期療養，返回莫斯科。「莫斯科的所有人都在談論戰爭，」他後來告訴美國的駐外記者、同情蘇聯的路易斯·費希爾(Louis Fischer)說，「我想勸他們不要相信。我堅持認為『沒有人打算進攻我們』。然後就有同事開導我。他說：『噓。我們知道。但我們需要用它來對付托洛茨基。』」[207] 契切林想要緩和國際緊張局勢的努力是可以理解的，但當時出現戰爭恐慌的直接原因在於革命所固有的多疑症(資本主義包圍)，再加上政權那帶有挑釁性質的外交政策。[208] 與敵人(資本主義列強)的交往只是權宜之計；國內的批評者，不管他們聲稱抱着甚麼樣的意圖，總是在破壞團結，削弱了受到包圍的蘇聯的力量，並會招引外部的敵人。黨內的官員在馬列主義理論修養上，並非全都很紮實，容易受到不良言論的影響。

636

當斯大林從索契寫信給莫洛托夫(6月17日)說「為了鞏固後方，我們必須立即阻止反對派」的時候，他不只是為自己着想，而毫無憤世嫉俗。[209] 與托洛茨基的鬥爭一如既往地帶有過多的個人恩怨，同時，在斯大林看來，這種鬥爭現在更是關係到國家安全的問題。在仔細看了中央監察委員會作出處罰決定的會議記錄後，斯大林憤怒地寫信給莫洛托夫(6月23日)說：「進行審判和作為原告的是季諾維也夫和托洛茨基，不是委員會的委員們。奇怪的是，委員會有些委員沒有到場。謝爾戈在哪裏？他去哪裏了，他為甚麼要躲起來？他真丟人……真的要把這份『記錄』交給托洛茨基和季諾維也夫散發出去嗎！我們正需要這個。」[210]

其實奧爾忠尼啟則當時是在場的：托洛茨基的長篇發言有一部分就是針對他的。「我認為，你們堅持的是於官僚和官員有利，而於群眾不利的方針。」他說道，不顧有人一再打斷自己的話，「在這些機構中，你們彼此得到有力的內部支持，互相包庇……」[211]* 但奧爾忠尼啟則並不

* 譯註：《蘇聯歷史檔案選編》第9卷，第482頁。

太贊成採取嚴厲的措施。在提到季諾維也夫和加米涅夫時，他說：「他們為我黨作了很多貢獻。」[212] 贊成和反對開除的票數幾乎相等。奧爾忠尼啟則、加里寧，甚至是憎惡托洛茨基的伏羅希洛夫都認為，把反對派委員開除出中央委員會這件事應該等到即將召開的黨的代表大會再決定。莫洛托夫讓加里寧改變了立場，同時斯大林堅持要求把自己缺席的一票算進去，從而形成贊成開除的多數。[213] 可奧爾忠尼啟則還是認為應該用訓誡代替開除。不過，托洛茨基告訴他，「消滅反對派只是時間問題」。[214]

斯大林抽空從索契與一位名叫謝拉菲姆·坡克羅夫斯基(Serafim Pokrovsky，出生於1905年)的年輕教師通了幾封信，後者與這位專政者就黨在1917年的政策是傾向於與全體農民聯盟還是僅僅與貧農聯盟這一問題進行了書面爭論。「在開始和你通信的時候，我以為是和一個追求真理的人來往，」這位專政者在1927年6月23日憤怒地指責這位教

637

師的妄自尊大，「要兼有無知之徒的無賴手段和本領有限的賣藝者的自滿心理，才能像你這位可敬的坡克羅夫斯基一樣隨意的顛倒是非。我想，已經到了和你斷絕書信往來的時候了。約·斯大林。」[215]* 斯大林**厭惡**有人指出他在理論問題上自相矛盾。

中國問題上的失敗有可能成為即將召開的黨的第十五次代表大會上最重要的議題，斯大林之所以要搶在大會前面開除托洛茨基等人，原因就在這裏。6月27日，托洛茨基寫信給中央委員會說：「這是革命以來最嚴重的危機。」[216] 斯大林路線的支持者抱着武漢的國民黨左派不放——共產黨在那裏佔據了兩個部長職務(農民和勞工)——但是在同一天，斯大林寫信給莫洛托夫說，「我擔心武漢方面會失去勇氣，結果投靠南京」(即蔣介石)。不過，斯大林仍抱有希望：「只要還有機會堅持，我們一定要堅決要求武漢方面不要向南京屈服。失去武漢這個獨立的中心，意味着至少失去革命運動的某個中心、失去工人自由集合和

---

* 譯註：《斯大林全集》第9卷，第285、290頁。

集會的可能性、失去共產黨公開存在的可能性、失去公開出版革命報刊的可能性——一句話，失去把無產階級和革命公開地組織起來的可能性。」他建議向武漢方面行賄。「我向你保證，額外給武漢方面300萬至500萬是值得的。」[217] 但莫洛托夫一反常態，變得驚慌起來。「只要一次投票就能決定性地結束這件事，」他在7月4日寫信給斯大林說，「我很想知道你是否可以提前回莫〔斯科〕。」莫洛托夫向斯大林告密說伏羅希洛夫——忠於斯大林的人的典範——「太過分了，竟然把『你在過去兩年的領導工作』說得一錢不值」。[218]

由斯大林任命的省級黨組織負責人在中央委員會有表決權的委員中要佔三分之二，但假如他明顯不能保衛革命，該機構仍會起來反對他。[219] 不過他並不驚慌。「我生病了，躺在床上，所以我說得簡單點，」1927年7月初的某個時候，他從索契給莫洛托夫寫道，「要是有必要，而且要是你把它延期，我可以來參加全會。」接着，國民黨左派的武漢政府解除了市裏工人的武裝，此事成為斯大林的又一把柄。不過，他繼續擺出一副泰然自若的樣子，在7月8日寫道：「我們盡可能地利用了武漢的領導層。現在到了拋開他們的時候了。」他是不是得了妄想症？「我並不擔心小組〔他的派別〕內部的狀況。至於為甚麼，我來的時候會解釋的。」但第二天，可能是充分領會了這一消息的含義，斯大林突然暴怒，指責莫洛托夫和布哈林在欺騙他（沒有提供武漢方面的全部的壞消息），指責伏羅希洛夫找藉口停掉了國防人民委員部給武漢的經費。「我聽說有人對我們在中國的政策感到後悔，」他在7月11日寫道，「在我來的時候，我會證明我們的政策過去是、現在依然是唯一正確的政策。」到7月15日，當武漢政權也對共產黨採取恐怖手段的時候，斯大林仍然拒絕承認錯誤。要是承認錯誤，實際上就是承認被妖魔化的反對派是有道理的，就是承認他們對政策的看法並不是出於對他個人的憎惡，因而不能說是叛國。證據顯示，斯大林當時為了把托洛茨基弄走，正在考慮把他送到國外，擔任駐日大使。但要是那樣，就會讓托洛茨基有機會利用斯大林在亞洲政策上的失敗，所以這位專政者很快就打消了這個念頭。[220] 不過，斯大林仍然拼命地想要除掉自己的死對頭。

638

變臉

1927年春天，伏羅希洛夫憂心忡忡地報告說，蘇聯現有的工業別說是先進武器，就連步槍和機槍也滿足不了紅軍的需要。[221] 上述事實在當時並不是甚麼機密。[222] 據警察機關的秘密報告說，有人聽到一名入伍的紅軍士兵說，「我們怎麼比得了」帝國主義者，「他們有軍艦、飛機、大炮，而我們甚麼都沒有」。[223] 難怪在1927年7月，當斯大林還在索契的時候，溫什利赫特為了爭取簽訂共同發展工業生產的協議而再次跑到柏林，告訴德國人說蘇聯預計會遭到波蘭和羅馬尼亞的進攻。蘇聯人的提議發展到驚人的規模，結果令德國人謹慎起來。英蘇關係破裂在德國外交部內部引發爭論，爭論的問題就如一名參與者寫的，是「對我們目前和將來的政治利益而言，德俄聯繫的意義是否大到值得讓德國去承擔維持這些聯繫所需付出的政治代價和風險」。有些德國人感到絕望。「蘇聯政府正在考慮不久的將來的大災難」，一貫持同情態度的德國駐莫斯科大使布羅克多夫—蘭曹伯爵報告說。[224] 柏林沒有接受溫什利赫特的提議。同沙皇時的情況相似，德國當時已經成為蘇聯最重要的兩個貿易夥伴之一(另一個是英國)，但是和蘇聯的需要相比，這還差得很遠，而且在政治方面，事實證明莫斯科還無法把柏林從倫敦和巴黎那裏撬走。可要是看到與德國的雙邊關係完全破裂，蘇聯人也受不了。[225] 而且，哪怕是到了現在斯大林也不願放棄讓德國幫助蘇聯發展軍工生產的想法。不過，黨的報刊仍在猛烈地指責德國。

639

斯大林提前結束度假，於7月23日星期六那天抵達莫斯科。[226] 按照計劃，全會將於六天後召開。在這危急關頭，7月28日，全會召開前夕，《真理報》刊登了斯大林一篇囉哩囉嗦的抨擊反對派的文章。「新的帝國主義戰爭的威脅這一問題是現時的基本問題，這是幾乎不能懷疑的了。」他強調說，「這裏所說的不是甚麼不固定的無形的新戰爭『危險』，而是一般新戰爭特別是反蘇戰爭的真正的實在的威脅……爭奪銷售市場、爭奪輸出資本的市場、爭奪通向這些市場的海陸道路，爭取重新分割世界的瘋狂鬥爭正在進行。」阻止帝國主義分子的，他斷言，是在面對蘇聯和國際無產階級所代表的革命的可能性時，懼怕會彼此削弱。「蘇聯人永遠不會忘記幾年前我國因英國資本家的恩賜而遭到的暴行、掠奪和軍事侵犯。」斯大林繼續説道，「但是英國資產階級是不喜歡用自己的手來作戰的。它總是寧願借別人的手來進行戰爭」，即尋找「甘願為它火中取栗的傻瓜」。因此，他得出的結論是，我們的「任務就是要鞏固我們的後方並清除其骯髒東西，毫不躊躇地懲辦『顯貴的』恐怖分子和縱火焚燒我們工廠的人，因為沒有鞏固的革命後方，就不可能有我國的國防」。斯大林斷言，英國人在資助烏克蘭和高加索、列寧格勒和莫斯科的反蘇地下組織，在資助「間諜恐怖集團炸壞蘇聯橋樑、燒毀蘇聯工廠、恐嚇和刺殺蘇聯駐外使節」。[227]* 這就是看待反對派問題的背景。

在全會上，莫洛托夫指控托洛茨基和加米涅夫在外敵雲集時破壞國家的後方，説這種人「應該關起來」。伏羅希洛夫的發言最嚴厲，他一度轉向季諾維也夫説，「你絕對甚麼都不懂」。托洛茨基當即反駁説：「你這話是在説自己。」托洛茨基指責伏羅希洛夫參與了貶黜自己上級（普里馬科夫、普特納）的陰謀。伏羅希洛夫反唇相譏，説托洛茨基在內戰中處死過共產黨員。托洛茨基：伏羅希洛夫「撒起謊來像個無賴」。伏羅希洛夫：「你才是無賴，是自封的我黨的敵人。」[228] 就這樣，會議連着開了幾天。13名中央委員遞交了一份「反對派綱領」，要求在即將召開的黨的第十五次代表大會上討論，但反對派中的阿道夫·越飛等人反對説，該文件沒有在他們當中商量過就交上去了——這種行為正是托洛茨基一直批評的「機關」作風。[229] 雖然斯大林強烈要求以派別活動為由驅逐季諾維也夫和托洛茨基，但全會採納了黨的中央監察委員會負責人奧爾忠尼啟則的建議，允許兩人在表態保持忠誠後留了下來。

640

中國政策依然是斯大林一方最棘手的問題。7月底，《真理報》表示，「〔建立〕蘇維埃的口號現在是正確的」。[230] 現在，共產國際批准在中國展開一系列的武裝行動，即後來所説的「秋收起義」。托洛茨基的批評戳到了斯大林的痛處，因為斯大林在中國資產階級成為反革命時，

---

* 譯註：《斯大林全集》第9卷，第291–297頁。

還以為它能夠領導革命。在聯席全會的發言中，斯大林說他沒有指示中共屈從於國民黨，也沒有不讓農民開展土地鬥爭。[231] 莫斯科全會期間，8月7日，中共在漢口召開緊急會議；為了挽救局勢，斯大林已經派去了格魯吉亞共產黨員和共青團工作人員貝索．羅明納茲(Besarion "Beso" Lominadze)。布哈林通過電報發去指示，批評中共領導層犯了「機會主義錯誤」。整個事情是一團糟：即將離職的中共中央未能預見黨內合作之中國民黨一方的背叛，因而受到指責，而這一合作是中國共產黨人不想參加卻被莫斯科逼着參加的；莫斯科不允許中國共產黨人建立蘇維埃，又指責他們解除了工農的武裝。最奇怪的是，中國共產黨人遭遇的國民黨「清黨」被說成是加快了中國革命中資產階級民主主義階段的進程。

損失慘重的中共現在只好準備發動自殺性的大暴動。[232] 蘇聯政治局——其中不再包括季諾維也夫、加米涅夫和托洛茨基——暗中指示共產國際把30萬美元的硬通貨偷偷地帶給中國共產黨人，而且斯大林還下令運去15,000支槍和1,000萬發子彈。[233] 就像毛澤東(生於1893年)在羅明納茲主持的漢口會議*上說的，「槍桿子裏面出政權」。但因為斯大林的緣故，國民黨掌握的槍桿子要多得多。

荒誕劇

641 短缺成了普遍現象，結果在警察機關的監視報告中，到處都反映出群眾與執政黨之間對社會主義的理解有分歧：對群眾而言，社會主義意味着自由、豐裕和社會正義；而對執政黨來說，社會主義意味着更嚴密的政治控制和為工業化作出的犧牲。「我們需要的是黃油，不是社會主義」，列寧格勒普梯洛夫工廠的工人在9月6日要求說。[234] 兩天後，因為反對派計劃將自己的「綱領」交給即將召開的黨的代表大會，政治局和中央監察委員會主席團召開聯席會議。已被開除出政治局的托洛茨

* 編註：即「八七會議」。

基和季諾維也夫又被召到那裏。季諾維也夫指出，在黨的全會上，當加米涅夫建議他們要拿出一份綱領的時候，沒有人表示反對，但現在又說這樣做是犯罪。當季諾維也夫和他以前的手下烏格拉諾夫爭吵起來而斯大林再次打斷發言的時候，季諾維也夫對他說：「你對我們幹盡了壞事。」莫洛托夫以嘲諷的口氣問季諾維也夫他和加米涅夫在1917年10月表現得「勇敢」嗎？季諾維也夫提醒他們說，1918年反對布列斯特—里托夫斯克條約的不僅有托洛茨基，還有布哈林，對此，卡岡諾維奇插話，「布哈林不會重複自己的錯誤」。托洛茨基的支持者尼古拉·穆拉洛夫把譴責反對派綱領的決議稱作連載小說，問他們敢不敢讓全體黨員都讀到它並由全體黨員自己作出決定。「母親們抱着孩子來〔參加黨的會議〕，宣讀決議的聲音被孩子喝奶的聲音打斷了，」他寫道，「孩子們把這種對反對派的仇恨和着母親的乳汁一起吸了下去。」布哈林責備受害者們說：「我認為是黨在遭到反對派有組織、有計劃的攻擊和侵犯。」季諾維也夫：「你不是黨。」布哈林：「賊總是喊『抓賊！』季諾維也夫總是做這種事。（大廳裏一片混亂。會議主持人搖鈴。季諾維也夫的驚叫都聽不見了。）」[235]

托洛茨基表現得也很兇猛。在輪到斯大林的心腹阿韋利·葉努基澤發言時，托洛茨基打斷了他的話，說葉努基澤在1917年「當我把你拉進黨內的時候，你一直是反對布爾什維克的」。托洛茨基堅持這樣說，結果葉努基澤爆發了：「聽着，從黨成立的時候開始，我就一直在黨內，而且比你早14年成為布爾什維克。」後來當魯祖塔克在這次會議上發言的時候，托洛茨基打斷他的話並指出，斯大林在背後貶低他的行政能力。「你是在夢裏看到的」，斯大林插話說。魯祖塔克回答說：「我知道你，托洛茨基同志。你專門誹謗別人……你忘記了號稱是斯大林在你家裏裝的那個著名的電話了。你撒起謊來〔關於竊聽的事〕就像個小孩子或小學生，而且拒絕做技術檢查。」托洛茨基：「電話被偷聽是事實。」在布哈林發言時，托洛茨基也打斷他的話，說布哈林在1918年與德國進行布列斯特—里托夫斯克談判期間曾想把列寧抓起來。「好極了，」布哈林回擊說，「你說那個時期很美好，說在布列斯特和約談判期間有廣泛討論和派別自由。而我們認為那是犯罪。」[236] 托

642

洛茨基發言時也揪住斯大林的短處，談到國內戰爭時的事情。「列寧和我兩次把他從紅軍調走，當時他執行了不正確的政策，」托洛茨基説，「我們把他從察里津調走，然後又把他從南方戰線調走，他在那裏執行了不正確的政策。」當斯大林打斷他的講話時，托洛茨基提到他從列寧那裏得到一份文件：「列寧寫道，斯大林頂撞最高總司令是錯誤的，他找茬是任性。事情就是這樣！」斯大林再次打斷他的講話。「斯大林同志，不要打斷我的講話，你照例會有最終決定權的。」斯大林：「為甚麼不呢。」[237]

輪到斯大林發言了。他否認自己兩次被調離前線，聲稱被召回的是托洛茨基，這讓托洛茨基不得不打斷他的話。斯大林：「你説的不是事實，因為你是一個可憐的懦夫，害怕事實。」托洛茨基：「你讓自己顯得很可笑。」托洛茨基指出，是黨讓他在國內戰爭中擔任而且一直擔任紅軍領導人的，斯大林實際上就是在誹謗黨。「你是一個可憐的人，」斯大林又一次説道，「喪失了基本的實話實説的意識，一個懦夫和破產的人，無恥而卑鄙，完全沒影子的事情也説得出。」托洛茨基：「那整個就是斯大林：粗暴而且不忠誠。是誰呀，領導人還是小販。」斯大林把規定的發言時間用完了，托洛茨基建議再給他五分鐘。斯大林：「托洛茨基同志要求中央與反對派平等，中央執行的是黨的決定，而反對派破壞這些決定。真是怪事！你以甚麼組織的名義有權用如此無禮的態度跟黨説話？」當季諾維也夫回應説在代表大會之前黨員有説話的權利時，斯大林威脅説要把他們趕出黨。季諾維也夫：「請不要趕，不要威脅。」斯大林：「他們説在列寧的領導下，政權是不一樣的，説在列寧的領導下，反對派成員沒有被扔到別的地方，沒有被流放等等。你們的記性不好，反對派的同志們。你們不記得列寧曾經建議把托洛茨基流放到烏克蘭了嗎？季諾維也夫同志，是不是有這麼回事？你為甚麼不吭聲了？」季諾維也夫：「我不是在受審。(笑聲，喧嘩聲，會議主持人的鈴聲。)」[238]

643

然後，爭吵突然又開始了。托洛茨基：「你們是不是隱瞞了列寧的『遺囑』？列寧在他的『遺囑』中揭露了斯大林的一切。沒有甚麼可以增減的。」斯大林：「要是你説有人在隱瞞列寧的『遺囑』，你就是撒謊。你很清楚全黨都知道這件事。就像黨清楚一樣，你也清楚，列寧的『遺囑』毀了你這位當前的反對派領導人……你很可憐，沒有實話實說的意識，一個懦夫，一個破產的人，無禮而且粗魯，竟然說些完全不符合實際的事情。」[239]

令人不解的是，斯大林當時為甚麼要把托洛茨基和季諾維也夫召到政治局，讓自己經受這一番唇槍舌劍？政治局的決議再次聲稱，反對派的提綱是要「建立一個托洛茨基分子的政黨，以取代列寧主義的政黨」。[240] 對於季諾維也夫反覆提出的公佈他們綱領的要求，斯大林的答覆顯然底氣不足：「我們不想把黨變成爭論俱樂部。」[241]

第二天，1927年9月9日，斯大林接待了一個由美國工人代表組成的代表團。他們想知道列寧是否以某種方式修正了馬克思主義，共產黨是否控制了蘇聯政府和工會，在缺乏政黨競爭的情況下，怎麼知道共產黨得到群眾的擁護。「代表團對於蘇聯無產階級剝奪了資產階級和地主的工廠、土地、鐵路、銀行和礦山大概不會表示反對吧。（笑聲）可是我覺得代表團有點想不通為甚麼無產階級不到此為止，還要更進一步，剝奪了資產階級的政治權利，」斯大林回應並反問他們說，「難道西方執政的資產階級對工人階級表示過一點點寬大嗎？難道他們不是正在把真正革命的工人階級政黨驅入地下嗎？有甚麼理由要求蘇聯無產階級對自己的階級敵人寬大呢？我以為邏輯上一定是這樣。」美國人還問到斯大林和托洛茨基的意見分歧。斯大林回答說意見分歧並不是個人的，而且已經在一些報告中得到了詳細的說明。[242*]

9月12日，托洛茨基前往高加索休假，但就在當晚，斯大林有了讓他意想不到的卑鄙行為。反對派當時決定，擅自散發為即將召開的黨的代表大會準備的綱領，於是其中有些人就用碳式複寫紙偷偷印出一些副本，但奧格伯烏的線人和密探已經滲透到這群人當中，並在9月12日和13日的夜裏突擊搜查了「地下印刷所」。[243] 涉事者當中有一個曾經是弗蘭格爾男爵手下的軍官，與「白衛分子」有關聯，又擁有軍官身份，結果此事被說成是有計劃的暴動。[244] 還有一個捲入「印刷所」醜聞的人

644

---

* 譯註：《斯大林全集》第10卷，第100、105頁。

信口開河，「供認」說自己原本打算像波蘭的皮爾蘇茨基那樣發動軍事政變。斯大林讓中央機關在9月22日政治局和中央監察委員會的會議上散發了很多份奧格伯烏的這些材料，然後又把「供詞」發給全體中央委員、共產國際執委會和各省的黨委書記。[245] 後來，在把人抓捕起來之後，有些中央委員還是不相信軍事政變的指控。[246] 而且，就像明仁斯基甚至斯大林後來承認的，那個白衛軍官**正是**奧格伯烏的線人。[247]

托洛茨基中斷了他避居南方的行程，返回莫斯科應戰，但等待他的是共產國際執委會9月27日的會議。在會上，由斯大林任命的全體外國共產黨的打手們先是用言語攻擊他，然後又把他從該機構開除了。布哈林在托洛茨基的面前一本正經地說：「對你來說，沒有共產國際，只有斯大林，最多是斯大林和布哈林，其餘的都是僱工。」斯大林總結說，「今天發言的人講得都很好，尤其是布哈林同志，我沒有甚麼要補充的」，而托洛茨基插話說，「你在撒謊」。斯大林：「這麼嚴厲的話你留着對自己說吧。你這樣罵人是在丟你自己的臉。你是個孟什維克！」只有青年共產國際的負責人、南斯拉夫人沃亞·烏約維奇 (Voja Vujović) 站在托洛茨基一邊，結果也被開除。[248] 9月底，《真理報》報道了一起已經破獲的、與英國和拉脫維亞情報機關指使的「君主派—恐怖分子」有關的案件：這裏出現了新的模因。[249] 以瓦西里·布柳赫爾為首的蘇聯軍事顧問從中國回來了，他們親眼看到所謂革命鬥爭搞砸之後會發生甚麼——蔣介石那樣的武夫奪權。[250] 在中共軍隊開始同國民黨開展游擊戰之後，斯大林正式改變政策，不再主張「資產階級」革命階段。《真理報》在社論 (1927年9月30日) 中對於成立「中國工農革命軍隊」表示歡迎。這看上去就像是偷偷接受了被打敗的反對派路線。[251] 它對中國會有甚麼影響——如果有的話——也需要拭目以待。

法蘇分裂

645 沙皇時代的財政大臣謝爾蓋·維特用舉借外債(長期貸款)的方式為1890年代俄國工業的快速發展(進口西方的機器設備)籌措資金，他要靠農民去償還這些外債(出口糧食)，同時還要在政治上加強與法國

(提供貸款的主要國家)的同盟關係,但是在1918年,布爾什維克拒不償還沙皇時代的債務,而且還不得已(無力償還)做了宣傳。[252] 此後,在與資本主義國家的幾乎所有的談判中,總是會提到償還這些債務的問題。從1926年起,莫斯科開始與巴黎進行秘密談判,提出每年償還6,000萬金法郎(約合1,200萬美元),**連續還62年**,以換取現在的2.5億美元的貸款。法國政府對於補償債券持有人、出售法國的資本貨物以及進口蘇聯的石油很感興趣,但是對於用納稅人的錢資助一個共產黨政權不感興趣。法國的保守派強烈反對。法國聯合政府因為別的原因倒台後,其繼任者增加了一個要求,賠償在俄地產被國有化的法國業主。1927年4月,在一起廣泛報道、轟動一時的案件中,法國反間諜機關抓獲了一百多名蘇聯軍事情報機關的特工人員,他們仰賴法國共產黨出謀劃策,而後者自然是處於警方的嚴密監視下。「發現的文件表明,」法國當局說道,「現在存在一個龐大的間諜組織,比戰爭以來發現的任何間諜組織都大得多。」[253] 醜聞發生的時候,蘇聯駐法使節克里斯季安·拉柯夫斯基所面對的就是這種令人擔憂的局面;他寫過一本關於政治家克萊門斯·馮·梅特涅親王(Klemens von Metternich)的小書,當上大使是因為支持托洛茨基而被變相流放。[254]

在1927年8月返回莫斯科磋商時,拉柯夫斯基在一份抗議聲明上簽了名;聲明呼籲「資本主義國家所有正直的無產者」要「積極致力於打敗自己的政府」,呼籲「所有不希望為自己國家的奴隸主效勞的外國士兵過來投奔紅軍」。[255] 通常,大使們是不會公開號召駐在國的群眾進行反叛的。但拉柯夫斯基這樣做遠遠不是出於他個人的喜好,而是涉及扭曲的蘇聯外交政策邏輯的核心——既要參與到資本主義世界的秩序中,又要努力推翻這種秩序。[256]

很快,拉柯夫斯基又說他的反叛號召不適用於法國(仍然適用於其他所有國家),並承諾簽訂相互「不干涉」條約,但法國國內反對恢復友好關係的人表示強烈譴責。「一個在家裏暫住的客人會承諾不偷銀器嗎?」報紙上問道。[257] 1927年9月,為了挽回局勢,蘇聯人竟然提出建議,要簽訂正式的互不侵犯條約——就差結盟了。他們甚至對蘇聯公眾說,會給持有沙皇時代債券的法國人支付大筆的補償款。「我們購買的

646

是與一個歐洲資本主義國家進行和平經濟交往的可能性，法國把這種可能性賣給了我們」，《真理報》解釋說。[258] 但一切都無濟於事。拉柯夫斯基被宣佈為不受歡迎的人，於是，他在10月中旬上了自己的小車，返回蘇聯。[259] 當他在巴黎的時候，莫斯科對自己的代表是全力支持的，可一旦回到國內，馬上就因為托洛茨基主義而將其開除出黨。「法國人把我趕出巴黎是因為我在抗議聲明上簽了字，」穿着一件漂亮的西式運動夾克的拉柯夫斯基對法國作家皮埃爾·納維爾(Pierre Naville)解釋說，「斯大林把我趕出外交人民委員部也是因為我在那份聲明上簽了字。但兩次他們都讓我留下了這件夾克。」[260](在回國時，蘇聯外交官需要交出除衣服之外所有在國外得到的東西。)漫長的法蘇談判破裂了。法國差點兒像英國那樣斷絕外交關係，但並沒有真的這麼做。接任的蘇聯大使會來到巴黎，可別說是法蘇條約，就連貸款協議的前景也是黯淡的。

最後的面對面鬥爭

1927年9月政治局會議上的激烈衝突在10月21至23日的中央委員會和中央監察委員會聯席全會上再次出現了。托洛茨基為了回擊擬議中的將他和季諾維也夫開除出中央委員會的決議，援引列寧遺囑說，「把斯大林調開，此人會把黨引向分裂和滅亡」。斯大林的親信們大聲起哄，說他是「騙子」、「叛徒」、「人渣」，當然，還有「革命的掘墓人」。托洛茨基伸出一隻手臂，在辱罵聲中繼續讀發言稿，「首先我想就所謂的『托洛茨基主義』問題講兩句。」他說，「為了製造『托洛茨基主義』，造假工廠開足馬力、晝夜不停地生產。」他還說：「列寧曾提到的粗暴和不忠順已不光是個人的品質，這已成了當權派別及其政策和制度的品質。」[261]* 他說的對。當托洛茨基揭露與反對派「印刷所」有聯繫的那位前弗蘭格爾手下的軍官實際上是奧格伯烏特工時，有人大喊「這不在會議議程的範圍」。卡岡諾維奇大叫道：「孟什維克！反革命！」會議主持人

647

* 譯註：《蘇聯歷史檔案選編》第10卷，第390–393頁。

一次又一次地搖鈴。[262] 有人把用來別住門的一卷經濟統計資料扔向托洛茨基；另外一個人潑了一杯水（就像沙皇時代杜馬中的右翼分子普利什凱維奇對待立憲派自由主義者米留可夫那樣）。速記員記錄了如下內容：「口哨聲再次響起。混亂越來越嚴重。甚麼也聽不到。會議主持人要求安靜。更多的口哨聲。『從台上下來』的叫喊聲。會議主持人宣佈休會。托洛茨基同志繼續讀他的發言稿，但一個字也聽不清。參加會議的人離開座位，陸續走出大廳。」[263]

斯大林做了充分準備。10月23日，他用他此時慣用的受了委屈的口氣開始發言：反對派在對他進行謾罵，「斯大林算得了甚麼，斯大林是個小人物。拿列寧來說，誰不知道以托洛茨基為首的反對派在八月聯盟期間曾經對列寧進行更無賴的攻訐。」接着他宣讀了托洛茨基1913年給卡爾洛·齊赫澤的不光彩的私人信件，其中指責了列寧「同志們，請注意字眼，是甚麼樣的字眼！這是托洛茨基寫的，而且寫的是列寧。連列寧的一隻靴子都不如的托洛茨基，對於偉大的列寧尚且如此放肆地藐視，現在他對列寧的許多學生之一的斯大林同志破口大罵，那又有甚麼奇怪呢！」

明仁斯基在發言中提到反對派的犯罪活動，援引被捕的那位弗蘭格爾手下的軍官和黨外知識分子的證詞，內容是關於反對派的非法印刷所以及他們同反蘇分子組成的「集團」，現在斯大林又提到了明仁斯基：「為甚麼需要明仁斯基同志做一個關於托洛茨基分子反黨非法印刷所的部分『工作人員』所聯繫的那些白衛分子的報告呢？第一、為了揭穿反對派在他們的反黨傳單上對這個問題所散佈的謊話和誹謗……從明仁斯基同志的報告中可以得出甚麼結論呢？……反對派建立非法印刷所，跟資產階級知識分子發生聯繫，而這些知識分子中的一部分人又跟策劃軍事陰謀的白衛分子有聯繫。」

斯大林談到了遺囑問題，提醒大家已經對參加黨代表大會的代表們宣讀過遺囑，而托洛茨基也公開發表過聲明，否認伊斯特曼所謂隱瞞了遺囑的說法。他讀了一段托洛茨基1925年聲明中的話，並說：「看來是很清楚了吧？寫這篇文章的是托洛茨基。」然後他讀了遺囑中提到季諾維也夫、加米涅夫和托洛茨基的那段要命的話，「看來是很清楚的了。」 648

他說「列寧在『遺囑』中斥責托洛茨基為『非布爾什維主義』，而關於加米涅夫和季諾維也夫在十月革命期間所犯的錯誤，則說這個錯誤不是『偶然的』，這的確是事實。這是甚麼意思呢？這就是說在政治上決不能信任托洛茨基……也決不能信任加米涅夫和季諾維也夫。」然後，斯大林讀了遺囑中關於他本人的那段內容，「一點不錯。是的，同志們！我對待那些粗暴而陰險地破壞並分裂黨的人是粗暴的。這一點，我過去和現在都沒有掩飾過。」斯大林的粗暴是**服務於革命事業的**。他的粗暴是**熱忱**。至於遺囑中要求的把他調開，「我在第十三次代表大會後的中央全會第一次會議上就請求中央全會解除我的總書記職務。代表大會本身就討論過這個問題。每一個代表團都討論過這個問題，所有代表團，連托洛茨基、加米涅夫、季諾維也夫也在內，都一致責令斯大林留在自己的崗位上。我有甚麼辦法呢？從崗位上溜掉嗎？這不合我的性格，我從來沒有從任何崗位上溜掉過，也沒有權利溜掉……只要黨責令我，我必定服從。一年以後，我又向全會提出辭職，但是全會又責令我留在崗位上。」[264]* 是的，他們像以往一樣，讓這位忠誠、謙卑的僕人留在了崗位上。當斯大林問，就同意許多同志提出的取消季諾維也夫和托洛茨基中央委員資格的要求，是不是還沒到批准的時間，在場的人們爆發出熱烈的掌聲。後來，《真理報》斷章取義地發表了托洛茨基的講話。同一天，它也發表了斯大林的講話，包括他讀到的列寧遺囑中談到自己的那幾段內容。[265]

斯大林和托洛茨基在黨的會議上的第一次直接衝突恰好是在四年前；1927年10月23日是他們最後一次碰面。第二天，按照黨的規定，有人交給托洛茨基一份「記錄稿」，要他修改或補充，托洛茨基不滿地說：「記錄中沒有顯示……主席團有人向我潑了一杯水……沒有顯示會上有人拽着我的胳膊想把我從台上拖走……當我發言的時候，雅羅斯拉夫斯基同志把一本統計手冊向我扔過來……使用的手段只能叫做法西斯無賴的手段。」[266]

---

* 譯註：《斯大林全集》第10卷，第148–160頁。

政權的幾百名人員，從地區黨委書記到軍人和駐外大使，都看到了這次會議的文字記錄。這些官員轉而又要和自己的下屬討論其中的內容，因為文字記錄就是要起教育作用的。但是，正在努力讓工人得到溫飽、盡力勸説農民賣糧和竭力維護蘇聯在國外的利益的官員們，會怎麼理解這些高層會議的實質呢？誰在管理國家呢？當然，考慮到斯大林逐漸強化的互相監視的網絡和極度多疑的氣氛，官員們不管有甚麼想法，都必須小心謹慎，以免把想法流露出來。與此同時，全會已按照斯大林的授意通過決議，要求「更堅決地向富農進攻」以及「有可能進一步向更加嚴密和持久地限制富農和私商過渡」。[267] 由於天氣不好，某些地區的莊稼歉收，1926至1927年度的收成要比1925至1926年度少幾百萬噸。更糟的是，1927年10月的糧食收購量急劇下滑，不到上年同期收購量的一半。農民們在用糧食飼養牲畜和奶牛，兩者的產品可以賣出更高的價錢，不過在戰爭恐慌的氣氛中，他們也在囤積糧食。他們手頭有足夠多的錢可以用來交税並等待農產品的價格上漲。如果再弄不到糧食，北方城市和紅軍到開春的時候就會挨餓。貿易方面的主要刊物在1927年10月預言説，可能需要把配給制的範圍擴大到全部人口。[268]

649

革命十週年：鎮壓的藉口

斯大林曾提出這樣的理論，即反對派的行動證明了內部的分裂和虛弱，因此，他們客觀上就成了叛徒，不管願不願意，都是在招惹外來的干涉，但現在，又出現了一種險惡的新花樣。1927年11月1日，莫洛托夫在《真理報》上稱反對派對斯大林的「迫害」是為了掩蓋對黨的惡毒攻擊。「用對個人的人身攻擊和指責來加劇鬥爭，」他一本正經地寫道，「可以直接誘發針對黨的領導人的恐怖主義的犯罪圖謀。」這可能是第一篇指責黨內反對派想要成為刺客的文章。11月5日，莫洛托夫在《真理報》上繼續仿照斯大林的口氣説道，「從反對派的污水坑裏散發出某種左派社會革命黨人的氣味」。[269] 在布爾什維克的敘事中，左派社會革命黨人是搞政變的陰謀分子。

650　同一天，由於臨近革命十週年，斯大林接待了一個由來自多國的外國人組成的80人代表團，代表團成員是同情蘇聯的，不料，他們卻向他問起了蘇聯秘密警察的權力問題。按照刊登在《真理報》上的話說，斯大林認為奧格伯烏「和法國大革命時期成立的社會保安委員會多少有些相似」，並表示外國資產階級是在誹謗蘇聯的秘密警察。他承認「從國內情況來看，革命的局勢已十分穩固和不可動搖，沒有國家政治保衛局也是可以的」，但又說「我們是一個被資本主義國家包圍着的國家。我國革命的國內敵人是世界各國資本家的代理人。資本主義國家是我國革命的國內敵人的基地和後方。我們同國內敵人作戰，也就是同世界各國的反革命分子進行鬥爭。現在請你們自己判斷一下，在這種情況下，沒有國家政治保衛局這樣的懲罰機關可以不可以」。據說那些外國人都熱烈鼓掌。[270*]

政治制度明顯收緊。當加米涅夫和拉柯夫斯基想要對莫斯科黨組織發表演說時，他們被轟了下來。針對他們的表決經過精心安排，結果據說是2,500：1。[271] 在這樣的背景下，1927年11月7日革命十週年紀念日的上午10點，斯大林和領導層的其他人登上列寧墓的頂層，參加一年一度的檢閱。紅軍部隊和各大工廠的工人按照事先排好的方陣先後通過，攝影機轉個不停。莫斯科市中心戒備森嚴，以防反對派在紅場或附近舉行反對遊行的活動。那天參加遊行的反對派不是很多，而且斯大林和奧格伯烏已經安排了便衣特工等人，隨時準備對付反對派的旗幟或演說。少數夾在自己單位隊伍中的反對派成員試圖舉起托洛茨基和列寧的肖像。在這個大型的公共空間的一角，他們中的一些人用即興演說和旗幟（「打倒富農、耐普曼和官僚分子！」）短暫打斷了紅場的官方活動。但是在奧格伯烏便衣的指引下，治安人員毆打並拘押了他們。[272] 尚不明確有多少遊行的人知道正在發生的事情。沒有非官方的報紙，也就無法報道反對派的行動。[273] 托洛茨基和加米涅夫坐着小汽車在莫斯科的街道上四處察看，但是在靠近革命廣場的一條小巷，迎

---

* 譯註：《斯大林全集》第10卷，第199、201–202頁。

接他們的是表示反對的口哨聲；有人朝天開槍。政權的治安人員砸爛了車窗玻璃。[274] 當天晚上，斯大林預先觀看了謝爾蓋·愛森斯坦(Sergei Eisenstein)關於1917年革命的電影《十月》，責令他刪去帶有托洛茨基的畫面，並修改對列寧的描寫(「列寧的自由主義現在不合時宜」)。[275]

在中國，國民黨挑選這個紅色假日襲擊了蘇聯駐上海領事館；一個星期後，南京政府與蘇聯斷交。在莫斯科，斯大林利用反對派堂吉訶德式的反示威活動迅速採取行動——這一活動讓他得以不顧政權核心中其他人的反對，堅持對黨內反對派進行鎮壓。在1927年11月14日中央委員會和黨的監察委員會聯席全會上，托洛茨基和季諾維也夫因煽動反革命活動而被開除出黨；加米涅夫、拉柯夫斯基等人被逐出中央委員會。[276] 第二天，朋友們幫助托洛茨基搬出了他在克里姆林宮的住處，把他安頓在宮牆外不遠處的格拉諾夫斯基大街，和一位支持者在一起。[277] 從11月16日開始，季諾維也夫、加米涅夫、拉狄克等人都被趕出了克里姆林宮。很快，這座城堡的大門就對政權之外的人員徹底關上了，而且不再允許參觀。[278]

當晚，在後半夜，蘇聯外交官阿道夫·越飛開槍自殺。越飛的妻子、在《信號報》編輯部工作的瑪麗亞(Maria Joffe)接到了電話。他因為在日本得了多神經炎而臥床不起，之前到奧地利治療過，可最近政治局卻拒絕出資讓他到德國就醫；越飛表示可以自費，斯大林仍不放行。越飛從1910年起就認識托洛茨基，與他一同在1917年夏天加入布爾什維克，而且曾以列寧的名義簽發電報，任命托洛茨基為陸軍人民委員。越飛留下了一份十頁的遺書，其中的要點是説，「熱月開始了」；瑪麗亞·越飛通過可靠的中間人把遺書交給了托洛茨基。[279]「我的死是一名戰士的抗議，他陷入如此的境地，無法用別的方式回擊這樣的羞辱，」越飛寫道，而且還提到托洛茨基，「你總是正確的，但你也總是在退讓……我總是覺得你缺乏列寧主義者不屈不撓的精神，不像他那樣，哪怕孤身一人也準備好去堅持自己選擇的道路，創建一個未來的多數派，令其道路的正確性在未來得到承認。」[280]

在以前從事地下革命活動時，為鬥爭中失去的同志舉行葬禮曾經是一種神聖的儀式，但這次是在他們自己政權的統治下。越飛的葬禮是

11月19日舉行的。那天是工作日，但參加葬禮的人很多。外交人民委員部的契切林、李維諾夫和加拉罕，以及反對派中的托洛茨基、季諾維也夫和拉舍維奇隨着送葬的隊伍一同去了新聖母公墓，那是僅次於克里姆林宮宮牆的榮耀之地。「送葬隊伍的成分令人感慨，因為那裏面沒有一個工人，」有親歷者回憶説，「聯合反對派沒有得到無產者的支持。」[281] 在許多稱頌性的發言中，托洛茨基的發言最後也最短。「鬥爭還在繼續，」他說，「人人都要堅守自己的崗位。誰也不得離開。」這些話成了他在蘇聯的最後一次公開演説。人們圍住托洛茨基，久久地堵住他的出口，想把葬禮變成政治示威。但他們被驅散了。[282] 當天晚上，托洛茨基接到李可夫的來信，他被解除了最後一項正式行政職務(特許經營委員會主席)。[283]

652

第二天，李可夫在烏克蘭共產黨第十次代表大會上發言並指責反對派使用的「專政者斯大林」和「斯大林主義的方式」這些説法。「所有這些都是對全黨和對斯大林同志惡毒而卑鄙的誹謗」，李可夫説道。他還説在政治局「沒有一個問題是由一個委員單方面決定的」。[284] 他的話既是真的也是假的。在斯大林成為總書記的同一天，李可夫進了政治局。他是政治局中牢固的多數派的核心成員。但他比幾乎所有人都更瞭解，很多事情都是斯大林在政治局之外，在老廣場大街、在他克里姆林宮的住所、在他索契的別墅以及在電話裏和奧格伯烏一起事先定下的。

黨的第十五次代表大會(1927年12月2–19日)

黨的第十五次代表大會是到當時為止規模最大的一次黨的會議，與會代表1,669人(有表決權的代表898人)。托洛茨基和季諾維也夫不在其中。反對派連一個有表決權的代表都沒有。[285] 開幕式後，斯大林作了他擔任總書記以來的第二次政治報告。剛報出他名字的時候，代表們就沸騰了(「雷鳴般的經久不息的掌聲；『烏拉』聲響徹整個會堂」)。「同志們，我國是在資本主義包圍的環境中生存和發展的，」他開始説道，「我國的外部狀況不僅以我國內部力量為轉移，而且以這種資本主義包圍的情況、以包圍着我國的各資本主義國家的狀況為轉移，以這些國家力量的強弱、以全世界被壓迫階級力量的強弱、以這些階級的革命運動力量的強弱為轉移。」由此，他對世界的經濟、貿易、國外市場，以及他所謂的為重新瓜分世界而進行的新帝國主義戰爭的準備情況作了詳細的評估。他得出的結論是，「世界資本主義最深刻的危機和日益加劇的不穩定狀態的一切徵象已經出現了」，並稱資本主義的穩定「日益動搖」，反殖民主義運動和工人運動在「增長」。接着，斯大林分析了蘇聯在工農業領域的經濟發展、工人階級隊伍的壯大、國家總體文化水平的提高，認為「蘇維埃政權是世界上現存一切政權中最鞏固的政權（熱烈鼓掌）。」[286]* 午飯過後，斯大林回到講台，開始憤怒地指責反對派。他總共講了四個小時。

斯大林作報告的當天（12月3日），加米涅夫遞交了一份有121名反對派成員簽名的申訴書，這些成員被列入開除的名單，但表示服從黨的決定。[287] 斯大林取笑他們，像季諾維也夫以前要求托洛茨基那樣要求：「他們必須在全世界面前公開地老老實實地放棄自己的反布爾什維主義的觀點……他們必須在全世界面前公開地老老實實地痛斥他們自己所犯的那些已經成為反黨罪行的錯誤……或者是這樣做，或者是叫他們出黨。如果他們不肯出去，就把他們趕出去。」會場大亂。[288]† 討論中，少數有發言機會的反對派成員，比如格里戈里．葉夫多基莫夫和尼古拉．穆拉洛夫，遭到無情的嘲笑，然後，他們在離開講台後，又受到言語的侮辱。「不能相信黨內的這些騙子，」來自車里雅賓斯克的代表（和那裏未來的黨組織負責人）庫茲馬．倫金（Kuzma Ryndin）拖長了聲音說，「黨受夠了這種愚弄，黨和無產階級不會容忍它的……所有那些想要妨礙我們工作的人，同他們一起滾出黨去！」菲利普．戈洛曉金說：「如果我們對反對派猶豫不決，我們就是在自尋死路。」當加米涅夫說反對派成員因為其政治觀點已經被關押起來時，李可夫回答說：「雖然反對派造成了這樣的局面，關起來的也只是少數。我想我不能保證在最近的將來，關在監獄裏的人不會增加。（代表席上傳來聲音：『對！』）」[289]

---

* 譯註：《斯大林全集》第10卷，第231–277頁。

† 譯註：《斯大林全集》第10卷，第302頁。

加米涅夫得到允許，以沒有表決權的代表身份出席大會，不過，他說的話雖然和兩年前完全不同——那時候他說斯大林沒有能力把黨統一起來——也還是值得記住。「擺在我們面前的問題，是要在兩條路當中選一條，」加米涅夫現在解釋說，不顧有人幾乎在不停地打斷他的講話並指控他犯了托洛茨基主義、撒謊甚至更嚴重的罪行，「其中的一條路是另外組建一個政黨。這條路在無產階級專政的條件下，會對革命造成極大的危害。這是政治和階級墮落的道路。對我們來說，這條路是禁止的，是我們的整個觀點和列寧的所有教導不能允許的……那就剩下第二條路……徹底地和完全地服從黨。我們選擇這條路，是因為我們深信，正確的列寧主義的政策會在我們黨內並且憑藉黨，而不是在黨外並且反對黨，來取得勝利。」[290] 其實不管怎麼樣，斯大林已經把黨統一起來了，加米涅夫的發言就是證明。

654

在12月7日總結有關自己報告的討論時，斯大林在講話中得意地表示，「關於葉夫多基莫夫和穆拉洛夫兩人的發言，我沒有甚麼重要的話要講，因為他們的發言沒有提供可講的材料。關於他們的發言只能說一句話，願上天寬恕他們的罪過」。代表們又是大笑，又是鼓掌。他說加米涅夫表示投降認輸的發言是騙人的。斯大林稱黨是一個活的機體：「舊的、腐朽着的東西衰亡下去(鼓掌)，新的、成長着的東西生長和發展起來(鼓掌)。上上下下都有人衰亡下去，上上下下都有新的人成長起來，把事業推向前進……如果現在某些不願意穩穩地坐在車子上的首領從車子上摔下去，那是沒有甚麼奇怪的。這只會使黨擺脱那些妨害和阻礙黨前進的分子。」對於那些「從車子上摔下去」的人，「那麼就讓他們下去吧！(熱烈鼓掌多時。全場起立向斯大林同志歡呼致敬。)」[291*]

一項譴責反對派的決議立即付諸表決並得到一致通過。接着，該死的遺囑問題又一次冒了出來。

早在1926年7月，斯大林就向自己的批評者提出挑戰，要求在下次(即現在這次)黨的代表大會上公佈列寧的遺囑。12月9日，奧爾忠尼

* 譯註：《斯大林全集》第10卷，第305、320頁。

啟則為此提了一個正式的提案，推翻了黨的第十三次代表大會的決定。李可夫建議將已故列寧的口授文件全部公開，而不只是公開被稱作遺囑的那一部分，同時建議把遺囑寫進黨的第十五次代表大會的會議公報。李可夫的建議得到一致通過。[292] 但遺囑並沒有出現在發表的會議公報中。[293] 相反，斯大林在大會期間讓人把它印了13,500份——9倍於代表人數——作為單獨的通告，「僅限黨員閱覽」。遺囑是怎麼發的，多少人看到它，現在還不清楚。[294]

大會上的很多東西都經過了粉飾。關於「商品荒」和民眾普遍感到憤怒的告急報告，當時正經由秘密警察的渠道源源不斷地傳來。「除了聚眾鬥毆，購買吃穿用品的長隊也成了(中部地區、白俄羅斯、伏爾加河流域、南高加索的)日常現象，」奧格伯烏報告說，「已有過婦女暈倒的情況。」歷史的前車之鑒讓警察機關特別關注排隊購買食品的婦女，聽到她們埋怨說花了一整天時間才弄到麵粉，說她們的丈夫們正下班回家結果卻找不到任何吃的。[295] 為了安撫工人的情緒，政府宣佈每天工作七小時，而這對於迫切需要製造品的農民來說就不太能接受了。據1927年12月奧格伯烏的國內情緒報告，有個農民說:「現在商店裏沒有貨，要是一天工作七小時，那商店裏就絕對甚麼都沒有了。」據說有個「富農」講，「要是農民能設法組織起來並用同一個聲音說，我們不會按照這樣的價格把糧食賣給你們，那工人就會守着他們的貨物餓得哇哇叫，然後他們就會忘記一天七小時」。[296] 布爾什維克革命看起來越來越像是勝利中的失敗。

斯大林的中國政策的內爆還沒有結束。就在莫斯科的黨代表大會期間，1927年12月11日，中共終於在廣州成立了蘇維埃；在國民黨軍隊消滅蘇維埃的支持者之前，它存在了60個小時。中共在1927年總共損失了大約85%的黨員。「革命不可能在廣州、上海、天津、漢口或任何工業最發達的地區發展起來，因為帝國主義和中國資產階級在那裏的勢力比較強大」，蘇聯的中國問題專家、化名帕維爾·米夫(Pavel Mif)的米哈伊爾·福爾圖斯(Mikhail Fortus)認為。他主張撤到遙遠的西北地區，共產黨人可以在那裏積聚力量，然後打擊「帝國主義分子的據點」。[297] 毛澤東一直在強烈主張，建立農村根據地和農民軍隊，而不要試圖奪取城市。但是，是蔣介石把作為一種城市運動的共產黨人趕到了農村。同時，據奧格伯烏說，蘇聯農民在聽人讀到報紙上講1927年12月共產黨在中國大敗的消息時，以為這說的是莫斯科共產黨的失敗。一廂情願的想法。[298]

聯合反對派發生了分裂。12月10日，加米涅夫和葉夫多基莫夫以及巴卡也夫(Bakayev)這兩位季諾維也夫分子再次以書面形式提起申訴，承諾解散自己的派別，請求恢復黨籍並釋放被捕的反對派成員。[299]但是在同一天，托洛茨基的支持者穆拉洛夫和拉柯夫斯基在宣佈他們同意組建第二個政黨行不通的同時，堅持認為自己擁有在這個單一政黨中繼續維護反對派觀點的權利。[300]斯大林決定，不接受季諾維也夫分子的投降。他現在不像一開始那樣，只是要求他們閉嘴，而是命令他們公開放棄自己的主張，並在那個星期餘下的時間裏老老實實。12月17日，在上一次全會上已經表決通過的將托洛茨基和季諾維也夫等人開除黨籍的決定得到批准。[301]兩天後，季諾維也夫、加米涅夫等總共23人，聯名向大會遞交了一份有損人格的請願書——他們甚至沒有獲允進入會堂當面遞交——宣佈放棄他們「錯誤的、反列寧主義的觀點」。斯大林再次拒絕恢復他們的黨籍。[302]奧爾忠尼啟則就幾位最引人關注的托洛茨基分子的處置問題進行了談判，因為那些人想要以某種身份繼續工作，但斯大林很快就把他們拆散並在國內流放。[303]之前，在1924年中期的政治局，大俄羅斯人佔46%，猶太人佔三分之一，剩下的三個當中，一個是波蘭人，一個是拉脫維亞人，一個是格魯吉亞人，而現在的政治局，三分之二都是俄羅斯人(而且此後一直是俄羅斯人佔多數)。[304]代表大會上有句話是，「摩西帶着猶太人出了埃及，斯大林帶着猶太人出了中央委員會」。[305]

656

代表大會結束的前一天(12月18日)，蘇聯秘密警察舉行了成立十週年的慶祝活動，騎兵部隊和裝甲車列隊通過紅場，接受第一副主席和事實上的首腦亞戈達的檢閱，莫斯科大劇院的慶祝晚會展示了革命的「劍與盾」。舞台上擺放着一把由莫斯科迪納摩工廠的工人製作的金屬巨劍，參加儀式的工人要求等到「資產階級的所有殘餘分子都成為過去」的時候，再把劍拔出來。那天早晨，《真理報》宣佈，向「所有不堅持無產階級革命道路的人——投機倒把分子、破壞分子、土匪、白衛分子、特務，以及昨天的同志而今天成為最可惡的叛徒和敵人的人」開戰。[306]在莫斯科大劇院，伏羅希洛夫和布哈林發表了演說。卡岡諾維奇說「階級鬥爭」正在採取新的形式，尤其是經濟上的壓力，說新經濟政策引起了對無產階級的階級仇恨。[307] 仍然重病纏身的奧格伯烏負責人維亞切斯拉夫·明仁斯基作了簡短的講話。講述秘密警察豐功偉績的照片和故事，連續三天登上了各個報紙頭版的顯著位置。「如果說現在有甚麼後悔的，」一名資深的契卡人員寫道，「那不是我們過去對敵人太殘酷，而是太仁慈。」[308] 參加慶典的人被分別安排在首都的幾家高級飯店，國家大飯店、巴黎大飯店和薩沃伊飯店，亞戈達在每一處都露過面，被吹捧為「偉大的契卡人員」。[309] 不僅是他，該組織幾乎所有的高級官員都獲得了國家最高獎章紅旗勳章；唯一被漏掉的或許是亞戈達最討厭的阿爾圖佐夫，他失去了對反間諜機關的控制權。

斯大林取得了最徹底的勝利，可他還覺得自己受了委屈。12月19日，在代表大會剛批准的中央委員會的第一次全會上，他再次提出列寧遺囑中要求解除自己總書記職務的問題。他承認黨以前沒有遵照列寧的要求或許是有理由的，因為以前有反對派存在。可現在反對派沒了。「反對派以前從來沒有經受過這樣的失敗，因為它不僅被打垮了，而且還被開除出黨了，」斯大林得意地宣稱，「現在，全會用來拒絕我提出的解除我總書記職務的請求的那些理由，已不再存在了。再說，我們有列寧的指示，這是不能不考慮的，而且在我看來是必須執行的。」組織局工作人員亞歷山大·多加多夫（Alexander Dogadov）也許是為了讓大家免於不得不爭相歌功頌德，就插話建議說，不用討論了，直接對斯大林的提議進行表決。伏羅希洛夫當即建議，拒絕斯大林的請求。作為政府首腦主持這些會議的李可夫採納了多加多夫的建議。舉手表決——哪些是贊成斯大林繼續擔任總書記的？哪些是反對的？表決結果是一致贊成，只有一人棄權，姓名不詳。[310]

李可夫巧妙地壓制了可能爆發的不滿情緒。但接着斯大林又提出一個新的建議：「也許中央可以考慮取消總書記制度。在我黨的歷史上，有段時期並不存在這個職位。」伏羅希洛夫再次插話。但斯大林簡要回顧了黨在其他幾位為中央服務的書記之上設置總書記職位之前的歷史，他以這種方式作了回答。「我不知道為甚麼還要保留這項已經過時的制度，」他說，「在上面，總書記實際上沒甚麼特殊的權利或特殊的職責，而在地方上則花樣百出，在各個省，這項制度在被稱為書記的同志當中引發了矛盾，例如在民族中央委員會當中。現在出現了很多總書記，在地方上擁有特權。我們為甚麼需要這項制度呢？」他要求取消這一職位，「這很容易做，因為黨章中沒有這個規定。」

658

難題再次落到李可夫頭上。他毫不含糊地表示，中央將保留總書記職位，它是由列寧設置的，斯大林擔任總書記是所有人投票決定的，包括現在被開除黨籍的反對派在內。李可夫聲稱斯大林通過他所做的工作，無論是在列寧去世前還是去世後的工作，充分證明了這一任命的合理性。此次表決獲得一致通過。就像在剛剛召開的烏克蘭黨的代表大會上的講話一樣，李可夫的做法表明，他要麼是超級自信，以為自己能夠駕馭得了斯大林；要麼是明白，哪怕是他那樣的大人物，唯一的選擇就是討得斯大林的歡心，並且希望萬事大吉。要麼，李可夫或許同從前的加米涅夫一樣，沒有看清楚斯大林。加米涅夫當初放過了解除斯大林職務的機會。斯大林的威脅現在明顯多了。但這些威脅也是完全用政權的詞彙和世界觀——資本主義包圍、無處不在的敵人、警惕、無情——包裹起來的，而且李可夫同樣擁有這些詞彙和世界觀，他自己一邊在安撫富農之外的農民，一邊就是一直用它們來對付反對派的。

沒有人強迫斯大林一次又一次地提出辭職。他一再提出辭職，很可能會讓那些當事人感到厭煩。要是不算1923年8月7日給布哈林和季諾維也夫的信中私下的暗示——這和布哈林和季諾維也夫在山洞會議後首次彎彎扭扭地透露〈伊里奇關於書記的信〉有關——已知的明確提出的辭職共有五次：1924年5月黨的第十三次代表大會召開前夕和剛剛結束的時候；1926年8月19日給中央委員會的信；1926年12月27日以中央委員會的名義給李可夫的信；再加上現在1927年12月19日的這次。在列寧的遺囑問題浮出水面後的三次黨代表大會上，只有一次(黨的第十四次代表大會)斯大林沒有提出辭職，然而此事已經演變成圍繞他的「無限的權力」問題的激烈爭吵。現在，在黨的第十五次代表大會後的第一次全會上，儘管李可夫堅持保留總書記的職位，斯大林仍然沒有罷手。「同志們，在關於免去我的書記職位的第一次投票中，我沒有投票，我忘記投票了，」他插話說，「我請求你們考慮我的反對票。」[311]

659

這是不是在表達一種深切的怨恨？是不是在表達他最隱秘的恐懼，即害怕被中央委員會解除職務？是不是在有意考驗政權的核心集團？是不是斯大林以這種奇特的方式來品嘗自己獲勝和反對派被開除的滋味？是不是一個以黨的謙卑卻不可或缺的僕人自居的人擺出假謙虛的姿態？上面這些都有可能——擁有無上的權力卻感覺受到圍攻，志得意滿卻自憐自傷，這就是斯大林權力的悖論。

斯大林得到的職位，其權力之大，或許除了他自己，任何人都無法想像，可對他而言，權力也意味着責任，要把國內外的共產主義事業推向勝利。1927年沒有戰爭，但是有流言說，那只是因為蘇維埃政權暗中作了讓步：交出糧食、黃金、馬匹、港口、煤礦和領土。(有些風趣的人猜測說，西方列強之所以還沒有掀翻蘇維埃政權，是為了讓世界各地的社會主義者有更多的時間看到他們的妄想是多麼愚蠢。)黨的第十五次代表大會通過了一項關於工業化的決議，要求——用馬克思主義經典作家的話說——生產生產資料，同時，進口蘇聯沒有生產的機械設備。[312] 這樣做的資金從哪裏來？秘密警察報告說，針對蘇聯官員的襲擊事件增加，甚至出現了謀殺，而國家收購到的糧食卻在減少。1927年12月12日，被稱作奧辛斯基(Osinsky)的左派共產黨人瓦列里安·奧博連斯基(Valerian Obolensky)給李可夫和斯大林寫信，反駁李可夫在代表大會報告中關於糧食收購不存在全面危機、只存在局部危機的說法。在中央統計局工作而且對農業十分瞭解的奧辛斯基，稱這一年的糧食收購是「徹底失敗的」——驚人之語——「即便是打算提高收購價。這樣的提高也已是一種失敗，尤其是因為這有可能進一步造成由於指望糧價繼續上漲而不肯賣糧的情況」。奧辛斯基曾經多次(1927年1月、1927年夏、1927年秋)勸說米高揚等高層官員提高收購價並為農民降低工業品的價格。「我認為我們收購量下降(到如今已經下降了一半)的更根本的原因——這種下降會演變為深刻的、全面的困難——在於我們生產的發展速度和方向不符合我國的實際情況。」[313] 奧辛斯基在信中暗示，對於糧食收購工作必須作出重大調整，否則工業化就會落空。

前財政人民委員索柯里尼柯夫再次堅持說，只有發展農業，美國那

660

樣的工業化速度才有可能實現，而且他認為把農民儲存糧食說成富農對抗蘇維埃政權是愚蠢的。他呼籲使用經濟槓桿而不是重新徵糧。[314] 最後，黨的第十五次代表大會按照斯大林的吩咐通過了一項「關於農村工作」的決議，要求「利用經濟機關的全部力量、仍舊依靠貧中農群眾來繼續向富農展開進攻，並能採取各種限制農村資本主義發展的新辦法而引導農民經濟走向社會主義」。[315]* 這些「新辦法」會帶來甚麼後果，當時不清楚。但就在代表大會快要結束，在對有關農村問題的最終決議進行表決的時候，出現了一項帶有修正性質的決議：「現在，必須把小的個體農莊轉變、合併成大型集體農莊的任務作為黨在農村的根本任務。」[316] **現在**就要搞集體化嗎？據會議記錄記載，在宣讀修正決議時，「會場一片喧嘩」；會議主席強調距離大會結束只剩下20分鐘，要求代表們繼續坐在座位上。據說這份補充決議獲得一致通過。[317]

辭職遭拒以後，按照官方認定的日期，斯大林在12月21日度過了他的48歲生日。[318] 照理說，近半個世紀的時間應該足以讓觀察家們把斯大林看明白了，但他仍舊像幽暗遼闊的西伯利亞森林一樣，讓人捉摸不透。就連美國基督教青年會會長傑羅姆·戴維斯那篇關於斯大林生平的傑出報道也受到懷疑：斯大林禁止重新發表俄文原文，並在1927年12月指示外交人民委員部的一名工作人員，試圖讓美聯社不要相信戴維斯的採訪，說那是編造的。[319] 不過，這次因為過生日，斯大林的高級助手伊萬·托夫斯圖哈重新整理了中央機關集體搜集的斯大林生平資料，而且居然獲得他的同意，1927年發表在收錄了約250名革命者的《格拉納特百科辭典》中，只是要以托夫斯圖哈的名義。這份斯大林的資料還出了單行本，首次印數5萬冊。終於有了斯大林的**傳記**。該傳記恭恭敬敬地把他苦難的革命歷程分成幾個階段：發現馬克思、從事地下鬥爭、早期的幾次大表大會、流放和其他的政治懲罰。內容一共有14頁，用的是大號黑體字。[320]

---

* 譯註：《蘇聯共產黨代表大會、代表會議和中央全會決議彙編》(第三分冊)（人民出版社，1956），第409頁。

第十四章

西伯利亞之行

我們不能像茨岡人那樣過日子，沒有糧食後備……

——斯大林，中央委員會全會，1928年7月9日[1*]

斯大林是個很注重思想意識的人。對他來説，思想是最重要的事情。

——拉扎·卡岡諾維奇[2]

1928年1月15日，星期天，[3]斯大林登上一輛戒備森嚴的列車，駛往西伯利亞。哪怕目的地是在國內，他也很少出行，除非是為消除肌肉和關節的疼痛到黑海洗硫磺浴。不過，對於西伯利亞，他在1917年革命前就十分瞭解。他曾多次被沙皇政權趕到那裏，最近的一次是在世界大戰期間，當時斯大林是在與「蚊蟲和無聊」搏鬥的戰線上，就是説，他在遙遠的北方，在時而冰凍時而融化的沼澤地帶，作為政治流放犯享了幾年清福。但他1928年去的是西伯利亞南部：新西伯利亞和西西伯利亞的糧食主產區阿爾泰，還有東西伯利亞的克拉斯諾亞爾斯克——就是在那裏，1917年初，沙皇徵兵局拒絕了他，因為他的左腳是

---

* 譯註：《斯大林全集》第11卷，第153頁。

蹼狀趾，而且左肘潰爛，無法正常彎曲。現在，11年後，他要作為國家的統治者和共產黨的總書記重返那些偏遠地區。在新西伯利亞，在和當地要員見面的時候，斯大林要求採取強制措施，解決國家的糧食收購危機。他還出人意料地宣佈，立即推進農業集體化勢在必行。幾天後，為了和基層官員見面，他從支線前往西伯利亞最富裕的產糧區的行政中心巴爾瑙爾。與擁有2,000萬輛汽車的美國相比，蘇聯當時的轎車和卡車大概只有5,500輛，巴爾瑙爾一輛也沒有。斯大林開會時是從終點站坐了一輛原始的木製雪橇，而這樣的運輸工具也表明，要在兩個大陸上改造農民生活和國家政權有多麼艱巨。

662

說危機，危機到

掛着蘇維埃招牌的現代俄國，照舊要依賴小麥和黑麥。儘管懷着種種現代化夢想，儘管一直在利用憑藉新經濟政策半合法化的市場交易休養生息，可到了1928年，工業才剛剛恢復到1913年沙皇時代的水平。[4] 相比之下，英國和德國的工業比1913年增長了10%；法國，40%；美國達到驚人的75%。[5] 俄國退步了。與此同時，新經濟政策以為，農民不但會願意把自己的「剩餘產品」——也就是，作為食物或自釀酒而消耗的份額之外的糧食——賣給私商（耐普曼分子），而且會願意按照國家規定的價格賣給國家的糧食收購部門。俄國的農業年從7月算起，直到來年6月，因此，莊稼收割和國家的糧食收購都是從夏天開始。1927年，從7月到12月，蘇維埃國家只收到540萬噸糧食。而該時段的目標是770萬噸，由此產生的缺口讓莫斯科、列寧格勒以及紅軍，在來年春天有挨餓的危險。1927年11月和12月的收購量加起來只有上年同期的一半，尤其令人擔憂。[6] 從遙遠的蘇維埃烏茲別克斯坦也傳來令人不安的報告，那裏的棉農因為缺糧而堅決要求改種可以填飽肚子的莊稼，官員們則開始沒收糧食，不管誰種的，一律沒收。[7] 在莫斯科，當局承受不了嚴重的騷亂——麵包短缺引發的街頭示威曾經導致沙皇政權垮台，糧食匱乏過去也削弱了臨時政府的力量。

要是考慮得再遠一點，那就更讓人不安了。過去，沙皇俄國為英、德兩國供應糧食，1913年的糧食出口一度達到900萬噸左右，但是在1927年，只有區區220萬噸，這就少了一大筆可以用來進口機械設備和實現工業化的硬通貨。與此同時，斯大林還收到一張報表；報表顯示，自沙皇時代以來，收成上市銷售的比例出現大幅下滑，(在收成較差的年頭)從26%減少到13%。[8] 農民革命使得過去一些用於商品生產的土地被沒收，現在種的是用來維持基本生存的作物，即便收成還不錯，能拿到村子以外的地方出售的糧食也很少。[9] 不錯，與中國以及印度相比，蘇聯的農業水平要高一些。但蘇聯的競爭對手是英國、法國和德國，而它在農具和機器、信貸以及銷售合作社方面雖然有所改善，可耕作方式仍然非常落後。全部糧食中有四分之三是人工播種的，近一半是靠鐮刀和釤刀收割的，有五分之二是用鏈式打穀機之類的手動裝置打下的。[10] 俄國的農業完全停滯不前，而在各個大國中，機械化正處於發展的高潮。怎樣提高糧食的總產量是個很受關注的問題。在新經濟政策的刺激下，1925至1926年度的收成達到了最高峰(7,700萬噸)，過後，1926至1927年度的收成就令人失望了，大約是7,300萬噸，1927至1928年度的收成同樣令人失望，官方的估計也是7,300萬噸，但很可能不超過7,000萬噸。[11] 對於這些不爭的事實，俄國無論是甚麼政府都會覺得棘手，但布爾什維克採取的措施無情地削弱了新經濟政策下的準市場。[12]

663

當時，蘇聯的私人工業已被壓縮到不足總產值的10%，而且這一比例還在不斷下滑，但主要的生產者——被組織成巨型托拉斯的國營工廠——幾乎沒有動力去降低自身過高的生產成本，甚至也沒有動力去生產出適合銷售的產品。1927年關於托拉斯的政令強調要以生產指標而不是利潤作為指導原則，結果，業績越差補貼越多的現象越來越嚴重。[13] 為了提供工業擴張所急需的資金，政權只好多印鈔票；多印鈔票造成通貨膨脹，而為了遏制通貨膨脹，又出台了各種笨拙的辦法來控制物價，結果，市場運行情況惡化。換句話說，用行政手段去管理經濟，只會使失衡更加嚴重，造成惡性循環，進一步助長採取更多行政措施的傾向。[14]「如果要在工業化計劃與市場的平衡之間作出選擇，那市場必須讓路」，1928年1月，最高國民經濟委員會主席瓦列里安·古比雪夫對自己部門的黨組織咆哮道。他承認市場「可能是一股潮流，但共產黨人和布爾什維克一向能夠而現在也能夠逆流而上」，因此，他的結論是，「雖然存在所有這些市場現象，但黨的意志能夠創造奇蹟⋯⋯而且現在正在創造奇蹟，將來也會創造奇蹟」。[15] 僅僅過了幾個星期，古比雪夫就在最高國民經濟委員會主席團會議上宣佈，「國家的意志已經粉碎了〔市場〕危機」。[16] 如此大言不慚，不經意間暴露出國家糧食收購量的急劇下滑在多大程度上是由自身造成的。

664

有些農民不肯賣糧是因為擔心再次發生饑荒，但專家們大多認為，市面上糧食減少是因為農民的人均產量較低而人均消費較高，尤其是因為在糧食(低價)與農民所需要的製造品(高價)之間存在巨大的價格差——按照托洛茨基的比喻，就是有名的「剪刀差」，刀片張開的剪刀。[17] 要是大幅提高糧食的收購價並嚴格限制貨幣的投放量，就會把張開的剪刀合上，但要是採取前一種措施，賣給工人的麵包的價格就要提高，同時還會損害工業化(國內糧食的收購價高了，出口獲得的收入就少了)；要是採取後一種措施，則必須相應地減少工業擴張的規模。[18] 斯大林不願再在政治上對農民作出此類的讓步，因為如果那樣做，政權仍會陷入同樣的境地。於是，政治局就在1927年想出了另外一個辦法，要求大幅降低製造品的價格——斯大林把此舉說成是「把漲價的幅度降下來，減少漲價，不惜代價打破合作社和其他貿易機關的阻撓」。[19] 在還沒有採取上述做法的那幾年，還存在有待恢復、尚未利用的工業產能，但現在，即便處在較高的價格水平，需求也因為有限的供給而一直得不到滿足，價格降低後——居然是在夏季工人度假、生產照例受到影響的時候——商店裏貨物供給不足的趨勢更加嚴重。[20]「有些地區的農民，」在1927年12月的國內政治情緒調查中，秘密警察報告說，「天天到合作社問貨物到了沒有」。[21] 誠然，為了給糧食產區生產製造品，莫斯科地區的各個紡織廠在1928年的整個1月就連星期六也在開工，但商品荒依然在繼續。[22]

戰爭即將來臨的傳聞也是農民不願賣糧的原因之一；西伯利亞黨組織要求停止「報刊上愚蠢的鼓動」，不要講外敵即將入侵。[23] 最嚴重的問題在於黨的官員人心渙散。從1927年11月7日十月革命十週年開始，先是沒完沒了的飲酒慶祝，然後是選舉參加黨的第十五次代表大會的代表，再然後，12月的大部分時間都在召開黨的第十五次代表大會。「當權的沒有誰操心收購糧食的事情，」一個以記者身份為掩護的德國間諜在談到西伯利亞農村的官員時寫道，「所有當權的黨的領導都在莫斯科參加黨的代表大會，參加十月革命十週年紀念活動，參加蘇維埃的會議等活動，而黨的基層領導、青年組織和農村通訊員，頭腦裏只有革命十週年。」[24] 但代表大會一結束，政治局就召開特別會議，專門討論糧食收購問題。[25]《真理報》也開始吹風。突然間，就像倫敦《泰晤士報》駐莫斯科記者說的（1928年1月3日），公眾開始討論起了「讓農民把糧食交出來的最嚴厲的措施」。

斯大林有兩種途徑可以加大壓力。一是秘密警察，他們獲得了在司法渠道之外生殺予奪的特權。1月4日，奧格伯烏副局長亞戈達指示各地區秘密警察的下屬機構，「立即逮捕最大的私人糧食貿易商⋯⋯調查工作要迅速，要有說服力。案件要移交給各特別委員會。立即報告由此對市場造成的影響」。[26] 斯大林要求秘密警察儘量減少公開插手（「停止發表關於我們在糧食收購中採取的行動的公報」，1928年1月，奧格伯烏局長維亞切斯拉夫·明仁斯基這樣指示烏克蘭奧格伯烏首腦弗謝沃羅德·巴利茨基〔Vsevolod Balytsky〕）。[27] 另一種途徑涉及黨的機關：從12月14日開始（黨代表大會期間），一個月之內給所有主要的黨組織連發四則措辭嚴厲的秘密通告。[28] 通告把農村地區匯出捐稅的截止日期（從1928年4月1日）提前到1928年2月15日，匯出保險費的截止日期（從1928年的1月31日）提前到1月15日，當局強迫農民在群眾大會上通過這兩項變更。[29] 但農民用出售肉類、牛奶或獸皮所得的現金交稅，因為那些商品的價格主要由市場決定，而且因為供不應求，價格較高。糧食容易保存，他們就留着。[30] 秘密警察關於國內形勢的報告警告，「富農加強了鼓動」——就是說，農民中間有議論說，熬到春天估計就能賣個好價錢。[31]

想到要是糧食供應不上，開春就會發生饑荒和城市騷亂，而且因為沒有糧食出口還會損害工業化，政治局委員們就謹慎地同意了斯大林堅持採取的「非常措施」。他在1928年1月6日下發的第三則黨內秘密通告中承認，「雖然中央兩次明確指示加強糧食收購工作，但迄今為止仍然毫無進展」。他還宣佈成立中央委員會的糧食工作小組，由他親自負責，這不僅給了他事實上的權威，也給了他法理上的權威，去落實他

666

認為勢在必行的非常措施。有了這種額外的權威，斯大林便把奧格伯烏用來打擊私商的反投機倒把的法律，即刑法第107條的適用範圍，擴大到「不肯出售商品」的種糧農民。[32] 僅僅因為不肯出售私人種植的糧食就要受到三年監禁的處罰，而且財產還要充公。在烏克蘭和北高加索，公開宣傳的逮捕有數百起，同時還有報道公佈說發現了很多「囤積」糧食的倉庫。[33] 在這些地方，斯大林依靠的是幾個信得過的副手，比如烏克蘭黨組織負責人卡岡諾維奇和他的另一個門徒安德烈·安德烈耶夫，他剛被任命為遼闊的北高加索地區黨組織負責人。但就連他們也需要他施壓(1928年1月，初來乍到的安德烈耶夫寫信給妻子說：「說真的，現在我必須下令制止狂熱分子」。這並不是斯大林的意思)。[34] 斯大林派米高揚到北高加索，但加上烏克蘭，這兩個地區收到的糧食遠遠低於它們在全國的商品糧中通常佔到的三分之二的份額，所以斯大林就把烏拉爾和西伯利亞看作他所謂的「最後的後備」。1月9日，政治局決定把他的兩位高級別同事派出去：維亞切斯拉夫·莫洛托夫被派到烏拉爾，謝爾戈·奧爾忠尼啟則被派到西伯利亞。可是在1月12日，據說奧爾忠尼啟則病了，結果行程取消。[35] 第二天，斯大林召見了農業、供應以及貿易方面的官員。[36] 他決定親自去西伯利亞。[37]

1928年1月，斯大林不是唯一在忙碌的人。在一起令人震驚的事件中，老廣場大街那個最隱秘的地方的一名前高級助手鮑里斯·巴扎諾夫趁邊境守衛還在歡度新年的時候出逃國外(1月1日)，成為蘇聯第一位叛逃的重要人物。巴扎諾夫此前由於未能歸還所借的進口體育裝備，已被調出老廣場大街；後來，他又和兩個情婦都有了私生子，還把其中一個說成是「妻子」，用公款帶到國外。他考慮過偷渡到羅馬尼亞、芬蘭或波蘭，後來設法把自己調到土庫曼斯坦的阿什哈巴德，那裏距離比較容易通過的伊朗邊境只有幾英里。年僅27歲的巴扎諾夫為了證明自己的誠意，還帶上了政治局的秘密文件。他在越境時是否得到

過外國情報機關的幫助，尚不清楚，但證據顯示，他剛進入波斯，就有人幫助他翻山越嶺去了印度，又從那裏坐船去了馬賽。只是他的情婦被拋下了，她在準備獨自越過蘇伊邊境時被抓。[38] 巴扎諾夫十幾歲的時候就在自己的家鄉烏克蘭入了黨，22歲時竟然一下子進了組織局。他的叛逃令人難堪——當時這事是瞞着蘇聯公眾的，但表明對於光明未來的夢想，不僅是這一體制的力量源泉，也是其主要弱點：人民會因為自己早先的幻想而變得十分憤怒。從1月2日開始，被稱為阿加別科夫(Agabekov)的亞美尼亞人、蘇聯情報機關東方處處長格奧爾吉·阿魯季諾夫(Georgy Arutyunov)就領導了一個境外追捕小組(直到阿加別科夫自己也叛逃了)。[39] 巴扎諾夫後來受到法國情報機關的反覆盤問，涉及範圍很廣，他為此寫了幾百頁的材料，揭發蘇聯為了削弱西方列強而秘密策劃的各種陰謀以及斯大林政權的內幕。例如，他告訴法國人，斯大林「極其狡猾，非常善於掩飾自己，尤其是非常狠毒」。[40] 不久，巴扎諾夫便在法國發表了一篇揭露文章，文中認為斯大林「在沉默上的天賦很高，就此而言，在一個人人都説得很多的國家是獨一無二的」。[41]

巴扎諾夫關於斯大林的説法基本上都是錯誤的，比如他説這位蘇聯領導人「甚麼也不讀，甚麼也不感興趣」，説他「只有一種愛好，絕對的、貪得無厭的愛好，那就是追逐權力」。[42] 斯大林是為革命和俄羅斯國家的權力而生的，這也是促使他重返西伯利亞的原因所在。借助於電報、電話、報紙、電台和共產主義意識形態，他在當時的權力已經遠遠超出了老廣場大街的範圍，但這些手段的影響尚未深入到農村。那種權力也沒有延伸到國外。蘇聯拒絕放棄支持國外的工人運動和民族解放運動，拒絕放棄讓革命走向國際化，從而使得列寧主義的對外關係——與敵人打交道——的核心思想，變成了一種説甚麼就來甚麼的預言，但是，如何從資本主義列強那裏得到先進的工業技術，這在當時仍是一個需要解決的難題。令蘇聯的立場更加糾結的是，1927至1928年全球小麥市場的價格大幅下挫，這種不景氣的狀況也影響到蘇聯的其他出口商品(木材、石油和糖)。同時，雪上加霜的是，國外的關稅還在不斷上漲。[43] 無情的全球政治經濟形勢給所有的初級產品生產者造成的困境在於：蘇聯要得到購買機器所需的硬通貨，就要虧本出售自己的商品。[44] 另外，蘇聯人雖然從奧地利政府和德國政府那裏得到了一些短期和中期貸款，可以購買設備和填補貿易赤字，但他們沒能從巴黎、倫敦甚至柏林那裏獲得長期的資金支持。為了生存，蘇維埃政權竟然要匍匐在國際資產階級面前而不是依靠國際無產階級，這一事實是斯大林無法接受的。就像農民拒絕賣糧一樣，為了扼殺紅色政權，外國資本家至少會拒絕出售先進的技術。

668

斯大林活在奧格伯烏陰鬱的國內政治情緒報告中。他是按照自己的世界觀去理解那些報告的。其中有很多偷聽到的反政府言論，還有些內容會讓人聯想到蘇聯處於敵對勢力的包圍中，而且國內也到處都是敵人。[45] 蘇聯的邊疆地區是可疑的：警方的報告寫道，在烏克蘭、北高加索和南高加索、白俄羅斯以及遠東，「一旦外部形勢變得複雜，我們當中有些人就會成為國外反革命勢力的依靠對象」。[46] 沙皇時代的工業專家和軍事專家是可疑的：「蘇維埃政權的垮台是必然的，因為這種制度的根基不牢」，據為警方提供消息的人告知，在紅軍軍需管理局工作、貴族出身並在沙皇時代擔任過空軍少將參謀長的尼古拉．普涅夫斯基（Nikolai Pnevsky）在談到英俄斷交時說。他還認為，「這種破裂是戰爭的序幕，而戰爭會把布爾什維主義徹底消滅掉，因為蘇聯的軍事技術水平低下，同時，戰爭會造成國內政治經濟的困難」。[47] 農村是可疑的：「我曾經和許多農民交談過，因此我可以坦率地說，萬一和外國發生衝突，相當一部分農民都不會充滿熱情地保衞蘇維埃政權，據説軍隊也有這種情況」，米哈伊爾．加里寧裝作老農民的樣子告訴政治局。[48] 俄國的流亡者報刊刊登了被泄露出去的情報，談到蘇維埃政權內部的秘密運作方式。[49] 對斯大林來說，他的核心圈子也變得可疑了。他沒有徵求他們的意見，只憑模糊的想法就在1928年開始了政治生涯中最大的賭博。

驚天動地的講話

斯大林要來了。西伯利亞黨組織負責人謝爾蓋．瑟爾采夫迅速行動起來，閃電般地視察了西西伯利亞的糧食主產區——巴爾瑙爾、比斯克、魯布佐夫斯克——以確保官員們做好接待總書記的準備。[50] 瑟爾采夫在斯大林的莫斯科核心機關幹過多年，他在那裏受到過密謀大師班的培訓。兩年前，當斯大林把西伯利亞交給他的時候(取代了季諾維也夫的支持者米哈伊爾·拉舍維奇)，他才33歲。1928年1月17日，就在斯大林抵達前的幾個小時，瑟爾采夫指示西伯利亞黨組織通過了一項具體的計劃，落實中央的指示，使用第107條打擊「囤積」糧食的人：西伯利亞秘密警察逮捕富農分子的指標是，當地每個生產糧食的地區都要逮捕四至十名，罪名是「持有大量的糧食儲備，利用食物短缺進行投機倒把，哄抬物價」。「立即行動！」西伯利亞奧格伯烏首腦扎科夫斯基命令道。[51] 1月18日，斯大林與他龐大的助手隊伍，還有他提前派來的官員，一起出現在代表黨的地方局和當地糧食收購人員的大約60名西伯利亞高級官員面前。[52] 他對他們説西伯利亞取得了大豐收，因此要拿出一百多萬噸的糧食運往中部，這樣一來，給西伯利亞自己留下的只有40萬噸。[53] 他還要求他們把各縣負責落實的具體人選定下來，並確保鐵路運輸的通暢——不得有任何藉口。[54] 不出所料，斯大林要求把第107條的適用範圍進一步擴大到任何拒絕出售存糧的人。瑟爾采夫表示，西伯利亞已經(從前一天開始)開展了打擊囤糧的行動。[55] 斯大林對此非常滿意，但為了表現得溫和一點，他把落實該措施的工作從政治警察那裏移交給檢察機關，由檢察機關在當地報刊上解釋政策，並遵照相關法律(*v zakonnom poriadke*)，準備採用簡化過的程序公開審判富農，好讓其他農民出售糧食。[56]

669

在列車漫長的旅途中，斯大林閱讀了助手們搜集的西伯利亞黨組織近幾年出版的一大堆關於當地農村的小冊子和其他資料。[57] 在中途停靠的城市，他讓人找來新出版的報紙，並強調有些報紙，比如斯維爾德洛夫斯克出版的《烏拉爾工人報》，對糧食收購工作「隻字未提」；後來他在秋明發現，當地的《紅旗報》刊登了大量有關糧食收購工作的內容，不過説的都是烏克蘭。奧格伯烏後來在1928年1月的政治情緒報告中，在談到西伯利亞的時候講了許多所謂的富農「鼓動」(「你們想要像1920年那樣，搶走大夥的糧食，但你們不會得逞，牛我們會賣掉一頭兩頭，但糧食我們不會給」)。這份全面的報告還附了一些反蘇維埃的傳單。[58] 在新西伯利亞，斯大林仔細閱讀了《蘇維埃西伯利亞報》在1月份出版的

各期報紙，結果發現這份當地最大的報紙，只是在最近才開始關注糧食

670 收購問題。他得出的結論是，西伯利亞黨組織「沒有執行階級路線」。[59] 不過，由於瑟爾采夫事先迅速採取的措施，斯大林在離開時似乎對1月18日新西伯利亞的會議印象不錯。[60] 在給留在後方老廣場大街幫着看家的中央委員會書記斯坦尼斯拉夫·柯秀爾(他擔任過西伯利亞黨組織負責人)的密碼電報中(1月19日上午8時)，斯大林寫道：「對於此次會議的主要印象是：糧食收購開展得太晚了；很難把失去的奪回來；要奪回來，只有依靠強大的壓力和領導技巧；工作人員都在準備靠踏實工作來挽回局面。」[61]

是不是一廂情願？斯大林發了一些威脅性的秘密通告，政策上也作了調整(擴大了懲罰性的第107條的適用範圍)，而且還親自出馬(「強大的壓力」)，可是給城市和軍隊的糧食會滾滾而來嗎？麻煩的跡象已經顯露出來：新西伯利亞會議的與會者之一、新上任的蘇聯農業銀行西伯利亞支行行長謝爾蓋·查古明尼(Sergei Zagumyonny)居然敢質疑斯大林的權威。查古明尼的口頭反對並不是那天唯一的反對聲音；西伯利亞消費合作聯社主席要求採取巧妙的鼓動，而不是強制。[62] 但是在第二天(1月19日)，查古明尼覺得還是以書面的形式向斯大林以及瑟爾采夫詳細說明自己的反對意見比較合適。他認為如果富農只因為拒絕出售自己的存糧就被抓起來，那中農和貧農就會以為新經濟政策結束了，國家收到的糧食就會更少，這就違背了政策的初衷。「我不想做預言家」，在預言災難之前，查古明尼寫道。他甚至認為自己比包括斯大林在內的上級更瞭解情況：「我對農村非常熟悉，一方面是因為在農村長大，另一方面是因為最近收到了我父親——一個貧農的幾封來信。」[63] 斯大林拿起鉛筆，在信中的幾段話下面劃了線，或者添上一些帶有嘲諷的批語(「哈哈」)。現在還不清楚，斯大林當時有沒有充分地意識到，查古明尼的想法其實也是與會的或沒有與會的其他官員共同的想法，但是在1月20日，斯大林決定在更小的範圍內再次對黨的西伯利亞局發表講話。

斯大林先是對透露查古明尼——他沒有獲邀參加這次會議——私人信件的存在及其內容表示歉意，接着他強調說：「前天我建議的那些措施會打擊壟斷市場的富農，那樣就不會出現漫天要價了。而且農

民會明白，價格不會再漲了，必須把糧食拿去賣了，要不然會進監獄 671
……查古明尼同志說這樣做的結果會讓收購的糧食減少。怎麼會那樣呢？」斯大林所理解的「市場」，不是指供給與需求，而是指國家能夠把農民生產的東西弄到手。斯大林說，在烏克蘭，「他們打碎了投機倒把分子的腦袋，然後市場就恢復健康了」。[64] 他說自己並不是想要取消新經濟政策，但是又提醒在場的人說，「我們不是資本主義國家，而是社會主義國家，它允許新經濟政策，同時還為國家保留了最終的決定權，所以我們要採取的做法是正確的」。他還說，「用武力論證和用經濟手段論證同樣重要，有時武力甚至更重要，比如說在市場〔糧食收購〕遭到破壞而且他們想把我們的整個經濟政策轉到資本主義軌道上的時候，而我們不會這樣」。不久，為了進一步反駁查古明尼所說的中農甚至貧農會站在受到打擊的富農一邊的觀點，斯大林和黨的西伯利亞局規定，從公審中沒收的富農糧食中抽出25%分給貧農和「力量單薄的」中農，從而把他們和黨的糧食收購運動結合起來。[65] 查古明尼的反對讓政策變本加厲，但起到的積極作用也許更多。通常不會輕易讓人知道自己底牌的斯大林，暴露了內心深處的想法。[66]

斯大林突然直截了當地對西伯利亞的官員們說，蘇聯的農業發展走進了死胡同。他講到了貴族階級是如何在革命中被剝奪的，他們的大莊園是如何被分掉的，但大多是分給了小農戶，不能做到專業化，甚麼都種一點，比如糧食和向日葵，也會養幾頭牛。他認為「這種混合經濟，小農戶的混合經濟，對於一個大國來說是一種不幸」，是一個巨大的難題，因為如果說在革命前就有大約1,500萬個體的農民業主（*edinolichniki*），那現在這個數字已經達到2,500萬。他們基本上不懂得如何使用機器、科學知識或化肥。[67]「富農的力量是從哪裏來的？」斯大林問道，「不是因為他生來就強大，不是那麼回事，而是因為他的耕作方式是大規模的。」規模大，富農就可以利用機器和現代的方法。「我們能像富農那樣，按照個體農莊的形式，沿着匈牙利、東普魯士和美國等地的大規模農莊和大莊園的道路發展農業嗎？」斯大林問道，「不，我們不能。我們是一個蘇維埃國家，我們要培植集體經濟，而且不單單是在工業領域，還包括農業領域。我們需要走那條道路。」而且，斯大 672

林解釋說，即便蘇維埃政權**想要**沿着個體業主的大規模富農農莊的道路發展，也行不通，因為「整個蘇維埃制度，我們所有的法律，我們所有的財政措施，所有為農村提供農業設備的措施，現有的一切都是朝着限制個體業主的大規模農業的方向發展的。」蘇維埃制度「在所有方面都剪除了富農，結果我們的農業現在陷入了死胡同」。要走出死胡同，他的結論是，「只剩下發展集體類型的大規模農莊這條路」。準確地說，就是集體農莊，不是小農們採用的合作社：「把農戶的小微農莊聯合成大集體農莊(*kolkhozy*)……對我們來說是唯一的道路。」[68]

唯一的道路——斯大林不是一個喜歡信口開河的人。在1920年代的大部分時間裏，新經濟政策在共產黨內部先後遭到左派反對派和聯合反對派的猛烈抨擊。面對左派的抨擊，斯大林為了維護新經濟政策而鬥爭過。[69]但這些問題不只是在黨的正式會議上一直在討論。許多個夜晚，當斯大林派在下班後到克里姆林宮碰頭的時候——斯大林、莫洛托夫、奧爾忠尼啟則等人沿着伊利英卡街從老廣場大街過來，伏羅希洛夫沿着茲納緬卡街過來——他們就會到某個人在克里姆林宮的家裏集中，經常是伏羅希洛夫家(那是最氣派的)，有時也到斯大林家，並在那裏反覆討論停滯不前的收成和實現農業現代化所急需的措施，敵人多而盟友少，軍隊缺少現代化武器等問題。斯大林派的幾個強硬人物指望他想出一個切實可行的辦法。新經濟政策的困境不僅在於工業增長率似乎太低，讓人懷疑這一政策究竟要實行多長時間才能讓蘇聯成為一個真正的工業國；也不僅在於蘇聯的農業技術水平落後，土地被分成很多小塊，收成不夠用來出口，以換取包括農用機器在內的機器進口所必需的資金；甚至也不僅在於政權對糧食供應和農村的控制力不夠，聽憑農民為所欲為。所有這些問題都很重要，但新經濟政策的困境**根本上**在於意識形態：實行新經濟政策七年了，社會主義(非資本主義)還遙遙無期。在這個發生了打着社會主義或反資本主義旗號的革命的國家，新經濟政策其實就是勉強被容忍的資本主義。

673 斯大林究竟是在何時得出結論，認為現在到了推動農村走上社會主義道路的時候了，目前還不清楚。加里寧後來在回憶時把政治局1927年成立的、由莫洛托夫領導的集體農莊委員會稱為「思想上的革命」。[70] 但在去西伯利亞之前不久，斯大林在莫斯科黨組織代表會議上說（1927年11月23日），「實行同多數農民鬧翻的政策也就是在農村中掀起內戰，阻礙我們以農民生產的原料（棉花、甜菜、亞麻、皮革、羊毛等等）供應我國工業，打亂工人階級的農產品供應，破壞我國工業的基礎本身。」[71*] 實際上，斯大林在新西伯利亞的講話是在反對他自己。有這種看法的並不是只有他一個人。莫斯科黨組織的高級官員、人稱卡爾·鮑曼（Karl Bauman）的拉脫維亞人卡爾利斯·包馬尼斯（Kārlis Baumanis，生於1892年）在莫斯科省組織的同一次會議上（11月27日）也強調，「不可能有兩種社會主義，一種是農村的，一種是城市的」。[72] 不過，當時這還沒有被當作官方的政策。不錯，在1927年12月黨的第十五次代表大會臨近結束的時候，開除托洛茨基、季諾維也夫和加米涅夫等左派黨籍的決議甚至墨跡未乾，但一項關於「農村工作」的決議還是得到了意味深長的修正：把建立大規模集體農莊確立為黨在農村的基本任務。這項在斯大林的倡議下通過的決議說得很籠統，也沒有時間表。對於該決議的重要性，別說是全國，就連黨內可能也有很多人沒有太在意。在12月14日至1月14日斯大林以中央名義給所有地方黨組織下發的關於糧食收購工作的四則危言聳聽的通告中，也沒有提到大規模集體農莊，而最後一則通告是在他去西伯利亞的前一天才下發的。[73] 莫洛托夫和斯大林兩人的辦公室挨在一起，共用一間會議室，最常與總書記見面和交談的就是他，但莫洛托夫給中央的長篇報告（1928年1月25日）講的都是自己到烏拉爾以及在那之前到烏克蘭監督糧食收購的情況，對強制推行全盤集體化隻字未提。[74] 而即便是在西伯利亞，斯大林1月20日那天的講話也只有極少數人知道。就連他的西伯利亞之行本身也是保密的，蘇聯的任何報紙都沒有提及此事。[75] 但未經公開發表的西伯利亞講話仍然引起了很大的震動。

---

* 譯註：此處按作者的引文譯出，中文版《斯大林全集》中的相關內容是：「實行同多數農民鬧翻的政策也就是在農村中掀起內戰，阻礙我們以農民生產的原料（棉花、甜菜、亞麻、皮革、羊毛等等）供應我國工業，打亂工人階級的農產品供應，摧毀我國輕工業的基礎，破壞我國的整個建設工作，破壞我們整個國家工業化的計劃。」（第10卷，第220頁）。

差不多18年前的1910年8月，沙皇時代最偉大的官員彼得·斯托雷平曾在西西伯利亞草原來回奔波，有時要從鐵路終點或者有河流的地方騎馬走500英里*去見農民，而農民也會熱烈地歡迎他。[76] 斯托雷平寫信給妻子說：「至少我看到了也學到了無法從文件中瞭解到的東西。」[77] 為了消除他所理解的農民騷亂的根源，這位沙皇的總理鼓勵農民脫離村社，把土地合併成彼此相連的農莊，把這些較大的土地轉變成私人財產。他大膽地改革，目的只為了對俄羅斯實行全盤改造。不過，與歐俄不同，西伯利亞沒有村社，但是，由於（1910年6月14日提出的）把宅地私有化的範圍擴大到西伯利亞的法律未獲通過，斯托雷平擔心他在同一時期鼓勵農民移民到西伯利亞開闊地的計劃，到頭來會把村社制度也移植到那裏。[78] 他還擔心在西伯利亞農民身上發現的強烈的平等主義精神會抵消自己想要灌輸的個人主義的、然而也是威權—君主主義的價值觀。[79] 在公開發表的視察報告中，斯托雷平建議，西伯利亞地區的土地私有權不但應該在事實上，還應該在法律上得到保護。他還強調，西伯利亞需要的不只是小規模農業（那是當時盛行的），還包括「私人佔有更多的土地」。[80] 不過，等到報告發表的時候，斯托雷平已死，他在基輔歌劇院遭人暗殺。

斯大林並沒有打算去斯拉夫哥羅德附近的阿爾泰西北部地區，斯托雷平曾在那裏受到在露天場合的數千名農民的歡迎，1912年，他們還在那裏為他立了一座石頭的方尖碑。[81] 斯大林是不會看到那座碑的，它已經在1918年農民奪取土地的革命中被拆掉了，斯托雷平為了合併農莊所採取的大部分做法也被推翻了，土地被分割成條狀，村社的力量得到了加強。[82] 但是在新經濟政策下，斯托雷平的自耕農又出現了。蘇維埃政權支持向合併農莊的轉變，多片土地輪作可以提高效率，不過，它不支持把合併的農莊變成合法的私有財產。但是，承擔整個蘇聯土地重組工作的只有11,500名土地測量人員和其他技術人員，這不禁令人想到，某種程度上正是因為缺乏人手才阻礙了斯托雷平改革的步伐。[83]

674

---

* 編註：約805公里。

以多片土地合併起來的農莊，1922年所佔的耕地不足2%，到1925年是15%，而到1927年則有25%左右。[84] 可即便進行了合併，多半也沒有實現機械化，而且不斷有人反映，富裕農民因為有能力賄賂當地的官員，幹的都是對自己有好處的工作。別說是像斯托雷平那樣見到成群結隊的農民了，在西伯利亞，現在還說不好斯大林有沒有見過真正的農民。[85] 可以確定的是，斯大林雖然瞧不上斯托雷平，可現在也遇到了他遇到過的挑戰——農村是俄國命運的關鍵，農民被假定為反對現有政權的一大政治難題。但斯大林準備推行全然相反的政策：消滅個體自耕農，建立集體勞動、集體所有的農莊。

675

有些學術爭論認為當時不存在對蘇聯的歐洲部分實行集體化的「計劃」，這是沒有抓住問題的要害。[86] 不**可能**存在任何計劃，這是因為要真的實現近乎徹底的集體化，在當時其實是不可想像的。要在佔地球面積六分之一的地方進行集體化？怎樣進行？用甚麼辦法？就連極左的托洛茨基在幾年前的一次講話中也說，農業「向集體化的過渡」是「一兩代人」的事情，「在比較近的階段，我們必須重視小農的個體農業的巨大意義」。[87] 到1928年為止，農民們仍然沒有自願加入集體農莊。商貿合作社吸收了約55%的農戶，而生產合作社卻很少。集體農莊在總數中所佔的比例不到1%，平均只吸收15到16戶農民，而且每個集體農莊只有8匹馬和8到10頭牛——經濟規模很小。[88] 與此同時，從行政管理上來看，政權在農村只有最低限度的存在：在省會之外，紅旗、標語以及新秩序的各種象徵物都沒有了蹤影，忠誠的工作人員也少得可憐。根據1922年的黨員統計數據，農民中的黨員比例只有0.13%；到了1928年，這一比例翻了一番，但仍然只佔農村居民的0.25%，1.2億農村人口中只有30萬黨員。[89] 西伯利亞4,009個村級蘇維埃甚至只有1,331個黨小組（而且遠不是說每個村子都能有一個正常運轉的蘇維埃）。[90] 此外，「黨小組」裏面都有些甚麼人，當時也不清楚：西西伯利亞的一個東正教教會蘇維埃公開指責當地的黨小組玩牌、追逐名利；還有一個農村黨小組被人發現在搞降神會，想和馬克思的亡靈交流。[91] 這些為了收到最低限度的糧食已經被弄得焦頭爛額的幹部，能夠迫使1.2億農村居民加入集體農莊嗎？

即便在高層，斯大林的全盤集體化計劃就能通過嗎？他要説服的676不但有政治局中支持新經濟政策的對手，比如布哈林、托姆斯基和李可夫，甚至還有他自己那一派的親信，因為他們對這樣的計劃仍然覺得不太有把握。當時，斯大林自己也不知道怎樣去實現以及由誰去實現全盤集體化。去做不可能做到的事情還會有「計劃」嗎？不過，斯大林同時也已經得出結論——就像他在新西伯利亞的講話所證明的——不可能做到的事情也必須做到。在他看來，政權已經陷入到某種比剪刀差還要糟糕得多的境地：具有階級基礎的惡性循環。布爾什維克迫切需要農民生產出更多的糧食，但農民打下的糧食越多，他們就越是變成階級敵人，也就是説，變成富農。換言之，只有農民貧窮了，不實行集體化的農村在政治上才沒有威脅，但要是農民貧窮了，他們生產的糧食就不夠養活北方的城市和紅軍，不夠出口。忽視了斯大林集體化中的馬克思主義動機的那些學者，和那些要麼大談沒有「計劃」、要麼認為集體化「必要」的學者一樣，最終都是錯的，其原因就在這裏。[92] 斯大林當時已經把意識形態的一個一個小點聯綴成了一幅完整的、具有階級基礎的邏輯圖景。當然，一切都會是即興之作。但斯大林不會即興實行法治和建立憲政秩序，不會即興賦予農民自由，不會即興限制警察機關的權力。他的即興之作是建設社會主義：強制推行大規模集體農莊，沒有私有財產。我們不但要明白斯大林為甚麼要這樣做，還要明白他是怎麼做的。

放逐左派，走向左傾

斯大林是1928年1月15日出發的，而托洛茨基也差不多同時被趕出了莫斯科。[93] 兩人都開始借助對方來定義自己：兩個列寧的門徒，都來自帝國的邊疆地區，卻有着截然不同的才能，一個是書生氣十足，擁有烏克蘭一所大學的學位；另一個在格魯吉亞的正教神學院讀過幾年書，很大程度上是靠自學成才。托洛茨基當時住在一個叫做亞歷山大·別洛博羅多夫(Alexander Beloborodov)的支持者家裏，而此人就是曾經簽署命令處決尼古拉二世的那位布爾什維克，但後來作為反對派成員被開除黨籍(他的心絞痛這時也發作了)。起初，斯大林建議把托洛茨基流放到南方城市阿斯特拉罕，但托洛茨基反對，因為那裏氣候潮濕，他怕會對他的慢性瘧疾有影響，於是，斯大林就把流放地改成阿爾馬—阿塔，* 一個省級定居點，在東南部乾燥的哈薩克斯坦。有一種説法，是布哈林打電話將流放地點通知了托洛茨基。[94] 另外還有一些説法，説托洛茨基被叫到奧格伯烏，那裏的一位下級官員宣讀了命令：流放國內，出發時間定在1月16日，上車時間是晚上10點。不管怎樣，他開始打包一輩子的政治活動的資料，一共裝了大概20箱。1月15日，一份德國報紙的記者設法採訪了托洛茨基：「走廊和過道裏一堆堆的除了書還是書，那可是革命者的養分。」[95] 1月16日，體格粗壯、頭髮幾乎全白的托洛茨基面帶病容，與妻子娜塔莉亞·謝多娃以及兩個兒子一起等候秘密警察。他的長子列夫打算把妻子和孩子留在莫斯科，自己陪父親一起流放，做他的聯絡和外交「人民委員」。[96]

677

約定的時間過了，但奧格伯烏還沒有出現。新近失勢的蘇聯駐法使節、堅決擁護托洛茨基的克里斯季安·拉柯夫斯基突然來到別洛博羅多夫家中，告知有一群人聚集在喀山火車站，他們把托洛茨基的肖像掛在列車的車廂上，而且挑釁似地反覆高呼口號（「托洛茨基萬歲！」）。最後，奧格伯烏打來電話，説出發時間推遲兩天。有趣的是，那位秘密警察搞錯了（把正確的出發日期和時間通知了托洛茨基）。留下看家的斯坦尼斯拉夫·柯秀爾向（正在駛往西伯利亞途中的）斯大林專列發了電報，報告説在1月16日那天有3,000人聚集在莫斯科的車站，還説托洛茨基的妻子病了（謝多娃的確在發燒），他們不得不把放逐托洛茨基的時間推遲兩天。[97] 柯秀爾接着又告訴斯大林，「那群人想要扣下列車，高喊『打倒憲兵！』、『打倒猶太人』、『打倒法西斯』」。19人被拘留。「他們打了幾個奧格伯烏特工」，柯秀爾寫道，好像武裝的秘密警察在當時受到了威脅似的。據柯秀爾説，有一名示威者得知要推遲兩天，就號召人們在1月18日那天再次集中。這似乎讓奧格伯烏變得聰明了，因為特工人員在次日（1月17日）早晨就來到別洛博羅多夫家中。感覺上

---

* 譯註：阿拉木圖。

了當的托洛茨基拒絕讓步，但奧格伯烏給穿着睡衣和拖鞋的他強行穿上皮毛大衣、戴上帽子，迅速把他帶到雅羅斯拉夫爾車站。[98] 在給斯大林的密碼電報中，柯秀爾還說：「我們不得不把他抬起來強行帶走，因為他不肯自己走，還把自己反鎖在房間裏，所以不得不把門砸開。」[99]

678

托洛茨基這整件事對斯大林的性格產生了嚴重的影響。有誰真正理解斯大林在這種長期的爭鬥中所經受的一切？在中國政策慘遭失敗之後，他僥倖逃過一劫。可幾個政治局委員不顧托洛茨基造成的麻煩，對流放托洛茨基的決定還不太支持，甚至反對。[100] 斯大林給柯秀爾的回電很短：「我收到了關於托洛茨基及托洛茨基分子的滑稽表演的電報。」[101]

這一次，柯秀爾和奧格伯烏把車站徹底清空了，所有通道都佈置了裝甲車和帶着機槍的士兵。即便如此，事情也不太順利。「忘不了我在前線在他手下的那些日子」，負責驅逐工作的契卡高級官員格奧爾吉·普羅科菲耶夫在中午喝得醉醺醺的，據說他對一位同情蘇聯的外國記者說，「多好的人哪！我們多麼愛他！他創造了奇蹟，是奇蹟，我告訴你……而且永遠是用言語……每一個字都是一顆炸彈，一顆手榴彈。」但現在，這位曾經叱詫風雲的領導人多可憐。據那位記者說，托洛茨基被一名奧格伯烏軍官雙臂托着，「就像從醫院病床上抱起來的病人。在皮毛大衣下面，他只穿了睡衣和襪子……托洛茨基就像行李一樣被裝上了列車。」[102] 單獨一節車廂，載着他和他的家人，還有奧格伯烏的護送人員，駛離了莫斯科。那20箱書和報紙沒有帶走，那裏面有很多絕密的政治局備忘錄。差不多30年前，一個名叫勃朗施坦的青年，在從敖德薩的一座監獄前往流放地西伯利亞的途中，從押送囚犯的列車車廂裏，第一次見到了莫斯科。現在，他也是從押送囚犯的列車上，最後看了一眼莫斯科。[103] 托洛茨基很快就到了中亞鐵路線的最後一站——吉爾吉斯斯坦的伏龍芝市（比什凱克）；難以置信的是，裝着他的書籍甚至還有檔案的箱子又和他會合了。一輛汽車帶着他們還有行李，翻越雪山，走完了最後的150英里，* 在1月25日的下午3時到達

---

* 編註：約241公里。

了阿爾馬—阿塔。他和家人被安頓在果戈理大街的七條河旅店——也沒別的地方。[104]

被放逐的不只是托洛茨基。1月20日，即斯大林突然向西伯利亞的高級官員吐露其集體化想法的那天，蘇聯報紙刊登了一則佈告，宣佈把幾十名反對派成員從莫斯科流放到國內其他地方。斯大林將這些「左派空談家和神經衰弱者」——按照他喜歡的說法——分別趕到了東部（烏拉爾斯克、謝米帕拉京斯克、納雷姆、托博爾斯克、巴爾瑙爾）、北方（阿爾漢格爾斯克）或南方（阿斯特拉罕、亞美尼亞）。[105] 已經到了西伯利亞托博爾斯克的拉狄克，給托洛茨基寄了一封信，那是托洛茨基在阿爾馬—阿塔收到的第一封信。[106] 斯大林起初沒有阻止托洛茨基分子的內部通信，因為秘密警察已經作了徹底的檢查，他可以看到通信的內容。托洛茨基在給拉狄克回信時提了一些建議：「我強烈要求你不管怎樣一定要採取合適的生活方式來保護你自己。我們依然有很大、很大的用場。」[107] 1928年的時候，托洛茨基還不知道自己的著述將會為人們瞭解斯大林提供巨大的幫助，會對人們關於這位專政者的看法產生深刻而全面的影響。他也不知道斯大林將會在他的身上發現特別陰險的「用場」。在斯大林的內心中，托洛茨基佔據了很大的空間，而且斯大林最終會在蘇聯的政治想像中，把托洛茨基放大為萬惡之源。與此同時，剛剛驅逐了黨內「左派空談家和神經衰弱者」長期以來的領導人，斯大林就在西伯利亞開始讓黨和國家強行左轉了。

679

負責監督的共產黨

斯大林及其隨從人員在西伯利亞到處視察。1月20日在新西伯利亞發表了令人震驚的講話之後的第二天，也就是列寧去世四週年的紀念日，同時也是國家的法定假日，他出發前往巴爾瑙爾——一座以開採銀礦為主的小城，位於通往阿爾泰山區的幾條道路的交匯處，最初由農奴建成，以滿足帝俄的軍事需要。夏季，嚴酷的大陸性氣候從亞洲沙漠地區吹來的風炎熱而乾燥，而在漫長的冬季，從北極地區吹來的風寒冷而潮濕，積雪能超過人的身高。可那裏的土壤，哎喲，是黑色或栗褐色的，這讓它成了俄國農民的天堂。[108] 1月22日，巴爾瑙爾官方組織了一大批人到站台去迎接斯大林和瑟爾采夫。(奧格伯烏的扎科夫斯基也來了，他是在斯大林到地方視察時負責安全的。)車站前的廣場停滿了帶有木筐的雪橇。據一位目擊者回憶，給斯大林準備的雪橇「墊了一張熊皮和一件大衣，那樣，這位領導人就不會凍着了」。拉雪橇的馬名叫「馬拉」(以那位法國革命者的名字命名)，趕雪橇的是當地奧格伯烏的指揮官，他後來成了一名獲獎的劊子手。[109] 斯大林答應了合影的請求，但不允許舉行宴會。他在講話中承認，糧食收購危機的「原因之一」，在於「〔同反對派的〕爭論分散了我們的注意力，還有在代表大會上輕鬆獲得的勝利和那些會後回家的同志過節一般的心情」。但他到那裏並不是要讓人找藉口的。他毫不理會地方上流行的對收購的糧食數量不足的各種解釋——嚴重的暴風雪、缺乏可以出售的製造品、大概收成不好——而是堅持認為，「原因在我們自身，在我們的組織」。「我們晚了，同志們，」他溫和地責備那些官員，「有些工作人員甚至覺得奇怪：『怎麼回事，』他們說，『我們運了許多糧食出去，而在莫斯科，他們還在叫喚。』…… 在目標面前，不允許有任何藉口和退縮！…… 對此，要用布爾什維克的方式施加壓力(鼓掌)。」[110]

680

在斯大林講完後，瑟爾采夫又作了補充：「中農」在1928年1月的糧食銷售中所佔的比例，與上一年相比從60%下降到30%。換句話說，囤積糧食的不單是富農。斯大林之所以要逮捕富農，就是要向中農傳遞一種信號：囤積糧食是不會被容忍的。[111] 第二天，在另一個縣的縣治所在地魯布佐夫斯克——謝米帕拉京斯克的官員們也被叫到那裏——斯大林的到來激起了熱烈的掌聲，對此，他回應說：「你們這些優秀的西伯利亞人，你們有能力整齊一致地鼓掌，但你們沒有能力做好工作！」[112] 據一位參加會議的人說，會後，斯大林喝了一些家釀的白蘭地，理由顯而易見，天氣太冷。這位參加會議的人還說，雖然「風雪很大」，斯大林還是「願意步行」回到他那輛戒備森嚴的專列。他是在專列上過的夜。[113]

這位蘇聯專政者的視察，目的不是要弄清事實，而是要解釋採取強制措施的根據並確保落實那些措施，但西伯利亞之行實際上也有一些意外的發現。比如，他發現富農似乎要比他原先理解的強大得多。沒關係，農民的財富是周期性的，幾代人過後，很少有家庭還能保持富裕從而形成一個明顯的資本家階級，再説，富農在任何時候都**有**。西伯利亞農村是富裕的農業區之一，那裏「資本的進攻」曾經是托洛茨基分子的心病。瑟爾采夫以前並沒有重視這樣的説法，認為那是「歇斯底里的叫嚷」，但他委託進行的反向研究(counterstudy)表明，農業機械和信貸都掌握在富裕農民的手裏。[114] 現在，斯大林獲得第一手證據，證明了這一點。此外，他還瞭解到，西伯利亞黨組織非但沒有和這些新的動向作鬥爭，反而與其同流合污，而這一點也曾是左派反對派所擔心的。流放到巴爾瑙爾的左派反對派、記者列夫·索斯諾夫斯基(Lev Sosnovsky)寫信給身處哈薩克斯坦的托洛茨基，告訴他斯大林秘密視察西伯利亞的消息(這封信後來被偷偷地帶到境外，發表在國外流亡者的報刊上，它是當時唯一公開確認斯大林視察西伯利亞的文件)。索斯諾夫斯基最後説，西伯利亞的黨的機關「不能勝任這項採取新辦法的任務」(對農民採取強制措施)。[115] 西伯利亞的共產黨員有一半是在1924年之後實行新經濟政策期間入的黨，並且有三分之一仍在務農——這一比例相當驚人；西伯利亞黨組織的領導層甚至認為工業化要服務於農業的需要，並要求把農具、糧食儲藏和食品加工放在優先地位。[116] 説來也怪，在放逐了托洛茨基分子之後，斯大林發現，自己的難題並不在於少數的反對派分子，而在於全黨。[117]

681

西伯利亞的機關因為酗酒早就臭名遠揚。「酗酒成了日常現象，他們和妓女一起喝得醉醺醺的，然後坐上車揚長而去，就連黨的基層人員也是如此，」扎科夫斯基在西伯利亞奧格伯烏內部的黨支部會議上説，並強調他在莫斯科的上級已經向他指出了這一點。扎科夫斯基本人也喜歡這種奢靡的享樂生活，他同時擁有多個情婦，而且幾乎離不開酒。他的結論是，「喝酒可以，但只能在契卡人員的小圈子裏，不能在公共場合」(大概還包括帶着妓女，坐着罕見因而很容易認出的汽車兜風)。[118] 不過，斯大林之所以責備他們，並不是因為酗酒。「難道你們怕擾亂富農老爺的安寧嗎？」他用威脅的口氣向西伯利亞的官員們問道。[119] 他發現，西伯利亞的許多工作人員都「住在富農的家裏，在富農家裏做食客」，因為，他們告訴他，「富農的住宅乾淨些，吃得好些」。[120]* 農村的黨的官員一心想着娶富農的女兒。這樣的傳聞激起了斯大林的階級感情：蘇維埃官員在物質上，因而——照他的馬克思主義眼光看來——也在政治上，正在變得越來越依賴於農村的富人。

斯大林希望通過自己採取的措施，激起所謂農村中普遍存在並且越來越嚴重的階級對立。「如果我們發出信號，增加壓力並向富農發動進攻，〔農民群眾〕對於這件事就會十分熱情」，在西伯利亞視察期間，他私下裏對瑟爾采夫説。[121] 表面上，他的強制措施的確像是成功了。早在1月24日，西伯利亞就按照第107條在巴爾瑙爾縣進行了首次公審(對象是三個富農)，並在第二天的報紙上作了廣泛的報道。[122] 在有可能是最轟動的一起案件中，魯布佐夫斯克縣的富農捷爾洛夫(Teplov)，一個大家庭的七十多歲的家長，據説擁有3處住宅、5座穀倉、50匹馬、23頭牛、108隻羊和12頭豬，同時還「囤積」了242噸糧食。「蘇維埃政權不賣給我機器，我憑甚麼要把糧食賣給他們，」有人引用他的話説，「要是他們願意賣給我一台好的拖拉機，那就是另一回事了。」捷爾洛夫被判了11個月並失去了213噸糧食；剩下的大多是黴爛的。[123] 在1928年1月和2月，西伯利亞受到審判的富農總共有差不多1,400人。報紙的報道千篇一律，總是説旁聽的農民擠滿了法庭。[124] 當局從這些被判有罪的農民那裏只沒收到12,000噸糧食(不到那年該地區糧食收購量的1%)，但在當時，這一情況並未公開。[125] 與此同時，西伯利亞檢察機關還拖拖拉拉，對扎科夫斯基根據第58條(反革命罪)——處罰要比犯下投機倒把罪嚴厲得多——要求逮捕的監視名單上的人，即前沙皇軍官和國內戰爭中的白軍，多數都沒有批准。[126] 當斯大林還在西西伯利亞的時候，當地黨組織的刊物《走在列寧主義道路上》承認，司法機關成員不僅「缺乏熱情」，甚至還出現了「抗議浪潮」，反對黨要求把第107條擴大到種糧農民的指示，認為那違反了蘇維埃法律。據説斯大林的回答是，「不能把布爾什維克寫的法律拿來反對蘇維埃政權」。[127]

682

* 譯註：《斯大林全集》第11卷，第4–5頁。

當然，斯大林想要做的遠不只是動用第107條。他當時對新經濟政策的命運依然抱着非常謹慎的態度。當有人問及此事時，他堅持說會繼續下去，這讓大家鬆了口氣。但參加談話的那些人沒有意識到，他其實已經回到對新經濟政策的最初的提法，認為那是**暫時的**退卻，**結合了**社會主義的進攻。將第107條的適用問題的分歧公開化的同一期《走在列寧主義道路上》(1928年1月31日)寫道，「小規模的分散的個體農莊，按其本性來說是反動的。要想在這一基礎上進一步發展我國的生產力是不可能的，而這對我們來說又是絕對必要的」。社論的結論是：「農村要向大規模的集體農業前進。」[128] 這也許是蘇聯第一篇提到即將展開的重大轉折的社論。

但是，如果西伯利亞黨組織連沒收富農的糧食都做不到，那它又怎麼能夠實行農村向全盤社會主義的過渡呢？西伯利亞黨組織的掌權者們確實上演了一齣聲勢浩大的動員秀，他們報告說，在1928年1至3月召開的「貧農」代表會議共計達到驚人的12,000次(參加會議的估計有382,600人)。[129] 這一切的高潮是，1928年3月1日在新西伯利亞召開了有史以來的首次西伯利亞「貧農」代表會議，與會代表102人，而且全聯盟都作了報道。「我們要向農村的所有人表明，」《真理報》援引一名代表的話說，「富農是大肆聚斂糧食的壞傢伙，是國家的敵人」。[130] 但是在前線，在西伯利亞的縣級黨組織當中，黨的官員命令，為了加快糧食收購的進展而成立的新「三人小組」只能在黨的辦公場所辦公，要避免暴露自己的存在，「以免引起居民和部分基層黨員的誤解」。[131] 斯大林想讓嚴厲的強制措施引起廣泛的注意，而農村地區的黨組織則想要瞞着。

683

對於進行一場新的革命的質疑，在瑟爾采夫身上表現得最為突出。在鄂木斯克黨的會議之後，他送走斯大林就回到了新西伯利亞的西西伯利亞總部。1月31日，他在那裏向西伯利亞黨組織重申了斯大林作出的保證，說不會取消新經濟政策。[132] 瑟爾采夫決不是主張自由化——內戰期間，在自己的家鄉烏克蘭血腥驅逐哥薩克的過程中，他是衝在前面的——但他認為，集體化只適合靠個人力量無法生活的不幸的貧農。在斯大林視察的前一年，一次有關農村議題的代表會議上，瑟爾采夫勸告：「對中農、殷實的農莊和富裕的農民，我們要說，『發家致富吧，祝你們好運』。」[133] 即便是在斯大林視察過後，瑟爾采夫仍然認為個體農民的成功對於國家是有好處的。就像他後來在1928年3月西伯利亞地區的另一次黨的大會上對黨員們說的，「蜘蛛在吸蒼蠅血的時候，他也在努力工作」。[134] 這是在為富農辯護，而且是出自斯大林的門徒之口。有這種想法的並不只是瑟爾采夫。西伯利亞另一位高級官員、出身貧苦農民家庭、早年在內戰時的糧食收購人民委員部工作的拉脱維亞人羅伯特·埃赫(Roberts Eihe，生於1890年)早在1927年的一次地區黨代表會議上就表達過瑟爾采夫的那種觀點(「那些同志擔心富農，認為毀掉殷實的農莊，我們就可以加快社會主義建設步伐的觀點⋯⋯是非常錯誤的」)。[135] 可現在，埃赫也開始附和斯大林的解釋，大談富農到處都在搞破壞。埃赫那樣的官員還會向上升，因為他們不僅對人民流血無動於衷，而且能見風使舵。事實上，埃赫很快就取代瑟爾采夫，成了西伯利亞黨組織的首腦。扎科夫斯基的輝煌事業也會更進一步。[136] 旺盛的野心再摻上野獸一般的恐懼，將成為斯大林手中可怕的工具。不過，要實現蘇聯歐亞地區的整體改造，需要的遠不只是抱着投機心理的高級官員。

684

當斯大林從巴爾瑙爾和魯布佐夫斯克一路到達鄂木斯克，然後又折向東，前往克拉斯諾亞爾斯克的時候(提建議的是瑟爾采夫，但陪同的是埃赫)，他給莫斯科打電報説的仍然是在當前目標上取得的進展(「收購工作已經有了生氣。1月底、2月初的時候應該會有重大突破」)。但他沒有像以前那樣，表揚當地官員的認真態度，而是強調**自己**如何「讓大家按照應有的樣子鼓足幹勁」。[137] 在克拉斯諾亞爾斯克，1月31日深夜，他在這個區的秘密警察大樓會見了從東西伯利亞各地召來的黨內高級官員。斯大林勉勵他們要搞好糧食收購，但也明確地將「約束富農」的必要性與「資本主義包圍」聯繫起來，並説「未來的戰爭有可能突然爆發，它將是長期的，因而需要龐大的軍隊」。會見大約在2月1日早晨6點結束。斯大林打電報給(仍在北高加索的)米高揚，把西伯利亞2月份的糧食收購指標從23.5萬噸提高到32.5萬噸。「這會促進收購，」他寫道，「而現在這樣做是必要的。」[138] 2月2日，斯大林向莫斯科方向出發。[139] 第二天，克拉斯諾亞爾斯克的報紙號召民眾「打擊富農」。[140] 在他回到首都之前，西伯利亞的「糧食工作三人小組」就已經把他們在2月份的指標提高到40萬噸。不過當時還不能確定，斯大林走了之後當地的情況會怎樣。結果，該地區2月份收購的糧食是1月份的1.5倍，但不是40萬噸。3月份的指標後來定在37.5萬噸，但西伯利亞的官員覺得，一個月只能交出21.7萬噸。[141]

1928年2月6日，經過三個星期的旅程，斯大林返回莫斯科。回到老廣場大街後，他不但可以從黨內的渠道，還可以從秘密警察的報告中瞭解自己此行的反響。比如，2月10日奧格伯烏送來的政治情緒報告就帶來了不好的消息：在西伯利亞「許多區的黨員對加強糧食收購的措施的認同情況，與其他廣大農民幾乎沒甚麼兩樣」。那些拒絕轉向強制措施的人的名字，一個縣一個縣地被列了出來，而且還引述了某些人的話，大意是說，反對派是對的，中央正在把國家引向危機。[142] 2月13日，斯大林從老廣場大街給全聯盟各個黨組織又下發了一則秘密通告，承認「我們的糧食收購發生了極嚴重的危機」，* 但也聲稱，黨忽視了「同富農和富農危險作鬥爭」，結果黨內出現了很多想要「同富農和睦相處」的人。他把他們稱作帶引號的「共產黨員」，而這可不是甚麼好兆頭。他要求他們做工作「不是為了應付差事，而是為了革命」，要求黨的高層領導「在收購運動的進程中檢查並堅決清洗黨的、蘇維埃的和合作社的組織，把異己分子和混進來的驅逐出去，以堅定的黨員和經過審查的非黨工作人員代替他們」。[143]† 但是，如果新經濟政策中的資本主義因素和富農對黨的影響那麼大，那可靠的幹部從何而來？

685

讓政權更為困惑的是，事實證明農村的衝突並不是以階級為基礎，而是基本上以代際和性別為基礎；政權指責說，它所謂的中農甚至貧農都聽從富農的「擺佈」，同樣也間接地承認了這一點。[144] 農村中較大規模的「階級鬥爭」，看來需要由外人來強行發動。與斯大林的西伯利亞之行有聯繫的一件事情是，當時已經動員了100名莫斯科和列寧格勒工人黨員中的積極分子，到西伯利亞加強對富農的搜查。在全聯盟範

---

* 譯註：《斯大林全集》第11卷，第11頁。

† 譯註：《斯大林全集》第11卷，第11–18頁。

圍內，斯大林很快就動員了約4,000名來自城市的省級和縣級黨的官員——「最堅定和最有經驗的布爾什維克」——以及2.6萬名最基層的「積極分子」投入糧食收購工作。[145] 那些被派去的人在地方上也找了一些積極分子。出生於敖德薩並從列寧格勒搬到西伯利亞的共青團積極分子兼記者奧列格·巴拉巴舍夫(Barabashev Oleg，生於1904年)，在(他主編的)《西伯利亞報》上寫道，「斯大林說得對，黨為打倒富農的口號做好了準備」。巴拉巴舍夫指的是工人出身的黨員。在觀察了鄂木斯克附近一個鐵路交匯點的黨支部會議後，他在文章中談到工人階級在面臨物資短缺和物價上漲時的擔憂，談到他們渴望看到逮捕「投機倒把的富農分子」。[146] 巴拉巴舍夫本來還可以指出，當時存在對沙皇時代的工程師和專家們的刻骨仇恨，他們依然享有明顯的特權和權力。對斯大林而言，事實證明，滿足這些怨恨心理的想法是難以抗拒的，而那些反對他政策的人是無法阻止他的。

李可夫左右為難

管理政府日常事務的阿列克謝·李可夫沒有出去到某個地區強行收購糧食。(托姆斯基和布哈林也沒有。)對於新經濟政策，他認為雖然有不足，但要好過破壞穩定的那種選項。李可夫(生於1881年)祖上是農民，俄羅斯族人，來自薩拉托夫，斯托雷平曾做過那裏的省長。他是一個堅定的布爾什維克，並且得到了列寧留下的職位——人民委員會主席。(奇怪的是，李可夫沒能像列寧那樣在喀山大學完成學業並拿到法律學位。)[147] 李可夫的年齡和斯大林差不多，兩人住在克里姆林宮的同一棟樓裏，但實際上沒有甚麼交往。在與反對派的內鬥中，李可夫從來沒有動搖過，但他雖然贊成斯大林為了填滿國家的糧庫而採取強制措施，卻震驚於斯大林在視察了西伯利亞之後仍然想要堅持「非常狀態」。[148] 不管怎麼說，托洛茨基和聯合反對派剛被清除，難道斯大林現在就要實行他們的綱領嗎？[149] 在主張取消強制措施方面，李可夫可以指出，斯大林自己的有力舉措已經避免了當前的危機：實際上，2月的收購量在當時是單月最高的(190萬噸)，1927至1928年度的收成的總

686

收購量因而一下子超過了上年。李可夫同樣也反對古比雪夫堅持的越來越不切實際的工業化目標。1928年3月7日，莫洛托夫受斯大林指使在政治局會議上指責李可夫，説他1927至1928年度的工業和財政計劃草案決心不夠。之後，李可夫仿照斯大林的做法，給斯大林、莫洛托夫和布哈林送去了辭職信。就像斯大林之前要求把自己派到曾經流放過的西伯利亞荒涼的圖魯漢斯克一樣，李可夫要求調到烏拉爾。同一天，為了表示自己是認真的，李可夫還送去了第二封信。[150]

斯大林沒有為了給自己除掉一個表面上的潛在競爭對手而急於接受李可夫的辭呈。他當時非常倚重李可夫，特別是在經濟管理上，而經濟管理可不是小事。於是，斯大林就像李可夫為他做過的那樣，努力安撫這位政府首腦。「人不能像那樣擺出問題：我們需要聚一聚，喝點酒，敞開心扉談一談，」他在回覆李可夫的辭職信時寫道，「那樣我們就會化解所有的誤會。」不但是布哈林，就連莫洛托夫也覺得李可夫不能辭職。看來李可夫是贏了。[151] 在作出重大的經濟決定，尤其是和工業及預算有關的重大決定時，他的權威不會再受到輕視了，要不然，他們就得另請高明，來挑起首席執政的重擔。不過李可夫在政治上的弱點很多，首要的情況是，他的投票陣營當中的關鍵人物布哈林這個人既不強悍也不敏鋭，最後是斯大林有許多辦法盯緊並且制約李可夫，而李可夫除了以辭職相威脅，沒有任何有效的手段可以對付斯大林。

政治局雖説有決策權，但委員們誰也沒有辦法保證斯大林會執行它的正式決定（而不是執行其他的決定）。在兩次會議之間，大部分重大事務形式上都由斯大林負責，比如監督所有黨組織和國家機構；實踐當中，由於蘇維埃政權的權力佈局、溝通體制和高度保密的特點，他的特權實際上要廣泛得多。[152] 米高揚講過1920年代末的一件事，當時他因為處理問題的方式同斯大林爭辯起來：政治局支持斯大林的立場，不過，政治局的決定並沒有得到落實，而這顯然是因為斯大林改了主意；但政治局從來沒有取消那項正式決定。[153] 還有一次，高加索發生暴亂，持續了幾個星期，而斯大林直到暴亂鎮壓下去之後才把事情告訴李可夫。[154] 斯大林掌握了所有的官方渠道和現有的非正規信息來源，儘管他的工作人員執行的常常不是正式規定的任務。[155] 沒有其他人能夠説

687

清楚，有哪些材料中央收到或收集到了但政治局委員們又沒有看到，或者是以中央的名義給政府各部門下達過甚麼樣的指示。最重要的是，對於其他高層官員，只有斯大林一個人有辦法為了他們自身的「安全」而對其進行秘密監視並讓他們的下屬檢舉揭發，因為，只有他一個人可以用中央的名義與奧格伯烏聯繫。

名叫「礦井」(沙赫特)的小城

李可夫辭職遭拒才過三天，1928年3月10日，警察機關就傳來爆炸性的消息。當時《真理報》在頭版一篇未署名的社論中吹噓，奧格伯烏如何揭露了一起由沙皇時代培養起來的「資產階級專家」策劃的反革命陰謀，這些專家據說是在為現在生活在國外的革命前的「資本家」礦主工作，目的是破壞蘇維埃政權和復辟資本主義。[156] 他們的所謂破壞活動發生在一個擁有33,000人口，名為沙赫特或「礦井」的礦業小城。[157] 但沙赫特煤礦毗鄰烏克蘭具有重要戰略價值的頓涅茨克盆地，而且「調查」會牽扯到烏克蘭甚至莫斯科經濟部門的高官，還有與德國的關係。李可夫在《真理報》上的一篇總結沙赫特事件的文章中(3月11日)，支持所有的指控，但他也發出警告，反對對專家過分的「折磨」。他還寫道，「糧食危機問題已經不在議事日程中了」。可是對斯大林來說，沙赫特事件和在農村的「非常狀態」是一個整體。他要發動一場新的轟轟烈烈的階級鬥爭，以擴大政權的社會基礎和他自己的政治影響，加快工業化的步伐，實現農業的集體化。關於沙赫特事件起源的報告呈給了斯大林。他當時正在索契，在俯瞰黑海的懸崖上——那是他放鬆的地方，陪伴他的是裝滿了絕密文件的文件袋和男性服務人員。斯大林在那裏看到了長期擔任北高加索奧格伯烏首腦的葉菲姆·葉夫多基莫夫(Yefim Yevdokimov)，他在專政者一年一度到南方小住期間負責他的安全。這是一個令人垂涎的好機會。

688

葉夫多基莫夫是個現象級的人物。他(1891)出生在哈薩克草原上的一個小城，小城有兩座教堂和一座清真寺，他的農民父親就在那裏的沙皇軍隊中服役，但他是在西伯利亞的赤塔長大的，他在那裏完成了五年的小學教育。接着，他成了一個無政府主義的工團主義者，然後又到了莫斯科，在那裏參加了1917年秋天曠日持久的革命性政變。第二年，在政權將首都遷到莫斯科後，葉夫多基莫夫加入了布爾什維克和紅軍。1919年夏天，捷爾任斯基派他負責警察機關在紅軍中的所有特別部。葉夫多基莫夫很快被派到內戰中的烏克蘭，在那裏他因為對白衛分子的屠殺而出了名。在他的送別宴會上，接替葉夫多基莫夫的弗謝沃羅德·巴利茨基在敬酒時稱他是「共和國秘密部門的頭號特工」，並給他頒發了他的第二枚紅旗勳章，以表彰「與匪幫的勇猛戰鬥」。[158] 葉夫多基莫夫稱讚在場的人是一部「組織得很好的機器」，稱自己僅僅是「這部機器的槓桿，控制着它的運轉」。在1923年調到遼闊的北高加索邊疆區的時候，葉夫多基莫夫還把他的一幫兄弟也帶到了羅斯托夫，那些人把他當作仁慈的教父或哥薩克首領（阿特曼）一樣崇拜。[159] 與在後方的盧比揚卡總部處理案頭工作不同，在北高加索，內戰從來沒有結束，因此，葉夫多基莫夫需要同崇山峻嶺中的「土匪」進行無情的、極其殘暴的較量。通過「大規模行動」在車臣收繳了約2萬支步槍，在印古什和奧塞梯收繳的槍數量相似，在卡拉恰伊—切爾克斯和巴爾卡爾—卡巴爾達收繳了1.2萬餘支槍。在這之後，葉夫多基莫夫寫信給亞戈達說，「這裏的人武裝到了牙齒而且非常愚昧」。[160] 北高加索培養了一代格伯烏特工和大批邊境守衛隊，他們防止平民暴動的本領十分驚人。

早在1927年夏天，葉夫多基莫夫就給在索契的斯大林帶過一份禮物。斯大林「像往常一樣，問我情況怎麼樣」，葉夫多基莫夫後來在莫斯科的一次大型會議上回憶說，「我跟他詳細講述了這起事件」——弗拉季高加索市傳說中的「反革命陰謀」。「他聽得非常仔細並且問了幾個細節問題。在談話結束時，我是這樣說的：『對我來說，很顯然，我們是在和一些蓄意破壞生產的人打交道，但我還沒有搞清楚他們的首領是誰。要麼是〔幾個外國的〕總參謀部，尤其是波蘭的總參謀部，要麼是過去擁有這些企業並且能夠從破壞生產中獲益的公司，即比利時人的公司。』」據葉夫多基莫夫說，斯大林「對我說，『到你調查結束的時候，把材料交到中央』」——意思是通過奧格伯烏的正常渠道。「我回去後就把下流社會的那幫人（*bratva*）——請原諒我的這個說法——也就是同志

689

們〔笑聲〕召集起來，下令開始行動。」[161] 在和斯大林有過幾次面對面的會議之後，葉夫多基莫夫倍受鼓舞，他把內戰時期生活在高加索境內的79名「白衞分子」的臉部照片編成相冊，送給當地黨組織的首腦，要求允許清算他們——不是因為他們做過的，而是因為他們有可能做的。「消滅他們非常重要」，葉夫多基莫夫在給這位黨的首腦的信中寫道，因為萬一發生國際衝突，他們就可能充當「反對我們的實際力量」。[162] 葉夫多基莫夫以相冊的方式執行快速處決以絕後患的辦法是一種創新。他得到了此前幾乎沒有人得到過的第三枚紅旗勳章。在此期間，1918年斯大林曾發現過由「階級異己分子」策劃的反革命陰謀並處死了大約二十多名「間諜」和「破壞分子」的城市察里津，被更名為斯大林格勒。

葉夫多基莫夫捏造的弗拉季高加索事件沒有成功，但他把另一起事件，即煤炭小城沙赫特事件交給了斯大林。這一事件起源於1927年的戰爭恐慌，當時奧格伯烏對一些工業事故進行了複查，想看看有沒有可能是故意破壞。這次得到了一些「坦白材料」。[163] 沙赫特事件的材料在斯大林從西伯利亞回去後不久就到了他的手裏，這些材料證實了他的懷疑，即富農正在變得猖狂起來，而農村的共產黨人與階級敵人睡一張床。[164] 1928年3月2日，在他收到帶有亞戈達附函的沙赫特事件長篇報告的同一天，這位專政者接待了葉夫多基莫夫，亞戈達也在場。[165] 3月8日，政治局批准進行公審。[166] 第二天，政治局的一個小組審查了起訴書的草案，並對其作了徹底的修改(該文件的大部分內容都被劃掉了)，改動了日期和其他所謂的事實。在公開宣佈提出指控後，蘇聯總檢察長尼古拉·克雷連柯被派到俄羅斯社會主義聯邦蘇維埃共和國的第三大城市羅斯托夫，以及烏克蘭蘇維埃社會主義共和國首府哈爾科夫，並且要在一個月內完成所有的工作。[167] 政權選定了53名被告，他們多數(35人)都是在革命前培養出來的採礦工程師；其他的是一些機修工或電工。為了達到最大的效果，審判奉命從頓涅茨克礦區轉移到莫斯科。

690

沙赫特事件把事實、捏造以及歪曲的法律攪和在一起。對沙赫特黨組織的調查發現，它對於工業生產(它的主要任務)漫不經心，卻把精力放在頓河(俄羅斯族人)和庫班(烏克蘭族人)兩派之間的內訌上——庫班一派佔了上風。[168] 不過，截止到1927至1928年，總部設在烏克蘭首府的頓涅茨克煤炭托拉斯仍然開採了250萬噸煤，超過了1913年的水平，顯然已經從內戰造成的崩潰中恢復過來。在全聯盟的煤炭產量中，機械化開採的數量只有15.8%，但是在沙赫特—頓涅茨克地區，該比例卻達到45%。要不是因為工人以及熟練的工程師和管理人員，就不可能取得這些重要的成就。與此同時，昂貴的進口設備常常使用不當，這其中部分是因為它不太適合現有的工藝，或者是因為缺少熟練的安裝和操作人員。片面追求煤炭產量，再加上管理不善，意味着違反安全程序、礦井佈置不當、透水和爆炸。沙赫特事件的一些被告承認，存在壓低工人工資和提高工作定額的情況——這是政權的政策——而且事情和從前的礦主有關：蘇維埃政權招募了僑居在外的他們，把他們的財產又回租給他們，讓他們重振旗鼓。一名受到指控的採礦工程師承認為了炸毀礦井而收了「外國的資金」，但他說的那口礦井（諾沃—阿佐夫）在1921年就按照煤炭托拉斯的指示炸毀了，因為當時的煤炭托拉斯能力不足，無法讓所有的礦井都恢復生產，於是就出於安全考慮封掉了一些。流言蜚語增加了指控的可信度。波蘭大使相信，德國專家是在為德國從事間諜活動（搜集情報），儘管不是搞破壞，但立陶宛大使告訴德國同行，一個由波蘭資助的龐大的組織在沙赫特附近進行了破壞活動。[169]

691

按照蘇聯的法律，破壞活動不一定必須是故意的：如果某人的指示或行動造成了事故，那就可以假定他帶有反革命目的。[170] 但是政權斷定沙赫特事件是有意的，這就意味着奧格伯烏必須讓被告坦白交代。為了完成這項艱巨的任務，秘密警察使用的手段包括將被告單獨關在冰冷的屋子裏，連續幾夜不讓睡覺（連軸轉的「審訊」），以及承諾會從輕判罰。結果催生了滑稽的原地打轉：有個被告甚麼都交代了，在向自己的辯護律師預言說他只會坐幾個月牢的時候，律師說他會被判死刑，結果他翻供了。但「調查人員」拒絕記錄改口了的供詞，而共同被告則擔心翻供到頭來會把兩人都毀了。（那位辯護律師辭職了。）[171] 斯大林堅持認為被告的邪惡企圖是奉了國際上的操縱者的命令，這讓審訊人員的任務更加艱巨了，因為審判將會是公開的，外國人也可以看到。忍受着強烈的疼痛而且患有流感的奧格伯烏首腦明仁斯基不久便動身去了馬采斯塔，接受硫磺浴的治療，問題沒有落到他頭上。[172] 亞戈達只好在莫斯科主持工作。無論是他還是葉夫多基莫夫都不是傻瓜，他們明白，根本就不存在蓄意的破壞。[173] 不過，斯大林施加的壓力很大，於是，葉夫多基莫夫和亞戈達就給了斯大林他想要的東西：從所謂的在頓涅茨克煤炭托拉斯「活動多年的強大的反革命組織」，到所謂的「德國人和波蘭人的相互勾結」。[174]

外國的「經濟」干涉

在沙赫特事件中，有五名德國工程師被捕，其中四人是德國AEG公司安裝渦輪機和採礦機器的僱員。(政治局決定，對英國專家要在審訊後釋放。)蘇聯的報道解釋說，歐洲的工人階級敬佩蘇聯的成就，阻止了資產階級戰爭販子的武裝入侵，但帝國主義分子轉向了看不見的戰爭，轉向了一種新的反蘇鬥爭方式，即經濟反革命或「破壞」(*vreditel'stvo*)。[175] 3月10日，AEG公司董事會主席從柏林外交部打電報給駐莫斯科大使布羅克多夫—蘭曹，讓他傳話，要是不放人，該公司就會停止一切合作並撤回所有員工；第二天，大使向契切林讀了這份電報。3月12日，副外交人民委員李維諾夫從柏林打電報給斯大林和契切林，講到逮捕德國專家對蘇德關係的惡劣影響。[176] 為了把損害限制在一定的範圍內，契切林事先就警告過德國駐莫斯科大使即將有不愉快的事件發生，而他希望可以共同應對這一事件。[177] 但對於德國來說，事件發生的時間有點詭異。就在宣佈這起「陰謀」一個月前，蘇聯人在柏林啟動了新的雙邊貿易談判，承諾了包括6億馬克訂單在內的諸多誘人的條件，以換取6億馬克的賒欠和長期貸款。蘇聯人還請求由德國的金融市場來操作蘇聯的政府債券。[178] 德國的工業家和金融家也提出了他們自己的要求，但現在，一切似乎都成了泡影。由於蘇聯使節克里斯季安·拉柯夫斯基的行為所造成的慘敗，斯大林失去了法國的貸款，但現在他卻在故意挑釁德國人。在1928年3月2日給政治局其他成員的便條中，斯大林和莫洛托夫寫道，「如果在德國舉行選舉的時候組織相應的審判，情況就可能變得非常有趣」。[179]

692

由於五位國民遭到帶有挑釁性質的逮捕，1928年3月15日，德國宣佈無限期暫停雙邊的貿易及貸款談判。[180] 塔斯社把談判破裂歸咎於柏林，而蘇聯報刊則在斯大林的機關的慫恿下，大肆抨擊德國的背信棄義。3月17日，蘇聯駐德使節尼古拉．克列斯廷斯基從柏林寄信給斯大林（抄送契切林），請求釋放一個名叫弗朗茨．戈爾德施泰因（Franz Goldstein）的被捕的德國國民。盛怒之下的斯大林在四天後作了回覆（抄送契切林），指責克列斯廷斯基可恥地唆使德國人，利用逮捕事件「把談判破裂的責任加到我們頭上」。這位專政者還說：「一個主權國家的代表不能用你認為有必要的那種語氣去談判。德國人在用最傲慢無禮的方式干涉我國內部事務，而你非但沒有中止與德國人的談判，反而繼續對他們示好，這不是很難理解嗎？這件事做得太過了，《法蘭克福報》已經公佈了你在被捕的幾個德國人這一問題上與莫斯科存在分歧。不能比這更過分了。致以共產黨人的問候。斯大林。」[181]

不過，戈爾德施泰因和海因里希．瓦格納（Heinrich Wagner）都被突然釋放了，兩人都是為AEG公司工作的。據反間諜專家阿爾圖爾．阿爾圖佐夫寫給明仁斯基的便條說，戈爾德施泰因曾主動向奧格伯烏的審訊人員交代，他認識三名流亡的白衛分子，他們都在德國AEG公司的俄國部工作，都極端反蘇，而且他還看到他們拿了一大筆錢。為了進一步討好蘇聯人，他還表示自己願意回到蘇聯工作。[182] 然而，在外交部向回到柏林的戈爾德施泰因瞭解情況的時候，他矢口否認蘇方宣稱的破壞活動，認為設備故障的原因在於工人缺乏責任心、黨外專家害怕被抓、黨的監管不力以及普遍的混亂。對於自己在努力挽救蘇聯工業的時候因莫須有的罪名遭到逮捕，他公開表示憤怒，並警告其他德國人不要把「他們的知識和才能」貢獻給蘇維埃政權，而且他還詳細描述了自己一開始被關押在蘇聯的一座省級監獄（斯大林諾）時的惡劣條件，結果鬧得沸沸揚揚。[183] 在此期間，尚未獲得釋放的三個德國人（他們為科納普〔Knapp〕礦業公司工作）——馬克斯．邁爾（Max Maier，生於1876年）、恩斯特．奧托（Ernest Otto）和威廉．巴德施蒂貝爾（Wilhem Badstieber）——都被禁止與外界接觸，而這一做法違反了規定德國領事官員有權探視的雙邊條約。不僅如此，契切林還遞過一張便條，是亞

693

戈達給布羅克多夫—蘭曹的，那上面詳細説明了一個德國僑民的所謂罪行，而這個人的名字與蘇聯境內任何德國人的名字都對不上號；有個與被指控者姓名相近的人，最後一次到蘇聯去的時間是在1927年，這讓德國人更加懷疑奧格伯烏的這起「事件」。[184]

逮捕德國僑民也波及法蘇關係，它讓許多法國人更加堅定地認為，莫斯科不是一個做生意的地方。像法國一樣，德國還不至於斷絕外交關係，但有些德國公司開始撤出它們餘下的工程師。[185] 斯大林仍然渴望得到德國的專家、德國的技術、德國的資本，但是要按照他的條件。3月22日，AEG公司決定將其在蘇聯境內的多個建設項目繼續下去。一個星期後，也就是逮捕事件發生22天後，蘇維埃政權通知德國大使館，駐哈爾科夫的領事可以探視那幾個（被關押在羅斯托夫的）德國僑民了；德國大使堅持要求允許莫斯科大使館派人探視，得到批准。4月12日，在三名奧格伯烏特工在場的情況下，每個被關押的人員得到了十分鐘的傾訴機會。[186] 五天後，為了準備審判，三名德國人被轉移到莫斯科的布爾特卡監獄。

鼓動階級鬥爭

694 斯大林在玩火。整個蘇聯的煤礦開採工業約有1,100名受過教育的工程師，結果僅僅在一起案件中就要讓其中的50人受到審判，這從經濟的角度來説很冒險，尤其是，這讓其他許多人都嚇得不敢有所作為，而且還鼓動工人進行羞辱和打罵。[187]「我知道，只要想幹，人們就能指控無辜的人，時代就是這樣，」某個工程師跟沙赫特事件無關，但卻被説成「沙赫特分子」，他在受到逮捕的威脅之後自殺了，留下的遺書寫道，「我不想受到誹謗，我不想平白無故地遭罪並且不得不為自己辯護，我寧可死也不願受到誹謗和折磨。」[188] 整個列寧格勒工業部門中每1,000個工人所對應的工程師是11個；莫斯科9個，烏拉爾4個。[189] 除了莫洛托夫之外，支持對農民採取強制手段的斯大林的親信們，都竭力想要控制住斯大林在沙赫特問題上挑起的那種歇斯底里的氣氛。[190] 負責中央監察委員會和工農檢查院的奧爾忠尼啟則3月26日對一群剛畢業的大學生説，沙赫特的工程師屬於特殊情況，工程師對於蘇聯的工業至關重要，應當允許外國專家在蘇聯工業部門工作，蘇聯專家也應當到國外去。[191] 此時的最高國民經濟委員會主席、內戰時曾作為「左派共產黨人」反對起用沙皇時代的「軍事專家」的古比雪夫，在工業部門的管理人員會議上説——講話刊登在他屬下的《貿易和工業報》上——「所有的錯誤論斷，所有被誇大的不公正的指控，都在製造一種非常困難的工作氛圍，而這樣的批評已經不再具有建設性」。[192] 3月28日，他向一群莫斯科的工程師和科學家保證，沙赫特事件並不預示着對技術專家會採取新的政策，而且「在沙赫特事件上，政府會採取一切辦法，確保不讓任何一個無辜的工程師受到影響」。[193]

斯大林派對沙赫特事件持反對態度，而他在政治局的那些對手們，雖然反對他的強制性的農民政策，卻支持指控有關人員進行破壞活動。伏羅希洛夫（3月29日）稍顯驚慌地寫信給剛從礦區回來的工會領導人米哈伊爾·托姆斯基：「米沙，坦率地告訴我，沙赫特事件的審判開始了，我們不會出甚麼事吧？在這件事情上，當地官員，包括地區的奧格伯烏在內，是不是做得過火了？」托姆斯基以前做過平版印刷工，身材不高但很結實，滿嘴爛牙，一隻耳朵聾了，酗酒並患有抑鬱症，粗暴但很有魅力，言語尖刻而機智，是政治局裏唯一工人出身的（農民出身的加里寧也在工廠幹過），在工人當中的人氣要遠遠超過斯大林。[194] 長期以來，為了同官僚主義作鬥爭，托姆斯基一直熱衷於機關的「工人化」，而且政權讓工人積極行動起來的號召也對托姆斯基有利。[195] 托姆斯基告訴伏羅希洛夫，資產階級專家「幹得比我們好多了！」憑藉工程師們在國外的關係，蘇聯的礦業建設計劃「得到了法國人的贊同」。「情況很清楚，」他安慰伏羅希洛夫説，「重要的人物都已經招認了。我的看法是，要是有半打黨員被關進監獄，情況就不會太壞。」[196] 布哈林在對列寧格勒黨組織的講話（1928年4月13日）中，不但支持斯大林的路線，認為在煤炭工業中普遍存在破壞活動，而且認為在其他工業部門很可能也存在類似的搞破壞活動的「組織」，同時他還贊成，需要以生產會議的形式實行「無產階級民主」。布哈林認為蘇聯保持警惕是正確的，理由是，在逮捕了幾個德國人後西歐突然出現了反蘇的聲浪，與德國的關

695

係也急劇惡化。[197] 布哈林就像他和普列奧布拉任斯基合著的《共產主義ABC》中所寫的那樣，一直傾向於把「資產階級工程師」視為叛徒。布哈林也不希望讓斯大林找到藉口，指責自己搞分裂和派別活動。但沙赫特事件與其說是向黨內新經濟政策的擁護者發動的政治攻勢，不如說是斯大林想要降服他自己那一派的人。

斯大林也在直接求助於工人，想把他們爭取過來，動員他們支持工業化和集體化。工業領域中分散在近2,000家國有工廠、靠工資為生的人，1928年的總數終於超過1913年(260萬)，達到了270萬。[198] (另有50萬工人受僱於建築領域。) 但無產者們仍然蝸居在狹小的集體宿舍和棚戶，無家可歸的也不在少數。日常的開銷(吃、穿、住)要佔到工人工資的四分之三，要是他或她有工資的話——在新經濟政策期間，失業人數從來沒有少於100萬，佔健壯勞動人口的20%。就連首都工業部門的工人，每四個當中也有一個失業，這種不光彩的情況急需解釋或者找到替罪羊。[199] 與此同時，工人的眼前就有奢靡的夜生活——在這個無產階級的國度，那都是因為誰？[200] 革命出了甚麼狀況？打內戰並贏得內戰難道是為了把政權交給耐普曼分子和投機倒把分子？為甚麼歷史的「普遍等級」在挨餓而富農囤積了大量糧食卻不受懲罰？工人要下到礦井，被壓在塌方的礦井下，這一切難道只是意外？為甚麼「資產階級專家」和工廠老闆住得那麼豪華，有五個甚至更多的房間，有自來水，有電，還有傭人和司機？[201] 這個國家自稱是工人的國家，但它為工人做了甚麼？由於懷疑無產者的堅定性，黨的官員往往寄望自身，即黨的專職工作人員，成為政權的社會基礎，即使沒有托洛茨基分子對「官僚主義」的批評，這樣的情況也很尷尬。此外，一種帶有惡意的公共運動一直在把工人描寫成偷奸耍滑、只顧自己的人，描寫成酒鬼和逃兵，而工會組織的由工人參加的「生產會議」，實際上只是一種手段，為的是推行更高的生產指標。可是在1928年，黨委會奪走了這些會議的控制權，因為這些會議現在成了車間工人揭露以權謀私、管理不善以及浪費等現象的地方。[202]

696

沙赫特事件的材料實際上宣佈老闆們有可能是叛徒。[203]《真理報》的揭露文章也聲稱，破壞活動「在『共產黨領導人』的鼻子底下」存在多年了。在這種言論的刺激下，年輕一些的黨員抓住機會利用年輕的無產者滿腔的階級仇恨和階級抱負——更別說他們自己的階級仇恨和階級抱負了。根據警察機關的情緒報告，沙赫特事件後，工人們常常指出在工作的地方也存在類似的現象。「在我們工廠，經濟上管理不善的情況非常嚴重，好端端的機器就被扔進了倉庫，」根據日期為1928年3月24日的報告，有人聽到列寧格勒布爾什維克工廠的一名工人說，「這是第二個〔沙赫特〕。」[204] 這樣的情緒也傳到了農村。「黨、工會、奧格伯烏都在哪裏，讓我們被牽着鼻子走了十年？」有個農村通訊員在給《農民報》的信中寫道，同時他還投訴當地的調查機關同樣也沒能懲罰禍害農民的「官老爺」和「異己分子」。[205]

工人想要成立獨立組織的努力繼續受到無情的壓制，但工人的怨恨情緒現在被點燃了——不是偶然地，而是在反對國內外敵人的轟轟烈烈的運動中。[206] 會議一個接着一個，「討論」煤炭工業以及其他領域中存在的破壞活動，有些工人在會上要求把「破壞分子」處以死刑；工程師和管理人員稱沙赫特事件是捏造的，是為了找替罪羊，結果加劇了人們的懷疑，覺得沒有受到指控的專家也可能有罪。[207] 在沒有科技知識分子的地方，比如伏爾加河畔落後的馬里埃爾自治州，奧格伯烏就把目標對準人文知識分子(大多是農民子弟)，罪名是研究和教授自己地區和民族的歷史。[208] 階級鬥爭回來了。斯大林忘記列寧是把賭注押在貧農身上，更不用說斯托雷平是把賭注押在殷實的農民身上，他準備把賭注押在**城市中**來自社會底層的年輕男性奮鬥者身上，讓他們在農村的社會主義改造中充當先鋒，而他們中的許多人不過是剛剛脱離了農村。這樣做可以一舉多得：「鬥爭」針對的不僅是農村中囤積糧食的富農，還有城市中作為階級異己分子的「資產階級」專家，以及黨內甘願與敵人同流合污的官員，或對敵人掉以輕心，而掉以輕心就相當於同流合污。這是大規模的動員，所傳遞的信息是誘人的：政權不會允許工人的夢想被放棄，不會允許因為缺乏警惕而喪失工人的夢想，不會允許為了猶大的銀幣而出賣工人的夢想。但這場運動要冒着造成巨大分裂的危險，而結果卻很難預料。[209]

697

戰術撤退(1928年4月)

斯大林絲毫不擔心針對農民的強制政策會產生甚麼惡劣的影響，就像他絲毫不擔心工業領域中工程師的被捕和自殺事件會產生甚麼惡劣的影響一樣。在離開莫斯科到西伯利亞去的前一天，他寫信給在烏克蘭的卡岡諾維奇，警告說不要害怕動用武力。「許多共產黨人都認為自己既不能碰商販，也不能碰富農，因為這樣可能會把中農從我們身邊嚇走，」他解釋說，「這是在某些共產黨人頭腦中存在的所有糟糕想法中最糟糕的一種。情況恰恰相反。」高壓政策有望在富農和中農之間製造分裂，斯大林認為：「只有在這種政策下，中農才會認識到，提高糧價的可能性是投機倒把分子臆想出來的⋯⋯認識到把自己的命運和投機倒把分子以及富農的命運拴在一起是危險的，認識到自己作為中農必須履行工人階級同盟軍的職責。」[210] 但是，即使是按照奧格伯烏自身的統計數據，在被捕者當中，真正的富農也是少數，而逮捕並不是富農的人對高壓政策產生了巨大的壓力。[211] 司法人民委員尼古拉・揚松(Nikolai Yanson)下發了一則通告，把非常措施說成是「臨時的」，暗示它們將會在目前這個農業年的年底(1928年6月)到期。[212] 但是有許多官員——不僅僅是李可夫——都要求立即結束「非常狀態」。這便是在4月6日至11日召開的中央委員會和中央監察委員會聯席全會的背景。會議開始當天，政權宣佈了「索契事件」：三年來，據說這個黑海度假勝地的黨和蘇維埃的領導人一直在盜用國家財產，以權謀私，過着荒淫的生活。調查的結果非常驚人，700人被開除，差不多佔黑海黨組織的12%。有些內戰時的英雄也被開除了。[213] 農民並不是斯大林想要恐嚇的唯一對象。

698

列入全會議程的有關於糧食收購工作的報告(米高揚)和關於沙赫特事件的報告(李可夫)，而把這兩個話題聯繫在一起，證明了斯大林的老奸巨猾。4月9日，李可夫為了平息對沙赫特事件的懷疑，舉例說檢察院的尼古拉・克雷連柯已經檢查過奧格伯烏的工作(這兩個組織是競爭對手)，而托姆斯基、莫洛托夫和雅羅斯拉夫斯基也親自到頓巴斯檢查過。「主要的結論是，這起案件不但沒有被誇大，而且要比一開始揭露出來時所能預料的更大、更嚴重」，李可夫強調說。他還說，有些被告已經招認：在為鄧尼金效力後，他們就在為蘇維埃政權工作，但用的卻是兩面派的方式，儘管他們享有巨大的特權。還不清楚他是相信沙赫特事件確有其事還是僅僅認為它有利用價值，但他當時正在努力控制它。「要是沒有專家，我國就實現不了工業化，」他繼續說道，「這方面我們非常落後，我們對這個問題的關注也非常不夠。」[214] 60人參加了討論，古比雪夫在討論中還發了言，反對攻擊專家，而莫洛托夫在回應時則堅持斯大林的強硬路線。[215]

4月10日上午，斯大林發言。他斷定沙赫特事件中的資產階級專家是由俄國僑民和西方資本家組織資助的，還稱這樣的行為是「經濟干涉的嘗試」，不是工業事故。他說，由於反對派已經粉碎，黨變得掉以輕心了，但是，它必須保持警惕。「如果以為國際資本會讓我們安靜地過日子，那就愚蠢了，」他表示，「不，同志們，這是不對的。階級還存在，國際資本還存在，它是不會平心靜氣地看着一個正在建設社會主義的國家發展的。」他認為蘇聯有兩條路可走：要麼繼續執行革命政策，把全世界的工人階級和殖民地人民團結在蘇聯周圍，那時國際資本就會千方百計地阻撓；要麼就作出讓步，那時國際資本就「不會反對『幫助』我們把我們的社會主義國家變為『和善的』資產階級共和國」。英國建議把波斯、阿富汗和土耳其劃分為兩個勢力範圍，但蘇聯能作出這種讓步嗎？「全場高喊：不！」美國要求蘇聯放棄世界革命的政策，但蘇聯能作出這種讓步嗎？「全場高喊：不！」如果蘇聯同意和日本瓜分滿洲，就可以同日本建立「友好」關係，但蘇聯能作出這種讓步嗎？「不！」於是，斯大林接着說了下去。能同意結束對外貿易的國家壟斷，並償還沙皇和臨時政府的帝國主義戰爭債務嗎？「不！」正是因為蘇聯拒絕作出諸如此類的讓步，斯大林聲稱，國際資本才利用國內的敵人進行「經濟干涉」，結果就有了沙赫特事件。* 這樣一來，一切都明白了。

699

斯大林提到自己看過的一部戲，名叫《繁忙的鐵路》，是年輕的「無產階級」劇作家弗拉基米爾·基爾雄（Vladimir Kirshon，生於1902年）所

---

* 譯註：《斯大林全集》第11卷，第46–48頁。

寫。戲裏的主人公是個從工人中提拔上來的黨員廠長，他在試圖重組自己的巨型工廠時，發現需要對包括他自己在內的人進行重組。「去看看這部戲，你們就會明白，那個工人廠長是個獻身於理想的人，他應該得到各方面的支持」，斯大林建議，還説「耐普曼分子伏擊那位工人廠長，這個那個的資產階級專家對他暗中使壞，他的妻子攻擊他，儘管如此，他還是堅持鬥爭」。[216]

全會通過了一項決議，一字不差地支持斯大林在沙赫特事件上的路線，「為針對蘇聯的干涉和戰爭做好準備」。[217] 黨的警察機關完全贊成：烏克蘭奧格伯烏首腦巴利茨基暗中寫信給亞戈達説，沙赫特事件的審訊結果充分證實了斯大林同志在全會報告中關於「為干涉做好準備」的結論。[218] 烏克蘭黨組織的首腦卡岡諾維奇得出了和斯大林一樣的結論，並竭力主張黨應該在各個工業托拉斯當中「加強格伯烏的作用」，要安插「奧格伯烏的全權代表，就類似於運輸部門的那種〔獨立的〕格伯烏機構」。[219] 卡岡諾維奇太瞭解斯大林了。

作為徹底的列寧主義者，斯大林在沙赫特問題上毫不留情，堅持發動攻勢，可在糧食收購問題上卻作了戰術撤退。[220] 他在當時的地位仍然要依靠在政治局投票中獲得多數，因此，他對李可夫讓步——無論如何，李可夫接受了沙赫特事件的結論——目的是保住伏羅希洛夫、奧爾忠尼啟則和加里寧這幾票。全會關於農村工作的決議提到富農對糧食收購的影響，但也明確指出「產生這些困難的原因，是市場平衡遭到猛烈的破壞」，* 而這就是李可夫的路線。人們紛紛指責與非常措施有關的過火行為：到4月中旬，全聯盟範圍內被捕的總計有16,000人，其中，根據第58條（反革命罪）逮捕的有1,864人，所以全會的決議決定，第107條不再適用於不出售糧食的農民。[221] 不僅如此，懲罰過富農以外的農民的官員（「違反階級路線」），自己也會受到懲罰；有些官員受到了審判，甚至被處死。[222] 這是一種驚人的反轉。

700

---

* 譯註：《蘇聯共產黨代表大會、代表會議和中央全會決議彙編》（第三分冊），第424頁。

黨的基層官員在報紙上尋找幾個最高領導人講話中的微妙差別，並開始在私下裏議論斯大林和李可夫的分裂。「關於李可夫派和斯大林派的事情，我認為是(隱藏的)反對派分子寫的，他們總是混進黨的積極分子會議」，1928年4月的一次政治局會議上，斯大林在給伏羅希洛夫的便條中寫道。[223] 也許就是在同一次會議上(1928年4月23日)，斯大林拋出了要在哈薩克斯坦北部、烏拉爾地區、西伯利亞南部、北高加索甚至烏克蘭的處女地建立大型「國營農場」的問題，那是這些地方此前不曾有過的新農場。他把托馬斯·坎貝爾(Thomas Campbell)在蒙大拿州的大規模機械化農場(95,000英畝*)當作模板，而那也許是世界上最大、產量最高的農場。[224] 當國營農場的支持者加里寧說它們將會成為現有農莊(這些農莊最終都會被集體化)的補充時，斯大林插了(兩次)話。[225] 換句話說，斯大林的撤退只是局部的。他讓全會承認黨有權在形勢需要的時候再次採取非常措施。全會之後，他對莫斯科黨組織說(4月13日)，危機雖然已經消除，但如果「資本主義分子又『掉起花槍』來」，那第107條就會重新出現。[226]†

斯大林不需要等待很長時間：4月的糧食收購量只有3月的五分之一和2月的十分之一；農民們躲開政府官員，把糧食拿到巴扎上出售，價格是國家給出的五倍。由於政權的失誤以及市場經濟與社會主義體制之間更大的矛盾，蘇聯經濟犯錯誤的餘地小了。有些地區，特別是烏克蘭和北高加索，遭遇乾旱和歉收。在哈薩克斯坦北部，惡劣的天氣和歉收讓許多家庭不得不試圖從市場上獲取供自己消費的糧食，從而抬高了糧價；但是在收穫季節開始收糧的時候，市面上又見不到出售的糧食。為了防止糧食流入到這些歉收地區，路上設立了檢查站，而日子好過的農民——也就是有糧食的農民——既不願意按照國家規定的低價把糧食賣出去，也害怕按照市場的高價把糧食賣出去。有些貧農在問，為甚麼不讓富農多交些糧食。[227] 在莫洛托夫和米高揚的主持和策劃下，從4月24日起緊急召開了一連串的代表會議，參加的有各省

701

* 編註：約38,400公頃。

† 譯註：《斯大林全集》第11卷，第40頁。

黨組織負責人：有些地區的負責人要求重新動用第107條，把界定富農的標準從擁有36噸糧食放低到12噸甚至7噸，並批評要求放過農民的建議和對有辦法收到糧食的官員的迫害。某個省的書記要求不要再在報刊上議論「過火行為」，他認為那種議論造成了「消極情緒」。[228] 莫洛托夫一如既往地附和斯大林，他對他們說，「富農常常假裝成貧農寫信給莫斯科。你們知道，富農比其他任何人都更瞭解如何在莫斯科四處活動」。[229] 並不是所有人的看法都一致：規定要收購到的糧食是不是現成的，只等去拿呢，有些地區的黨的負責人對此表達了有充分根據的懷疑，而在這一幕幕的背後，為了不再採取高壓政策，也在上演着一場搏鬥。[230] 但是，由於糧食收購量減少，迫於壓力，政治局在4月26日決定，對農民恢復使用第107條。[231]

1928年是對斯大林會作出讓步還抱有希望的一年，但表明他心意已決的跡象隨處可見。就在此時，秘密警察關於農村地區的情緒報告的內容，開始從價格剪刀差、工業品赤字等事實，逐漸轉向「破壞活動」和「階級敵人」的死灰復燃。[232] 可笑的是，有時候斯大林炫耀力量的那些信號並不是故意的。例如，當時奧格伯烏的地方機關會給所在地區的黨委和蘇維埃呈送一些政治情緒報告，但是在1928年5月16日，亞戈達發佈了一則註明「絕密」的通告，痛心地表示，在給地方機構傳閱的政治情緒報告中，有人指名道姓地貶損工作人員，這就造成了一種「錯誤印象」，以為那些工作人員在說些甚麼，對誰說的，都受到嚴密的監視。「不僅在給外面的政治情緒報告中不允許提到任何工作人員，就是在給內部的報告中也要避免這樣。」[233] 政府工作人員受到秘密警察的監視，顯然，這是一種假象。

作秀公審

702

在工會大廈飾有大理石牆面的圓柱大廳，從1928年5月18日開始、持續了41天的沙赫特事件的審判場面盛大，在當時的蘇聯是前所未有。[234] 這是自1922年以來全聯盟範圍內首次重要的公審，但影響要遠遠超過那次事件。1928年進行的另一些審判，也是以汲取政治教訓為目的，例如軍事法庭審判的所謂列寧格勒邊境地區英—芬「間諜網」案，但在關注度和重要性上卻無法與沙赫特事件的審判相提並論。[235] 審判安排在莫斯科，就是為了引起最大程度的關注；近100名經過挑選的國內外記者報道了審判的過程。[236] 到掛着紅布的法庭旁聽的蘇聯居民——工人、共青團積極分子和外地的代表——有三萬多(黨後來聲稱有十萬人)。「成群結隊的人們吵吵嚷嚷地湧了進來，互相推搡，搶佔有利的座位，」一名美國駐外記者寫道，「包廂裏漸漸擠滿了外交官、有影響的官員以及其他有特權的觀眾，他們又是鞠躬又是握手。」[237] 穿着西服、戴着夾鼻眼鏡的審判長安德烈·維辛斯基顯得很突出；檢察長尼古拉·克雷連柯穿着獵裝、馬褲和裹腿。沙赫特事件的審判過程被拍成很多新聞片和一部獨立的紀錄片，朱庇特鏡頭下閃耀着克雷連柯的光頭。[238] 無線電廣播了審判的過程。全國都在議論沙赫特事件。

當然，資本主義分子沒有了，革命前的工程師和管理人員就必須承擔他們的角色。[239] 在53名被告中，20人認罪，11人部分認罪，其餘的則堅稱自己是無辜的。那些否認指控的人並不隱瞞自己對蘇維埃政權的厭惡，並不隱瞞自己不相信建設社會主義的夢想，但也表示，作為專業人員，他們仍會以負責任的態度做好自己的工作；然而，他們承認持有敵對的觀點，這被當成了從事破壞活動的證據。克雷連柯引用據說是工人的話，談到了在「工人階級的吸血鬼」手下受到的虐待。[240] 他「從頭到尾都在對着旁聽席演戲」，一位親蘇的外國記者後來回憶說，「他抓住一切機會向警察機關挑選出來的旁聽人員高談闊論，贏得他們的掌聲。有些被告有時候也和歡呼的群眾一起鼓掌。」[241] 但在供詞中對於成立反革命「組織」的時間說法不一。當德國技術員馬克斯·邁爾告訴維辛斯基，自己只是因為每天夜裏都受到審訊，撐不住了才在供詞上簽的名，而且自己並不懂俄語(因此他也不知道自己是在甚麼文件上面簽的名)的時候，表演就越發混亂了。在維辛斯基要求邁爾指證蘇聯居民阿布拉姆·巴什金有罪時，邁爾聲稱巴什金是他在蘇聯認識的最負責的工程師，一心撲在進口渦輪機上，而坐在被告席上的巴什金也突然高喊，自己之前(幾分鐘前)的供述都是假話。維辛斯基宣佈休庭。大約40分鐘過後，巴什金再次承認了自己先前承認的罪行。[242]

當時普遍認為，如果一個人是無辜的，那他就不會招認。再說了，在人為操縱的跡象背後，有些事情並不是空穴來風。早在1927年3月，空軍外租部門的負責人被捕，罪名是故意購買容克公司的劣質飛機部件，而且價格虛高，讓德國公司狠賺了一筆，還有就是私吞了大量回扣和損害了蘇聯安全。這名官員還被控在自己的私人住處向德方員工泄露蘇聯航空工業的狀況，在專業人員中間或許像是談論工作，但的確出格了，有間諜活動的嫌疑。這名空軍外租部門的負責人在被捕兩個月後與幾個所謂的同夥一起被處決了。哪怕是出於尋常的金錢方面的動機，與外國人勾結的沙皇時代的專家，也可能鑽蘇聯監管人員的空子，因為後者沒有受過良好的教育，不懂技術，或者容易受賄。當然，斯大林這個人非常多疑，他認為他們的動機還包括敵對的階級利益。不管怎麼說，資產階級工程師掌握着潛在的廣泛影響力，而斯大林除了嚴厲恫嚇，找不到別的辦法。[243]

被稱作「莫斯科中心」的核心人物有：前立憲民主黨的杜馬代表拉扎·拉比諾維奇(Lazar Rabinovich，生於1860年)；頓巴斯煤炭托拉斯駐莫斯科代表所羅門·伊梅尼托夫(Solomon Imenitov，生於1865年)，他受到的指控是對反革命活動知情不報；以及最高國民經濟委員會官員尼古拉·斯科魯托(Nikolai Skorutto，生於1877年)，他當時正從美國轉道柏林回國，在看到有關自己幾名同僚被捕的報道後仍回到了莫斯科。斯科魯托對法庭說他已經招認了，但是，據一位在場的記者說，「從犯人家屬的旁聽席傳出可怕的尖叫聲，震驚了法庭……『科里亞』，那個女人哭着說，『親愛的科里亞，別說謊，別說！你知道你是清白的。』」斯科魯托崩潰了。維辛斯基宣佈休庭。十分鐘後，斯科魯托再次開口，說他決定撤回自己的供詞。「我原本希望如果我認罪並指控他人，這個法庭會對我寬大一點」，他說道。[244] 拉比諾維奇像伊梅尼托夫一樣否認對自己的指控。「我絕對沒有罪，我沒有甚麼要悔改的，我也不會乞求甚麼」，他說。從前讓拉比諾維奇負責全蘇煤炭工業，並使內戰中遭到破壞的礦井恢復生產的，不是別人，正是列寧。「在過去50年的公私生活中，我得到了完全的信任、尊重和榮譽。我對所有人都開誠佈公。在我的能力範圍內，我為無產階級的事業服務，而無產階級也給

704

了我完全的信任並幫助我建立了良好的工作氛圍。我的工作一直都認真負責。對於破壞活動，我甚麼都不知道。」[245] 但拉比諾維奇是畢業於聖彼得堡礦業學院並且是在1884年開始其職業生涯的，還曾經是沙皇時代立憲民主黨的杜馬代表，所以明擺着他是維護敵對階級利益的。拉比諾維奇請求判自己死刑。他被判了六年：「我睡在監獄裏就跟睡在自己的床上一樣踏實。我沒做虧心事，也沒有甚麼要害怕的。」[246]（他後來死於獄中。）

德國大使馮．布羅克多夫—蘭曹，據說因為身材高大而成了外國人席位上「最顯要的」人物，其實他當時正受到喉癌的折磨，但他拒絕離開莫斯科進行緊急治療（他的確戒了干邑白蘭地）。[247] 這位伯爵非常憤怒，因為被告席上沒有法國和波蘭的國民，只有德國人。他感到痛心的是，自己歷經艱難，力主維持兩國關係，反而使自己的國家被蘇聯利用，受此大辱。但至少《消息報》（5月29日）在努力緩和斯大林的咄咄逼人。它寫道：「被告並不是德意志帝國，也不是德國工業和德國公司本身，只是個別的德國公民。」審判期間，德國舉行了選舉，這件事斯大林在批准逮捕德國人時就非常關注。社會民主黨得票最多，920萬（佔投票數的30%）；德國共產黨也贏了，得到320萬，佔投票數的10%，排第四。啤酒館暴動後對納粹黨的禁令已經解除，但他們只得到2.6%的選票。5月31日，伏羅希洛夫寫信給斯大林，說德軍指揮部建議這年再派八名蘇聯軍官訪學；德國人也會派出包括馮．布隆貝格（von Blomberg）將軍在內的六名觀察員觀摩蘇聯軍演。伏羅希洛夫認為這說明德國想要繼續監視紅軍不斷增強的實力，並且寫道：「德國人認為紅軍的力量強大了，足以應對與波蘭以及羅馬尼亞的衝突。」他建議接受德國人的邀請，並附上推薦出國的紅軍軍官的名單。斯大林同意了。[248] 這一切並沒有讓他獲得實現工業化和購買最先進的技術所需要的資金。

705

恃強凌弱者的講壇（1928年5–6月）

春季開始的新一波強制徵購，導致糧價猛漲，人們排起長隊，有些地方還鬧起了饑荒。大城市不得不實行配給制。[249] 當武裝小分隊短期內第二次來尋找「隱藏的」糧食時，烏拉爾的一名官員試圖表達自己的絕望和憤怒，講述了一個老漢上吊自盡的故事：「他的兒子讓調查組看了他們儲備的所有糧食。給他們14口人只留了2普特〔72磅〕* 糧食。那位80歲的老人覺得他這張嘴會吃得太多⋯⋯我最擔心的是孩子們。當蘇維埃政權的代表帶來的只有恐懼和淚水時，這個政權會給他們留下甚麼印象？」[250]

奧格伯烏指示在農村的線人——他們在全聯盟的數量達到8,596人——密切注意農村的私人小酒館和任何排隊婦女中的「反蘇維埃鼓動」。[251] 有些地方對於自己手頭有的，不管是甚麼糧食，都臨時實行了配給制。瑟爾采夫從西伯利亞寫信（1928年5月24日）說，農民再也沒有糧食了，西伯利亞自身的幾個城市都可能要挨餓了。[252] 斯大林把斯坦尼斯拉夫·柯秀爾派到新西伯利亞，柯秀爾則把自己的助手、很快又成為斯大林高級助手的亞歷山大·波斯克列貝舍夫帶在身邊。6月3日，西伯利亞黨委召開了「糧食討論會」，出席會議的有西伯利亞各個地區的官員，還有哈薩克斯坦和烏拉爾的官員。柯秀爾在會上強調，要用第107條保持對富農的壓力。[253] 到1928年6月為止，在這個農業年中，全國的糧食收購量（1,038.2萬噸）只是略低於上年（1,059萬噸）。[254] 但是乾旱再加上4月底重新採取的「非常措施」，加劇了國內糧食市場的混亂。[255] 到6月，政權再次開始進口糧食。最麻煩的是，許多農民無法得到播種的種子。[256] 其他人乾脆對秘密通告和報刊上的勸告置之不理，拒絕種糧。[257]

斯大林是不會被嚇住的。1928年5月28日，他來到紅色教授學院，它位於從前的皇太子尼古拉學校，在奧斯托任卡街53號；接到邀請的還有一些從斯維爾德洛夫共產主義大學、共產主義科學院以及社會科學研究院的俄羅斯協會挑選出來的外校學生，但演講者是誰沒有提，這讓人充滿了期待。在準備過程中，「清潔工特意擦洗了地面，工人們打掃了院子，圖書管理員擺出了最好的書籍，掃煙囪的人爬上屋頂，教授們排

706

* 編註：約33公斤。

着隊理了髮」，據學院中一位年輕的車臣共產黨員説。他還説，官方在大廳裏懸掛了一幅斯大林的全身油畫像，但是，「用不鋒利的工具很粗糙地剪成的頭部，還攤在附近的地面上」。有人故意搗亂，在畫面上斯大林的胸部貼了一句話，上面的字母是從報紙上剪下來的：「除了斯大林的頭顱，無產階級沒有甚麼可失去的。全世界無產者，歡呼吧！」[258]

一幅替換的肖像畫很快就掛好了，那上面畫的是斯大林1922年在哥爾克坐在列寧的身旁。現在還不清楚搗亂的是甚麼人。在這所學院，過去托洛茨基和左派是很受歡迎的，而現在大部分左派學生已經被開除了。但學生們可能沒想到，斯大林即將發表他一生中最咄咄逼人的充滿左傾色彩的講話。斯大林的題為〈在糧食戰線上〉的講話，再次展示了1月20日他在新西伯利亞的講話中展示的，此前還不為人知的美麗新世界。

斯大林再次描繪了一幅激動人心的圖景：朝着大規模農莊的方向——不是個體富農的，而是集體化的那種大規模農莊——立刻實現農業的全盤現代化。在沒有現成的農莊可以實行集體化的地方，會有新成立的大規模的國營農場。「斯大林講話的聲音很輕，比較單調，還有長時間的停頓，」那位車臣共產黨員回憶説，「當然，斯大林帶有格魯吉亞口音，那種口音在他感到不安的時候顯得尤為明顯。」他「連續講了大概兩個小時。他不時端起玻璃瓶喝水。有一次，他拿起水瓶，瓶子已經空了。大廳裏發出笑聲。主席團裏有個人給斯大林又遞了一瓶。他幾乎喝完了一整瓶，然後轉向觀眾，頑皮地笑着説：『瞧，你們知道，誰笑到最後，誰笑得最好！無論如何，我有好消息給你們：我的講話完了。』掌聲。」休息十分鐘後，斯大林回答了書面提問，其中有些很冒失：根據現有的材料，有個學生問的是托洛茨基的支持者阿道夫·越飛自殺時的遺書問題，另外一個學生問的是奧格伯烏為甚麼要在普通黨員中安插告密者的問題（這些問題都沒有回答）。開會的學生還問到斯大林的講話對新經濟政策的影響；斯大林在回答時提到了列寧的教導，涉及辯證法和策略。「事實上，我們見證了一起歷史事件，」那位車臣共產黨員後來恍然大悟，「斯大林第一次闡明了他對未來的『集體農莊革命』的計劃。」[259] 講話刊登在《真理報》上（1928年6月2日）。[260]

707

青年再加上工人階級，是斯大林加速躍向社會主義的主要支持力量。共青團的成員總數從(1918年底的) 2.2萬增長到(近三千萬條件合格者中的)二百多萬，這讓共青團成了一個龐大的組織。到1920年代末，約三分之一的黨員都曾經是共青團員。[261] 斯大林的機關把武裝的共青團積極分子和其他人一起派到農村，他們在那裏憑目測估算「餘糧」，用左輪手槍砸農民的頭，把農民關進茅房，直到他們交出儲存的糧食。與此同時，警察根據第107條和第58條抓人的事情在5月和6月又突然增多，結果就出現了自發的「打倒富農」現象。許多農民逃到附近的城市或其他地區；有些甚至加入了集體農莊，因為他們擔心不這麼做就會餓死。但有些農民開始組織抵抗。「不能把村裏備用的糧食交給政府」，西西伯利亞比斯克縣的一群農民作出了決定——斯大林年初曾經秘密地視察過那裏。黨的官員試圖阻止農民集會，但是在比斯克，有個貧農跑去對村裏的蘇維埃主席講：「把糧食給我們貧農。要不然，我們就把它搶走。我們會先找黨的書記，如果他不肯乖乖把糧食交出來，我們就殺了他。我們必須拿到所有的糧食，建立一個乾淨的、沒有共產黨員的蘇維埃政權。」據說在別的地方有些人說：「讓我們拿起長矛打游擊吧。」[262] 流言四起，說外國入侵了，白軍回來了。「農民處在強盜斯大林的壓迫下，」1928年6月，李可夫政府收到的一封信中說，「最貧窮的農民和工人是你的敵人。」[263]

當奧格伯烏報告說，「富農」情緒、烏克蘭「民族主義分子」情緒以及「農民」情緒正在軍隊中蔓延時，斯大林發動的圍剿反過來又製造出證據，證明圍剿是必要的。[264] 李可夫擔心的總危機來了。

就像斯大林經常拒絕和自己的妻子娜佳說話一樣，他此時也不再跟布哈林說話，這讓認為布哈林和斯大林關係很近的人非常不解，也非常憤怒。[265]1928年5月，接着又在6月初，布哈林寄了幾封信給「柯巴」，想要談一談。「我認為國內外的形勢**非常**嚴峻」，他寫道，並且還說在稅收、製造品、物價或進口問題上，他看不出有任何經過深思熟慮的行動計劃。下一個收穫季節又要到了。令人難以置信，布哈林着重提到了被他視為誹謗的一件事情，即受人尊敬的馬克思主義理論家揚・斯騰(Jan Sten)說的「黨的第十五次代表大會是**錯誤的**，托洛茨基的信徒事實上是

708

正確的，而且是被歷史所證實的」。布哈林寫道，事實上，「從思想上來說，我們的(必要的)非常措施**已經**在轉變成一種新的政治路線。」最後他建議說，在即將到來的莫斯科共產國際代表大會和中國共產黨代表大會之後，「我準備去一個地方，不管哪裏，只要沒有吵鬧，沒有爭鬥」。布哈林的信表明，他簡直無法相信斯大林會急劇左傾，義無反顧地改變整個戰略圖景。「集體農莊只能在幾年之後建起來，幫不上我們，」布哈林寫道，「我們也不可能馬上為農莊提供啟動資金和機器。」[266]

斯大林沒有回應。[267] 但是在6月27日的政治局會議上，爭吵發生了。當時，布哈林、托姆斯基和李可夫宣稱黨的政策存在斷裂，而莫洛托夫則指責他們的言論「反黨」——這是一個不祥的說法。[268] 就是在這次或接下來那次斯大林成立了一個折衷性的委員會——由他自己和李可夫組成——的政治局會議上，在斯大林和布哈林之間可能發生了直到當時為止最嚴重的衝突。最後，斯大林屈尊在自己的辦公室接待了布哈林。布哈林妻子的回憶錄提到，當時斯大林奉承布哈林說，「我們倆是喜馬拉雅山，其他人都微不足道」。後來在一次政治局會議上，當斯大林嚴厲指責布哈林時，布哈林把斯大林恭維他的話說了出來，包括說其他人「微不足道」的那句。斯大林臉色鐵青，大聲說：「你撒謊。你編造出這個故事是要挑唆其他的政治局委員反對我。」[269]

第二次戰術撤退(1928年七月全會)

農民的怒火繼續在暗中燃燒。「最高層的政府是以欺詐為基礎的，這就是下面所有人的看法」，1928年7月4日，一位農民寫信對《農民報》說。而且他還說，「可惜列寧同志去世了。他死得太早，沒能把他的事業進行到底。所以，你們政府的同志要是發生戰爭，不要太指望農民……我們的糧食被拿去養活英國、法國和德國了，而農民們卻被晾着餓了一週。」[270] 同一天，中央委員會和中央監察委員會再次召開聯席全會，起初幾天討論的是共產國際的事務。接着，米高揚在7月6日作了一個不太樂觀的報告。對外貿易的「形勢非常緊張，比前兩年還要緊張」，他說。石油產量比國內的消費超出了很多，但石油出口沒能帶

709

來以前糧食出口所帶來的收入(木材、皮毛、糖和棉花的出口也一樣)。過去在沙皇時代，工業化的迅猛發展就是由糧食出口支撐的。米高揚心情沉重地指出，真正能夠達到的出口水平或許還不到沙皇時代的三分之一，除非蘇聯的糧食收成出現奇蹟，呈跳躍式增長。[271] 不安的情緒掠過黨內上層人物的心頭。[272]

那天深夜，7月7日的凌晨1:30，安德烈·維辛斯基在圓柱大廳宣讀了沙赫特事件的判決書。53名被告中有4人被判無罪，其中包括兩名德國人恩斯特·奧托和馬克斯·邁爾。另有4人被判有罪但緩期執行，包括威廉·巴德施蒂貝爾(按照第58條他被判無罪，但按照第53條則犯有行賄罪)。奧托和邁爾在不到兩小時之後就被釋放了，他們去了大使的官邸；巴德施蒂貝爾也被釋放了，但因為已被Knapp公司解聘而拒絕返回德國。布羅克多夫—蘭曹伯爵終於離開了莫斯科；外交人民委員部的人一個也沒有到車站為他送行。[273] 總檢察長克雷連柯曾要求將22人處以死刑，在他的總結陳詞中，他在每個名字的後面都大聲說「死刑」；結果有11人被判死刑，但有6人被減為徒刑。總共有近40人被關進監獄，多數刑期為4到10年，不過，許多人只坐了1到3年牢。即便有書報檢查制度，即便外國人只有獲得邀請才能旁聽，但事實上要安排這樣的公審決不是件容易的事情：關於這一不完美的場面，政權從未公佈過獨立的文字記錄。[274] 不過，供鼓動人員介紹審判基本情況的小冊子仍然強調，破壞活動如何由於無產階級的強大而最終被挫敗。它還敦促黨要讓工人與生產更加緊密地結合起來，要加強自我批評，以便和官僚主義作鬥爭，要做更好的「政委」，密切監視資產階級專家，並培養蘇維埃的新的工程師幹部。[275] 斯大林後來聲稱，沙赫特審判對於「加強工人階級的行動意願」起到了積極作用。[276]

在7月9日晚間的全會上，斯大林沒有給批評者發言的機會。他說政治局採取非常措施只是因為出現了真正的非常情況——「我們沒有後備」——而他認為強制政策可以拯救國家。「認為非常措施在任何情況下都是不好的那些人是不對的。」[277*] 然後他直接轉向宏大的戰略問題。英

710

---

* 譯註：《斯大林全集》第11卷，第150–151頁。

國的工業化靠的是殖民地，德國靠的是在1870至1871年的普法戰爭中索取的戰爭賠款，美國利用了從歐洲得到的貸款，而蘇聯沒有殖民地、戰爭賠款或國外的長期貸款，只能依靠國內的資源。在這一點上，沒有哪個布爾什維克能輕易表示異議。但斯大林想要得出布爾什維克立場的完整的邏輯。「農民不僅向國家繳納一般的税，即直接税和間接税，而且他們在購買工業品時還要因為價格較高而多付一些錢，這是第一；而在出賣農產品時多少要少得一些錢，這是第二。」他實話實説。「這是為了發展為全國（包括農民在內）服務的工業而向農民徵收的一種額外税。這是一種類似於『貢税』（*dan'*）的東西，是一種類似超額税的東西；為了保持並加快工業發展的現有速度，保證工業滿足全國的需要……我們不得不暫時徵收這種税。」斯大林沒想要掩飾：「這件事是令人不愉快的。但是，如果我們抹殺這個事實，如果我們閉眼不看當前的情況，即我們的工業和我們的國家可惜暫時不能不向農民徵收這種額外税，那我們就不成其為布爾什維克了。」[278]* 雖然邏輯很有力，但他用的「貢税」這個説法在當時沒有發表——這讓大廳中的人們議論紛紛。[279]

斯大林排除了政策上的其他選項，比如出席全會的索柯里尼柯夫提出的把購買農民糧食的價格提高25%。「應不應當消除城鄉間的『剪刀差』，消除所有這些少得多付的現象呢？」斯大林用他此時特有的方式問道，「是的，無疑是應當消除的。我們能不能立刻就消除這些現象，而又不致削弱我國工業，因而也不致削弱我們的國民經濟呢？不，不能。」[280] 表面上，加快工業化步伐的殘酷「邏輯」就是如此：徵收「貢税」要比市場上的讓步更有效，至少暫時是這樣。「貢税」會不會一直繳下去？斯大林沒説。不過他倒是説前面的路會更難走。「隨着我們的進展，資本主義分子的反抗將加強起來，階級鬥爭將更加尖鋭，而日益強大的蘇維埃政權將執行孤立這些分子的政策……鎮壓剝削分子反抗的政策，」他聲稱，「從來沒有過而且將來也不會有這樣的事情：垂死的階級自願放棄自己的陣地而不企圖組織反抗……向社會主義的前進不能　711

* 譯註：《斯大林全集》第11卷，第139–140頁。

不引起剝削分子對這種前進的反抗，而剝削分子的反抗不能不引起階級鬥爭的必然的尖鋭化。」[281*]

列寧在內戰期間有過這樣的想法：勢不兩立的敵人的反抗，會隨着失敗的臨近而變得越來越激烈。[282] 而在那之前，在還沒有人聽説過斯大林的名字之前，俄國的馬克思主義之父格奧爾吉·普列漢諾夫就曾指出，一旦資本主義分子意識到自己是歷史上注定要滅亡的階級，他們就會作出更大的反抗。[283] 不過，斯大林聲稱的「階級鬥爭將更加尖鋭」，就像他使用的字眼「貢稅」一樣，語驚四座，留下了非正統的印象。但是，斯大林指出，農民決定不把他們的產品以固定的低價賣給國家是「糧食罷工」，是「農村資本主義分子在新經濟政策條件下所發動的第一次反對蘇維埃政策的嚴重進攻」。[284†] 多年來，對於資本主義的包圍、蘇聯國內資本主義分子的敵意以及新經濟政策時期新資產階級（富農）帶來的危險、國內外敵人的關聯、捲土重來的「干涉」的威脅，簡單來説，沙赫特事件的威脅，斯大林談得比誰都多。沙赫特事件作為既成事實，其意義之大，決不亞於西伯利亞之行。在諸多總是伴隨着妥善執行的戰略——即在特定戰略方向上的即興之作——的神秘巧合中，有一個便是斯大林在全會發表演説的當天，對沙赫特事件中的五個人執行了死刑。

不過，沙赫特審判結束了，從「非常狀態」返回的路還存在。7月10日上午，布哈林緊接着斯大林發表了演説。布哈林依然非常害怕讓斯大林抓住把柄，指責他「反對」中央的路線，所以他拒絕表達不同的意見，根本就沒有向包括嘉賓在內的多達160人的龐大的高層聽眾發出呼籲。[285] 布哈林曾經認為，富農是個威脅，因而需要壓制，甚至剝奪——換句話説，農村的強制政策在一定程度上是合適的。他曾經認為建設社會主義是必須的，實現國家的工業化是必須的，保持警惕、與破壞行為作鬥爭也是必須的。而斯大林，作為一個謀略家，在1928年的四月全會上曾經用自己的退卻化解了布哈林的批評，結果由於隨後的事態發

---

* 譯註：《斯大林全集》第11卷，第149–150頁。

† 譯註：《斯大林全集》第11卷，第148頁。

展（強制政策帶來的收益逐漸減少）和人為的操縱（沙赫特審判），斯大林甚至不用等到最後就得到了人們的稱讚。發言時，布哈林不顧斯大林支持者的干擾，堅持要求全會討論事實。他談到全國發生的150次較大規模的抗議，談到「謝米帕拉京斯克的叛亂，列寧格勒和莫斯科勞動力交易所的暴力衝突以及卡巴爾季亞的暴動」——凡此種種，都是當時確實發生的事情。[286] 事實上，從1928年5月20日至6月15日，在不同城市的勞動力交易所，記錄在案的暴力衝突有13起。[287] 名義上仍是《真理報》主編的布哈林引用了顯然是該報收到的農民和工人的來信，但他也聲稱，對於這些令人不安的社會騷亂事件，有許多他只是剛剛知道，而且只是因為他親自去了奧格伯烏並在那裏待了兩天，仔細看了政治情緒報告（正常情況下，那些報告應該呈交政治局）。柯秀爾大聲嚷道：「你們因甚麼把他〔布哈林〕送進國家政治保衛局？（笑聲）。」明仁斯基回答說：「因張皇失措行為。（笑聲）。」*

712

布哈林以社會中的不滿和動盪為由，堅持要求取消非常措施。「永遠嗎？」有人喊道。布哈林承認，非常措施有時可能是必要的，但不應成為永久性的，否則「你們就會有莊稼漢的起義，富農則讓莊稼漢承擔責任；富農組織他們，領導他們。小資產階級自發勢力起義反對無產階級，給以迎頭痛擊，結果是一場殘酷的階級鬥爭，無產階級專政消失。」對於布哈林描繪的社會危機和農民叛亂的圖景，斯大林大聲說道：「一場惡夢，願上帝保佑。（笑聲。）」[288]†

在這種恃強凌弱的氣氛中，7月11日，加里寧作了關於國營農場的報告，反對強行流放富農，因為那樣一來就有危險，在找到新的來源之前可能失去他們的糧食。「有人，哪怕是一個人，能說糧食夠了嗎？」他說道，「所有這些談論，說富農隱瞞糧食，說有糧食，但他不肯交出來——這都是些談論，僅僅是談論而已……只要富農有許多糧食，我們就會擁有它。」這是李可夫、托姆斯基、布哈林在政治局有可能拉到的一張主張取消非常措施的票。但加里寧的看法在一定程度上又是和

---

* 譯註：《蘇聯歷史檔案選編》第8卷，第290頁。

† 譯註：《蘇聯歷史檔案選編》第8卷，第295頁。

斯大林一致的，他稱糧食不足是因為「生產力不高」，這就「促使我們要組織國營農場」。[289]

那天下午斯大林再次發言，並與其他發言者，特別是托姆斯基，進行了辯論。（在看到斯大林對托姆斯基的言語攻擊後，索柯里尼柯夫再次私下會晤加米涅夫，並在會晤中說斯大林「臉色陰沉、鐵青，露出兇相，怒氣沖沖。給人一種壓抑感⋯⋯其粗魯的態度令人吃驚」。[290*] 像布哈林（和李可夫）一樣，托姆斯基也建議從懸崖邊後退。「你們今天後退，明天後退，後天後退，沒完沒了地後退——這就是他說的將會加強工農聯盟的東西，」斯大林說，「不，同志們，這是不對的⋯⋯永遠讓步的政策不是我們的政策。」[291] 然後，斯大林在震驚之餘屈服了：全會一致同意，取消「非常措施」。[292] 糧價很快就調高了。[293] 為了弄到糧食而擅自搜查、抓人以及關閉巴扎的做法成了要受到懲罰的犯罪行為；針對貧農和中農的涉及第107條的案件中止了，那些被關起來的農民也得到赦免和釋放。[294] 斯大林在全會上的種種干預行為清楚地表明，他堅持自己在新西伯利亞宣佈並在紅色教授學院重申的路線。[295] 但他再次作了戰術撤退。也許他是不想強行製造分裂。斯大林想必也知道，布哈林已經和包括奧爾忠尼啟則、伏羅希洛夫以及加里寧在內的其他政治局成員談過要在全會上解除自己的總書記職務這一問題，這就要求斯大林謹慎行事。[296] 儘管如此，撤退還是比較輕鬆的，因為他知道，自己只要回到老廣場大街給奧格伯烏打個電話就行了。

713

計中計？

季諾維也夫、加米涅夫和托洛茨基組成了短命的聯合反對派，他們所取得的成果無非是加劇了彼此之間原本就很尖銳的矛盾。[297] 1928年初，斯大林把季諾維也夫和加米涅夫流放到距離莫斯科約110英里[†]的卡盧加。季諾維也夫繼續懇求恢復自己在黨內的職務，還在1928年5

---

* 譯註：《蘇聯歷史檔案選編》第8卷，第311頁。

† 編註：約177千米。

月的《真理報》上寫了一篇低三下四的文章，招來托洛茨基無情的嘲諷——「季諾維也夫就像一隻濕漉漉的鳥，他從《真理報》上發出的聲音聽起來就像磯鷸從沼澤地裏發出的唧唧聲」。[298] 最後，1928年6月，斯大林允許季諾維也夫和加米涅夫連同大約40名反對派成員一起恢復原有的職務。[299] 但斯大林的僕從似乎在背地裏散佈謠言說，布哈林及其盟友在表決時反對重新接納季諾維也夫和加米涅夫。可以想見，這樣的謠言讓布哈林十分不安。格里戈里·索柯里尼柯夫與加米涅夫以及布哈林的關係都很密切，有一次，加米涅夫從卡盧加到莫斯科的時候，似乎把上述傳聞告訴了索柯里尼柯夫，而索柯里尼柯夫又單獨對布哈林講了此事，於是布哈林就請索柯里尼柯夫充當調解人。索柯里尼柯夫給身在卡盧加的加米涅夫寄了一封信，提供了自己在莫斯科的電話號碼；當加米涅夫在7月9日打電話時，索柯里尼柯夫就把他叫到首都與布哈林見面。

714

這件事在多大程度上是由狡猾的斯大林一手策劃的，又在多大程度上是被他利用的偶然事件，現在還不清楚。現在清楚的是，斯大林並沒有採取措施去平息這種挑撥離間的傳言。現在同樣清楚的是，在當時，與流放中的加米涅夫的任何接觸都要受到奧格伯烏的嚴密檢查或竊聽。不過，索柯里尼柯夫不是那種願意捲入斯大林的陰謀詭計的人。但加米涅夫呢？他能夠去莫斯科，而且沒有受到阻撓。斯大林甚至沒有收走他在克里姆林宮的住所——在那裏，7月11日上午，全會還在進行，加米涅夫再次接到索柯里尼柯夫的電話。「事態急轉直下，布哈林同斯大林徹底決裂了。」索柯里尼柯夫説，「撤職問題已經具體提出。加里寧和伏羅希洛夫背叛了〔布哈林〕。」這是個爆炸性的消息，是一個中央委員不計後果、不顧危險地對一個非中央委員在一條受到竊聽的線路上説出的。索柯里尼柯夫和加米涅夫有聯繫——他們是僅有的兩個曾經在黨的代表大會上要求解除斯大林總書記職務的人，而且索柯里尼柯夫可能還沒有放棄那個打算。加米涅夫很可能也還堅持那個想法，但他似乎也像季諾維也夫那樣，非常渴望自己能夠再次受寵，恢復與他的自我認知以及他的過去相稱的高位。在第二次通話後不久，索柯里尼柯夫就和布哈林一起出現在加米涅夫的家裏。(索柯里尼柯夫是在布哈林之前離開的。）把自己與索柯里尼柯夫帶有密謀性質的談話記錄下來的加米涅夫，再次這樣做了，還說布哈林情緒激動，大罵斯大林。

「我們認為，斯大林的路線對於整個革命是致命的，」根據筆記，布哈林對加米涅夫說，「我們同斯大林之間的分歧，比我過去同您之間的所有分歧要嚴重許多倍。我、李可夫和托姆斯基對局勢的一致看法是：『如果我們現在在政治局裏有季諾維也夫和加米涅夫，而不是斯〔大林〕，那就會好得多。』」布哈林還說，他同李可夫以及托姆斯基開誠佈公地談過這一點，而他和斯大林已經幾個星期不說話了。「這是一個毫無原則的陰謀家，他把保持自己的權勢看得高於一切。他的理論變化總是服務於眼前要除掉甚麼人。」一起共事多年，布哈林仍然不知道斯大林既是一個堅定的左派，又是一個策略靈活的列寧主義者。但至少，布哈林明白的是，斯大林在七月全會上「作了讓步」，目的是「要置我們於死地」，而且斯大林「正在耍弄手腕，想把我們打成分裂分子」。布哈林還揭露說，斯大林裝成溫和派，「建議對沙赫特事件的當事人一個也不槍斃」，讓別人替他幹這件事，自己在一旁看着，同時還在所有的談判中作了表面上的讓步。不過，布哈林嘲笑斯大林在全會上的兩個重要的提法是「白癡那樣的無知」：從農民那裏收取的「貢款」和社會主義越是發展階級鬥爭就越是尖銳。加米涅夫要布哈林說明他的力量有多大，布哈林說有他自己、托姆斯基、李可夫、尼古拉·烏格拉諾夫以及一些列寧格勒人，但不包括那些烏克蘭人（斯大林用調走卡岡諾維奇的辦法「收買」了他們），並說奧格伯烏的「亞戈達和特里利塞爾（Trillisser）是我們的人」，但「伏羅希洛夫和加里寧在最後關頭背叛了我們」。他還說，奧爾忠尼啟則「不是騎士。曾常來找我，破口大罵斯〔大林〕，而到關鍵時刻卻背叛了」，而「彼得格勒〔列寧格勒〕人……一談到有可能撤換斯大林便害怕了……非常害怕分裂」。[300]*

715

---

* 譯註：《蘇聯歷史檔案選編》第8卷，第300、303–305、309頁。

布哈林究竟是為甚麼要把如此機密、如此重要的事情告訴加米涅夫這樣一個不是政治局成員而且正在流放的人？布哈林並不幼稚。他坦率地警告加米涅夫不要給他打電話，因為知道自己的電話已被竊聽（證據顯示，斯大林有次給他看過季諾維也夫與妻子的親密談話的文字記錄）。[301] 他還告訴加米涅夫有人在跟蹤他們。但布哈林似乎已經絕望了。加米涅夫寫道，布哈林「常常因激動而雙唇顫抖。時常給人一種明知注定要失敗的人的印象」。[302] 因此，布哈林就冒險一搏。但他的行動也表明，他沒有放棄希望。他的主要目的似乎是要撇清說他反對加米涅夫復職的謠言，以便先發制人，防止加米涅夫和季諾維也夫被斯大林拉過去對付自己、托姆斯基以及李可夫。認為斯大林需要那兩個卡盧加的流放者，因此會讓他們復職，這個看法讓人想不通，但布哈林顯然以為，斯大林僅憑自己無法管理國家。[303] 布哈林也不相信斯大林派裏面有甚麼高人（他對加米涅夫提到「笨蛋莫洛托夫，他竟想給我上馬克思主義的課，而我們稱他為『石頭屁股』」）。因此，要是明顯在向左轉的斯大林準備拋棄布哈林、托姆斯基和李可夫，那在布哈林看來，這位格魯吉亞人別無選擇，只能召回季諾維也夫和加米涅夫，甚至也許還有托洛茨基。他們的會晤是基於可悲的誤會。

加米涅夫可能抱有類似的幻想，以為斯大林在左轉後需要他的幫助，但是對於加米涅夫而言，布哈林很可能被當成了達到目的的工具。[304] 布哈林告訴加米涅夫，「斯〔大林〕熟悉一種手段——報復，而且是從背後捅上一刀。可以回憶一下『甜蜜的報復』理論」。* 後者指的是加米涅夫轉述的一件斯大林軼事，據說源自1920年代初的一次集體野餐，當時有人問世上最好的東西是甚麼——這屬於那種酒喝多了提出來的問題。據說加米涅夫的回答是「書」，拉狄克說是「女人，你的女人」，李可夫說是「干邑白蘭地」，而斯大林說是對敵人進行報復。[305] 顯然，在這件有着很多不同說法的軼事中，每個人都是公式化的：書生氣的加米涅夫、風流幽默的拉狄克、據說是酒鬼的李可夫、有仇必報的斯

716

* 譯註：《蘇聯歷史檔案選編》第8卷，第306–307、309頁。

大林。但是，如果加米涅夫當時自己就在報復布哈林呢？畢竟布哈林在黨的第十四、十五次代表大會上猛烈地攻擊過他。如果加米涅夫當時自己就在討好斯大林呢？加米涅夫是個一流的陰謀家。他曾多次和斯大林聯手，包括巧妙地對付米爾賽義德·蘇丹—加利耶夫和穆斯林共產黨人的時候。加米涅夫構陷布哈林是可能的。他不僅把秘密會晤的內容記了下來，而且還把它們寄給了卡盧加的季諾維也夫。[306]

加米涅夫後來聲稱，他當時打算在莫斯科待一段時間，但卻迫不及待地要親自告訴季諾維也夫。也許真的如此。但是，像加米涅夫那樣的人，幹過15年布爾什維克的地下工作，並且諳熟蘇聯秘密警察的做法，難道會以為這樣的一封信，給季諾維也夫的一封信，不被會攔截並報告嗎？還有，加米涅夫說到布哈林的那些話，對布哈林來說極為不利。布哈林後來指責說，加米涅夫的筆記，「說得好聽點，寫的是片面的、有傾向性的，省略和竄改了許多重要的思想」。[307] 索柯里尼柯夫後來說得比較準確：加米涅夫的筆記，「對於評估內部關係的尖鋭性和尖鋭化，表現出一種特別的興趣」。[308]

我們或許永遠也無法知道，加米涅夫是不是想用這樣一個古怪的、有傾向性的文件，去報復布哈林並修復自己同斯大林的關係。就算是那樣，主動提出在受到嚴密監視的克里姆林宮進行那種荒唐的密談的，也不是加米涅夫。布哈林和加米涅夫的密謀——加米涅夫當時顯然並不知道李可夫和托姆斯基是布哈林的盟友——是給斯大林送的一份厚禮。布哈林向非政治局委員泄露政治局的秘密，承認在設法解除斯大林的職務，而且是指名道姓。被叫去和斯大林私下會晤的李可夫發現，布哈林正在和已被罷黜的前托洛茨基同謀加米涅夫商討政治局的機密事務，要把總書記搞下台。李可夫跑到布哈林在克里姆林宮的住處，罵他是個「傻女人，不是政治家」。[309] 斯大林可以依靠莫洛托夫，還有卡岡諾維奇，他們都是幹練而冷酷的組織者，是斯大林意志的執行者；李可夫有甚麼？托姆斯基是個堅強的鬥士，但已無招架之力，而布哈林，很可惜，對於他在政權中佔據的關鍵位置來說，缺乏足夠的政治謀略。由於加米涅夫的筆記，奧爾忠尼啟則也受到布哈林的連累——奧爾忠尼啟則忠於斯大林，但他或許並不討厭布哈林。奧爾忠尼啟則不得不在柯

717

巴面前為自己辯解。亞戈達也以書面的形式向斯大林解釋了布哈林提到的奧格伯烏支持解除總書記職務一事。這一切都源自有關布哈林反對加米涅夫和季諾維也夫復職的謠言。

未來的磚頭，現在的狠毒

劇變的跡象十分明顯。7月12日，莫洛托夫在蘇聯黨的全會結束時作了關於培養新專家的報告，指出蘇聯在科學實驗室和學習技術方面的落後狀況，而且還舉例說，莫斯科有一所學校的設備還是1847年的，教科書是1895年的。他透露說廣袤的俄羅斯社會主義聯邦蘇維埃共和國只有117名學生在攻讀技術學科的博士學位。當然了，秘密警察以及新聞界此時正在和莫洛托夫串通一氣，圍攻寥寥幾個真正合格的資產階級專家。[310] 但斯大林並不打算繼續受制於這些階級異己分子。在蘇聯黨的全會期間，中國共產黨結束了在莫斯科召開的第六次代表大會，那是中共首次在中國之外的地方召開的代表大會。84名代表出席了大會（毛澤東留在國內）。莫斯科正式同意建立獨立的中共軍隊——這件事其實已經在做了——但斯大林不顧蔣介石發動的大屠殺，仍然堅持這些軍隊必須打着國民黨的旗號。蔣在繼續進行武力統一運動，並於7月6日從一個土匪出身的軍閥（指望得到日本人保護的張作霖已經向滿洲撤退，但在途中被炸死了）手中奪取了北京。斯大林仍在撲滅中共內部的托派觀點，儘管他此時正在國內推行某種托派觀點。[311]　718

只有最最敏銳的蘇聯政治研究者才能看透這個政權的迷霧。在讀了公開發表的斯大林對共產主義科學院的講話後——講話重複了這位專政者在西伯利亞秘密會議上所講的基本內容——被免職的臨時政府駐美大使鮑里斯・巴赫梅捷夫（Boris Bakhmeteff）1928年8月寫信給流亡的立憲民主黨同仁瓦西里・馬克拉科夫說，「這個獨裁政權不可能覺得穩固和安寧，因為國家經濟生活的主要領域，也就是農業，最終要依賴無數個體農民業主的善意」。巴赫梅捷夫認為，斯大林是「剩下的少數無可爭辯的狂熱分子之一……儘管大多數外國作家往往只是把他看作正在帶領俄國回到資本主義的投機分子」。他還指出，斯大林已經認識到，就像對待工業一樣，「蘇維埃政權必須把農業生產掌握在自己手中」。巴赫梅捷夫進一步指出，被稱為富農的農民——「雖然他們實質上不過是擁有兩匹馬和兩三頭牛的傢伙，不是剝削者」——已經漸漸承擔起從前貴族農業的功能，生產統治當局急需的剩餘產品。巴赫梅捷夫對斯大林先前在1920年代中期與托洛茨基等人圍繞新經濟政策的爭論一笑了之，因為現在斯大林本人也開始打壓這些作為生產者的富農了。巴赫梅捷夫指出，這樣的做法從「馬克思主義的邏輯和共產主義學說」的觀點來看是正確的：需要由「麵包廠，也就是集體農莊和國營農場」來代替私人業主，「提供足夠的糧食，不讓政權受制於農民大眾一時的興致和情緒」。巴赫梅捷夫甚至明白，「可以察覺到黨內有一股反對斯大林新方針的潮流，這股潮流要比我想像的兇猛和湍急得多」。[312]

但是，就連巴赫梅捷夫，事實上就連政權內部的人，也沒有預見到斯大林向強制集體化和迅速工業化的大轉變會把重點放在對布哈林的百般羞辱上。7月17日，共產國際第六次代表大會在莫斯科召開（會議一直持續到9月1日），出席大會的有來自世界各地五十多個共產黨的五百多名代表。從1924年以來就沒有召開過共產國際代表大會，中斷的時間長得讓人尷尬。沒關係，斯大林又操起了一根棍子，對付自己的二頭同盟中的夥伴。早在斯大林剛從西伯利亞回來的時候，共產國際執委會的全體會議就揭露了所謂的右傾傾向。對於這種骯髒的活動，作為靶子的托姆斯基說，「每天抹上幾筆——這兒一點，那兒一點。啊哈！……憑藉這種聰明的把戲，他們把我們變成了『右派』。」[313] 布哈林已經不再去共產國際總部了，雖然他實際上仍是名義上的負責人。現在，斯大林的代理人在代表大會的走廊裏散佈流言說，布哈林待在領導崗位上的日子屈指可數了，他接下來也要被流放到阿爾馬—阿塔。為了報復布哈林這麼多年來的惡意中傷，托洛茨基在阿爾馬—阿塔也火上澆油，說布哈林在代表大會上發言時間的長短和他的決策權成反比。[314] 代表大會拖拖拉拉開了一個夏天。1928年8月，斯大林把莫洛托夫安插到共產國際執委會，以加強與「右傾主義趨勢」的鬥爭。[315]

719

對於布哈林為了限制自己的權力，甚至解除自己的總書記職務而作出的努力——那要追溯到1923年的山洞會議——斯大林感到不快，但布哈林不是托洛茨基，對托洛茨基的敵意從1917年夏天托洛茨基加入布爾什維克的那一刻起就非常強烈，並且還變成了仇恨。斯大林一直把布哈林當作自己不曾有過的弟弟，甚至是當作兒子來看待，雖然他們之間只相差不到十歲。[316] 當布哈林和自己的鰥夫父親（一名退休的數學教師）一起住在有三間房的蘇維埃2號樓（大都會飯店），並把那裏變成年輕支持者和政治盟友的聚會場所時，斯大林也去過。1927年，斯大林讓布哈林搬進了克里姆林宮。布哈林的第二任妻子埃斯菲里·古爾維奇，一個擁有聖彼得堡大學學位的拉脫維亞猶太女子，從住在大都會飯店時就跟他分居了，但她當時和斯大林的妻子娜佳·阿利盧耶娃的關係變得密切起來。兩家的女兒都叫斯維特蘭娜，她們在祖巴洛沃4號別墅成為好夥伴。布哈林享有一項前所未聞的特權：來去祖巴洛沃都和斯大林一起乘坐他的帕卡德車。不錯，對於斯大林虐待娜佳，布哈林和古爾維奇非常瞭解，因此後來有傳言說，因為古爾維奇太瞭解斯大林的私生活，所以斯大林就離間她與布哈林的關係。（夫妻倆很快就分手了。）[317] 但這裏面的原因要深刻得多，涉及社會主義建設的戰略問題。儘管如此，他們之間的怨恨仍非同一般。斯大林強迫「理論家」布哈林撰寫代表大會的綱領性文件，然後為了羞辱他，又全都推倒重寫。共產國際的左轉是以布哈林的名義宣佈的。[318] 斯大林的狠毒是明面上的。

世界各地的左翼分子不可調和的分裂與內訌表現得也很可怕。將社會黨（非共產黨）污衊成法西斯分子幫兇的做法，在共產國際第六次代表大會上完全制度化了。意大利共產黨領導人帕爾米羅·陶里亞蒂（Palmiro Togliatti）不喜歡社會民主主義，但認為它的階級基礎（勞動群眾）與法西斯主義的階級基礎（小資產階級和資產階級巨頭）截然不同，因而反對「社會法西斯主義」的口號（「我們認為這種提法是絕對不可以接受的。我們代表團堅決反對這種對現實的歪曲」）。[319] 布哈林也說，「要是把社會民主主義和法西斯主義混為一談，那是錯誤的。」[320] 但是在莫洛托夫和斯大林的其他手下所控制的那種帶有脅迫性質的氣氛中，「社會法西斯主義」被其餘的左翼分子強行通過，與共產黨內部的「右傾」相互補充。[321] 720

共產國際代表大會期間，斯大林把自己原定於6月10日開始的定期到索契度假的時間推遲到8月2日。關於他在1928年的度假情況，現在還缺乏足夠的文獻資料。[322] 我們知道的是，瓦列京斯基醫生帶來了著名的神經病理學專家瓦西里·韋爾濟洛夫(Vasily Verzilov)和治療專家弗拉基米爾·休羅夫斯基(Vladimir Shchurovsky)，但我們現在沒有他們的診斷報告。斯大林似乎經常抱怨肌肉和關節疼痛，這種疼痛在溫暖的硫磺浴中得到了緩解。他還跟這些醫生談到過農業和需要加強國營農場的問題，而這些顯然都是他當時正在考慮的事情。[323]

加米涅夫與布哈林至少又會晤了三次，儘管是為了他自己還是作為斯大林的雙面間諜，或者兩者都是，現在還不清楚。[324] 國營農場的支持者加里寧，最終在全會上站到斯大林一邊，由此引發的傳言說，斯大林用一些不大光彩的材料威脅他(加里寧和一些芭蕾舞女演員私通，這是當時大家都知道的事情)。斯大林得知托姆斯基正在設法爭取總書記門下猶豫觀望的安德烈耶夫等人。證據顯示，斯大林在1928年8月寫信對莫洛托夫說，「無論如何都不能讓托姆斯基(或其他任何人)去『威脅』古比雪夫或米高揚」。[325]

由於在1928年7至9月恢復了糧食進口，蘇聯流失了大量黃金(價值1.45億盧布)和其他貴金屬(價值1,000萬盧布)。外匯儲備減少了約30%，只剩下3.3億盧布。沒有人會給蘇聯長期貸款，因此，日益嚴重的貿易失衡只能靠短期貸款來支撐，短期貸款續簽的代價很大而且沒有保證。蘇聯的外債攀升至3.7億盧布。[326] 德國銀行開始懷疑延長短期貸款的期限是否明智；德國自身也遇到美國資本流的減少所帶來的麻煩。

721

「外匯外貿和糧食收購這兩條危險的戰線上都出現了困難」，1928年8月23日，米高揚給在索契的斯大林(「親愛的索索」)寫信說。他聲稱，德國、美國和法國開始對蘇聯實行「貸款封鎖」，同時政界和工業界人士也因為形勢不明朗而在鼓動反對在蘇聯做生意。「這就要求必須削減進口計劃；我們得把疼的地方砍掉，」米高揚寫道，「就進口而言，我們今年發展的速度會大幅降低。」他要求更多地關注除糧食之外別的出口項目。至於「糧食戰線」，他認為收購情況非常緊張。[327]

當時，總危機的意識十分明顯。地球化學家兼礦物學家弗拉基米爾·韋爾納茨基(Vladimir Vernadsky，生於1863年)1928年8月在日記中寫道：「從國外回來的人感到驚訝的是對戰爭的預期以及報刊上相應的宣傳」，「在農村裏他們說，戰爭就要來了，我們要對共產黨員、知識分子，一句話，要對城裏人進行報復。」[328]

斯大林活在自己的世界裏。「我認為貸款封鎖是事實！」8月28日，他給米高揚回信，「在糧食困難的情況下，我們本來應該估計到這一點。德國人對我們尤為有害，因為他們想要看到我們被徹底孤立，好讓他們更容易地壟斷我們與西方(包括與美國)的交往。」[329] 幾個星期後(9月17日)，或許是心情比較好，斯大林再次寫信給米高揚：「我在阿布哈茲。我們為你的健康乾了杯。」[330] 對於米高揚發出的警報的嚴重性，斯大林是不是完全清楚，現在還不明確。米高揚9月19日還給也離開莫斯科去度假的李可夫寫了信，談到開始出現的國際金融封鎖以及因此而不得不減少進口的情況。米高揚報告說，由於農民都湧到城裏來找吃的，列寧格勒排起了長隊，而烏克蘭的局部地區歉收也波及所有的相鄰地區，農民在到處尋找食物。長信的最後說，奧爾忠尼啟則的健康狀況惡化，醫生們甚至不能在診斷上達成一致。[331] 奧爾忠尼啟則被送到了德國治療。[332] 李可夫在月底前去了烏克蘭，檢查那裏的糧食救濟工作。「四年多來，我們一直在和烏克蘭的乾旱作鬥爭，」他在刊登在當地報紙上的一篇講話中說道，「我們所付出的顯然還不能被視為足夠有效。」[333]

722

但同樣是在9月19日，工業化的狂熱支持者瓦列里安·古比雪夫，在列寧格勒黨組織會議上說，工業的五年計劃即將開始，而且步子很大。「有人對我們說，我們在『過分工業化』，『咬得太多嚼不碎』，」對於李可夫等人的批評，他顯得不屑一顧，「但是，歷史不允許我們慢騰騰的朝前走，否則，明年就會引起一系列更加嚴重的反常現象。」[334] 憤怒的布哈林在《真理報》(1928年9月30日)上發表了題為〈一個經濟學家的札記〉的回應文章。文章表面上是不點名地針對「托洛茨基分子」，實際上是針對古比雪夫及其身後的黨的總書記。在要求均衡的、「避免產生危機的」工業化的同時，布哈林預言說，完全取消市場再加上農民的強制集體化會造成不可測度的官僚習氣，結果會使黨垮掉。對於工業化「計劃」，布哈林用諷刺的口氣寫道，「不能用『未來的磚頭』建造『現實的』工廠」。[335]*

然而，用未來的磚頭建造現在，正是斯大林的主張。他動筆寫了一篇文章，想要反駁布哈林的〈一個經濟學家的札記〉，但沒有寫完。[336]大概是他認為，跟布哈林進行公開的討論更好一些。斯大林從索契一回來，就因為李可夫、托姆斯基和布哈林的反對言論，讓政治局責備《真理報》未經中央同意就擅自發表文章。[337]布哈林指出的問題也無法緩和斯大林的態度。「不管糧食收購進行得多好，它們都不會消除我們困難的基礎——它們可以讓傷口癒合(我想，它們今年就可以讓傷口癒合)，但它們不能把病治好，除非機械化提高了我們土地的生產率，並把農業在新的基礎上組織起來，」9月26日，斯大林從索契給米高揚寫道，「許多人以為取消非常措施和提高糧價會成為消除困難的基礎。布爾什維克中空虛的自由主義分子的空想！」[338]

1928年秋天，農村開始第三波強制的糧食收購，力度比第一波(1–2月)和第二波(4月底–7月初)還大。[339]這種壓力所激起的農民的抗議活動規模之大令政權始料未及。到這一年結束之前，政權正式宣佈，在大城市開始實行配給制。[340]預期的由於種子、化肥、拖拉機以及其他機械方面的改進所帶來的更高的產量，以及認為集體化的農業會勝過私人的個體農業的看法都不見了蹤影。斯大林繼續拒絕布哈林關於辭職的牢騷，同時公開抹黑右傾分子，說他們對黨構成了嚴重的威脅。「不是直截了當地對我說，『我們不信任你布哈林，我們覺得你推行不正確的路線，讓我們分手吧！』——我也建議這麼做——，然而採取的是另一種做法。」布哈林在不久後猜測說，「因為首先必須羞辱、侮辱、敗壞名譽、踩在腳下，然後問題就不是滿足辭職的要求，而是『因怠工』而『解職』。這裏的遊戲是絕對清楚的。」[341]†

723

---

* 譯註：《布哈林文選》，第394頁。

† 譯註：《布哈林文選》，2014年版，第512頁。

調解人奧爾忠尼啟則從德國治療回來後，於1928年11月給情緒低落、再次想要辭職的李可夫寫了一封長信。「在跟您還有其他同志（斯大林）談過之後，我覺得不存在根本的分歧，而這是最主要的」，奧爾忠尼啟則寫道——真是荒唐。更荒唐的是，他還說，「我坦率地懇求您促成布哈林與斯大林的和解」——就好像那是李可夫權力範圍內的事情似的。李可夫怎麼想？奧爾忠尼啟則是個強硬的布爾什維克，一個完全按照高加索的習慣做事的格魯吉亞人，一個在無父無母的環境下成長起來的人，一個出了名的容易發火、脾氣暴躁的人，但是，在他身上一點也沒有斯大林那種極端的報復心理。而且奧爾忠尼啟則雖然和大家一樣，跟斯大林關係很近，但此時卻似乎並不理解他，或者說不想去理解他。他以為政治局內部難以消弭的不和只是因為最近的糧食收購運動，而沒有意識到如此沉重的高壓政策是新的永久性的現實，沒有意識到斯大林把該政策的批評者一律視為敵人。[342]

斯大林沒有放過尼古拉·烏格拉諾夫。烏格拉諾夫曾經是斯大林的門徒，是斯大林把他提拔到莫斯科黨組織首腦的位置，而且他還是迫害托洛茨基分子的不可或缺的人物，但烏格拉諾夫公開站在布哈林一邊，結果全能的莫洛托夫在11月底頂替了他的職務。就在那個月，布哈林終於得到了與斯大林會晤的機會，他對此期盼已久。會晤持續了六個小時。據米高揚說，布哈林對斯大林講，他「不想爭鬥，因為那樣會對黨造成傷害。假如開始爭鬥，你們就會宣佈我們背叛了列寧主義」。布哈林還說：「但我們會把你們稱作饑荒的組織者。」[343] 然而斯大林是不會動搖的：在到西伯利亞視察的時候，他就宣佈自己的目的是要把國家推向反資本主義的方向，而自從回到莫斯科，他就對一些親密的政治盟友和朋友表現出令人不寒而慄的狠毒。

尾聲

如果當初斯大林死了

724

他後來是這麼辦的。他會在1928至1933年，在擁有一億多人口的蘇聯農村和遊牧民族生活的草原強制推行集體化——這是在第二卷講的故事。至少有500萬人，其中許多都是俄國最能生產的農民或牧民，會被當作富農「打倒」，也就是關進牛車，扔到遙遠的、荒無人煙的地方，而且往往是在冬季；那500萬人中，有些人為了免遭驅逐，趕緊自己打倒自己，變賣或放棄財產。那些被迫加入集體的人，則燒毀莊稼、宰殺牲口和暗殺官員。[1]政權的城市突擊部隊粉碎了農民的抵抗，但全國的馬匹存欄數從3,500萬驟降到1,700萬，牛從7,000萬頭降到3,800萬頭，豬從2,600萬頭降到1,200萬頭，綿羊和山羊從1.47億隻降到5,000萬隻。在哈薩克斯坦，損失更為驚人：牛從750萬頭減少到160萬頭，羊從2,190萬隻減少到170萬隻。全國有近4,000萬人遭受嚴重的饑餓或饑荒，有500萬至700萬人死於可怕的饑荒，政權不承認有過的饑荒。[2]「狗都被吃光了，」在烏克蘭的一個村子，有人對一位目擊者說，「我們吃掉了所有能弄到的東西——貓、狗、田鼠、鳥。明天天亮，你會看到樹皮被人剝了，那也是被吃掉了。馬糞都吃。是的，馬糞。我們還搶呢。有時候那裏面有整粒的糧食。」[3]

725

要推動一個農業國家進入現代社會，斯大林就必須實行集體化，持這種觀點的學者完全是錯誤的。[4]同帝俄一樣，蘇聯要想在殘酷無情的國際秩序中生存下來，就必須現代化，但事實證明，市場制度與快速的工業化是完全兼容的，即便在農民國家也是如此。只有從共產主義意識形態和反資本主義的角度來看，強制的全盤集體化才似乎是必要的。而且從經濟上來説，集體化並沒有收到預期的效果。斯大林以為，集體化既可以讓國家收購到更多低價的糧食，又可以提高總收成，但收購的糧食雖然迅速翻了一番，可收成卻減少了。長遠來看，集體農業其實並不比大規模的資本主義農業更優越，甚至都比不上小規模的資本主義農業，只要給後者提供機器、化肥、農學知識以及暢通的銷售渠道。[5]短期來看，集體化對蘇聯工業的增長沒有任何實質貢獻。[6]

集體化對於維持專政也沒有必要。私人資本和專政是完全可以兼容的。在法西斯意大利，實業家保留了巨大的自主權。同斯大林一樣，墨索里尼不顧對國內就業的負面影響，支持消除通貨膨脹和國際收支逆差，因為他也認為，政權聲譽的關鍵在於「強」通貨。對墨索里尼來説，經濟學也要服從他的政治權力，可他並不信奉階級鬥爭之類的左翼意識形態。他要的只是實業家認可自己在政治上的最高權威。雖然里拉在1927年12月21日升值了（實業家對此曾堅決反對），出口也減少了（失業率一下子上升到至少10%），但墨索里尼仍然得到了認可，因為他拒絕了法西斯工團派的要求，沒有把生產和消費強行置於國家的保護下。相反，法西斯政權降低了國內工業的税負和運輸成本，提高了對折舊和攤銷的補貼，政府合同優先考慮國內生產商，鼓勵工業集中以減少競爭和維持利潤水平，提高關税，並分擔與意大利海外工業負債有關的匯率風險。[7]意大利的專政並沒有着手摧毀國內在經濟上取得成功的人。如果那些人愚蠢到露出要充當政治反對派的苗頭，很快就會被關進監獄。這樣説決不是要把意大利法西斯主義奉為楷模，只是想表明，當時並沒有任何東西妨礙共產黨專政接納私人資本——除了一些頑固的成見外。

726 世界經濟形勢的逆轉也沒有使集體化成為迫不得已的選擇。[8]全球商品價格的下跌對蘇聯的打擊確實很大，因為它減少了蘇聯糧食、石油、木材和糖的出口收入，但是在1928年1月20日的西伯利亞重要講話中，斯大林沒有提到此類情況並且指出那是令自己作出決定的一項原因。如果全球貿易狀況對初級產品的生產者有利，難道斯大林那天在新西伯利亞就會説讓我們發展使用私人僱傭勞動的、大規模私有富農農莊嗎？看看全球糧食的高價吧，我們永遠也不會讓農民集體化！如果蘇聯在1927至1928年從國外獲得充足的長期貸款，難道斯大林就會說讓我們大力發展國內市場嗎？即使黨的壟斷地位受到威脅又怎樣！一種有害的看法認為，國際資本主義導致斯大林訴諸極端暴力並建立殘酷的命令體制，以實施對商品出口的控制，從而為工業化提供資金。這種看法忽視了大量豐富的證據指向了意識形態的顯著性，包括一開始意識形態在惡化蘇聯國際地位方面的影響。1920年代的蘇聯國內對於如何實現現代化有過爭論，但爭論的內容非常有限。在爭論中，一些重要的選項被排除了。[9]

因此，不能簡單地認為，集體化不過是俄羅斯國家臭名昭著的鐵腕統治的又一實例，因為這是一個以農民為主的國度——屬於和加拿大差不多的北方氣候——農業季節只有125天，時長大概是歐洲農業季節的一半，而歐洲的畝產更高。認為幾百年來俄羅斯國家在國內一直是野蠻的軍事佔領者，這樣的看法是片面的：亞歷山大解放了農奴，斯托雷平的農民改革是自願的。斯大林的動機不只是要和更幸運的歐洲對手競爭。同斯托雷平一樣，斯大林要的是合併的、彼此相連的農莊，不是村社那種小而分散的條地，但他不是像斯托雷平那樣，把寶押在獨立的自耕農（富農）身上。國外的布爾什維主義的批評者敦促舊政權的專業人員為蘇維埃政權服務，目的正是要從內部去改造它，建立俄國的民族主義秩序並全面復辟資本主義。[10] 這樣的希望是斯大林所擔心的。集體化會讓共產黨人控制住廣大的農村，這在以往的俄國政權是想都不敢想的事情。但更重要的是，集體化就像國營和國有的工業一樣，構成了某種形式的表面上的現代化，否定了資本主義。因此，斯大林的確是「解決」了布爾什維克的難題——用列寧在最後一次公開演講中的話說就是，怎樣把新經濟政策的俄國變成社會主義的俄國。[11*]

727

* 譯註：《列寧全集》第43卷，第302頁。

歷史總是存在不同的選項。因此，問題在於，列寧主義革命的內部是否存在不同的選項？尼古拉·布哈林在和斯大林走得很近、結成政治同盟的時候，考慮過新經濟政策背後這個有趣的問題。「過去我們認為，我們可以一舉消滅市場關係，」布哈林在《到社會主義之路和工農聯盟》中寫道，「而實際情況表明，我們**恰恰**要**通過**市場關係走向社會主義。」甚麼，再説一遍？「這些市場關係將由於其自身的發展而被消滅。」* 確切地説，怎麼消滅呢？好的，布哈林解釋説，在資本主義條件下，大的實體在市場競爭中最終會壓垮小的實體，因此，按照蘇聯的情況，國家控制的大公司以及合併起來的農民合作社，會擠垮小型的私人農莊。[12] 這一咒語的某種版本——説蘇聯可以通過新經濟政策以某種方式「長進社會主義裏面」——在黨內的許多小集團中生了根。但是，號召農民「發財吧！」，因而不經意間表明，通過市場不可能長入反資本主義(anticapitalism)的那個人也是布哈林。[13] 當然，就像任何農民都會告訴他的，就像許多人寫信給《真理報》——那是布哈林主編的——以及其他報紙説的，農民剛取得一點成功，就要受到懲罰性税收的無情壓榨。而在1928年，由於糧食收購不足，勤勞的農民還受到了刑事處罰。當武裝徵糧隊從阿克秋賓斯克省的B. 邦達連科(B. Bondarenko)那裏沒收了8頭公牛、7頭母牛、4頭牛犢、3匹馬、36噸小麥、1輛馬車、1台打穀機和1座磨坊，同時還判了他一年監禁時，邦達連科要求主審法官説明定罪的依據，因為他沒有犯罪。「我們的目標就是要打倒你這種富農」，法官呵斥道。[14] 這就是那個改變了許多人命運的提法。

通過自身不大不小的成功，新經濟政策在製造富農，而富農進而又帶來豐收。1928年7月11日，加米涅夫在與布哈林見面時，尖鋭地問他準備怎樣搞到糧食，記錄下來的回答是：「富農消滅多少都可以，但必須同中農和解。」† 但在官員們按照相同的階級分析作出這樣決定的農

728

* 譯註：《布哈林文選》2014年版，第280頁。

† 譯註：《蘇聯歷史檔案選編》第8卷，第305–306頁。

村，一個農民，1925年有3頭牛，1928年有了6頭牛，就一下子成了登記在冊的「階級敵人」。在乳品業中心沃洛格達——沙皇時代，斯大林在那裏流放過幾年——單是在1927至1928年，富農的數量就從6,315猛增到8,462，新的「吸血鬼」有二千多，而當時該省的農村黨員只有2,500人。[15] 政權的商品糧依靠的只是200萬農戶，他們每戶耕種的土地超過8公頃。[16] 這是很大一部分人口——不是布哈林說的只佔富農的3%到4%——他們因為自己的辛勤勞動而很容易被再次劃為階級敵人。包括布哈林在內的所有布爾什維克高層都贊同的那種階級分析，事實上保證了新經濟政策要是成功，就必定失敗。

布哈林沒有提出真正有別於斯大林的選項，他甚至沒有考慮到自己缺乏政治影響力，缺乏有組織的權力基礎。名望更高也更有能力的人物是新經濟政策最重要的支持者阿列克謝·李可夫。主持政治局會議並在黨的第十五次代表大會上作開、閉幕講話的正是這位有權威的李可夫。作為一個有天賦的行政管理者，他的才能令加米涅夫相形見絀，季諾維也夫和托洛茨基也望塵莫及。李可夫「合群而且熱心，經常到下屬的家裏拜訪，哪怕他們並不是共產黨員，」從1906年起就認識他而且革命後在他手下工作的西蒙·利伯曼(Simon Liberman)說，「他喜歡和他們一邊喝酒，一邊海闊天空地聊天。輕微口吃讓他比他的大多數令人生畏的同事隨和了很多。」[17] 利伯曼想像中的那個熱心而親切的外省醫生，不是那個一心想報復托洛茨基，並在與反對派的內鬥中從不猶豫動搖的李可夫。據說李可夫經常喝酒喝多了——就像一則惡毒的笑話說的，「托洛茨基在遺囑中要求，等他死了，要把腦子保存在酒精中，腦子給斯大林，酒精給李可夫」——可該傳言是否屬實，現在並不清楚。李可夫是個強硬的布爾什維克，但屬於比較穩健的那種，贊成財政紀律，主張量入為出。對於小規模農業最終必然會被大規模的機械化農莊取代，對於現代化農莊會是「社會主義的」(集體化的)農莊，他沒有懷疑，但他也很看重新經濟政策階級調和的主張所帶來的穩定局面。他的立場，與其說是新經濟政策會把資本主義冶煉成社會主義(布哈林)，不如說是強制集體化根本做不到，因為任何那樣的企圖都只會毀掉自內戰和饑荒以來取得的進步，帶來新的災難。

729

事實證明，李可夫對強制集體化破壞穩定的可怕後果是有先見之明的，但他除了堅持正在走下坡路的新經濟政策，不知道還有甚麼別的辦法。不過，在李可夫手下工作多年的另外一個人倒是知道一點，他就是格里戈里·索柯里尼柯夫。與布哈林是高中同學的索柯里尼柯夫以溫和、理智著稱。在布爾什維克當中，他屬於出身比較富裕的那一群，比如克拉辛、契切林、拉柯夫斯基，而這在政治上會有點問題。但他的財政人民委員的工作事實上幹得很好。在布哈林和斯大林聯手重創聯合反對派時，索柯里尼柯夫與專政者發生了衝突，因為他堅持要求在處於壟斷地位的共產黨內部進行公開的辯論，包括季諾維也夫和加米涅夫也有公開辯論的權利，雖然索柯里尼柯夫在經濟政策上根本不同意他們的主張。即便在布哈林「發財吧」的講話引發了風波之後，索柯里尼柯夫也沒有縮回去不再稱頌市場關係。當然，和《農民報》的創辦者兼主編雅科夫·雅科夫列夫不同，索柯里尼柯夫走得不算遠，還沒有鼓吹政權應該讓農民把他們實際擁有的土地登記為私有財產，可以買賣或繼承。但索柯里尼柯夫堅持認為，市場，至少是農村地區的市場，可以和社會主義兼容——不但在目前這一艱難形勢下是兼容的，而且永遠是兼容的。他還堅持認為，所謂的富農是好農民，不是敵人。

索柯里尼柯夫贊成李可夫和布哈林堅持的與市場均衡兼容的工業化方式，但他走得遠多了，以至於明確拒絕了誘惑着幾乎所有共產黨人的那種幻想，即包羅一切的經濟計劃在實踐上是可以做到的。(索柯里尼柯夫考慮到保持協調不太可能。)[18] 當然，財政人民委員部和其他部門幾乎所有的非布爾什維克專家都在這麼說，可索柯里尼柯夫是中央委員。他不是主張搞資本主義——很難想像那時怎麼可能會有布爾什維克這麼做還能留在領導崗位上——而要實行他的市場社會主義也不會容易。蘇聯的黨國體制在制度上不具備靈活管理市場經濟所必需的很多能力(索柯里尼柯夫除外)。新經濟政策的混合市場經濟尤其如此，它需要對價格管制和利用國家權力打擊私商對國家宏觀經濟造成的影響有敏鋭的理解。[19] 但是，除了1928年1月斯大林在新西伯利亞宣佈的道路，其他任何選項的必備前提都是：接受市場，拋棄計劃的幻想。

730

在1926年初把索柯里尼柯夫趕出政治局和財政人民委員部的時候，斯大林任命他為國家計劃委員會副主席——儘管斯大林明明知道他不相信計劃——但索柯里尼柯夫的事業並未到此為止。1927年5月，他作為蘇聯代表團的成員參加了國際聯盟在日內瓦召開的世界經濟會議，並在會上實事求是地獨立發表了關於蘇聯經濟和社會主義的講話。很顯然，這次講話至少給一些外國聽眾留下了非常深刻的印象。(索柯里尼柯夫擁有巴黎大學博士學位，法語講得比布哈林還好。)索柯里尼柯夫認為，蘇聯的工業化模式在協調性和群眾參與方面獨具一格，但他呼籲加強資本主義世界與蘇聯之間的貿易和合作，尤其是以外國投資的形式來加強。[20]據《真理報》報道，一名瑞士記者兼左翼同情者評論説，從「這個資本主義經濟體的國會的所有席位」上，都傳來了掌聲，「就連英國人也鼓掌贊成索柯里尼柯夫的演説。」[21]在黨報的這種正面評價之後，1927年夏天，索柯里尼柯夫與反對派決裂。[22]1927年12月，斯大林在第十五次代表大會上讓索柯里尼柯夫重新當選為中央委員，這對於一名曾經的反對派成員來説，可謂是絕無僅有。1928年春天，斯大林讓索柯里尼柯夫改任石油托拉斯主席；石油出口開始帶來大量的預算收入。

不過，索柯里尼柯夫畢竟是個人，不是派別。軍隊高層沒有一個是忠於他的；格伯烏高級特工沒有一個是為他工作的；他沒有歸自己掌握的克里姆林宮的電話網絡(維爾圖什卡)，除非有電話找他；他是中央的一員，卻無權以中央的名義發佈指示。索柯里尼柯夫在斯大林的庇護下，一度享有最大的影響力，而現在，他贊成市場、反對計劃的立場也需要有個政治上得力的庇護者，比如李可夫。由李可夫和索柯里尼柯夫組成的領導集體，既有政治影響又不缺乏才智，本可以成為在斯大林之外真正的替代選擇，只要李可夫和執政聯盟中的其他人轉變看法，在農村的反資本主義問題上作出讓步。這樣的一種可能性會帶來一些重要的疑問：政權能在城市實行一種制度(社會主義)，而在農村又實行另外一種制度(小資產階級的資本主義)嗎？這樣一種安排能容得下城市的社會主義嗎？到頭來，共產黨會不會被迫放棄自己的政治壟斷，而且，要是那樣的話，李可夫—索柯里尼柯夫的領導集體會不會答應，或者能不能留下來？李可夫和斯大林的關係比和索柯里尼柯夫近得多，而且根本不理解市場的意義，那他會接受索柯里尼柯夫作為夥伴嗎？[23]

當然，斯大林個人專政的存在，意味着在他偏好的道路之外任何實際的而不只是在頭腦中思考的選項，都得要戰勝他的權力才行：要麼是由於他那一派成員的背叛而在投票中擊敗他，要麼是解除他的職務。布哈林試過這樣的辦法但沒有成功，李可夫在斯大林提出辭職從而出現機會的時候沒有抓住。李可夫的行為大概是出於政治上的自保，是忌憚斯大林的權力和有仇必報的性格。不過，李可夫和政治局的其他人開始明白，斯大林這人不僅脾氣暴躁、自以為是、陰沉和愛記仇，而且是個內心強大、從不屈服的共產黨人和領導者，完全忠於列寧的思想，能夠肩負起整個機關，肩負起這個國家，肩負起世界革命的事業。[24] 斯大林有戰略頭腦。這種戰略頭腦有其殘酷之處，比如出於政治和施虐的目的而試探布哈林的弱點，但對於管理民族事務和地區性的黨的機器也能收到很好的效果。再說，斯大林周圍的那幫人都比不上他。奧爾忠尼啟則不是戰略家，況且身體一直不好；伏羅希洛夫根本不像軍人，他也明白這一點；基洛夫有公共政治家的風度，但為人懶散而好色；卡岡諾維奇有組織才能，可幾乎沒有受過教育；米高揚崇拜斯大林，不只是因為他想要向上爬，還因為年輕；加里寧被低估了，但也決不能和斯大林相提並論；莫洛托夫在政治上有些能量，但就連他也活在斯大林的陰影中。斯大林的缺點決非小事，但完全沒有他的領導能行嗎？

最後，李可夫或許是希望斯大林會明白，強制轉向是愚蠢的。但斯大林會指控布哈林和李可夫沒能接受他們自己的列寧主義邏輯。如果蘇聯需要在合併農莊的基礎上實現農業的機械化(它的確需要)，如果認為這一點最終應當在社會主義(非資本主義)的框架內進行(高層幾乎所有人都這麼想)，如果農民不肯自願加入集體農莊(他們不肯)，那列寧主義的結論是甚麼？要麼沒收農村的生產資料，要麼，從長遠來看，準備放棄黨的壟斷地位，因為按照馬克思主義學說，階級是政治的決定因素，而新資產階級的迅速發展必將帶來政治上的後果。「在階級問題上，他是毫不動搖、勢不兩立的，」斯大林到西伯利亞視察的時候，正在烏克蘭的黨的機關中不斷高升的官員尼基塔·赫魯曉夫

(Nikita Khrushchev) 後來回憶說，「這是他最堅強的品質之一，為此他受到人民極大的尊敬。」[25]

歸根結底，不同於斯大林的主要選項是，主動放棄布爾什維克政權，或者不得已讓布爾什維克政權陷入混亂——斯大林自己就差點兒引起這種混亂，並且不只是因為集體化。

世界各地的威權主義統治者幾乎都不會膽大到跟列強對抗，從而將其個人的政權置於危險之中。他們追逐私利，任人唯親，妻妾成群，表面上鼓吹民粹主義，說是要維護祖國的利益，背地裏卻把祖國出賣給歐洲人或外國佬，中飽自己和下屬的私囊。例如拉丁美洲的獨裁者就是這方面的典型。當然，蘇聯自以為是世界強國，世界革命的中心，但它也是一個農民國家，內戰和饑荒的傷痛猶在，卻要對抗整個世界。布爾什維克通過政變創造了被資本主義包圍的條件，接着繼續用一種把自身處境變得越發艱難的方式行事，在他們通過艱苦鬥爭才贏得外交承認並且尋求更廣泛貿易往來的國家發動政變。但如果說，俄國在世界上面臨的挑戰一向很大，在既沒有盟友也沒有真正朋友的共產黨政權的統治下變得艱巨了，那由於斯大林強硬的挑釁姿態，挑戰會變得更加艱巨。

除了之前俾斯麥統一德國和日本明治維新所帶來的震撼——日本的挑戰增加了——除了與全球性的英帝國的長期競爭，當時還出現了一系列令人震撼的新情況：在從前的帝俄版圖內，出現了若干個反蘇國家，即波蘭、芬蘭、波羅的海國家以及大羅馬尼亞這些「邊陲國家」。此外，德、美、英、法甚至意大利都擁有世界領先的工業技術，而蘇聯一直想要利用資本主義分子的貪婪，以技術援助合同的形式，花大價錢換取先進的機器以及在安裝和操作這些機器上的幫助。這其實沒起作用。斯大林考慮過承認沙皇時代的債務，以便同法國達成協議，但他不喜歡依賴外國的銀行家或是為了讓步而改變蘇聯國內的政治安排。在為了得到大額貸款和投資而剛剛重啟與德國的談判之際，他如同要挑釁似的，逮捕了沙赫特這一捏造的事件中的德國工程師，震驚了柏林和其他國家的政府。1928年夏末，《真理報》以冷峻的語氣寫道，沒有外

733

國的幫助，蘇聯將不得不依靠「我們自己的力量」。[26] 可單憑自己的力量是一種妄想，紅軍會被更先進的技術打垮。

在集體化的過程中，斯大林不但失去了大量最高產的農民和一半的牲畜，而且沒能把蘇聯工業化所急需的包括農用拖拉機在內的機器設備騙到手，可他要是不這麼做，他的統治就有斷送列寧主義革命的危險。但是，一起偶然事件挽救了他輕率的賭博。1929年9月4日，紐約股價開始下跌；10月29日，市場崩潰。諸多結構性因素以及政策失誤將這場金融混亂演變為大蕭條。到1933年，美國的工業產值下降了46%，德國41%，英國23%。美國的失業率達到25%，別的國家更高。國際貿易量減少一半。建設實際上陷入停頓。全世界的不幸成了斯大林未曾料到的大好機遇。

當然，按照馬克思主義思想，這決不是偶然的：資本主義按其本性來說就容易大起大落，市場經濟造成了蕭條、資本配置不當和大規模的失業，而對於這些問題，據說解決的辦法就是計劃。可大蕭條這種規模的資本主義危機是前所未有的(而且在那以後再沒有發生過)。此外，大蕭條發生的時間剛好是在集體化和打倒富農運動開始之後，這對斯大林來說，是好得不能再好了。這一結果是意外的收穫。新建或徹底翻修的一千多座工廠的圖紙和先進的機器，幾乎都來自國外。[27] 大蕭條讓斯大林有了巨大的優勢：蘇聯人需要資本主義分子的先進技術，而資本主義分子突然間同樣需要蘇聯的市場。要是沒有大蕭條，資本主義分子難道還會那樣不顧一切地想要得到蘇聯的市場嗎？實際上，資本主義列強不僅把最好的技術賣給了這個共產黨政權，甚至在發現蘇聯人違反合同，把為一個工廠購買的設計用於其他工廠後——外國公司的內部記錄以氣憤的語氣記載了大量諸如此類的欺詐行為——列強還繼續這麼做；資本主義分子大量的資本貨物(capital goods)找不到其他買主。有些學者恰好把事情顛倒了，認為莫斯科當時面對的是「不願合作的世界經濟」。[28] 意識形態和黨的壟斷是限制條件，而使事情得以可能的則是當時的全球經濟。實際上，全球性的經濟危機乃是雙重的大禮。沒有甚麼比它對斯大林體制的合法化幫助更大了。但斯大林根本沒有料到大蕭條即將來臨，沒有料到大蕭條會讓外國資本主義分子屈服。

734

大蕭條讓我們忘記了斯大林的賭博究竟有多麼瘋狂——那是和列寧的十月政變、布列斯特—里托夫斯克條約以及新經濟政策一樣大的，甚至更大的賭博。對於強制的全盤集體化，別說是這個國家，就連共產黨都沒有做好準備。當然，斯大林可以利用警察機關的力量讓黨服從，但他還需要組織一場高調的公審，把「階級鬥爭」之火煽動起來。隨着沙赫特審判而開展的大規模動員運動，導致很多合格的工程師被捕，而工程師在當時是非常緊缺的，是政權雄心勃勃的工業化所急需的人才。[29] 清理掉據說是對抗當局或故意破壞生產的工程師所造成的混亂，要比這些所謂的破壞分子可能造成的混亂還要嚴重。無論是集體化還是階級鬥爭運動，斯大林都需要得到他自己的核心圈子的支持，而這一點只是在事後看起來才好像比較容易。

沙赫特審判以及相關的舉措，似乎為斯大林的個人專政提供了權力，一方面可以克服集體化在黨的官員中的阻力，另一方面可以鞏固政權的基礎。這項任務的緊迫性不僅在於要駁斥托洛茨基的批評——托洛茨基說斯大林的政權是工作人員的政權——還在於斯大林真的相信社會的基礎是工人階級。此外，許多年輕人，尤其是斯大林正在試圖團結的那些年輕人，還在暗中同情托洛茨基。[30] 總的說來，由於革命並沒有帶來富足與公正，蘇聯社會已經瀰漫着失望的情緒。警察機關的報告中記載的「反蘇維埃」事件，實際上絕大多數都是老百姓在要求或希望政權實現社會主義目標。對「國父列寧」的懷念，從渴望兑現革命承諾的角度來說是可以理解的，儘管這忽視了列寧統治時期的一些殘酷的事實。沙赫特審判有望成為一個契機，找回人們從前的熱忱。不過，從農村到廠礦的所有這些重大的變化，未必都是對斯大林有利的。他在用所有的一切，包括他的個人權力，來冒險。 735

對於傳主的描述，常常說他們的個性，包括他們關於權威與服從——也就是，關於權力——的看法，是在童年而且特別是在家庭中形成的。但是，我們真的需要把斯大林的政治觀點，甚至是他苦惱的靈魂的源頭，追溯到據說他童年時在哥里挨揍的經歷嗎？挨揍很可能是根本沒有過的事情，通常描述的那種程度的挨揍肯定是沒有，但即便有過那又怎樣？同樣，梯弗利斯神學院令人難以忍受的監視、告密與專橫，是不是斯大林一生中對其個性的形成有着重要影響的經歷呢？那種培養神職人員的地方也是暴君和告密者的溫床，但君主專制下的整個俄國都是如此，而且格魯吉亞的許多最溫和的孟什維克和斯大林是出自同一所學校。不可否認，他和勇敢的拉多·克茨霍維里的深厚感情以及後者過早地死於沙皇獄卒之手，對他的影響很深，幫助他堅定了對於馬克思主義的終身信仰。作為一名忠於列寧的布爾什維克，斯大林與格魯吉亞社會民主黨內佔壓倒多數的孟什維克的長期鬥爭也對他產生了深遠的影響，並喚醒了他心中的魔鬼。換言之，斯大林那些明顯的、影響他作出重大政治決定的個性特徵，是政治鬥爭的結果。用政治鬥爭來解釋斯大林的個性，並不只是因為這樣做比較方便（因為關於他的早年生活和內心世界，缺少充足而可靠的資料）。斯大林從列寧那裏繼承了個人專政的可能性，但他在成為列寧繼承人的鬥爭中經受了嚴峻的心理考驗。

為了除掉托洛茨基，斯大林多年來煞費苦心——他們之間的激烈競爭始於1917年，內戰期間變本加厲，近乎水火不容，而在列寧重病後則左右了黨內的思想生活。與托洛茨基的鬥爭對斯大林的性格影響很深。圍繞列寧口授文件的鬥爭對斯大林的影響同樣也很深刻。從1923年5至6月開始，斯大林捲入了為期數年的內鬥，在此期間還突然冒出了所謂的列寧「遺囑」，而且它一再出現，不肯消停。他利用自己掌握的多種權力工具，對那些與自己意見不合的人窮追猛打，可他總覺得自己是受害者。這是否與某種由來已久或者新近產生的被害妄想症有關，鑒於現有的資料來源，目前還無法確定。但我們可以肯定地說，與反對力量——不僅指托洛茨基、季諾維也夫和加米涅夫，還包括遺囑——的自相殘殺的政治鬥爭，揭示了這種行為的根源。

736

說到底，「繼位之爭」就是與一紙文書的鬥爭——幾行打印的話，沒有署名，也沒有確認身份的首字母縮寫。斯大林挫敗了遺囑提出的建議，但遺囑引起的反響是壓制不了的：斯大林這人是危險的；應該想辦法解除斯大林的職務。他只好一次又一次地提出辭職。他和他們達成了停火協議，可他們卻讓遺囑登上了《紐約時報》。他無法相信任何人。儘管這樣，**所有的事情**仍然要他負責。所有的事情都扛在他的肩上。但他們領他這個情嗎？讓他們去做得更好吧。他們再次確認了他的領導地位。但這絕對不夠。

封閉而又愛好交際、記仇而又懂得關心人的斯大林，粉碎了想把他限制在二元結構內的所有企圖。他生性專橫，但要是願意，也會表現得很有魅力。他是理論家，卻很靈活務實。他對受到的輕慢耿耿於懷，可他是一個早熟的地緣政治思想家，在布爾什維克當中獨一無二，不過卻容易犯下嚴重的戰略錯誤。作為統治者，斯大林精明而又心胸狹窄，勤奮卻往往適得其反，世故可又有真信仰。冷酷的算計與荒誕的妄想都是同一個頭腦的產物。他的精明足以把人看透，卻不足以擺脫虛妄的信條。最重要的是，他在1920年代越來越沉溺於陰謀。但斯大林日益嚴重的、嚴重到近乎偏執的多疑症，在根本上與政治有關，而且與布爾什維克革命所固有的結構性偏執，與共產黨政權在資本主義佔壓倒優勢的世界中被敵人包圍和滲透時所面臨的困境密切相關。

俄國革命——反對暴政和腐敗，特別是反對沙皇統治的無能——激起了人們對富足、公正、和平的新世界的渴望。但所有這一切都因為布爾什維克而化為泡影，他們在不經意間採用新的形式，無情地複製了舊政權的病態和掠奪性(甚至超過了他們的法國革命先驅，就如同亞歷克西·德·托克維爾為法國證明的那樣)。原因不在於客觀環境，而在於共產主義信念和有意的政治壟斷，它們使每況愈下的經濟形勢進一步惡化，而經濟形勢的每況愈下則被用來當作更進一步的國有化和暴力的理由。社會經濟地位上的階級差別，過去是(而且現在仍然是)不容否認的。但把政治秩序建立在階級差別而不是共同的人性和個體自由的基礎上，過去是而且將來也永遠是毀滅性的。到頭來，所有非列寧主義的社會主義者發現，如果想要真正的民主，他們就得拒絕馬克思的召喚，即否定並超越資本主義和市場。就蘇聯而言，對於任何還沒有無可救藥地陷溺於意識形態的人來說，事態的發展給反思提供了充分的機

737

會，認識到急需走出列寧主義的死胡同：放棄適得其反的階級鬥爭；接受市場，承認它並非天生邪惡；鼓勵富裕起來的農民繼續發家致富，並帶動其他人也富裕起來。但要承認這些，實際上對於幾乎所有的布爾什維克重要人物來說，都是太難了。

不過，即便在列寧主義的框架內，蘇聯領導人本來仍然可以採用迂迴的方式，減少政權在處理內外關係時的偏執。蘇聯領導人本來可以接受部分和解，因為在全球範圍內，資本主義事實上並非處於垂死階段，資本主義列強事實上並沒有想要不顧一切地推翻革命政權。但斯大林不是這樣的領導人。當然，所有的極權主義政權，為了鎮壓異己和蠱惑群眾，都需要製造出大量的「敵人」。但除此之外，斯大林還由於信念和個人性格的緣故，加劇了列寧主義中固有的瘋狂，把與整個世界的永久的戰爭狀態引向了與國內大多數人口的戰爭狀態，並把列寧主義的綱領推向了反資本主義的最終目標。

斯大林一度和托洛茨基一樣，不喜歡新經濟政策，儘管斯大林又像列寧一樣，而且因為列寧，懂得為了更偉大的事業而採取實用主義態度。但是到1928年，就在托洛茨基被趕到哈薩克斯坦的時候，斯大林按照自己由來已久的左傾的核心信念採取了行動，因為就像1921年剛開始實行新經濟政策時的列寧一樣，斯大林覺得革命到了生死關頭，覺得自己在政治上有採取行動的餘地。斯大林永遠不可能承認，在他看來，托洛茨基和左派反對派對新經濟政策的批評是正確的：寬宏大量不是斯大林的性格，而且那樣一來，流放托洛茨基的理由就顯得不夠充分，從而會激起要為他平反的呼聲。但要是認為托洛茨基可能也會採取與斯大林一樣的做法，那就錯了。托洛茨基並不是人們所想像的那種領導人，也不是斯大林後來成為的那種領導人。

738

沒有列寧，托洛茨基再也沒有表現出他在1917年和內戰時期在列寧領導下表現出的那種領導才能。列寧的中風讓斯大林憑藉總書記的職務優勢繼承了個人專政。在這個極不對等的賽場上，托洛茨基依舊可以進行出色的論戰，但是卻無法建立一個範圍不斷擴大的派別，分化對手，並將自己的信念與必要的策略性考慮相結合。更主要的是，托洛茨基從來就不是一個勤勉而又注重細節的行政管理者，不是一個能夠果斷地隨機應變的戰略家。不管他在核心信念上和斯大林有多少相似的地方，斯大林的能力和決心都要大得多。

但是，如果當初斯大林死了會怎麼樣？[31] 他在1921年就得過急性闌尾炎，需要手術。「當時，手術的結果很難保證，」V. N. 羅扎諾夫醫生回憶說，「列寧早上和晚上都打電話到醫院找我。他不僅詢問了斯大林的健康情況，還要求作最詳細的報告。」[32] 做了局部麻醉後，斯大林仍然很疼，於是，羅扎諾夫就給了大劑量的氯仿，和他後來在1925年給伏龍芝用的劑量一樣大，而伏龍芝在術後不久就死了。[33] 斯大林也許還患有潰瘍(有可能是因為斑疹傷寒)，所以在術後按照政治局的命令，從1921年5月到8月，在北高加索的納爾奇克療養。[34] 1921年12月，他又一次病倒了。[35]

後來，克里姆林宮醫生的記錄說，斯大林年輕時得過瘧疾。1909年流放時，他在維亞特卡醫院得了斑疹傷寒。那是舊病復發，因為他小時候就得過。斯大林的二哥格里戈里——斯大林並不知道他的情況——就死於斑疹傷寒。1915年在西伯利亞流放的時候，斯大林得了風濕病——這種病會周期性地發作——以及扁桃體周膿腫和流感。[36] 革命前，斯大林還得過肺結核。他的第一任妻子卡托就死於肺結核或斑疹傷寒。斯大林在西伯利亞流放時的室友雅科夫·斯維爾德洛夫患有肺結核，結果斯大林搬了出去。1919年，斯維爾德洛夫似乎就死於肺結核。肺結核本來也可能要了斯大林的性命。

斯大林本來還可能被暗殺掉。檔案中記錄了一些拐彎抹角的例子，當時，潛在的刺客是可以接近他或者在他很可能出現的地方動手的。比如有一天晚上，捷爾任斯基在劇院裏注意到有人在入口裏面看張貼的佈告；當斯大林出來的時候，又有一個人站在同樣的地方，做同樣的事。「如果他們不是**我們的人**，」他在那天夜裏寫的一張便條上指示說，「那肯定要注意了。把情況搞清楚然後報告。」[37]

墨索里尼此時已經遭遇過四次暗殺，剛剛發生的一次是一個博洛尼亞少年差點開槍打中他。[38] 1928年7月6日，在蘇聯黨的全會期間，一顆炸彈扔向了莫斯科負責辦理出入奧格伯烏的通行證的辦公室。兇手與流亡的恐怖分子有聯繫。[39] 負責領導人安全的白俄羅斯貧苦農民之子尼古拉·弗拉西克（Nikolai Vlasik，生於1896年）正在度假，他被召回莫斯科加入了一個工作小組，負責整頓契卡、克里姆林宮、政府別墅以及領導人外出時的安全保衛工作。據後來成為斯大林終身衛士長的弗拉西克說，這位專政者在1928年只有立陶宛人衛士尤西斯；斯大林到祖巴洛沃和索契的別墅，以及步行往返老廣場大街，路上都由尤西斯陪伴。[40] 別說政權內部的人，就是一個下定決心的刺客，想要暗殺斯大林也是可以做到的。

1928年夏天，索柯里尼柯夫在和加米涅夫見面時引用布哈林的話說，托姆斯基有次喝醉了，曾經湊近斯大林的耳朵小聲地說，「我們的工人要開槍打死你」。[41]* 在其他版本中，這件事常常被說成是在索契斯大林的別墅發生的。說是在某人生日的那天，一幫人一邊喝酒、吃烤肉串，一邊唱着俄羅斯民歌和革命歌曲。[42] 不管詳情如何，政治局不是沒有考慮過暗殺斯大林。

斯大林當初要是死了，**強制的**全盤集體化的可能性——那是集體化的唯一形式——就幾乎為零，蘇維埃政權改弦易轍或瓦解的可能性就會很大。「環境造就了人，而不是人造就了環境，」歷史學家E. H. 卡爾（E. H. Carr）寫道，「歷史上的那些大人物們，幾乎沒有人比斯大林更適合作為這一命題的明證。」[43] 這個說法完全是錯誤的，永遠是錯誤的。斯大林創造了歷史，改變了六分之一個地球的整個社會經濟面貌。大叛亂、大饑荒、人吃人、農村的牲畜遭受滅頂之災，以及前所未有的政治動盪，都沒有讓斯大林退縮。即便政權內部的官員當面告訴他災難正在臨近，他還是繼續前進，全速奔向社會主義，儘管有幾次他也佯裝撤退。這需要非凡的手腕、威嚇和暴力。它還需要深刻的信念，認為必須要這麼做。斯大林非常善於建立令人生畏的個人專政，可他也是個笨拙的人，對法西斯運動看走了眼，在外交政策上磕磕絆絆。但他意志堅定。1928年1月他去了西伯利亞，而且毫不猶豫。不論是好是壞，歷史都是那些永不放棄的人創造的。

---

* 譯註：《蘇聯歷史檔案選編》第8卷，第310頁。

譯後記

相對於大多數讀者來說，譯者的角色有一個好處，那就是可以對原作先睹為快。斯蒂芬·科特金的這部《斯大林》有個表面上似乎矛盾的特點：它本該寫的是某個人的歷史，但讀起來卻像是關於這人生活於其中的世界的歷史，而且在那幅徐徐展開的世界畫卷中，傳主本人有時在畫面中只佔據了一個不起眼的位置。

起初我覺得這種寫法有點奇怪，但看了作者寫的中文版序言之後就明白了。重要歷史人物的傳記怎麼寫，牽涉到作者對人與歷史關係的理解。斯大林是20世紀的焦點人物之一，也是最具爭議的人物之一。給這樣一個人物貼上標籤，再從他的生平事跡中選擇一些佐證材料，這樣做當然很容易，但沒有太多的意義。舉凡一段重大的歷史，儘管它可能帶有濃厚的個人色彩，卻不能把這段歷史完全歸於這個或那個歷史人物。就像人們常說的，時勢造英雄，歷史人物歸根結底只能借勢而為。如果說他能給歷史打上一點自己意志的烙印，必定是因為他先做了時代中某些強大潮流的代表。不管他個人是如何突出，在他的身後，總有無數的其他人和事。從這個意義上說，重要歷史人物的傳記不過是為我們提供了觀察和理解更廣闊世界的窗口，提供了可以順藤摸瓜的線索。

斯大林傳第一卷的翻譯，花了整整兩年時間。由於原作涉及俄國革命前後大量的人物和事件，翻譯的過程對於譯者來說也是一個不斷學習和瞭解的過程。

原作引用了很多斯大林和列寧的話。關於這些內容，我盡量在現有的權威中文文獻中找到它們的可靠翻譯。這方面主要引用和參考的是人民出版社《斯大林全集》第1版和《列寧全集》第2版的譯文，還有社會科學文獻出版社的《蘇聯歷史檔案選編》以及人民出版社的《蘇聯共產黨代表大會、代表會議和中央全會決議彙編》。對於原作的引文與相應的中文文獻偶有出入的，會在譯註中予以說明。對於原作中沒能從上述中文文獻檢查到的引文，則由譯者自行譯出。

翻譯時經常碰到的一件麻煩的事情是，書中一些專有名詞，如人物、國家、區域、地點、組織、機構、政治集團、建築物等，在現有的中文文獻中有時會有不同的譯名，這會給讀者帶來不便和困惑。例如「伊凡」和「伊萬」、「左派共產黨人」和「左派共產主義者」、「土耳其斯坦」和「突厥斯坦」、「保安處」和「暗探局」或「保安局」等。就連斯大林的名字也有不同的譯法：「朱加施維里」和「朱加什維利」。亂上加亂的，還有翻譯之外的因素，例如，十月革命後，蘇維埃政權的某些機構經常改組，結果這些機構的名稱會變來變去，而在這些機構任職的同一個人，其職務的名稱也會隨之變化。這其中的典型，就是蘇維埃政權的軍事領導機關。它時而分成「陸軍人民委員部」和「海軍人民委員部」，時而又合併為「陸海軍人民委員部」。另外，對於書中提到的一些地名，採用甚麼樣的譯名，需要結合當地的歷史，例如「梯弗利斯」和「第比利斯」，「蘇呼米」和「蘇呼姆」。在本書中為了儘量做到譯名的統一，採用了兩個標準，一是商務印書館的姓名譯名手冊，二是《列寧全集》中文第2版。

這本書從翻譯到出版差不多有四年半。期間除了出版上的波折所耗去的時間之外，編輯的過程就有一年半。感謝社會科學文獻出版社甲骨文工作室邀請我翻譯這部書。也要特別感謝香港中文大學出版社的陳甜和胡召洋兩位編輯，他們耐心細緻的工作給我留下了深刻的印象。另外還要感謝香港中文大學出版社給了這本書盡早出版面世的機會；要消弭地球上不同國家、不同地區間的分歧與隔閡，最終還是要靠交流和對話。

李曉江於常州

2022年4月30日

註 釋

文獻全稱見〈參考文獻〉

第三部 衝突

1 Stalin, "O Lenine," 轉載於 *Sochineniia*, VI: 52–64 (at 61). 804

2 Sering, *Die Unwälzung des osteuropäischen Agrarverfassung*, 5–6; Antsiferov, *Russian Agriculture during the War*, 382–3.

3 對於列寧這些以及其他許多偏狹的言論，參見Getzler, "Lenin's Conception" (引自 *PSS*, XXXV: 268, XXXVIII: 339). 當然，在1921年中期發生饑荒而列寧呼籲國際社會援助糧食的時候，他堅稱國內戰爭是「各國地主資本家強加給工農的」。Lenin, *Collected Works*, 32: 502 (譯註：《列寧全集》第42卷，第81頁).

4 Lenin, "O vremennom revoliutsionom pravitelstve [May 1905]," *PSS*, X: 227–50; "Sed'maia (aprels'skaia) vesrossiiskaia konferentsiia RSDRP (b)" [April 1917], *PSS,* XXXI: 339–81 (esp. 353–4). 令人難以置信的是，拉比諾維奇(再次)提出列寧和布爾什維克的專政是不得已而為之，即便拉比諾維奇一再表示，專政是為了應對一次次的危機——這些危機往往是布爾什維克自己引發的——他們採取的辦法卻是抓人和骯髒的把戲(即選舉舞弊)，而且總是拿「階級鬥爭」和與「反革命」(即任何反對他們的人)的戰鬥來為此辯護。Rabinowitch, *Bolsheviks in Power.*

5 *Pravda*, August 28, 1919; Lenin, *Collected Works*, 29: 559.

6 *Polan, Lenin and the End of Politics.*

7 馬克思也從未形成一種關於政治的理論。他從未有過這樣明確的想法——讓幾個相互對立的政治綱領在公開的政治活動中互相競爭；當一些批評者，比如米哈伊爾·巴枯寧，指出這樣的立場可能帶來的後果時，馬克思沒有回應。對馬克思來說，唯一要考慮的是代表無產階級的「利益」，而他(和恩格斯)是無產階級「利益」的代言人；他們譴責其他那些聲稱以不同方式表達無產階級利益的社會主義者。對馬克思而言，政治本身從來不是合理的事業，更不用說必要的活動。 805

8 *PSS*, XXXIII: 109; *Pravda*, January 15, 1919 (「左派共產主義者」奧辛斯基). 在列寧自己準備的筆記中(當時他已經掌權)，他寫道，國家是「無產階級進行階級鬥爭的工具，一根特殊的棍棒，如此而已！」"O diktature proletariat," *Leninskii sbornilk*, III (1925), 載於 *PSS*, XXXIX: 261–9 (at 262)（譯註：《列寧全集》第37卷，第254頁）. 列寧從來沒有寫完〈論無產階級專政〉的小冊子，儘管他為此做了這些筆記。

9 Carr, *Bolshevik Revolution*, I: 155（引用的是司法人民委員部一名官員的話）.

10 Polan, *Lenin and the End of Politics*, esp. 91–2.

11 *Voprosy istorii KPSS*, 1988, no. 10: 6. 另見 *Izvestiia TsK KPSS*, 1991, no. 2: 128.

12 Volkogonov, *Lenin: Life and Legacy*, 410.

13 RGASPI, f. 17, op. 2, d. 21, l. 18; d. 71, l. 2; op. 3, d. 174, l. 5; *Izvestiia TsK KPSS*, 1991, no. 2: 129, 130, 137; Golikov, *Vladimir Il'ich Lenin*, XI: 47.

14 RGASPI, f. 17, op. 3, d. 240, l. 1.

15 *Ogonek*, 1990, no. 4: 6 (Doctor Osipov). 另見 *PSS*, LIV: 203（列寧致瓦爾加）（譯註：《列寧全集》第52卷，第342–343頁）.

16 *Izvestiia, TsK KPSS*, 1991, no. 2: 131–2（達爾克舍維奇）. 3月6日，列寧在五金工人工會代表大會上對共產黨黨團說，「我的病已經好幾個月使我不能直接參與政務……」——這是在泄露國家機密。*PSS*, XLV: 6（譯註：《列寧全集》第43卷，第5頁）.

17 Sakharov, *Politicheskoe zaveshchanie*, 160 (RGASPI, f. 5, op. 2, d. 263, l.1; d. 265, l.1–2), 162–7. 斯大林先是在1921年8月22日被派去負責宣傳鼓動部，然後在1921年9月13日，政治局又決定讓他把四分之三的時間花在黨務工作上，四分之一的時間花在工農檢查院。RGASPI, f. 17, op. 3, d. 193, l. 2; d. 201, l.5–6. 另見 Chuev, *Sto sorok*, 181, 229–30.

18 RGASPI, f. 17, op. 2, d. 78, l. 7; Golikov, *Vladimir Il'ich Lenin*, XII: 267; Sakharov, *Politicheskoe zaveshchanie*, 170–1; Chuev, *Sto sorok*, 181. 關於另外幾位所謂總書記人選（伊萬·斯米爾諾夫、揚·魯祖塔克、米哈伊爾·伏龍芝）的幻想，參見 Pavlova, *Stalinizm*, 56. 另見 Trotskii, *Stalin*, II: 173–4.

19 Sakharov, *Politicheskoe zaveshchanie*, 172–7.

20 Chuev, *Sto sorok*, 181; Sakharov, *Politicheskoe zaveshchanie*, 170–1（引自 RGASPI, f. 48, op. 1, d. 21, l.1–469）; Sakharov, *Na rasput'e*, 95–6 (RGASPI, f. 17, op. 2, d. 78, l.2, 6–7ob.; 以及 *PSS*, XLV: 139). 在莫洛托夫和古比雪夫的名字後面，列寧寫的是「書記」。在對這27人的投票中，按照斯大林所得到的反對票數量，他是排在第10位。在第十一次代表大會上，新的中央委員會的得票數很能說明問題：總共478票，列寧得到477票；托洛茨基票數一樣（這將是最後一次）；斯大林463票；加米涅夫454票；季諾維也夫448票。可見，說加米涅夫和季諾維也夫在黨內的地位高於斯大林是不對的。

21 *XI s"ezd VKP (b)*, 84–5, 143; *PSS*, XLV: 122.

22 RGASPI, f. 17, op. 3, d. 241, l. 2.「赤色工會國際」在1922年2月有了「總書記」（魯祖塔克）。RGASPI, f. 17, op. 3, d. 361, l. 15. 列寧拒絕了季諾維也夫把第三國際遷到彼得格勒的要求；任命（在莫斯科的）庫西寧是一個折衷的辦法。

23 有人——顯然是列寧——反對在4月3日中央全會上提出的，在總書記之上設立一個中央常務主席的建議，這項建議未能通過。RGASPI, f. 17, op. 2, d. 78, l.2, 6.

24 在任命斯大林為總書記的決定正式通過三天後，列寧從克里姆林宮的藥店訂購了一整盒德國產的佐姆納策酊(Somnacetin)和佛羅拿(Veronal)。*V. I. Lenin:neizvestnye dokumenty*, 529 (RGASPI, f. 2, op. 1, d. 23036).

25 Volkogonov, *Lenin: Life and Legacy*, 412–3. 打算在高加索或烏拉爾給列寧找個療養場所的計劃最終沒能實現。Lenin, *V. I. Lenin*, 379, 537; *Leninskii sbornik*, XXXVI: 468–9; *PSS*, LIV: 229–30; *Izvestiia TsK KPSS*, 1991, no. 2: 133–4 (RGASPI, f. 16, op. 3, d. 20); *PSS*, LIV: 241–2; Tsvigun, *V. I. Lenin i VChK* [1987], 536. 高加索的老強盜卡莫(捷爾—彼得羅相)突然冒了出來，發誓説願意在該地區保衛和照顧列寧。*PSS*, LIV: 230–1.

26 克倫佩雷爾告訴《紐約時報》列寧「病了，但並不嚴重」，不過他沒有透露自己對病情的診斷情況。*New York Times*, April 4, 1922. 衛生人民委員在報紙上説射向列寧的子彈是在箭毒馬錢子裏泡過的，這是美洲土著塗在箭上的一種毒藥。要真是那樣，列寧在1918年就會被殺死了。Tumarkin, *Lenin Lives!*, 114 (引自 *Bednota*, April 22, 1922: Semashko). 關於列寧「中毒」的消息，不管是來自克倫佩雷爾不實的診斷結論還是來自謝馬什柯不實的斷言，在國外都引起了很大反響：*Rul'*, March 26, March 29, June 13, June 15, June 18, June 21, July 19, August 1, and August 2, 1922.

27 *Pravda*, April 28, 1922.

28 列寧的便條説要在莫斯科周圍500英里(編註：約805公里)範圍內建一些模範療養院。他還故作神秘地加了一條指示(「又及：保密」)，要求做好祖巴洛沃的糧食供應和運輸工作——斯大林和加米涅夫在那裏有政府別墅，列寧的也在建。Volkogonov, *Lenin: politicheskii portret*, II: 34 (APRF, f. 45, op. 1, d. 694, l. 2). 據説加米涅夫和捷爾任斯基在祖巴洛沃也都有別墅。

29 *Vospominaniia o Vladimir Il'iche Lenine* [1956–61], II: 342 (V. Z. Rozanov, "Zapiski vracha").

30 官方把列寧此次發病的時間記成是5月25至27日：Golikov, *Vladimir Il'ich Lenin*, XII: 349. 另見 *Vospominaniia o Vladimire Il'iche Lenine* [1979], III: 320; *Molodaia gvardiia*, 1924, no. 2–3: at 113; Fotieva, *Iz zhizni*, 178–9; *Ogonek*, 1990, no. 4: 6; *PSS*, LIV: 203; *Izvestiia TsK KPSS*, 1989, no. 1: 215; *Izvestiia TsK KPSS*, 1991, no., 2: 130–6; Trotsky, *My Life* [1930], 475.

31 Chuev, *Sto sorok*, 193.

32 例如，對於加米涅夫，列寧在1921年年底寫道，「可憐的傢伙，軟弱、害怕而又膽怯」——而列寧對加米涅夫的評價是相對較高的，而且(就像莫洛托夫回憶的)相比於對季諾維也夫是「更喜愛他的」。Pipes, *Unknown Lenin*, 138 (December 1, 1921); Chuev, *Sto sorok*, 183. 另見 Volkogonov, *Lenin: politicheskii portret*, II: 61. 他曾在自己一部文集的序言中加入了指責季諾維也夫的內容，只是在臨出版前才刪掉(當時斯大林強烈建議列寧不要刪)。Sakharov, *Politicheskoe zaveshchanie*, 143–6.

33 利季婭·福季耶娃在1918年8月接手列寧的私人秘書處；到1920年，它總共有七名工作人員(連她本人在內)：五名助理和兩名文員。福季耶娃的兩名重要下屬是格拉謝爾和沃洛季切娃。其他人包括N. S. 克拉辛娜(N. S. Krasina)和N. S. 勒柏辛斯卡婭(N. S. Lepeshinskaya)。斯大林的妻子娜佳·阿利盧耶娃有段時間負責列寧的檔案和最機密的文件。Rigby, *Lenin's Government*, 103–5; Kolesnik, *Khronika zhizni sem'i Stalina*, 28; Rosenfeldt, *The "Special" World*, I: 123. 戈爾布諾夫(Nikolai Gorbunov，他取代了邦契—布魯耶維奇)會一直擔任人民委員會事務管理局局長和李可夫手下的私人秘書。

806

34 據說列寧對他身邊的一個工作人員說過，「我不太懂得人民，我不理解他們」。這名工作人員說「列寧想要和一些共事多年的同志，和娜捷施達·康斯坦丁諾夫娜以及瑪麗亞·伊里奇娜商量」。雅科夫·沙圖諾夫斯基(Yakov Shatunovsky)，引自Shatunovskaia, *Zhizn' v Kremle*, 36–7.「在私人依附關係是社會組織中一個有機組成部分的社會裏，列寧的超然態度在文化上是革命性的。」Jowitt, *New World Disorder,* 7.

35 Mal'kov, *Zapiski*, 150–2, 154, 181; Bonch-Bruevich, *Tri pokusheniie na V. I. Lenina*, 102; McNeal, *Bride of the Revolution*, 185–6. 正是1918年秋天在哥爾克莊園椴樹林中短暫的休養期間，列寧撰文對考茨基作了尖銳的反駁。

36 要是沒有客人，一家人就在廚房吃飯。餐廳的門正對着列寧的房間。房裏有一張寫字檯，放在窗子前面——從窗子向外看，可以看到參政院廣場——還有桌子和一張小床。克魯普斯卡婭的秘書薇拉·德里德佐(Vera Dridzo)是少數可以在那裏和列寧一家一起吃飯的人之一。Dridzo, *Nadezhda Konstantinova Krupskaia.*

37 Zdesenko, *Gorki Leninskie*, 115, 144 (照片中的那輛勞斯萊斯安裝了雪天用的牽引履帶).

38 和季諾維也夫以及加米涅夫一夥的托洛茨基後來聲稱，斯大林曾想把列寧隔離起來(許多學者都採納了這一說法)。事實上，安排列寧住在哥爾克，這件事是政治局集體決定的，包括托洛茨基在內。

39 1922年，斯大林到哥爾克探望列寧的時間分別是5月30日、7月10日、7月30日、8月5日、8月9日、8月15日、8月19日、8月23日、8月30日、9月12日、9月19日和9月26日。Ul'ianova, "ob otnoshenii V. I. Lenina I. V. Stalina," 198; Ul'ianova, "O Vladimire Il'iche," no. 4: 187. 加米涅夫去了4次：7月14日、8月3日、8月27日和9月13日；布哈林4次：7月16日、9月20日、9月23日和9月25日；季諾維也夫2次：8月1日和9月2日。*Izvestiia TsK KPSS*, 1989, no. 12: 200–1.

40 Valentinov, *Novaia eknomicheskaia politika*, 46–53.

41 *Izvestiia TsK KPSS*, 1991, no. 3: 183–7; Volkogonov, *Lenin: Life and Legacy*, 411–2 (引自APRF, f. 3, op. 22, d. 307, l. 136–7).

42 *Izvestiia, TsK KPSS*, 1991, no. 3: 185.

43 據瑪麗亞的描述，列寧說：「你在耍滑頭吧？」「您甚麼時候見我耍過滑頭？」斯大林反駁說。*Izvestiia TsK KPSS*, 1989, no. 12: 197–8.

44 *Izvestiia TsK KPSS*, 1991, no. 3: 198.

45 Sakharov, *Politicheskoe zaveshchanie*, 132–3; *Ivestiia TsK KPSS*, 1991, no. 3: 121 (1923年12月31日政治局的集體信); RGASPI, f. 17, op. 2, d. 209, l.9–11 (1926年1月1日的

全會). "M. I. Ul'ianova ob otnoshenii V. I. Lenina i I. V. Stalina," *Izvestiia TsK KPSS*, 1989, no. 12: 196–9 (at 197); RGASPI, f. 14, op. 1, d. 398, l.1–8. 忠於斯大林的葉梅利揚·雅羅斯拉夫斯基回憶說，列寧「煩透了」托洛茨基及其在理論和政策上沒完沒了的公開辯論。*Izvestiia TsK KPSS*, 1989, no.4: 189.

46 Pipes, *Unknown Lenin*, 124 (1921年3月13日).

47 1921年6月16日，政治局開始研究把托洛茨基調到烏克蘭擔任糧食人民委員。托洛茨基拒絕接受政治局的決定，結果中央委員會為了討論這個問題，不得不提前召開全會。在此期間，托洛茨基給烏克蘭黨組織負責人克里斯季安·拉柯夫斯基打了電話。據說後者告訴他，已經採取各種措施把糧食運進烏克蘭。可列寧當時收到的文件與這一說法相反。列寧同托洛茨基在7月16日到23日之間見過面，並作了一系列廣泛的討論。1921年7月27日，列寧在再次接待托洛茨基時收回成命了。兩人就托洛茨基的行為達成了某種妥協。托洛茨基仍舊負責蘇維埃的軍事工作。Sakharov, *Politicheskoe zaveshchanie*, 135–42 (引自 *Izvestiia TsK KPSS*, 1990, no. 7: 187; RGASPI, f. 17, op. 3, d. 190, l. 4; *Voprosy istorii*, 1989, no. 8: 138–9; Golikov, *Vladimir Il'ich Lenin*, XI: 105–6; *Leninskii sbornik*, XXXIX: 359; RGASPI, f. 17, op. 2, d. 71, l. 5, 24; f. 2, op. 1, d. 200015, l.1–1ob, 5, 24–5; 以及 *PSS*, LIV: 148).

48 Chuev, *Sto sorok*, 193. 另見 Ulam, *Stalin*, 207–9; 以及 Service, *Stalin*, 189–90.

49 Golikov, *Vladimir Il'ich Lenin*, XII: 357; Fotieva, *Iz zhizni*, 183–4. 1922年6月13日，列寧顯然好多了，可以讓人把自己從莊園的輔助建築搬到主樓房子裏，但是在第二天，他頭部的血管痙攣，於是，他對科熱夫尼科夫說：「好了，就這樣了。要發病了。」Golikov, *Vladimir Il'ich Lenin*, XII: 353–4; Volkgonov, *Lenin*, 414. 6月18日，《真理報》刊登公告，暗示他感覺很好，只是對醫生在飲食起居上的限制很不滿意。

50 *Izvestiia TsK KPSS*, 1989, no. 2: 198–200; Volkogonov, *Lenin: politicheskii portret*, II: 23–5.

51 *Izvestiia TsK KPSS*, 1989, no. 12: 197–8; Volkogonov, *Trotskii*, II: 23.

52 RGASPI, f. 558, op. 1, d. 2397, l. 1.

53 *PSS*, LIV; 273 (譯註：《列寧全集》第52卷，第464頁); Golikov, *Vladimir Il'ich Lenin*, XII: 359. 7月18日給斯大林的信開頭讓人看不懂：「我非常認真地考慮了您的答覆，但不同意您的意見。」尚不清楚這說的是甚麼。

54 Lenin, *V. I. Lenin*, 547; Volkogonov, *Lenin: Life and Legacy*, 257 (引自 RGASPI. f. 2, op. 1, d. 25996, l. 1).

55 Volkogonov, *Lenin: Life and Legacy*, 416 (引自 APRF, f. 3, op. 22, d. 307, l. 23). 出席會議的有加米涅夫、托洛茨基、斯大林、托姆斯基、莫洛托夫、季諾維也夫、李可夫、拉狄克、布哈林和丘巴爾。

56 Mikoyan, "Na Severnom Kavkaze," 202. 另見 *Pravda*, August 6, 1922.

57 Fotieva, *Iz zhizni*, 285–6.

58 Lenin, *V. I. Lenin*, 548–9 (RGASPI, f. 2, op. 1, d. 26002); RGASPI, f. 5, op. 2, d. 275, l.4–6; *XII s"ezd RKP (b)*, 198; RGASPI, f. 558, op. 11, d. 816, l.37–43, 49. 作為莫斯科蘇維埃主席和莫斯科黨組織負責人，加米涅夫已經是列寧在政府中非正式的主要替代人選。Rigby, *Lenin's Government*, 201.

59 RGASPI, f. 5, op. 2, d. 275, l.4–6; Fel'shtinskii, *Kommunisticheskaia oppozitsiia v SSSR*, I: 11.

60 沃爾科戈諾夫推測，列寧預計並希望托洛茨基會拒絕，尤其是考慮到，在托洛茨基拒絕後列寧並未讓政治局做出決定並(在這件事情上)對他執行黨的紀律。Volkogonov, *Trotskii*, II: 23–4. 薩哈羅夫(Sakharov)原本是細心的學者，他也認為列寧當時是希望托洛茨基拒絕，但這一猜測目前沒有文獻證明。Sakharov, *Na rasput'e*, 98; Sakharov, *Politicheskoe zaveshchane*, 190–1.

61 Lenin, *V. I. Lenin, 548–9*; Pipes, *Unknown Lenin*, 171, 174 (列寧給斯大林的信，上面有記號，收錄的是副本，172–3); Pipes, *Russia Under the Bolshevik Regime*, 464, 466–7.

62 Deutscher, *Prophet Unarmed*, 30–1.

63 RGASPI, f. 17, op. 3, d. 312, l. 4; f. 5, op. 2, d. 275, l.4–6.

64 斯大林很快在第十二次代表大會上公開了托洛茨基拒絕接受任命的情況：*XII s"ezd RKP (b)*, 198.

65 *Sochineniia*, V: 134–6.

66 Karaganov, *Lenin*, I: 382; Golikov, *Vladimir Il'ich Lenin*, XII: 371.

67 列寧慨然應允人們的請求，在會議議程結束後，讓攝影師(P. A. 奧楚普〔P. A. Otsup〕)用一組照片為後人記錄下了這一事件。Karaganov, *Lenin*, I: 400–2; *Vospomianiia o Vladimire Il'iche Lenine*, IV: 446; *Pravda*, October 4, 1922.

807

68 Naumov, "1923 god," 36; Volkogonov, *Lenin: Life and Legacy*, 257 (引自RGASPI, f. 2, op. 2, d. 1239, l. 1); Volkogonov, *Lenin: politicheskii portret*, II: 24. 列寧的回信沒有註明日期；瑙莫夫推斷它是在1922年10月2日以後寫的，當時列寧回到了莫斯科。

69 *PSS*, XLV: 245–51; *Izvestiia*, November 1, 1922; Fotieva, *Iz zhizni*, 231–2. 1922年11月1日，列寧在克里姆林宮的辦公室同三駕馬車召開會議：斯大林(黨的機關)、加米涅夫(政府)和季諾維也夫(第三國際)。*Leninskii sbornik*, XXIX: 435; Golikov, *Vladimir Il'ich Lenin*, XII: 454.

70 *PSS*, XLV: 270. 在莫斯科大劇院舉行的官方週年慶祝儀式上，列寧得到了一件禮物：馬克思和恩格斯的鋁質肖像，由莫斯科一座工廠製造。*Izvestiia*, November 9, 1922; Golikov, *Vladimir Il'ich Lenin*, XII: 466–7.

71 *PSS*, XLV: 278–94; *Leninskii sbornik*, XXXIX: 440; *Vospominaniia o Vladimire Il'iche Lenine* [1979], V: 452, 459–61, 462–3, 468–9, 472–3; *Voprosy istorii KPSS*, no. 9: 41–3.

72 Pavliuchenkov, "*Orden mechenostsev*," 195–6 (引自RGASPI, f. 4, op. 2, d. 1197, l. 1); *PSS*, XLV: 30–9; *Leninskii sbornik*, XXXIX: 440; *Vospominaniia o Vladimire Il'iche Lenine* [1979], IV: 452–3; Kvashonkin, *Bol'shevistskoe rukovodstvo*, 268–9 (RGASPI, f. 85, op. 1/S, d. 13, l. 8–9: Nazaretyan to Orjonikidze, Nov. 27, 1922).

73 Chervinskaia, *Lenin, u rulia strany Sovetov*, II: 240–1 (B. M. Bolin).

74 Rosmer, *Moscou sous Lenine*, 231. 另見Lewin, *Lenin's Last Struggle*, 33–4.

75 *Pravda*, November 21, 1922; *PSS*, XLV: 300–1; Lenin, *V. I. Lenin*, 566–73 (完整的文字記錄).

76 *PSS*, XLV: 457.

77 *Pravda*, January 21, 1927; Golikov, *Vladimir Il'ich Lenin*, XII: 509; *PSS*, XLV: 463; Bessonova, *Biblioteka V. I. Lenina*, 56; Fotieva, *Iz zhizni*, 240; *Izvestiia*, December 1, 1922.
78 Boffa, *The Stalin Phenomenon*.
79 Chuev, *Sto sorok*, 381.
80 Sering, *Die Unwälzung des osteuropäischen Agrarverfassung*, 5–6.

第十章 專政者

1 Chuev, *Tak govoril Kaganovich*, 190–1; Chuev, *Kaganovich*, 263.
2 他繼續指出，「今年的收成不太平衡，總的來説，要比期望的低很多：哪怕是幾個月前估計的數值都有可能被證明太高了。明年的情況不容樂觀。」Bourne and Watt, *British Documents on Foreign Affairs*, VII: 376 (未註明日期，日期是根據內容推斷的).
3 L. D. Trotskii, "Kak moglo eto sluchit'sia?" 見於Trotskii, *Chto i kak proizoshlo*, 25–36 (at 25); Trotsky, *Stalin*, 393. 另見Trotsky, *My Life*, 512. 持同情態度的美國左傾記者尤金・萊昂斯(Eugene Lyons)認為，斯大林只具有「選區政客那種華而不實的才能，卻被抬高到近乎天才的地步」——他沒有意識到這是一種很高的讚賞。Lyons, *Stalin*, 159.
4 E. O Preobrazhenskii, "Stranitsa iz ego zhizni," *Pravda*, March 18, 1919: 2. 另見Duval, "The Bolshevik Secretariat"; Duval, "Yakov M. Sverdlov."
5 關於從各地區黨委到中央的各種各樣的需要，參見Service, *Bolshevik Party in Revolution* 277–95.
6 1919年3月18日，即斯維爾德洛夫的骨灰安放在克里姆林宮宮牆裏的那天，列寧在大都會飯店召開的會議上説：「現在要擔負起他一個人在組織方面，在挑選和按專長任用人才方面所做的工作，只有把整批整批的人派到斯維爾德洛夫同志過去一個人所管的各個重要部門中去，而且要踏着他的足跡前進，才能勉強完成他一個人所做的工作。」*PSS*, XXXVIII: 79 (譯註：《列寧全集》第36卷，第73頁). 另見列寧為斯維爾德洛夫所寫的訃告：*Pravda*, March 20, 1919.
7 托洛茨基説加里寧是他提名的。Trotskii, *Portrety revoliutsionerov*, 182 (托洛茨基給盧那察爾斯基的信，1926年4月14日). 一年一度的蘇維埃代表大會的權威性甚至還趕不上沙皇時代的杜馬。對於這個新權威的真實結構，最為透徹的分析見於Vishniak, *Le regime sovietiste*. 理論上，人民委員會對蘇維埃中央執行委員會負責，後者在形式上擁有組織人民委員會及其各部的權力(1918年七月憲法的第35條)。人民委員會的任務是頒佈法令和指示(第37、38條)，但這樣的法令要得到中央執行委員會的批准；人民委員會還應每週向中央執行委員會報告其活動。(Avdeev, *Revoliutsiia 1917 goda*, VI: 167.) 在實踐中，人民委員會發揮主權實體的作用。斯維爾德洛夫曾在中央執行委員會的一次會議上説——出言不夠謹慎，但很準確——人民委員會「不是像宣稱的那樣，只是執行機構；它是立法、執行和行政集於一身的。」*Zasedanie vserossiiskogo tsentral'nogo ispolnitel'nogo komiteta 4-go sozyva*,

66–77. 1919年3月16至30日，擔任中央執行委員會主席的是米哈伊爾·弗拉基米爾斯基(Mikhail Vladimirsky)。

8 Stasova, *Vospominaniia*, 161. 另見Isbakh, *Tovarishch Absoliut*.

9 尼古拉·奧辛斯基寫信給列寧(1919年10月16日)，建議「由三位中央委員，也是三位最著名的組織者，組成一種有組織的專政」，並提名斯大林、克列斯廷斯基和列昂尼德·謝列布里亞科夫(同時認為捷爾任斯基也行)。RGPASI, f. 5, op. 1, d. 1253, l. 6. 奧辛斯基在黨的第八次代表大會上對斯維爾德洛夫的評價：*VIII s"ezd RKP (b)*, 165. 自從奧辛斯基反對布列斯特—立托夫斯克和約，列寧就沒再讓他擔任高級職務。

10 Schapiro, *Origin of the Communist Autocracy* [1977], 266.

11 Daniels, "The Secretariat," 33. 克列斯廷斯基承認存在不足：*Deviatvyi s"ezd RKP(b)*, 41.

12 例如參見季諾維也夫在第十一次全國代表大會上的講話：*Pravda*, April 2, 1921.

13 雖然在列寧的阻撓下，克列斯廷斯基沒有被列入候選人名單，但是在479名有表決權的代表中，還是有161人寫上了他的名字，這是黨的歷史上絕無僅有的事情。*X s"ezd* [1963], 402. 克列斯廷斯基還丟掉了在政治局的位置(1921年3月16日)，作為蘇俄代表被派駐德國。列寧沒有念及舊情：1918年，當列寧遭到槍擊的時候，克列斯廷斯基的妻子是第一個救治列寧的醫生。

14 Nikonov, *Molotov*, 517–8; Zelenov, "Rozhdeniie partiinoi nomenklatury," 4. 另見Ali, "Aspects of the RKP(b) Secretariat."

15 1920年發放的通行證是82,859張：*Izvestiia TsK*, no. 3 (39), March 1922: at 55.

16 Harris, "Stalin as General Secretary: the Appointment Process and the Nature of Stalin's Power," 69 (引自RGASPI, f. 17, op. 2, d. 78, l. 2); *Pravda*, April 2, 1922 [季諾維也夫]); *Izvestiia TsK KPSS*, 1990, no. 4: at 176.

17 *PSS*, XLIV: 393–4. 莫洛托夫後來回憶說，當他1921年開始負責黨的書記處時，列寧告訴他說，「作為中央委員會的書記，你應該抓政治工作〔政策〕，要把所有的技術性工作交給副手和助理」。Chuev, *Sto sorok*, 181.

808

18 Daniels, "Stalin's Rise to Dictatorship," Rosenfeldt, *Knowledge and Power*. 另見Daniels, "The Secretariat"; Rigby, "Early Provincial Cliques"; Rosenfeldt, *Stalin's Special Departments*; 以及一些被錯誤地否定的評論，如Gábor Rittersporn, *Russian History/Histoire Russe*, 17/4 (1990), 468, 以及J. Arch Getty, *Russian Review*, 50/3 (1991), 372–74.

19 "Iosif Stalin: opyt kharakteristiki (September 22, 1939)," 見於Trotskii, *Portrety revoliutsionerov*, 46–60 (at 59), 351, n35 (費爾什京斯基註，引用了托洛茨基1930年代的筆記). 托洛茨基還在別處寫道，「斯大林之所以能夠掌權，不是憑藉個人的品質，而是憑藉非個人的機器。而且不是他創造了這個機器，是這個機器創造了他」。Trotsky, *Stalin*, xv.

20 Avtorkhanov, *Tekhnologiia vlasti*, 5; McNeal, *Stalin*, 82.

21 「斯大林在二十年代的上升根本就不是一個『自動』的過程，」塔克在1973年正確地指出，「一個天賦出眾的人需要具備他在那些年裏顯示出來的技巧，才能通過像布爾什維克政壇那種變化莫測的水域」。Tucker, *Stalin as Revolutionary*, 392.

22 列寧個人的秘書處同時也是人民委員會的秘書處。它收集了每一份1918至1922年的政治情緒報告和荒唐的政策提案。

23 1920年3月31日，捷爾任斯基建議制定兩份工作人員名單，一份按字母排序，一份按地區排序，這個建議立即獲得採納。RGASPI, f. 17, op. 112, d. 14, l. 183.

24 RGASPI, f. 17, op. 11, d. 114, l.14.

25 *XII s"ezd RKP (b)*, 62–3, 180 (維克托・諾金〔Viktor Nogin〕，黨的第十二次代表大會修訂委員會成員). 諾金於1924年5月去世。

26 Kvashonkin, *Bol'shevistskoe rukovodstvo*, 262–3 (RGASPI, f. 85, op. 1/S, d. 13, l. 10).

27 這一章利用了 *Vsia Moskva* (Moscow: Moskovskii rabochii, 1923) 以及 *Vsia Moskva v karmane* (Moscow-Leningrad: Gosizdat, 1926) 等原始資料。

28 斯大林曾向列寧反映工作過於繁重，請求減輕一些任務——這樣說不是沒有根據的，雖然他很少去工農檢查院或民族事務人民委員部。斯大林放棄了在政府中的這兩項職務，為的是把全部時間都用在黨的機關，不過，他在克里姆林宮的帝國參政院仍然保留了一間政府辦公室。

29 Sharapov, *Razreshenie agrarnogo voprosa*, 174.

30 這是在政權的整個歷史上農村黨員佔比最高的時候。Rigby, *Communist Party Membership*, 135.

31 Pethybridge, *One Step Backwards*. 1924年，作為農業省的斯摩棱斯克在每1萬名達到勞動年齡的農村人口中，只有16名共產黨員。Fainsod, *Smolensk Under Soviet Rule*, 44. 季諾維也夫在1923年黨的代表大會上乾脆說共產黨是城市的政黨。*XII s"ezd RKP (b)*, 39.

32 Pirani, *Russian Revolution in Retreat*, 155.

33 Pirani, *Russian Revolution in Retreat*, 101.

34 "'Menia vstretil chelovek srednego rosta . . .'."

35 Barmine, *Vingt ans au service de l'U.R.S.S.*, 256–60.

36 列寧懂得「政策是要由人去執行的」。*PSS*, XLV: 122–3. 這是斯大林在1935年提出的口號「幹部決定一切」的一種早期的說法。

37 Shefov, *Moskva, kreml', Lenin*; Volkogonov, *Lenin: Life and Legacy*, 230; Duranty, "Artist Finds Lenin at Work and Fit."

38 這棟出租屋實際上匯聚了不同的部門：同人民委員會副主席阿列克謝・李可夫一樣，蘇維埃中央執行委員會負責人加里寧也在這裏的二樓設了幾間辦公室，儘管他們的主要辦公室會設在帝國參政院，跟列寧在同一樓層。沃茲德維任卡街3號以前是保管沙皇外交部檔案的，現在變成了蘇維埃國家檔案館(後來為了擴建列寧圖書館，這棟建築被拆掉了)，而沃茲德維任卡街6號以前是一家私人診所，現在成了克里姆林宮醫院。Barmin, *Sokoly Trotskogo*, 155. 這棟被稱作「彼得戈夫」的出租屋建於1877年，1902年加蓋了第四層。它被指定為蘇維埃4號樓。中央委員會的出版部門位於沃茲德維任卡街9號，而莫斯科軍區的軍官經濟協會修建的沃茲德維任卡街10號將成為軍需庫；那裏還有共青團中央的辦公室、青年近衛軍出版協會和集體宿舍。貝拉・庫恩1923至1937年一直住在這裏，而不是柳克斯飯店。沃茲德維任卡街再往前是莫羅佐夫公館以及舍列梅捷夫家族在莫斯科的宅院，人稱「街角之宅」。沃茲德維任卡街和克里姆林宮垂直；莫霍瓦亞街和克里姆林宮平行。沃茲德維任卡街在1935年更名為共產國際大街；莫霍瓦婭街更名為卡爾·馬克思大街。Sytin, *Iz istorii Moskovskikh ulits* [1948].

39 *IX s"ezd RKP (b)*, 357, 610, n118; Pavliuchenkov, *Rossiia Nepovskaia*, 61; Pavliuchenkov, *"Orden mechenostsev,"* 213–27. 沃茲德維任卡街5號後來成為國家建築博物館，直到如今。

40 Berkman, *Bolshevik Myth*, 46, 36–7. 全俄共產黨（布）中央委員會書記處婦女部的總部——被戲稱為「芭芭中心」（譯註：「芭芭」〔Baba〕是俄語中對婦女的貶稱）——也在沃茲德維任卡街5號。

41 卡扎科夫的建築在1898年加了第三層。在斯大林被派去差不多專門負責黨務工作但還沒有成為總書記的時候，他在書記處的第一個辦公室於1921年9月26日設在特魯布尼科夫斯基街19號2樓，至少通訊地址是這樣。RGASPI, f. 558, op. 1, d. 4505, l. 1, 3; d. 1860, l.1–4.

42 「我們〔黨〕變成了國家」，在1919年第八次黨的代表大會上，一名代表說。*VIII s"ezd* [1959], 178（瓦爾拉姆·阿瓦涅索夫〔Varlam Avanesov〕).「大家知道，在俄國，蘇維埃政權的領導者實際上是中央委員會，這對任何人來說都不是秘密」，季諾維也夫在第八次代表大會上對列寧格勒黨組織的報告中說。*Izvestiia TsK KPSS*, 1989, no. 8: 187.

43 列寧的政府實際上是一個內閣，但不屬於（英國那樣）以議會多數為基礎的內閣制。Rigby, *Lenin's Government*, 230.

44 Rigby, *Lenin's Government*, 176–86. 地方蘇維埃當然是有的，但這些草根機構基本上都是招募新的政治精英進來，其中許多人都升遷離開了地方蘇維埃。Abrams, "Political Recruitment and Local Government." 地方自治人民委員部於1918年3月20日正式併入內務人民委員部；期間，政權取消了地方自治機關（地方自治機關的歷史可以追溯到俄國1860年代的大改革，臨時政府對它實行了民主化並使其名義上的規模得到很大擴充）。Gronsky, "The Zemstvo System."

45 葉夫根尼·普列奧布拉任斯基在黨的第九次代表大會（1920年3月）上注意到，有些代表「甚至建議說可以取消黨，因為我們有蘇維埃，而在蘇維埃當中，共產黨人佔多數」。但當時的黨的書記克列斯廷斯基則相反，他建議取消各省的蘇維埃。*IX s"ezd RKP (b)*, 68; *Izvestiia TsK KPSS*, 1990, no. 7: 160.

46 *Izvestiia TsK KPSS*, 1921, no. 28 (March 5): 23–4; no. 29: at 7; 1922, no. 3 (39): 54. 另見 Schapiro, *Communist Party*, 250.

47 Sakwa, *Soviet Communists*, 49–53, 191–3; Figes, *A People's Tragedy*, 688.

48 Rosenfeldt, *The "Special" World*. 到1924年，黨的中央機關的人數已經增加到將近700人。

809

49 Sytin, *Iz istorii moskovskikh ulits* [2000], 70.「基泰」（Kitai）在俄語中可以指中國，但莫斯科的基泰哥羅德顯然不是這個意思。到底是甚麼意思，這一點還沒人能確定。Kolodnyi, *Kitai-gorod*, 5–16. 沃茲德維任卡街5號交給了國家計劃委員會。首都獨立的莫斯科黨組織機關已經準備就緒：在其位於列昂季耶夫巷18號的總部在1919年9月25日遭炸彈襲擊後，它就搬到了大德米特羅夫卡街15a號，那裏在革命前曾經是一個富人俱樂部，有飯店、展廳和音樂廳、檯球室和紙牌室，一度以藝術沙龍出名。在中央書記拉扎．卡岡諾維奇兼任莫斯科黨組織負責人(1930)，並且為了能夠緊挨着(老廣場街4號的)中央機關和斯大林而把老廣場街6號從勞動人民委員部那裏奪來之前，莫斯科黨組織一直留在大德米特羅夫卡街。

50 Balashov and Markhashov, "Staraia ploshchad', 4 (20-e gody)," no. 5: 192.

51 *Bazhanov, Damnation of Stalin*, 38–9.

52 Loginov, *Teni Stalina*, 95. 弗拉西克對妻子瑪麗亞口授了回憶錄；他們的養女娜捷施達把回憶錄交給了格奧爾吉．葉格納塔施維里。葉格納塔施維里的父親亞歷山大曾在弗拉西克手下工作，擔任政治局委員尼古拉．什維爾尼克(Nikolai Shvernik，生於1888年)的衞隊長。

53 政治局一般在星期二和星期四開會；人民委員會是在星期三。

54 Lieven, "Russian Senior Officialdom"; Armstrong, "Tsarist and Soviet Elite Administrators." 監管皇帝地產(被稱為內閣地產，它是俄國最大的土地擁有者)的皇家事務部(Ministry of the Imperial Household)承擔了沙皇秘書處的某些職能。

55 Remnev, *Samoderzhavnoe pravitel'stvo*, 83 (引自未發表的A. N. 庫洛姆津〔A. N. Kulomzin〕回憶錄). 帝國總理府所做的不只是總結；其工作人員還會重寫和修改會議記錄，甚至把爭論的內容去掉，以便流暢地敘述政策出台的過程，好讓沙皇讀起來更容易明白。對於各省的報告，總理府常常「抽出來」，不交給沙皇。帝國總理府各部門的負責人對法律進行最後的修改，而總負責人則監督人事任命並出席幾乎所有特別委員會的會議。Remnev, *Samoderzhavnoe pravitel'stvo*, 68–110; Shepelev, *Chinovny mir Rossii XVIII-nachalo XX v.*, 47–55.

56 亞歷山大三世曾試圖讓自己的官署在某種程度上成為幫他個人監督官員的看門狗，但沒有成功。大臣們指責並阻撓這一改變，結果專制君主對於國家無法獲得操作上的控制權。Lieven, *Russia's Rulers*, 286–7.

57 E. H. 卡爾在其關於革命頭12年的14卷歷史著作中，探討了政治上的偶然性(斯大林的專政)與他眼中的首要結構性因素(俄國的落後)之間的關係。越往後讀，俄國的過去給讀者留下的印象就越深刻，就像它曾經給許多布爾什維克革命者留下的印象一樣。但是在1978年出版的最後一卷，卡爾重新作了考慮——他寫道，強調沙皇制度「儘管沒錯，但我現在看來，似乎有點過頭了」。Carr, *Foundations of a Planned Economy*, III/iii: viii.

58 Ilin-Zhenevskii, "Nakanune oktiabria," 15–6; Rabinowitch, *Bolsheviks Come to Power*, 57–9.

59 Balashov and Markhashov, "Staraia ploshchad', 4 (20-e gody)," no. 5: 191–2.

60 *PSS*, XLV: 123. 正如1919年第八次黨的代表大會所強調的，全體黨員都必須嚴格服從黨的紀律，「黨的工作人員的全部分配工作由黨中央委員會掌握……它的決議大家都必須執行……責成中央委員會最堅決地反對這些問題上的各種地方主義和分立主義」。責成中央委員會「有步驟地把黨的工作人員從一個工作部門調到另一個工作部門，從一個地區調到另一個地區，以便最有效地使用他們」。(譯註：《蘇聯共產黨代表大會、代表會議和中央全會決議彙編》〔第一分冊〕，第568頁。) *VIII s"ezd RKP (b)* [1959], 426–8; *Kommunisticheskaia partiia Sovetskogo Soiuza*, I: 444.

61 從1922年夏天開始直到1923年秋，191名地方黨組織的書記中有97人是選舉產生的；其餘的是由莫斯科「推薦」或直接任命的。Tsakunov, *V labirinte*, 93 (引自RGASPI, f. 17, op. 68, d. 484, l.170–85); Rigby, "Early Provincial Cliques," 15–19.

62 「中央委員會，」1922年的一則政策聲明宣佈，「把持續關注地方黨組織的內部事務視為分內之事，並要想盡一切辦法消除地方黨組織中被稱作『爭吵』的那些矛盾和糾紛。」*Izvestiia TsK*, March 1922: at 13. 例如，1920年4月，烏克蘭共產黨中央委員會的全體成員都被調往俄羅斯。Ravich-Cherkasskii, *Istoriia kommunisticheskoi partii*, appendix 12. 另見Service, *Bolshevik Party in Revolution*.

63 RGASPI, f. 17, op. 84, d. 147, l. 150; *Spravochnik partiinogo rabotnika*, vyp. 3: 108, 118. 關於彼得格勒在季諾維也夫主政期間集權化的過程，參見McAuley, *Bread and Justice*, 145.

64 Daniels, "The Secretariat"; Moore, *Soviet Politics*, 290. 在1921年秋天的清黨之後——那是三年中的第三次，針對的目標是野心家和「偽裝的」階級敵人，結果在65.9萬名黨員中有近四分之一被開除(許多是主動退黨的)——1922年又對剩下的50萬共產黨員進行重新登記；這是黨內的「人口普查」，在此過程中，中央機關收集了幾乎所有黨員和候補黨員的調查表。*Spravochnik partiinogo rabotnika*, vyp. 3, 128–30; Service, *Bolshevik Party in Revolution*, 164; Gimpel'son, *NEP*, 329 (引自RGASPI, f. 17, op. 34, d. 1, l. 19); *Izvestiia TsK RKP (b)*, March 5, 1921. 1921年，黨的許多委員會邀請黨外群眾發表他們對黨員個人的意見。在莫斯科衛戍區的一支部隊裏，400名黨外士兵把36名黨員從會上轟走並自行決定誰應該受到清洗，這一結果後來被宣佈為無效。*Izvestiia MK RKP (b)*, 1922, no. 1: 6. 到1922年春天第十一次代表大會召開的時候，中央機關顯然沒能把所有黨員都編入索引。*Pravda*, September 10, 1921; *Protokoly XI*, 52; Leonard Schapiro, *Origin of the Communist Autocracy ,1977*, 337–8.; Gimpel'son, *NEP*, 329 (引自RGASPI, f. 17, op. 34, d. 1, l. 19); *Izvestiia TsK RKP (b)*, March 5, 1921.

65 莫洛托夫在黨的第十一次代表大會(1922)上說過，派到薩馬拉省的三人委員會發現那裏「完全缺乏紀律性」，黨員人數從13,000人減少到4,500人(此說忽略了大饑荒肆虐的事實)，使得莫斯科不得不重新任命人員，替換整個薩馬拉省的領導層。*XI s"ezd RKP (b)*, 57–8; *Izvestiia TsK*, March 1922: at 35. 當時的許多秘密傳單——包括一份日期為1922年11月30日的秘密傳單——都提到，在工作人員中間存在的「極為普遍的受賄現象」正在給「工人國家的機關帶來墮落和毀滅」的危險，並呼籲每個地區都安排一個人或委員會，負責同這種禍害作鬥爭。受賄的原因被歸結為「普遍缺乏文化和國家在經濟上的落後」。RGASPI, f. 17, op. 11, d. 100, l. 234; op. 84, d. 291 a , l. 282.

810

66 *Izvestiia TsK*, no. 42, June 1922, no. 43, July 1922, no. 9 (45), September 1922, no. 11–12.

67 Harris, "Stalin as General Secretary." 部分原因是人員增加太快，部分原因是人員的變動，黨代表大會的代表中只有20%至40%能夠留任到來年的大會。在參加第七次大會的106名有或沒有表決權的代表中，有38%出現在第八次大會上；在參加第八次大會的442名代表中，有23%參加了第九次大會；在第九次大會的593名代表中，有22%參加了第十次大會；在第十次大會的1,135名代表中，只有15%參加了第十一次大會；參加第十二次大會的只有36%。不過，中央委員會中留任的相當多，雖然該機構的人數也增加了(從1918年的23名正式的和候補的委員增加到1922年46人)。Gill, *Origins*, 58, 61.

68 RGASPI, f. 17, op. 112, d. 370, l. 2; Pavliuchenkov, *Rossiia Nepovskaia,* 70 (引自RGASPI, f. 17, op. 11, d. 142, l. 4).

69 Merridale, *Moscow Politics*, 29.

70 *Izvetsiia TsK VKP (b)*, January 1924, no. 1 (59): 64–7, April 1924, no. 4 (62): 41, January 18, 1926, no. 1 (122): 22–4; Balashov and Markhashov, "Staraia ploshchad', 4 (20-e gody)," no. 4: 186; RGASPI, f. 17, op. 68, d. 139, l. 74; Rigby, "Origins of the Nomenklatura System," 241–54; Rigby, "Staffing USSR Incorporated"; Korzhikhina and Figatner, "Sovetskaia nomenklatura."

71 *XII s"ezd RKP (b)*, 704–5; RGASPI, f. 17, op. 69, d. 259, l. 101. 不過，中央委員會機關還採取主動，登記黨外國家官員，挫敗了蘇維埃中央執行委員會對這一職能的覬覦。Pavliuchenkov, *Rossiia Nepovskaia*, 69; Pavliuchenkov, "*Orden mechenostsev*," 227–53. 不久，在聯盟的所有共和國中都要求實行職務名冊制度。Daniels, "The Secretariat," 37–8; Rigby, "Staffing USSR Incorporated," 529–30. 到1924年，名冊被分成兩部分，1號名冊上有3,500個職務，另外1,500個在2號名冊上。1號名冊上的職務必須由政治局提名並得到中央委員會的批准。RGASPI, f, 80, op. 19, d. 1, l. 6–14.

72 *XII s"ezd RKP (b)*, 63.

73 從名義上來說，地方黨委是有一定權威的。1922年11月的一份分發給所有黨組織的中央委員會通告明確規定，地方黨組織無權改變黨的通告中實質性的內容。不過，就像是承認確有其事一樣，通告又強調說，任何打算增添的內容都必須和中央委員會的意見保持一致。通告由莫洛托夫和卡岡諾維奇簽發。Pavlova, *Stalinizm*, 73 (引自 PANO, f.1, op. 2, d. 238, l. 32).

74 Nikolaev, *Chekisty*, article by Velidov with Ksenofontov bio; Parrish, *Soviet Security*, 219–20. 1924年底或1925年初，克謝諾豐托夫下令工人們在後半夜去修理斯大林的辦公室；剛好值夜班的巴拉紹夫沒有接到通知，拒絕讓工人進入斯大林的辦公室。克謝諾豐托夫在電話裏又喊又叫；第二天，巴拉紹夫把情況告訴斯大林，斯大林支持他的做法。克謝諾豐托夫要求辭職；斯大林不想接受，但前者非常堅持。他調到俄羅斯社會主義聯邦蘇維埃共和國的社會福利部。Balashov and Markhashov, "Staraia ploshchad', 4 (20-e gody)," no. 5: 191. 克謝諾豐托夫於1926年3月23日在極度痛苦中死於胃癌，時年42歲。訃告稱他是「契卡的創始人和組織者之一」，儘管他曾被調到中央機關三年。

75 Psurtsev, *Razvitie sviazi v SSSR.* 列寧對這種電話用得很多；例如，他開始實行新經濟政策的指示草案就是通過電話傳達給政治局的。P. I. Makrushenko, "Voploshchenie mechty," *Promyshlenno-ekonomicheskaia gazeta*, April 20, 1958: 3. 因為投入不足，除工作人員之外，使用那種電話的人並不多，但各人民委員部和其他官方機構也建立了自己的電話網絡，因此這些都是封閉的系統（蘇俄官員之所以在辦公桌上擺那麼多電話，原因就在這裏）。Solnick, "Revolution, Reform, and the Soviet Telephone Network," 172–3; Lewis, "Communications Output in the USSR," at 413.

76 鮑里斯·巴扎諾夫聲稱，他有一次撞見斯大林正在偷聽電話，用的是一種特殊的儀器，連在一根通到他寫字檯抽屜裏的電線上。Bazhanov, *Damnation of Stalin*, 39–41. 在巴扎諾夫更早的著作中沒有提到這件事：*Avec Stalin dans le Kremlin.*

77 1920年代，到蘇聯旅行的人們確信所有事情都在被偷聽——「據說在莫斯科，人們要是通過電話說話，那他們也許就是在直接與格伯烏通話」——但當時全世界的所有電話當然都要通過電話交換機的接線員。Lawton, *The Russian Revolution*, 282. 另見Hullinger, *Reforging of Russia*, 114.

78 在斯大林的接待室和辦公室之間有個小房間，裏面有一台電話交換機。1925年中期，那裏始終有兩名女電話接線員輪班工作，後來接替她們的是男警衛，而且人數翻了一倍。當時老廣場街的固定電話數量從250部左右迅速增加到500部。Balashov and Markhashov, "Staraia ploshchad', 4 (20-e gody)," no. 5: 192.

79 *Izvestiia TsK RKP (b)*, September 18, 1920; Pavlova, *Stalinizm*, 46–7 (引自RGASPI, f. 17, op. 84, d. 171, l. 2); G. A. Kurnenkov, "Organizatsiia zashchity informatsii v strulturakh RKP (b)—VKP (b), 1918–1941 gg.: avtorefat kandidatskoi dissertatsii," RGGU, 2010; Anin, *Radioelektronnyi shpionazh*, 24–32. 博基從1921年1月到1937年年中一直負責密碼部門。

80 博基的別墅村社位於莫斯科東面的庫奇諾村，對會員的收費是他們每月薪水的10%。「喝酒的時候通常會伴以放蕩的流氓行為和互相羞辱：醉酒的人在自己的私處刷上顏料和芥子醬，」蘇俄對外情報人員葉夫多基婭·卡爾采娃（Yevdokia Kartseva）回憶說，「那些被逼着喝酒的人就像死人一樣被埋起來……這一切都是用神父的行頭來做的，而這身行頭是從索洛維茨基修道院勞改營搞來的（博基為建立那座勞改營出過力）。通常有兩三個人穿着法衣醉醺醺地做着禮拜儀式。他們喝的是以技術需要為藉口從化學實驗室弄來的實驗酒精。」http://www.solovki.ca/camp_20/butcher_bokii.php; Shambarov, *Gosudarstvo i revoliutsiia*, 592.

81 Rosenfeldt, *The "Special" World*, I：141–4.

82 *XII s"ezd RKP (b):* 70, 71, 74.

83 Pavlova, *Stalinizm*, 90 (引自PANO, f. 5, op. 6, d. 142, l. 11).

84 Pavlova, "Mekhanizm politicheskoi vlasti," 63. 據1919年11月8日的政治局會議記錄，斯大林反映說：「某些涉及中央委員會會議的情報——雖然其中有錯誤，不知怎麼回事，竟然到了我們的敵人那裏。」他建議設立一道手續，「只允許少數同志查看會議記錄」。這就形成了一套規定，說明甚麼人可以收到政治局的會議摘要，而那些會議摘要是用來作為指示或命令的。RGASPI, f. 17, op. 3, d. 37; *Archives of the Soviet Communist Party and Soviet State: Catalog of Finding Aids and Documents* (Hoover Institution Archives, 1995). 1923年6月14日，政治局決定對主要的報告和有關重大議項的總結發言做速記記錄，以便給那些沒有參會的同志提供教益。*Adibekov, Politbiuro TsK RKP (b)–VKP (b): povestki dnia zasedanii*, I: 223. 不過，速記記錄做得很少，原因顯然在於這樣的工作需要大量的人力：會議往往很長，而記錄下來的發言必須發給各人進行修改並得到他們的認可。結果打印出來的「紅皮書」——這麼說是因為封面是粉色的——可能會同原來手工記錄的口頭講話存在很大的差異。1923年12月8日，政治局做出決定，在其會議記錄中「除了政治局的決定，不記錄任何別的東西」。*Istochnik*, 1993, no. 5–6: 88–95 (at 91).

811

85 Dmitrievskii, *Sovetskie portrety*, 108–9. 德米特里耶夫斯基是蘇聯駐瑞典大使館的僱員，1930年叛逃。

86 "'Menia vstretil chelovek srednego rosta . . .'."

87 Kerzhentsev, *Printsipy organizatsii*. 克爾任采夫也是一名劇作家和大眾戲劇的支持者。1923至1925年，他在工農檢查院工作，寫過幾本關於對工作進行科學管理(泰勒制)、時間管理以及如何召開會議的小冊子：*Nauchnaia organizatsiia truda (NOT) i zadacha partii* (St. Petersburg, 1923); *Bor'ba za vremia* (Moscow, 1923); *Organizui samogo sebia* (Moscow, 1923); *Kak vesti sobaranie*, 5th ed. (Moscow, 1923).

88 莫斯科的某個布爾什維克說，政變成功之後，「有些同志不太適應地下狀態終於結束了這一想法」。實際上，要想在一個充滿敵意的國家和充滿敵意的世界保住政權，化名和密碼電報似乎仍然是必要的。Smidovich, "Vykhod iz podpol'ia v Moskve," 177. 斯米多維奇當時是莫斯科軍事革命委員會的主席。

89 1922年，列寧堅持要求把中央委員會三個書記的上班時間公之於眾——後來公佈在《真理報》上——並要準確地說明，書記處何時會開放並接待官員、工人、農民，或者是誰會到場。這就是斯大林辦公室日誌的起源(它起初不是為他在克里姆林宮的辦公室，而是為他在沃茲德維任卡街以及後來老廣場街的辦公室準備的)。後來，斯大林取消了這種開放的辦公時間，只在自己召見別人時才接待官員和其他人。

90 Pipes, *Unknown Lenin*, 74.

91 1918年，茲納緬卡街被更名為紅旗大街，但在口頭語言中仍沿用原來的名字。茲納緬卡街23號在1926年重新編號時改成了19號。

92 RGASPI, f. 17, op. 11, d. 186, l. 129, 108; d. 171, l. 232, 167; op. 112, d. 474, l. 11; op 11, d. 171, l. 198; op 68, d. 49, l. 116.

93 1921年8月5日，托洛茨基命令紅軍政治部在內戰勝利後要繼續加強自身的工作。他視察了霍德因斯克軍營和一所培養年輕指揮官的學校。他要求出版更好的報紙，並組織集體閱讀：「在36師的紅軍戰士中有許多烏克蘭人。他們中不少人在很長時間裏都是波蘭資產階級的戰俘。他們在囚禁期間受到過虐待。當提到囚禁的話題時，以前的戰俘們就活躍起來。報紙有必要花上幾天來討論這個問題。」他建議找個記者，引述他們的話並選出比較好的故事。他警告他們不要忘了制服和靴子，也不要忘了槍，要注意他們的需要，不要讓他們淹沒在八股套話和陳詞濫調中。托洛茨基要求確保服役宣誓受到認真對待，而不是走過場。托洛茨基還表示他是按照列寧的教導行事。他在1921年11月23日討論正在進行的時候向列寧要過他在軍事理論方面的著作 (l. 173)。前一天，托洛茨基讓人給自己找來其他國家在世界大戰後的新軍事條例——「尤其是法國的」(l. 182)。他想要寫兩本以實際情況為根據的大眾書籍，一本關於波蘭，一本關於羅馬尼亞，用於紅軍士兵的培訓和宣傳，而且這兩本書必須寫得通俗易懂。他下令把《軍事科學與革命》雜誌更名為《戰爭與革命》。RGVA, f. 33 987, op. 1, d. 448, l.84–6, Hoover Institution Archives, Volkogonv papers, container 17.

94 *XII s"ezd RKP (b)*, 59.

95 Shanin, *Awkward Class*, 190–2.

96 Zibert, "O bol'shevistskom vospitanii."

97 Shpilrein, *Iazyk krasnoarmeitsa*. 由於政治原因，政權就同過去的沙皇政權一樣——儘管出於不同的政治觀點——不信任應該教育農民的農村教師。Pethybridge, *One Step Backwards*, 79.

98 Von Hagen, *Soldiers in the Proletarian Dictatorship*, 271–9, 288.

99 「目前，」某特別委員會在1924年1月指出，「紅軍還不是一支有組織、訓練有素、接受過政治教育並可以從動員起來的資源中獲得補給的力量。按照目前的狀況，紅軍還沒有做好戰鬥的準備。」Berkhin, *Voennaia reforma*, 60.

100 Von Hagen, *Soldiers in the Proletarian Dictatorship*, 183.

101 Berkhin, *Voennaia reforma*, 60.

102 Harrison, *Marooned in Moscow*, 227; Leggett, *The Cheka*, 34, 165.

103 關於斯大林早期對秘密警察的「強烈興趣」，參見Gerson, *The Secret Police*, 28.

104 關於它的人員配備，目前還有點令人費解，部分原因在於對人員進行統計的方式。早期的時候，契卡很少做記錄——「所有事情都是按照作戰模式匆忙完成的，只有在可能的時候他們才會把事情寫下來」，有歷史回憶錄講到。Latsis, *Otcheta VChK za chetyre goda ee deiatel'nosti (20 dekabria 1917 g—20 dekabria 1921 g.* [內部使用], 13, 轉引自V. K. Vinogradov, "Istoriia formirovaniia arkhiva VChK," 見於Vinogradov, *Arkhiv VChK*, 5–50 (at 5).

105 Vinogradov, *Genrikh Iagoda*, 295–305 (TsA FSB, f. 2, op. 1, d. 138, l. 176–9). 很快就有許多備忘錄要求取消繁文縟節和開支。「我們需要消除文件亂飛的現象，需要削減人員」，捷爾任斯基給自己的一名副手寫道（1921年7月4日）。V. K. Vinogradov, "Istoriia formirovaniia arkhiva VChK," 見於Vinogradov, *Arkhiv VChK*, 9, 引自TsA FSB, f. 66, op. 1, d. 55, l. 108–108ob. 在聯邦安全局檔案館裏有三百多卷關於喀琅施塔得的檔案文件，這些是從許多機構和出版物中，包括從契卡內部搜來的：*Kronstadtskaia tragediia*, I: 30.

106 Leonov, *Rozhdenii sovetskoi imperii*, 298–300; *Baiguzin, Gosudarstvennaia bezopasnost' Rossii*, 436.

107 *Pravda*, February 22, 1919 (弗拉基米爾契卡); *Sotsialistickesii vestnik*, September 21, 1922 (斯塔夫羅波爾契卡).

108 流亡的馬克西姆·高爾基寫得很生動：契卡人員「追逐權力的時候像狐狸，使用權力的時候像狼，到被逮住的時候，就像狗一樣死去」。Gorky, *Untimely Thoughts*, 211.

109 也是在1920年，斯大林取代布哈林成為政治局在契卡會務委員會的代表。Leggett, *The Cheka*, 132–45, 159, 165. 直到1918年11月，按照尼古拉·克雷連柯的看法，契卡都是在沒有任何法律法規的情況下存在的，更不用説監督了。Krylenko, *Sudoustroitstvo RSFSR*, 97.

110 Rayfield, *Stalin and His Hangmen*, 67–8.

111 Popoff, *The Tcheka*; Dmitrievskii, *Sud'ba Rossii*, 214. 沙皇時代的警察大多被契卡拒之門外，而他們中間也很少有人想要加入契卡。在契卡工作的有三位有名的保安處特工：一個是製作內部通行證的，一個是在巴黎幫助招募特工的，還有一個是舊政權頂尖的密碼專家伊萬·A. 齊賓(Ivan A. Zybin)，從前沙皇密碼部門的負責人。Soboleva, *Istoriia shifroval'nogo dela*, 417–9. 與之形成鮮明對照的是，在布爾什維克政權的國家監察委員會，90%的成員都是原沙皇檢察部門的工作人員。Remington, "Institution Building in Bolshevik Russia." 為最高領導層準備的有關格伯烏活動的1923至1924年度總結報告指出，在吸收沙皇時代留下的外國特工人員方面取得了一些成功。*Istochnik*, 1995, no. 4: 72–80. 1925年，奧格伯烏把保安處中央機關的中央檔案館搬到了莫斯科(在巴黎的國外檔案據説是丟了，但實際上它們是被偷走並存放在斯坦福大學胡佛研究所)。奧格伯烏很快就公佈了一份在保安處秘密特工或線人卡片索引中的名單，累計差不多有1萬人。*Spisok sekretnykh sotrudnikov, osvedomiteli, vspomogatel'nykh agentov byv. Okhrannykh otdelenii i zhandarmskykh upravlenii*, 2 vols. (Moscow, 1926–9). 812

112 Leggett, *The Cheka*, 190. Latsis, *Chrezvychainye komissii*, 11.

113 Kapchinskii, *Gosbezopasnosti iznutri*, 256–7.

114 當有人大聲質問説雖然有證據可以證明自己的清白卻還是被關進過監獄時，加米涅夫承諾説「〔莫斯科〕蘇維埃會處理這種不公正的事情」，結果引起一片噓聲。Pirani, *Russian Revolution in Retreat*, 39 (引自TsGAMAO, f. 180, op. 1, d. 236, l. 9, 11, 21, 28, 46–7).

115 「加米涅夫同志：我比較傾向於您的意見(和捷爾任斯基的意見相比)。」列寧寫道(1921年11月29日)。「我勸您不要讓步，要把問題提到政治局去。」*PSS*, LIV: 39 (譯註：《列寧全集》第52卷，第73頁).

116 由捷爾任斯基、加米涅夫和司法人民委員(1918–1928)兼總檢察長德米特里·庫爾斯基(Dmitry Kursky)組成的另外一個特別委員會(成立於1921年12月1日)卻陷入了僵局。捷爾任斯基一面做庫爾斯基的工作，建議在逮捕、搜查和拘留方面開始採用更明晰的程序，一面指示自己的新任第一副手約瑟夫·溫什利赫特在不引起列寧反感的情況下，設法得到契卡想要得到的東西。Plekhanov and Plekhanov, *F. E. Dzerzhinskii*, 339–40; D. B. Pavlov, *Bol'shevistskaia diktatura*, 54–5, 引自RGASPI, f. 5, op. 1, d. 2558, l. 50; Zhordaniia, *Bol'shevizm*, 71. 庫爾斯基(生於1874年)

後來成了蘇聯駐意大利的使節(1928–1932)並於1932年12月自殺。Voloshin, "Dmitrii Ivanovich Kurskii"; "Dmitrii Ivanovich Kurskii: k 100-letiiu so dnia rozhdeniia," *Sotsialisticheskaia zakonnost'*, 1974, no. 11: 48–9.

117 為了完成轉變，當時又成立了一個委員會，成員有斯大林、加米涅夫和庫爾斯基，但這次為捷爾任斯基殿後的還是溫什利赫特。Plekhanov, *VChK-OGPU*, 108–11. 為了避免敗壞格伯烏的名聲，捷爾任斯基當然希望更大程度地依法行事。參見他在1923年4月2日給曾經做過溫什利赫特秘書的安德烈耶娃(Andreeva)的信。他在信中認為，在沒有起訴的情況下，嫌疑人關押的時間不應超過兩週：RGASPI f. 76, op. 3, d. 49, l. 117. 政治局下達的撤銷契卡的命令說，新機構應當「將重點放在檢舉工作和國內情報〔搜集工作〕的制度化，以及說明各領域所有反革命和反蘇維埃行為方面」。該指示確切的措辭出自1921年年底由政治局成立的針對社會革命黨人和孟什維克黨人的委員會。D. B. Pavlov, *Bol'shevistskaia diktatura*, 53 (引自APRF, f. 3, op. 59, d. 16, l.1–2, 4).

118 *Vysylka vmesto rasstrela*, 11. 早在1921年初，就有兩千多名孟什維克黨人被關押在蘇維埃監獄和勞改營。Plekhanov, *VChK-OGPU*, 400 (TsA FSB, f. 1, op. 6, d. 138, l. 100). 南高加索地區的契卡在1926年改成了格伯烏。令人困惑的是，契卡中央機關在梯弗里斯設立的全權代表辦事處在1922年就改為格伯烏的全權代表辦事處，而且南高加索契卡的負責人也是南高加索格伯烏的全權代表。Waxmonsky, "Police and Politics in Soviet Society," 126; *Organy VChK-GPU-OGPU na Severnom Kabkaze i v Zakavkaz'e, 1918–1934 gg.* https://www.kavkaz-uzel.ru/system/attachments/0000/3107/%D0%9E%D1%80%D0%B3%D0%B0%D0%BD%D1%8B_%D0%92%D0%A7%D0%9A-%D0%93%D0%9F%D0%A3-%D0%9E%D0%93%D0%9F%D0%A3_%D0%BD%D0%B0_%D0%A1%D0%B5%D0%B2%D0%B5%D1%80%D0%BD%D0%BE%D0%BC_%D0%9A%D0%B0%D0%B2%D0%BA%D0%B0%D0%B7%D0%B5_%D0%B8_%D0%B2_%D0%97%D0%B0%D0%BA%D0%B0%D0%B2%D0%BA%D0%B0%D0%B7%D1%8C%D0%B5__1918-1934_%D0%B3%D0%B3._.pdf.

119 *PSS*, XLIV: 396–400 (*pis'mo* D. I. Kurskomu). 另見Pavliuchenkov, "*Orden mechenostsev*,"131 (引自RGASPI, f. 5, op. 2, d. 50, l. 64). 斯大林讓人把列寧的信發表在1937年1月15日的《布爾什維克》上。政治局早在1921年12月28日就同意了捷爾任斯基的建議，準備安排對社會革命黨人的公審，雖然捏造這起案子還需要時間。Tsvigun, *V. I. Lenin i VChK* [1987], 518.

120 Argenbright, "Marking NEP's Slippery Path"; Hiroaki Kuromiya, *Freedom and Terror*, 143. 在承認私人貿易合法化之後沒過幾個星期，1921年4月，伊瓦爾．T. 斯米爾加就建議對石油工業領域的幾名工程師進行公審。1921至1922年冬天，列寧催促司法人民委員部準備對一些經濟管理人員進行作秀公審。RGASPI, f. 17, op. 3, d. 155, 1. 4; Rees, *State Control in Soviet Russia*, 35.

121 Volkogonov, *Lenin: Life and Legacy*, 359.

122 Pethybridge, *One Step Backwards*, 206.

123 高爾基曾經寫信給李可夫(1922年7月1日)，説「如果對社會革命黨人的審判以謀殺而告終——它將是一場預先策劃好的謀殺，一場罪惡的謀殺！我請您向列昂·托洛茨基等人轉達我的看法」，他在這裏提到的不只是政治上的權宜之計，還有原則問題。他譴責這種「對我們這個無知無識的國家中知識分子力量的無意義的、罪惡的謀殺」。他提到托洛茨基而沒有提到斯大林，這一點意味深長。*Shpion*, 1993, no. 1: 36 (RTSKHIDK, f. 7, op. 2, d. 2600, l. 11). 還是在1919年，列寧在寫信回應高爾基提出的批評時提到，「那些自詡為民族的大腦的知識分子、資本的奴僕……而那些人實際上並不是甚麼大腦，而是……」(譯註：《列寧全集》第49卷，第89頁) Koenker, *Revelations*, 229–30 (RGASPI, f. 2, op. 1, d. 11164, l.1–6: Lenin letter, September 15, 1919).

124 *Vinogradov, Pravoeserovskii politicheskii protsess*; Jansen, *Show Trial*; Morozov, *Sudebnyi protsess sotsialistov-revoliutsionerov*; Shub, "The Trial of the SRs."

125 死刑判決要到1924年1月才得到正式減刑。托洛茨基把加米涅夫的建議説成是自己的功勞：*Moia zhizn'*, II: 211–2. 1922年3月1日，格伯烏的明仁斯基下令説，「所有線人要集中力量防止社會革命黨的小集團統一起來」，要「打碎他們為統一所做的努力」。*Sbornik tsirkuliarnykh pisem VChK-OGPU*, III/i: 301. 格伯烏聘請了研究社會主義政黨的專家擔任顧問，那些人為公開的誹謗活動出謀劃策。這樣的工作是由龐大的秘密行動部領導的，格伯烏的十個部足足有六個都參與了對社會主義者以及無政府主義者的鎮壓。

126 *Sbornik zakonodatel'nykh i normativnykh aktov o repressiiakh*, 12.

127 Gerson, *The Secret Police*, 222. 1922年12月，在莫斯科大劇院紀念蘇俄秘密警察成立五週年的大會上，季諾維也夫説國外無產者在聽到「VChK」——全俄契卡——這幾個字母時「非常羨慕」，而資產階級「在聽到這三個可畏的字母時就發抖」(編註：「Ch」對應俄語字母「ч」，所以「VChK」是三個字母)。人們大笑。*Pravda*, December 19, 1922: 3.

128 據説碼頭上的格伯烏押送人員時曾脱帽致敬。Chamberlain, *Lenin's Private War*, 139 (引自Vera Ugrimova, 204). 具有諷刺意味的是，那些被驅逐出境的人，許多都比驅逐他們的人壽命長。 813

129 Robson, *Solovki*; Ascher, "The Solovki Prisoners"; Beliakov, *Lagernaia sistema*, 385–91. 當時一共有三個特別勞改營：阿爾漢格爾斯克、霍爾莫戈爾斯基和佩爾托明斯基。

130 捷爾任斯基建議説「應該為每個知識分子都開設一個卷宗」——因為他們天生有罪。但為了監視，他把知識分子大致分為：「(1)小説家，(2)時評家和政治家，(3)經濟學家〔這裏我們要細分成更小的集團：金融、燃料、運輸、貿易、合作社等方面的專家〕，(4)技術人員〔這裏也要細分成子集團：工程師、農學家、醫生、總參謀部的人員等等〕，(5)教授和教師等等。」他還説：「所有集團和子集團都應由合格的同志從各方面加以教育，應當由我們的部門把那些集團分配到合格的同志中間。要多方面核實信息，那樣我們的結論才能正確無誤、不可推翻，而到目前為止，由於教育上的草率和片面，情況還不是這樣。」Platova, *Zhizn' studenchestva Rossii*, 134. 作為格伯烏第一副主席，溫什利赫特所採取的最後的行動之一，就是寫信給黨的書記處（1923年3月17日），認為需要「增強與我們為敵的政黨隊伍中的分裂和分歧趨勢」——這是指非布爾什維克的社會主義者。D. B. Pavlov, *Bol'shevistskaia diktatura*, 3（引自APRF, f. 3, op. 59, d. 14, l. 38）. 關於溫什利赫特，另見Weiner, "Dzerzhinskii and the Gerd Case."

131 Izmozik, *Glaza*, 115 (RGASPI, f. 76, op. 3, d. 306, l. 156).

132 S. A. Krasil'nikov, "Politbiuro, GPU, in intelligentsia v 1922–1923 gg.," 載於 *Intelligentsiia, obshchestvo, vlast'*, 53. 黨也成立了一個「情報部」，並且從1924年起（作為與托洛茨基鬥爭的一部分）就不斷得到加強，但它搜集的情報不僅是有關黨的基層組織的，也有關於工人、農民、工業、農業、各民族和各地區的。*KPSS v rezoliutsiiakh* [1984], III: 159. 事實上，從紅軍到共青團，幾乎所有的組織都在搞監視和編寫情緒報告。

133 臨時政府保留了編寫陸、海軍情緒報告的做法，彼得格勒的布爾什維克為跟蹤瞭解士兵和工人的情緒，沿用了這一做法。實際上，政變後沒幾天，彼得格勒的布爾什維克就給各地區黨小組發了一張調查表，調查群眾對「奪權」的態度。Izmozik, *Glaza*, 50; 在第一次世界大戰期間，英國和德國除了書報檢查和宣傳，還對郵件進行檢查。到1918年的時候，英國使用的書報檢查人員按照人均比例來說同1920年代的蘇聯是一樣的。Holquist, "'Information is the Alpha and Omega,'" 422, 440. 英國人也試圖不僅記錄而且塑造前線的情緒。Englander, "Military Intelligence." 法國和德國軍隊也沒甚麼不同。Becker, *The Great War*, 217–9.

134 RGASPI, f. 17, op. 84, d. 176, 196; Sakharov, *Politicheskoe zaveshchanie*, 131, 142–3.

135 大樓編號也是5/21。外交人民委員部前面的廣場後來更名為瓦茨拉夫・沃羅夫斯基（Wacław Worowski）廣場，沃羅夫斯基是一位通曉多種語言的文學批評家和蘇維埃外交官，1923年5月在瑞士被一名和弗蘭格爾男爵的白軍一起從克里米亞撤走的反蘇流亡分子暗殺。瑞士的法庭判暗殺者無罪，認為兇手報復蘇維埃政權暴行的行為是合法的。Chistiakov, *Ubit' za Rossiiu!*. 基輔市中心的主幹道赫雷夏蒂克街在1923至1937年也改名為沃羅夫斯基大街。

136 Liadov, *Istoriia Rossiiskogo protokola*, appendix document 2.

137 Besedovskii, *Revelations of a Soviet Diplomat*, 78–9.

138 Magerovsky, "The People's Commissariat," I: 246–53. 一份蘇聯的原始材料給出的數據是，從1924年1月開始，工作人員總數為1,066：*Desiat' let sovetskoi diplomatii.*

139 Uldricks, *Diplomacy and Ideology*, 97–115.

140 俄國人之外的共產國際代表——行話稱「工人階級的優秀代表」——私下裏被說成是「俄國黨的最好的朋友」。Jacobson, *When the Soviet Union Entered*, 39（引自Kuusinen to Herbert Droz, February 5, 1923: archives de Jules Humbert Droz, I: 143).

141 Von Mayenburg, *Hotel Lux* [1978]. 魯特・馮・邁恩伯格男爵夫人（Baronness Ruth von Mayenburg）為蘇俄軍事情報機關工作。另見Vaksberg, *Hôtel Lux*; Von Mayenburg, *Hotel Lux* [1991]）. 1933年，這棟原本四層的飯店擴建為六層，房間增加到300個，住滿了來自共產主義已被取締的那些國家的官員和避難者。（原來的特維爾大街36號改成了高爾基大街10號。）

142 蘇俄人要進入柳克斯飯店必須留下身份證並填寫兩張調查表，而且午夜之前必須全部離開。Kennel, "The New Innocents Abroad," 15.

143 Kuusinen, *Rings of Destiny*, 44. 除了庫西寧，共產國際的高級工作人員還包括人稱「皮亞特尼茨基〔Pyatnitsky〕」的奧西普·塔爾希斯（Osip Tarshis，生於1882年），立陶宛猶太人，曾經做過木匠；最後還有德米特里·馬努伊爾斯基（Dmytro Manuilsky，生於1883年），烏克蘭農村正教神父的兒子，烏克蘭共產黨第一書記，效忠於斯大林。

144 參見Heimo and Tivel, *10 let Kominterna*.（貝格的故居在1924年2月成了恢復外交關係後的意大利大使館。）共產國際的圖書檔案當時存放在地下室——開會也在那裏，在那個被稱為俱樂部的房間。「一連幾小時坐在窄凳上可不是鬧着玩的，尤其是在上了八小時班之後，大家都很疲勞，」庫西寧的妻子阿爾沃（Arvo）指出，「不懂俄語的外國人尤其難受，結果就會忍不住打哈欠。但是沒有人敢提出抗議，甚至不敢提從來都看不到執委會的人開會這件事。」Kuusinen, *Rings of Destiny*, 55. 圖書館由芬蘭人阿蘭·瓦勒紐斯（Allan Wallenius）負責，他在紐約公共圖書館學過圖書管理；管檔案的是鮑里斯·賴因施泰因（Boris Reinstein）。

145 Krivitsky, *In Stalin's Secret Service*, 47.

146 Kuusinen, *Rings of Destiny*, 39,41, 59–60. 除了皮亞特尼茨基，邁耶·特里利謝爾（Meyer Trilliser）在調到對外情報部門之前也在國際關係部工作。

147 "Posledniaia sluzhebnaia zapiska Chicherina," *Istochnik*, 1995, no. 6: 108–10; Kennan, *Russia and the West*, 177.

148 Adibekov and Shirinia, *Politbiuro TsK RKP(b)—VKP(b) i Komintern*, 76 (RGASPI, f. 17, op. 3 d. 164, l. 2). 可以證明使館人員違反禁令從事非法活動的是，政治局在兩年後做出規定，除非是得到（契切林的）明確允許，否則禁止蘇聯外交人員傳播革命材料。RGASPI, f. 2, op. 1, d. 24 539; f. 17, op. 3, d. 158, l. 2 and d. 173, l. 2; Drachkovitch and Lazitch, *Lenin and the Comintern*, 534. 共產國際真的從外交人民委員部那裏接管了為外國共產黨提供經費的工作，並開始培養出它自己的一批獨立的國際信使，這讓季諾維也夫十分高興。Adibekov and Shirinia, *Politbiuro TsK RKP(b)—VKP(b) i Komintern*, 25–6; Carr, *Bolshevik Revolution*, III: 67.

149 「在莫斯科看來，」凱南繼續說道，「共產黨之外的政治家是不可能有意去做好事的。」Kennan, *Russia and the West*, 181–5.

150 Carr, *Bolshevik Revolution*, III: 67–8; Jacobson, *When the Soviet Union Entered*. 814

151 Stalin in *Pravda*, December 18, 1921, 見於*Sochineniia*, V: 118–20.

152 蘇俄人在談判時明白，對他們想吸引的資本主義國家而言，他們的採購將令其經濟和重要選民受惠。Kennan, *Russia and the West*, 189–95.

153 *Pravda*, October 29, 1921.

154 Orde, *British Policy*; Maier, *Recasting Bourgeois Europe*. 關於蘇俄參會的情況，參見：*Genuezskaia konferentsiia: Materialy i dokumenty* (Moscow: NKID, 1922); Ioffe, *Genuezskaia Konferentsiia*; Liubimov and Erlikh, *Genuezskaia konferentsiia*.

155 Degras, *Soviet Documents on Foreign Policy*, I: 270–2, 287–8. 當俄國單方面宣佈在熱那亞會議上可以代表全部六個蘇維埃社會主義共和國時，烏克蘭的幾位領導人勃然大怒（新的聯盟條約要到那年的晚些時候才簽署）。

156 APRF, f. 3, op. 22, d. 306, l. 8–9, Volkogonov papers, Hoover Institution Archives, container 23: Cheka note to Molotov, January 23, 1922. 布爾什維克的高層人物一個都沒去。契卡的報告提到的另外一個暗殺對象是格奧爾吉·契切林，他將率領蘇俄代表團，代表團中還包括馬克西姆·李維諾夫、阿道夫·越飛、克里斯季安·拉柯夫斯基、列昂尼德·克拉辛、瓦茨拉夫·沃羅夫斯基、揚·魯祖塔克（當時32歲）以及亞歷山大·別克扎江（Alexander Beksadyan，亞美尼亞外交人民委員）。

157 Lenin, "V. M. Molotovu dlia chlenov politbiuro TsK RKP (b)," *PSS*, LIV: 136–7.

158 列寧以他一貫的方式接着說道：「當然，即使是在秘密文件中都不要提這些。」Pipes, *Unknown Lenin*, 144–5. 契切林還接到列寧的嚴格指示，讓他不要提到新的帝國主義戰爭不可避免和推翻資本主義等等。Carr and Davies, *Foundations of a Planned Economy*, III: 120.

159 White, *Origins of Détente*; Fink, *The Genoa Conference*.

160 在英國，寇松勳爵和溫斯頓·丘吉爾堅定地反對布爾什維克，他們抵制勞合—喬治的倡議，但列寧認為勞合—喬治才是英帝國主義的先鋒。*DBFP*, VIII: 280–306. 另見O'Connor, *Engineer of Revolution*; 以及Khromov, *Leonid Krasin*, 64–82.

161 關於熱那亞會議，參見Ernest Hemingway, "Russian Girls at Genoa," *Toronto Daily Star*, April 13, 1922, 轉載於*Hemingway By-Line: 75 Articles and Dispacthes of Four Decades* (London: Penguin, 1968), 46–7. 另見Eastman, *Love and Revolution*, 285–90; Degras, *Soviet Documents on Foreign Policy*, I: 298–301 (契切林的演講). 蘇德雙邊談判實際上是從遣返俄國戰俘問題着手的。Williams, "Russian War Prisoners"; Shapiro, *Soviet Treaty Series*, I: 40–1. 監督戰俘遣返工作的古斯塔夫·希利格爾（Gustav Hilger）在俄國和德國的學校都接受過教育，1919年24歲時作為機器製造工程師返回蘇俄：Hilger and Meyer, *Incompatible Allies*, 25. 被遣返回國的遠遠不是全部戰俘；到1921年的時候，僑居歐洲的人數在50萬左右。

162 Peter Krüger, "A Rainy Day, April 16, 1922: the Rapallo Treaty and the Cloudy Perspective for German Foreign Policy," 載於Fink, *Genoa, Rapallo, and European Reconstruction*, 49–64.

163 Kennan, *Russia and the West*, 198–21; Fink, *Genoa Conference*. 另見White, *Origins of Détente*.

164 *Dokumenty vneshnei politiki*, V: 226 (李維諾夫).

165 *Izvestiia*, May 10, 1922; *Sbornik deistvuiushchikh dogovorv soglashenii*, III: 36–8. 列寧還要求務必通過談判單獨與意大利簽訂條約，以便在列強中製造不和，但是在那個條約簽訂之後（1922年5月），他卻沒有批准。

166 1920年12月6日，列寧對莫斯科黨組織積極分子說：「德國本身是個帝國主義國家，然而是一個被征服了的國家，所以它必然要尋找同盟者來反對全世界的帝國主義。這就是我們應當加以利用的一個情況。」"Doklad o kontsessiiakh," *PSS*, 55–78 (at 68) (譯註：《列寧全集》第40卷，第71頁).

167 Sandomirskii, *Materialy Genuezskoi konferentsii*, 327–8; Eudin and Fisher, *Soviet Russia and the West*, 202 (契切林致巴爾圖〔Barthou〕，1922年4月29日).

168 Gorlov, *Sovershennko sekretno, Moskva-Berlin 1920–1933*; Müller, *Das Tor zur Weltmacht*; Zeidler, *Reichswehr und Rote Armee* [1993]; Erickson, *Soviet High Command* [1962], 247–82. 1922年8月19日，新任命的蘇俄駐柏林外交使節克列斯廷斯基寫信給托洛茨基並抄送斯大林，要求派一名伏龍芝或圖哈切夫斯基那樣的軍方人物到柏林。RGASPI, f. 558, op. 11, d. 755, l. 1. 在1922年11月的共產國際代表大會上，布哈林發表了一般性的講話。他說，就像可以接受貸款一樣，工人國家也可以同資產階級強國建立軍事同盟。*IV Vsemirnyi kongress*, 195–6, Eudin and Fisher, *Soviet Union and the West*, 209–10.

169 White, *Origins of Détente*, 181.

170 Jacobson, *When the Soviet Union Entered*, 90–98 (quote at 98).

171 從1922年4月開始，德國花了一小筆錢，把世界大戰歸咎於彭加勒和法國(據說是為了報復1870年失去的阿爾薩斯和洛林)。這是一場宣傳領域的閃電戰。為了進一步抹黑尼古拉二世，蘇俄人急切地參與其中，把那場戰爭說成是法國和沙俄聯手發動的侵略戰爭。Keiger, *Raymond Poincaré*, 288–91; Mombauer, *Origins of the First World War*, 200.

172 Fisher, *Famine*, 300; *Golod 1921–1922*; Lubny-Gertsyk, *Dvizhenie naseleniia na territorii SSSR*; 以及Adamets, *Guerre civile et famine en Russie*.《真理報》(1921年6月30日)早就對災難發出過警告。糧食人民委員部預計，災難性的收購量是不到430萬噸(1920年已經收購了540萬噸)；實際的稅收量會是270萬左右。*Piat' let vlastiSovetov*, 373; Genkina, *Perekhod*, 302.1928年，一名外國專家估計，1916至1924年，死於各種流行疾病的有800萬至1,000萬人。Grant, *Medical Review of Soviet Russia*, 15.

173 Fisher, *Famine*, 96. 另見Pethybridge, *One Step Backwards*, 91–119. 挪威賑災協調員弗里喬夫・南森(Fridtjof Nansen)對於極度饑餓的人口有不同的估計，分別是2,000萬到3,000萬(1921年9月)和5,000萬(1922)。League of Nations, *Records of the . . . Assembly*, II: 545, III: 59. 另見Graziosi, "State and Peasants," 65–117 (at 100).

174 Wehner and Petrov, "Golod 1921–1922 gg.," 223 (引自GARF, f. 1065, op. 1, d. 86, l. 12). 有些人利用危機牟利：1922年，一面是吵着要上車而不讓上車的乘客，一面是特快列車上的警衛把整節的車廂還有廁所都用來堆放可以當錢使的食鹽，讓自己的老婆在列車停靠時進行交易——「多少鹽換一隻鵝，多少鹽換一隻小豬」——而那些鵝和小豬又可以在列車途經的災區以天價出售。Mackenzie, *Russia Before Dawn*, 229.

175 Logachev, "'V khlebnom raoine Zapadnoi Sibiri': ot prodraverstka k golodu," 36–43.

176 Beisembaev, *Lenin i Kazakhstan*, 325–6.

177 Dzerzhinskii, *Feliks Dzerzhinskii: dnevnik zakliuchennogo*, 229–30; Tishkov, *Dzerzhinskii* [1976], 335–8; Bartashevich, "Moskva zhdet . . . khleba," 34–7; Plekhanov and Plekhanov *F. E. Dzerzhinskii*, 368–9.

178 Berelowich and Danilov; *Sovetskaia derevnia glazami*, I: 572–4 (TsA FSB, 1, op. 6, d. 461, l. 69–76).

815

179 Edmondson, "The Politics of Hunger."「農民沒能救濟城市，」有歷史學家巧妙地總結說，「成百上千萬的農民自己反倒成了救濟的對象。」Siegelbaum, *Soviet State and Society*, 89.

180 Patenaude, *Big Show in Bololand*; *Itogi posledgol s 15/X–1922 g. 1/VIII–1923 g.* (Moscow: Tsentral'naia komissiia pomoshchi golodayushchim, 1923), 65. 美國救濟署送來了78.4萬噸糧食援助。進口的糧食總量超過200萬噸，其中包括從國外購買的糧食。Fisher, *Famine*, 298n, 554.

181 轉引自H. Johnson, *Strana i mir*, 1992, no. 2: 21. 美國救濟署得益於布爾什維克對鐵路工人等採取的嚴厲的防範措施。政權動用紅軍士兵守衛一列列準備運往災區的救濟糧（士兵們都發了口糧，但要是運糧列車最終花的時間比預期的長，許多士兵在到達終點時已是奄奄一息）。Fisher, *Famine*, 181, 191.

182 *PSS*, XLV: 122, 127, L: 187, 388–9; Golikov, *Vladimir Il'ich Lenin*, VIII: 366, XI: 509; McNeal, *Stalin*, 48; Volkogonov papers, Hoover Institution Archives, container 23.

183 布爾什維克以為美國救濟署會優先給政權的「階級敵人」提供糧食。實際上，別說是搞政治組織，就連賑災人員議論政治，胡佛都不允許。因為他相信，美國救濟署在效率上的榜樣作用，會激發俄國人民去推翻布爾什維主義。有些觀察家想知道，這樣一個過程是否可能已經開始了。1923年5月28日，臨時政府駐美國大使鮑里斯．巴赫梅捷夫（Boris Bakhmeteff）寫信給一位密友（葉卡捷琳娜．庫斯科娃〔Yekaterina Kuskova〕），提到了與胡佛的談話。「不久前，他非常令人信服地對我說，在他看來，農民中出現餘糧，會導致與現存的布爾什維克統治制度的衝突，」巴赫梅捷夫寫道，「〔美國救濟署的〕工作人員已經如實告訴胡佛，那些餘糧在價格上受到壓力，以及自然有越來越多農民想把糧食拿到市場上儘量買個好價錢。由於這種現象越來越普遍，也就是說，由於餘糧越來越多，土地的擁有者自然想以最高的價格出售餘糧，而最高的價格就意味着自由的世界貿易的環境。我認為胡佛是對的，這種想把自己糧食賣出最高價錢的天生的、無法克服的衝動所造成的敵意，會成為布爾什維克制度最強大的、不可征服的敵人之一。」Pavel Nikolaevich Miliukov Papers, ca. 1879–1970, Columbia Unviersity, box 1. 另見Budnitskii, "Boris Bakhmeteff's Intellectual Legacy"; 以及Engerman, *Modernization*, 116.

184 新經濟政策要想穩固下來還需要假以時日。就連「新經濟政策」的說法也是在這項政策實施了兩個月之後才使用的。在烏克蘭，新經濟政策是推遲實行的；在西伯利亞，只有少數幾個區開始從攤派改為實物稅。*Izvestiya*, March 23, 1921; *PSS*, XLIII: 62; *Pravda*, March 21, 1921; Chamberlin, *Russian Revolution*, II: 502–3; A. M. Bol'shakov, "The Countrtyside 1917–1924," 載於Smith, *Russian Peasant*, 48. 某個省級黨組織的官員強烈主張「應該像戰爭時期——在這個詞的完整的意義上——那樣開展」稅收工作。轉引自Radkey, *Unknown Civil War*, 366–7. 新經濟政策時期的稅收人員往往就是之前武裝徵糧隊的人。Gimpel'son, *Sovetskie upravlentsy*.

185 Carr, *Bolshevik Revolution*, II: 289, 295–6.

186 Atkinson, *End of the Russian Land Commune*, 235.

187 1928年，阿列克謝．休謝夫（Alexei Shchusev）在奧爾利科夫巷1號按照構成主義風格，為農業人民委員部的新總部設計了一座巨型建築。同年，斯米爾諾夫被解除職務。第二年，蘇聯農業人民委員部成立。休謝夫的傑作要到1933年才完工。

188 Heinzen, *Inventing a Soviet Countryside*, 104–35.

189 到1927年，農業人民委員部只留用了五分之一蘇俄時代的人員。Heinzen, *Inventing a Soviet Countryside*, 93–4; *Gosudarstvennyi apparat SSSR*, 16, 104–5. 統計人民委員部是第四大部。

190 即便這樣也沒有哪個人民委員部可以得到它所要求的全部經費：陸軍人民委員部1919年只得到要求得到的37%。Malle, *Economic Organization of War Communism*, 172–82. 印製紙幣的染料必須用黃金從國外購買。

191 從1918年初開始，1英鎊可以兑換45盧布；一年後，這個數字是400，而到了1920年中期，1英鎊值1萬盧布，上漲了222倍；同一時期，德國馬克對盧布從1比1上漲到大約100比1。到1921年秋天，在實行了新經濟政策之後，貨幣黑市已完全開放，儘管這樣的交易要到1922年4月才會正式合法化。Feitelberg, *Das Papiergeldwesen*, 50.

192 Aliamkin and Baranov, *Istoriia denezhnogo obrashcheniia*, 194–5.

193 Katsenellenbaum, *Russian Currency*, 10.

194 Preobrazhenskii, *Bumazhnye den'gi*, 4. 另見Arnold, *Banks, Credit, and Money*, 95–6; Feldman, *The Great Disorder*; Fergusson, *When Money Dies*.

195 G. Ia. Sokol'nikov, "Avtobiografiia," 見於Gambarov, *Entsiklopedicheskii slovar'*, XLI/iii: 73–88, 轉載於Anfert'ev, *Smerch*, 190–205, 以及Sokol'nikov, *Novaia finansovaia politika*, 39–50; Oppenheim, "Between Right and Left"; Carr, *Bolshevik Revolution*, II: 351. 克列斯廷斯基被任命為駐柏林的使節。

196 *Pravda*, February 14, 1919 (Stalin); Genis, "G. Ia. Sokolnikov." 關於鉛封列車，可參見索柯里尼柯夫的説法，Anfert'ev, *Smerch*, 193. 最初建議把1917年十月政變放在蘇維埃第二次代表大會開幕期間的可能是索柯里尼柯夫而不是托洛茨基。Rubtsov, "Voenno-politcheskaia deiatel'nost' G. Ia. Sokol'nikova," 47.

197 *Pravda*, December 10, 1917; Sokol'nikov, *K voprosu o natsionalizatsii bankov*; Sokolov, *Finansovaia politika Sovetskoi vlasti*, esp. 22–27.

198 季諾維也夫拒絕去布列斯特—里托夫斯克，結果這項任務就落到了索柯里尼柯夫頭上。Ivan A. Anfert'ev, "Vozvrashchenie Sokol'nikova," 載於Anfert'ev, *Smerch*, 158–89, 以及"Neizvestnyi Sokol'nikov," *Vozvrashchenye imena* (Moscow: Novosti, 1989), II: 223–42 (at 224–5); Sokol'nikov, *Brestskii mir*.

199 在1919年黨的第八次代表大會上，列寧委託他提出反對伏羅希洛夫等人的「軍事反對派」及其游擊戰策略的問題。回到前線後，索柯里尼柯夫寫信揭發第一騎兵集團軍在一次打了勝仗之後違反紀律、喝得醉醺醺地搶劫頓河流域平民的事情，結果使謝苗．布瓊尼長期懷恨在心。1920年7月，托洛茨基請索柯里尼柯夫在總參軍事學院作系列講演，為的是「除了講演之外，社會主義文學也會因為一本關於軍事問題的好書而得到豐富」。*VIII s"ezd RKP (b)* [1959], 144–52, 273 (對索柯里尼柯夫提綱的表決); Sokol'nikov, "Avtobiografiia," 見於 Anfert'ev, *Smerch*, 190–205 (at 200); Budennyi, *Proidennyi put*,", I: 374–406. Chigir, "Grigorii Iakovlevich Sokol'nikov:," 63 (引自 RGASPI, f. 760, op. 1, d. 71, l. 124).

200 Golikov, *Vladimir Il'ich Lenin*, IX: 108, 159.

201 G. Ia. Sokol'nikov, "Liquidatsiia Turkestanskogo rublia," *Pravda*, December 30, 1920.

202 Arnold, *Banks, Credit and Money*, 126; Iurovskii, "Arkhitektor denezhnoi reform," at 141; Katzenellenbaum, *Russian Currency and Banking*, 149–52; Nikolaev, "Na puti k denezhnoi reforme 1922–1924 godov," 89. 卡策內倫鮑姆在索柯里尼柯夫手下工作。私人銀行的恢復工作實際上在1919年秋天就開始了，但要到1921年才見到成效，當時政權試圖重建正常的貿易關係，這就需要為沙皇政府的債務確定一個總額。關於索柯里尼柯夫的健康問題，參見V. Rozanov, "Vladimir Il'ich Lenin," *Krasnaia nov'*, 1924, no. 6: at 153. 國家銀行設在涅格林卡街12號一棟堅固的兩層建築裏，建築的正面刻有一些寓言人物；它過去是俄羅斯帝國國家銀行的莫斯科分行，1894年修建在沃龍佐夫家族花園的位置。金庫設在納斯塔辛斯基巷從前的莫斯科財政大樓裏，那棟建築是按照17世紀的風格（名為莫斯科巴洛克風格或新拜占庭風格）在1913至1916年間修建的。

816

203 Al'tman, "Lichnost' reformatora: narkom finansov G. Ia. Sokol'nikova 1888–1939," 159. 貨幣改革的詳情可見 *Finansovaia politika Sovetsko*; and Sokolov, *Finansovaia politika Sovetskogo gosudarstva*; *Denezhnaia reforma*; Atlas, *Ocherki po istorii denezhnogo obrashcheniia*. 阿特拉斯（生於1903年）在講金融改革時沒有提到索柯里尼柯夫的名字，這樣的怪事跟他的書的出版時間（1940）有關。他是蘇聯科學院經濟研究所研究資本主義國家和蘇聯貨幣流通及信貸問題的頂級人物（教授）。

204 Atlas, *Ocherki po istorii denezhnogo obrashcheniia*, 196（他還是沒有提到索柯里尼柯夫）; Goland, "Currency Regulation"; David Woodruff, "The Politburo on Gold, Industrialization, and the International Economy, 1925–1926," 載於 Gregory and Naimark, *Lost Politburo Transcripts*, 199–223. 當赫伯特·胡佛1923年獲悉蘇聯恢復了糧食出口之後——他不知道的是，恢復糧食出口是為了支付進口步槍和機槍的費用——他就中止了美國救濟署的活動。Pipes, *Russia Under the Bolshevik Regime*, 418–9.

205 Katzenellenbaum, *Russian Currency and Banking*, 84–8, 105, 145. 新舊盧布的兌換比率分別是1：10,000（1922年1月1日）、1：100（1923年1月1日），1比50,000（1924年3月7日）。Lawton, *Economic History of Soviet Russia*, I: 151.

206 Goland, *Diskusii ob ekonomicheskoi politike*. 1924年是最後一次出現這種由新經濟政策帶來的貿易順差。

207 1924至1925年，伏特加為預算帶來了5億盧布，這是一筆很大的收入，是不得已恢復舊政權「酒鬼預算」的結果。Carr, *Interregnum*, 43, n5.

208 Kvashonkin, *Bol'shevistskoe rukovodstvo*, 278 (RGASPI, f. 76, op. 3, d. 231, l. 2).

209 Galina Serebriakova, "Iz vospominanii," 載於 Anfert'ev, *Smerch*, 230–49 (at 234).

210 Mau, *Reformy i dogmy*, 137–51.

211 *XI s"ezd RKP (b)*, 360–1. 1920年代中期，拉林完全放棄了自己的主張：「我認為完全可以這麼說，首先，這是我們各個人民委員部中最聰明的，其次，它是唯一一個在任何時候都有着清晰的經濟路線的人民委員部。」轉引自 Genis, "Upriamyi narkom s Il'sinki," 載於 Sokol'nikov, *Novaia finansovaia politika*, 5–38 (at 19).

212 Carr, *Socialism in One Country*, I: 490. 工農檢查院為了自身的特權而對財政人民委員部展開了鬥爭。

213 年輕有為的記者米哈伊爾·科利佐夫(Mikhail Koltsov)給索柯里尼柯夫起了個綽號，叫「伊利英卡街的固執的人民委員」。索柯里尼柯夫推行了各種各樣的稅收和限制政策，不過，這些政策帶來了貨幣和經濟的真正穩定。Kol'tsov, *Izbrannoe*, 39.

214 協會起初有64名成員，他們參加紀念晚會，出版回憶錄。與此同時，「老布爾什維克」的概念以及較長的黨齡應否被當作某種資歷的問題，造成了政權內部的緊張關係。到1925年，黨的規模幾乎翻了一番、黨員和候補黨員有110萬，其中1917年之前入黨的只有8,500人(0.8%)，1905年之前的只有2,000人(0.2%)(想要成為合資格的黨員，這是最早的時間)。*XIV s"ezd VKP (b)*, 460; Korzhikhina, "Obshchestvo starykh Bol'shevikov," 50–65. *Ustav obshchestva starykh bol'shevikov; Rezoliutsii i postanovleniia pervoi Vsesoiuznoi konferentsii Obshchestva starykh bol'shevikov; Spisok chlenov Vsesoiuznogo obshchestvo starykh bol'shevikov.*

215 Rigby, "The Soviet Political Elite," 419–20. 里格比指出，出席第九次代表大會的代表中，只有13%的人參加過十月革命前的黨的代表大會；在第十次代表大會中，該比例下降到5%。*IX s"ezd RKP(b)*, 483; *X s"ezd RKP(b)*, 762.

216 列寧像他慣常那樣，擔心接收太多的工人會削弱黨的隊伍，因為許多工人都是剛脫離農村「小資產階級的」環境不久。他對莫洛托夫抱怨說，「目前黨的無產階級政策不是取決於黨員成分，而是取決於堪稱黨的老近衛軍的那一層為數不多的黨員所獨有的巨大威信。」但是，在一個工人政黨中，工人黨員明顯不足，這件事讓其他大部分高級官員都覺得比較尷尬。*PSS*, XLV: 17–20 (譯註：《列寧全集》第43卷，第19頁)；Kvashonkin, *Bol'shevistskoe rukovodstvo*, 239–41 (RGASPI, f. 5, op. 2, d. 27, l.9–10).

217 從1921年開始，工廠中的黨員大多是管理人員和行政人員，不是無產者。黨的第十次代表大會把招募工人黨員重新作為優先考慮的事項，黨的第十一次代表大會再次確認了這一目標。Chase, *Workers, Society, and the Soviet State*, 50–1; *X s"ezd*, 236–41, 284, 564; Rigby, *Communist Party Membership*, 93–5.

218 Rigby, "The Soviet Political Elite." 另見 Raleigh, *Experiencing Russia's Civil War*, 132.

219 「中低階層的人明顯受到重用，因此，有必要重新思考革命中的許多問題，」有學者正確地指出，「這就像一塊拼圖不見了，在它的位置上，許多新的聯繫成為可能。」Daniel T. Orlovsky, "State Building in the Civil War Era: The Role of the Lower Middle Starta," 載於 Koenker, *Party, State, and Society*, 180–209 (at 203, n3). 另見 Buldakov, *Bor'ba za massy*, 164–256; 以及 Hunt, *Politics, Culture, and Class.*

220 "Moi ded, Viacheslav Molotov, ne platil Leninu gonorarov," *Rodnaia gazeta*, May 20, 2005 (對維亞切斯拉夫·尼科諾夫〔Viacheslav Nikonov〕的採訪).

221 Nikonov, *Molotov*, 88, 91–2, 109–13.

222 Watson, *Molotov and Soviet Government*, 43.

223 Bazhanov, *Vospominaniia* [1990], 179.

224 Kuibyshev, *Epizody iz moei zhizni*; Elena Kuibysheva, *Valerian Vladimirovich Kuibyshev*; Berezov, *Valerian Vladimirovich Kuybyshev*; G. V. Kuibysheva, *Valerian Vladimirovich Kuybyshev*; Khromov and Kuibysheva, *Valerian Vladimirovich Kuybyshev*; Flerov, *V. V. Kuibyshev*; Buzurbaev, *Kuibyshev v Sibiri*; Erofeev, *Valerian Kuibyshev v Samare.*

225 Schapiro, *Communist Party of the Soviet Union*, 260–2; Schapiro, *Origin of the Communist Autocracy* 1977 ed., 288–9. 古比雪夫已經取代了米哈伊洛夫在黨的書記處的職務。

226 Trotsky, *Stalin School of Falsification*, 126.

227 古比雪夫出現在當時的政權高層名錄中，那裏面主要是些政治局委員和候補委員(莫洛托夫不在其中)。Volin, *12 biografii*. 按照俄文字母的順序，這12個人分別是：布哈林、捷爾任斯基、季諾維也夫、加里寧、加米涅夫、古比雪夫、李可夫、斯米爾諾夫、斯大林、托姆斯基、托洛茨基和伏龍芝。

228 Rees, "*Iron Lazar,*" 1–59.

229 「我總是嘲笑那種做法。比如，我當着所有人的面對馬霍韋爾(Makhover)說，『你永遠不會像斯大林，你的腦子不一樣，而且不管怎樣，主要是你沒有小鬍子。』」 Balashov and Markhashov, "Staraia ploshchad', 4 (20-e gody)," no. 5: 195. 巴拉紹夫身材矮小，只有1.53米(約5英尺)。

817

230 1923年，卡岡諾維奇指出，工業的各個部門都集中在來路不明的黨外人員手中，有時甚至不是集中在優秀的黨外專家手中，而是在「圓滑的野心家」手中。因此，他堅持認為，黨必須進行干預並安插自己人。Pavliuchenkov, *Rossiia Nepovskaia"Orden mechenostsev,"* 68 (引自 f. 17, op. 68, d. 49, l.28–31).

231 Bazhanov, *Avec Staline dans le Kremlin*, 58.

232 1925年4月7日，斯大林任命卡岡諾維奇擔任烏克蘭黨的負責人，那是三個具有戰略意義的黨組織之一，另外兩個是莫斯科和列寧格勒。Rees, "*Iron Lazar*", 17. 卡岡諾維奇沒有被收錄到1925年的格拉納特蘇聯240名高級領導人傳記中，但他屬斯大林派的核心成員。Gambarov, *Entsiklopedicheskii slovar'.*

233 「加里寧是個好人，對我們來說是不可替代的，」在1923年春天視察了北高加索各地(達吉斯坦、車臣、弗拉季高加索、納爾奇克)之後，伏羅希洛夫寫信給奧爾忠尼啟則說，「為了對他有個正確的判斷，需要和他一起到農村走走，聽他和農民的交談；在這方面，他是很有魅力和——坦率地說——力量的。在我們黨內像他那樣的找不到第二個。很少有人能像他那樣對農民闡明我們的理論和實踐……我原以為他是個笨蛋，但現在我感到後悔並懇求安拉原諒我的罪過。我建議加里寧到梯弗利斯拜訪您，但他明確地跟我解釋說，未經中央委員會的許可，他不能那麼做。」Kvashonkin, *Bol'shevistskoe rukovodstvo*, 274 (RGASPI, f. 85, op. 24, d. 150, l.1–2).

234 察里津布爾什維克的最高領導人謝爾蓋·米寧在1925年黨的第十四次代表大會上與反斯大林的反對派站在一起。1927年的時候，他似乎病倒了，是精神方面的疾病。米寧在恐怖時期逃過一劫，並一直活到1962年。*Pravda*, June 29, 1962. 擔任察里津契卡負責人的頓巴斯礦工亞歷山大·切爾維亞科夫，在1919年烏克蘭重新建立了布爾什維克政權之後回到了自己的故鄉，擔任烏克蘭契卡的副主席。1921年他被降級，擔任日托米爾黨組織的職務，還在扎波羅熱的反饑荒委員會工作過一段時間。1922年，他被調到烏克蘭蘇維埃執行委員會。他也逃過了恐怖時期。後來，戰火逼近莫斯科，他自願要求到前線去，但因為大部分時間都待在後方而活了下來。戰後他從事教學和寫作，並於1966年去世。不要把這個切爾維亞科夫（亞歷山大·切爾維亞科夫）同亞歷山大·格里戈里耶維奇·切爾維亞科夫（Alexander Grigoryevich Chervyakov，1892–1937）混淆，後者幫助創立了白俄羅斯蘇維埃社會主義共和國，並在蘇聯中央執行委員會工作，1937年6月16日在白俄羅斯黨的代表會議中途休息時自殺身亡。

235 Nazarov, *Stalin i bor'ba za liderstvo*, 93.

236 為斯大林給列寧（或托洛茨基）的私人信件充當信使的是納扎列江，斯大林還把中央委員會許多通告的起草工作也交給他。Bazhanov, *Vospominaniia* [1983], 53. Kun, *Unknown Portrait*, 286–8.

237 Rusanova, "I. P. Tovstukha." 1924至1926年，托夫斯圖哈被斯大林派去列寧研究所擔任所長助理，負責列寧的檔案和《全集》。1930至1931年，他又被斯大林派去馬克思恩格斯列寧研究所擔任副所長和檔案館館長。他死於1935年8月，骨灰被安葬在克里姆林宮宮牆內。

238 在代表斯大林到《真理報》工作過一段時間後，抱怨說工作太累的納扎列江回到了格魯吉亞。*Proletarskaia revoliutsiia*, 1935, no. 6: 129–31.

239 Rubtsov, *Iz-za spiny vozhdia*, 33.

240 Balashov and Markhashov, "Staraia ploshchad', 4 (20-e gody)," no. 6: 184–5.

241 Demidov, *Politicheskaia bor'ba i oppozitsiia*, 61–72; Medvedev, *On Stalin and Stalinism*, 25. 馬林科夫1921年進入莫斯科的一所技術大學並成為該校的黨委書記；他的妻子瓦萊麗亞·戈盧布佐娃（Valeria Golubtsova，她的姑媽認識列寧）在組織局工作，並在靠近克里姆林宮的商業街上從前的洛斯庫特娜婭飯店（蘇維埃5號樓）得到一套住房，那裏住了許多年輕的黨務官員。1924年，馬林科夫被調到中央機關，成為波斯克列貝舍夫的手下，負責保管人事記錄的工作。1927年，尼古拉·葉若夫（Nikolai Yezhov，生於1895年）進入斯大林的機關，並在波斯克列貝舍夫不斷高升後成為馬林科夫的新上司。Danilov, *Tragediia Sovetskoi derevni*, III: 850; Petrov, *Kto rukovodil NKVD*, 184–6; Rosenfeldt, *Knowledge and Power*, 131–2. 1930年代初期，洛斯庫特娜婭飯店成了莫斯科地鐵建設指揮部；1938年，為了給莫斯科重建工程中一個比較大的廣場騰地方，這座飯店被拆掉了。

242 Rees, "*Iron Lazar*," 33–5.

243「最有才華和最傑出的布爾什維克領導人之一，」巴扎諾夫寫道（他既在斯大林書記處的卡岡諾維奇手下工作，又在財政人民委員部索柯里尼柯夫手下工作），「不管交給他甚麼工作，他都會把它們處理好。」Bazhanov, *Vospominaniia* [1990], 122.

244「我們親愛的、有才華的、最寶貝的索柯里尼柯夫同志在貿易實踐上一竅不通。如果放手讓他去做，他會把我們毀掉的。」列寧在信中對加米涅夫抱怨說。同時，列寧又認為索柯里尼柯夫的書《國家資本主義和新財政政策》寫得「很成功」。Lenin, *PSS*, XLIV: 428, LIV: 90（譯註：《列寧全集》第42卷，第460頁；第52卷，第153頁）. 列寧的《全集》（第54卷）中收錄了很多1921至1922年間同索柯里尼柯夫的通信。

245 1908年，契切林與列寧吵翻後轉投孟什維克。1917年，英國人以反戰和宣揚社會主義為由將他投入監獄（他們認為他那樣做是支持德國而反對協約國）。托洛茨基以恢復辦理簽證和允許外交信使出入作為交換條件，讓英國人釋放了契切林。他成為托洛茨基在外交事務上的副手，然後很快又接替了他的位置。Debo, *Revolution and Survival*, 34–41. 另見Debo, "The Making of a Bolshevik"; O'Connor, *Diplomacy and Revolution*. 契切林屬左派。例如，1922年1月，他發出警告稱，有人正在從國外郵寄報紙給私人。要是允許這種做法，就等於是讓利用報紙攻擊我們的鼓動活動死灰復燃。莫斯科就會出現明目張膽的白衛報紙。*Goriaeva, Istoriia sovetskoi politicheskoi tsenzury*, 427–8.

246 李維諾夫的視力不好，但仍然加入了軍隊。之後他掌握了俄語並逐步接觸到地下革命文學。1898年駐紮在巴庫時，他拒絕向罷工工人開槍並脫離了軍隊。Georgii Cherniavskii, "Fenomenon Litvinova," *XX Vek: istoriia Rossii i SSSR*, January 22, 1924.

247 1918年9月8日，李維諾夫在英國被捕，罪名是支持布爾什維克的宣傳；十天後，為了交換被監禁的英國間諜布魯斯．洛克哈特（Bruce Lockhart），他被釋放。Pope, *Maksim Litvinoff*, 129–30.

248 Sheinis, "Pervye shagi diplomaticheskoi deiatel'nosti M. M. Litvoinov," 153; Hilger and Meyer, *Incompatible Allies*, 110–2.

818

249 伏羅希洛夫厭惡李維諾夫。Dullin, *Men of Influence*, 13 (引自 *Zvezda* [Odessa], September 21, 1928).

250 Bazhanov, *Bazhanov and the Damnation of Stalin*, 88–9.

251 "Posledniaia sluzhebnaia zapiska Chicherina," *Istochnik*, 1995, no. 6: 100.

252 Georgii Cherniavskii, "Fenomenon Litvinova," *XX Vek: istoriia Rossii i SSSR*, February 4, 1924. 叛逃者德米特里耶夫斯基（德米特里耶夫）對李維諾夫的描寫特別無情，參見 *Sovetskie portrety*, 240–52, translated as *Dans les coulisses du Kremlin* (Paris: Plon, 1933), 182–207.

253 Ivanov, *Neizvestnyi Dzerzhinskii*; Plekhanov, *Dzerzhinskii*; Plekhanov and Plekhanov, *Zheleznyi Feliks*.

254 Sinyavsky, *Soviet Civilization*, 126（未註明出處）. 被逮捕的基督教哲學家尼古拉．別爾嘉耶夫（Nikolai Berdyaev）在盧比揚卡內部監獄的一次審訊後寫道：「捷爾任斯基給人留下的印象是，他是一個有着極其堅定和虔誠信仰的人。他是一個狂熱分子……他曾想做一個天主教修士，結果他把自己狂熱的信仰轉向了共產主義。」Berdiaev, *Samopoznanie*, 215.

255 *Dvadtsat' let VChK-OGPU-NKVD*, 20–3; Blobaum, *Feliks Dzierżyński*.

256 Tishkov, *Dzherzhinskii* [1976], 75, 78. 據說有一次，儘管他自己也很虛弱，但還是在得到允許後，把一名生病的獄友背到監獄的院子裏。Dmitriev, *Pervyi chekist*, 53–62.

257 Sheridan, *From Mayfair to Moscow*, 95.

258 Plekhanov, *VChK-OGPU*), 227 (未註明出處); Shteinberg, *Yekab Peters*, 119; Viktor Baklanov, "Slovo Dzherzhinskomu," *Gazeta "Dos'e"*, November 3, 2002. 維克托．切爾諾夫稱捷爾任斯基是「一個真正的修士和苦行者，也是一個真正的好人。」D. A. Lutokhin, "Zarubezhnye pastyri," *Minuvshee*, 1997: 71.
259 明仁斯基以防止泄密為名，指示奧格伯烏官員不要把任何涉及政治犯罪的文件移交給檢察部門，以此阻撓檢察部門對逮捕活動的監督。Kvashonkin, *Bol'shevistskoe rukovodstvo*, 305; Zdanovich, *Organy gosudarstvennoi bezopasnosti*, 142–3, 引自 TsA FSB, f. 2, op. 3, d. 60, l. 40.; Fomin, *Zapiski starogo chekista*, 214. 福明是北高加索邊境守衛隊的負責人，因此他見過許多光顧基斯洛沃茨克礦泉療養地的契卡人員。一名駐柏林的蘇聯外交官的女兒回憶說，明仁斯基「不愛說話，神情憂鬱，但非常有禮貌——他甚至用正式的『您』對我說話〔她當時12歲〕」。Ioffe, *Vremia nazad*, ch. 2.
260 Deacon, *History of the Russian Secret Service*, 286–7 (未註明出處).
261 Fomin, *Zapiski starogo chekista*, 220–1; Mozokhin and Gladkov, *Menzhinskii*, 166–74.
262 Vinogradov, *Genrikh Iagoda*, 17.
263 Plekhanov, *VChK-OGPU*, 278–9. 亞戈達後來對盧比揚卡大樓進行了改造。他創建了內務人民委員部俱樂部，為警察機關贊助的運動隊建造了迪納摩體育場，還監督過許多利用苦役進行大型建築工程。
264 Vinogradov, *Genrikh Iagoda*, 273–5.
265 Gladkov, *Nagrada za vernost'— kazn'*; Kuvarzin, *Dorogami neskonchaemykh bitv*, 53; Tumshis and Papchinskii, *1937, bol'shaia chistka*, 295.
266 伏龍芝說：「我有資料表明，紅軍參謀人員的機密情報正在泄露到國外。比如說，對於一些指令的情報，我從波蘭收到的要比從莫斯科收到的還早。」Mikhaleva, *Revvoensovet Respubliki*, 335.
267 Vinogradov, *Genrikh Yagoda*, 312–7 (TsA FSB, f. 1, op. 6, d. 37, l.102–3). 另見 Plekhanov, *VChK-OGPU*, 228; 以及 *Istochnik*, 1995, no. 6: 154–5 (APRF f. 32, op. 1, d. 1, l.27–27ob: Unszlicht, April 21, 1922).
268 特工人員揚．別爾津被關過一段不長的時間。捷爾任斯基承認後者喜歡金戒指和手錶之類的小玩意，但還是讓人把他放了。Gerson, *The Secret Police*, 69–70 (引自 *Pravda*, December 25 and December 26, 1918).
269 Ward, *Stalin's Russia*, 36–7.
270 RGASPI, f. 558, op. 1, d. 1594, l. 3; Gromov, *Stalin*, 72.
271 *Leninskii sbornik*, XXXVI: 122; *Biulleten' oppozitsii*, 1933, no. 36–7: 10.
272 Trotsky, *My Life*, 477.
273 Trotsky, *Stalin*, 389 (引用了謝列布里亞科夫的說法，而謝列布里亞科夫聲稱是從葉努基澤那裏聽說的).
274 Trotskii, *Portrety revoliutsionerov*, 54–5.
275 Ilizarov, "Stalin"; Gromov, *Stalin*, 57–9; Volkogonov, *Triumf i tragediia*, I/ii: 118.
276 Bazhanov, *Damnation of Stalin*, 105–6.
277 "Stalin Closely Observed," 載於 Urban, *Stalinism*, 6–30 (at 8).

278 Ul'ianov, "Ob otnoshenii V.I. Lenina I. V. Stalina," 197.

279 *Izvestiia*, April 5, 1923.

280 *Sochineniia*, VIII: 66–8; Trotsky, *History of the Russian Revolution*, III: 1156. 另見 Sukhanov, *Zapiski*, IV: 32–4.

281 Getzler, *Martov*, 218, 引自 *Poslednye novosti*, April 11, 1923, 以及 *Sovremennye zapiski*, 1923, vol. 15: 368–70.

282 Budennyi, *Proidennyi put*, I: 339.

283 Trotsky, *Portraits*, 217.

284 Mikhail S. Gorbachev, "Slovo o Lenine," *Pravda*, April 21, 1990 (引用了阿列克謝·斯維傑爾斯基〔Alexei Svidersky〕的說法). 戈爾巴喬夫之所以對這件事感興趣，是把它當作在機關中存在所謂的蓄意破壞活動的一個例證。在斯大林統治時期，斯維傑爾斯基在工農檢查院和農業人民委員部工作；在1933年自然死亡後，他的骨灰被安葬在克里姆林宮的宮牆裏。另見 *PSS, spravochnyi tom*, chast' II: 471.

285 Kvashonkin, *Bol'shevistskoe rukovodstvo*, 256–7 (RGASPI, f. 85, op. 1/S, d. 13, l. 6). 納扎列江還說自己從克里姆林宮的衞戍司令阿韋利·葉努基澤那兒得到了一套住房。「那套房子很棒。」(波瓦爾街11號)。1922年8月9日之後，他寫信給奧爾忠尼啟則說：「柯巴正在大力培養我。我正在接受全面但極其乏味的教育。目前他們正在試圖把我變成一個完美的工作人員，落實政治局、組織局和書記處決議的最完美的控制者。」納扎列江說服斯大林把自己調離了繁重的文書崗位。Kvashonkin, *Bol'shevistskoe rukovodstvo*, 262–3 (RGASPI, f. 85, op 1/S, d. 13, l. 10).

286 Kvashonkin, *Bol'shevistskoe rukovodstvo*, 262–3. 另見 Chevychelov, *Amaiak Nazaretian*.

287 「我們常常看到斯大林，」瑪麗亞·越飛(她是阿道夫·越飛〔生於1883年〕的妻子，而他是與托洛茨基關係最密切的人之一)回憶說，「在莫斯科大劇院舉行首演的時候，我們總是會在劇院管理層預留的包廂裏碰到他。斯大林去的時候通常會帶着他的幾個親密的夥伴，其中有伏羅希洛夫和卡岡諾維奇……非常隨和，跟大家說話時很友好，但這其中沒有一點誠意……斯大林具有罕見的演員才能，能根據不同的情況變換自己的面具。而他最喜歡的面具恰恰就是下面這個：樸實而普通的好人，心裏想的都放在臉上。」"Mariia Ioffe, Nachalo," *Vremia i my*, 1977, no. 20: 163–92 (at 178). 瑪麗亞1975年移居以色列。

288 這一點得到了里格比的證實，他的〈斯大林是否是個信不過的靠山？〉對相關文獻做了重大的修正。

289 RGASPI, f. 558, d. 1279, d. 1482.

290 RGASPI, f. 558, op. 11, d. 1289, l. 22

291 Mikoyan, *Tak bylo*, 357.

292 Mikoyan, *Tak bylo*, 351–2.

293 1930年，這塊地的一部分用來為上層人物建造了名為巴爾維哈的療養院。

294 Alliluev, *Khronika odnoi sem'i*, 29; *Iosif Stalin v ob"iatiiakh sem'i*, 177.

819

295 Sergeev and Glushik, *Besedy o Staline*.

296 斯大林的別墅是祖巴洛沃4號，捷爾任斯基的別墅是哥爾克2號，他在那裏建了格伯烏的國營農場，為上層人物提供食品。莫洛托夫的也是哥爾克2號（從1920年代後期開始）。

297 http://protown.ru/information/hide/6965.html（亞歷山大·貝克對福季耶娃的採訪）.

298 "K istorii polsednikh Leninskikh dokumentov: Iz arkhiva pisatelia Aleksandra Beka, besedovavsheo v 1967 godu s lichnyi sekretariami Lenina," *Moskovskie novosti*, April 23, 1989: 8–9.

299 McNeal, *Stalin*, 46–7.

300 Kvashonkin, *Bol'shevistskoe rukovodstvo*, 262–3. 另見Chevychelov, *Amaiak Nazaretian*.

301 Balashov and Markhashov, "Staraia ploshchad', 4 (20-e gody)," no. 5: 193–5. 1926年秋天，斯大林讓巴拉紹夫進了紅色教授學院。

302 Bazhanov, *Damnation of Stalin* , 93.

303 Balashov and Markhashov, "Staraia ploshchad', 4 (20-e gody)," no. 5: 194. 有學者寫道：「斯大林在黨內的權力基礎並不是畏懼，而是魅力……當他決定對一個人施展魅力的時候，他是不可抗拒的。」魅力是很大，但畏懼也如此。Montefiore, *Stalin*, 41–2.

304 巴拉紹夫還說：「斯大林應該親眼看看人們是怎樣生活的，花時間親自和群眾在一起，傾聽人民的聲音，但我們所做的就是給那些人下達命令和指示。我認為，斯大林以及其他領導人最大的不幸就在於，他們把時間花在理論鬥爭上，所有的精力都用到那上面，而很少關心活着的人。在一國有可能建成社會主義，在一國不可能建成社會主義，這就是他們從早到晚反覆念叨的東西。」在巴拉紹夫提出要是突然遇到一個活生生的農民他們會說些甚麼的問題之後，他們開始戲稱他為「富農」。A. P. Balashov and Iu. S. Markhashov, "Staraia ploshchad', 4 (20-e gody)," no. 5: 194–5.

305 Dan, "Bukharin o Staline,." 182.

306 Balashov and Markhashov, "Staraia ploshchad', 4 (20-e gody),"no. 4: 182. 巴拉紹夫恰好的確經常看到托洛茨基：他和薇拉·因貝爾（Vera Inber）以及她的父親住在一起，而薇拉的父親是托洛茨基的叔叔（譯註：應為托洛茨基的表兄）。「托洛茨基和他的孩子們（謝多夫及其兩個女兒）常過來看他，再加上其他同志，大家齊聚一堂」（no. 5: 193）。巴拉紹夫是在突厥斯坦遇到卡岡諾維奇的，但是在1922年3月並沒有立即隨他到莫斯科。巴拉紹夫在撒馬爾罕得了瘧疾，這促使他要求調到俄羅斯；他一被調到俄羅斯，從1922年6月1日開始，卡岡諾維奇就把他招至麾下。在卡岡諾維奇被斯大林任命為烏克蘭黨組織負責人的時候，巴拉紹夫也調離了卡岡諾維奇的組織指導部，成了托夫斯圖哈的同事。接着，巴拉紹夫又接替瑪麗亞·布拉科娃（Maria Burakova），成為政治局負責記錄的秘書。

307 RGASPI, f., 558, op. 3, d. 131, l. 270–1. Van Ree, *Political Thought of Joseph Stalin*, 148.

308 關於蘇維埃制度中的「大批個體擁護者」，參見Armstrong, *Soviet Bureaucratic Elite*, 146. 有位傑出的學者認為「裙帶關係」是帝俄、蘇聯以及後蘇聯時代歷屆政府的典型特徵，但他並沒有對其他看上去極為相似的制度進行比較。Hosking, "Patronage and the Russian State," 這篇文章實質上是對M. N. 阿法納西耶夫的書所做的註解，參見M. N. Afanas'ev, *Klientelizm i Rossiiskaia gosudarstvennost'* (Moscow: Tsentr konstitutsionnykh issledovanii, 1997). 另見Orlovsky, "Political Clientelism in Russia," 174–99; 以及Ransel, "Character and Style of Patron-Client Relations in Russia," 等等.

309 Pipes, *Russia Under the Bolshevik Regime*, 368–9.

310 Iu. A. Shchetinov, "Rezhim lichnoi vlasti Stalina," 載於Kukushkin, *Rezhim lichnoi vlasti Stalina*, 19 (引自 GARF. F. 5865, op. 1, d. 41: letter to Yekaterina Kuskova).

311 *PSS*, XLV: 302.

第十一章「把斯大林調開」

1 *PSS*, XLV: 345.

2 *PSS*, XLV: 346.

3 Sakharov, *Politicheskoe zaveshchanie*.

4 1923年8至12月，一共發生了217次罷工，其中有51次在莫斯科。Mozokhin, VChKOGPU, 26 (引自 TsA FSB, f. 2, op. 1, por. 794, l. 141).

5 非常重要的例外是Smith, *Bolsheviks and the National Question*, 172–212, 以及van Ree, "Stalin and the National Question."

6 RGASPI, f. 558, op. 1, d. 2479, l.159–60, 272–4.

7 *Izvestiia TsK KPSS*, 1989, no. 9: 199.

8 Sakharov, *Politicheskoe zaveshchanie*, 646–7 (RGASPI, f. 5, op. 2, d. 278, l. 2; f. 558, op. 1, d. 2479, l.262–5). 組織局委員會的成員包括斯大林、古比雪夫、拉柯夫斯基、奧爾忠尼啟則、索柯里尼柯夫，以及各共和國的代表：亞歷山大．切爾維亞科夫(Alexander Chervyakov，白俄羅斯)、格里戈里．彼得羅夫斯基(烏克蘭)、亞歷山大．米亞斯尼基揚(Alexander Myasnikyan，亞美尼亞)、S. A. 阿加—馬雷—奧格雷(S. A. Aga-Maly-Ogly，阿塞拜疆)以及波利卡爾普．「布杜」．姆季瓦尼(格魯吉亞)等。

9 *Izvestiia TsK KPSS*, 1989, no. 9: 192–3, 196. 斯大林手寫的正式提案參見Sakharov, *Politicheskoe zaveshchanie*, 647–8 (RGASPI, f. 558, op. 1, d. 2479, l. 241).

10 *PSS*, XLV: 556–8, n136.

11 *Izvestiia TsK KPSS*, 1989, no. 9: 198–9 (RGASPI, f. 5, op. 2, d. 28, l. 23–4: September 22, 1922); *TsK RKP (b)—VKP (b) i natsional'nyi vopros*, 78–9; Smith, *Bolsheviks and the National Question*, 181–4 (引自 RGASPI, f. 5, op. 2, d. 28, l.19–21).

12 Fotieva, *Iz zhizni*, 220.

13 *Leninskii sbornik*, XXXVI; *PSS*, XLV: 211–3. 關於列寧的喜悅之情，參見Lewin, *Lenin's Last Struggle*, 60.

14 Lenin, *PSS*, XLV: 211–3.

15 正如有蘇聯學者很客氣地指出的，「作為俄羅斯社會主義聯邦蘇維埃共和國的政府首腦，弗·伊·列寧不止一次地在講話中表示，俄羅斯社會主義聯邦蘇維埃共和國在內外政策上還代表着與之結為聯邦的各蘇維埃共和國的利益」。Filimonov, *Vozniknovenie i razvitie RSFSR kak federativnogo gosudarstva*, 22.

16 據估計，馬克思的著作有2%是論述民族主義的，列寧的有25%，斯大林的有50%。Munck, *Difficult Dialogue*, 76.

17 Kun, *Bukharin*, 130–1.

18 姆季瓦尼告訴列寧，格魯吉亞人會同意在蘇維埃社會主義共和國聯盟中以平等的方式形成的「聯盟」，而不是併入俄羅斯社會主義聯邦蘇維埃共和國——這一點，就像政治局給列寧的便條所證實的，斯大林已經承認了。Kharmandanian, *Lenin i stanovlenie Zakavkazskoi federatsii*, 344; *Izvestiia TsK KPSS*, 1989, no. 9: 208.

19 Pospelov et al., *Vladimir Il'ich Lenin*. 列寧在早前的一封信中指責過斯大林的「草率」。在9月28日的政治局會議上，斯大林和加米涅夫交換了便條。加米涅夫：「為了維護獨立，伊里奇已經決定開戰。他建議我和格魯吉亞人見面。」斯大林：「我們需要堅定地反對伊里奇的意見。」加米涅夫：「我認為既然伊里奇堅持自己的看法，抵制會更糟。」斯大林：「我不知道。你看着辦。」*Izvestiia TsK KPSS*, 1989, no. 9: 206, 208–9; *PSS*, XLV: 214. 托洛茨基的假期是從1922年9月13日開始的，但他仍然待在莫斯科；加米涅夫按照規定也在度假。 820

20 Reshetar, "Lenin on the Ukraine"; Szporluk, "Lenin, 'Great Russia,' and Ukraine."

21 *Izvestiia TsK KPSS*, 1989, no. 9: 205. 1922年10月6日，列寧給加米涅夫寫了張便條，説「我宣佈要同大俄羅斯沙文主義決一死戰」，並要求蘇聯蘇維埃中央執行委員會的主席職務要由各成員國輪流擔任，不能由俄羅斯社會主義聯邦蘇維埃共和國把持。斯大林也贊成這一點（斯大林在列寧的便條上寫道：「對」）（譯註：《列寧全集》第43卷，第216頁）。*PSS*, XLV: 214, 559, n136; Lenin, *Sochineniia*, XXXIII: 335.

22 Borys, *Sovietization of the Ukraine*.

23 *PSS*, XLI: 161–8 (at 164); Lenin, *Sochineniia*, XXV: 624; "Iz istorii obrazovanii SSSR," 見於 *Izvestiia TsK KPSS*, 1989, no. 9: 191–218; 1991, no. 3: 169–82; no. 4: 158–76; no. 5: 154–76. 在後來編輯列寧的著作時，對斯大林的這封信作了大幅的刪減。另見 van Ree, *Political Thought of Joseph Stalin*, 209.

24 Smith, "Stalin as Commissar for Nationality Affairs, 1918–1922," 見於 Davies and Harris, *Stalin*, 51–2.

25 *Izvestiia TsK KPSS*, 1991, no. 4: 171. 正如傑里米·史密斯指出的（差不多只有他這麼認為），列寧作為中央集權的主要支持者，實際的做法與其學術觀點完全相反（Pipes, Lewin, Carrère d'Encausse). Smith, *Bolsheviks and the National Question*, 179.

26 Orakhelashvili, *Sergo Ordzhonikidze*; Kirillov and Sverdlov, *Grigorii Konstantinovich Ordzhonikidze*; Ordzhonokidze, *Put' Bol'shevika*; Dubinskii-Mukhadze, *Ordzhonikidze*.

27 Khlevniuk, *In Stalin's Shadow*, 14, 19–20.

28 1921年11月2至3日，高加索局正式作出成立聯邦的決定；11月8日，奧爾忠尼啟則打電報給斯大林，告訴他程序開始啟動，並要求莫斯科的中央委員會作出回應。Smith, *Bolsheviks and the National Question*, 198–9 (引自 Ordzhonikidze, *Stat'i i rechi*, I: 208; RGASPI, f. 17, op. 2, d. 231, l. 2; op. 3, d. 237, l. 2; f. 64, op. 1, d. 61, l. 16; *PSS*, XLIV: 255; 以及 Kharmandarian, *Lenin i stanovleniie*, 96–8, 202–3).

29 Smith, "The Georgian Affair of 1922," 528 (引自 RGASPI, f. 5, op. 2, d. 32, l. 61). 布爾什維克剛奪取了孟什維克控制的格魯吉亞，布爾什維克駐阿塞拜疆的全權代表(別伊布德·阿加·沙赫塔赫廷斯基〔Behbud aga Shakhtakhtinsky〕)就建議成立南高加索聯邦，以管控紛亂的領土爭端。

30 Gornyi, *Natsional'nyi vopros*, 144–5. 奧爾忠尼啟則已採取單方面措施，想在推行政治聯合之前，就把南高加索的鐵路系統和經濟統一起來。Jones, "Establishment of Soviet Power," 622, 引自 *Comunisti*, the party organ in Georgia (September 1921).

31 Smith, "The Georgian Affair of 1922," 529–30 (引自 Ordzhonikidze, *Stat'i i rechi*, I: 208); RGASPI, f. 17, op. 2, d. 231, l. 2. 政治局在得到列寧的批准後發佈命令：「承認建立南高加索共和國聯邦在原則上是絕對正確的，也是絕對應該實行的。」*PSS*, XLIV: 255 (譯註：《列寧全集》第42卷，第282頁). 1922年9月27日，即列寧在哥爾克接待姆季瓦尼的當天，加米涅夫給這位布爾什維克領袖送去了一張蘇聯同南高加索聯邦的組織結構圖。按照斯大林原來的俄羅斯社會主義聯邦蘇維埃共和國的自治計劃，格魯吉亞是作為同烏克蘭一樣有自治權的獨立單位加入的。Smith, *Bolsheviks and the National Question*, 186 (RGASPI, f. 5, op. 2, d. 28, l.13–4).

32 Kharmandarian, *Lenin i stanovleniie*, 218. 菲利普·馬哈拉澤是格魯吉亞布爾什維克中的元老級政治家，到當時為止，一直以其國際主義思想著稱。1921年12月6日，他向莫斯科的中央委員會反映說，紅軍的到來「造成了外國佔領的外觀……我們必須認識到，格魯吉亞民眾已經習慣於認為，格魯吉亞是個獨立的國家」——這意思是說，不應強迫格魯吉亞加入南高加索聯邦。Lang, *Modern History*, 240 (未註明出處). 斯大林當時把斯瓦尼澤派到了柏林。Tucker, *Stalin as Revolutionary*, 257.

33 Smith, "The Georgian Affair of 1922."

34 Suny, *Georgian Nation*, 214–5; Ordzhonikidze, *Stat'i i rechi*, I: 226ff.

35 *Sochineniia*, IV: 162, 237, 372.

36 帝俄軍隊反對成立單獨的民族部隊，甚至堅持要求，東斯拉夫人在所有部隊裏都必須佔四分之三。1918至1919年，托洛茨基歡迎在紅軍中成立「民族」部隊。但烏克蘭的經驗改變了他的想法，因為烏克蘭的民族部隊只想追求自己民族的目標。但要想在這個新國家的邊疆地區建立一支單獨的一體化的紅軍，並擁有單獨的指揮結構，事實上很難做到。為了消除政治上的不滿情緒，1922年8月建立了一支格魯吉亞紅軍。Kudriashev, *Krasnaia armiia*, 17 (APRF, f. 3, op. 50, d. 251, l. 158). 軍官團中大約有97%的成員都是從前的孟什維克。1923年，他們制定了一項屬於「勞苦階級」的草案，明確提出要在黨外群眾尤其是農村居民中擴大黨的影響。截止到1925年，他們在格魯吉亞部隊裏有4萬名士兵。Kacharava, *Bor'ba za uprochenie sovetskoi vlasti v Gruzii*, 51–3; RGASPI, f. 5, op. 2, d. 32, l.7–17.

37 Sakharov, *Politicheskoe zaveshchanie*, 244–7 (引自RGASPI, f. 5, op. 2, d. 26, l.10–12).

38 *PSS*, XLIV: 299–300; XLV: 595, n210; Pipes, *Formation of the Soviet Union*, 274. 列寧把斥責格魯吉亞人的電報抄送給奧爾忠尼啟則。1922年10月21日，斯大林打電話給奧爾忠尼啟則和格魯吉亞黨委書記馬米亞·奧拉赫拉施維里(Mamia Orakhelashvili)，告訴他們列寧很生氣，並指出格魯吉亞的中央委員們沒有給自己的通訊加密，容易被外國人截聽。這些人後來受到嚴厲的懲罰。RGASPI, f. 558, op. 1, d. 2441, l.1–2; d. 2491, l.1–1ob. 包括馬哈拉澤在內的其他格魯吉亞人撇開斯大林，通過加米涅夫和布哈林與列寧進行了私下的溝通，同時還再次謀求讓格魯吉亞按照同烏克蘭或白俄羅斯同樣的地位加入聯盟。加米涅夫和布哈林此時都給梯弗利斯的馬哈拉澤等人發了電報，要求他們抵制。*Sotsialisticheskii vestnik*, January 17, 1923.

39 Kharmandarian, *Lenin i stanovleniie*, 351–4.

40 Smith, *Bolsheviks and the National Question*, 201 (引自RGASPI, f. 5, op. 2, d. 32, l.49–50: Mikhail Okujava).

41 現在挑選的另外兩個人是立陶宛共產黨人溫察斯·米茨基亞維丘斯—卡普蘇卡斯(Vincas Mickevičius-Kapsukas，短命的立陶宛社會主義蘇維埃共和國在1918年的首腦)和托洛茨基的擁護者、記者列夫·索斯諾夫斯基，但姆季瓦尼反對索斯諾夫斯基，斯大林趁機換上自己的心腹、主張中央集權的烏克蘭人德米特里·曼努伊爾斯基。Kharmandarian, *Lenin i stanovleniie*, 369–70; *XII s"ezd RKP (b)*, 541, 551. 現在存有一張這段時間的捷爾任斯基、李可夫、亞戈達和拉柯巴一起在蘇呼姆的祖格季德斯基植物園的合影。早在1922年5月就委派了一個伏龍芝領導的類似的委員會，調查烏克蘭蘇維埃社會主義共和國提出的正式抗議，說蘇維埃俄國侵犯了它的主權。該委員會既維護烏克蘭的存在也維護中央委員會的權利。*TsK RKP (b)—VKP (b) i natsional'nyi vopros*, 64–6 (RGASPI, f. 17, op. 112, d. 338, l.122–3), 67–9 (RGASPI, f. 17, op. 84, d. 326, l. 1). 另見Pentkovskaia, "Rol' V. I. Lenina," 14–5; Iakubovskaia, *Stroitel'stvo soiuznogo sovetskogo sotsialisticheskogo gosudarstva*, 139–40; 以及Gililov, *V. I. Lenin*, 145–6.

42 Mikoyan, *Dorogoi bor'by*, 433; Kharmandarian, *Lenin i stanovleniie*, 370.

821

43 Sakharov, *Politicheskoe zaveshchane*, 250–1 (RGASPI, f. 5, op. 2, d, 32, l.43–43ob.); Kirillov and Sverdlov, *Grigory Konstantinovich Ordzhonikidze*, 174–7.

44 Sakharov, *Na raspute*, 41 (引自RGASPI, f. 325, op. 2, d. 50, l.35–8); *Pravda*, March 17, 1922 (季諾維也夫的提綱); *XI s"ezd RKP (b)*, 680–7. 列寧承認托洛茨基的意見有道理：列寧當時已經不能像以前那樣工作了，所以斯大林的擔子就加重了。Lenin, *PSS*, XLV: 103–4, 113–4, 122.

45 *V. I. Lenin: neizvestnye dokumenty*, 513–5. 里格比有個很有影響的說法，認為列寧在生病後，曾經企圖阻止黨的支配性的影響，但這一說法同許多內部的消息來源存在矛盾。Rigby, *Lenin's Government*, 207–22.

46 Fel'shtinskii, *Kommunisticheskaia oppozitsiia v SSSR*, I: 16–7; RGASPI, f. 325, op,. 1, d. 88, l.1, 2, 5. 國家計劃委員會實質上是國家電氣化委員會的延續，約有40名工作人員，成立的時間差不多跟實行新經濟政策同時。*Piat' let vlasti Sovetov*, 150–2. 從1921年8月起，克爾日扎諾夫斯基開始負責國家計劃委員會，到1923年12月——當時有幾百名工作人員——由瞿魯巴接着又幹了大概兩年（之後克爾日扎諾夫斯基又回來了）。皮達可夫（從1923年開始）是副主席。托洛茨基差不多從國家計劃委員會剛成立的時候就指責它無能；列寧對季諾維也夫説，「托洛茨基現在是加倍的咄咄逼人」。Deutscher, *Prophet Unarmed*, 42; *Leninskii sbornik*, XX: 208–9. 在核心圈子中，除了托洛茨基，沒有誰想讓國家計劃委員會掌握特別的專政權力。1921年3月，斯大林在給列寧的信中嘲笑托洛茨基，説托洛茨基號召計劃，就像「一個把自己想像成易卜生戲劇中男主人公的中世紀手工業者，他利用古代的傳説，呼籲人們『拯救』俄國」。*Kalinin, Stalin: sbornik statei*, 轉載於 *Sochineniia*, V: 50–1（譯註：《斯大林全集》第5卷，第40頁）.

47 *Izvestiia*, March 28 and March 29, 1922; *PSS*, XLV: 69–116 (at 77, 81–2).

48 因此，按照列寧的邏輯，一旦社會主義革命在西歐成功，布爾什維克接下來就可以無視蘇維埃俄國絕大多數人口的願望了。*XI s"ezd RKP (b)*, 130.

49 Sakharov, *Na rasput'e*, 43–4.

50 *V Vserossiiskii s"ezd RKSM, 11–19 oktiabria 1922 g.*, 31–2.

51 列寧還説：「讓我在結束講話時表示一個信念：不管這個任務是多麼困難，不管它……是多麼生疏，不管它會給我們帶來多少困難，只要我們大家共同努力，不是在明天，而是在幾年之中，無論如何會解決這個任務，這樣，新經濟政策的俄國將變成社會主義的俄國。」*PSS*, XLV: 309（譯註：《列寧全集》第43卷，第302頁）; Sakharov, *Na rasput'e*, 33–4.

52 Sakharov, *Na rasput'e*, 30–1.

53 從1922年10月2日返回莫斯科到1922年12月16日，列寧總共寫了224封信和便函，接待了171位有記錄可查的來訪者，主持了32場會議。Golikov, *Vladimir Il'ich Lenin*, XII: xviii; *Voprosy istorii KPSS*, 1957, no. 4: at 149（福季耶娃）.

54 *PSS*, XLV: 469. 現在還無法從文件中瞭解到列寧和李可夫那次談話的內容，但至少有一部分可能跟格魯吉亞事件有關。福季耶娃的回憶錄沒有提到與李可夫的這次會面，參見Fotieva, *Iz zhizni*, 249.

55 Golikov, *Vladimir Il'ich Lenin*, XII: 534; Fotieva, *Iz zhizni*, 250–1; *PSS*, XLV: 596.

56 Volkogonov, *Lenin: Life and Legacy*, 416.

57 Fotieva, *Iz zhizni*, 261.

58 *PSS*, LIV: 331–2.

59 國家從1918年開始壟斷了對外貿易，但是隨着向新經濟政策的轉變，大部分布爾什維克的高級領導人，包括斯大林，都認為這種做法是不可持續的，已經過時了，但列寧把它看作是一種保護措施（「不然，外國人會把一切貴重物品都買走，運走」〔譯註：《列寧全集》第42卷，第459頁〕）和國家收入的重要來源。*PSS*, XLIV: 427, 548, LIV: 325–6, 338.

60 *PSS*, XLV: 596, n210.

61 *PSS*, XLV: 338–9.

62 Trotskii, *Stalinskaia shkola fal'sifikatsii*, 74–5; Trotskii, *Portrety revoliutsionerov*, 279. 事實上，為了保持貿易壟斷，列寧依靠的有好幾個人。Sakharov, *Politicheskoe zaveshchanie*, 203–22; Lenin, *PSS*, XLV: 471（譯註：《列寧全集》第43卷，第462頁）.

63 Sakharov, *Politicheskoe zaveshchanie*, 207–22.

64 RGASPI, f. 16, op. 2, d. 13, l. 180–90.

65 *PSS*, XLV: 472; LIV: 325–6.

66 *PSS*, LIV: 327.

67 列寧的這封信沒有收入《列寧全集》。參見Volkogonov, *Lenin: politicheskii portret*, II: 329 (APRF, f. 3, op. 22, d. 307, l. 19); 以及Sakharov, *Politicheskoe zaveshchane*, 201（他確定了這封信的日期). 據瑪麗亞・烏里揚諾夫娜說，列寧「叫來斯大林並給他交待了幾件最私密的任務」。*Izvestiia TsK KPSS*, 1898, no. 12: 196.

68 斯大林上一次見到列寧可能是在1922年12月13日。Golikov, *Vladimir Il'ich Lenin*, XII: 537–43

69 "O zhizni i deiatel'nosti V. I. Lenina (vospominaniia, pis'ma, dokumenty)," *Izvestiia TsK KPSS*, 1989, no. 12: 189–201 (at 191).

70 列寧定了這條規矩，即政治局委員的健康問題是黨管轄範圍內的事情。Ulam, *The Bolsheviks*, 560.

71 *Voprosy istorii KPSS*, 1991, no. 9: 44–5.

72 *PSS*, LIV: 327–8, 672. 托洛茨基提到了給加米涅夫的信，而加米涅夫按照托洛茨基的請求通知了斯大林。1922年12月20日，奧特弗里德・弗爾斯特醫生從德國趕來並在當天檢查了列寧的病情，但是對於他在12月21日（或22日）為列寧看病的情況，現在沒有任何記錄，醫生日誌中也看不出有關列寧飲食起居的規定有甚麼改變，能夠允許他進行口授。*Izvestiia TsK KPSS*, 1989, no. 12: 191–2; Fotieva, *Iz zhizni*, 274.

73 奇怪的是，1923年，列寧給托洛茨基的信件刊登在國外的孟什維克刊物《社會主義通報》上。而且它的署名是列寧早就不用的「N. 列寧」，記錄者「N. K. 烏里揚諾夫娜」，這個名字克魯普斯卡婭從來沒有用過。列寧檔案中的副本有一張手寫的便條，是克魯普斯卡婭給托洛茨基的，要求給列寧回電話，但那是甚麼時候寫的，現在還不清楚（把它放進去也許是為了說明，為甚麼沒有托洛茨基的書面答覆）。Sakharov, *Politicheskoe zaveshchanie*, 387; Trotsky archive, Houghton Library, Harvard University, T 770; Fel'shtinskii, *Kommunisticheskaia oppozitsiia v SSSR*, I: 72; *PSS*, XLIV: 327–8, 672; Golikov, *Vladimir Il'ich Lenin*, XII: 545.

74 簽署文件的有斯大林、季諾維也夫和加米涅夫。斯大林可能在全會前讓列寧看過這份文件。Sakhahrov, *Politicheskoe zaveshchanie*, 215–6（引自RGASPI, f. 17, op. 2, d. 86, l.7–7ob.). 學者們一直在聽信托洛茨基關於保持對外貿易壟斷的謊言，以為代表列寧參加全會的那天，只有他取得了勝利。Viz. Kumanev and Kulikova, *Protivostoianie*, 14–5. 事實上，由於12月16日那天列寧的病情惡化，克魯普斯卡婭代表列寧給雅羅斯拉夫斯基（托洛茨基的一個對頭）也寫了信，要求他找人代替列寧參加1922年12月18日全會的討論。值得注意的是，當時並沒有把寫好的關於貿易壟斷問題的會議備忘錄給托洛茨基一份，他也沒有索要。對外貿易壟斷問題——據説正是因為這個問題列寧開始疏遠斯大林——再也沒有出現在後來的文件中。Sakharov, *Politicheskoe zaveshchanie*, 203–22.

75 RGASPI, f. 17, op. 2, d. 87, l. 1–2. 托洛茨基在回憶錄中謊稱與列寧有過一次談話，談的是消除國家機關和黨的機關中的官僚主義，具體目標是組織局，那是斯大林權力的源頭。據托洛茨基説，列寧最後表示，「那我就和你結為一個集團，反對一般的官僚機構，特別是反對組織局」。托洛茨基聲稱，他把此次與列寧的談話告訴了自己的擁護者：「拉柯夫斯基、I. N. 斯米爾諾夫、索斯諾夫斯基、普列奧布拉任斯基等等」——據説這種重複有助於他的記憶。Trotskii, *Moia zhizn'*, II: 215–7; Trotsky, *My Life*, 78–9.

822

76 克魯普斯卡婭為了讓斯大林動粗的事件有案可稽，就寫信給加米涅夫：「因為列寧在醫生的許可下口授了一封很短的信，斯大林昨天竟然以最粗暴的方式指責我……我和斯大林一樣珍視黨和伊里奇的利益。」給加米涅夫的這封信現在是有的，但上面沒有日期；過去添加的日期是1922年12月23日。*PSS*, LIV: 674–5 (RGASPI, f. 12, op. 2, d. 250); *Izvestiia TsK KPSS*, 1989, no. 1: 192; Lewin, *Lenin's Last Struggle*, 152–3. 加米涅夫轉而給斯大林寫了一張便條，透露説托洛茨基告訴他收到了列寧的一封沒有註明日期的信；檔案管理人員後來補註的日期是「不晚於12月22日」，但它提到的是「代表大會」，不是全會，而代表大會是在1923年3至4月召開的。斯大林給加米涅夫的回答是：「『老頭子』怎麼可能和托洛茨基通信呢，這是弗爾斯特絕對禁止的。」斯大林的回信現在一般認為是在12月22日——還不清楚這個日期對不對。斯大林在12月22日並沒有打電話給克魯普斯卡婭，也沒有咒罵她。中央委員會禁止討論政治問題，但並沒有禁止與領導層的成員接觸；政治局是在12月24日才執行上述禁令的。*Izvestiia TsK KPSS*, 1991, no. 6: 193.

77 *Voprosy istorii KPSS*, 1991, no. 9: 43–5; *PSS*, XLV: 474; Volkogonov, *Lenin: politicheskii portret*, II: 337–8; *Izvestiia TsK KPSS*, 1991, no. 6: 191; 1989, no. 12: 196; Sakharov, *Politicheskoe zaveshchanie*, 202.

78 Golikov, *Vladimir Il'ich lenin*, XII: 542–6.

79 *Voprosy istorii KPSS*, 1991, no. 9: 45.

80 薩哈羅夫複製了許多文件，其中包括他認為出自阿利盧耶娃的那份手寫的文件：*Politicheskoe zaveshchanie*, 352–53 (plates). 那封信有兩種形式，手寫的和打印的。手寫的上面有標題：〈給代表大會的信〉。標題顯然是後加的（因為它明顯不是那樣的一封信）。很能説明問題的是，那封打印的信並沒有指定要給誰。兩者的內容也不太一致。福季耶娃在12月29日寫信給加米涅夫説，當時沃洛季切娃在場。沃洛季切娃後來説她把信給了斯大林，但此話是否屬實，現在還不清楚，不過在福季耶娃給加米涅夫的信中（12月29日）是這麼説的。娜佳當時有可能已把此事透露給斯大林。關於沃洛季切娃的故事，參見*Izvestiia TsK KPSS*,1989, no. 12: 191–2, 198; Genrikh Volkov, "Stenografistka Il'icha," *Sovetskaia kul'tura*, January

21, 1989 (手稿註明的日期是1963年12月18日，引自與沃洛季切娃的談話); 以及 *PSS*, XLV: 343; "K istorii poslednikh Leninskikh dokumentov: Iz arkhiva pisatelia Aleksandra Beka, besedovavshee v 1967 godu s lichnymi sekretariami Lenina," *Moskovskie novosti*, April 23, 1989: 8–9. 另見*PSS*, XLV: 474. 當沃洛季切娃(或代表她的某個人)異想天開，說在毫不知情的情況下把信給了斯大林時，除她之外的所有當事人都已經過世了。值得注意的是，黨的第十五次代表大會的公告，並沒有把12月23日的口授文件作為所謂的列寧〈給代表大會的信〉或「遺囑」的一部分公佈出來。這份文件也沒有像後來那樣做編號。Fel'shtinskii, *Kommunisticheskaia oppozitsiia v SSSR*, I: 73–8.

81 福季耶娃寫道，從1922年12月23日開始，除了她自己和沃洛季切娃、格拉塞爾(一次)、醫生、護理員以及克魯普斯卡婭之外，沒有人和列寧接觸過。但這一說法不對Fotieva, *Iz zhizni*, 275.

82 VSakharov, *Politicheskoe zaveshchanie*, 278–89 (esp. 282–3); *Otechestvennaia istoriia*, 2005, no. 2: 162–74.

83 *Voprosy istorii KPSS*, 1963, no. 2: 68; Ulam, *The Bolsheviks*, 560.

84 *Izvestiia TsK KPSS*, 1990. no. 1: 57.

85 Sakharov, *Politicheskoe zaveshchanie*, 653–8 (RGASPI, f. 5, op. 2, d. 305, l. 1–5; d. 301, l. 1–2).

86 Sakharov, *Politicheskoe zaveshchanie*, 459.

87 *PSS*, XLV: 349–53 (譯註：參見《列寧全集》第43卷，第344–348頁。); Sakharov, *Politicheskoe zaveshchanie*, 375 (RGASPI, f. 5, op. 4, d. 10, l. 13ob).

88 Sakharov, *Na rasput'e*, 58–9, n33 (引自RGASPI, f. 5, op. 4, d. 98, l.114–45); *XIV s"ezd VKP (b)*, 453–4).

89 Sakharov, *Politicheskoe zaveshchane*, 557–60 (引自RGASPI, f. 5, op. 1, d. 274, l. 1–2); Fel'shtinskii, *Kommunisticheskaia oppozitsiia v SSSR*, I: 9–11.

90 Sakharov, *Politicheskoe zaveshchane*, 660–2 (引自RGASPI, f. 5, op. 1, d. 275, l. 2–3); Fel'shtinskii, *Kommunisticheskaia oppozitsiia v SSSR*, I: 9–11.

91 *Izvestiia TsK KPSS*, 1990, no. 10: 178–9 (托洛茨基給中央監察委員會的信，1923年10月).

92 1月20日，托洛茨基在另一封信中抱怨說最近的共產國際代表大會讓自己脫不開身。Sakharov, *Politicheskoe zaveshchane*, 660–72 (RGASPI, f. 5, op. 1, d. 275, l. 2–3; d. 307, l. 5; d. 308, l. 1–5); Fel'shtinskii, *Kommunisticheskaia oppozitsiia v SSSR*, I: 12–5.

93 1922年12月21日，組織局討論並通過了捷爾任斯基委員會報告的結論。捷爾任斯基委員會報告的最終草案證實，奧爾忠尼啟則確實打了一名格魯吉亞共產黨員，但沒有要求採取紀律處分，反而建議把格魯吉亞的各位(前)中央委員調到蘇維埃俄國。最終草案在1923年1月13日的組織局會議上獲得通過並呈送政治局；結論的副本送交列寧。政治局批准了組織局的決定以及格魯吉亞中央委員會的新人選。1月18日，為了讓姆季瓦尼等人有時間熟悉材料，政治局決定將討論推遲一個星期。RGASPI, f. 17, op. 3, d. 330, l. 3.

94 RGASPI, f. 17, op. 3, d. 331, l. 1. 捷爾任斯基委員會的報告：RGASPI, f. 5, op. 2, d. 32, l.69–73.

95 *PSS*, XVL: 476; Fotieva, *Iz zhizni*, 300; Golikov, *Vladimir Il'ich Lenin*, XII: 568–9.

96 Fotieva, *Iz zhizni*, 301. Sakharov, *Politicheskoe zaveshchanie*, 276–7 (引自RGASPI, f. 5, op. 4, d. 10, l.23–23ob.). 有一點也許值得注意：福季耶娃承認，她首先問了捷爾任斯基，而捷爾任斯基告訴她斯大林有那些材料。

97 莫洛托夫提供了另外一種可能性：「斯大林開始執行書記處的決定，不讓季諾維也夫和加米涅夫去探望列寧，因為醫生禁止這樣的接觸。他們向克魯普斯卡婭反映。她十分生氣，就跟斯大林說了，而斯大林回答她，『中央委員會做出的決定，而且醫生也認為不能讓人去探望列寧』。『但這是列寧自己要求的！』『要是中央委員會做出這樣的決定，就連你去看他我們也會禁止。』」Chuev, *Sto sorok*, 212.

98 Chuev, *Sto sorok*, 212–3; Chuev, *Molotov Remembers*, 132.

99 1926年的回憶：*Izvestiia TsK KPSS*, 1989, no. 12: 196, 198.

100 *PSS*, LIV: 329; RGASPI, f. 17, op. 3, d. 332, l. 5.

101 *Kentavr*, October–December 1991, 100–1; Sakharov, *Politicheskoe zaveshchane*, 392.

823

102 「在上述的分析中，工人階級要維護和加強自身的引領地位，不是要通過政府機關，不是要通過軍隊，而是要通過工業，是工業再生產了無產階級本身，」托洛茨基在有關工業的文章中寫道，「黨、工會、共青團、我們的學校等，都負有教育和培養新一代工人階級的任務。但事實將會證明，要是它下面沒有一個不斷發展的工業基礎，所有這一切都是建立在沙灘上的。」他強烈建議要把國家財政花在國家工業上。Daniels, *Documentary History of Communism*[1960], I: 234–6 (引自Trotsky archives, Houghton Library, Harvard University: March 6, 1923).

103 斯大林贏得了這場鬥爭，並且像在1923年夏天的中央全會上批准的那樣，根據他的建議進行了改組。Sakharov, *Politicheskoe zaveshchanie*, 663–71; RGASPI, f. 17, op. 3, d. 363, l. 2; d. 364, l. 5; d. 369, l. 5.

104 Naumov and Kurin, "Leninskoe zaveshchanie," 36.

105 Volkogonov, *Lenin: Life and Legacy*, 421 (引自APRF, f. 3, op. 22, d. 307, l. 138–9).

106 *Izvestiia TsK KPSS*,1989, no. 12: 198. 在人民委員會秘書處的這幾名女性對斯大林顯然沒有好感。例如，她們後來受前同事娜佳·阿利盧耶娃的邀請，在小斯維特蘭娜出生的時候(1926年2月28日)到斯大林的家中拜訪。當時斯大林打開門，娜佳對他說把門關上，要不然孩子會受風感冒，據說他帶着他那奇怪的幽默感回答說：「要是得了感冒那就死得更快了」。Genrikh Volkov, "Stenografistka Il'icha," *Sovetskaia kul'tura*, January 21, 1989: 3 (手稿註明的日期是1963年10月18日).

107 "Dnevnik dezhurnykh sekretarei V. I. Lenina," *PSS*, XLV: 607. 另見Lewin, *Lenin's Last Struggle*, 96. 這也許是在格魯吉亞事務上第一個能得到文件材料有力證明的例子：列寧不僅對奧爾忠尼啟則和捷爾任斯基表示懷疑，還對斯大林表示懷疑。

108 醫生們還說：「弗拉基米爾·伊里奇對不把備忘錄給他感到很生氣，說他已經看過備忘錄，只是因為有個問題還需要再看一下」。Sakharov, *Politicheskoe*

zaveshchanie, 276. 格拉塞爾拒絕把「中央給各省黨委的關於格魯吉亞共產黨內部衝突問題的短信」副本交給列寧。*Izvestiia TsK KPSS*, 1990, no. 9: 153nl, 162–63.

109 Golikov, *Vladimir Il'ich Lenin*, XII: 589 (RGASPI, f. 5, op. 2, d. 32, l.53–73); Fotieva, *Iz zhizni*, 315. 這些檔案材料現在保存在：RGASPI, f. 5, op. 2, d. 32, d. 33, d. 34. 格拉塞爾對布哈林說，列寧「對我們的工作已經預先有了看法，他實際上是覺得，同時也非常擔心，我們在報告中無法證明他所需要的東西，而他又沒有時間去準備代表大會的講話」。*Izvestiia TsK KPSS*, 1990, no. 9: 163.

110 Sakharov, *Politicheskoe zaveshchanie*, 501 (引自 RGASPI, f. 5, op. 2, d. 31, l. 1, 3, 4).

111 Sakharov, *Politicheskoe zaveshchanie*, 345–62.

112 RGASPI, f, 5, op. 2, d. 34, l. 15; Trotsky, *My Life*, 482–8.

113 Smith, "The Georgian Affair of 1922," 538 (引自 RGASPI, f. 5, op. 2, d. 34, l. 3); Smith, *Bolsheviks and the National Question*, 208. 托洛茨基和列寧（以及李可夫）的醫生都是德國人F. A. 蓋捷（F. A. Guetier），所以托洛茨基可以得到關於列寧身體狀況的第一手信息，並可以利用這種額外的渠道與布爾什維克領袖溝通。

114 *PSS*, XLV: 329–30.

115 *Izvestiia TsK KPSS*, 1989, no. 12: 192–3 (RGASPI, f. 2, op. 1, d. 26004, l. 3); Volkogonov, *Stalin: politicheskii portret*, II: 384–5; Volkogonov, *Lenin: Life and Legacy*, 274 (引自 APRF, f. 3, op. 22, d. 307, l.27–9). 註：「大約在五個星期之前」——意思是1月底，不是12月23日。克魯普斯卡婭的私人秘書（1919–1939）薇拉·德里德佐突然想起斯大林在1923年3月是如何打電話向克魯普斯卡婭道歉的；德里德佐在其出版於勃列日涅夫時代的回憶錄中沒有提到這件事。V. Dridzo, 105; cf. Dridzo, *Nadezhda Konstantinovna*.

116 Trotsky, *Between Red and White*, 81.

117 *Kentavr*, 1991, Oktiabr'—dekabr': 109–12.〈寧肯少些，但要好些〉也被認為是列寧口授的（日期是3月2–9日），它猛烈批評了國家機關的管理和理應改善國家機關管理的工農檢查院。托洛茨基聲稱他召集了一次會議，力主在《真理報》上發表這篇口授的文章。Trotsky, *Stalin School of Falsification*, 72.

118 Trotskii, "*Zaveshchanie Lenina [Portrety]*," 280.

119 *Izvestiia TsK KPSS*, 1990, no. 9: 151. 同一天，斯大林打電報給奧爾忠尼啟則，提到了列寧的幾封信。托洛茨基聲稱他把給姆季瓦尼和馬哈拉澤的信告訴了加米涅夫，但信上寫的是「抄送」加米涅夫和托洛茨基。加米涅夫和托洛茨基有沒有像托洛茨基聲稱的那樣在3月6日的夜裏碰過面，現在還不清楚；在加米涅夫的秘書處，沒有登記過這封由托洛茨基給加米涅夫的信，而加米涅夫說，與托洛茨基的會面是在後來發生的，是在列寧的身體狀況已經變得顯然沒有希望之後。

120 *PSS*, LIV: 329–30 (RGASPI, f. 2, op. 1, d. 26004, l. 1–3 (附有斯大林的回信); *Izvestiia TsK KPSS*, 1989, no. 12: 192–3. 現在存有一份斯大林回信的副本，是由沃洛季切娃手寫的，上面沒有斯大林的簽名；第二份副本顯然是斯大林寫的，有他的簽名，但這份副本看上去像是模仿的。檔案封面上有一則說明，是斯大林的筆跡：「列寧同志要求斯大林親收。」不過，現在不清楚這則說明是不是為這封信寫的。Sakharov, *Politicheskoe zaveshchanie*, 395–7.

121 *Voprosy istorii KPSS*, 1963, no. 2, 轉載於*PSS*, XLV: 455–86 (列寧秘書的「日誌」，1922年11月21日–1923年3月6日).

122 Volkogonov, *Lenin: politicheskii portret*, II: 343.

123 3月17日：「等了一小會兒，他想要表達某個想法或願望，但無論是護士、瑪麗亞·伊里奇娜還是娜捷施達·康斯坦丁諾夫娜，都不明白他要說甚麼。」Sakharov, *Politicheskoe zaveshchanie*, 497. 另見Volkogonov, *Lenin: politicheskii portret*, II: 343.

124 *Pravda*, March 12 and March 14, 1923; *Izvestiia*, March 14, 1923.

125 Valentinov, *Novaia ekonomicheskaia politika*, 33–40.

126 Velikanova, *Popular Perceptions*, 27 (引自RGASPI, f. 76, op. 3, d. 287, l. 6–7, 13); Izmozik, *Glaza*, 84.

127 Trotskii, "O bol'nom" (1923年4月5日) 見於*O Lenine*, 159–61.

128 Karl Radek, "Trotskii, organizator pobedy," *Pravda*, March 14, 1923, 轉載於他的*Portrety i pamflety* (Moscow and Leningrad: Gosizdat, 1927), 但在隨後的版本中(1930年和1933–1934年)被刪掉了。

129 Valentinov, *Novaia ekoniomicheskaia politika*, 54; Valentinov, *Nasledniki Lenina*, 13–4.

130 *Sevos'tianov, "Sovershenno sekretno": Lubianka—Stalinu*, I/i: 51–2 (TsA FSB, f. 2, op. 1, d. 42: March 24, 1923). 編者們沒有轉載這份文件的全文，而只是少數幾個片斷，對於沒有提到斯大林的名字也未作評論。

131 1922年5月30日和1922年12月22日，列寧向斯大林要過毒藥。

132 *Sochineniia*, XVI: 25. 收到斯大林信件的有托姆斯基、季諾維也夫、莫洛托夫、布哈林、托洛茨基和加米涅夫；李可夫和加里寧不在。Volkogonov, *Lenin: politicheskii portret*, II: 347–50 (APRF, f. 3, op. 22, d. 307, l.1–2). 斯大林死後，福季耶娃沒有否認要毒藥的事情，至於在日誌中為何沒有提到，她說是自己「忘記」做記錄了。*Izvestiia TsK KPSS*, 1991, no. 6, 217; Fotieva, *Iz zhizni*; "K istorii poslednikh leninskikh dokumentov," *Moskovskie novosti*, April 23, 1989: 8–9 (在亞歷山大·貝克去世後發表的貝克在1960年代對福季耶娃和沃洛季切娃的採訪：按照貝克的說法，列寧的中風奇蹟般地拯救了斯大林); Ulyanova, "O zhizni i deiatel'nosti V. I. Lenina (vospominaniia, pis'ma, dokumenty)," *Izvestiia TsK KPSS*, 1989, no. 12: 189–201 (at 199). 列寧早些時候索要毒藥的事情(1922年12月22日)在值班日誌中沒有記載。*Izvestiia TsK KPSS*, 1991, no. 6: 217.

824

133 Sakharov, *Politicheskoe zaveshchane*, 273n.

134 在3月16日的電報中，斯大林試圖讓奧爾忠尼啟則放心：「我認為，事情在〔格魯吉亞〕代表大會上會得到順利解決，俄國共產黨第十二次代表大會也會支持南高加索黨委的政策。」RGASPI, f. 558, op. 1, d, 2518, l. 1.

135 Sakharov, *Politicheskoe zaveshchanie*, 505 (引自RGASPI, f. 5, op. 2, d. 33, l. 50).

136 梯弗利斯的奧爾忠尼啟則給羅斯托夫的伏羅希洛夫和米高揚發了一封電報，透露說季諾維也夫正在路上，並說季諾維也夫「似乎有點偏向〔民族〕分離分子，但還不如加米涅夫，加米涅夫給分離分子提供了不同的建議。我跟季諾維也夫談了。你們兩個也會跟他談的。目前他們的所有企圖都不會有甚麼收穫，只會使我們的同志反對加米涅夫，並在參加代表大會的南高加索代表團中造成分裂」。RGASPI, f. 85, op. 24, d. 2479, l. 1–1ob.

137 *TsK RKP (b)—VKP (b) i natsional'nyi vopros*, 106 (RGASPI, f. 558, op. 1, d. 2522, l. 1). 在3月22日的政治局會議上，斯大林為即將召開的黨的代表大會準備的有關民族問題的提綱獲得了通過。*XII s"ezd RKP (b)*, 816–9.

138 托洛茨基指責說成立蘇聯這件事是在書記處決定的，不是政治局。3月29日政治局致托洛茨基的集體信駁斥了這一謊言。接下來的兩天，托洛茨基在中央全會上再次要求解除奧爾忠尼啟則的職務，結果除了他自己之外，得到的贊成票還是只有一張。Smith, *Bolsheviks and the National Question*, 210. 卡岡諾維奇回憶說，托洛茨基給了格魯吉亞「民族傾向分子」充分的支持。Kaganovich, *Pamiatnye zapiski*, 282.

139 Kun, *Bukharin*, 130–1.

140 打了電話之後，福季耶娃給斯大林寫了一張便條，詳細說明了文章「寫作」〔原文如此！〕的日期和弗拉基米爾．伊里奇是如何「建議發表」的，但「我沒有弗拉基米爾．伊里奇的正式指示」。福季耶娃沒有把附信送給斯大林：「沒送，因為斯大林同志說他不想摻和。」福季耶娃倒是給加米涅夫送了一封寫給政治局的信——同時抄送托洛茨基——說「在他上次發病前不久，他對我說他想要發表這篇文章，但是要在晚些時候。那以後他就病了，也沒有給出最後的指示」——這個說法超出了她對斯大林所說的內容。她還說，文章已經給托洛茨基送去了。加米涅夫表示，托洛茨基在一個多月前就把文章給他看過了，因此，按照正常程序，他會把信轉交給黨的書記處（也就是交給斯大林）。*Izvestiia TsK KPSS*, 1990, no. 9: 155–6, 161.

141 後期的口授材料中其他所有被歸於列寧的想法，比如十月道路的正確性、加強黨的權威和改善機關職能的必要性、小資產階級敗壞革命的危險性、農民有望通過合作社的道路戰勝市場邁向社會主義，都和他的觀點是一致的。Lih, "Political Testament."

142 *Kommunist*, 1956, no. 9, 轉載於 *PSS*, XLV: 356–62.

143 Fotieva, *Iz zhizni*, 286.

144 Sakharov, *Politicheskoe zaveshchanie*, 514–8; Sakharov, *Na raspute*, 136–44; *Izvestiia TsK KPSS*, 1990, no. 9: 151, 158; *Tainy natsional'noi politiki TsK RKP*, 97.

145 Sakharov, *Politicheskoe zaveshchane*, 329–30, 335–6.

146 Valentinov, *Nasledniki Lenina*, 17.

147 斯大林的任務是作組織工作報告，布哈林是代替季諾維也夫作有關共產國際的報告，而交給托洛茨基的是工業報告（但只是在政治局對他有關國家在經濟方面的角色的提綱進行修改之後）。加米涅夫的任務是代替生病的索柯里尼柯夫作有關稅收政策的報告。RGASPI, f. 17. op. 3, d. 329, l.203; op. 2, d. 96, l. 1; op. 3, d. 346, l. 5. 比較有趣的是，按照巴扎諾夫的說法，當時斯大林建議由托洛茨基作有關政治形勢的主報告，托洛茨基不同意，並反過來推薦斯大林，結果加米涅夫採取了一個折衷的辦法，選擇了季諾維也夫，而這正是季諾維也夫朝思暮想的角色。*Bazhanov, Damnation of Stalin*, 30.

148 *XII s"ezd RKP (b)*, 8–9. 季諾維也夫在政治報告中說道：在黨和國家的關係問題上，「存在勞動的劃分，但不存在權力的劃分」。這顯然是針對托洛茨基的。*XII s"ezd RKP (b)*, 41–2. 卡爾在提到季諾維也夫時說得比較刻薄：「他想接過列寧衣缽的野心表現得那麼天真，結果讓他的虛榮顯得十分可笑。」Carr, *Socialism in One Country*, I: 170. 相比之下，加米涅夫找到了一種合適的姿態，在提到列寧時說：「每當我們遇到這樣那樣的問題和這樣那樣的困難時，他的教導就成了我們的試金石。在內心裏，我們每個人都問過自己，『弗拉基米爾·伊里奇會怎麼解決這個問題？』」*XII s"ezd RKP (b)*, 523.

149 *Dvenadtsatyi s"ezd RKP (b)*, 199.

150 *Pravda*, December 7, 1923.

151 Valentinov, *Novaia ekonomicheskaia politika*, 54[1991], 99.

152 Daniels, *Conscience of the Revolution*, 205; *Izvestiia*, April 7, 1923 (彼得羅夫斯基). 另見 Barmine, *One Who Survived*, 212; 以及 Deutscher, *Prophet Unarmed*, 94.

153 *XII s"ezd RKP (b)*, 393. 莫里斯·多布（Maurice Dobb）刊印了一幅摘自斯特魯米林（Strumilin）著作的不同版本的曲線圖：Dobb, *Russian Economic Development*, 222.

154 *XII s"ezd RKP (b)*, 306–22 (at 321).

155 Carr, *Interregnum*, 32–4.

156 Barmine, *One Who Survived*, 93–4.

157 與斯大林關係密切的阿韋利·葉努基澤提出了一種稍帶惡意的解釋。「列寧同志成了一邊倒的錯誤信息的受害者，」葉努基澤推測道，「當他們接近一個人，這個人因為生病而無法跟蹤瞭解日常發生的事情，他們就說某某同志受了侮辱、挨了打、被趕走了、丟了職務等等，他當然有可能寫出一封措辭如此尖銳的信。」*XII s"ezd RKP (b)*, 541. 4月18日，黨的代表大會的主席團做出決定，向元老委員會公開〈關於民族問題的筆記〉。

158 *Izvestiia TsK KPSS*, 1991, no. 4: 171–2.

159 *Sochineniia*, V: 257.

160 *XII s"ezd RKP (b)*, 449.

161 *Dvenadtsatyi s"ezd VKP (b)*, 31.

162 *Izvestiia TsK KPSS*, 1991, no. 4: 171.

163 *Dvenadtsatyi s"ezd* RKP *(b)*, 571, 650–2.

164 *XII s"ezd RKP (b)*, 561–4; Sakharov, *Politichskoe zaveshchane*, 521–34. 約有100人參加了4月25日大會特設的「民族問題分會場」的討論；這其中有24人不是大會代表，而是特意請來參加這次討論的。斯大林向大會匯報了討論的結果。*Dvenadtsatyi s"ezd* RKP *(b)*, 649–61.

165 *XII s"ezd RKP (b)*, 564. 不過，布哈林還是強調指出了大俄羅斯沙文主義問題。他說：「我明白，我們親愛的朋友柯巴同志沒有嚴厲批評俄羅斯的沙文主義，而是作為一個格魯吉亞人批評了格魯吉亞的沙文主義。」*XII s"ezd RKP (b)*, 614. 格魯吉亞人忿忿不平：奧爾忠尼啟則和斯大林事先在代表方面做了手腳，九個有表決權的格魯吉亞代表中只有馬哈拉澤維護格魯吉亞的民族路線；姆季瓦尼和科捷·欽察澤（Cote Tsintsadze，格魯吉亞契卡的首任人民委員）持有相同的觀點，但沒有表決權。馬哈拉澤宣佈，格魯吉亞中央委員會——那裏面集中了很多奧爾忠尼啟則的擁護者——「有毛病」。奧爾忠尼啟則指責姆季瓦尼和菲利普·馬哈拉澤在孟什維克主政格魯吉亞時（1918–1920）與孟什維克合作，包庇格魯吉亞黨內的階級敵人（地主），是「左傾主義」和「冒險主義」。拉狄克抱怨說「黨內的大多數同志都不理解〔民族〕問題的重要性」。*XII s"ezd RKP (b)*, 615. 825

166 *XII s"ezd RKP (b)*, 113. 季諾維也夫稱讚說：「斯大林同志和中央委員會的提綱好極了，透徹，深思熟慮，圓滿，沒人能說裏面有一處錯誤。」*XII s"ezd RKP (b)*, 557, 607.

167 Volkogonov, *Stalin: politicheskii portret*, I: 160.

168 Shvetsov, *Diskussiia v RKP (b)*, 10.

169 斯大林把新經濟政策比作參加1905年之後的杜馬選舉而不是繼續進行革命鬥爭。*Sochineniia*, V: 215, 238–40, 244–5, 248–9; Himmer, "The Transition from War Communism."

170 Nazarov, *Stalin i bor'ba za liderstvo*, 85（引自RGASPI, .f 50, op. 1, d. 58, l. 17）. 拉柯夫斯基、奧爾忠尼啟則、烏哈諾夫（Ukhanov）、扎盧茨基（Zalutsky）和哈里托諾夫（Kharitonov）只得到很少的選票，而哈里托諾夫是當選者中得票最少的（264票）。

171 「他已經從感覺性失語中恢復過來並開始學習說話了」，科熱夫尼科夫醫生滿懷希望地寫道。Volkogonov, *Lenin: Life and Legacy*, 429,（引自APRF, f. 3, op. 22, d. 307, l. 140）.

172 Volkogonov, *Lenin: Life and Legacy*, 430.

173 安熱莉卡·巴拉巴諾娃曾在1918年秋天列寧遭遇未遂暗殺之後到哥爾克去看望過他，而她在那時就注意到克魯普斯卡婭：「我覺得從上次看到她之後，她顯得蒼老憔悴了許多。過去幾個月的壓力在她身上比在她丈夫身上反映得更明顯。」Balabanoff, *My Life as a Rebel*, 186–7.

174 克魯普斯卡婭喜歡季諾維也夫的第二任妻子茲拉塔·利林娜·伯恩斯坦（Zlata Lilina Bernstein）；列寧夫婦和季諾維也夫夫婦在流亡時互相拜訪過。

175 *PSS*, XLV: 343–8, 593–4, n208; Fotieva, *Iz zhizni*, 279–82. 這份所謂口授文件的打印稿有幾處令人費解的地方，或者說有幾處奇怪的錯誤：在沒有上文的情況下卻說「我上面說到的」；說到季諾維也夫和加米涅夫兩人的時候用的代詞是單數的「他」（「於他」〔emu〕）。*PSS*, XLV: 474–6, 482. 從現在保存着速記記錄的口授文件來看，福季耶娃往往會保留原來用詞上的混亂，而沃洛季切娃則會改正有語法錯誤的地方。

176 秘書日誌中有很多天的記錄都不見了：12月17日、12月19至22日（據說是斯大林給克魯普斯卡婭打電話的那天）；從12月25日到1月16日記錄的只有兩條內容，其中有一條提到，列寧正在讀蘇漢諾夫的書。這應該就是列寧口授那些極其重要的文件的時候。"Dnevnik dezhurnykh seketarei Lenina," *PSS*, XLV: 457–86; 608, n297. 1967年，80歲的福季耶娃告訴亞歷山大·貝克説：「我們不會把所有的事情都寫在日誌裏。」"K istorii polsednikh Leninskikh dokumentov: Iz arkhiva pisatelia Aleksandra Beka, besedovavsheo v 1967 godu s lichnyi sekretariami Lenina," *Moskovskie novosti*, April 23, 1989: 8–9. 1929年，沃洛季切娃聲稱，她先是把口授的內容記下來，然後重寫五份，接着再重新打印一份沒有錯誤的送到《真理報》。因此，至少應該有三個版本。*PSS*, XLV: 592. 但現在既沒有最初的手寫版(速記)，也沒有重寫版。在口授材料中，人們理應看到多份底稿以及在比如説列寧檢查過謄寫稿後修改和插入文字的地方。口授材料很少是一氣呵成的。

177 Fel'shtinskii, *Kommunisticheskaia oppozitsiia v SSSR*, I: 73. 福季耶娃寫道，在被列寧叫去之後，人民委員會秘書處的工作人員都焦急地等待她或沃洛季切娃回去，以便瞭解列寧看起來如何，感覺怎樣。「有時候在我們從弗拉基米爾·伊里奇那兒回來之後，娜捷施達·康斯坦丁諾夫娜〔克魯普斯卡婭〕或瑪麗亞·伊里奇娜〔烏里揚諾夫娜〕會把他的口授內容讀一下並分享她們對他病情的看法。」Fotieva, *Iz zhizni*, 281. 弗拉基米爾·瑙莫夫(Vladimir Naumov)認為，斯大林和其他所有人當時馬上就知道了所謂的「遺囑」。*Pravda*, February 26, 1988. 但斯大林所知道的——就如福季耶娃給加米涅夫的信(12月29日)所證實的——只是12月23日的口授內容，那實際上是給斯大林的信；當時沒有人知道12月24日或12月25日的口授內容，因為有可能就沒有發生過那回事。

178 Kuromiya, *Stalin*, 64 (引自托洛茨基1933年7月7日給馬克斯·伊斯特曼的信：Trotsky manuscripts, Lily Library, Indiana University, Bloomington). 另見Bazhanov, *Vospominaniia*[1990], 107.

179 Sakharov, *Politicheskoe zaveschane*, 311–3.

180 1922年中期，當時捷爾任斯基是鐵路人民委員，政治局成立了一個委員會，調查從國外採購的情況，而這實際上是為了審查托洛茨基之前擔任鐵路人民委員時的工作。斯大林、李可夫、托姆斯基和加米涅夫投了贊成票；托洛茨基投了反對票。列寧缺席，但他在得知這一情況後並沒有想要推翻政治局的決定。RGASPI, f. 17, op. 3, d. 298, l.1, 6; *Izvestiia TsK KPSS*, 1991, no. 3: 189–90; Sakharov, *Politicheskoe zaveshchanie*, 368–9.

181 *PSS*, XLV: 345. 沃爾科戈諾夫認為，托洛茨基作為一個極其關注自身利益的人，有可能以為〈給代表大會的信〉意味着列寧已經把他——「大概是現在的中央委員會中最有才能的人」——指定為接班人，而且也許還以為列寧批評了他幾句，只是為了減輕他的升遷給其他人帶來的打擊。Volkogonov, *Trotsky*, 264–5.

182 *XII s"ezd RKP (b)*, 122, 136, 139; Valentinov, *Novaia ekoniomicheskaia politika*, 57–8; Tucker, *Stalin as Revolutionary*, 335. 在這次的代表大會上，三駕馬車讓自己手下開始拿托洛茨基的所謂波拿巴主義大做文章。Deutscher, *Prophet Unarmed*, 94–5; Deutscher, *Stalin*, 273. 所有這一切根本不是在暗中進行：1923年4月19日(黨的第十二次代表大會的第二天)，《經濟生活報》就重新刊登了列寧在1921年對托洛茨基有關國家計劃委員會的建議的強烈批評。Sakharov, *Politicheskoe zaveshchanie*, 543–4.

183 *XII s"ezd RKP (b)*, 47, 92–95, 121–2, 136–7, 139, 151; Sakharov, *Politicheskoe zaveshchanie*, 418–27. 弗拉基米爾·柯秀爾——西伯利亞黨組織的領導人、斯大林的手下之一斯坦尼斯拉夫·柯秀爾的弟弟——在1928年作為托派分子被開除黨籍。

184 Sakharov, *Politicheskoe zaveshchanie*, 423.

185 Sakharov, *Politicheskoe zaveshchanie*, 427. 沃爾科戈諾夫正確地指出，「值得注意的是，列寧竟然能在那麼短的時間內口授這麼些冗長的文件，尤其是他在12月16日和22日的夜裏病情還急劇惡化了」——對於病情的惡化，所有醫生都說過，如克拉默、科熱夫尼科夫、弗爾斯特、施特林普費爾(Strumpfell)、亨切爾(Hentschell)、農內(Nonne)、布姆克(Bumke)和葉利斯特拉托夫(Yelistratov)。但沃爾科戈諾夫沒能把這些細節聯繫起來：列寧實際上不可能口授所有那些文件。Volkogonov, *Lenin: Life and Legacy*, 419.

826

186 Fel'shtinskii, *Kommunisticheskaia oppozitsiia v SSSR*, I: 56 (季諾維也夫給斯大林的附函日期為1923年6月2日). 摩西·盧因正確地領會到所謂的列寧「遺囑」的要旨，即它實質上是贊成國際主義，反對民族主義、官僚主義——尤其是黨內領導層的官僚主義，以及解除斯大林的職務，但盧因沒有對文件的合法性提出質疑，不管怎麼說那些文件都是發表在馬克思列寧主義研究院出版的《列寧全集》中的。Lewin, *Lenin's Last Struggle*, 132–3.

187 後來，托洛茨基親自對認為他跟口授事件有關的懷疑作了解釋。據他所說，口授文件「充實並澄清了列寧和我的最後一次談話中提出的建議」。據托洛茨基說，列寧「當時正在做系統的準備，要在黨的第十二次代表大會上把斯大林作為官僚主義、官官相護、獨斷專行和粗魯無禮的典型，對他發起毀滅性的打擊」。托洛茨基還很可笑地說道，「組成一個『列寧和托洛茨基集團』，反對機關人員和官僚，當時完全瞭解這個想法的只有列寧和我」。其他人都不知情的原因在於，那是托洛茨基臆想出來的。Trotsky, *My Life*, 479–81. 托洛茨基沒有說明這次所謂的與列寧談話的日期。

188 例如，1921年11月，斯大林給列寧寫了一封很氣憤的信，訴說克魯普斯卡婭如何「再次」自以為是。RGASPI, f. 558, op. 1, d, 2176, l.1–5ob. 關於克魯普斯卡婭與斯大林的不和，另見Bazhanov, *Bazhanov and the Damnation of Stalin*, 31 (它支持托洛茨基).

189 McNeal, *Bride of the Revolution*, 117.

190 不喜歡瑪麗亞·烏里揚諾夫娜並稱她是「老姑娘」的托洛茨基猜測，是克魯普斯卡婭排擠烏里揚諾夫娜，把她推向了斯大林陣營，而學者們也往往按照這一說法，認為烏里揚諾夫娜站在斯大林一邊，克魯普斯卡婭站在托洛茨基一邊。Trotsky, *Diary in Exile* [1963], 33; Trotskii, *Dnevniki i pis'ma* [1986], 76; Trotskii, *Stalin*, II: 254–5.

191「要在托洛茨基和其他政治局委員之間，尤其是在托洛茨基和斯大林之間維持平衡是極其困難的，」烏里揚諾夫娜寫道，「他們兩個都屬於非常看重自身利益而又沒有耐心的人。對他們來說，個人的利益高於事業的利益。」"M. I. Ul'ianova ob otnoshenii V. I. Lenina i I. V., Stalina," *Izvestiia TsK KPSS*, 1989, no. 12: 196–9 (at 197).

192 Blank, *Sorcerer as Apprentice*, 157–8 (引自K. A. Khasanov, "Tatariia v bor'be za Leninskuiu natsional'nomu politiku," *Revoliutsiia i natsional'nosti*, 1933, no. 11: 30).

193 Bennigsen and Wimbush, *Muslim National Communism*, 51–7.

194 Tagirov, *Neizvestnyi Sultan-Galiev* 44–5 (TsGA IPD RT, f. 8237, op. 1, d. 2, l.112). 安東諾夫—奧弗申柯斷言，這封信是因為斯大林的話起了作用，讓蘇丹—加利耶夫中了圈套。其他人也都接受了這一說法。Antonov-Ovseenko, *Stalin bez maski*, 40–3; Landa, "Mirsaid Sultan-Galiev."

195 Bulat Sultanbekov, "Vvedenie," 載於 *Tainy natsiona'noi politiki TsK RKP*, 4–11. 另見Sultanbekov, *Pervaia zhertva Genseka*. 當時還有幾份告密者的秘密報告，大意是，蘇丹—加利耶夫正在組織蘇聯各地的東部共產黨人召開一次秘密的代表大會。Tagirov, *Neizvestnyi Sultan-Galiev*, 32–4 (TsGA IPD RT, f. 8237, op. 1, d. 5, l.22–3). 抱怨說工作負擔過重的捷爾任斯基把這個案子交給了明仁斯基。Tagirov, *Neizvestnyi Sultan-Galiev*, 71 (TsA IPD RT, f. 8237, op. 1, d. 2, l. 117).

196 *Tainy natsiona'noi politiki TsK RKP*, 15–23. 供詞沒有提到請求被處決的事情，參見Tagirov, *Neizvestnyi Sultan-Galiev*, 74–5 (TsGA IPD RT, f. 8237, op. 1, d. 20, l.103–4; d. 2, l. 121).

197 斯克雷普尼克還說，當時公開要求一位穆斯林民族主義者作出解釋，但卻沒有這樣要求眾多持俄羅斯沙文主義想法的共產黨人中的任何一個。托洛茨基的發言滔滔不絕，認為蘇丹—加利耶夫的問題不在於民族主義，而在於叛變，這種叛變不是因為土耳其大使館的蠱惑，而是因為從民族主義而來的政治演變，這種演變「沒有受到那些和他關係密切的共事者的必要的抵制」——事到如今，韃靼的同志還在試圖保護他，說對他的信件翻譯得不好。*Tainy natsiona'noi politiki TsK RKP*, 54–7 (奧爾忠尼啟則), 61 (斯克雷普尼克，托洛茨基), 74 (托洛茨基).

198 拉柯夫斯基和斯克雷普尼克提交了他們自己的憲法草案，並強烈主張各個共和國要有自己負責外交和對外貿易的人民委員部。Davletshin, "The Federal Principle in the Soviet State," at 24, Sullivant, *Soviet Politics and the Ukraine*, 65–76; *TsK RKP (b)—VKP (b) i natsional'nyi vopros*, 120–9 (RGASPI, f. 558, op. 1, d. 3478, l.20–25, 30–7: commission meeting of June 14, 1923). 在莫斯科的少數民族共產黨人會議結束之前，拉柯夫斯基和斯克雷普尼克要求斯大林加以說明，在描述蘇維埃社會主義共和國聯盟時使用的兩個說法「統一的」和「不可分的」是甚麼意思；他作了言辭尖銳的回擊，說他們的指責和要求相當於邦聯，而不是已經達成一致的聯邦。*Tainy natsiona'noi politiki TsK RKP*, 270–2 (拉柯夫斯基和斯大林).

199 有種說法(1926年從加米涅夫的秘書處傳出的)認為，只是因為加米涅夫和季諾維也夫出手相助，蘇丹—加利耶夫才免於一死。更令人信服的是，有一張明仁斯基寫的便條，對線人有關蘇丹—加利耶夫與土耳其、波斯及阿富汗駐莫斯科外交人員進行秘密接觸的說法表示懷疑——對於這種牽涉到叛國罪的審判，需要諸如此類的材料。(斯大林在黨的會議上把這樣的接觸當作事實提了出來。) *Tainy natsiona'noi politiki TsK RKP*, 64.

200 *Tainy natsiona'noi politiki TsK RKP*, 85.（刊載於《斯大林全集》中的文稿稍有不同：*Sochineniia*, V: 301–12.）1923年6月6日，格伯烏的明仁斯基也建議釋放。Tagirov, *Neizvestnyi Sultan-Galiev*, 76–80 (at 80: TsGA IPD RT, f. 8327, op. 1, d, 5, l.91–5). 在6月10日晚的主報告中，斯大林用了很長時間說明俄國共產黨是如何在沙皇制度下形成的，首先是在反對孟什維主義、資產階級傾向、右派分子的鬥爭中，後來是在反對左派共產黨人的鬥爭中，而在少數民族地區的黨內正在發生相似的一幕。但是，他繼續說道，各邊疆地區的黨不可能像俄國黨以前那樣，在一方的幫助下去反對另一方，先和右傾主義，繼而又和左傾主義作鬥爭，而是必須同時與兩者作鬥爭。*Tainy natsiona'noi politiki TsK RKP*, 99–106.

201 *Tainy natsiona'noi politiki TsK RKP*, 270–2（加米涅夫）, 273–4. 在這次為期四天的會議當中的某個時候，季諾維也夫給斯大林遞了一張便條，建議說「在中央委員會設立一個負責民族事務的永久性委員會是絕對必要的」。斯大林回答說：「這件事很複雜：我們需要有來自所有或主要民族的人……要是沒有各民族的中央委員會和省黨委的參與，就在莫斯科把事情定下來，他們會不高興的……此外，他們的人本來就很少，不會把最好的派來這樣的委員會（就是派，也會把最差的派過來）。」斯大林建議他們問一下少數民族的共產黨人自己，是否想要這樣的委員會。斯大林最後沒有接受成立這樣的委員會的想法（「……從烏克蘭派兩三個人來代替不了烏克蘭共產黨中央委員會」）。*TsK RKP (b)—VKP (b) i natsional'nyi vopros*, 119 (RGASPI, f. 558, op. 11, d. 734, l.15–6); *Sochineniia*, V: 338–9.

202 1928年，他因為民族主義思想和從事反蘇活動而再次被捕，並於1930年7月判處槍決，但是在1931年1月，他被減刑為十年。1934年，他被釋放並獲准居住在薩拉托夫省。1937年，他又一次、也是最後一次被捕；1940年1月28日，他在莫斯科被處決。 827

203 Tagirov, *Neizvestnyi Sultan-Galiev*, 81–184 (TsGA IPD RT, f. 15, op. 1, d. 857, l.1–249). 韃靼共和國的格伯烏首腦是謝爾蓋·施瓦茨（Sergei Shwartz）。

204 7月3日，政治局給季諾維也夫批了六個星期的假，給布哈林批了兩個月的假。RGASPI, f. 17, op. 3, d. 362, l. 5. 哈佛大學研究俄羅斯的歷史學家理查德·派普斯恰好在山洞會議的次日（7月11日）出生於波蘭。

205 Fotieva, *Iz zhizni*, 295.

206 這段內容基本上是按照薩哈羅夫的說法，但有一個關鍵的地方和他的看法不同：1923年夏天，根本不存在以解除斯大林職務為目標的密謀，只是想遏制他。參見Sakharov, *Politicheskoe zaveshchenia*, 547–66. 另見Chuev, *Sto sorok*, 183.

207 *PSS*, XLV: 343–8. 所謂1922年12月口授的給代表大會的信是想讓廣大黨員看的；1月4日的「補充」似乎是給較小範圍內的人看的：僅僅是合謀反對斯大林的人。Sakharov, *Politicheskoe zaveshchane*, 563–5. 這份所謂的「補充」可見於*PSS*, XLV: 346.

208 *Voprosy istorii KPSS*, 1991, no. 9: 45, 47.

209 Sakharov, *Politicheskoe zaveshchanie*, 538–9.

210 莫洛托夫在回憶時認為此次密謀的發起人是季諾維也夫。Chuev, *Sto sorok*, 183.

211 伏羅希洛夫在黨的第十四次代表大會上解釋說：「我在羅斯托夫接到季諾維也夫同志發來的電報，要我到基斯洛沃茨克。當時季諾維也夫、布哈林、葉夫多基莫夫、拉舍維奇等同志都在那裏〔的礦泉療養地〕。我到了基斯洛沃茨克，並在和季諾維也夫、布哈林、葉夫多基莫夫以及拉舍維奇等同志一起參加的一個私人會議上討論了集體領導問題。」*XIV s"ezd VKP (b)*, 398–9. 隨後，伏羅希洛夫在給代表大會的信中澄清了山洞會議問題：「在前面提到的在『山洞』裏舉行的會議上，只有五個人，即季諾維也夫同志、布哈林同志、葉夫多基莫夫同志、拉舍維奇同志和我。」*XIV s"ezd VKP (b)*, 950.

212 伏羅希洛夫已經離開了。*XIV s"ezd VKP (b)*, 950.

213 *Izvestiia TsK KPSS*, 1991, no. 4: 196. 由於生病，托洛茨基獲准從1923年6月15日休假到9月7日。莫洛托夫也去了基斯洛沃茨克度假。

214 Eastman, *Leon Trotsky*. 那年夏天的基斯洛沃茨克很熱鬧：美國舞蹈家伊莎朵拉·鄧肯(Isadora Duncan)帶着她的養女也在那裏；伊斯特曼在火車站碰到了她們。對於這種人來人往的情況，斯大林可能已有所耳聞：莫斯科秘密警察的高級官員葉菲姆·葉夫多基莫夫剛剛成為格伯烏在北高加索的全權代表(1923年6月22日)，而在羅斯托夫的葉夫多基莫夫也許在照管前往基斯洛沃茨克度假的政治局委員和其他要員的安全這方面扮演了某種角色，雖然現在還不清楚他是否向斯大林提供過偷偷召開的「山洞會議」的情報。

215 *XIV s"ezd VKP (b)*, 455–7. 由於托洛茨基和斯大林之間眾所周知的敵意，季諾維也夫或許以為自己可以輕而易舉地充當仲裁人的角色。

216 *XIV s"ezd VKP (b)*, 953 (奧爾忠尼啟則).

217 *Izvestiia TsK KPSS*, 1991, no. 4: 192–5, 198; Sakharov, *Politicheskoe zaveshchanie*, 557.

218 "Il'ich byl tysiachu raz prav," *Izvestiia TsK KPSS*, 1991, no. 4: 192–208 (at 197–9).

219 奧列格·赫列溫尤克(Oleg Khlevniuk)指出，奧爾忠尼啟則聽憑自己捲入了這起陰謀。Khlevniuk, *In Stalin's Shadow*, 18–9. 莫洛托夫在晚年回憶說，奧爾忠尼啟則有一次稱讚季諾維也夫是真正的列寧主義者，而當莫洛托夫不同意的時候，兩人差點兒打起來(基洛夫把他們分開了；後來是布哈林充當了調解人)。Chuev, *Sto sorok*, 190–1.

220 中央委員、「山洞會議」所在地北高加索黨組織負責人米高揚，通過伏羅希洛夫的來信知道了這件事，他表示自己以及中央委員會的其他委員堅決反對季諾維也夫努力削弱斯大林地位的做法。Mikoian, *Tak bylo*, 110.

221 *Izvestiia TsK KPSS*, 1991, no. 4: 196–7; Sakharov, *Politicheskoe zaveshchanie*, 554–5.

222 *Izvestiia TsK KPSS*, 1991, no. 4: 199–200.

223 *Izvestiia TsK KPSS*, 1991, no. 4: 201–2.

224 斯大林的信註明了要「抄送伏羅希洛夫」。*Izvestiia TsK KPSS, 1991*, no. 4: 203–4.「如果同志們在那時準備堅持他們的計劃，我願意離開，不需要大驚小怪，不需要討論，不管是公開的還是秘密的」，斯大林後來解釋說。*XIV s"ezd RKP (b)*, 506.

225 *Izvestiia TsK KPSS*, 1991, no. 4: 205–6.

226 Sakharov, *Politicheskoe zaveshchanie*, 561 (引自RGASPI, f. 17, op. 2, d. 246, IV vyp., s. 104: 布哈林在1926年七月全會上的發言).

227 RGASPI, f. 17, op 3, d. 370, l. 7 (8月9日，政治局批准了一個半月的假期，從8月15日開始).

228 Sakharov, *Politicheskoe zaveshchanie*, 565 (RGASPI, f. 17, op. 3, d. 374, l. 1; d. 375, l. 6).

229 Fischer, *The Ruhr Crisis*. 早在1922年9至10月，里昂市長、法國激進黨領袖愛德華·埃里奧(Édouard Herriot)及其副手愛德華·達拉第(Édouard Daladier)就訪問過蘇聯。那次非官方的行程是想考察一下修復商業和外交關係的可能性，雖然當時還存在障礙，即沒有償還沙皇政府的債務。「〔法國〕對它的敵人太過寬大了，」埃里奧在莫斯科對契切林和列昂尼德·克拉辛(對外貿易人民委員)說，「這種寬宏大量的代價就是所有人都憎恨我們，德國也不向我們交付賠款。賠款問題很快就會得到解決。它會有兩個階段。第一個階段：德國太弱，沒有辦法賠償；第二個階段：德國太強，不願意賠償。我絕對相信德國會在15年內再次向我們發起進攻。」Carley, "Episodes from the Early Cold War," 1277 (引自AVPRF, f. 04, o. 42, d. 53619, l. 259, 11, 23–25: 布龍斯基〔Bronsky〕給魏因施泰因〔Veinshtein〕的報告，1922年9月22日；以及l. 45: 契切林致托洛茨基，1922年10月9日). 另見Williams, *Trading with the Bolsheviks*, 111–2; 以及Namier, "After Vienna and Versailles," 19–33.

230 Feldman, The Great Disorder.

231「波蘭帝國主義分子並沒有企圖隱瞞他們想要奪取俄國和德國領土的計劃，」蘇聯報紙的社論指出，「他們正在千方百計地想要拆散各社會主義蘇維埃共和國結成的統一的聯盟，並把其中的某些國家，比如白俄羅斯和烏克蘭，置於他們的直接影響下。」*Izvestiia*, January 21, 1923, 譯文見於Eudin and Fisher, *Soviet Russia and the West*, 200–1; Ruge, *Die Stellungnahme*, 32–59; Eichwede, *Revolution und Internationale Politik*, 154–75.

232 Adibekov and Shirinia, *Politbiuro TsK RKP (b)—VKP (b) i Komintern*, 155–6, n2 (RGASPI, f. 495, op. 2, d. 28, l.45–6), 157–8; Babichenko, "Politbiuro TsK RKP (b)," 126–7. 李維諾夫在匯報與布羅克多夫—蘭曹的會談時警告過季諾維也夫，要他提防共產黨在德國搞顛覆活動的不良後果。Sevost'ianov, *Moskva-Berlin,* I: 165–7 (RGASPI, f. 359, op. 1, d. 7, l. 95: June 5, 1923). 早在1918年的年底，拉狄克就向列寧誇口說革命的浪潮正在席捲德國，而事實證明這種說法是錯誤的。Drabkin, *Komintern i ideia mirovoi revoliuitsii*, 90–8 (RGASPI; f. 2, op. 2, d. 143, l. 22–6: January 24, 1919). 1919年2月12日，拉狄克在德國被捕。

828

233 Orlova, *Revoliutsionnyi krizis*, 264; Gintsberg, *Rabochee i kommunisticheskoe dvizhenie Germanii*, 117.

234 Adibekov and Shirinia, *Politbiuro TsK RKP(b)— VKP(b) i Komintern*, 159–60, 162–4; Babichenko, "Politbiuro TsK RKP (b)," 129–30 (RGASPI, f. 17, op. 2, d. 317, l. 22). 托洛茨基轉載了斯大林給季諾維也夫的信：*Stalin*, 368–9. 另見Deutscher, *Stalin*, 393–5.

235 *Istochnik*, 1995, no. 5: 116.

236 "'Naznachit' revoliutsiii v Germaniiu na 9 noiabria'," *Istochnik*, 1995, no.5: 115–39 (at 115–7). 在基斯洛沃茨克，季諾維也夫起草了激進的共產國際章程，論述了德國在8月頭幾個星期的革命形勢，當時他準備在8月中旬返回蘇聯首都。關於他的情緒，參見Kuusinen, *Neudavsheesia izobrazhenie "nemetskogo Oktiabria,"*: 10. 拉狄克在8月13日的信中建議布蘭德勒要冷靜、謹慎。Adibekov and Shirinia, *Politbiuro TsK RKP(b)—VKP(b) i Komintern*, 165, n1 (RGASPI, f. 495, op. 18, d. 175a, l. 275ob.).

237 Adibekov and Shirinia, *Politbiuro TsK RKP(b)—VKP(b) i Komintern*, 166.

238 *Istochnik*, 1995, no. 5: 120–7 (RGASPI, f. 17, op. 3, d. 375, l.1–6). 巴扎諾夫編寫了這些討論的註釋。另見*Bazhanov, Damnation of Stalin*, 46–50.

239 *Kommunisticheskii internatsional*, 196.

240 Adibekov and Shirinia, *Politbiuro TsK RKP(b)—VKP(b) i Komintern*, 168–9 (RGASPI, f. 325, op. 1, d. 518, l. 90).

241 *Istochnik*, 1995, no. 5: 115–39 (at 128). 政治局還採納了托洛茨基的建議，讓共產國際邀請法國、波蘭、捷克斯洛伐克以及比利時的共產黨代表和德國共產黨的代表，一起在莫斯科共商大計。Adibekov and Shirinia, *Politbiuro TsK RKP(b)—VKP(b) i Komintern*, 168, n1 (RGASPI, f. 495, op. 2, d. 17, l. 163); Babichenko, "Politbiuro TsK RKP (b)," 131 (RGASPI, f. 495, op. 2, d. 19, l. 161–162ob.)

242 *Izvestiia TsK KPSS*, 1991, no. 4: 201.

243 *Proletarskaia revoliutsiia*, 1923, no. 9: 227–32.

244 1923年12月11日，列寧要求工作人員把9月份的那期雜誌拿給他；很顯然，已經有人把這事告訴了他。Golikov, *Vladimir Il'ich lenin*, XII: 650.

245 *XIV s"ezd VKP (b)*, 456. 托洛茨基慶幸自己和布哈林有「遠見和想像力」，「遠離」組織局的會議。Trotsky, *Stalin*, 368.

246 Sakharov, *Politicheskoe zaveshchanie*, 550 (引自RGASPI, f. 17, op. 2, d. 246, IV vyp, s. 104: 1926年7月中央委員會和中央監察委員會聯席全會).

247 要麼是受季諾維也夫的委託，要麼是自作主張，布哈林似乎在7月29日聯名致信斯大林和加米涅夫之前，就給加米涅夫寫過信，想動員他支持當時還沒有作出明確説明的「組織方法」上的改變。毫無疑問，布哈林在7月29日的信中採取了更尖鋭、直接的立場。*Izvestiia TsK KPSS*, 1991, no. 4: 206–7. 薩哈羅夫解釋了為甚麼沒有按照順序刊登那幾封信（見於*Izvestiia TsK KPSS*）的原因：*Politicheskoe zaveschanie*, 553–4.

248 在8月3日致伏羅希洛夫的信中，奧爾忠尼啟則寫道，他已經跟加米涅夫說了——這也許表明，奧爾忠尼啟則對斯大林的態度搖擺不定——加米涅夫認為季諾維也夫和布哈林的不滿是誇大其詞。*Izvestiia TsK KPSS*, 1991, no. 4: 201.

249 Hirsch, *Empire of Nations*. 在7月13日的公告中規定，「將來有可能成立的所有蘇維埃社會主義共和國」都有「自願加入聯盟」的選擇權——這令人聯想到世界革命。同一天，斯大林解除了托洛茨基的支持者克里斯季安·拉柯夫斯基烏克蘭政府首腦的職務，並計劃打發他到國外從事外交工作。

250 Chuev, *Sto sorok*, 182–3.

251 Krupskaia, "Poslednie polgoda zhizni Vladimira Il'icha (3 fevralia 1924 goda)," *Izvestiia TsK KPSS*, 1989, no. 4: 169–78. 葉夫根尼·普列奧布拉任斯基去了哥爾克，結果卻大吃一驚。負責列寧安全的阿布拉姆·別連基打着手勢告訴他，「在那兒，他們在推着他」。1923年7月29日，普列奧布拉任斯基私下裏寫信對布哈林解釋說：

「我去了，不知道該怎麼辦，實際上甚至也不知道我該看誰……他緊緊地按住我的手，我本能地擁抱了他。可他的臉！我費了很大的勁才沒有像小孩子一樣哭起來。」*Izvestiia TsK KPSS*, 1989, no. 4: 186–7.

252 1923年8月31日，他在基斯洛沃茨克接到消息說，英國人已經同意由拉柯夫斯基代表蘇聯就外交承認問題進行談判；斯大林在7月份剛剛把拉柯夫斯基調離烏克蘭，目的是減少一個支持托洛茨基的基地。RGASPI, f. 558, op. 11, d. 67, l. 1. 在烏克蘭，取代拉柯夫斯基的是弗拉斯·丘巴爾。

253 Fischer, *Stalin and German Communism*, 312.

254 參加起義的保加利亞共產黨的主要領導人都逃走了，這其中包括格奧爾吉·季米特洛夫(Georgi Dimitrov)，他先是去了南斯拉夫，然後去了蘇聯，在那裏住進柳克斯飯店。

255 RGASPI, f. 558, op. 11, d. 139, l. 11 (斯大林致奧古斯特·塔爾海默〔August Thalheimer〕).《紅旗》報在1923年10月10日刊登了斯大林的來信；契切林從無線電廣播中聽說了此事，他寫信給莫洛托夫說：「無線電報道的是完全捏造的還是背後確有其事？」莫洛托夫把這封信轉給了斯大林。Adibekov and Shirinia, *Politbiuro TsK RKP(b)—VKP(b) i Komintern*, 169–70 (RGASPI, f. 558, op. 11, d. 139, l. 31).

256 與此同時，由共產國際主辦的俄國、德國、波蘭、捷克斯洛伐克和法國共產黨的大會也在莫斯科開幕。發言者在會上一個接一個地反覆鼓吹德國革命。Adibekov and Shirinia, *Politbiuro TsK RKP(b)—VKP(b) i Komintern*, 172–85 (RGASPI, f. 495, op. 19, d. 68, passim).

257 Firsov, "K voprosu o taktike edinogo fronta v 1921–1924 gg.," 118. 政治局一致通過了季諾維也夫的經過修改的共產國際章程——該章程規定，德國革命即將到來，世界帝國主義預計會採取敵對行動，但是「由於蘇維埃德國與蘇聯之間的同盟」，「德國共產黨仍然會掌握政權」。章程還暗示，德國革命的成功會讓蘇聯放棄討厭的新經濟政策。Pavlova, *Stalinizm*, 208 (未註明出處).

258 Luppol, "Iz istorii sovetskogo gosudarstvennogo gerba."

259 *Istochnik*, 1995, no. 5: 130–5. 相形之下，《真理報》(1923年9月22日)在評論德國時說，「我們認為……奪權並不困難，而是一個完全可以實現的任務。更為複雜和困難的是掌握政權」。

260 Internatsionale Presse Korrespondenz, October 6, 1923: 957–9.

261 加米涅夫曾讓總參軍事學院評估協約國要佔領德國需要動用多少個師。Babichenko,"Politbiuro TsK RKP (b)," 131(RGASPI, f. 325, op. 1, d. 41, l. 47–50), 135 (f. 17, op. 2, d. 109, l. 15, 18. 19).

262 Babichenko, "Politbiuro TsK RKP(b)," 132, n32; Iwań ski, *II Zjazd Komunistycznei Partii Rabotniczei Polski*, I: 156, 162–3.

263 RGASPI, f. 17, op. 2, d. 101, l. 15–15ob.

264 RGASPI, f. 17, op. 2, d. 103. 全會第二和第三天作了關於合作社、工資、黨的職務的任命制與選舉制(報告人是捷爾任斯基)以及剪刀差的報告。捷爾任斯基報告的內容在會議備忘錄中未作具體說明。RGASPI, f. 17, op. 2, d. 102.

265 據多伊徹說，季諾維也夫提出，自己作為共產國際的領導人，願意代替托洛茨基前往德國，但斯大林做出一副輕鬆愉快的樣子插話說，政治局不可能放棄兩位最受愛戴的委員中的任何一個，此外，也沒有打算要接受托洛茨基的辭職。按照這一說法，斯大林還主動提出，為了保持和諧，自己不加入革命軍事委員會。Deutscher, *Prophet Unarmed*, 111– 2 (未註明出處). 難以想像托洛茨基此時知道〈伊里奇關於〔總〕書記的信〉並對此保持沉默。

266 *Bazhanov, Damnation of Stalin*, 50–1; *Bazhanov, Vospominaniia* [1980], 67–8; *Izvestiia TsK KPSS*, 1991, no. 3: 216.

267「中央委員會認為，托洛茨基同志因為科馬羅夫同志的發言而離開會場讓中央委員會十分為難。中央委員會認為科馬羅夫同志的發言並無任何冒犯托洛茨基同志的地方。中央委員會認為托洛茨基同志拒絕接受中央委員會回來開會的請求這種行為是不對的，結果使中央委員會只能在他缺席的情況下討論了革命軍事委員會的人員構成問題。」RGASPI, f. 17, op. 2, d. 102.

268 決議增加兩名托洛茨基的擁護者(皮達可夫、尼古拉・穆拉洛夫)、一名季諾維也夫的擁護者(米哈伊爾・拉舍維奇)和斯大林一邊的三個人(奧爾忠尼啟則、伏羅希洛夫和斯大林)。RGASPI, f. 17, op. 2, d. 103, l. 2–3. 最終，皮達可夫、穆拉洛夫和斯大林沒有成為委員，但伏羅希洛夫、奧爾忠尼啟則和拉舍維奇倒是成了委員，對於他們以及另外兩個人(安德烈・布勃諾夫和阿利蓋達爾・卡拉耶夫〔Ali Heydar-Karaev〕)的任命在1924年2月生效。Nenarokov, *Revvoensovet Respubliki*. 他們開始和斯克良斯基(托洛茨基的左膀右臂)、安東諾夫—奧弗申柯(托洛茨基派的狂熱分子)以及加米涅夫和伏龍芝共事；委員會最近還增補了謝苗・布瓊尼和幾名非俄羅斯族的委員(沙爾瓦・埃利阿瓦〔Shalva Eliava〕、瓦茨拉夫・博古茨基〔Vatslav Bogutsky〕、蓋達爾・韋濟羅夫〔Heydar Vezirov〕、伊納加丹・黑迪爾—阿利耶夫〔Inagadan Hydyr-Aliev〕和溫什利赫特)。

269 Volkogonov, *Trotsky*, 241 (引用了巴拉紹夫的話); Volkogonov, *Trotskii*, II: 8–9. 巴拉紹夫沒有說明這一事件發生的時間。

270 Chase, *Workers, Society, and the Soviet State*, 231–2.

271 *XI s"ezd VKP (b)*, 279 (托姆斯基). 另見Chase, *Workers, Society, and the Soviet State*, 231–2.

272 Brovkin, *Russia after Lenin*, 176–7, 引自 *Golos rabochego* [Sormovo], September 1923 (地下刊物).

273 *Pravda*, December 13 and December 21, 1923.

274 Velikanova, *Popular Perceptions*, 34–5.

275 Brovkin, *Russia after Lenin*, 175 (引自RGASPI, f. 17, op. 87, d. 177, l. 5).

276 Zinov'ev, *Istoriia Rossiiskoi kommunisticheskoi partii*, lecture 1; Pethybridge, *One Step Backwards*), 270 (引自Zinoviev, *History of the Bolshevik Party: A Popular Outline* [London: New Park, 1973], 10).

277 Trotsky and Shachtman, *The New Course*, 154.

278 Gimpel'son, *NEP*, 347–8 (引自RGASPI, f. 17, op. 84, d. 467, l.128–9); Brovkin, *Russia After Lenin*, 38 (引自RGASPI, f. 17, op. 84, d. 467, l. 2). 早在10月14日，托洛茨基10

月8日的信就在莫斯科黨組織（托洛茨基的基層黨組織）核心部門的會議上受到了譴責，促使書記處的莫洛托夫指責托洛茨基散發信件時超過了政治局的許可範圍；托洛茨基反過來指責書記處傳播了這份文件。第二天，在中央監察委員會主席團特別會議上，托洛茨基的信受到嚴厲的批評，認為是在黨內搞派別活動。托洛茨基當時只把他措辭嚴厲的提綱送給黨的核心機構（但卻很快在國外發表了）。RGASPI, f. 17, op. 2, d. 685, l.53–68; *Izvstiia TsK KPSS*, 1990, no. 5: 165–73; *Izvestiia TsK KPSS*, 1990, no. 10: 184. 信件的摘要發表在 *Sotsialisticheskii vetsnik*, May 24, 1924. 另見 Eastman, *Since Lenin Died*, 142–3. Vil'kova, *RKP (b), vnutripartiinaia bor'ba*, 174–5 (RGASPI, f. 17, op. 2, d. 685, l.93–5), 176–7 (ll. 91–2), 178–80 (ll. 96–7), 222.

279 Brovkin, *Russia After Lenin*, 44–5. 另見 RGASPI, f. 17, op. 87, d. 177, l. 5（亞戈達關於頓巴斯的報告）; Kvashonkin, *Bol'shevistskoe rukovodstvo*, 282–6 (at 284: RGASPI, f., 558, op. 1, d. 2565, l. 2–7: 馬吉多夫〔Magidov〕關於頓巴斯的報告); 以及 Vil'kova, *RKP (b), vnutripartiinaia bor'ba*, 55–61 (RGASPI, f. 17, op. 87, d. 177, l. 93–94, d. 178, l. 15, 18–19, 22–9), 61–2 (op. 84, d. 531, l. 97–97ob.), 63 (l. 63).

280 Vil'kova, *RKP (b), vnutripartiinaia bor'ba*, 409–14 (RGASPI, f. 76, op. 3, d. 318, l. 60–9); *Pravda*, November 7, 1923（季諾維也夫）. 1923年11月，阿納斯塔西·米高揚從北高加索來到莫斯科並按照要求參加各大學黨組織的會議，以感受當時的氣氛；他聲稱自己當時對反對派學生的強烈情緒感到非常震驚。Mikoyan, *Tak bylo*, 111. 另見 Daniels, "The Left Opposition."

281 *Izvestiia TsK KPSS*, 1990, no. 6: 189–93; Fel'shtinskii, *Kommunisticheskaia oppozitsiia v SSSR*, I: 83–8; Carr, *Interregnum*, 367–73; Fel'shtinskii, *Kommunisticheskaia oppozitsiia v SSSR*, I: 83–8.

282 Ivanov and Shmelev, *Leninizm i ideino-politicheskii razgrom trotskizma*, 343. 現在並沒有清楚的證據可以證明四十六人聲明是托洛茨基寫的。Vil'kova, *RKP (b), vnutripartiinaia bor'ba*, 212. 另見 Carr, *Interregnum*, 303–7, 374–80.

283 Balashov and Markhashov, "Staraia ploshchad', 4 (20-e gody)," no. 6: 181. 另見 *Bazhanov, Damnation of Stalin*, 57–8. 同時，托洛茨基、拉狄克和皮達可夫也正式提出抗議，反對納扎列江在會議上「做記錄」並「篡改官方文件的原文」。RGASPI, f. 323 [Kamenev], op. 2, d. 64. 另見 Graziosi, "New Archival Sources," 40.

284 也許，托洛茨基本人並不是沒有考慮過在鬥爭中採取非常手段：在托洛茨基手下的革命軍事委員會工作並經常接受特殊任務的前沙皇軍隊上尉 E. A. 貝倫斯（E. A. Berens）與流亡巴黎的亞歷山大·古契科夫——他擔任過臨時政府的首任陸海軍部長並支持過白軍——有過接觸。現在還不清楚貝倫斯是自作主張還是得到托洛茨基的授意，但斯大林當時並沒有想要利用這種接觸去敗壞托洛茨基的名聲，這表明貝倫斯不是在受格伯烏的指派進行挑撥離間。Volkogonov, *Trotsky*, 329（引自 RGVA, f. 33987, op. 3, d. 1049, l. 96; GARF, f. 5868, op. 1, d. 15: 古契科夫致 N. N. 切貝紹夫〔 N. N. Chebyshev 〕，他稱後者為「海軍上將B」).

285 *XIII s"ezd RKP (b)* [1924], 371–3（波里斯·蘇瓦林）; Deutscher, *Prophet Unarmed*, 140–1.

286 Souvarine, *Staline*. 當流亡莫斯科的波蘭共產黨致信蘇共中央譴責對托洛茨基的迫害時，斯大林也沒有裝模作樣地召開波蘭的黨代表大會，而是換掉了整個波蘭中央委員會。Dziewanowski, *Communist Party of Poland*, 103–10. 另見*Bol'shevik*, September 20, 1924; *Sochineniia*, VI: 264–72.

287 Liberman, *Building Lenin's Russia*, 79; Lunacharsky, *Revolutiuonary Silhouettes*, 43, 62; Lunacharskii, *Revoliutsionnye siluety*, 27; Eastman, *Heroes*, 258–9. 就像卡爾說的，托洛茨基確實「無法在同事中間通過謙遜的說服藝術，或者是通過對才智不如他的人的觀點抱以同情的關注，來建立自己的權威」。Carr, *Socialism in One Country*, I: 166. 多伊徹錯誤地認為，人們討厭托洛茨基的性格，原因在於「自卑感」而不是憤慨。Deutscher, *Prophet Unarmed*, 34.

830

288 Trotsky, *My Life*, 504. 雖然托洛茨基在寫信時的稱呼是「親愛的弗拉基米爾·伊里奇」而斯大林寫的是「列寧同志」，可他和斯大林或布哈林不一樣，他不去列寧家裏拜訪。Volkogonov, *Lenin: Life and Legacy*, 256.

289 Trostky, *My Life*, 481; Eastman, *Since Lenin Died*, 17; Daniels, *Conscience of the Revolution*, 206–7.

290 Trotsky, *My Life*, 498.

291 Trotsky, *My Life*, 500.

292 V. Doroshenko and I. Pavlova, "Poslednaia poezdka," *Altai*, 1989, no. 4: 3–18. 有關列寧此次出人意料的行程，詳情來自他的護理員(濟諾維·佐爾科—里姆沙〔Zinovy Zorko-Rimsha〕)、妹妹瑪麗亞、妻子克魯普斯卡婭和當時記載下來的目擊者報告。

293 Volkogonov, *Lenin: Life and Legacy*, 431–2 (引自RGASPI, f. 4, op. 1, d. 142, l. 406–7); "Zapis' Z. I. Zor'ko Rishmi," *Izvestiia TsK KPSS*, 1991, no. 8 (RGASPI, f. 16, op. 2, d. 17, l. 857–76: October 18, 1923; ll. 877–88: October 19, 1923); "Poslednyi priezd Vladimira Il'icha v Moskvu: vospominaniia M. I. Ul'ianovoi," RGASPI, f. 16, op, 3, d. 37, l. 1–3 (1930s); Krupskaia, "Poslednie polgoda zhizni Vladimira Il'icha (3 fevralia 1924 goda)," *Izvestiia TsK KPSS*, 1989, no. 4: 169–78 (at 174). See also *Kul'tura i zhizn'*, 1975, no. 1: at 11 (G. P. Koblov); *Gudok*, April 23, 1924; Golikov, *Vladimir Il'ich lenin*, XIII: 638–9.

294 *Izvestiia TsK KPSS*, 1991, no. 8: 177 (RGASPI, f. 4, op. 2, d. 1744, l. 7–8: V. I. Ryabov, August 16, 1940).

295 "Poslednyi priezd Vladimira Il'icha v Moskvu: vospominaniia M. I. Ul'ianovoi," RGASPI, f. 16, op, 3, d. 37, l. 1–3 (1930s). 後來，有位《真理報》記者也提到列寧那天的另外一名護理員回憶錄中的一段內容，說列寧感到很失望，沒有遇到領導層當中的成員，但在剛才提到的那份回憶錄的現存檔案中並沒有這段文字。*Kul'tura i zhizn'*, 1975, no. 1: at 11 (D. I. Novoplianskii, 引自V. A. Rukavishnikov).

296 據護理員V. A. 盧卡維什尼科夫(V. A. Rukavishnikov)說，俄語是「沃特，沃特，沃特，沃特！」(RGASPI, f. 16, op. 2, d. 91, l. 37–8: October 19, 1923).

297 RGASPI, f. 558, op. 11, d. 25, l. 110; RGASPI, f. 17, op. 162, d. 1. ll. 21–2.

298 *Izvestiia TsK KPSS*, 1990, no. 7: 176–89; Vil'kova, *RKP (b), vnutripartiinaia bor'ba*, 197–220 (RGASPI, f. 51, op. 1, d. 21, l. 51–4). 回應者按(俄語)字母順序是布哈林、季諾

維也夫、加里寧、加米涅夫、莫洛托夫、李可夫、斯大林和托姆斯基；列寧和魯祖塔克沒有署名。布哈林當時在列寧格勒，他打電報堅持要求對文章作出修改，斯大林沒有接受他的意見，可還是把他的名字添上了。*Izvestiia TsK KPSS*, 1990. no. 7: 190.

299 Vil'kova, *RKP (b), vnutripartiinaia bor'ba*, 266–271. 46人當中獲准在10月26日參會的，包括柯秀爾、洛巴諾夫(Lobanov)、穆拉洛夫、奧辛斯基、普列奧布拉任斯基、謝列布里亞科夫和謝苗諾夫。參加討論的包括普列奧布拉任斯基、奧辛斯基、加米涅夫、李可夫、雅羅斯拉夫斯基、布馬日內(Bumazhny)和捷爾任斯基。

300 Sakharov, *Politicheskoe zaveshchanie*, 478. Fel'shtinskii, *Kommunisticheskaia oppozitsiia v SSSR*, I: 9, 18–19; RGASPI, f. 5, op. 2, d. 305, l. 2–4. 1924年1月之前，政治局的會議沒有做速記記錄。

301 另見Carr, *Socialism in One Country*, I: 157.

302 Vil'kova, *RKP (b), vnutripartiinaia bor'ba*, 255–65 (RGASPI, f. 17, op. 2, d. 685, l. 39–49); Ivanov and Shmelev, *Leninizm i ideino-politicheskii razgrom trotskizma*, 344 (引自RGASPI, f. 17, op. 2, d. 104, l. 46). 不太詳細的巴扎諾夫版托洛茨基講話見於RGASPI, f. 17, op. 2, d. 104, l. 31–8. 這些也刊登在*Izvestiia TsK KPSS*, 1990, no. 10: 183–7; 以及*Voprosy istorii KPSS*, 1990, no. 5: 33–9.

303 Vil'kova, *RKP (b), vnutripartiinaia bor'ba*, 250–5 (RGASPI, f. 17, op. 2. d. 104, l. 31–8).

304 Vil'kova, *RKP (b), vnutripartiinaia bor'ba*, 266–8 (RGASPI, f. 17, op. 2, d. 104, l. 1–4); Koloskov, *XIII konferentsiia RKP (b)*, 14.

305 *Izvestiia TsK KPSS*, 1989, no. 2: 201–2.

306 Babichenko, "Politbiuro TsK RKP (b)," 136 (RGASPI, f. 495, op. 19, d. 362, l. 117). 契切林雖然不是政治局委員，但也參加政治局會議。

307 露特·菲舍爾(Ruth Fischer)是布蘭德勒的左派競爭對手，她在書中說布蘭德勒和季諾維也夫相互憎惡，並聲稱布蘭德勒和托洛茨基當時的關係已變得密切。Fischer, *Stalin and German Communism*, 318, 323. 另見*Lessons of the German Events* , 36–7 ; *XIII konferentsiia RKP (b)*, 158–78.

308 蘇聯記者格里戈里·N. 卡明斯基(Grigory N. Kaminsky，出生於1895)和他那些胡亂吹噓德國無產階級實力的同事不一樣，他在10月15日從德累斯頓(在薩克森)報告了真相：德國共產黨戰鬥準備的情況很差，範圍只限於那些已經加入的工人。Babichenko, "Politbiuro TsK RKP (b)" 135 (RGASPI, f. 495, op. 293, d. 673, l. 58; op. 18, d. 182, l. 10–1).

309 Babichenko, "Politbiuro TsK RKP (b)," 134–5 (RGASPI, f. 495, op. 293, d. 14, l. 177).

310 即便在薩克森的聯合政府中，共產黨的精力也不是花在發展運動，而是指責社會民主黨並對他們耍陰謀，由此暴露出哪怕是按照上級命令採取的真誠的「統一戰線」策略的有限性。Babichenko, "Politbiuro TsK RKP (b)," 143 (RGASPI, f. 17, op. 2, d. 109, l. 22: Pyatakov, January 15, 1924). 更糟糕的是，柏林的左派共產黨人把精力更多地投入到對自己黨內其他人的鬥爭中，而不是準備暴動。Babichenko,

"Politbiuro TsK RKP (b)," 151 (RGASPI, f. 558, op. 2–e, d. 6968, l. 3: 瓦西里．施密特〔Vasily Shmidt〕致斯大林和季諾維也夫).

311 Kuusinen, *Rings of Destiny*, 63–5.

312 Voss, *Von hamburger Aufstand zur politische Isolierung*, 13; Babichenko, "Politbiuro TsK RKP (b)," 139–40 (RGASPI, f. 495, op. 293, d. 14, l. 37).

313 11月3日，政治局決定把派到德國的小組召回莫斯科。Adibekov and Shirinia, *Politbiuro TsK RKP(b)—VKP(b) i Komintern,* 216.

314 斯大林可以得到皮達可夫從柏林定期送來的報告，大多是抱怨策劃革命的難處，同時也間雜着對國內造成分裂的政治鬥爭的擔憂（皮達可夫跟托洛茨基的關係比較近）：「又及：我對蘇聯國內我黨內部的衝突十分擔憂……看在老天的份上，千萬不要鬥起來，不然我們就放棄在這兒的工作。」RGASPI, f. 558, op. 11, d. 785, l. 1–8ob.

315 RGASPI, f. 558, op. 11, d. 785, l. 23–6.

316 RGASPI, f. 558, op. 11, d. 785, l. 28. 拉狄克寫信給莫斯科說，革命的時機「尚未成熟」。 Adibekov and Shirinia, *Politbiuro TsK RKP(b)—VKP(b) i Komintern*, 209–13; *Komintern i ideia mirovoi revolutsii. dokumenty*, 428–35. 皮達可夫試圖讓斯大林關注德國共產黨，便在11月14日寫信對他說，「你們大家顯然沒有注意到，這樣一個政黨以目前的樣子是不可能吸引工人階級參加武裝起義的」。政治局決定就德國的事態發展發表一封公開信，但未能就內容達成一致。Babichenko, "Politbiuro TsK RKP (b)," 145 (RGASPI, f. 495, op. 293, d. 638, l. 20–2). Adibekov and Shirinia, *Politbiuro TsK RKP(b)—VKP(b) i Komintern*, 218–20. 正是在1923年11月，即剛剛慶祝過第一個民族自治州成立五週年之後，伏爾加河流域的德意志人的領導層就建議成立一個「伏爾加德意志人蘇維埃社會主義自治共和國」。GARF, f. 58s, op.1, d. 9, l. 14–10 , Volkogonov papers, Hoover Institution Archives, container 21.

831

317 Gordon, *Hitler and the Beer Hall Putsch*.

318 Sakharov, *Politicheskoe zaveshchanie*, 311.

319 Chuev, *Molotov Remembers*, 135.

320 "M. I. Ul'ianova ob otnoshenii V. I. Lenina k I. V. Stalinu," *Izvestiia TsK KPSS*, 1989, no. 12: 196–201 (at 198–9: RGASPI, f. 14, op. 1, d. 398, l. 1–8). 烏里揚諾夫娜指的是她在1926年7月26日對中央全會說的話，參見第十三章。

321 Chuev, *Molotov Remembers*, 212.

322 Chuev, *Tak govoril Kaganovich*, 190–1; Chuev, *Kaganovich*, 263.

第十二章 忠實的學生

1 "Po povodu smerti Lenina," *Pravda*, January 30, 1924, 轉載於 *Sochineniia*, VI: 46–51.

2 最好的托洛茨基傳記的作者說過：「幾乎沒有哪個孟什維克作家對列寧用過那麼多人身攻擊的惡毒語言。」Deutscher, *Prophet Armed*, 93.

3 V. I. Lenin, "Letter to Yelena Stasova and Others," 載於 Lenin, *Collected Works*, 42: 129.
4 V. I. Lenin, "Letter to Grigory Zinoviev," 載於 Lenin, *Collected Works*, 34: 399–400.
5 *Kommunist*, 1988, no. 6: 3–5 (致戈爾登貝格，1909年10月28日).
6 V. I. Lenin, "Judas Trotsky's Blush of Shame," *Collected Works*, 18: 45.「托洛茨基這個下流傢伙」，Lenin, *Collected Works*, 39: 290 (譯註：《列寧全集》第47卷，第547頁).
7 *PSS*, XLIX: 390.
8 Trotskii, *Trotskii o Lenine i Leninizme*; *Lenin o Trotskom i trotskizme*.
9 關於斯大林把自己視為列寧副手的情況，參見民族事務人民委員部的一份很能説明問題的打印件，日期是1923年，標題是〈斯大林的生平細節〉，該文件可見於Volkogonov, *Stalin: Triumph and Tragedy*, 512 (RGASPI, f. 1318, op. 3, d. 8, l. 85).
10 Carr, *Socialism in One Country*, I: 151–202 (對托洛茨基、季諾維也夫、加米涅夫、布哈林和斯大林的描寫).
11 Balabanoff, *My Life as a Rebel*, 243–4. 但卡爾對季諾維也夫的描述有錯誤，既低估了他(認為他「缺乏頭腦」、「信念不堅定」)又高估了他(錯誤地認為他是三駕馬車時期「黨內最重要的人物」)。*Socialism in One Country*, I: 165, 169. 另見Lih, "Zinoviev."
12 連沃爾特·杜蘭蒂都看出了這一點。他寫道：「可我想到，托洛茨基在布爾什維克當中有點格格不入。他本質上是個知識貴族，即便不能説他在知識上自視高人一等。」Duranty, *I Write as I Please*, 199.
13 1923年，為紀念紅軍建軍五週年，尤利·安年科夫被派去給托洛茨基畫像。他發現，托洛茨基不僅「身材健碩、肩膀寬闊、肌肉發達」，而且也很熟悉安年科夫最近出版的肖像畫冊，並且瞭解馬蒂斯和畢加索。Annenkov, *Dnevnik moikh vstrech*, II: 286–7. 另見Annenkov, *Semnadtsat' portretov*, II: 295–6. 安年科夫的這本書中有托洛茨基、季諾維也夫及加米涅夫等人的肖像畫。1928年，蘇聯的全部圖書館和商店都奉命撤下這本書，私人收藏也不允許。安年科夫還以辛辣的筆觸把列寧描寫成一個不信任知識分子的人：*Dnevnik moikh vstrech*, II: 268–70. 安年科夫1921年畫的那幅列寧肖像，用在蘇聯的郵票上並成為1925年巴黎博覽會蘇聯展館中的重要展品。
14 勞倫斯·弗里德曼要我們把「戰略」理解為「從一個最重要的人物的視角，用將來時講述的關於權力的故事」，而這恰恰是斯大林在刻板的馬克思主義框架內取得的成就。Freedman, *Strategy*.
15 斯大林以幾次公開演講為基礎的小冊子《論列寧》是和他對克里姆林軍校學員的演講同時問世的。季諾維也夫在自己的列寧格勒出版社(Priboi)也出版了這本書。此書還有烏克蘭語(Kharkov: Derzhavne vyd-vo Ukraïny)、德語(Vienna: Verlag für Literatur und Politik)和法語(Paris: Bureau d'éditions)等多種版本出版。
16 Vil'kova, *RKP (b), vnutripartiinaia bor'ba*, 409–14 (RGASPI, f. 76, op. 3, d. 318, l.60–9).
17 *Pravda*, January 8, 1924.
18 1月12日，黨報報道説，在莫斯科高等教育機構的72個黨支部中，有32個(總共是2,790名黨員)支持中央委員會，有40個(有6,594名黨員)支持左派反對派：這是那個要求**立即**工業化、**立即**社會主義的迫不及待的方案受歡迎之處。

Moskovskie Bol'sheviki, 83 (引自 MPA, f. 3, op. 5, d. 2, l. 200); Abramovich, *Vospominaniia i vzgliadi*, I: 22, 36.

19 當格里戈里·索柯里尼柯夫(財政紀律先生)迎戰葉夫根尼·普列奧布拉任斯基(印鈔扶持工業先生)時，激烈的爭論開始了。布哈林和尼古拉·烏格拉諾夫等人對後者進行粗暴的反駁，而有表決權的大多數與會者暗中受到控制，都支持他們。Fel'shtinskii, *Kommunisticheskaia oppozitsiia v SSSR*, II: 34, 101; *XIII konferentsiia RKP (b)*; Vil'kova, *RKP (b): vnutripartiinaia bor'ba*, 390–406.

20 Vil'kova, *RKP (b), vnutripartiinaia bor'ba*, 385–93 (RGASPI, f. 17, op. 2, d. 109, l.6ob–7ob); RGASPI, f. 17, op. 2, d. 107, l.14–7 (中央全會的速記記錄始於1924年1月14–15日的這次會議); *XIII konferentsiia RKP (b)*, 95. 黨的監察委員會在各省的下屬機構都被發動起來對付反對派：Olekh, *Povorot, kotorogo ne bylo*, 146 (引自 *Dni*, December 19, 1923).

21 RGASPI, f. 17, op. 2. d. 107, l. 100–1; *X s"ezd*, 524; *Sochineniia*, VI: 15. Schapiro, *Origin of the Communist Autocracy* [1977] , 317–8. 拉狄克的反對理由說得對，沒有哪次黨的代表大會公開過這項處罰條款，但沒有人能使斯大林承擔責任。Daniels, *Conscience of the Revolution*, 230; Vil'kova, *RKP (b), vnutripartiinaia bor'ba*, 403–8 (RGASPI, f. 17, op. 2, d. 109, l.13ob.–14).

22 當拉狄克說托洛茨基在受到「攻擊」時，斯大林抓住了機會，在1924年1月18日的閉幕會議上講述了1923年9月發生的事件，當時「托洛茨基……站起來就退出了全會會議。你們記得，中央全會當時派了一個『代表團』到托洛茨基那裏去，**請求**他回到全會會議上來。你們記得，托洛茨基拒絕接受全會的請求」(譯註：《斯大林全集》第6卷，第35頁)。"Zakliuchitel'noe slovo (18 ianvaria [1924 g.]) ," *Sochineniia*, VI: 27–45 (at 38–39). 但指責已經變得十分粗暴無情，讓斯大林覺得不得不就他沒能預先禁止托洛茨基12月11日發表有關《新方針》的文章的批評作出回應：「這是一種對中央委員會非常危險的步驟。請你們試試禁止已經在莫斯科各區發表的托洛茨基的文章吧！」(譯註：《斯大林全集》第6卷，第31頁)。

23 *Pravda*, January 26, 1924. 另見 Halfin, *Intimate Enemies*; Robert Service, "How They Talked: The Discourse of Politics in the Soviet Party Politburo in the 1920s," 載於 Gregory and Naimark, *Lost Politburo Transcripts*, 121–34. 斯大林還讓黨的第十三次代表會議任命了一個軍事改革委員會，由黨的中央監察委員會委員謝爾蓋·古謝夫負責，而該委員會由斯大林的人控制，是翦除異己的工具。代表大會批准了12月5日的決定，準備吸收10萬名新的工人黨員。

832

24 Sakharov, *Politcheskoe zaveshchanie*, 576 (引自 RGASPI, f. 16, op. 1, d. 98, l. 107).

25 斯大林是主導者，但並不是唯一對缺席大會的托洛茨基提出嚴厲批評的人。工聯主義者、一度成為非法的工人反對派共同領袖的亞歷山大·施略普尼柯夫因為托洛茨基和左派反對派在1921年的時候合夥鎮壓過工人反對派而把他們批得體無完膚。Shliapnikov, "Nashi raznoglasiia," *Pravda*, January 18, 1924.

26 Trotsky, *My Life*, 515.

27 直到1923年8月底，當列寧的情況稍有好轉後，政權才披露了其病情的嚴重性，但是，即便是在此之後，官方的報道依然保持毫無根據的樂觀態度(「大幅的……根本性的好轉」)。*Pravda*, August 30, 1923; *Pravda*, October 21, 1923 (衛生人民委員謝馬什柯). 另見Volkogonov, *Lenin: Life and Legacy*, 414 (引自RGASPI, f. 16, op. 3, d. 6. L. 7), 430 (引自APRF, f. 3, op. 22, d, 307, l. 410); Golikov, *Vladimir Il'ich Lenin*, XII: 646, 650; 以及Tumarkin, *Lenin Lives!*, 115–7. 加米涅夫指示畫家尤利・安年科夫驅車到哥爾克畫出被認為是最後一幅的肖像。克魯普斯卡婭「說畫肖像沒有問題」，安年科夫回憶說，「實際上，列寧能展示的只有他的病，倚靠在躺椅上，裹着毯子，似看非看地望着我們，臉上帶着又回到嬰兒期的男人那無助、扭曲、稚氣的微笑。」Annenkov, *Dnevnykh moikh vstrech*, II: 271; Annenkov, "Vospominania o Lenine," 141–9.

28 Golikov, *Vladimir Il'ich Lenin*, XII: 658–9. Krupskaia, "Chto nravilos' Il'ichu iz khudozhestvennoi literatury,"*Narodnyi uchitel'*, 1927, no. 1: 4– 6. 1月19日，在第十一屆全俄蘇維埃代表大會上，米哈伊爾・加里寧對代表們說，在列寧戰勝疾病、重返工作崗位的戰鬥中，「已經看到希望的曙光」。「烏拉！」大會發出了歡呼。*Izvestiia*, January 20, 1924.

29 布哈林幾乎每個星期六都過來。*Izvestiia TsK KPSS*, 1989, no. 4: 174–5.

30 Volkogonov, *Lenin: Life and Legacy*, 299–301; Kun, *Bukharin*, 135. 後來，列寧去世時布哈林出現在他床前的這一幕被斯大林的黨羽抹去了：Mikoan, *Mysli i vospominaniia*, 235–6. 即便是在克魯普斯卡婭沒有發表的回憶錄中，她也堅持說，布哈林當時沒有獲允入內。Volkogonov, *Lenin: Life and Legacy*, 433 (引自APRF, f. 3, op. 22, d. 307, l. 175).

31 Volkogonov, *Lenin: polithcheskii protret*, II: 361 (引自APRF, f. 3, op. 33, d. 307, l. 175–6); Volkogonov, *Lenin: Life and Legacy*, 435.

32 Golikov, *Vladimir Il'ich Lenin*, XII: 662, 664; Prof. V. Osipov, "Bolezn' i smert' V. I. Lenina," *Ogonek*, 1990, no. 4; Ul'ianova, "O Vladimire Iliche," no. 3; N. Petrenk [B. Ravdin], "Lenin v Gorkakh: bolezn' i smert'," *Minuvshee: Istoricheski almanakh*, 1986, no, 2: 189–91.

33 米高揚寫道，1月21日下午，自己到斯大林的住處商討對策，「我們談了大概三四十分鐘過後，布哈林情緒激動地闖了進來，不是說而是尖聲叫道，瑪麗亞從哥爾克打來電話，說『就在下午的6:50，列寧去世了』」。這是謊言，是想掩蓋列寧臨死時布哈林在哥爾克的事實；通知列寧死訊的電話沒有打到斯大林的住處，而是打給了正在開會的蘇維埃代表大會。Mikoyan, *Tak bylo*, 113.

34 Ioffe, *Vremia nazad*, chapter 4.

35 弗拉基米爾・邦契—布魯耶維奇還為衛生人民委員以及負責屍體解剖和防腐的醫生團隊，包括尚未趕到哥爾克的家庭成員(列寧的姐姐安娜和弟弟德米特里)，準備了一趟兩節車廂的專列。Bonch-Bruevich, "Smert' i pokhorony Vladimira Il'icha"; *Pravda*, January 21, 1925; *Otchet Komissii TsIK SSSR*, 5.

36 Bonch-Bruevich, "Smert' i pokhorony Vladimira Il'icha," 189–90. 請注意，邦契—布魯耶維奇並未提到布哈林乘坐履帶汽車或列車到哥爾克，但提到他和其他人一起在房間裏向列寧告別。

37 *Izvestiia*, January 24, 1922.

38 Sakharvov, *Politcheskoe zaveshchanie*, 576 (引自RGASPI, f. 16, op. 1, d. 44, l. 1).

39 *Izvestiia*, January 25, 1924; *Pravda*, January 26, 1924. 蘇聯衞生人民委員尼古拉・謝馬什柯説，列寧的顱腦血管「用鑷子敲擊時，聽上去就跟石頭一樣」。*Pravda*, January 24, 1924; Semashko, *Otchego bolel*, *35*. 另見Fischer, *Life of Lenin*, 672. 公開報道中説到的「無法治癒的血管疾病」，似乎是在説，醫生們沒有辦法幫助列寧；他們救不了他，因此不能責怪他們。但謝馬什柯強調的是，列寧「超出常人的腦力活動和始終過着操心勞碌的生活」，而阿布里科索夫(Abrikosov)醫生強調的是列寧動脈硬化中的遺傳因素。*Izvestiia*, January 25, 1924; Tumarkin, *Lenin Lives!*, 172, n34.

40 Valentinov, *Novaia ekonomicheskaia politika*, 87.

41 Volkogonov, *Lenin: Life and Legacy*, 409 (引自APRF, f. 3, op. 22, d. 307, l.135: 1935年12月，克里姆林宮醫療管理部門負責人霍多羅夫斯基〔Khodorovsky〕找到了醫生的記錄並將其存入秘密檔案).

42 Service, *Lenin*, III: 255–62. 至少在1900年，當列寧還在德國的時候，他就諮詢過神經失調方面的專家。RGASPI, f. 2, op. 1, d. 385, l. 1.

43 Duranty, "Lenin Dies of Cerebral Hemorrhage"; *Pravda*, January 24, 1924. 代表大會後來又繼續召開，在1月29日通過了新的蘇聯憲法，然後結束了。*XI Vserossiiskii s"ezd Sovetov*.

44 Maksimov, "U tovarsihcha Stalina (po vospominaniam byvshego detkora)," *Raboche-Krestianskii korrespondent*, 1934, no. 10: RGASPI, f. 558, op. 4, d. 649, l. 208 (維克托・馬克西莫夫〔Viktor Maksimov〕).

45 Ia. G. Zimin, "Sklianskii Efraim Markovich," 見於Nenarokov, *Revvoensovet Respubliki*, 56–70 (at 68); Zetkin, *We Have Met Lenin*, 73–5; Gil', *Shest' let s V. I. Leninym*, 100–1; Golikov, *Vladimir Il'ich Lenin*, XII: 664–79.

46 Izmozik, *Glaza*, 84.

47 *Sevost'ianov, "Sovershenno sekretno,"* I/i: 52–3 (TsA FSB, f. 2, op, 2, d. 1, l.).

48 Izmozik, *Glaza*, 160–1. 伊茲莫齊克堅持認為，與黨和蘇維埃的官員不一樣，契卡人員並不會粉飾自己地盤上的形勢，儘管他認為他們的報告到1920年代末的時候開始變得「不太客觀」。

49 RGASPI, f. 76, op. 3, d. 325, l. 4–6.

50 Von Hagen, *Soldiers in the Proletarian Dictatorship*, 291–2.

51 *Bazhanov, Damnation of Stalin*, 63.

52 Valentinov, Novaia ekonomicheskaia politika, 88–9.

53 Volkogonov, *Trotsky*, 266 (引自RGVA, f, 33987, op. 3, d. 80, l. 587; RGASPI, f. 2, op. 1, d. 27088, l. 1; RGASPI, f. 558, op. 11, d. 816, l. 75–6).

54 Trotsky, *My Life*, 508; Deutcher, *Prophet Unarmed*, 131–4.

55 *Izvestiia*, January 25 and January 26, 1924.

56 *New York Times*, January 28, 1924 (沃爾特・杜蘭蒂). 後來，杜蘭蒂再現了一段與法國《時報》駐莫斯科記者的談話。「天哪，多好的機會錯過了！阿喀琉斯在自己的帳篷裏生着悶氣。真是個白癡。他似乎不明白，他的地位的整個力量就在於他的聲望，群眾把他看作是列寧的首席助手和支持者⋯⋯要是他來到莫斯科⋯⋯就像你在美國説的，整個風頭就會在他這邊。」Duranty, *I Write as I Please*, 225–6. 杜蘭蒂沒有提到（或不認識）的這位記者是亨利．路易—維克托—馬爾斯．羅蘭（Henri Louis-Victor-Mars Rollin），法國外交部認為他是布爾什維克的奸細。羅蘭寫了幾十年來關於《錫安長老會紀要》最重要的研究著作（*L'apocalypse de notre temps*, 1939）。

833

57 娜塔莉亞．謝多娃的母親在談到她們收到的列夫從莫斯科寄來的郵件時説，「從信中可以感受到他的迷惘和自慚形穢」。Trotsky, *My Life*, 511. 另見Patenaude, *Stalin's Nemesis*, 170–3.

58 RGAKFD, ed. khr. 1–14097 (1924).

59 Trotsky, *Stalin*, 381.

60 〈列寧的去世〉通過電報傳給莫斯科，發表在《真理報》和《消息報》上：*Pravda*, January 24, 1924; *Izvestiia*, January 24, 1924; Volkogonov, *Trotsky*, 266（引自RGASPI, f. 2, op. 1, d. 27088, l. 1).

61 "Po povodu smerti Lenina," *Pravda*, January 30, 1924; *Sochineniia*, VI: 46–51. 政治局會議定下來的發言者名單起初並沒有斯大林的名字；他是作為「視情況而定」的發言者加進後來的名單的。現在還不清楚為甚麼會這樣。兩份發言者名單上都沒有克魯普斯卡婭的名字，但是很顯然，她肯定是要發言的（而她也的確發言了）。RGASPI, f. 16, op. 2s, d. 47, l.1–4. 1924年1月28日，斯大林給克里姆林軍校學員又作了一次演講。

62 〈列寧的囑咐〉是1924年1月24日《消息報》頭版文章的標題。

63 *Izvestiia*, January 27, 1924. 一般來説，烏拉姆是個敏鋭的分析家，但他錯誤地認為這篇演講不合時宜。Ulam, *Stalin*, 235.

64 *Pravda*, January 30 and January 31, 1924.

65 Golikov, *Vladimir Il'ich Lenin*, XII: 678. 1929年7月，政治局決定用花崗岩代替原來的木製結構，建造一座永久性的陵墓；陵墓於1933年竣工。

66 與托洛茨基關係很近的阿道夫．越飛寫信給季諾維也夫，建議不要把列寧留下的人民委員會主席的職務交給哪一個人，而是由托洛茨基、季諾維也夫和加米涅夫組成一個委員會；不過，要是他們堅持認為政府首腦只能是一個人，越飛建議就選托洛茨基。現在還不清楚越飛是自作主張還是把信給托洛茨基看過。Vasetskii, *Trotskii*, 193.

67 *Pravda*, February 12, 1924, 見於 *Sochineniia*, VI: 52–64.

68 *Izvestiia TsK KPSS*, 1990, no. 6: 200 (RGASPI, f. 16, op. 2, d. 48, l. 41).

69 為期三天的中央全會在1月31日結束時決定，把10萬工人入黨的計劃更名為「為紀念列寧而吸收新黨員運動」。Golikov, *Vladimir Il'ich Lenin*, XI: 679. 後來，這項計劃聲稱招募了24萬新黨員。

70 Shelestov, *Vremia Alekseia Rykova*, 222–3. 列寧擔任的另一項行政職務是勞動國防委員會主席，這個職務給了加米涅夫。列寧的妹妹和妻子仍然住在克里姆林宮（直到1939年)，列寧的房間原封不動地保存下來。斯大林按照規定把克魯普斯卡婭和烏里揚諾夫娜趕出了列寧在哥爾克的別墅。起初斯大林自己想住進去，但後來別墅變成了博物館。1955年4月，赫魯曉夫下令對公眾開放列寧在克里姆林宮的住處(參觀者超過200萬人)；1994年，列寧在克里姆林宮的住處兼博物館的物品被搬到他以前在哥爾克的別墅，參政院再次對公眾關閉。1994至1998年，帝國參政院進行了較大規模的內部翻修，幾乎完全變了樣。

71 Artamonov, *Spetsob"ekty Stalina*, 33–4; Korotyshevskii, "Garzh osobogo znacheniia." 特別車隊原來是由列寧的首席司機斯捷潘．吉利負責，但在列寧還在世的時候，主要給斯大林開車的帕維爾．烏達洛夫(Pavel Udalov)就取代了吉利。斯大林的另外一名司機尼古拉．索洛維約夫(Nikolai Solovyov)過去給布魯西洛夫將軍開過車。1922至1925年，蘇維埃政權在英國為列寧和其他上層人物購買了73輛「銀魅」(該車型在1925年停產)。雖然蘇聯的氣溫很低，而且經常下雪，他們還是更喜歡敞篷車。

72 別墅建於1922至1923年，但之前產權屬於尼古拉．斯梅茨科耶(Nikolai Smetskoi，有時也寫作斯梅茨基〔Smetskii〕)；該設施過去登記為「中央執行委員會三號療養院」。一號是在庫爾斯克省(伊萬諾夫—利戈夫斯基縣)，二號是在克里米亞(古爾祖夫)。Artamonov, *Spetsob"ekty Stalina*, 128.

73 Trotsky, *My Life*, 509.

74 Rikhter, *Kavkaz nashikh dnei*.

75 Hoover Institution Archives, Lakoba Papers, 1–23. 另見Lakoba, "Ia Koba, ty Lakoba," 50–4. 托洛茨基是和幾名衛兵一起來的，這仍然是為了他的「安全」。1924年1月6日，列寧的衛隊長阿布拉姆．別連基寫了一封信給拉柯巴，上面有「絕密」標記，而且沒有抬頭：「醫生們禁止托洛茨基同志工作並〔囑咐〕他立即出發，到南方休養兩個月。在我看來，我們找不到比您在蘇呼姆找的更好的地方，尤其是醫生們也認為蘇呼姆比較合適。我想最好是把他安頓在斯米茨科沃別墅，也就是您以前安排捷爾任斯基和季諾維也夫住過的地方。」別連基強調說，醫生們的要求是徹底靜養，所以「我請您，親愛的拉柯巴同志，要保持密切關注，把他置於您的保護之下，那樣我們在這裏就完全放心了」。考佐夫(Kauzov)將負責托洛茨基的飲食和安全。「我肯定您完全明白我的意思。很顯然，不應該有集會和遊行……考佐夫同志會把我在祖巴洛沃拍的照片帶給您。捷爾任斯基和亞戈達兩位同志向您表示誠摯、熱情的問候。」Lakoba Papers, 1–28.

76 在夫婦倆去蘇呼姆的路上，托洛茨基的妻子娜塔莉亞．謝多娃的筆端流露出了忐忑不安的心情：「在蘇呼姆的生活會怎樣？在那裏，我們的周圍會是敵人還是朋友？」Trotsky, *My Life*, 508.

77 Vinogradov, *Genrikh Iagoda*, 307–8 (TsA FSB, f. 3, op. 2, d. 9, l. 247).

78 Volkogonov, *Trotsky*, 267 (引自Trotsky Archive, Houghton library, Harvard University, bMS.Russ.13.1, 8967–86, folder 1/2, 1–2); Fel'shtinskii, *Kommunisticheskaia oppozitsiia v SSSR*, I: 89; Trotsky, *My Life*, 511.

79 *Pravda*, January 3, 1924. 克魯普斯卡婭還代表執政的三駕馬車，在莫斯科鮑曼區的黨組織會議上作了一次與黨代會選舉有關的演講(她只點名稱讚了季諾維也夫)，演講的內容發表在1924年1月11日的《真理報》上。McNeal, *Bride of the Revolution*, 233–4.

80 「在托洛茨基的朋友中所有人都知道，」馬克斯・伊斯特曼寫道，「列寧去世後，他收到了列寧妻子的一封信，請他不要忘了他們早年的友誼。」Eastman, *Since Lenin Died*, 13.

81 Kudriashov, *Krasnaia armiia*, 96–102 (APRF, f. 3, op. 50, d. 254, l. 77, 83–84ob., 99–99ob., 103–7). 伏龍芝正式接替斯克良斯基的職務是在1924年3月11日。RGASPI, f. 17, op. 3, d. 424, l. 8. 最高國民經濟委員會的捷爾任斯基收留了斯克良斯基，讓他負責莫斯科的紡織托拉斯。RGASPI, f. 17, op. 3, d. 424, l. 8.

82 Lakoba, "'Ia Koba, a ty Lakoba'," 55.

83 Velikanova, *Making of an Idol*, 52–3 (引自RGASPI, f. 16, op. 2s, d. 49, l.2–4; d. 48, l. 12; op. 3, d. 412, l. 1; op. 2s, d. 49, l. 37); Bonch-Bruevich, *Vospominaniia o Lenine* [1965], 435; *Izvestiia*, January 26, 1924. 克魯普斯卡婭強烈反對把列寧遺體做成木乃伊，反對用宗教方式去崇拜他。*Pravda*, January 30, 1924. 有學者指出，1922年在盧克索一個未遭洗劫的地方發現埃及法老圖坦卡蒙的木乃伊，不僅吸引了全世界的關注，蘇維埃的報刊也作了大量的報道。Tumarkin, *Lenin Lives!*, 179–80. 恰好蘇俄在1924年還沒有火葬場。

834

84 當列寧在1918年遭到槍擊時，帶有宗教色彩的描述就已經出現了。當時擔任農民積極分子報紙(《貧窮報》)編輯的列夫・索斯諾夫斯基把列寧描寫成一個基督式的人物，並斷言「列寧是殺不死的……因為列寧是受壓迫者的復活……」Tumarkin, *Lenin Lives!*, 83–4 (引自L. Sosnovskii, "K pokousheniiu na tov. Lenina," *Petrogradskaia Pravda*, September 1, 1918).

85 Kotyrev, *Mavzolei V. I. Lenina.*

86 1月22日，政府的事務管理局局長尼古拉・戈爾布諾夫把自己的紅旗勳章別在去世的列寧的衣服上。第二天，列寧得到了他自己的紅旗勳章。但是，大約在1943年以前，戈爾布諾夫的勳章似乎一直戴在列寧身上。頒給列寧的那枚勳章有可能給了戈爾布諾夫。

87 Krasin, "Arkhitekturnye uvekovechenie Lenina," *Izvestiia*, February 3, 1924; Ennker, *Die Anfänge des Leninkults*, 234. 另見Ennker, "The Origins and Intentions of the Lenin Cult," 118–28.

88 *Izvestiia*, August 2, 1924.

89 *New York Times*, August 4, 1924.

90 「只要他在那裏，只要他沒有改變，共產主義就是安全的，新俄國就會繁榮昌盛，」來訪的美國作家西奧多・德萊塞(Theodore Dreiser)寫道，「但——小點聲——要是他逐漸褪去光澤，或是被毀掉，啊，那就會出現很大的令人遺憾的變化，他的善良的夢想就會終結。」Dreiser, *Dreiser Looks at Russia*, 31.

91 *Pravda*, July 8, 1923. 列寧博物館在1925年的頭七個月就吸引了37,000名參觀者，大多是有組織的。Aroseev, "Institut V. I. Lenina"; Tumarkin, *Lenin Lives!*, 125; Holmes and Burgess, "Scholarly Voice or Political Echo?," 387.

92 Annenkov, "Vospominaniia o Lenine," 144. 博物館在1924年1月25日收藏了列寧的大腦和心臟。

93 這位教授試圖說明列寧「崇拜」的作用在於激勵黨的「積極分子表現得更加積極」。對他們來說，「列寧是導師，是要學習和追隨的，他的教導是要忠實執行的」。對廣大群眾來說，列寧被描寫成似乎帶有超自然的力量，是「衝破雲層、光芒四射的太陽」。Harper, *Civic Training*, 39–40.

94 *Izvestiia*, August 22, 1923, 以及September 28, 1927; *Pravda*, October 27, 1923; *Proletarskaia revoliutsiia*, 1923, no. 11: 269–74.

95 加米涅夫在1927年1月被解除了院長職務。

96 *Izvestiia*, January 21, 1927; *Vestnik Kommunisticheskoi akademii*, 1928, no. 27: at 298; Zapiski Instituta Lenina, 1927, no. 1: 176; "IML k 100-letiiu so dnia rozhdeniia V. I. Lenina." *Kommunist*, 1968, no. 17. 當時還採取了其他一些舉措：一是啟動黨史（在俄語中稱作Istpart）編撰工程，這項工程起源於列寧確信十月政變證明了自己的政黨組織理論的正確性；二是把馬克思陳列室——任務是搜集並研究有關馬克思和恩格斯的文獻，以及馬克思和恩格斯留下的文獻——改成馬克思恩格斯研究院。這兩項措施最後在列寧研究院合二為一了。*PSS*, XLI: 176 (Mikhail Pokrovsky and Vladimir Adoratsky); Komarov, "Sozdanie i deietel'nost' Istparta 1920–1928 gg." ; Volin, "Istpart i Sovetskaia istoricheskaia nauka," 189–206; Burgess, "The Istpart Commission"; Komarov, "K istorii instituta Lenina," 181–91; Ivanova, "Institut Marksa-Engelsa-Lenina," IV: 214–23.

97 Lenin, *Sobranie sochinenii*; Lenin, *Sobranie sochinenii*, 2nd and 3rd eds.1925年有6,296種關於列寧的出版物。Karpovich, "Russian Revolution of 1917," 258.

98 *Otchet 15 s"ezdu partii*, 71.

99 Velikanova, *Making of an Idol*, 110–1 (引自RGASPI, f. 12, op. 2, d. 41, l. 1–1ob). 1925年2月19日，政治局請克魯普斯卡婭撰寫列寧的傳記材料。RGASPI, f. 17, op. 3, d. 489, l. 4.

100 *Pravda*, February 12, 1924.

101 Gor'kii, *Vladimir Ilich Lenin*, 10. 流亡的前社會革命黨領袖維克托·切爾諾夫在美國《外交事務》雜誌上發表了一篇文章，眼光銳利，認為列寧是個「終生的分裂派」，但卻極為害怕黨內的分裂。「列寧才智過人但又冷酷無情……是一個憤世嫉俗的知識分子，喜好嘲笑和挖苦別人，」他還說，「對他來說沒有甚麼比感傷更糟糕了，他喜歡把這個詞用於政治中所有道德和倫理的顧慮。」Chernov, "Lenin." 曾經作為一個共產主義者到過俄國但卻產生了懷疑的伯特蘭·羅素（Bertrand Russell）在提起列寧時寫道，「要是我在不知道他是誰的情況下碰到他，我想我不會猜到他是一個偉人；他給我的印象是過於固執和死板」。Russell, *Practice and Theory of Bolshevism*, 42.

102 Chuev, *Sto sorok*, 184.

103 *Soldatskaia Pravda*, May 1917, 轉載於*Zapiski instituta lenina*, 1927, no. 2: 24–33; *Pravda*, April 16, 1927, 轉載於*PSS*, XXXII: 21; Savitskaia, "Razrabotka nauchnoi

biografii V. I. Lenina," 4. 到1924年夏天，「馬克思列寧主義」這個說法開始出現在許多文件中。Shcherbakov, "A kratkii kurs blagoslovil," *Pravda*, September 13, 1990. 另見Nikolai Babakhan [Sisak Babakhanyan], "Marksizim i leninizm," *Pravda*, April 6, 1923.

104 斯維爾德洛夫卡——按當時的稱呼——位於米烏斯卡婭廣場6號，在以前的沙尼亞夫斯基莫斯科城市人民大學裏，是蘇俄所有高等教育機構中設施最好的。Reznik, *Trotzkizm i Levaia oppozitsiia*, 38; *Desiat' let Kommunisticheskogo universiteta*; Ovsiannikov, *Miusskaia ploshchad'*, 6; Harper, *Civic Training*, 285. 起初，共產主義大學設法得到了位於馬拉亞·德米特羅夫卡大街6號、按照現代派藝術風格建造的（就連燈具、家具和窗簾也是）前莫斯科商會俱樂部的房子，但是在1923年，那裏開了一家影院、一家爵士舞廳。

105 *Sochineniia*, VI: 52–64, 69–188. 斯維爾德洛夫共產主義大學最終讓位於高級黨校（成立於1939年）。

106 Mikoyan, *Tak bylo*, 370. 早在1918年黨的第七次代表大會安排斯大林加入撰寫新黨綱的委員會時，就有人反對說他沒有任何理論著述，但會議主席指出斯大林寫過民族問題的文章，這才平息了反對的聲音。*VII ekstrennyi s"ezd RKP (b), mart 1918 goda*, 163.

107 1926年12月30日，斯大林在另外一封私人信件中拒絕克謝諾豐托夫引用1924年那封信中的內容。*Sochineniia*, IX: 152.

108 *Uchenie Lenina o revoliutsii*. Medvedev, *Let History Judge*, 821–2.

109 *Ksenofontov, Lenin i imperialisticheskaia voina 1914–1918 gg.*, 16. 菲利普·克謝諾豐托夫後來在1929年成了《伏爾加公社報》的編輯，但很快被當成右派解除了職務；1930年秋，他去了莫斯科的紅色教授學院。1937年3月16日，他在薩馬拉被捕，罪名是托洛茨基主義。古比雪夫省國家安全部門的傑特金（Detkin）中尉寫道：「1929年，他在擔任地區報紙編輯期間，在自己周圍組織了一個由報紙工人中的托洛茨基分子組成的集團。」克謝諾豐托夫拒不認罪，結果被送到莫斯科，但在列福爾托沃監獄，克謝諾豐托夫仍不認罪。按照官方的記載，他於1938年1月1日在審訊時死亡。

110 Stalin, *O Lenine*; *Sochineniia*, VI: 69–71. 835

111 Trotskii, *O Lenine*. 另見Tucker, *Stalin as Revolutionary*, 356.

112 *Kransaia nov'*, 1924, no. 4: 341–3.

113 *Za leninizm*, 186.

114 *Leningradskaia Pravda*, June 13, 1924; Carr, *Socialism in One Country*, II: 14.

115 Zinoviev, "O zhizni i deiatel'nosti V. I. Lenina," *Izvestiia TsK KPSS*, 1989, no. 7: at 178. 伊萬·邁斯基（Ivan Maisky）當時在前首都工作，他寫信給莫洛托夫（1924年3月10日）說，「季諾維也夫同志在列寧格勒沒有花很多時間」。但是在1924年4月16日，即列寧抵達芬蘭車站的紀念日（按照新曆）那天，季諾維也夫在那裏出席了列寧紀念碑的奠基儀式。*Pravda*, April 18, 1924; *U Velikoi mogily*, 517–9.

116 季諾維也夫還寫道：「列寧是列寧主義的守護神。」Volkogonov, *Lenin: Life and Legacy*, 281（引自RGASPI, f. 324, d. 246, l. 2; d. 267, l.4–7), 285（引自RGASPI, f.

324, op. 1, d. 490, l. 2). 季諾維也夫關於列寧的最主要的著述是他在黨的第十三次代表大會上所作的報告，他把報告作為書籍出版了：*Po puti Il'icha* (Leningrad: Priboi, 1924). 另見Zinov'ev, *Leninizm*.

117 Rosenfeldt, *Knowledge and Power*, 170–1.

118 紅色教授學院成立於1921年，在1924年培養出了第一屆畢業生——105名入學者中的51人(最初的三年學制在那年延長到四年)；超過三分之二的學生是白領，只有很少一部分是工人。學院起初設在從前一座名為「耶穌受難」(*Strastnoi*)的女修道院裏，這座修道院在1919年被陸軍人民委員部徵用，但在1921至1922年間又被修女們重新收回(她們住在學生們的旁邊)；不久，學院又搬到位於奧斯托任卡街51號的前卡特科夫公立中學。到1929年為止，236名畢業生中有19名是工人。1928年4月，那所修道院成了中央檔案館；1937年，它被拆掉，建了一座普希金雕像，後來又建了一家影院。與此同時，奧斯托任卡街的紅色教授學院也在1932年有了集體宿舍。

119 針對斯大林有關列寧新經濟政策的描述(在「農民問題」那章)，斯列普科夫提出了質疑，認為工農「聯盟」並不是事後想出來的，因為在1917年，「農民如果想要得到土地，就必須支持無產階級反對資本的鬥爭」。*Bol'shevik*, 1924, no. 9 (August 5): 102–5. 接下來的那個月，斯列普科夫成了主編布哈林庇護下的《布爾什維克》雜誌的副主編。斯列普科夫在1924年還被任命為《真理報》編委會成員，那也是由布哈林領導的。1925年，他又同時兼任《共青團真理報》編輯。

120 Carr, *Socialism in One Country*, II: 332–3.

121 *XIII s"ezd VKP (b), mai 1924 g.*, 749–66.

122 長期擔任克魯普斯卡婭秘書的忠誠的薇拉·德里德佐回憶說，克魯普斯卡婭與三駕馬車之間的協商「持續了三個半月，直到大會召開前夕的5月18日」，她才「移交了『遺囑』，並同意向出席代表大會的代表宣讀『遺囑』」。Dridzo, "O Krupskoi," 105. 在顯然無法戰勝執政的三駕馬車的情況下，她試圖強迫他們採取行動：5月18日，大會召開在即，她交給中央委員會一封手寫的信件。薩哈羅夫指出，記錄表明克魯普斯卡婭早在一年前就把文件交給了季諾維也夫，而這份被稱作〈移交工作備忘錄〉的文件跟當時中央委員會的典型的同類文件不像，它涉及的不是移交，而是公佈和分發。Sakharov, *Politcheskoe zaveshchanie*, 535; *PSS*, XLV: 594.

123 托洛茨基後來斷言斯大林當着他的兩個助手即列夫·梅赫利斯和謝爾蓋·瑟爾采夫的面打開了文件袋並詛咒列寧，但即便真有這回事，現在還不清楚托洛茨基是怎麼知道的。Trotsky, *Stalin*, 37.

124 托姆斯基、布哈林、莫洛托夫和古比雪夫(中央監察委員會主席團)意見是一致的。托洛茨基只說，是政治局和中央監察委員會的會議，但並未指明這次討論是在何時進行的。Fel'shtinskii, *Kommunisticheskaia oppozitsiia v SSSR*, I: 56.

125 RGASPI, f. 17, op. 2, d. 129, l. 1–3. 斯大林讓書記處把克魯普斯卡婭交來的文件袋交給由他本人、季諾維也夫、加米涅夫、布哈林、加里寧和亞歷山大·謝苗諾夫(農業人民委員)組成的中央委員會的特別委員會，特別委員會決定「把這些文件的情況通報給中央全會，同時建議通報給黨的代表大會」。Sakharov, *Politicheskoe zaveshchanie*, 579 (引自 RGASPI, f. 17, op. 2, d. 246 IV vyp., s. 65).

126 德國作家埃米爾·路德維希援引與拉狄克的談話，錯誤地斷言斯大林宣讀了「遺囑」，這一說法遭到托洛茨基的否認。托洛茨基錯誤地宣稱，反對派是在5月22日大會代表的元老委員會上才第一次聽說了「遺囑」的事情。Trotsky, "On The Testament of Lenin" [December 31, 1932]," 載於 Trotsky, *Suppressed Testament*, 11–3; Sakharov, *Politcheskoe zaveshchanie*, 577–8; Trotskii, "*Zaveshchanie Lenina*," 267–8.

127 Trotskii, "Zaveshchanie Lenina," [*Gorizont*], 38–41.

128 *XIV s"ezd VKP (b)*, 398–9, 455–7, 506; *Izvestiia TsK KPSS*, 1991, no. 4: 192–207; Chuev, *Sto sorok*, 183.

129 巴扎諾夫說是季諾維也夫建議繼續選舉斯大林擔任總書記的，托洛茨基的反對沒起作用，有些人投了反對票，少數人投了棄權票(巴扎諾夫聲稱他當時負責計票)，但這種說法似乎有點混亂：在黨的代表大會之前，即將卸任的中央委員會是無權投票重新選舉總書記的；只有代表大會上新選出的中央委員會才可以在黨的代表大會之後那樣做。有可能是巴扎諾夫把代表大會之前和之後的中央委員會會議混淆了。*Bazhanov, Damnation of Stalin*, 75–6; Bazhanov, *Vospominaniia* [1980], 106–7; Bazhanov, *Avec Staline dans le Kremlin*, 43–5; Bazhanov, *Stalin*, 32–4. 其他的說法見於 Eastman, *Since Lenin Died*, 28–31; Wolfe, *Khrushchev and Stalin's Ghost*, 258–9; McNeal, *Stalin*, 110; 以及 Stalin, "Trotskistkaia oppozitsiia prezhde i teper': rech' na zasedanii ob"edinennogo plenuma TsK I TsKKK VKP (b) 23 oktiabria 1927 g.," 見於 *Sochineniia*, X: 172–205. 斯大林的心腹雅羅斯拉夫斯基回憶說，「在向中央委員宣讀列寧寫的那幾頁文字時，人們的反應是不解和驚慌」。

130 成立於1922年的少年先鋒隊當時在整個蘇聯只有16.1萬人；那天在紅場上，他們背誦了一段經過修改的新誓詞，表示要「堅定不移地遵守少先隊的法律、習俗和伊里奇的教導」。*XIII s"ezd RKP (b)* [1924], 629–33. 另見 Balashov and Nelepin, *VLKSM za 10 let v tsifrakh*, 34–7.

131 *XIII s"ezd RKP (b)*, 106–7. 他把它作為一本小冊子出版了：Zinov'vev, *Po puti Il'icha: politicheskii otchet TsK XIII-mu s"ezdu RKP (b)* (Leningrad: Priboi, 1924). 斯大林讓季諾維也夫打頭陣，然後自己作了關於組織工作的報告，而且報告的內容顯得合情合理。(後來在會議進程中斯大林就不管托洛茨基了。) *Sochineniia*, VI: 220–23; *XIII s"ezd RKP (b)*, 259–67.

132 *XIII s"ezd RKP (b)* 153–68 (at 158, 165–6); *XIII s"ezd RKP (b)* [1924], 372; *XIII s" ezd RKP (b)* [1963], 167.

133 *Sochineniia*, VI: 227; Medvedev, *Let History Judge*, 127–8.

134 *Sotsialisticheskii vestnik*, July 24, 1924: 13. 斯大林的人發起了進攻。尼古拉·烏格拉諾夫說在索爾莫沃工廠，工人們支持「中央委員會」，而被留用的舊政權工程師則支持托洛茨基，這表明反對派的階級基礎是異己的；莫洛托夫重複了這種說法，斷言反對派是紮根在階級異己分子中的。*XIII s"ezd RKP (b)*, 169, 523. 836

135 Sakharov, *Politicheskoe zaveshchanie*, 584–5 (引自RGASPI, f. 17, op. 2, d. 246 IV vyp., 62, 64: 1925年7月17日斯大林給政治局的信，信中要求托洛茨基公開否認馬克斯．伊斯特曼在1925年的書中的說法，後來托洛茨基照做了).

136 *Komsomol'skaia Pravda*, June 11, 1988. 米爾恰科夫在諾里爾斯克和馬加丹的勞改營度過了16年，並於1973年去世。

137 Sakharov, *Politicheskoe zaveshchanie*, 582–3 (引自RGASPI, f. 17, op.1, d. 57, l.184–6). 赫魯曉夫在1956年2月的蘇共二十大秘密報告中證實，列寧的「遺囑」「向出席黨的第十三次代表大會的代表們公開了，代表們討論了把斯大林調離總書記崗位的問題」。Khrushchev, "Secret Speech," 7.

138 RGASPI, f. 17, op. 2, d. 130.

139 根據勞動人民委員部管理的勞動力交易所登記的數據，當時的失業人數已從1922年1月的16萬人急劇上升到1924年1月的124萬人。Rogachevskaia, *Likvidatsiia bezrabotitsy*, 76–7.

140 APRF, f. 3, op. 27, d. 13, l.53–4, 見於*Istochnik*, 1995, no. 3: 132–3.

141 RGASPI, f. 17, op. 16, d. 175, l. 165; Rozhkov, "Internatsional durakov," 61–6.

142 1922年，意大利法西斯黨有一半黨員甚至都沒有重新登記。Bosworth, *Mussolini's Italy*, 152.

143 當時，為表示抗議，意大利政府辭職了。它既沒有成立一個廣泛的反法西斯同盟——那樣一來，就必須把改革派社會黨人包括在內——也沒有以法西斯分子放棄議會外的非法行為作為條件，讓他們加入政府。不過，只有通過分裂法西斯主義運動，籠絡其政治上較為負責的那一部分人，才有可能做到後者，而當時並沒有那麼做。Lyttelton, *Seizure of Power*, 79.

144「所有的權力都依賴於信心，」研究意大利法西斯主義運動的偉大的歷史學家阿德里安．利特爾頓(Adrian Lyttelton)解釋說，「而過於理性並且總的來說對人評價不高的國王卻一點信心沒有。他退縮了……唯一那個甚麼事情都可以做到的人認為自己無能為力。」Lyttelton, *Seizure of Power*, 93. 國王當時還要擔心寄望他更有魄力的堂兄的宮廷陰謀。

145 Lyttelton, *Seizure of Power*, 85 (Michele Bianchi).

146 Berezin, *Making the Fascist Self*, 81.

147 Kvashonkin, *Bol'shevistskoe rukovodstvo*, 263–5 (RGASPI, f. 5, op. 2, d. 326, l.20–2). 布哈林有段幾乎沒有引起關注的話也對意大利法西斯主義表示驚嘆。「法西斯主義者的鬥爭方式的特點是，他們比其他任何政黨都更注重吸收和實際地運用俄國革命的經驗，」他對出席黨的第十二次代表大會的代表們說，「如果從形式的角度看待他們，也就是說，從其政治鬥爭方式的技巧這一角度看待他們，那就會發現，他們完全是運用了布爾什維克的策略，尤其是俄國布爾什維主義的策略，意思是說迅速集中力量並由結構嚴密的軍事組織採取有力的行動，意思是說力量調配、人員—任務—機構、動員之類的事情要形成一個具體的制度，還有就是要無情地打擊敵人，只要這樣做有必要，是形勢所迫。」*XII s"ezd RKP (b)*, 273–4.

148 *Pravda*, October 31, November 1, 1922.

149 Pipes, *Russia Under the Bolshevik Regime*, 253.

150 *V vsemirnyi kongress* , I: 156–7, 175–92; *Diskussiia 1923 goda*, 262 (由李可夫作為倡議者的共產國際決議，1924年6月27日).

151 Deutscher, *Prophet Unarmed*, 141–51.

152 Boersner, *The Bolsheviks*, 152 (引自 *Protokoll des Fuenften Kongresses der Kommunistchen International. I.* , 2 vols. [Hamburg: Carl Hoym, 1924], I: 237).

153 *Izvestiia*, June 19, 1924; *New York Times*, June 20, 1924; Tumarkin, *Lenin Lives!*, 193–4. 早在1924年5月，參加黨的第十三次代表大會的代表們在列寧墓竣工前，也提前瞻仰了列寧的遺體。*Pravda*, June 13, 1924; Zbarskii, *Mavzolei Lenina*, 41.

154 Firsov, "Nekotorye voprosy istorii Kominterna," 89; Claudin, *Communist Movement*, 152–3. 斯大林還寫了一張令人費解的便條：「德國革命的失敗是走向與俄國開戰的一步。」RGASPI, f. 558, op. 11, d. 25, l. 101 (沒有日期). 斯大林和季諾維也夫一起採取了進一步的行動，秘密會晤德國的兩個極左分子阿爾卡季·馬斯洛夫(Arkadi Maslow)和露特·菲舍爾——他們的破壞行動給政變幫了倒忙。但二人很快得到了提拔，因為他們是蘇聯三駕馬車在左派反對派中的敵人(拉狄克和皮達可夫)的敵人。

155 Matteotti, *Un anno di dominazione fascista*.

156 Canali, *Il delitto Matteotti*, 218.

157 Bosworth, *Mussolini's Italy*, 197.

158 De Felice, *Mussolini il fascista*, I: 632–6.

159 Lyttelton, *The Seizure of Power*, 242–3.

160 Bosworth, *Mussolini's Italy*, 212–3.

161 在就一份把托洛茨基稱為「紅軍領袖」的文件與伏龍芝交換意見時，斯大林建議說，「我認為我們只有在談到黨的時候才說『領袖』比較合適」——這意思是說他自己。Kvashonkin, *Bol'shevistskoe rukovodstvo*, 298–9 (RGASPI, f. 558, op. 1, d. 5254, l. 1: Dec. 10, 1924).

162 *Sotsialisticheskii vestnik*, July 24, 1924: 11–2.

163 列寧去世後，契切林或許以為自己會享有更大的行動自由，但他很快就在抱怨斯大林對外交事務的「干涉」了。Debo, "G. V. Chicherin," 27–8; Kvashonkin, *Bol'shevistskoe rukovodtsvo*, 295.

164 到1924年，阿爾巴尼亞、奧地利、丹麥、希臘、挪威、瑞典、阿富汗、伊朗、中國、墨西哥和土耳其也都已承認蘇聯，以及曾經屬於沙皇領土的愛沙尼亞、拉脱維亞、立陶宛和芬蘭。

165 Anin, *Radioelektronnyi shpionazh*, 24.

166 有關斯大林和列寧把對外貿易代表團看作是進行偵察活動的觀點，參見 *Sochineniia*, V: 117–20; 以及 Carr, *Bolshevik Revolution*, III: 349–50.

167 *Izvestiia*, January 26, 1924.

168 契切林讓蘇聯外交人員要兩面派，對中國鄭重宣佈，蘇聯「承認外蒙是中華民國不可分割的一部分，尊重中國在那裏的主權」，並承諾在即將召開的中蘇會議上一旦在時間表上達成一致就會撤出蘇聯軍隊。Elleman, *Diplomacy and Deception*.

169 Ballis, "The Political Evolution of a Soviet Satellite"; Thomas T. Hammond, "The Communist Takeover of Outer Mongolia: Model for Eastern Europe," 載於 Hammond and Farrell, *Anatomy of Communist Takeovers*; Barany, "Soviet Takeover."

170 這位德國人警告説，「俄國人會對中國繼續採取舊沙皇政府的帝國主義政策」。轉引自 Elleman, "Secret Sino-Soviet Negotiations," 546. 另見 Tang, *Russian and Soviet Policy*, 388–9; 以及 Rupen, *How Mongolia is Really Ruled*, 44.

837

171 Murphy, *Soviet Mongolia*, 89–90.

172 此次行動只有極少數人知道，即便在斯大林的機關中，大部分官員也毫不知情。Balashov and Markhashov, "Staraia ploshchad', 4 (20-e gody)," no. 6: 187.

173 季諾維也夫顯然已經從較早的幾次失敗中得出結論，認為罷工和大規模的公開抗議活動只會讓當局有所戒備，所以共產國際這次就策劃了一次閃電式政變，這可能會激起工人的起義，支持愛沙尼亞社會主義蘇維埃共和國。Fischer, *Stalin and German Communism*, 463; Krivitsky, *I Was Stalin's Agent*, 64–5; Leonard, *Secret Soldiers*, 34–7.

174 Saar, *Le 1-er décembre 1924*; Kuusinen, *Rings of Destiny*, 66.

175 "The Reval Uprising," 見於 Neuberg [假名], *Armed Insurrection*, 61–80.

176 Pil'skii, "Pervoe dekabrai," I: 218–9.

177 Rei, *Drama of the Baltic Peoples*, 180–6; Sunila, *Vosstanie 1 dekabria 1924 goda*. 另見 Krivitsky, *In Stalin's Secret Service*, 48.

178 Stalin, *Na piutiakh k Oktiabriu*; *Sochineniia*, VI: 348–401. 馬克思和恩格斯明確否認革命可以在單獨一個國家取得成功，但他們在歐洲的社會民主黨追隨者修正了這一觀點。巴伐利亞一位民主社會主義者在1878年認為「社會主義在單獨一個國家或幾個國家的最終勝利」是可能的。參見 von Vollmar, *Der isolierte sozialistiche Staat*, 4. 1891年，考茨基的德國社會民主黨的愛爾福特綱領採取了類似的立場。參見 Kautsky, *Das Erfurter Programm*, 115–6.

179 *PSS*, XLV: 309; van Ree, "Socialism in One Country," 這篇文章勝過 Carr, *Socialism in One Country*, II: 49–50; 以及 Tucker, *Stalin as Revolutionary*, 368–94. 針對一張送給自己的、對〈論一國社會主義〉一文提出批評的便條，斯大林在日期為1925年1月25日的私人信件中作出回應，稱自己的觀點是根據列寧的著述，儘管缺乏清晰的例證。Stalin, *Sochineniia*, VII: 16–8（譯註：《斯大林全集》第7卷，第17–19頁）.

180 Tsakunov, *V labirinte*, 143–4（引自 RGASPI, f. 325, op. 1, d. 108, l.44–5).

181 McNeal, *Stalin's Works*, 110–1; *Sochineniia*, VI: 61–2.

182 斯大林的「一國社會主義論」後來成了共產國際的慣用説法。Claudin, *Communist Movement*, 76–7.

183 加米涅夫在他1924年11月批判托洛茨基主義的文章中抓住了要害，指出托洛茨基的不斷革命論「把俄國的工人政府置於完全依靠即將到來的西方無產階級革命的境地」。Kamenev, "Leninizm ili Trotkizm (Uroki partiinoi istorii)," *Pravda*, November 26, 1924, 轉載於 Kamenev, *Stat'i i rechi*, 188–243 (at 229); Carr, *Socialism in One Country*, II: 57.

184 *Sotsialisticheskii vestnik*, June 20, 1925: 21.

185 *Sochineniia*, VI: 358–9.

186 Le Donne, *Russian Empire and the World*, 222.

187 1921年3月10日，時任蘇俄駐愛沙尼亞大使的馬克西姆·李維諾夫給愛沙尼亞外交部長送去照會，抗議由原來把守喀琅施塔得的西北軍舊部在愛沙尼亞的領土上組建部隊（「那樣一來，犯罪分子就想把愛沙尼亞變成對俄羅斯共和國採取敵對行動的基地」）。那位愛沙尼亞部長明確否認他們的存在。*Kronstadtskaia tragediiia*, I: 348–9, 371. 證據顯示，在從1922年開始的五年時間裏，蘇聯反間諜機關扣押了一百多名愛沙尼亞特工人員以及同他們合作的人，他們中有35人被處決或者在抓捕時被契卡人員打死。Tumshis and Papchinskii, *1937, bol'shaia chistka*, 307–8.

188 Litvinov and Sidunov, *Shpiony i diversanty*, 39.

189 「在偉大的蘇聯周圍，形成了由一些小國組成的包圍圈，那些小國的資產階級在西歐的掠食者國家的支持下堅持了下來」，教育人民委員阿納托利·盧那察爾斯基在談到愛沙尼亞和其他曾經歸沙皇統治的國家時寫道。他把那些國家稱為「不過幾小塊地方」。A. V. Lunacharskii, "Okrovavlennaia Estoniia" [1925], 見於 Lunacharskii, *Sobranie sochinenii*, II: 308.

190 1925年初，斯大林給由自己任命為烏克蘭黨組織負責人的埃馬努伊爾·奎林（Emanuel Kwiring）發過一封密碼電報，在提到托洛茨基時說「必須把他趕出革命軍事委員會」，但斯大林又表示，現在大多數人還認為「不宜把托洛茨基趕出政治局，但是可以給一個警告」，以便在再次違反中央政策的時候，政治局可以「立即把他開除出政治局，撤銷他在中央委員會的工作」。「少數人，」據斯大林說，贊成「立即把他趕出政治局但把他留在中央委員會」。斯大林把自己也算在這少數人之列。*Izvestiia TsK KPSS*, 1991, no. 7: 183.

191 *Pravda*, January 20, 1925. 按照官方的說法，托洛茨基是在1925年1月26日根據蘇維埃中央執行委員會的決議被解除職務的。托洛茨基辭職的長信，英譯文可見於 Eastman, *Since Lenin Died*, 155–8. 涅斯托爾的兄弟同時也是阿布哈茲副內務部長的米哈伊爾·拉柯巴（Mikhail Lakoba），被安插到托洛茨基的衛隊。格魯吉亞契卡的沙爾瓦·策列鐵里（Shalva Tsereteli）也是。Hoover Institution Archives, Lakoba Papers, 1–47, 1–37.

192 *XIV s"ezd VKP (b)*, 484.

193 從契卡調到陸海軍人民委員部負責補給的約瑟夫·溫什利赫特成了伏龍芝的第一副手。 *Pravda*, February 7, 1925.

194 RGASPI, f.17, op.2, d.162, l.62; *Sochineniia*, VII: 11–4.

195 "Literatura po leninizmu," *Sputnik politrabotnika*, 1925, no. 8–9: 24–40. 另見 "Pomoshch' samoobrazovaniiu: kratkaia programma po izucheniiu leninizma po skheme Stalina," *Krasnyi boets*, 1924, no. 13: 58. 斯大林那天還寫信給《工人報》編委會，稱列寧為「導師」並號召蘇聯人民要愛戴和學習這位已經去世的「領袖」。*Rabochaia gazeta*, January 21, 1921, 見於 *Sochineniia*, VII: 15（譯註：《斯大林全集》第7卷，第16頁）.

196 Pravda, January 30, 1925, 見於 *Sochineniia*, VII: 25–33 (at 27).

197 有些觀察家認為契切林當時有強烈的親德傾向，與之聯繫在一起的是一種魯莽的反對英帝國的政策，即支持東方各國的共產黨和爭取民族獨立的鬥爭，而契切林的第一副手馬克西姆．李維諾夫則堅決主張面向英法。Haslam, *Soviet Union and the Threat from the East*, 17.

198 參見1923年的爭論：*DBFP*, VIII: 280–306.

199 *Izvestiya*, August 10, 1924; *Dokumenty vneshnei politiki*, VII: 609–36; *Adibekov, Politbiuro TsK RKP (b)—VKP (b) i Evropa*, 48–9.

200 *DVP SSSR*, VII: 556–60, 560–1; Jacobson, *When the Soviet Union Entered*, 136–9.

201 白俄羅斯有個團體表示反對。他們給《真理報》送去了一篇日期為1924年8月18日的文章(〈論英國條約〉)，引用了拉柯夫斯基的話，大意是說，「我們償還舊債」只是為了讓英國提供新的貸款。「因此，我們必須清算十月革命對外國資產階級的幾乎所有的影響，」他們寫道，「沒有人問我們簽訂條約的事情。」他們稱條約是「革命不戰而敗」，因而要求發起全黨的討論。Khromov, *Po stranitsam*, 216–7 (RGASPI, f., 558, op. 11, d. 290, l.5–7). 在這篇文章上署名的有N. 馬卡羅夫(N. Makarov)、P. 列布列夫(P. Leblev)和A. 瓦西列夫(A. Vasilev)，他們來自明斯克省的一個村子。《真理報》把文章底稿送給了斯大林。1924年8月25日，斯大林把它交給白俄羅斯中央委員會(黨組織負責人是阿薩特金〔Asatkin〕)：「必須查清楚提到名字的那些人是不是黨員，他們有沒有在文章上署名，如果署了名，為甚麼要寫這些東西。對作者不要採取任何鎮壓措施」(l. 3)。換句話說，英國保守黨人和白俄羅斯左傾的共產黨人立場一致。

838

202 事實上，蘇聯對於和英國的關係還是非常重視的，這從派去的使節就可以看出來：克拉辛、拉柯夫斯基、多夫加列夫斯基(Dovgalevsky)和邁斯基。

203 Hilger and Meyer, *Incompatible Allies*, 124.

204 親西方的德國人承認「拉帕洛協定給了我們許多，在國際政治上也提供了某種砝碼，但布爾什維克利用得更多」，而且他們反對共產國際的特工。D'iakov and Bushueva, *Fashistskii mech kovalsia v SSSR*, 60–4 (RGVA, f. 33987, op. 3, d. 98, l.153–7: February 5, 1925).

205 這位伯爵曾經為1919年卡爾．拉狄克在德國出獄幫過忙。Debo, *Survival and Consolidation*, 67–70.

206 Ulrich Brockdorff-Rantzau, *Dokumente*, 146ff.

207 Rosenbaum, *Community of Fate*; O'Connor, *Diplomacy and Revolution*, 95–6.

208 Volkogonov, *Lenin: Life and Legacy*, xxxiii (RGASPI, f. 2, op. 2, d. 515, l. 1)

209 Akhmatzian, "Voennoe sotrudnichestvo SSSR," Zeidler, *Reichswehr und Rote Armee* [1994].

210 Dyck, "German-Soviet Relations," 68 (引自德國外交部檔案, L337/L0o0564–68: 蘭曹致施特雷澤曼，1925年3月9日).

211 Dyck, "German-Soviet Relations," 69 (引自德國外交部檔案, 5265/E317849–52: 蘭曹致外交部，1924年12月1日).

212 Carr, *Socialism in one Country*, III: 257.

213 Jacobson, *When the Soviet Union Entered*, 156–8.

214 “K mezhdunarodnomy polozheniiu i zadacham kompartii,” *Pravda*, March 22, 1925, 見於 *Sochineniia*, VII: 52–9 (53).

215 到1933年為止，在利佩茨克共培養了450名德國空軍飛行員。

216 Gorlov, *Sovershenno sekretno: al’ians Moskva-Berlin*, 146.

217 Schroeder, “The Lights that Failed.”Beck, *Dernier rapport*. 另見Salzmann, *Great Britain, Germany and the Soviet Union*; Johnson, *Locarno Revisited*; Wright, “Locarno: a Democratic Peace?”

218 Jacobson, *When the Soviet Union Entered*, 174. 就像雅各布森在別的地方所概括的，「法國的安全是德國的不安全；德國的安全是波蘭的不安全」。Jacobson, “Is There a New International History of the 1920s?,” 620.

219 *Pravda*, October 20, 1925; *Izvestiia*, November 24, 1925 (李維諾夫).

220 為蘇聯工作的頂級分析師、匈牙利經濟學家葉尼奧·瓦爾加(Jenő Varga，生於1879年)擔任過短命的貝洛·庫恩的匈牙利蘇維埃政府財政部長，他在共產國際代表大會上作過關於「資本主義危機」的長篇報告，但是隨着洛迦諾公約的簽訂，瓦爾加等人也開始談論「資本主義的穩定化」了。1926年，瓦爾加站在斯大林一邊，反對托洛茨基和季諾維也夫的聯合反對派；瓦爾加很快成為斯大林在對外政策方面的高級助手之一，負責1925年成立的世界經濟與政治研究所。他取代了費奧多爾·A. 羅特施泰因(Fyodor A. Rothstein)——羅特施泰因出生於沙皇時代的立陶宛，在英國生活了30年——但在研究所的刊物上發表過托洛茨基的文章。Eran, *The Mezhdunarodniki*, 32; Duda, *Jenő Varga*, 37, 85, 97–8; Mommen, *Stalin’s Economist*.

221 RGASPI, f. 558, op. 11, d. 23, l.126–7: 為1925年12月黨的第十四次代表大會主報告所做的筆記，至於他所作的報告，參見*Sochineniia*, VII: 273–4.

222 *Sochineniia*, VII: 12–13, 28, 280.

223 White, “Early Soviet Historical Interpretations.” 1925年2月，謝爾蓋·基洛夫對自己領導下的巴庫黨組織作了關於托洛茨基的〈十月的教訓〉的報告。他説，「這裏的問題不在於某些簡單的理論上的鬥爭，相反，不誇張地説，這裏的問題是我們的黨和我們的革命的命運問題」——這也許是承認，理論上的爭論消耗了大量的精力，已讓人精疲力竭。*Bakinskii rabochii*, February 5, 1925.

224 Lenoe, “Agitation, Propaganda, and the ‘Stalinization’ of the Soviet press,” 6.

225 Volkogonov, *Trotsky*, 207. 在1923年紀念紅軍建軍五週年的展覽中，用了整整一個房間來陳列傳説中托洛茨基內戰時期乘坐的列車，但這輛在1922年進行了最後一次旅行的列車在1924年7月正式退役了。*Iubileinaia vystavka Krasnykh*; Argenbright, “Documents from Trotsky’s Train.”

226 Medvedev, *Let History Judge*, 145. 伊薩克·則連斯基(Isaac Zelensky) 1924年6月才被任命為中央委員會的書記之一；8月，他被派往塔什干。

227 烏格拉諾夫後來説，季諾維也夫和加米涅夫「接連找我談話，從談話中我明白了，他們繞來繞去是想把他們與斯大林的不和強加到我的身上」，但他「謝絕了他們的邀請」。*XIV s”ezd VKP (b)*, 193. 早在列寧格勒時，當烏格拉諾夫和黨的許多年輕官員與季諾維也夫發生衝突時，列寧，還有斯大林和莫洛托夫，都支持那些年輕人。Merridale, *Moscow Politics*, 29 (引自 *Moskovskaia Pravda*, February 12, 1989). 另見 *Bazhanov, Damnation of Stalin*, 142; 以及 Carr, *Socialism in One Country*, II: 62.

228 Nadtocheev, "'Triumvirat' ili 'semerka'?," 61–82. 這個集團也被稱為「領導集體」。托洛茨基肯定懷疑人們在背着他開會。1926年，季諾維也夫在斯大林欺負到自己頭上之後，也對托洛茨基承認了「七重奏」的存在。但托洛茨基直到1927年才對「七重奏」的做法提出抗議。Fel'shtinskii, *Kommunisticheskaia oppozitsiia v SSSR*, III: 87; Lars Lih, "Introduction," 見於 Lih, *Stalin's Letters to Molotov*, 5.

229 斯大林和布哈林的同盟似乎在1924年底就開始形成，而且是斯大林倡議的：*XIV s"ezd VKP (b)*, 136, 397–8, 459–60, 501; Cohen, *Bukharin*, 429, n1. 關於三駕馬車的解體，參見 Daniels, *Conscience of the Revolution*, 235–7; Carr, *Socialism in One Country*, II: chapter 13.

230 Trotskii, *Sochineniia*, III/i: xi–lxvii; *Uroki Oktiabria*; "Lessons of October," 見於 Trotsky, *The Essential Trotsky*, 125, 157, 172, 175. 另見 Deutscher, *Prophet Unarmed*, 151ff; 以及 Pavliuchenkov, *Rossia Nepovskaia*, 97 (引自 RGPASI, f. 325, op. 1, d. 361, l. 3). 早在1924年10月16日，斯大林、季諾維也夫和加米涅夫就在加米涅夫家中開過會，商量怎樣利用《真理報》和其他言論陣地追擊並打敗托洛茨基——但他伏擊了他們。托洛茨基寫的〈十月的教訓〉是其《全集》第三卷的長篇導言，這一卷講的是1917年，並不是按照發表時間排序。到1927年，《全集》一共出了21卷，比包括列寧在內的其他任何一位高級領導人都多。Trotskii, *Sochineniia*. 另見 *Ekonomicheskaia zhizn'*, December 10, 1924. 和托洛茨基一樣，季諾維也夫也有幾位助手記錄他的言論，以備隨後發表。1924年出版了6卷季諾維也夫的「著作」(第一卷序言的日期為1923年10月)：Zinov'ev, *Sobranie sochinenii*, I, II, III, V, XV, XVI. 編輯《列寧全集》的加米涅夫沒有出版自己的全集；他在1907年曾試圖出一套三卷版(簽了合同可是不了了之)，但他在1924年出版了自己演講集中的3卷(第一、十、十二卷)。出版工作很快就停止了。

839

231 *Pravda*, November 2, 1924 (布哈林), 轉載於 *Za leninizm*, 9–25; *Trotskizm i molodezh'*, 41–7 (季諾維也夫); *Bol'shevik*, 1925, no. 14 (November 5): 105–13 (索柯里尼柯夫); *Za leninizm*, 28–30, 60–2 (加米涅夫).

232 *Pravda*, November 26, 1924. 另見 Kamenev, *Stat'i i rechi*, I: 188–243; *Za leninizm*, 87–90, 94–5; 以及 Stalin, *Sochineniia*, VI: 324–57. 另見 Zinoviev, *Bol'shevizm ili trotzkizm?*.

233 *Pravda*, December 16, 1924, 見於 Krupskaia, *Izbrannye proizvedeniia*, 142–3; McNeal, *Bride of the Revolution*, 249. 還不清楚是誰把這些尖銳言詞插入克魯普斯卡婭比較溫和的原文中的。

234 "Yenukidze" [January 8, 1938], 見於 Trotskii, *Portrety revoliutsionerov* [1991], 233–44 (at 241), [1984], 251–72 (at 264–6). 1925年3月22日，南高加索人民委員會副主席、被叫做米亞斯尼科夫(Myasnikov)的亞歷山大・米亞斯尼基揚(Alexander Myasnikyan)和南高加索契卡負責人所羅門・莫吉列夫斯基(Solomon Mogilevsky)，

乘坐的一架容克飛機起飛後在梯弗利斯機場附近墜毀。兩天後，另一架飛機帶着托洛茨基的兩位朋友兼中央執行委員會委員來了：蘇聯駐法大使拉柯夫斯基和郵政人民委員斯米爾諾夫。斯米爾諾夫聲稱，斯大林的親密夥伴、中央執行委員會書記阿韋利·葉努基澤為他們提供了飛機。失事飛機在空中已經着火，而起火原因根本沒有找到。兩名飛行員也死了。貝利亞是第一個調查小組的負責人，沒有得出甚麼結果；由莫斯科過來的卡爾·保克爾(Karl Pauker)領導的第二個以及後來的第三個調查小組也根本沒有查明事故的真相。托洛茨基懷疑是格魯吉亞的孟什維克幹的，他從蘇呼姆去梯弗利斯參加了葬禮。*Trudovaia Abkhazia*, March 25, 1925; *Proletarskaia revoliutsiia*, 1925, no. 6: 234–6; *Biulleten' oppozitsii*, January 1939: 2–15.

235 Nazarov, *Stalin i bor'ba za liderstvo*, 108–9 (引自RGASPI, f. 17, op. 2, d. 179, l. 105).

236 Anfert'ev, *Smerch*, 233. 索柯里尼柯夫遇到加林娜(生於1905年)時她17歲，正準備進入莫斯科大學醫學系讀書——他們在大都會飯店住的地方要從同一個入口進去(她住在他樓上)；他經常在晚上過來和她的第一任丈夫列昂尼德·謝列布里亞科夫下棋，她是在1923年嫁給謝列布里亞科夫的，但到了1925年就離開他嫁給了索柯里尼柯夫。Galina Serebriakova, "Iz vospominanii," 見於Anfert'ev, *Smerch*, 235.

237 Anfert'ev, *Smerch*, 233–4.

238 Woodruff, *Money Unmade*, 27; Sokol'nikov, *Novaia finansovaia politika*, 200–1.

239 Johnson and Temin, "The Macroeconomics of NEP," 753. 關於那種懷疑態度，參見Barmine, *One Who Survived*, 125; 以及Serge, *Ot revoliutsii k totalitarizmu*, 177.

240 Bourne and Watt, *British Documents on Foreign Affairs*, VII: 376 (未註明日期，日期是根據內容推斷的).

241 *Vestnik Kommunisticheskoi Akademii*, 1924, no. 8: 47–116, 轉載於*Novaia ekonomika* (1926), 52–126. 布哈林反駁文章的標題是〈怎樣破壞工農聯盟〉(《真理報》，1924年12月12日)。另見Carr, *Socialism in One Country*, I: 219–26.

242 L. A. Neretina, "Reorganizatsiia gosudarstvennoi promyshlennosti v 1921–25 godakh: prontsipy i tendentsii razvitiia," 見於Davies, *NEP*, 75–87; Brovkin, *Russia After Lenin*, 179–81. 私人貿易比私人工業普遍得多，但反覆受到打擊。Davies, *Soviet Economy in Turmoil*, 76–9.

243 Sokol'nikov, *Gosudarstvennyi kapitalizm*; *Leninskii sbornik*, XXIII: 192–3.

244 季諾維也夫企圖控制農業政策，呼籲黨要「面向農村」，此舉一定程度上是一種策略，是為了提高他作為列寧接班人的地位。不過，季諾維也夫的無知是顯而易見的：到1924年7月3日，他控制的《列寧格勒真理報》還在説會大量出口糧食。*Pravda*, July 30, 1924; *Leningradskaia pravda*, July 30, 1924; Zinov'ev, *Litsom k derevne*.

245 *Izvestiia*, September 3, 1924 (李可夫); Reswick, *I Dreamt Revolution*, 84–96. (雷齊克是在俄國出生的美國公民，他情願為蘇維埃政權所用，以換取無可比擬的權限。)

246 中央委員會書記安德烈·安德烈耶夫視察了西伯利亞、烏拉爾和北高加索，並看到了問題的核心。「行政部門開始採取的規則放大了我們制度中可怕的繁文縟節，主要的問題就在這裏，」他說，「我們蘇維埃和黨的工作人員很少關心農民提出的小而具體的問題，而是把大量時間用於給出一般性的答案。種地的人問的是具體的問題，得到的回答卻是關於國家和國際大事的空話。」Gimpel'son, *NEP*, 384 (引自 RGASPI, f. 17, op. 112, d. 733, l. 170).

247 在1925年1月3日的政治局會議上，斯大林要求與會者讀一讀達維德·達林 (David Dallin) 在孟什維克流亡報紙上分期連載的小說，因為「它含有豐富的資料，涉及農民對農業合作社是怎樣想的，以及他為甚麼更喜歡合作社」。斯大林不同意索柯里尼柯夫說的「消費合作社是向未知領域的飛躍」，但他同意後者所強調的需要把關注的焦點放在農業合作社上。斯大林認為應該允許富農成為社員：「這樣做意義重大，因為它會產生刺激作用，讓整個村子加入合作社。」與此同時，他不同意俄羅斯社會主義聯邦蘇維埃共和國的農業人民委員亞歷山大·斯米爾諾夫所建議的，要允許富農不僅加入，而且還管理合作社。「在對社會的管理方面，哪怕是一個富農都會是危險的，」斯大林說，「富農都是些聰明人，見過世面。要是擔任管理職務，他能把十個不是富農的人爭取過去。」他回憶起列寧的指示，說的是在內戰結束後可以讓富農參加蘇維埃的選舉，可打敗白軍已經五年了，斯大林仍然說「我們離完全消除內戰還有很長的路要走，我們還不會很快到達那裏」。Vatlin, *Stenogrammy zasedanii Politburo*, I: 305–7, 314–5; *Sotsialisticheskii vestnik*, 1925, no. 20, 21, 23, 24. 另見Plekhanov, *VChK-OGPU*, 91 (引自 *Nashe otechestvo* [Moscow: Terra, 1991], II: 197).

248 Male, *Russian Peasant Organization*.

249 *Bol'shevik*, 1924, no. 3–4: 23, 25 (斯列普科夫).

250 Gladkov, *Sovetskoe narodnoe khoziaistvo*, 73, 343.

251 *Pravda*, December 19, 1924; Carr, *Socialism in One Country*, 208–11.

252 *Sochineniia*, VI: 135, 243–4.

253 *Pravda*, June 4, 1930, 見於 *Sochineniia*, VI: 321.

254 *Pravda*, January 30, 1925, 見於 *Sochineniia*, VII: 25–33 (at 28).

255 *XIV konferentsiia VKP (b)*.

256 參見斯大林對新經濟政策的讚揚，那是在莫斯科黨組織會議上關於黨的第十四次代表會議的報告中說的：*Pravda*, May 12 and May 13, 1925, 轉載於 *Sochineniia*, VII: 90–132 (at 128–9). 另見Graziosi, "'Building the First System.'"

257 RGASPI, f. 558, op. 11, d. 23, l. 45. 後來這兩個人民委員部 (1926) 合併時，斯大林任命了米高揚為貿易人民委員。

258 Eichengreen, *Golden Fetters*, 4–5; Pittaluga, "The Genoa Conference." 有人認為，在經濟領域為控制物價而採取威權主義的干預政策，其原因還在於金本位及其所要求的平抑物價。Polanyi, *The Great Transformation*, 233–4.

840

259 Vatlin, *Stenogrammy zasedanii Politbiuro*, I: 379 (1925年11月2日), I: 533 (1925年12月12日), II: 507 (1927年1月3日). 感謝保羅·格里戈里 (Paul Gregory) 教授給我指出斯大林在黨的論壇上對政治經濟問題表現出的洞察力。

260 Bukharin, "O novoi ekonomichheskoi politiki i nashikh zadachakh," 3–15.

261 為強調這一主題，布哈林寫了一本小冊子——《在西歐無產階級尚未取得勝利的情況下我們能否在一國建設社會主義？》(1925年4月)。因為要召開黨的第十四次代表會議(1925年4月27–29日)，斯大林對季諾維也夫的提綱草案作了修改，刪掉了某些段落，插入了另外一些段落，結果就有了如下內容：「列寧主義教導說，從完全防止資產階級關係復辟的意義上來講，社會主義的最終勝利只有在世界範圍內(或者是在幾個具有決定作用的國家中)才有可能。」斯大林還進一步說道：「總的來說，社會主義在一國的勝利(不是指最終的勝利)是絕對可能的。」RGASPI, f. 558, op. 1, d. 3359, ll.11, 6, 15. 1925年9月，季諾維也夫在其有關列寧主義的著作中，對斯大林的觀點進行了批判，但他的批判在思想上缺乏連貫性(在某個地方他寫道，「如果有人問我們是否能夠並且必須在一國建立社會主義，我們會回答說，我們能夠並且必須在一國建立社會主義」)。Van Ree, "Socialism in One Country," 107. 1925年9月，黨的書記處的新聞部門負責人約納瓦．瓦列伊基斯出版了一本小冊子《能否在一國實現社會主義？》(Moscow: Molodaia gvardiia, 1925)，稱讚斯大林1924年12月的文章是列寧逝世以來對列寧主義唯一的重大貢獻！

262 Lih, "Zinoviev." 利赫正確地指出，卡爾誤以為1924年1月(黨的第十三次代表會議)之後「可以清楚地看到，問題在於性格而不是原則」。Carr, *Interregnum*, 340.

263 Black, "Zioviev Re-Examined."

264 Brovkin, *Russia After Lenin*, 160 (引自 RGASPI, f. 17, op. 16, d. 766, l. 253).

265 *Sochineniia*, VII: 153. 卡爾在自己的書中談到了這個插曲，參見Carr, *Socialism in One Country*, I: 260, 284.

266 *PSS*, XLIII: 330, 333, 357, XLIV: 325, XLV: 372.

267 Carr, *Socialism in One Country*, II: 79.

268 *Pravda*, May 13, 1925; *Sochineniia*, VII: 132.

269 *Sochineniia*, VII: 111, 123–4.

270 「從這些信中可以感受到那麼多的憤怒和失落，真讓人覺得不知所措，」《新農村》期刊的編輯報告說，「我們以前收到的來信對於日子紅火的新農戶從來沒有像現在這樣顯得那麼不滿、仇恨和嫉妒。饑餓貧窮的農民開始仇恨日子興旺、辛苦勞動的農民，甚至想毀掉他們。」Brovkin, *Russia After Lenin*, 159 (引自 RGASPI., f. 17, op. 87, svodka 45), 160.

271 Ehrenburg, *Memoirs*, 68.

272 Sutton, *Western Technology and Soviet Economic Development*, I: 256 (引自 U.S. State Department Decimal File, 316–164–205).

273 有位稱新經濟政策「最多是武裝停火」的美國記者，在談到耐普曼時寫道，它是「一個勉強被容忍的、被所有人看不起和侮辱的、受政府壓迫的階級。它成了一出資本主義的鬧劇，扭捏、善變、膽怯、荒唐的鬧劇。」Lyons, *Assignment in Utopia*, 84–5. 1925年，對耐普曼徵收的，僅正式的稅費就超過了戰前對商人徵收的稅費。但官員們還要對「奢侈品」額外徵收「懲罰性」稅費，而對「奢侈品」的界定隨意性很大。Trifonov, *Ocherki istorii klassovoi bor'by*, 84.

274 受賄和其他形式的腐敗早就出現了，而且一直存在：Epikhin and Mozokhin, *VChK-OGPU v borb'e s korruptsiei*, 312 (TsA FSB, f. 66, op. 1, por. 36, l. 324), 315–17 (TSA FSB, f. 66, op. 1, po. 106, l. 64–64ob), 334–35 (TSA FSB, f. 66, op. 1, d. 108, l. 83), 339 (APRF, f. 3, op. 58, po. 187, l. 16), 482–4 (TsA FSB, 2, op. 4, por. 32, l. 5–6); Plekhanov and Plekhanov, *F. E. Dzerzhinskii*, 442–3 (TsA FSB, f. 66, op. 1–T.D. 100v., l. 6).

275 Deutscher, *Prophet Unarmed*, 202, n1.

276 Lih, *Stalin's Letters to Molotov*, 69–84; Kosheleva, *Pis'ma I. V. Stalina V. M. Molotovu*, 13–26.

277 *Bol'shevik*, 1925, no. 16 [September]: 67–70. 另見Carr, *Socialism in One Country*, II: 74–7; Deutscher, *Prophet Unarmed*, 169–70, 247–8; Eastman, *Love and Revolution*, 442–55, 510–16.

278 斯大林後來引用了托洛茨基的話：「關於隱瞞或違背『遺囑』的一切論調，都是惡意的捏造，完全違反弗拉基米爾．伊里奇的本意和他所建立的黨的利益。」*Sochineniia*, X: 175（譯註：《斯大林全集》第10卷，第151頁）.

279 *Bol'shevik*, 1925, no. 16 [September]: 67–70.《布爾什維克》一期的印數有4萬份。加米涅夫、布哈林和雅羅斯拉夫斯基都是五人編委會的成員。

280 Valentinov, *Novaia ekonomicheskaia politika* [1991], 295.

281 托洛茨基後來聲稱，聲明是「政治局的多數派強加給我的」。*Biulleten' oppozitsii*, March 19, 1931 (1928年9月11日的信).

282 她的批駁文章提出的問題有，她是否捲入了伊斯特曼事件，是否有可能與托洛茨基有聯繫。Shvetsov, "Lev Trotskii i Maks Istmen," 141–63.

283 *Bol'shevik*, 1925, no. 16: 71–3 (克魯普斯卡婭的信註明的日期是1925年7月7日).

284 有些人認為拉柯夫斯基是中間人，而另一些人說是克魯普斯卡婭。據說是克魯普斯卡婭把它交給了一位準備到國外參加國際債務會議的反對派成員，而後者又在巴黎把它交給了法國的左翼分子波里斯．蘇瓦林。McNeal, *Bride of the Revolution*, 258; Trotsky, *The Real Situation in Russia*, 320–3.

285 伏龍芝還免除了許多類型的群體服兵役的義務，而且他稱讚民族部隊在世界大戰中的表現。Berkhin, *Voennaia reforma*, 116–45; Erickson, *Soviet High Command*[2001], 164–213; Von Hagen, *Soldiers in the Proletarian Dictatorship*; Von Hagen, "The *levée en masse*," 159–88. 改革背後的許多爭論是在1921年3月黨的第十次代表大會的一次閉門會議上開始的，謝爾蓋．古謝夫和米哈伊爾．伏龍芝主張按照新的「全國性防禦戰爭」的戰略對紅軍進行重組，而托洛茨基則認為紅軍應該遵照「輸出革命」的戰略。Simonov, *Voenno-promyshlennyi kompleks SSSR*, 22.

286 Sokolov, *Ot voenproma k VPK*, 39–42 (引自RGAE, f. 2097, op. 1, d. 64, l.8–24: 1924年3月2日的報告).

287 Kavtaradze, *Voennye spestaialisty*, 174. 到了1921年1月1日，在紅軍各級指揮官中，沙皇軍官已佔到34%，總共約1.2萬人。1921年，特別部對紅軍的人員狀況作了系統的調查，收集了大約40萬份包含15個問題的調查表，目的是查找那些內戰期間曾在白軍或民族軍隊服役的人。Zdanovich, *Organy gosudarstvennoi bezopasnosti*, 337 (引自TsA FSB, f. 1, op. 6, d. 670, 216–216ob).

288 Kavtaradze, *Voennye spestaialisty*, 174; Zdanovich, *Organy gosudarstvennoi bezopasnosti*, 342 (引自Arkhiv UFSB po Omskoi oblasti, f. 39, op.3, d. 4, l. 77); Zdanovich, *Organy gosudarstvennoi bezopasnosti*, 269 (引自Tsa FSB, f. 2, op. 3, d. 674, l. 5); Antonov-Ovseenko, *Stroitel'stvo Krasnoi armii*, 31.

289 Trotskii, *Kak vooruzhalas' revoliutsiia*, II: 92–3.

290 Zdanovich, *Organy gosudarstvennoi bezopasnosti*, 102, 引自TsA FSB, f. 2, op. 3, d. 773, l. 2 (A.斯涅薩列夫). 蘇聯的國外情報機關設法在27個國家招募了代理人或代表。 841 Plekhanov, *VChK-OGPU*, 283; Kapchinskii, *Gosbezopasnosti iznutri*, 115 (引自GARF, f. 130, op. 5, d. 89, l. 565–6), 117 (引自RGASPI, f. 17, op. 84, d. 227, l. 57). 革命和內戰期間離開俄國的有200萬人，此時仍在國外的可能有120萬人。在沒有離開的人中間，很多都有「國外的」親戚，而那些親戚往往生活在從前屬於俄羅斯帝國的領地上，他們和這些親戚有書信往來，結果成了全面審查的對象。*V Zhernovakh revoliutsii*; RGASPI, f. 76, op. 3, d. 331, l. 1–2 (March 30, 1924).

291 關於「托拉斯」行動的緣由，有兩種不能同時成立的說法。按照有些說法，成立地下的反蘇兄弟會起初是波蘭情報機關幹的：1920年春，據說波蘭地下軍事組織的秘密成員維克托·基亞科夫斯基—斯捷茨克維奇(Wiktor Kijakowski-Steckiewicz，生於1889年)接到任務，要潛入蘇聯，在彼得格勒建立情報網，但他被捕了，而根據有些說法，他同意合作。(後來，在妻子離開之後，他因為絕望而企圖自殺，不再為反間諜機關工作。1932年，他被調到對外情報機關，被派往蒙古，結果在那裏的一次暴動中身亡。)另外一個故事的主角是亞歷山大·亞庫舍夫(Alexander Yakushev)，他是交通人民委員部的官員，也是堅定的君主派，在被截獲的郵件中有他的名字。格伯烏沒有把他那幾個零星的同夥抓起來，而是說服他合作，成立了「俄羅斯中部君主派組織」，代號「托拉斯」(就像在公司一樣)。參見Voitsekhovskii, *Trest.*

292 Fleishman, *V tiskakh provokatsii*; Gilensen, "V poednike s pol'skoi 'dvuikoi' pobedili sovetskie 'monarkhisty'," 75; Gaspar'ian, *Operatsiia Trest*; Seregin, "Vyshii monarkhicheskii sovet i operatsiia 'Trest'," 67–72; 以及Pares, *My Russian Memoirs*, 595.

293 Minakov, *Sovetskaia voennaia elita*, 58 (引自GARF, f. 5853, op. 1, d. 1–24: 來自柏林移民的秘密分析報告，1922年2月15日). 弗蘭格爾駐柏林的代表馮·蘭珀(von Lampe)將軍在日記中提到圖哈切夫斯基時，說他是一個「革命的波拿巴」。Zdanovich, *Organy gosudarstvennoi bezopasnosti*, 280–1, 引自GARF, f. 5853, op. 1, d. 2, l. 422.

294 "Glavkoverkh Tukhachevskii,' *Rul'*, October 1922 (作者是化名為安塔爾〔Antar〕的F.卡薩特金—羅斯托夫斯基〔F. Kasatkin-Rostovsky〕公爵); Minakov, *Sovetskaia voennaia elita*, 60–2.

295 雜誌背後的支持者是B.博爾特諾夫斯基(B. Bortnovsky)和G.泰奧多里(G. Teodori)，雖然雜誌的編輯是M. I.特莫諾夫(M. I. Tmonov)(然後是A. K.克利切夫斯基〔A. K. Kelchevsky〕、再然後是V.科洛索夫斯基〔V. Kolossovsky〕)。泰奧多里想為圖哈切夫斯基在華沙的失利開脫，說當時他的側翼由於另外一支蘇軍未能趕到而暴露（這是影射斯大林）；泰奧多里在蘇聯報刊上提出了同樣的看法。另見前布拉格檔案館評論家N. 科爾熱涅夫斯基（N. Korzhenevsky）的隨筆：Ioffe, "'Trest': legendy i fakty."

296 西部軍區演習期間，特別部懷疑圖哈切夫斯基對波蘭復仇心切，有可能擅自發動戰爭：他的所有命令和行動在1923年夏天都突然受到極其仔細的調查。演習結束後，1923年9月29日，對與波蘭有關的任何事情都非常關心的捷爾任斯基命令奧格伯烏中央特別部對圖哈切夫斯基進行更加徹底的調查。知道結果後，捷爾任斯基在1924年1月寫信給維亞切斯拉夫·明仁斯基，下令立即採取行動。「不能被動等待斯摩棱斯克〔西部軍區司令部〕對克里姆林宮發號施令。」Zdanovich, *Organy gosudarstvennoi bezopasnosti*, 285–7（引自TsA FSB, f. 2, op. 1, d. 882, l. 829; op. 2, d. 27, l. 1; d. R–9000, t. 24, l. 165). 1925年在明斯克舉行的白俄羅斯第七次蘇維埃代表大會上，圖哈切夫斯基說白俄羅斯政府「應該把〔與波蘭的〕戰爭問題納入議事日程」。*VII Vsebelorusskii s"ezd sovetov*, 231.

297 10月8日（星期四），醫生們做出決定，他必須進行手術；內出血讓伏龍芝很擔心，但他仍然猶豫不決。斯大林先是派米高揚去催促伏龍芝進行手術，然後又親自去了他那裏。伏龍芝寫信給留在雅爾塔的妻子索菲婭說：「我還在醫院。星期六〔1925年10月10日〕將再次會診。不知怎麼的，我恐怕手術會遭到拒絕。」Kanonenko, "Kto ubil Mikhail Frunze"（引自RGVA, f. 32392, d. 142, l.3–5).

298 沃爾科戈諾夫對這封信的解讀斷章取義：Volkogonov, *Triumf i tragediia*, I/i: 127–8. 信的全文可見於Kanonenko, "Kto ubil Mikhaila Frunze."

299 *Pravda*, October 29 以及October 31, 1925; *Pravda*, November 1, 1925（做屍檢的是亞·伊·阿布里科索夫，整個醫療團隊都簽了名).

300 Bazhanov, *Damnation of Stalin*, 100–2; Bazhanov, *Vospominaniia* [1990], 141; Gamburg, *Tak eto bylo*, 181–2.

301 *Pravda*, November 3, 1925.

302 托洛茨基的一位支持者對作家鮑里斯·皮利尼亞克（Boris Pilnyak）講的伏龍芝被謀殺的說法很快被整理成中篇小說〈不滅的月亮的故事〉，發表在期刊《新世界》上；書報檢查人員後來沒收了所有印好的雜誌。Ulam, *Stalin*, 260–1; Carr, *Socialism in One Country*, II: 123–4. 在老布爾什維克協會的支持下，伏龍芝的戰友們要求專門進行調查。衛生人民委員尼古拉·謝馬什柯證實說，中央醫療調查小組當初並沒有潰瘍方面的專家，而在調查小組作出裁決之前，羅扎諾夫教授已經跟斯大林和季諾維也夫講了。調查可能頂多就是這樣。Medvedev, *Let History Judge*, 156–8. 後來，斯大林還被指控為安排謀殺了托洛茨基從前在陸海軍人民委員部的第一副手埃夫拉伊姆·斯克良斯基。斯克良斯基是在1925年8月在紐約州最北部的一座湖上划船時發生事故身亡的，那座湖在曼哈頓北面350英里（編註：約563公里），當時他是在拜訪蘇美貿易公司（阿姆托爾戈）負責人以賽亞·胡爾金（Isaiah Hoorgin）。兩人在等待返回紐約的列車時，為了打發時間就划起了小船，沒想到來了一陣大風把船打翻了。兩人都不是划船的好手，而其他幾條小船上隨行的工作人員又離得太遠（也可能是酒喝多了），沒能救得了他們。胡爾金38歲，斯克良斯基33歲。L. Trotskii, "Sklianskii pogib," *Pravda*, August 29, 1925; *New York Times*, August 30, 1925; *Time*, September 14, 1925; *Pravda*, Sepetember 22, 1925. 巴扎諾夫提出了謀殺指控；死亡事件是發生在他不再為斯大林工作之後：*Bazhanov, Damnation of Stalin*, 65–6. 失去胡爾金的影響很大。1925年底李維諾夫寫信給斯大林，催促任命「一位有威信的同志，他要能立即承擔起政治工作的領導任務，與美國政府的官方代表會晤並進行非正式的談判，主動示好，對對方類似的友好姿態作出回應等」。Gaiduk, "Sovetsko-Amerikanskie otnosheniia" (引自 RGAE, f. 413, op. 2. d. 2040, l. 144–5). 胡爾金的副手彼得 · 齊夫 (Pyotr Ziv) 臨時接管了工作。阿姆托爾戈很快被交給紹爾 · 布龍 (Saul Bron)。

303 Zal'kind, "O zabolevaniiakh partaktiva." 1925年11月，列昂尼德 · 克拉辛得了重病；血液檢查表明是患了嚴重的貧血。一直在做輸血試驗的亞歷山大 · 波格丹諾夫 (Alexander Bogdanov) 建議輸血，克拉辛在親自查看了這項研究後表示同意，結果他似乎變得年輕了——當時紛紛說這是一種神奇的療法，據説斯大林還召見了波格丹諾夫。波格丹諾夫拜訪斯大林 (1925年12月底) 的事情在前者的日記中有記錄，但是在斯大林辦公室的日志裏沒有；他們討論的內容現在還不清楚。1928年，波格丹諾夫因為實驗失敗而死亡：他在又一次進行輸血實驗時使用了一名患有瘧疾和肺結核的學生的血液；有可能血型不匹配。Krementsov, *A Martian Stranded*, 61 (引自 GARF, f. A–482, op. 42, d. 590). 1936年，扎爾金 (Zalkind) 在回家的路上死於心臟病，時年48歲。

842

304 RGASPI, f. 17, op. 84, d. 704, l. 27.

305 參見 *Adibekov, Politbiuro TsK RKP (b)—VKP (b): povestki dnia zasedanii*, I: 421; RGASPI, f. 17, op. 3, d. 533, l. 10; Krementsov, *A Martian Stranded*, 66 (引自 RGASPI, f. 17, op. 84, d. 701, l.73–95); *Izvestiia*, February 28, 1926: 5. 兩名德國專家是弗里德里希 · 克勞澤 (Friedrich Krause) 和奧特弗里德 · 弗爾斯特。

306 Teplianikov, "Vnikaia vo vse," 169–70. 奧爾忠尼啟則被任命為共和國革命軍事委員會委員。

307 *Voennye arkhivy Rossii*, vyp. 1: 406.

308 *Pravda*, November 7, 1925.

309 圖哈切夫斯基寫道 (1926年1月31日)：「我已經向您口頭匯報過紅軍參謀部是在不正常的條件下工作的，在那種條件下不可能進行富有成效的工作，參謀人員也難以承擔交給他們的職責。」Minakov, *Stalin i ego marshal*, 356–7.

310 Samuelson, *Soviet Defense Industry Planning*, 41.

311 Merridale, *Moscow Politics*, 260. 加米涅夫多次提出要把工人工資提高20%，雖然他作為勞動國防委員會 (與政府平行的執行機構) 主席，知道沒錢去實行。他還提議應該讓工人分享工廠的利潤 (幾乎所有的工廠都不盈利)。*Moskovskie Bol'sheviki*, 128–9 (引自 MPA, f. 3, op. 6, d. 28, l. 45; *XIV Moskovskaia gubpartkonferentsiia: biulleten' no. 1*, 133).

312 Carr, *Socialism in One Country*, II: 66. 陰謀升級為這些委員的幾次「私人會議」：Dmitrenko, *Bor'ba KPSS za edinstvo svoikh riadov*, 211.

313 *Politicheskii dnevnik*, 238–41; Kvashonkin, *Bol'shevistskoe rukovodstvo*, 309–12 (RGASPI, f. 76, op. 2, d. 28, l.1–8); Kun, *Bukharin*, 159–61.

314 Blobaum, *Feliks Dzierżyński*, 231. 關於捷爾任斯基為奧格伯烏所作的辯護，尤其是反對布哈林的情況，參見Koenker, *Revelations*, 18–9 (RGASPI, f. 76, op. 3, d. 345, l.1–1ob, 2–2ob); 以及Kvashonkin, *Bol'shevistskoe rukovodstvo*, 297–98, 302–6. 經濟部門的工作人員認為捷爾任斯基是個「右傾的」布爾什維克。Valentinov, *Novaia ekonomicheskaia partiia*, 23, 102–6; Izmozik, *Glaza11*, 131.

315 Khelemskii, "Soveshchanie v Sovnarkome o gosapparate [1923 g.]," 113–4, 118: RGAE, f. 3429, op. 6, d. 86, l.12–31: 1923).

316 到1925年為止，至少有185萬白領工作人員。Gimpel'son, *NEP*, 386 (引自GARF, f. 374, op. 171, delo omitted, l.14–15). 如果說革命前在政府部門就有600種具體的職務頭銜，那此時則有2,000多種。*Tekhnika upravleniia*, 1925, no. 1: 23–4.

317 「即使在星期天，在城外的別墅，」他的妻子索菲婭·穆什卡特回憶說，「他也不休息，而是在看文件，核實最高國民經濟委員會的各個部門交來的所有資料表格，檢查密密麻麻的數據。」Mozokhin and Gladkov, *Menzhinskii*, 174.

318 1924年1月9日，捷爾任斯基寫信給斯大林：「斯大林同志親啟。黨的討論認為，在中央交給我的格伯烏和鐵道人民委員部這兩個機構中，黨和政治方面的形勢最嚴峻。這讓我非常擔憂，尤其是因為我忙於蘇維埃的工作，不能在黨的工作上投入足夠的時間去戰勝邪惡的勢力，甚至不能及時去揭露它。」除了其他的幫手之外，捷爾任斯基還要求給自己派兩名書記(斯大林在信中這一行的下面劃了線)，一個給格伯烏，一個給鐵路，他們將負責那裏的黨務工作。斯大林同意了這些要求，這樣一來他就可以安插自己的人。RGASPI, f. 558, op. 11, d. 726, l. 28–9.

319 RGASPI, f. 3, op. 1, d. 527, l. 1.

320 Khromov, *Po stranitsam*, 92 (未註明出處); Plekhanov, *VChK-OGPU*, 277.

321 RGASPI, f. 558, op. 11, d. 35, l. 43, 見於Liubianka, *Stalin i VChK*, 108.

322 *Pravda*, December 10, 1925 (布哈林的講話); *Rabochaia Moskva*, December 13, 1925 (加米涅夫的講話); *Pravda,* December 20, 1925 (莫斯科黨委給列寧格勒幫的答覆); *Novaia oppozitsiia* (Leningrad, 1926) (列寧格勒幫的小冊子，逐條反駁了有關的指控). 莫斯科黨委在1925年12月20日的《真理報》上公佈了給列寧格勒幫的答覆，內容是維護新經濟政策和「一國社會主義論」。Carr, *Socialism in One Country*, II: 133–43; Merridale, *Moscow Politics*. 卡爾對新的反對派不屑一顧，他錯誤地認為他們不過是因為個人恩怨和野心。

323 *Sotsialisticheskii vestnik*, 1926, no. 17–18: 5.

324 Brovkin, *Russia After Lenin*, 156 (引自RGASPI, f. 17, op. 16, d. 533, l. 199).

325 *Kommunist*, 1989, no. 8: 82–4. 他早先給斯大林寫過一張便條，日期是1925年12月6日，談到了泯滅人的主動精神的國家機關，但那張條子他沒有送出去。Plekhanov, *VChK-OGPU*, 278.

326 Plekhanov, *VChK-OGPU*, 278. 列寧剛去世的時候就有傳言說捷爾任斯基會接管政府(流言的產生似乎是由於害怕，因為他被認為是那種無情的人)。Velikanova, "Lenina v massovom soznanii," 182.

327 *XIV s"ezd VKP (b)*, 99–130.

328 *XIV s"ezd VKP (b)*, 130–53. 和布哈林一樣，斯大林使用當時的套話打發了季諾維也夫：「這是歇斯底里，而不是政策。」*Sochineniia*, VII: 378（譯註：《斯大林全集》第7卷，第316頁）.「當季諾維也夫有多數支持的時候，他就贊成鐵的紀律，贊成服從，」米高揚說，「當他失去多數的時候……他就反對〔鐵的紀律〕。」*XIV s"ezd VKP (b)*, 186.

329 *XIV s"ezd VKP (b)*, 158–66. 斯大林不同意克魯普斯卡婭把新經濟政策稱為資本主義，而且還禮貌地加了一句「請她原諒我」。不過他後來就變得話裏帶刺了：「克魯普斯卡婭同志究竟和其他任何的負責同志有甚麼區別呢？」*Sochineniia*, VII: 364–5, 383–4（譯註：《斯大林全集》第7卷，第303、320頁）. 直到1927年12月黨的第十五次代表大會，克魯普斯卡婭才正式退出反對派。從來沒有人逼着她公開放棄自己的主張，她也沒有被逮捕。1927年，她只是發表了一個講話，大意是，1925年的時候，必須要「證明在我們的結構中有足夠多的社會主義成分」，而現在，她認為這種社會主義的確是真的，因此她就不再是反對派了。事實上，她一年前就不再支持反對派了。*Pravda*, November 5, 1927.

330 參加了代表大會的莫洛托夫說，加米涅夫總是喜歡「用討論的方式」來談問題，似乎他在剛開始就做好了退讓的準備。*XIV s"zed VKP (b)*, 484–5. 關於對加米涅夫性格「溫和」的印象，另見Sukhanov, *Zapiski*, II: 243–5.

331 *XIV s"ezd VKP (b)*, 96, 246. *Leninskii sbornik*, V: 8–11.

332 *XIV s"zed VKP (b), 18–31 dekabria 1925 g.*, 273–5; Daniels, *Documentary History of Communism* [1984], I: 183–6.

333 *XIV s"ezd VKP (b)*, 289–92.

334 Genis, "G. Ia. Sokolnikov," 80（引自當時沒有出版的G. I. 謝列布利亞科娃的傳記）; Galina Serebriakova, "Iz vospominanii," 見於Anfert'ev, *Smerch*, 230–49 (at 241).

335 *XIV s"ezd VKP (b)*, 327–35.

336 Chigir, "Grigorii Iakovlevich Sokol'nikov," 119–32（引自AlphaRGASPI, f. 54, op. 1, d. 13, l.76–117, esp. 111–2, 114–5). 官方的速記記錄刪去了所有被認為會削弱斯大林權威的句子，修改了索柯里尼柯夫的原話，以拉開他和斯大林的距離；索柯里尼柯夫的講話中被插入了一些詞語，有時甚至是整段的內容。李可夫嘲笑反對派內部的分歧：克魯普斯卡婭從窮苦人的觀點出發支持季諾維也夫，而索柯里尼柯夫「從右派的立場出發」支持他們（主張深化市場關係）。Carr, *Socialism in one Country*, II: 156.

843

337 *XIV s"ezd VKP (b)*, 397.

338 *XIV s"ezd VKP (b)*, 455–6.

339 *XIV s"ezd VKP (b), 508.*

340 *XIV s"ezd VKP (b)*, 601.

341 *XIV s"ezdVKP (b)*, 570, 600–1.

342 *Sochineniia,* VII: 262; Carr, *Socialism in One Country*, III: 491; Carr and Davies, *Foundations of a Planned Economy*, III/i: 3–5.

343 David Woodruff, "The Politburo on Gold, Industrialization, and the International Economy, 1925–1926," 載於Gregory and Naimark, *Lost Politburo Transcripts*, 214–5.

344 Kuz'min, *Istoricheskii opyt sovestkoi industrializatsii*, 28–9. 斯大林不接受索柯里尼柯夫把國有鐵路、對外貿易和銀行稱為「國家資本主義」的說法。「也許我們的蘇維埃機關也是國家資本主義而不像列寧所認定的那樣是無產階級類型的國家機關吧？」斯大林嘲諷說。(譯註：《斯大林全集》第7卷，第306頁。) RGASPI, f. 54, op. 1, d. 13, l. 82; f. 558, op. 3, d. 33; *Chetyrnadtsatyi s"ezd*, 14.

345 *Resolutions and Decisions of the Communist Party*, II: 258–60.

346 *Pravda*, December 29, 1925; *XIV s"ezd VKP (b)*, 504–5. 在公佈的速記記錄中，斯大林的許多講話內容在經過處理後都變得尖銳多了：RGASPI, f. 54, op. 1, d. 13, l. 60; f. 558, op. 3, d. 33; *Chetyrnadtsatyi s"ezd*, 8. 在轉載斯大林的講話時，這段要讓布哈林流血的內容被刪去了。*Sochineniia*, VII: 363–91 (at 379–80).

347 *XIV s"ezd VKP (b)*, 710–1.

348 Harris, "Stalin as General Secretary: the Appointment Process and the Nature of Stalin's Power."

349 Mawdsley and White, *Soviet Elite*, 36–9.

350 Trotsky, *My Life*, 521–2. 謝列布里亞科夫在第十四次代表大會上講到，「季諾維也夫建議和托洛茨基同志聯合起來」，但托洛茨基「明確拒絕聯合成一個集團」。當時在場的托洛茨基沒有否認這一說法。*XIV s"ezd VKP (b)*, 455–6.

351 據說斯大林親自找了列昂尼德·謝列布里亞科夫。當謝列布里亞科夫回答說他們沒有派別的時候——搞派別活動是非法的——據說斯大林說道，「列昂尼德，我找你來是要認真談談的。把我的建議帶給『老頭子』(*starik*)」(指托洛茨基)。Tsakunov, *V labirinte*, 169 (引自與I. 弗拉切夫的談話，弗拉切夫和列昂尼德·謝列布里亞科夫住在同一棟樓).

352 Dewey, *The Case of Leon Trotsky*, 322–3; Trotskii, *Moia zhizn'*, II: 273; Deutscher, *Prophet Unarmed*, 248–9.

353 V. L. Genis, "Upriamyi narkom s Il'inki," 見於 Sokol'nikov, *Novaia finansovaia politika*, 5–38 (at 23); Genis, "G. Ia. Sokolnikov," 80 (引自當時沒有出版的G. I. 謝列布利亞科娃的傳記); Galina Serebriakova, "Iz vospominanii," 見於 Anfert'ev, *Smerch*, 230–49 (at 241).

354 RGASPI, f. 17, op. 3, d. 680. 另見*XIV s"ezd*, 323–36 (esp. 335–6).

355 斯大林可能還考慮過讓加米涅夫擔任農業人民委員。在政治局會議上，季諾維也夫給加米涅夫遞過一張條子：「(除了別的) 你還要說如果索柯里尼柯夫不能做財政人民委員，那我〔加米涅夫〕也不能做農業人民委員。」季諾維也夫的條子還包含了一種暗示：他們需要把托洛茨基拉到他們一邊。但季諾維也夫覺得希望不大，因為托洛茨基對莫斯科強行撤換《列寧格勒真理報》編輯一事沒有反應。Nazarov, *Stalin i bor'ba za liderstvo*, 138 (引自 RGASPI, f. 17, op. 2, d. 210, l. 101–229; f. 323, op. 2, d. 29, l. 59–60, 73).

356 Kvashonkin, *Bol'shevistkoe rukovodstvo*, 318 (RGASPI, f. 85, op. 25, d. 118, l. 2–3).

357 Nazarov, *Stalin i bor'ba za liderstvo*, 143–4 (引自 RGASPI, f. 324, op. 1, d. 540, l. 37–38ob.). 關於莫洛托夫參加這些會議的情況，另見 Grigorov, *Povoroty sud'by i proizvol*, 413–9; 以及 *Leningradskaia Pravda*, January 22, 1926.

358 Kvashonkin, *Bol'shevistkoe rukovodstvo*, 319 (RGASPI, f. 558, op. 1, d. 2756, l. 1), 323–4. (RGASPI, f. 85, op. 25, d. 120, l. 1–2).

359 Grigorov, *Povoroty sud'by i proizvol*, 420. 基洛夫在1926年2月列寧格勒省的代表會議上被正式任命為黨組織的新負責人，當時捷爾任斯基也出席了會議。*Leningradskaia pravda*, February 12, 1926. 列寧格勒的第二書記是曾經的電話廠工人尼古拉·什維爾尼克，能力上沒有辦法和基洛夫相比。斯大林很快就把什維爾尼克調回了黨的中央機關。

360 Nazarov, *Stalin i bor'ba za liderstvo*, 150 (未註明出處).

361 1926年3月27日，列昂尼德·謝列布里亞科夫寫信給斯大林，表示願意配合他的提議，在中央委員會提供比較正常的工作條件，但不明白為甚麼報刊上還在繼續詆毀1923年的反對派。「誰都不會相信這一做法沒有得到書記處的授權，」謝列布里亞科夫寫道，「我跟托洛茨基、皮達可夫和拉狄克都談過了。他們表示完全願意把托洛茨基和布哈林、和你，以及你我之間有過的談話繼續進行下去。」Kvashonkin, *Bol'shevistkoe rukovodstvo*, 324–5 (RGASPI, f. 85, op. 1/s., d. 171, l. 1). 托洛茨基寫信（1926年4月2日）給謝列布里亞科夫，說斯大林在已經和自己直接說過之後還用「迂迴的方式」（通過謝列布里亞科夫）作進一步的討論，令他覺得很奇怪。Fel'shtinskii, *Kommunisiticheskaia oppozitsiia v SSSR*, I: 188.

362 Trotsky, *Stalin*, 417; Trotskii, *Moia zhizn'*, II: 265–6. 另見Fischer, *Stalin and German Communism*, 547–8 (引自與季諾維也夫的談話).

363 Serge, *Memoirs of a Revolutionary*, 212; Deutscher, *Prophet Armed*, 267.

364 托洛茨基得的是甚麼病，現在還不清楚，但他按照醫生的建議做了扁桃體切除手術。Trotskii, *Moia zhizn'*, II: 266–8. 托洛茨基一直住在一家私人診所，後來德國警方傳話說，流亡的白衞分子可能要暗殺他，於是他就搬到蘇聯大使館（他的支持者克列斯廷斯基被外放為大使）。Deutscher, *Prophet Unarmed*, 265–6.

365 *Biulleten' oppozitsii*, March 1937, no. 54–5: 11 (引用了謝爾蓋·姆拉奇科夫斯基〔Sergei Mrachkovsky〕的話).

366 對於這件趣聞，雖然恰金是我們唯一的信息來源，卻似乎比較真實。恰金還說：「這種讓人意想不到的說法讓我很驚訝，所以我幾乎記得一字不差。」APRF, f. 3, op. 24, d. 493, l.1–2 (1956年3月14日恰金給赫魯曉夫的信), Volkogonov papers, Hoover Institution Archives, container 23. 當時在基洛夫家裏的還有N. P. 科馬羅夫、N. K. 安季波夫（N. K. Antipov）和I. P. 朱可夫（I. P. Zhukov）。恰金（1898–1967）在阿塞拜疆擔任過基洛夫手下的第二書記。

367 Zakharov, *Voennye aspekty* (RGVA, f. 33988, op. 3, d. 78, l. 67–76); Akhtamzian, "Soviet-German Military Cooperation," 100.

368 Akhtamzian, "Voennoe sotrudnichestvo," 12.

369 引自Dyck, *Weimar Germany and Soviet Russia*, 76.

370 Korbel, *Poland Between East and West*; Dyck, "German-Soviet Relations," 81 (引自德國外交部檔案，K281/K097454–60: 迪克森的備忘錄，1927年9月19日).

371 Dyck, *Weimar Germany and Soviet Russia*, 13, 68–72; Kennan, *Russia and the West*, 208–23; Carr, *Socialism in One Country*, III: 438–9.

844

372 「自從到這裏上任以來，憑藉與蘇俄的親密關係，我一直努力想要制衡西方，為的是不再仰仗協約國的慈悲——這是我非常反感的一個說法——和好惡」，德國大使馮．布羅克多夫—蘭曹在4月條約簽訂之後寫信給馮．興登堡總統說。「我們與蘇俄的關係……某種程度上永遠依賴於虛張聲勢，也就是說，它的用處在於面對所謂我們**曾經的**敵人，製造出一種印象，使得與俄國的關係顯得比實際存在的要親密很多。」Carr and Davies, *Foundations of a Plaanned Economy*, III/i: 36 (引自 Brockdorff-Rantzau Nachlass, 9101/24038–224046).

373 Moggridge, *The Return to Gold*, 45–6.

374 McIlroy, *Industrial Politics*; Robertson, "A Narrative of the General Strike of 1926."

375 同一天，斯大林把英國礦工罷工的消息告訴了李可夫和布哈林，徵求他們的看法。RGASPI, f. 558, op. 11, d. 34, l. 68.

376 *Adibekov, Politbiuro TsK RKP (b)—VKP (b) i Evropa*, 117–20, 123–7.

377 G. Zinov'ev, "Velikie sobytiia v Anglii," *Pravda*, May 5, 1926; Carr, *Socialism in One Country*, III: 494. 季諾維也夫公開把英國提高到取代德國並成為在歐洲先進國家發動無產階級革命的首選地位。

378 Rothschild, *Pilsudski's Coup d'Etat*, 20–1; Rothschild, *East Central Europe Between the World Wars*, 46, 54–5.

379 Kvashonkin, *Bol'shevistkoe rukovodstvo*, 329–30 (RGASPI, f. 76, op. 3, d. 390, l. 3–4). 捷爾任斯基寫信給亞戈達說，波蘭很可能發動戰爭，目的是奪取烏克蘭和白俄羅斯。RGASPI, f. 76, op. 3, d. 364, l. 55.

380 Rothschild, *Pilsudski's Coup d'Etat*, 47–64, 360–1 (引自 Kurjer Poranny, May 27, 1926).

381 Wandycz, *Twilight of French Eastern Alliances*, 48. 與此同時，英國官員慫恿德國收復但澤和波蘭走廊，並建議用作為獨立國家的立陶宛的部分甚至全部領土補償波蘭。Von Riekhoff, *German-Polish Relations*, 248–55.

382 卡爾．拉狄克在《真理報》上對波蘭軍隊與社會的分歧作了詳細的分析。他可以嘲笑皮爾蘇茨基（「波蘭民族主義的最後的莫西干人」），但無法否認他取得了勝利。*Pravda*, May 15, May 18, May 22, and June 2, 1926.

383 *Pravda*, May 16, 1926; Korbel, *Poland Between East and West*, 205.

384 Wandycz, *August Zaleski*, 35.

385 Livezeanu, *Cultural Politics in Greater Romania*.

386 *Dokumenty vneshnei politiki*, VIII: 72–6; Lensen, *Japanese Recognition of the USSR*.

387 Anosov, *Koreitsy v ussuriiskom krae*, 7–8; *Brianskii, Vsesoiuznaia perepis' naseleniia 1926 goda*, VII: 8.

388 Gelb, "The Far-Eastern Koreans"; Martin, "The Origins of Soviet Ethnic Cleansing," 835 (引自 GARF, f. 1235, op. 140, d. 141, l. 144).

389 Iazhborovskaia and Papsadanova, *Rossiia i Pol'sha*, 83.

390 有學者指出，「優勢民族之所以會懷疑被動員起來的僑民，最主要的原因是，他們在優勢民族的精英們所控制的領土之外還有自己的『祖國』」，而且「優勢民族的精英們的懷疑往往會自我應驗」。Armstrong, "Mobilized and Proletarian Diasporas," 400–2.

391 Medvedev, *Let History Judge*, 111–2.
392 Trotsky, *Stalin*, 215; Trotskii, *Predannaia revoliutsiia* [1937], 25–7.
393 Medvedev, *Let History Judge*, 90–1 (伊戈爾 · 薩茨〔Igor Sats〕，盧那察爾斯基的首席助手).
394 有學者説，「斯大林最終能夠成功的一個原因，就是相對於他的對手而言，他能夠把自己和列寧的關係塑造得更能吸引普通黨員」。Graeme Gill, "Political Myth and Stalin's Quest for Authority in the Party," 99.
395 "Dve besedy s L. M. Kaganovichem," 114. 另見*Bazhanov, Damnation of Stalin*, 114–7, 122.

第十三章 勝利中的失敗

1 Cherniavskii, "Samootvod," 68–69 (RGASPI, f. 17, op. 2, d. 335, l.4–8: 準備給李可夫修改的速記記錄副本). 另見Murin, "Eshche raz ob otstavkakh I. Stalina," 72–3.
2 這是1932年她自殺的地方。這棟建築現在還在：從國會大廈售票處向右看，可以看到娜佳以前的房間。
3 關於斯大林起初在克里姆林宮住的地方，參見Mikoyan, *Tak bylo*, 351.
4 從1921年11月到1922年2月，列寧三次寫信給克里姆林宮的官員，催促他們給斯大林安排新的住所。*PSS*, LIV: 44; Golikov, *Vladimir Il'ich Lenin*, V: 622–3; Shturman, *Mertvye khvataiut zhivykh*, 23; Alliluyeva, *Twenty Letters*, 108. 別連基曾經在1918年和捷爾任斯基一起被左派社會革命黨人扣押。從1919年到1924年，他是列寧的衛隊長，而且從1921年開始直到1928年1月，他還負責所有領導人的警衛工作。1938年，斯大林讓人逮捕了別連基並在1940年把他槍斃了。
5 「斯大林同志是一個活人，不是博物館的稀有藏品，他本人也不想住在博物館，所以就拒絕了準備給他的住房，去年季諾維也夫也拒絕了那同一處住房，」謝多娃寫信給列寧説，「斯大林同志想要弗拉克謝爾曼 (Flakserman) 和馬爾科夫現在住的房子。」Sakharov, *Politcheskoe zaveshchanie*, 150 (引自RGASPi, f. 5, op. 1, d. 1417, l. 1–1ob.); *PSS*, XLIV: 162. 托洛茨基以為是黨的書記處的工作人員列昂尼德 · 謝列布里亞科夫 (他和托洛茨基的關係很近) 把自己的住房給了斯大林，從而結束了這場爭吵。Trotskii, *Portrety revoliutsionerov* [1991], 54–5. 因為二戰後要建國會大廈，斯大林起先住的附樓最後拆掉了。
6 RGASPI, f. 558, op. 11, d. 753, l. 3 (1925年6月12日).
7 *Iosif Stalin v ob"iatiakh sem'i*, 14 (1927年9月9日之後的某個時候寫的信). 阿爾喬姆後來回去跟自己母親伊麗莎白 (Elizaveta) 一起住了，她在莫斯科國家大飯店有個房間。
8 Shatunovskaia, *Zhizn' v Kremle*, 188; Bazhanov, *Vospominaniia* [1983], 154.
9 *Iosif Stalin v ob"iatiakh sem'i*, 154 (APRF, f. 44, op. 1, d. 1, l.417–9).
10 Allilueva, *Dvadtsat' pisem*, 98; Alliluyeva, *Twenty Letters*, 103.
11 *Iosif Stalin v ob"iatiiakh sem'i*, 177.

12 Sergeev and Glushik, *Besedy o Staline*, 19–20.

13 *Iosif Stalin v ob"iatiakh sem'i*, 22 (APRF, f. 45, op. 1, d. 155, l. 5, now RGASPI f. 558, op. 11: 斯大林致娜佳，1928年4月9日). 另見Alliluev, *Khronika odnoi sem'i*, 179; 以及Allilueva, *Dvadtsat' pisem*, 124.

14 這個孩子(加林娜，生於1929年2月7日)八個月時夭折，此後夫婦倆就分手了；從法律上講仍是雅科夫妻子的卓婭跟一個名叫季蒙·科濟列夫(Timon Kozyrev)的民警(*militsia*)同居了。雅科夫經過培訓成了電工，得到了一份裝配的工作。*Komsomol'skaia Pravda*, December 20, 2005.

15 RGASPI, f. 558, op. 11, d. 34, l. 21.

845

16 Lih, *Stalin's Letters to Molotov*, 103; *Pis'ma Stalina Molotovu*, 55. 1926年，索契—馬采斯塔成了特別的「國家度假區」。當時那裏有6間一般的國家療養院，465張床位；另有21間由各國家部門專門為其工作人員辦的療養院，有1,175張床位。

17 Mikoyan, *Tak bylo*, 351–2.

18 Khromov, *Po stranitsam*, 10 (引自RGASPI, f. 558, op. 11, d. 69, l. 23–24ob.).

19 RGASPI, f. 558, op. 11, d. 69, l. 5 (M. 戈爾巴喬夫).

20 "Neopublikovannye materialy iz biografii tov. Stalina," *Antireligioznik*.

21 Medvedev, *Let History Judge*, 590–1 (引自K. K. 奧爾忠尼啟則未發表的回憶錄).

22 Trotsky, *Where is Britain Going?*.

23 Lih, *Stalin's Letters to Molotov*, 108 (RGASPI, f. 558, op. 1, d. 3266, l. 1–2).

24 Carr and Davies, *Foundations of a Planned Economy*, III/i: 18 (引自DBRFP, series I A, ii [1968], 724–9).

25 Gorodetsky, "The Soviet Union and Britain's General Strike of May 1926."

26 *Vatlin, Stenogrammy zasedanii Politburo*, I: 743–827 (at 743, 780: RGASPI, f. 17, op. 163, d. 686, l. 146–51, 152–6); Nazarov, *Stalin i bor'ba za liderstvo*, 152 (引自RGASPI, f. 323, op. 2, d. 22, l. 47). 另見斯大林的指示：*Pis'ma Stalina Molotovu*, 55–69.

27 *Zaria vostoka*, June 10, 1926; *Sochineniia*, VIII: 173–5.

28 *Sochineniia*, VIII: 168–72.

29 *Vatlin, Stenogrammy zasedanii Politburo*, II: 109.

30 Adibekova and Latsis, "V predchuvstvii pereloma," 85–6; Plekhanov and Plekhanov, *F. E. Dzerzhinskii*, 654–5 (RGASPI, f. 76, op. 2, d. 257, l.46–8); Gimpel'son, *NEP*, 382, 384.

31 RGASPI, f. 76, op. 2, d. 270. 1926年4月5日，捷爾任斯基寫信給李可夫要求換一個第一副手來幫他管經濟，並表示與皮達可夫的分歧越來越大。李可夫回信説皮達可夫和托洛茨基正在同加米涅夫以及季諾維也夫一起策劃陰謀，如果讓皮達可夫卸掉行政上的擔子，他就會有更多的時間去搞政治陰謀了。李可夫是不想找人換呢，還是他心裏真的是那麼考慮的，現在還不清楚。Kvashonkin, *Bol'shevistskoe rukovodstvo*, 326 (RGASPI, f. 76, op. 2, d. 168, l. 11).

32 捷爾任斯基最後説：「我也被這些矛盾搞得筋疲力盡了。」*Kommunist*, 1989, no. 8: 87–8; Plekhanov and Plekhanov, *F. E. Dzerzhinskii*, 659–60 (RGASPI, f. 76, op. 2, d. 270, l.29–30: July 3, 1926). 紅—褐色的轉變(譯註：紅色和褐色分別象徵不同性質的政

權，褐色政權的典型就是後來的納粹政權。紅—褐色的轉變就是由原來的紅色政權轉變為表面上紅色，但又出現很多褐色特徵的政權。）是他一再提到的老問題：1924年7月9日，捷爾任斯基曾經寫信給斯大林和其他政治局委員，警告說如果形勢沒有好轉，就會有專政者出現，而專政者會葬送革命，「不管他衣服上插着甚麼樣的紅色羽毛」。Plekhanov, *VChK-OGPU*, 277（引自 TsA FSB, f. 2, op. 2, d. 746, l.14, 17).

33 http://kremlin-9.rosvesty.ru/news/111/.
34 RGASPI, f. 558, op. 11, d. 1289, l.6, 6 ob.
35 Ilizarov, *Tainaia zhizn'*, 113.
36 Valedinskii, "Organizm Stalina vpolne zdorovyi," 68.
37 Merridale, *Moscow Politics*, 38. 這裏提到的會議是在1926年6月6日召開的，不過也有可能當時的會議不止一個。
38 Serge, *Memoirs of a Revolutionary*, 220.
39 *Moskovskie Bol'sheviki*, 189–90（引自 MPA, f. 69, op. 1, d. 374, l. 107).
40 Zdanovich, *Organy gosudarstvennoi bezopasnosti*, 316–7（引自 TsA FSB, f. 2, op. 4, d. 145, l. 15: V. Vasilev).
41 Lih, *Stalin's Letters to Molotov*, 100（引自 RGASPI, f. 613, op. 1, d. 46, l.21–2).
42 Lih, *Stalin's Letters to Molotov*, 115–7; *Pis'ma Stalina Molotovu*, 72–5. 斯大林還預言說「托洛茨基會重新成為一個忠誠的人」，並建議對他要寬大。托洛茨基和季諾維也夫、加米涅夫、克魯普斯卡婭等人一起（一共是13人）向1926年7月的全會提出書面抗議，但他們的聲明沒有被收在記錄中。Lih, *Stalin's Letters to Molotov*, 116, n1.
43 Kvashonkin, *Bol'shevistskoe rukovodstvo*, Khromov, *po stranitsam*, 1—1 (RGASPI, f. 558, op. 11, d. 69, l. 53).
44 Carr and Davies, *Foundations of a Planned Economy*, III/i: 76–80.
45 *F. E. Dzerzhinskii—predsetael"*, 663–4 (RGASPI, f. 76, op. 3, d. 364, 57–8, 70); Khromov, *Po stranitsam*, 326 (citing RGASPI, f. 558, op. 11, delo unspecified, l. 56–56ob.). 7月18日，捷爾任斯基寫信給亞戈達，詢問為了加強對波蘭、白俄羅斯、烏克蘭和羅馬尼亞的反間諜工作採取了哪些措施：*F. E. Dzerzhinskii—predsetael"*, 668 (RGASPI, f. 76, op. 3, d. 364, l. 62).
46 Plekhanov and Plekhanov, *F. E. Dzerzhinskii*, 665 (RGASPI, f. 76, op. 3, d. 88, l. 37).
47 Shishkin, *Vlast', politika, ekonomika*, 296.
48 *F. E. Dzerzhinskii—predsetael"*, 670 (RGASPI, f. 76, op. 4, d. 30, l.50–1); *Pravda*, August 1, 1926; Dzerzhinskii, *Izbrannye proizvedennia*, II: 381–92; Dzerzhinskaia, *V gody velikikh boev*, 400–3.
49 *Pravda*, July 22, 1926, 載於 *Sochineniia*, VIII: 192–3. 另見 *Torgovo-promyshlennaia gazeta*, August 1, 1926.
50 Trotskii, *Stalin*, II: 184. 據托洛茨基說，斯大林的意思是說，這是一個病人的信，是病話，而且列寧受了女人們（*baby*）過多的影響，言外之意就是指克魯普斯卡婭，或許還有福季耶娃和沃洛季切娃。Trotskii, *Stalin*, II: 253.

51 RGASPI, f. 17, op.2, d. 246, IV vyp., s. 62, 66–7 (*Steongraficheskii otchet Ob"edinennogo plenuma TsK i TsKK VKP (b)*, 14–23 iuinia 1926 g.).
52 RGASPI, f. 17, op. 2, d. 246, IV vyp., s. 105.
53 Medvedev, *Let History Judge*, 85–6.
54 RGASPI, f. 17, op.2, d. 246, IV vyp., s. 66.
55 Sakharov, *Politicheskoe zaveshchanie*, 599–601.
56 RGASPI, f. 17, op.2, d. 246, IV vyp., s. 66.
57 *Pravda*, July 25, 1926; *KPSS v rezoliutsiiakh* [1970], III: 332–54.
58 RGASPI, f. 558, op. 11, d. 69, l. 89, 102, 105.
59 奧爾忠尼啟則拒絕說：「我不適合那種工作，因為我特別暴躁和粗魯，沒受過甚麼教育——一句話，我不會寫東西⋯⋯不要忘了我因為動手打人而在報刊上受過公開批評。」這說的還是1923年那次有名的耳光事件。相反，他推薦了魯祖塔克、卡岡諾維奇或安德烈耶夫。Kvashonkin, *Bol'shevistskoe rukovodstvo*, 39, 323–4 (RGASPI, f. 85, op. 25, d. 120, l. 1–2: March 17, 1926); Khlevniuk, *In Stalin's Shadow*, 23–4.; RGASPI, f. 558, op. 1, d. 34, l. 84, 87; *Pis'ma Stalina Molotovu*, 82–6.
60 Khlevniuk, *In Stalin's Shadow*, 23–4. 事後，斯大林在1926年8月30日寫信給莫洛托夫，要求修改命令的措辭；莫洛托夫在1926年9月9日的一封給「親愛的謝爾戈」的信中承擔了責任，並說，「從我這方面來說，我希望你不要繼續留在北高加索很長時間，希望在不久的將來你會調到莫斯科」。*Pis'ma Stalina Molotovu*, 82–6; Kvashonkin, *Bol'shevistskoe rukovodstvo*, 336–7 (RGASPI, f. 85, op. 25, d. 151, l. 1–3: Sept. 9, 1926).
61 Sinyavsky, *Soviet Civilization*, 128 (未註明出處); Polikarenko, *O Felikse Edmundoviche Dzerzhinskom*; "Nad grobom Dzerzhinskogo," *Pravda*, July 23, 1926: 1. 另見Pavlov, *Chekisty*, 12. 捷爾任斯基的去世讓檔案又增多了。當局按照處理列寧檔案的方式收集了捷爾任斯基的「個人卷宗」。黨的檔案中捷爾任斯基的個人卷宗(RGASPI, f.76)有五千多個文件夾。新招募的對外情報人員會在他生日(9月11日)那天宣誓入職。後來，所有契卡人員的工資都在每月的11日發放。Leonov, *Likholet'e*, 354; Andrew and Mitrokhin, *Mitrokhin Archive*, 30.
846
62 Andrew and Gordievsky, *KGB*, 42 (引自對叛逃人員彼得·傑里亞賓〔Peter Deriabin〕的採訪，他曾經是近衛軍的成員之一). 關於捷爾任斯基崇拜的宗教方面，參見Sinyavsky, *Soviet Civilization*, 125–34.
63 Fedor, *Russia and the Cult of State Security*, 11–29; Hingley, *The Russian Secret Police*, 130. 另見Mikoyan, *Feliks Dzerzhinskii*.
64 Mozokhin and Gladkov, *Menzhinskii*, 353 (未註明出處). 索博利成了一名作家，筆名伊琳娜·古羅(Irina Guro)。關於明仁斯基，曾經發生過一件不為人知的趣事。還是在1915年6至7月，他曾用化名在總部設在巴黎的一份俄文報紙(《我們的回聲》)上猛烈地攻擊列寧。「列寧認為自己不僅是俄國皇位的唯一繼承人——只要它出現空缺——還是『國際』的唯一繼承人，」明仁斯基敏銳地寫道，而且他還說，「列寧⋯⋯是政治上的耶穌會會士，多年來都在為了他當前的目標而歪曲馬克思主義，結果陷入了無可救藥的混亂……列寧主義者甚至算不上一個派別，而是一幫子聚在一起的吉普賽人，他們大嗓門，動不動就揮舞鞭子，自以為擁有成為工人運動推動者的無可爭議的權利。」因為有人揭發，斯大林很可能知道了明仁斯基用化名寫的這篇指責性的長文，於是就保留了一份，想要威脅明仁斯基。S. D., "Lenin," *Nashe ekho*, June 19, 1915: 6–7, July 15: 6–7.《我們的回聲》出版於1915年4至8月。學者們在引用這篇文章和指明它的日期時經常有誤，例如，可參見Rayfield, *Stalin and His Hangmen*, 110. 明仁斯基後來在1927年12月成了中央委員；他沒能再升為政治局委員。

65 RGASPI, f. 17, op.2, d. 246, IV vyp., s. 32.

66 RGASPI, f. 17, op.2, d. 246, IV vyp., s. 105.

67 *Izvestiia TsK KPSS*, 1989, no. 12: 194–6. *Izvestiia TsK KPSS*, 1991, no. 4: 78. 關於托洛茨基稱她是「老處女」的信件和筆記，參見Trotskii, *Dnevniki i pis'ma* [1990], 76–7.

68 "M. I. Ul'ianova ob otnoshenii V. I. Lenina k I. V. Stalinu," *Izvestiia TsK KPSS*, 1989, no. 12: 196–201 (at 198–9: RGASPI, f. 14, op. 1, d. 398, l. 1–8).

69 托洛茨基聲稱克魯普斯卡婭1926年私下裏在朋友中說過，「要是沃洛佳（譯註：弗拉基米爾的昵稱）還活着，他現在就會在監獄裏」。Trotskii, *Moia zhizn'*, II: 219; Trotskii, *Portrety revoliutsionerov* [1984], 56.

70 RGASPI, f. 17, op. 2, d. 246, IV vyp., s. 64. 後來在黨的第十五次代表大會的特別公告以及在斯大林死後新版的常規會議記錄中都公佈了遺囑。*XV s"ezd VKP (b)*, II; 1477–8. 後來有幾千人因為試圖傳播遺囑而遭到逮捕，其中包括1929年被捕的22歲莫斯科學生瓦爾拉姆·沙拉莫夫（Varlam Shalamov）。

71 *Moskovskie Bol'sheviki*, 174–5.

72 Kuusinen, *Rings of Destiny*, 78. 但斯大林可能是個沒有耐心的工頭。在從庫西寧那裏收到共產國際有關阿爾薩斯—洛林地區自治問題的文本草案時——那是法國根據凡爾賽條約從德國收回的領土——斯大林在1926年8月14日嚴厲地寫道：「你應該加一段內容……說明爭取自治的鬥爭並不意味着削弱了阿爾薩斯—洛林地區的無產階級和法國無產階級的聯繫，而是相反，大大加強了這些聯繫。」斯大林對文本的語氣也表示反對，覺得有點居高臨下，並建議加以精簡，刪去重複內容。RGASPI, f. 558, op. 11, d. 755, l.114, 118–20.

73 Pogerelskin, "Kamenev in Rome," 102（引自ACDS, Busta, 15 Fasciola: Kameneff, Mussolini: colloquio con Kameneff, February 3, 1927), 103.

74 *Na prieme*, 765. 戴維斯帶着美國參議院外交事務委員會主席威廉·博拉（William Borah）的介紹信。他還讓1924至1925年出訪過美國的奧辛斯基給斯大林寫了信，說戴維斯將會發表一篇關於美國代表團蘇聯之行的報道，可以用來獲得美國對蘇維埃國家的承認。RGASPI, f. 558, op. 11, d. 726, l. 95–95ob, 96. 戴維斯以書面形式事先準備了幾個問題（l. 89–90）.

75 Davis, "Stalin, New Leader." Russian translation: RGASPI, f., 558, op. 11, d. 726, l. 119–32. 戴維斯聲稱他聽得懂斯大林講的俄語；接見時的翻譯是季維爾（Tivel）。交談的內容由蘇方記錄。斯大林禁止公開俄文譯文，說其中十分之九都和他說的不一致，而且謊稱當時並沒有人記錄。RGASPI, f., 558, op. 11, d. 726, l. 139. 在斯大林的克里姆林宮日誌中並沒有戴維斯的名字；採訪是在老廣場大街的辦公室進行的。第二年，戴維斯在莫斯科的時候還想採訪斯大林，但是被拒絕了。另見 Harper and Harper, *The Russia I Believe In*, 234–5; Hollander, *Political Pilgrims*, 162, 165.

76 RGASPI, f., 558, op. 11, d. 726, l. 148.

77 RGASPI, f. 558, op. 11, d. 726, l. 97–105; Khromov, *Po stranitsam*, 249–57.

78 關於農民：「我們希望農民最終會和我們在一起……我們正在創造這樣的物質條件，把他們推向我們一邊。農民是講究實際的。他需要甚麼呢？必須給他供應價格合理的製造品，他需要貸款，他需要感受到政府會考慮他的利益，在遇到饑荒時會及時地幫助他，迫切地想要和他一起並且為了他而工作……農民們意識到我們保護了他們，不讓以前的地主收回他們的土地。我們在給予他們此前從未有過的文化生活。」戴維斯還聲稱他1927年在梯弗利斯見到了斯大林的母親。

79 Nolan, *Visions of Modernity*.

80 Henry Ford, "Mass Production," *Encyclopedia Britannica* (13th ed.), XV: 38–41.

81 *Na prieme*, 759–66. 做過黨的事務管理局局長的伊萬·克謝諾豐托夫1926年3月23日因胃癌去世，時年42歲。

82 Lih, *Stalin's Letters to Molotov*, 119–20; RGASPI, f. 558, op. 11, d. 34, l.98–101.

83 RGASPI, f. 558, op. 11, d. 70, l. 20.

84 "Ob edeintsve partii," 見於 Fel'shtinskii, *Kommunisticheskaia oppozitsiia v SSSR*, II: 77–82 (at 79–80).

85 Trotsky, *Stalin School of Falsification*, 89–90（托洛茨基給中央委員會的信，信上註明的日期是1927年11月22日）.

86 1926年10月9日，聯合反對派的13名「積極分子」在其中伊萬·巴卡也夫（Ivan Bakayev）位於莫斯科索科利尼基區的家中聚會，經過仔細討論拿出了一份由托洛茨基和季諾維也夫聯合署名的關於停止從事反對活動的文本。*Moskovskie Bol'sheviki*, 205（引自 MPA, f. 85 op. 1, d. 318, l. 228).

87 *Pravda*, October 17, 1926.

88 1956年，伊斯特曼寫信給伊薩克·多伊徹說，他是通過一名特使從克魯普斯卡婭那裏得到遺囑全文副本的，那名特使把文件帶給了在巴黎的波里斯·蘇瓦林。Carr and Davies, *Foundations of a Planned Economy*, II: 16, n2.

89 Murin, "Eshche raz ob otstavkakh I. Stalina," 72–3 (APRF, f. 45, op. 1, d. 126, l. 69–9: 日期被誤記為1924年).

90 *Sochineniia*, VII: 233.

91 *Pravda*, October 24, 1926; *KPSS v rezoliutsiiakh*, III: 360–1.

92 *XV konferentsiia VKP (b)*, 531–3. 另見 Trotskii, *Kommunistichekii internatsional posle Lenina*, 109–10.

93 *XV konferentsiia VKP (b)*, 564, 566.

94 "O sotsial-demokraticheskom uklone v nashei partii," *Pravda*, November 5–6, 1926, 見於 *Sochineniia*, VIII: 234–97 (at 276).

95 Serge, *La vie et la mort*, 180–1 (引自托洛茨基妻子娜塔莉亞·謝多娃的回憶錄，她把這件事發生的時間記錯了，以為是1927年); Deutscher, *Prophet Unarmed*, 296–7; Carr and Davies, *Foundations of a Planned Economy*, II: 16–17. 另見RGASPI, f. 323, op. 2, d. 98, l. 304.

96 *XV konferentsiia VKP (b)*, 535.

97 *XV konferentsiia VKP (b)*, 578.

98 *XV konferentsiia vsesoiuznoi kommunisticheskoi partii (b)*, 599, 601. 另見Deutscher, *Prophet Unarmed*, 305; 以及Cohen, *Bukharin*, 240.

99 *Pravda*, November 12, 1926, 見於*Sochineniia*, VIII: 298–356.

100 Simonov, "'Strengthen the Defense of the Land of Soviets,'" 1357.

101 Golubev, *Esli mir obrushitsia na nashu Respubliku*, 98–104; Samuelson, *Soviet Defence Industry Planning*, 40–4.

102 O'Connor, *Diplomacy and Revolution*, 131–2.

103 Golubev, *Esli mir obrushitsia na nashu Respubliku*, 98–104.

104 Ken and Rupasov, *Politbiuro TsK VKP (b)*, 484–5, 491, 497.

105 Wandycz, *Twilight of French Eastern Alliances*, 50.

106 Plekhanov, *VChK-OGPU*, 305: 扎哈羅夫斯基致明仁斯基，1927年1月31日.

107 Plekhanov, *VChK-OGPU*, 318 (引自TsA FSB, f. 2, op. 5, d. 32, l.16. 19).

108 Neilson, *Britain, Soviet Russia and the Collapse*, 52–3.

109 Melville, *Russian Face of Germany*.

110 *Pravda*, December 16, 1926, 見於Eudin and Fisher, *Soviet Union and the West*, 208–9.; Fischer, *Stalin and German Communism*, 529–36.

111 Neilson, *Britain, Soviet Russia and the Collapse*, 53 (引自FO 371/11787/N5670/387/38: J.D.格里戈里〔J. D. Gregory〕備忘錄).

112 Samuelson, *Plans for Stalin's War Machine*, 36 (引自RGVA, f. 33987, op. 3, d. 128, l. 24: 1927年1月29日).

113 D'iakov and Bushueva, *Fashistskii mech kovalsia v SSSR*, 80 (RGVA, f. 33987, op. 3, d. 128, l. 26: 揚·別爾津致伏羅希洛夫，1927年1月29日); Duraczyński and Sakharov, *Sovetsko-Pol'skie otnosheniia*, 63.

114 Davies, review of David Stone (引自*Vestnik finansov*, 1927, no. 8: 140–1).

115 Erickson, *Soviet High Command* [2001], 301–4.

116 Stone, *Hammer and Rifle*, 22.

117 Erickson, *Soviet High Command* [2001], 288.

118 Sokolov, *Ot voenproma k VPK*, 62–3 (引自GARF, f. 8418, op. 16, d. 3, l. 355); Ken, *Mobilizatsionnoe planirovanie*, 21.

119 Murin, "Eshche raz ob otstavkakh I. Stalina," 73 (APRF, f. 45, op. 1, d. 131, ll.64–5).

120 Lih, *Stalin's Letters to Molotov*, 131–2.

121 *Pravda*, January 9, 1927.

122 *Pravda*, January 9, January 13, January 14, and January 20, 1927.

123 神話般的操縱論是把問題看得太膚淺：L. N. Nezhinskii, "Byla li voennaia ugroza SSSR v kontse 20-x—nachale 30-x godov?," *Istoriia SSSR*, 1990, no. 6: 14–30; Velikanova, "The Myth of the Besieged Fortress."

124 Samuelson, *Plans for Stalin's War Machine*, 35 (引自PRO, Foreign Office, N530/190/38: January 26, 1927). 有些學者作了正確的推斷，認為戰爭恐慌是真實的：Schapiro, *Communist Party*, 303–4.

125 Prokofiev, *Soviet Diary 1927*, 43–4, 59, 66, 106, 156. 1930年代初，普羅科菲耶夫返回斯大林統治下的蘇聯定居，與從來沒有離開過蘇聯的肖斯塔科維奇一起工作。

126 Loginov, *Teni Stalina*, 95.

127 *Na prieme*, 766–73.

128 Von Riekhoff, *German-Polish Relations*, 248–55.

129 D'iakov and Bushueva, *Fashistskii mech kovalsia v SSSR*, 71–6 (RGVA, f. 33987, op. 3, d. 151, l. 18–23).

130 Akhtamzian, "Voennoe sotrudnichestvo," 14–5; Akhtamzian, "Soviet-German Military Cooperation," 105. 另見Dyck, *Weimar Germany and Soviet Russia*, 96–7; 以及Jacobson, *When the Soviet Union Entered*, 227–9.

131 Samuelson, *Plan's for Stalin's War Machine*, 32–3 (引自RGASPI, f. 17, op. 3, d. 611, l. 18: January 13, 1927).

132 Plekhanov, *VChK-OGPU*, 53–4 (TsA FSB, f. 2, op. 6, d. 110, l.114–5).

133 APRF, f. 3, op. 63, d. 137, l. 23–47 (承蒙謝爾蓋 · 庫德里亞紹夫〔Sergei Kudryashov〕的好意). 揭發者的報告有可能是米奇斯瓦夫 · 洛加諾夫斯基(Mieczysław Loganowski，生於1895年)撰寫並/或提供的，洛加諾夫斯基是外交人民委員部的工作人員，有人用紅色鉛筆把他名字的大寫字母寫在那份打印材料上。洛加諾夫斯基是紅軍情報機關的老特工，之前曾以外交人員身份為掩護，同時兼任政府(格伯烏)和軍方(格魯烏)駐華沙情報站的負責人，他在那裏組織了幾支搞武裝破壞的小分隊，並策劃了對皮爾蘇茨基的暗殺行動。作為兩位波蘭同胞捷爾任斯基尤其是溫什利赫特的門徒，洛加諾夫斯基接着又在奧地利扮演了類似的角色，然後才被安排到莫斯科的外交人民委員部。蘇聯駐華沙的一位外交官記得他「這個人有着堅強的意志、鐵一般的耐力和動物般的野蠻」。Besedovskii, *Na putiakh k terimodoru*, 92–3; Sever and Kolpakidi, *Spetsnaz GRU*. 斯大林知道洛加諾夫斯基，是因為由溫什利赫特協調的在多個國家從事破壞和政變活動的小分隊與他自己有密切的關係。文件上洛加諾夫斯基的名字可能是指文件是他寫的，也有可能是提醒後續要和他聯繫。

134 Sameulson, *Plans for Stalin's War Machine*, 39 (引自RGASPI, f. 74, op. 2, d. 39, l. 6).

135 *Anglo-Sovetskie otnosheniia*, 100–4; *DVP SSSR*, X: 6–62.

136 Chernykh, *Stanovlenie Rossii sovetskoi*, 13. 1927年，莫斯科得到消息說，有幾十人在雅庫特煽動人們反對蘇維埃政權並預言說蘇維埃政權要垮台了。由於春雨連綿，道路泥濘，直到9月份才派去一隊警察，趕在陰謀分子發動「起義」前把他們抓了起來。Plekhanov, *VChK-OGPU*, 386 (TsA FSB, f. 2, op. 4, d. 204, l. 19).

137 *Pravda*, March 3, 1927, 見於 *Sochineniia*, IX: 170.

138 *Izvestiia TsK KPSS*, 1989, no. 8: 199–201 (A. G. 戈爾布諾夫：1927年4月16日). 有些來自農村方面的報告認為農民在政治上的忠誠是堅定的。「我們不想要戰爭——我們還沒有從上次的戰爭中恢復過來——但我們無論如何不會放棄蘇維埃政權」，一份來自烏里揚諾夫斯克的報告說。萬一發生戰爭，這些農民保證，「我們每個人都會戰鬥到最後」。Penner, "Stalin and the Ital'ianka," 53 (引自 RGASPI, f. 17, op. 32, d. 110, l. 10: July 20, 1927).

139 Lenin, *Collected Works*, 30: 93–104 (1919年9–10月).

140 Van Ree, *Political Thought of Joseph Stalin*, 222 (引自 RGASPI, f.. 558, op. 4, d. 598, l.5–8).

141 Smith, *A Road is Made*.

142 Smith, *A Road is Made*, 28.

143 Wilbur and How, *Documents on Communism*, 733.

144 Smith, *A Road is Made*, 168.

145 Smith, *A Road is Made*, 171.

146 斯大林非常重視國民黨軍隊。1926年11月，他把中國的革命運動比作1905年俄國的革命運動，但又說「在中國，和舊政府的軍隊對抗的，不是沒有武裝的人民，而是以革命軍隊為代表的武裝的人民。在中國，是武裝的革命反對武裝的反革命」。*Sochineniia*, VII: 357–8, 363 (譯註：《斯大林全集》第8卷，第326頁).

147 *VKP (b), Komintern i natsional'no-revoliutsionnoe dvizhenie v Kitae*, I: 64.

148 *VKP (b), komintern i natsional'no-revoliutsionnoe dvizhenie v Kitae*, I: 494.

149 Michael Weiner, "Comintern in East Asia, 1919–39," 見於 McDermott and Agnew, *Comintern*, 158–190 (第164頁，未註明出處).

150 Wilbur and How, *Missionaries of Revolution*, 248–50.

151 Liu, *Military History of Modern China*, chap. 2.

152 Karl, *Staging the World*, 195 (引用了陳獨秀1904年寫的話).

153 Evans and Block, *Leon Trotsky on China*, 113–5.

154 *Pravda*, May 25, 1925; RGASPI, f. 558, op. 1, d. 2714, l. 17, 轉載於 *Sochineniia*, VII: 133–52 (但沒有「仿照國民黨的模式」這一句). 在中國，斯大林被視為左派，即便他看起來不那麼左的時候也是。Pantsov, *Bolsheviks and the Chinese Revolution*, 86–9, 129; Kara-Murza, *Strategiia i taktika Kominterna v natsional'no-kolonial'noi revoliutsii*, 112. 848

155 Brandt, *Stalin's Failure in China*, 44–5.

156 Kartunova, "Kitaiskii vopros,"; Kartunova, "Novyi vzgliad na razryv s Chan Kaishi. . ."; Peskova, "Stanovleniie diplomaticheskikh otnoshenii mezhdu Sovetskoi Rossiiei i Kitaem"; Peskova, "Diplomaticheskie otnosheniia mezhdu SSSR."

157 *VKP (b), Komintern, i natsional'no-revolutsionnoe dvizhenie v Kitae*, I: 549–53; Pantsov, *Tainaia istoriia*, 126; Pantsov, *Bolsheviks and the Chinese Revolution*, 84–5.

158 Slavinskii, *Sovetskii soiuz i Kitai*, 101, 引自 Tszian Chzhun-chzhen [蔣介石], *Sovetskii Soiuz v Kitae*, 26 (1924年3月14日).

159 RGASPI, f. 17, op. 3, d. 561, l. 1.

160 RGASPI, f. 17, op. 162, d. 3, l. 55 (1926年4月29日).

161 Brandt, *Stalin's Failure in China*, 155–60; Pantsov, *Bolsheviks and the Chinese Revolution*, 101–23.

162 Brandt, *Stalin's Failure in China*, 73 (引自Trotsky archives: "Voprosy nashei politiki v otnoshenii Kitaia I Iaponii"). 伏羅希洛夫也是該委員會的成員。

163 *VKP (b), Komintern i natsional'no-revoliutsionoe dvizhenie v Kitae*, II: 36–40; Pantsov, *Tainaia istoriia*, 163 (引自RGASPI, f. 495, op. 1, d. 73, l. 15: Zinoviev to Hu, February 8, 1926, and f. 514, op. 1, d. 233, l. 33); Pantsov, *Bolsheviks and the Chinese Revolution*, 111–2.

164 Isaacs, *Tragedy of the Chinese Revolution*, 162, 351–2, n12.

165 *Izvestiia*, April 8, 1927; Wilbur and How, *Documents on Communism*, 8–9.

166 Slavinskii, *Sovetskii soiuz i Kitai*, 131–3; Kapitsa, *Sovetsko-kitaiskie otnosheniia*, 177–81; Schwartz, *Chinese Communism*, 42–60.

167 Wilbur, *Nationalist Revolution in China*, 108.

168 Paul R. Gregory, Hsiao-ting Lin, Lisa Nguyen, "Chiang Chooses His Enemies," *Hoover Digest*, 2010, no. 2; RGASPI, f. 17, op. 2, d. 279, l. 1–7, 10, 12, d. 280, l. 2–17, d.281, l. 1–17, d. 282, l. 94–154 (季諾維也夫的提綱), d. 283, l. 259–60, d. 284 (經修改和刪減後公佈的全會記錄，4月15日的記錄被刪掉了), l. 22–30 (附有季諾維也夫提綱的會議記錄); Golubev, *'Esli mir obrushitsia na nashu Respubliku,'* 49 (引自TsDOOSO, f. 4, op. 5, d. 448, l. 20).

169 Brandt, *Stalin's Failure in China*, 115 (引自托洛茨基檔案，1927年4月18日的信件).

170 Slavinskii, *Sovetskii soiuz i Kitai*, 155– 6.

171 Deutscher, *Prophet Unarmed*, 327.「早在1926年初，我們與政治局目前的領導核心在中國問題上就有了最初的分歧」，季諾維也夫和托洛茨基在1927年5月底寫道。托洛茨基和季諾維也夫認為中共應該與國民黨決裂的提議在1926年7月的全會上得到了布哈林和斯大林的證實。Pantsov, *Tainaia istoriia*, 162 (RGASPI, f. 495, op. 166, d. 189, l. 2; *Ob"edeninennyi plenum TsK i TsKK VKP (b), 14–23 iiulia 1926 g.* Vyp. 1, l. 15, 75).

172 Brandt, *Stalin's Failure in China*, 90.

173 Vygodskii, *Vneshniaia politika SSSR*, 292, 145 (引自Izvestiia, December 4, 1962).

174 *Lubianka: Stalin i VChk-OGPU-NKVD*, 133–4; (RGASPI, f. 17, op. 162, d. 5, l. 35). Gorodetsky, *Precarious Truce*, 221–31; Fischer, *Soviets in World Affairs*, 500–10; Fischer, *Russia's Road from Peace to War*, 169.

175 Khinchuk, *K istorii anglo-sovietskikh otnoshenii*, 46; *Izvestiia*, May 18, 1927 (米高揚).

176 *Lubianka: Stalin i VChK-OGPU-NKVD*, 131.

177 1928年3月再次拒絕了蘇聯的建議。Slavinsky, *Japanese-Soviet Neutrality Pact*.

178 Fel'shtinskii, *Kommunisticheskaia oppozitsiia v SSSR*, III: 57–9; Volkogonov, *Trotsky*, 287.

179 *VKP (b), Komintern i natsional'no-revoliutsionnoe dvizhenie v Kitae*, II/ii: 763–4.

180 *Bol'shevik*, May 31, 1927, 見於 *Sochineniia*, IX: 311–2.

181 Deutscher, *Prophet Unarmed*, 336–7.

182 托洛茨基和季諾維也夫與八十多名支持者一起向中央遞交了一份長篇文件——按照最初簽名的人數，它被稱為〈八十四人聲明〉(這個數字後來增加到三百多)——要求召開一次秘密的中央會議，討論中國革命運動失敗的問題。它還歷數了斯大林在國內農民政策、工業化、就業、工資、住房等方面的失敗。總之，這是一份竭力反對新經濟政策並主張革命的左派宣言。"Declaration of the 84," 見於 Trotsky, *Challenge of the Left Opposition*, II: 224–39.

183 Gorodetsky, *Precarious Truce*); Jacobson, *When the Soviet Union Entered*, 222. Henderson and Dovgalevsky, "Anglo-Soviet Relations." 直到1929年秋天，雙方的關係才得以恢復。

184 自從1921年恢復貿易關係以來，莫斯科向倫敦出售了價值7,000萬英鎊的貨物，同時也購買了2,430萬英鎊的貨物——棉花、羊毛、機械設備、橡膠和工具。Velikanova, *Popular Perceptions*, 54 (引自 Foreign Office 371, 1927, vol. 12595: 191, 193; vol. 12593: 161).

185 Werth, "Rumeurs défaitistes et apocalyptiques"; Viola, "The Peasant Nightmare." 另見 Simonov, "'Strengthen the Defense of the Land of Soviets,'" 1355–6; *Lubianka: Stalin i VChK-OGPU-NKVD*, 117. 倫納德・夏皮羅推測，蘇聯領導層也許是真的擔心——事實就是如此。Schapiro, *Communist Party*, 303–4. 另見 Sontag, "Soviet War Scare"; Meyer, "The Soviet War Scare of 1927"; 以及 Romano, "Permanent War Scare," 103–20.

186 Rykov, *Angliia i SSSR*, 4–5, 21–31, 36.

187 Von Riekhoff, *German- Polish Relations*, 248–55.

188 Eudin and North, *Soviet Russia and the East*, 303–4; *Sochineniia*, X: 31–3; Brandt, *Stalin's Failure in China*, 133.

189 Wu, "A Review of the Wuhan Débâcle."

190 Valedinskii, "Organizm Stalina vpolne zdorovyi," 69.

191 刑法典都是在共和國而不是全聯盟的層面上頒佈的。在1926年的俄羅斯社會主義聯邦蘇維埃共和國刑法典中，一個人即便沒有實施犯罪，也會僅僅因為「和有罪的環境有聯繫」或者因為「過去的活動」而被作為「危險分子」判刑(第7條)。該法典還有一個特殊的條款(第58條)，是針對反對蘇維埃政治秩序的罪行的，這種罪行被認為「最危險」，因而要處以死刑。Goliakov, *Sbornik dokumentov po istorii ugolovnogo zakonodatel'stva SSSR*, 220–3, 267–9, 293–7; Berman, *Soviet Criminal Law*, 23–4; *Lubianka: Stalin i VChK-OGPU-NKVD*, 796–8, n61.「天底下沒有甚麼舉措、思想、行動，或者不行動，」亞歷山大・索爾仁尼琴後來寫道，「是不可以用第58條予以嚴懲的。」Solzhenitsyn, *The Gulag Archipelago*, I: 60.

192 "Sovetskii Azef," *Segodnya* [Riga], May 9, 1927. 奧格伯烏之前已經決定取消以俄國流亡分子為目標的代號「托拉斯」的重大行動。波蘭情報機關已經把它識破了：從「托拉斯」得到的情報和波蘭人從其他渠道得到的情報不吻合。「托拉斯」還以時機不成熟為由，不斷拖延計劃中的反對蘇維埃政權的起義時間，結果引起進一步的懷疑。遊戲基本已經玩完了。很多人都掉進了圈套，但秘密警察未能將庫捷波夫(Kutepov)將軍引誘回國——他是「全俄軍事聯盟」的首領。對軍官們來説，「全俄軍事聯盟」是最重要的流亡者組織，同時也是蘇聯對外情報機關的主要目標。但雙面間諜、拉脱維亞人亞歷山大·烏佩尼努什(Alexander Upeninysh，烏佩林茨〔Upelints〕)——他也用過亞歷山大·奧佩爾普特(Alexander Opperput)和愛德華·斯陶尼茨(Eduard Staunitz)的名字——等人，未經許可，就在1927年4月12日的夜裏越過蘇聯邊境進入芬蘭投降了，並在一份俄文的流亡者出版物上曝光了「托拉斯」計劃。他的曝光給人的印象是格伯烏無處不在，無所不知，已經滲透到所有的人和事中。不過，對於格伯烏來説，他的曝光很麻煩。庫捷波夫趕到芬蘭，堅決要求奧佩爾普特—斯陶尼茨以及庫捷波夫的外甥女瑪麗亞·扎哈爾琴科—舒爾茨(Maria Zakharchenko-Shultz)潛回蘇聯，實施恐怖行動，以證明他們真心與格伯烏決裂。這些特工人員別無選擇，為了證明自己的誠意，只好執行庫捷波夫的指示，但是後來在斯摩棱斯克附近，當他們試圖逃跑時，奧佩爾普特—斯陶尼茨被打死；扎哈琴科稍後也死了，可能是在交火中被打死的，也可能是自殺。Andrew and Gordievsky, *KGB*, 150.

193 Plekhanov, *VChK-OGPU*, 323–4. 1930年1月26日，奧格伯烏特工在巴黎設法綁架了庫捷波夫。他因心臟病發作身亡，有可能是死在巴黎，也可能死在從馬賽駛往新俄羅斯(編註：18世紀末沙俄征服的黑海北岸地區)的蘇聯船隻「斯巴達克號」上。Sudoplatov, *Special Tasks*, 91; *Nedelia*, 1989, no. 49.

194 Arsen'ev, *Podzhigateli voiny*, 21–2; *Dokumenty i materialy po istorii sovetsko-pol'skikh otnoshenii*, V: 151–2; Zhukovskii, *Polnomochnyi predstavitel' SSSR*, 202–5; Shishkin, *Stanovlenie vneshnei politiki postrevliutsionnoi Rossii i kapitalisticheskii mir*, 283–91; Blackstock, *Secret Road to World War Two*, 136–61; Korbel, *Poland Between East and West*, 217–20. 波蘭法庭判處刺客鮑里斯·科韋爾達終身監禁，但是在1937年6月15日，波蘭政府赦免了他。

195 Shishkin, *Stanovlenie vneshnei politiki postrevliutsionnoi Rossii i kapitalisticheskii mir*, 289–90. Soviet protest: Degras, *Soviet Documents on Foreign Policy*, II: 220–1, 228–31.

196 *Lubianka: Stalin i VChK-OGPU-NKVD*, 133 (RGASPI, f. 558, op. 11, d. 71, l.2–3); *Pravda*, June 8, 1927. 另見Shishkin, *Stanovlenie vneshnei politiki postrevliutsionnoi Rossii i kapitalisticheskii mi*, 283–91; Degras, *Soviet Documents on Foreign Policy*, II: 220–1, 228–31; *Dokumenty i materialy po istorii sovetsko-pol'skikh otnoshenii*, V: 151–2; Zhukovskii, *Polnomochnyi predstavitel' SSSR*, 202–5; Blackstock, *Secret Road to World War Two*, 136–61; Korbel, *Poland Between East and West*, 217–20.

197 *Lubianka: Stalin i VChK-OGPU-NKVD*, 137–8 (APRF, f. 3, op. 58, d. 3, l. 113–113ob.), 796, n60.

198 RGASPI, f. 558, op. 11, d. 767, l.35–6.

199 *Pravda*, June 10, 1927. 根據斯大林的指示，奧格伯烏為了加強自己的特工網絡，還在舊社會那些有頭有臉的人(沙皇時代上層社會的人和神職人員)中招募人手。Plekhanov, *VChK-OGPU*, 313.

200 Plekhanov, *VChK-OGPU* 130 (引自TsA FSB, f. 2, op. 5, d. 136, l. 10; d. 36, l. 3). 6月19日，明仁斯基把〔夏季〕要處決的犯人限制在一個相對較少的數量。Danilov, *Tragediia sovetskoi derevni*, I: 24. 明仁斯基承認(1927年7月19日)：「在白俄羅斯、斯摩棱斯克、莫斯科、列寧格勒等地，幾乎沒有發現活躍的君主派集團。」Vinogradov, "Zelenaia lampa," 5.

201 *Lubianka: Stalin i VChK-OGPU-NKVD*, 135 (RGGASPI, f. 558, op. 11, d. 71, l. 29). 就在此時，斯大林接到秘密報告說，破獲了英國人在列寧格勒的間諜網——有些特工人員是在芬蘭境內——據說該間諜網的目標是要弄清楚紅軍及其艦隊的作戰水平，包括化學武器的能力；大約有二十幾人被捕。Plekhanov, *VChK-OGPU, 1921–1928*, 285 (引自TsA FSB, f. 2, op. 5, d. 136, l.26–9).

202 *Pravda*, July 10, 1927.

203 Tepliakov, *"Nepronizaemye nedra,"*194.

204 Zdanovich, *Organy gosudarstvennoi bezopasnosti*, 299 (引自TsA FSB, f. 2, op. 5, d. 269, l. 9).

205 Velikanova, *Popular Perceptions*, 74–5. 另見Simonov, "Krepit' oboronu stranam sovetov," 157; 以及Solomon, *Soviet Criminal Justice*, 66–7.

206 *Sevost'ianov, "Sovershenno sekretno,"* V: 362–78, 401–8, 411–83, 484–584, 855–906 (TsA FSB, f. 2, op. 5, d. 385, l.256–361, 422–81; op. 4, d. 386, l.45–84; op. 5, d. 394, l.99–108; op. 6, d. 394, l.109–12). Werth, "Rumeurs défaitistes et apocalyptiques"; Viola, "The Peasant Nightmare."

207 1929年8月，費希爾和契切林一起在德國的威斯巴登度過了幾天時間。Fischer, *Russia's Road from Peace to War*, 172; 關於戰爭恐慌的整體情形，參見165–79. 契切林的副手李維諾夫打心底裏反對政治局的做法。Sheinis, *Maxim Litvinov*, 194.「他們說我們反對派在利用戰爭威脅，」托洛茨基在1927年6月的中央委員會會議上說，「是你們在利用戰爭威脅迫害反對派並準備摧毀反對派。」Fel'shtinskii, *Kommunisticheskaia oppozitsiia v SSSR*, III: 96.

208 Velikanova, *Popular Perceptions*, 47, 76–7; M. M. Kudiukhina, "Krasnaia armiia i 'voennye trevogi' vtoroi poloviny 1920–kh godov," 以及A. V. Baranov, "'Voennaia trevoga' 1927 g. kak factor politischeskikh nastroenii v neposvskom obshchvestve (po material iuga Rossii)," *Rossiia i mir glazami druga druga: iz istorii vzaimovospriiatiia* (Moscow: IRI RAN, 2007), 153–74, 175–93.

209 Danilov, *Tragediia sovetskoi derevni*, I: 25.

210 Lih, *Stalin's Letters to Molotov*, 135. 6月24日，斯大林讓托洛茨基來到中央監察委員會主席團(阿龍·索爾茨〔Aaron Solts〕)前面；他們就法國革命問題進行了爭論！

211 Fel'shtinskii, *Kommunisticheskaia oppozitsiia v SSSR*, III: 126–7.

212 Deutscher, *Prophet Unarmed*, 388–9.

213 RGASPI f. 558, op. 11, d. 767, l.35–9, 45–8, 56–60; Gorlizki and Khlevniuk, "Stalin and his Circle," III: 243–67; *Pravda*, June 26, 1927.

214 Trotsky archives, T 965 (1927年6月28日).

215 *Sochineniia*, IX: 315–21. 1934年1月16日，坡克羅夫斯基(生於1905年)因為反革命煽動罪而被逮捕。他被判處到烏法流放三年。他後來在「大恐怖」中逃過一劫。

216 Deutscher, *Prophet Unarmed*, 339.

217 Lih, *Stalin's Letters to Molotov*, 136–7.

218 Khlevniuk, *Master of the House*, 3–4. RGASPI, f. 558, op. 4, d. 767, l.56–60.

219 Rigby, *Communist Party Membership*, 113.

220 Lih, *Stalin's Letters to Molotov*, 138–9, 141–3.

221 Samuelson, *Plans for Stalin's War Machine*, 40–1（引自RGVA, f. 33987, op. 3, d. 250, l. 60). 據絕密的備忘錄記載，伏羅希洛夫在1927年對軍事改革的成就和軍隊的狀況是肯定的，但是對國防工業不滿意。Kudriashov, *Krasnaia armiia*, 161–71 (APRF, f. 3, op. 50, d. 257, l. 98–119).

222 Ken, *Mobilizatsionnoe planirovanie*, 21.

223 Velikanova, *Popular Perceptions*, 93.

224 Dyck, "German-Soviet Relations," 80（引自德國外交部檔案，L337/L100554–60：馮・布羅克多夫—蘭曹的備忘錄，1927年7月24日).

225 Dyck, *Weimar Germany and Soviet Russia*, 96–7; Dyck, "German-Soviet Relations," 67（引自迪克森〔Dirksen〕備忘錄，1927年9月19日), 83. 另見Dyck, *Weimar Germany and Soviet Russia*, 66–107; 以及Erickson, *Soviet High Command* [1962], 144–63, 247–82.

850

226 奧格伯烏向他報告說，流亡的孟什維克黨人認為共產黨會因為他而垮台。實際上，流亡的孟什維克黨人正確地預測到托洛茨基和反對派會被鎮壓。Volkogonov, *Trotsky*, 293–4 (Arkhiv INO OGPU, d. 672, tom 1, l. 196); *Sotsialisticheskii vestnik*, August 1, 1927.

227 "Zametki na sovremennye tenmy," *Pravda*, July 28, 1929, 見於*Sochineniia*, IX: 322–61 (at 322, 327–30).

228 Nazarov, *Stalin i bor'ba za liderstvo*, 162（引自RGASPI, f. 17, op. 2, d. 317, vyp. 1, l. 76, 50, 81).

229 Nazarov, *Stalin i bor'ba za liderstvo*, 163（未註明出處).

230 *Pravda*, July 25, 1927.

231 *Sochineniia*, X: 3–59 (at 51).

232 Boersner, *The Bolsheviks*, 244–6.

233 RGASPI, f. 17, op. 162, d. 5, l. 74–9, 86-8 (1927年8月17日). 共產國際代表鮑羅廷在離開中國時對某個外國人說，「在下一個中國將軍到莫斯科去並高喊『革命萬歲』的時候，最好馬上把他交給格伯烏。他們想要的只是步槍而已」。Strong, *China's Millions*, 242. 鮑羅廷還對老布爾什維克協會說，讓他感到後悔的是對待蔣介石不夠堅決：「這是個致命的錯誤。由於我們的失誤，在佔領南京後錯過了清算蔣介石的機會。」*VKP (b), Komintern i natsional'no-revoliutsionnoe dvizhenie v Kitae*, II/ii: 926.

234 Plekhanov, *VChK-OGPU*, 90.

235 Vatlin, *Stenogrammy zasedanii Politbiuro*, I: 579–80.

236 Vatlin, *Stenogrammy zasedanii Politbiuro*, II: 566, 573–4, 582. 9月12日，托洛茨基讓自己的支持者葉利欽（Yeltsin）去調查葉努基澤在1917年4至10月的時候屬於哪個黨派：Fel'shtinskii, *Kommunisticheskaia oppozitsiia v SSSR*, IV: 176–7.

237 Vatlin, *Stenogrammy zasedanii Politbiuro*, II: 586.

238 Vatlin, *Stenogrammy zasedanii Politburo*, II: 593–6.

239 Vatlin, *Stenogrammy zasedanii Politbiuro*, II: 597. (RGASPI, f. 17, op. 3, d. 705).

240 RGASPI, f. 17, op. 3, d. 650, l.1–2.

241 Vatlin, *Stenogrammy zasedanii Politbiuro*, I: 579–80, 595.

242 他們問完之後，斯大林也提了一個問題：在美國1,800萬至1,900萬產業工人中，為甚麼加入工會的只有350萬，勞聯產聯為甚麼不支持承認蘇聯？「美國的工人階級，」有一個人回答說，「對於國際事務不感興趣。」*Pravda*, September 15, 1927; *Sochineniia*, X: 92–148; *Na prieme*, 25.

243 Serge and Trotsky, *Life and Death*, 148; *Pravda*, September 29 and October 1, 1927; Carr and Davies, *Foundations of a Planned Economy*, II: 35–6. 國家縫紉機托拉斯主席姆拉奇科夫斯基（Mrachkovsky），連同普列奧布拉任斯基和列昂尼德·謝列布里亞科夫一起——他們是集體負責的——被立即開除黨籍。

244 Zdanovich, *Organy gosudasrtvennoi bezopasnosti*, 289–93, 382–3.

245 Fel'shtinskii, *Kommunisticheskaia oppozitsiia v SSSR*, IV: 189; Zdanovich, *Organy gosudarstvennoi bezopasnosti*, 320（引自TsA FSB, delo R-8209, l. 69; f. 2, op. 5, d, 98, l. 43, 98). 早在1927年8月的中央委員會和中央監察委員會聯席全會上，托洛茨基就承認「軍隊的一些工作人員因為受到潛在的戰爭威脅的影響，近來交換了意見，談到我們武裝力量的情況……在這些同志中，我要提到的有穆拉洛夫同志（陸海軍督察）、普特納同志和普里馬科夫同志（都是軍長），他們都因為持反對派觀點而被解除了職務，還有姆拉奇科夫斯基同志和巴卡也夫同志」。他們形成了一份文件，談到了對於國防、對於提高軍隊的革命精神和戰鬥精神來說的必要措施；托洛茨基本來是打算把這份文件交給政府首腦李可夫在政治局討論的。這是指控托洛茨基準備發動軍事政變的依據，而這個罪名是托洛茨基已經預見到了的。Fel'shtinskii, *Kommunisticheskaia oppozitsiia v SSSR*, IV: 44.

246 明仁斯基在1927年10月的全會上作了發言。他對他們說，9月底，奧格伯烏逮捕了五名準備發動軍事政變的參與者：有兩人是中級指揮官，其他的最近已經復員。他說他們是在地下印刷所行動中被發現的。實際上，他們最初是在印刷所事件之前被發現的，但直到該事件發生後才受到關注。斯大林的代理人、中央監察委員雅羅斯拉夫斯基指示明仁斯基，那些抓起來的人不用審問；有軍事政變的計劃就夠了，不需要詳細情況，不要把問題複雜化。Zdanovich, *Organy gosudarstvennoi bezopasnosti*, 321（引自TsA FSB, f. 2, op. 5, d, 54, l. 88, 93–4).

247 Deutscher, *Prophet Unarmed*, 357–8; *Sochineniia*, X: 187.

248 Volkogonov, *Trotsky*, 291–3（引自RGASPI, f. 505, op. 1, d. 65, l. 1–35). 把托洛茨基開除出共產國際的動議是由約翰·墨菲（John Murphy）提出來的，他自己也很快退黨了：Murphy, *New Horizons*, 274–7.

249 *Pravda*, September 23 and October 25, 1927.

250 *V. Ia. Bliukher v Kitae*.

251 Pantsov, *Bolsheviks and the Chinese Revolution*, 156.

252 到1914年，俄國已經佔到全球跨境借款的11%，絕對數額僅次於美國，而由於美國借出的數量也很大，所以俄國就成了全球唯一的最大**淨**借入國。Cameron and Bovykin, *International Banking,* 13.

253 Dallin, *Soviet Espionage*, 32–41 (引文來自第36頁，係轉引1927年4月11日《紐約時報》).

254 Rakovskii, *Kniaz' Metternikh*. 拉柯夫斯基撰文向美國讀者簡要介紹了蘇聯在外交政策上的習慣做法："The Foreign Policy of Soviet Russia," *Foreign Affairs*, 4/4 (July 1926): 574–84.

255 *Izvestiia*, August 11, 1927. 駐意大利大使加米涅夫也在宣言上簽了名，但墨索里尼和意大利政府並未理會。

256 Jacobson, *When the Soviet Union Entered*, 273–80.

257 *Le Matin*, September 13, 1927.

258 *Pravda*, September 16, 1927 (李維諾夫); *Izvestiia*, September 16, 1927; "Novaia ugroza franko-sovetskomu soglasheniiu," *Kommunisticheskii internatsional*, October 7, 1927: 7–8; Senn, "The Rakovski Affair"; Carley, "Episodes from the Early Cold War." 儘管蘇聯人開出了更高的價碼並減少了要求得到的貸款數額，結果還是沒有成功。Degras, *Soviet Documents on Foreign Policy*, II: 248–54.

259 Conte, *Christian Rakovski*, 196–204.

260 Naville, *Trotsky Vivant*.

261 Fel'shtinskii, *Kommunisticheskaia oppozitsiia v SSSR*, IV: 219–24.

262 Nazarov, *Stalin i bor'ba za liderstvo*, 164–5 (RGASPI, f. 17, op. 2, d. 321, l.4–5).

263 Fel'shtinskii, *Kommunisticheskaia poppozitsiia v SSSR*, IV: 223, 230–1; Miliukov, *Vospominaniia* II: 19–20.

264 "Trotskistskaia oppozitssiia prezhde i teper'," *Pravda*, November 2, 1927, 見於 *Sochineniia*, X: 172–205 (at 172–6).

265 *Pravda*, November 2, 1927, 見於 "Trotskistskaia oppozitsiia prezhde i teper'," *Sochineniia*, X: 172–205; Stalin, *Ob oppozitsii*, 723. 後來出版的《斯大林全集》刪掉了直接引自遺囑的內容。Carr, *Interregnum*, 267.

266 Fel'shtinskii, *Kommunisticheskaia poppozitsiia v SSSR*, IV: 230–1; Kun, *Bukharin*, 208–9 (未註明出處).

267 *KPSS v rezoliutsiiakh* [1984], IV: 210–49.

268 *Voprosy torgovli*, 1927, no. 1: 63.

269 Carr and Davies, *Foundations of a Planned Economy*, II: 41.

851

270 Stalin, *Beseda s inostrannymi rabochimi delegatsiaiami*, 44–8; *Pravda*, November 13 and November 15, 1927, 轉載於 *Sochineniia*, X: 206–38 (at 237). 在斯大林辦公室的日誌中沒有關於此次會議的記載，這顯然是因為代表團人數太多，無法在他的辦公室接待。

271 Daniels, *Conscience of the Revolution*, 314 (引自 *Inprecor*, November 3, 1927).

272 Fel'shtinskii, *Kommunisticheskaia oppozitsiia v SSSR*, IV: 254–6. (托洛茨基致政治局和中央委員會的信，1927年11月9日); Carr and Davies, *Foundations of a Planned Economy*, II: 42–3.

273 「雷聲大，雨點小」，一名支持政權的外國記者用農民的俗語輕蔑地寫道。Reswick, *I Dreamt Revolution*, 205. 雷斯維克明白這種堂吉訶德式的行動給了斯大林加強鎮壓的藉口(207–208頁)。反對派採取的最聰明的行動，是斯米爾加、普列奧布拉任斯基等人在從前的巴黎大飯店的陽台上，對朝着紅場方向遊行的人們大聲疾呼，因為那棟三層建築的位置較好，處於克里姆林宮對面的獵手街和特維爾大街的轉角處，而斯米爾加在那裏有一套房子。斯米爾加在1917年曾率領波羅的海艦隊駛入涅瓦河支援十月政變，而此時他和他的幫手們展開了列寧、托洛茨基、季諾維也夫三人的肖像，還有一幅標語——「執行列寧的『遺囑』」。證據顯示，有些遊行的人發出了歡呼。但是，紅色普列斯尼亞區的區委書記坐着自己的小汽車和赤衞隊一起趕來了。那些赤衞隊員一邊向陽台上扔磚頭，一邊大喊「揍那些猶太佬反對派」。與此同時，馬路對面六層的國家大飯店裏擁護政權的工作人員，開始朝斯米爾加的陽台扔土豆和冰塊。很快，15到20個軍校生和警校生破門而入，搶走標語，並搗毀了那個地方。Fel'shtinskii, *Kommunisticheskaia oppozitsiia v SSSR*, IV: 250–2 (穆拉洛夫、斯米爾加和加米涅夫寫的便條，1927年11月7日), 258–60 (斯米爾加的信，1927年11月10日). 1920年代末，國家大飯店又恢復了飯店的功能；巴黎大飯店在1935年因為特維爾大街要拓寬而拆掉了，在它的舊址附近，建了一座新的人民委員會大樓。有位歷史學家說反對派的幾個重要人物是在沃茲德維任卡街和莫霍瓦婭街轉角處的大樓陽台上發表演說的，那棟大樓可能是共產國際的總部或者是曾經的黨部，是蘇維埃中央執行委員會辦公的地方。Medvedev, *Let History Judge*, 173.

274 Volkogonov, *Trotsky*, 300–1. 另見Fel'shtinskii, *Kommunisticheskaia oppozitsiia v SSSR*, IV: 256–7 (尼古拉耶夫給中央委員會和中央監察委員會的信，1927年11月10日). 在列寧格勒冬宮附近也發生了相似的一幕。在那裏，季諾維也夫從窗口發表了簡短的演說，而列寧格勒反對派的其他成員則試圖干擾冬宮廣場上官方的遊行隊伍。士兵和水兵騎着馬趕來，驅散了舉行反示威活動的人群。前革命軍事委員會副主席拉舍維奇和前列寧格勒格伯烏首腦巴卡也夫穿着撕掉領章的士兵大衣，大喊警察們應該感到害臊。至少有81人被捕。第二天的情況更亂，被捕的人更多。Velikanova, *Popular Perceptions*, 183(引自TsGAIPD SPb, f. 16, op. 1, d. 8485, l.258–9); Trotskii, *Moia zhizn'*, II: 280; Serge, *Memoirs of a Revolutionary*, 226–7. 為防止失業工人的遊行隊伍與反對派的遊行隊伍匯合，所有參加遊行的方陣都要事先得到批准並接受監督。Velikanova, *Popular Perceptions*, 181–2 (引自TsGAIPD SPb, f. 24, op. 5, d. 75, l. 69). 李可夫被派到列寧格勒參加此次週年紀念活動，在以前的塔夫利達宮，他在蘇維埃中央執行委員會的慶祝會議上發表演說時，展開了一幅以V形曲線顯示經濟復蘇的巨型圖表，1921年和1927年的低點都明顯超過1913年的水平。*Izvestiia*, October 19, 1927; Rykov, *Ten Years of Soviet Rule*. 學校作業方法協會(Institute of School Work Methods)做過一個12萬人的大型社會學研究，搜集了150萬份與革命十週年紀念活動有關的口述材料。Kozlov and Semenova, "Sotsiaologiiia detstva," 47–8.

275 Chertok, *Stop-Kadr*, 54. 在人民委員會紀念革命十週年的展覽會上發現了反對派成員的肖像並很快把它們撤掉了。中央監察委員會的馬特維·什基里亞托夫

(Matvei Shkiryatov)讓人撤掉了那些肖像，但他還要想辦法把一尊由幾位象徵性的人物而不是由斯大林等同志抬着列寧棺材的雕塑弄走，所以他就寫信給斯大林，抱歉地請求他的干預(此事被列入政治局會議議程)。*Voprosy istorii*, 2004, no. 11: 16–7 (RGASPI, op. 11, d. 826, l.1–2), 轉載於Pikhoia and Zelenov, *I. V. Stalin: istoricheskaia ideologiia*, I: 44–7.

276 *Pravda*, November 16, 1927.

277 Fel'shtinskii, *Kommunisticheskaia oppozitsiia v SSSR*, IV: 264

278 1925年夏天，國家工作人員之外的克里姆林宮住戶全都必須在一個星期之內搬走；允許參觀的範圍也縮小了。更多關於布爾什維克進駐克里姆林宮的情況，參見Rolf, *Sovetskie massovy prazdniki*, 149.

279 "Mariia Ioffe, Nachalo," *Vremia i my*, 1977, no. 20: 163–92 (at 178–82). Joffe, *One Long Night*. 另見Joffe, *Back in Time*.

280 Trotskii, *Portety revoliutsionerov*, 396–8; Deutscher, *Prophet Unarmed*, 381–2; Volkogonov, *Trotsky*, 303.

281 Medvedev, *Let History Judge*, 174 (這話出自米哈伊爾·雅庫博維奇〔Mikhail Yakuobovich〕，他在監獄和勞改營待了24年，後來在哈薩克斯坦卡拉干達的一所殘疾人之家度過餘生). 雅庫博維奇聲稱，在送葬的人群中見到了斯大林的妻子娜佳·阿利盧耶娃默默地走在棺材的後面，但這一說法現在不能得到證實。Medvedev, *Let History Judge*, 174 (引自米哈伊爾·雅庫博維奇未出版的回憶錄). 亞戈達和葉努基澤都在現場。在莫斯科黨組織1927年開除的143名反對派中，學生82人，白領僱員41人，工人16人。Merridale, *Moscow Politics*, 44.「反對派主要由知識分子構成，知識水平要高於其他黨員，這種情況也造成了他們對後者產生某種程度的不信任，」捷克斯洛伐克外交使團的團長I. 吉爾斯(I. Girs)寫道，「斯大林主義的立場的強大之處在於，它代表了黨內佔有數量優勢的那部分人，即中等知識水平的人。」Shishkin, *Vlast', politika, ekonomika*, 149.

282 Fischer, *Men and Politics*, 94; Deutscher, *Prophet Unarmed*, 383–4; Shishkin, *Stanovlenie vneshnei politiki postrevliutsionnoi Rossii i kapitalisticheskii mir*, 282. N. P. 柳金(N. P. Ryutin)和A. M. 列扎娃(A. M. Lezhava)代表莫斯科黨委也參加了葬禮。

283 Volkogonov, *Trotsky*, 279, 303 (GARF, f. 5446, op. 2, d. 33, l. 19).

284 *Pravda*, November 25, 1927.

285 *Moskovskie Bol'sheviki*, 106 (引自MPA, f. 63, op. 1, d. 153, l. 75; f. 3, op. 5, d. 2, l. 200: *Pravda*, December 2, 1927).

286 *XV s"ezd VKP (b)*, I: 43–74.

287 *XV s"ezd VKP (b)*, II: 1596–8.

288 *XV s"ezd VKP (b)*, I: 89–90; *Sochineniia*, X: 351.

289 *Piatnadtsatyi s"ezd VKP (b)*, I: 291. Medvedev, *Let History Judge*, 175.

290 *XV s"ezd VKP (b)*, I: 279–85.

291 *XV s"ezd VKP (b)*, I: 411–21; *Sochineniia*, X: 354–71 (at 371).

292 *XV s"ezd VKP (b)*, I: 623; Medvedev, *Let History Judge*, 86.

293 *Piatnadtsatyi s"ezd VKP (b)*.

294 Bulletin no. 30, supplement no, 1: 35–7. Medvedev, *Let History Judge*. 在一個後斯大林時代版本的會議記錄中公佈了遺囑：*XV s"ezd VKP (b)*, II: 1477–8. 852

295 Danilov, *Tragediia sovetskoi derevni*, I: 119–35 (TsA FSB, f. 2, op. 5, d. 386, l.1-3, 15–45). 當時流傳着一個冷笑話：「他們在説他們取消了字母『M』，因為沒有肉（miaso），沒有黃油（maslo），沒有做衣服的材料（manufaktura），沒有肥皂（mylo），所以沒有理由僅僅因為米高揚（Mikoyan）（蘇聯貿易部長）這一個姓而保留『M』。」另外有句俏皮話同樣充滿了苦澀的意味：「革命給工人的是報告（doklad），給工作人員的是工資（oklad），給工作人員妻子的是珠寶箱子（klad），給農民的是地獄（ad）。」Ivanova, *Gulag v sisteme totalitarnogo gosudarstva*, 30.

296 *Sevost'ianov, "Sovershenno sekretno,"* V: 675.

297 Mif, "Kitaiskaia Kommunisticheskaia partiiia v kriticheskie dni," 106.

298 "Iz istorii kollektivizatsii 1928 god: poezdka Stalina v Sibir'," *Izvestiia TsK KPSS*, 1991, no. 7: 182–6.

299 *XV s"ezd VKP (b)*, II: 1599. 另見 Deutscher, *Prophet Unarmed*, 385–9.

300 *XV s"ezd VKP (b)*, II: 1599–1600.

301 *XV s"ezd VKP (b)*, II: 1398–1400.

302 由中央監察委員會主席奧爾忠尼啟則正式提出的一項大會決議要求開除75個著名的反對派；決議獲得一致通過。*XV s"ezd VKP (b)*, II: 1468–70. 反對派被正式指控為產生了失敗主義的「思想方針」，這種思想方針「已使托洛茨基反對派在蘇聯內部變成小資產階級民主派的工具，在國外變成國際社會民主主義的輔助部隊」。*Pravda*, December 20 and December 21, 1927（譯註：《蘇聯共產黨代表大會、代表會議和中央全會決議彙編》〔第三分冊〕，第417頁）; *KPSS v rezoliutsiakh*, IV: 13–74. 代表大會後，約有1,500名黨員被開除黨籍，約有2,500名黨員簽署了宣佈放棄自己主張的書面聲明。Popov, *Outline History of the C.P.S.U.*, II: 327; Conquest, *The Great Terror*, 11（未註明出處）.

303 Trotsky, *My Life*, 521.

304 中央委員中，從1917年到1923年，大俄羅斯人只佔49%；1934年，該比例達54%，而到了1939年，大部分都是大俄羅斯人。Evan Mawsdley, "An Elite within an Elite: Politburo/Presidium Membership under Stalin, 1927–1953," 74.

305 Grigorov, *Povoroty sud'by i proizvol*, 507. 托洛茨基〔·勃朗施坦〕認為，他和季諾維也夫以及加米涅夫的猶太人身份對於他們的失敗關係很大。Trotsky, *Stalin: Volume Two*, 224–5.

306 *Pravda*, December 18, 1927.

307 Mozokhin, *VChK—OGPU*, 24 (TsA FSB, f. 2, op. 5, por. 1, l. 31).

308 Gerson, *The Secret Police*, 269.

309 Shreider, *NKVD iznutri*, 22.

310 Cherniavskii, "Samootvod," 67–70 (RGASPI, f. 17, op. 2, d. 335, l.4–8: 供李可夫修改的速記記錄的副本). 另見 Murin, "Eshche raz ob otstavkakh I. Stalina," 72–3.

311 RGASPI, f.17, op. 2, d. 335, l.3–7. 另見Cherniavskii, "Samootvod."

312 *KPSS v rezoliutsiiakh* [1970], III: 247; Carr and Davies, *Foundations of a Planned Economy*, I: 710.

313 Kvashonkin, *Bol'shevistskoe rukovodstvo*, 357–61 (GARF, f. R-5446, op. 55, d. 1338, l.1–4).

314 *Piatnadtsatyi s"ezd VKP (b)*, II: 1132.

315 *XV s"ezd VKP (b)*, II: 1454–68; *Pravda*, December 20, 1927.

316 *Piatnadtastyi s"ezd VKP (b), dekabr' 1927 goda*, I: 66–7, II: 1419. 有學者斷言，即便是密切觀察黨的第十五次代表大會的人，也不可能想到農村會首當其衝，成為革命改造的對象。Pethybridge, *One Step Backwards*, 230.

317 *XV s"ezd VKP (b)*, I: 63, 66–7, II: 1419–22.

318 生日那天，斯大林在他的辦公室召開了幾場會議：*Na prieme*, 773.

319 *Pravda*, December 18, 1927; Reswick, *I Dreamt Revolution*, 210–9. 1926年11月6日，斯大林寫信給《列寧格勒真理報》，不讓發表他與戴維斯談話的俄文版。

320 Ivan P. Tovstukha, "Stalin," 載於Gambarov, *Entsiklopedicheskii slovar'*, XLI/iii: 107–10; Tovstukha, *Iosif Vissarionovich Stalin*. 1929年斯大林生日那天，它略作擴充，發表在《真理報》上。另見*Proletarskaia revoliutsiia*, 1935, no. 6: 130; 以及Tucker, *Stalin as Revolutionary*, 428.

第十四章 西伯利亞之行

1 *Sochineniia*, XI: 170 (1952年第一版); Viola, *War Against the Peasantry*, 101.

2 Chuev, *Tak govoril Kaganovich*, 1.

3 *Sochineniia*, XI: 369–70. 據辦公室日誌記載，1月17日，斯大林在辦公室接待了兩名來訪者，安季波夫(Antipov)和日本的後藤(Goto)，但也可能是斯大林辦公室的其他人接待的，因為他不在。斯捷茨基被列為1928年1月28日接待的來客，而當時斯大林還在西伯利亞。*Na prieme*, 26, 768, 774, 781.

4 Paul R. Gregory, "National Income," 見於Davies, *From Tsarism to the New Economic Policy* [1990], 247.

5 Kindleberger, *World in Depression*, 46.

6 Carr and Davies, *Foundations of a Planned Economy*, I/ii:943 (表7).

7 Koniukhov, *KPSS v bor'be*, 66 (引自RGASPI, f. 17 op. [沒有編號], d. 95, l.29–30).

8 Jasny, *Socialist Agriculture*, 223–7; Dohan, "The Economic Origins of Soviet Autarky," 605; Davies, *Socialist Offensive*, 419 (表1); Carr and Davies, *Foundations of a Planned Economy*, 698, 916–9, 1027 (表38). 革命後實行新經濟政策時收成的最高紀錄是1925至1926年的7,680萬噸。

9 Davies, *Socialist Offensive* , 1–18.

10 *Itogi vypolneniia pervogo piatiletnego plana*, 135.

11 Davies and Wheatcroft, *Years of Hunger*, 446; Davies, *Socialist Offensive*, 4, 13. 1920年代蘇聯的收成數據是估計值：統計人員要求參加抽樣的農民在收割前估計自己的收成，等級是從一到五，然後得到預計平均值的百分比，再乘以革命前的平均值。最後，統計人員會把估計值提高一點，因為他們認為農民會為了逃稅而低估產量。官方的數據有可能會高估收成。1929年，統計人員宣佈，使用革命前平均值的做法無效，因此也就宣佈他們對1920年代收成的估計無效。Tauger, "Statistical Falsification in the Soviet Union." 集體化使得準確估計蘇聯的糧食產量成為可能，雖然那並不意味着報道的都是準確結果。

12 在斯大林去西伯利亞之前，無論是當局的政策還是把經濟理解為支持工業化——作這種理解的遠不只是斯大林派——都是和新經濟政策不相容的。Davies and Wheatcroft, "Further Thoughts," 798. 有學者生動地寫道，「新經濟政策是建在沙灘上的房子」。但只是出於政權的反市場行為。Pethybridge, *One Step Backwards*, 250.

13 L. A. Neretina, "Reorganizatsiia gosudarstvennoi promyshlennosti v 1921–25 godakh: prontsipy i tendentsii razvitiia," 見於 Davies, *NEP*, 75–87 (at 84).

14 Davies and Wheatcroft, "Further Thoughts," 798; Dmitrenko, "Chto takoe NEP?," 46. 本意為幫助農民而採取的打擊私商和強行控制物價的做法，在破壞貨幣穩定的同時，實際上也以布爾什維克所不能理解的一種相互作用的方式把貿易條件變得對農民不利了。要是讓市場去決定價格，對農民和整個宏觀經濟來説會更好。Johnson and Temin, "The Macroeconomics of NEP"; Gregory and Mokhtari, "State Grain Purchases."

853

15 "V. V. Kuibyshev i sotsialisticheskaia industrializatsiia SSSR," *Istoricheskii arkhiv*, 1958, no. 3: 56.

16 轉引自 Bogushevskii, "Kanun piatiletki," 478. 另見 Kuromiya, *Stalin's Industrial Revolution*, 7.

17 Carr, *Interregnum*, 20–2; Barsov, *Balans stoimostnykh obmenov mezhdu gorodom*, 23; Millar and Nove, "A Debate on Collectivization," 57; S. G. Wheatcroft, "Agriculture," 見於 Davies, *From Tsarism to the New Economic Policy* [1990], 79–103; Gregory, *Russian National Income*, 102–21, 194. 對於農民惜售原因的調查結果，參見 *Statistika i narodnoe khoziaistvo*, 1928, no. 2: 146.

18 Dohan, "Soviet Foreign Trade in the NEP Economy," 343–5. 在早先的1925年糧食收購危機中，當局曾經提高糧食收購價格。Davies, *Socialist Offensive*, 37–41. 另見 David Woodruff, "The Politburo on Gold, Industrialization, and the International Economy, 1925–1926," 載於 Gregory and Naimark, *Lost Politburo Transcripts*, 199–223 (at 206–8).

19 Harrison, "Prices in the Politburo, 1927," 224–46. 黨的第十五次代表大會期間，李可夫接見了產糧區的官員，要他們對糧食提價的問題提都不要提，這一態度在1927年12月24日的政治局決議中得到了明確的說明。Danilov, *Tragediia sovetskoi derevni*, I: 112.

20 Carr and Davies, *Foundations of a Planned Economy*, I/i: 46, 724–30. 夏季的生產率問題令人困惑。例如，有人對1927年的紡織工人做了研究並聲稱在5、6、7三個月，工人的平均生產率都提高了，而這段時間，有地的工人一般都放假回了農村。Antropov, "Sviaz' teksti'nykh rabochikh," 4–7. 不過，即使平均生產率提高了，絕對產量還是下降了。

21 Sevost'ianov, *"Sovershenno sekretno": Lubianka—Stalinu*, VI: 58–60 (TsA FSB, f. 2, op. 6, d. 575, l. 1–58).

22 同一時期的分析家們認為，商品短缺的原因在於沒有足夠的資金去購買進口的輕工業原料（棉花、布匹、羊毛、皮革）。Dohan, "Foreign Trade," 223. 在貿易部門，政權試圖通過合併和裁減人員來降低成本、提高效率。Koniukhov, *KPSS v bor'be*, 95（引自*Molot*, February 1, 1928), 131–2（引自*Izvestiia Sibkraikoma*, 1928, no. 4: 4–5)

23 Danilov, *Tragediia sovetskoi derevnia*, I: 27, 108. 另見*XVI s"ezd VKP (b)*, 762–3, 975–7; Velikanova, *Popular Perceptions*, 86–8.

24 Cleinow, *Neue Sibirien*, 408. 米高揚或許是高層中注意瞭解情況的主要官員。他在1927年12月初說：「我們相信糧食收購量的下滑是暫時的，而且近期就會出現上揚的趨勢。」*Ekonomicheskaia zhizn'*, December 3, 1927. 一個星期後，李可夫認為形勢出現「危機」，但樂觀地強調，通過增加製造品的供應可以克服危機。*XV s"ezd VKP (b)*, II: 859–60.

25 Danilov, *Kak lomali NEP*, I: 9 (RGASPI, f. 17, op. 3, d. 662, l. 3).

26 Danilov, *Tragediia sovetskoi derevni*, I: 136 (TsA FSB, f. 2, op. 6, d. 982, l. 99). 從1927年開始，動用第107條打擊私商的呼聲就特別一致。1927年10月29日，亞戈達寫信給政府首腦阿列克謝·李可夫，警告說「為了讓市場馬上好轉，我們需要迅速採取鎮壓措施」。他還呈上一份關於「投機倒把分子」（私商）的政令草案，準備以政府的名義頒發。Danilov, *Tragediia sovetskoi derevni*, I: 100–1 (TsA FSB, f. 2, op. 6, d. 567, l.1–5). 奧格伯烏當時擁有在司法渠道之外對某些罪行進行調查和判決（直至處決）的特權，比如奧格伯烏人員在執行公務時犯下的罪行，以及造假和打家劫舍；另外，對於一些特殊案件，奧格伯烏也可以要求得到這樣的特權，但對於經濟案件通常不行。參見 Nove, *Economic History of the USSR*, 137.

27 Mozokhin and Gladkov, *Menzhinskii*, 257（未註明出處）.

28 "Iz istorii kollektivizatsii 1928 god," no. 5: 193–5; Viola, *War Against the Peasantry*, 32–4, 45–7.

29 Egorova, "Khlebozagotovitel'naia kampaniia 1927–1928," 262 (PANO, f. 2, op. 1, d. 2571, l.310–1), 264–5.

30 Carr and Davis, *Foundations of a Planned Economy*, I/i: 44–6. 關於布爾什維克對農民的市場行為的理解，參見Larin, *Sovetskaia derevnia*, 217.

31 Danilov, *Tragediia sovetskoi derevni*, I: 105–8 (at 107: TsA FSB, f. 2, op. 6, d. 53, l. 32–49).

32 *Ugolovnyi Kodeks RSFSR* [1926], 31; *Ugolovnyi Kodeks RSFSR* [1927], 178; *Ugolovnyi kodesk RSFSR* [1929], 64–5. 關於向採取強制措施的轉變，參見Manning, "The Rise and Fall of 'the Extraordinary Measures'."

33 *Pravda*, January 8, 1928.

34 Andreev, *Vospominaniia*, 168–9 (日期為1928年1月27日的信).《真理報》(1927年12月24日)已經宣佈，中央官員要下到糧食主產區——安德烈·日丹諾夫到伏爾加河流域，尼古拉·什維爾尼克到烏拉爾，阿納斯塔西·米高揚到北高加索。

35 *Izvestiia TsK KPSS*, 1991, no. 5: 193. 有歷史學家聲稱，關於奧爾忠尼啟則生病的報道僅僅是斯大林要親自出馬的藉口。當然，斯大林本可以不需要找藉口就把自己派過去。Shishkin, "Poezdka I. V. Stalina v Sibir'," 44.

36 *Izvestiia TsK KPSS*, 1991, no. 5: 193–5; *Na prieme*, 779.

37 Pavlova, "Poezdka Stalina v Sibir'," 133–55; Kosachev, "Nanakune kollektivizatsii," 101–5; Chuev, *Sto sorok*, 377. 潘克拉托夫和中央組織局機關工作人員亞歷山大·多加多夫這兩名特使已經到了新西伯利亞，並在1928年1月6日和1月9日會見了西伯利亞的領導層；1月10日，西伯利亞官方成立了一個三人特別小組，指導糧食收購行動，帶有軍事色彩的總部就設在新西伯利亞市；三人小組的成員包括瑟爾采夫，西伯利亞蘇維埃執行委員會主席、拉脫維亞人羅伯特·埃赫，以及西伯利亞負責貿易工作的A. N. 茲洛賓(A. N. Zlobin) (GANO, f. 47, op. 5, d. 68, l.197–9)。到1月底，全國各地的基層紛紛跟風，成立了加快糧食收購進展的三人小組。Danilov, *Tragediia sovetskoi derevni*, I: 780, n55; Shishkin, "Poezdka I. V. Stalina v Sibir'," 196–9; Gushchin, *Sibirskaia derevnia*, 185; Egorova, "Khlebozagotovitel'naia kampaniia 1927–1928," 262 (引自PANO, f. 2, op. 1, d. 217, l. 229); Gushchin and Il'inykh, *Klassovaia bor'ba*, 172. 1928年1月12日，新西伯利亞700名鐵路系統的官員和工人開會討論了勞動紀律和加快糧食運輸的問題；為起到警示作用，有幾名領導被開除。Hughes, *Stalin, Siberia*, 136. 多加多夫很快就加入所謂的右派(1928–1929)，並在1931年被貶到外高加索。

38 巴扎諾夫1922年加入組織局，並曾代替瑪麗亞·格里亞澤爾(Maria Glyasser)，短暫擔任過政治局的技術秘書(1923年8月–1924年5月)。1927年11月28日，他被任命為土庫曼斯坦黨的書記處事務管理局局長。RGAE, f. 7733, op. 18, d. 527, l.1–25 (巴扎諾夫的個人檔案). 巴拉紹夫說巴扎諾夫當時是懇求英國駐阿什哈巴德的領事安排他越境逃跑的，他那已婚的情婦從莫斯科趕來，想一起逃走，但她在試圖越過邊境時被抓了。

39 Agabekov, *OGPU*, 132–8, 234; Bazhanov, *Damnation of Stalin*, 191. 另見Bortnevskii, "Oprichnina." 1930年6月13日，阿加別科夫在派駐伊斯坦布爾期間叛逃；1937年夏，他在靠近法國與西班牙邊境的地方被發現並處死。 854

40 Brook-Shepherd, *Storm Petrels*, 19–84, 107–8 (無腳註). 1937年1月12日，巴扎諾夫給了波蘭情報機關一份情況簡介，在1939年蘇聯人佔領波蘭東部(西白俄羅斯)的時候，這份文件落到了他們手裏。Duraczyński and Sakharov, *Sovetsko-Pol'skie otnoshenii*, 65–6 (RGANI, f. 453, op. 1, d. 54, l.25–33).

41 *Stalin, der rote Diktatur* (Berlin: Aretz, 1931), 21.

42 Bazhanov, *Damnation of Stalin*, 105–6.

43 Kindleberger, *World in Depression*, 73–4; Malenbaum, *World Wheat Economy*.

44 這也意味着要把國內的緊缺商品，比如棉布，賣到國外。Dohan, "Soviet Foreign Trade in the NEP Economy," 482–3; Dohan, "Foreign Trade," 223.

45 Rieber, "Stalin as Foreign Policy Maker: Avoiding War, 1927–1953," 141–2.

46 轉引自Danilov, "Vvedenie," 見於Danilov, *Tragediia sovetskoi derevni*, I: 25 (1927年6月). 另見Ken and Rupasov, *Politbiuro TsK VKP (b)*, 484–5, 491, 497.

47 Zdanovich, *Organy gosudarstvennoi bezopasnosti*, 382 (引自TsA FSB, d. PF 10289, t. 2, l. 393, 395). 和在紅軍中服役的其他大多數前沙皇軍官不一樣，普涅夫斯基(生於1874年)是在1928年自然死亡的。

48 RGASPI, f. 17, op. 163, d. 103 (1927年1月3日).

49 Nazarov, *Missiia Russkoi emigratsii*, I: 43–4.

50 有位蘇聯的流亡者根據道聽途説，把瑟爾采夫的努力説成是搭建波將金村莊(編註：指用於營造虛假形象的建築或舉措)，就好像這對於有奧格伯烏做耳目的斯大林來説行得通似的。Avtorkhanov, *Stalin and the Communist Party*, 11–2.

51 扎科夫斯基是和瑟爾采夫同時被安排到新西伯利亞的。他取代了伊萬·帕夫盧諾夫斯基(Ivan Pavlunovsky)的位置，後者不幸被調往南高加索，並在那裏成了一個叫做拉夫連季·貝利亞的青年政治野心家的盤中餐。

52 RGASPI, f. 558, op. 11, d. 119, l.1–2.

53 蘇聯的計量單位是普特(1普特約等於36磅〔編註：約16千克〕)。斯大林要求把8,200萬普特中的6,000萬調往中心地區。

54 1928年1月9日，A. N. 茲洛賓，西伯利亞負責糧食收購的三人小組中的第三個成員，向多加多夫匯報説，西伯利亞的收成屬於平均水平。據西伯利亞黨組織的M. 巴索維奇(M. Basovich)説，西伯利亞的人均收成是6.9普特，烏拉爾地區7.5，伏爾加河中游地區12，伏爾加河下游地區13.3，烏克蘭13.9，北高加索14。Pavlova, "Poezdka Stalina v Sibir'," 134 (未註明出處). 1913至1925年，西伯利亞的糧食幾乎沒有出口；它被運到了莫斯科和列寧格勒這兩個工業區以及俄國的遠東地區。1926至1927年出口了34.5萬噸西伯利亞小麥，但是在1927至1928年只出口了5,700噸。Gushchin, *Siberiskaia dervenia*, 108; *Vneshniaia torgovlia SSSR*, 94, 110.

55 *Izvestiia TsK KPSS*, 1991, no. 5: 196–9; Danilov, *Tragediia sovetskoi derveni*, I: 152–4 (GANO, f. 2, op. 4. d. 24, l.26–28ob); Viola, *War Against the Peasantry*, 69–71; *Za chetkuiu klassovuiu liniiu*, 76 (瑟爾采夫1928年3月在西伯利亞黨的全會上的報告); Gushchin and Il'inykh, *Klassovaia bor'ba*, 172–3.

56 RGASPI, f. 558, op. 11, d. 121, l.6–7, 47–9.

57 RGASPI, f. 558, op. 11, d. 121, l. 2. 記錄斯大林視察過程(包括他説的話)的隨行助手康斯坦丁·謝爾蓋耶夫(生於1893年)列出了下面這些小冊子：*Rodinskii raion Slavgorodskogo okruga: materialy obsledovaniia sibiriskoi derevni* (Novosibirsk, 1927); *Men'shikovskii raion Barabinskogo okruga: materialy obsledovaniia sibiriskoi derevni* (Novsibirsk, 1927); *Abakinskii raion Minusinskogo okruga: materialy obsledovaniia sibirskoi derevni* (Novosibirsk, 1927). 謝爾蓋耶夫起初來自圖拉，從1925年1月到1928年6月一直擔任斯大林的助手。

58 Sevost'ianov, *"Sovershenno sekretno": Lubianka—Stalinu*, VI: 58–60 (TsA FSB, f. 2, op. 6, d. 575, l. 1–58).

59 RGASPI, f. 558, op. 11, d. 121, l. 4–4ob., 9.

60 「我們冒着風險發佈了一道指示，要求在所有糧食收購地區鎮壓富農，」瑟爾采夫後來吹噓説，「我們下達了地區委員會的指示，認為我們不能再耽擱了，雖然已經知道斯大林同志在路上。」Demidov, "Khlebozagotovitel'naia akampaniia 1927/28 g. v sibirskoi derevne," 126. 在1928年1月初的一份給瑟爾采夫的電報中，斯大林把黨內幹部提出的在西伯利亞用糧食換取製造品的要求輕蔑地稱為「通往恐慌的道路」。*Za chetkuiu klassovuiu liniiu*, 75–6.

61 *Izvestiia TsK KPSS*, 1991, no. 5: 201–2; Viola, *War Against the Peasantry*, 74–5. 在1月19日(早晨)的同一封電報中，斯大林還命令把莫洛托夫派到中部黑土地區。那天的晚些時候(下午5:35)，斯大林又發了一封電報，這次是給莫洛托夫和柯秀爾的，説困難或許較大，但也重申他預計會取得成功。應當指出，西伯利亞的糧食收購運動通常在9月才開始(西伯利亞的糧食收割開展得晚一點，從8月到9月初)。另外，在1928年，由於從革命前開始就投入不足，全西伯利亞能用的糧倉只有四座，而且都不夠大，但是有幾座新的正在興建。Lebedev, "Sostoianie i perspektivy razvitiia elevatornogo khoziaistva," 34.

62 RGASPI, f. 558, op. 11, d. 121, l. 11.

63 *Izvestiia TsK KPSS*, 1991, no. 5: 193–204 (199–201); Danilov, *Tragediia sovetskoi derevni*, 154–6; Viola, *War Against the Peasantry*, 71–4. 1930年，查古明尼(生於1897年)因為病弱得到一筆退休金，但後來被選為一個集體農莊的主席並繼續工作，最後成了他家鄉薩拉托夫省某國營農場的負責人，並於1937年8月5日在那裏被捕。1938年5月他受到公審，1938年11月28日被處決。Gusakova, "Veril v luchshuiu zhizn' naroda."

64 "Iz istorii kollektivizatsii 1928 god," no. 6: 212. 另見*Sochineniia*, XI: 3. 1928年1至3月，北高加索有3,424人被定罪，其中有2,000多人是中農和貧農(據政權的統計數據)。Osklokov, *Pobeda kolkhoznogo stroia*, 134.

65 該決定是在1928年1月26日的一次「糧食工作三人小組」會議上做出的，斯大林參加了那次會議。Papkov, *Obyknovenyi terror*, 33 (引自GANO, f. P–20, op. 2, d. 176, l.92–3); *Sovetskaia sibir'*, January 29, 1928; *Sochineniia*, XI: 4.

66 RGASPI, f. 558, op. 11, d. 118, l.1–74 (stenogramma zasedaniia Sibkraikoma ot 20 ianvaria 1928 g.).

67 1928年，全西伯利亞大概只有700名農學家，而且他們中多數都沒有接受過高等教育。*Sibir'skaia Sovetskaia entsiklopediia*, I: 17–8.

68 *Izvestiia TsK KPSS*, 1991, no. 6: 203–5; RGASPI, f. 558, op. 11, d. 118, l. 23–6.

69 *Sochineniia*, VII: 122–29 (1926年4月), 286–7 (1926年11月).

70 *XVI partiinaia konferentsiia VKP (b), aprel' 1929 g.*, 293. 布哈林在1925年4月黨的第十四次代表大會上説過，「集體農莊固然很有力量，但不是通往社會主義的康莊大道」。*XIV konferetnisia RKP (b)*, 188.

855 71 "Partiia i oppozitsiia," *Pravda*, November 24, 1927, 轉載於 *Sochineniia*, X: 252–68 (at 259).

72 *XVI Moskovskaia gubernskaia konferentsiia VKP (b)*, no. 10: 88; *Stenografischeskii otchet*, 492–520, 544–7. 斯大林在1928年4月把鮑曼調進了黨的書記處。1929年，鮑曼接手了莫洛托夫的工作，被提拔為莫斯科第一書記，接着又在1930年讓位於卡岡諾維奇。1931至1934年，鮑曼負責中亞局。

73 *Izvestiia TsK KPSS*, 1991, no. 5: 194–6.

74 Danilov, *Tragediia sovetskoi derevni*, I: 172–92 (RGASPI, f. 82, op. 2, d. 137, l.1–55).

75 當然，當時有傳言說總書記來了。克拉斯諾亞爾斯克的一個黨委書記寫信給斯大林，轉達了工人們的請求，請他到他們的工廠講話。對此，斯大林回覆說，他「是**以非官方身份**來接受同志們的**內部**教誨的。在群眾大會上講話超出了我得到的授權的範圍，屬於欺騙黨中央」。RGASPI, f. 558, op. 11, d. 119, l.1045.

76 Donald Treadgold, *Great Siberian Migration*, 155–83.

77 Ascher, *P. A. Stolypin*, 323.

78 斯托雷平從西伯利亞回去後，私下裏寫信對尼古拉二世說（1910年9月26日），「我的總體印象是感到非常欣慰」。但他也警告說，「我們正在原先習慣於誰佔了土地就把它收作私產的地方建立村社⋯⋯這一切以及其他的很多事情都是迫在眉睫的問題。否則就會在混亂中不知不覺地出現一個龐大的、帶有粗野的民主色彩的地區，而它很快就會勒住歐俄的脖子」。"Iz perepiski P. A. Stolypina s Nikolaem Romanovym," *Krasnyi arkhiv*, 1928, no. 5: 82–3. 另見Syromatnikov, "Reminiscences of Stolypin," 86; 以及Pokrovsky, *Brief History of Russia*, II: 291. 在西伯利亞，過去有土地的「自由」保有權，憑藉這種「自由」保有權，農民只要到那裏耕種就可以了，但是，隨着各地的耕地全都開始被佔用，向土地的「平等」保有權的過渡，對土地的分配和重新分配——也就是說村社——就開始出現了。這樣的過渡往往並不是突如其來或一蹴而就的。而且它只是發生在人口稠密的地區（大多是在離歐俄較近的托博爾斯克省），但這對於斯托雷平來說，可是個不好的跡象，因為他當時想得比較遠，認為會有更多的人移民去那裏。Soldatov, "Izmeneniia form obshchinnogo zemlepol'zovaniiia," 36; Kocharovsky, "Aleksandr Arkadievich Kaufman," VIII: 550. 在土地和移民部部長克里沃舍因的陪同下，斯托雷平視察了西伯利亞，想看看是不是所有的耕地真的都有人定居。1910年的歉收的確讓很多移民又回到了歐俄。Robinson, *Rural Russia*, 250–1; Pavlovsky, *Agricultural Russia*, 177–8; Treadgold, *Great Siberian Migration*, 34.

79 Ascher, *P. A. Stolypin*, 325; Treadgold, *Great Siberian Migration*, 182–3.

80 *Poezdka v Sibir' i povol'zhe*, 114, 117; Antsiferov, *Russian Agriculture*, 340–3; "Zemel'nye poriadki za uralom," I: 537. 在西伯利亞，土地屬於國家、皇室或哥薩克所有，但農民認為自己根據用益權（*zemlepol'zovanie*）做了登記的土地就相當於財產。農民覺得土地事實上就是他們的，但他們需要對土地進行測量和登記，才能夠合法地再次出售，特別是在有些地方，最初的移民申領的土地太多，自己耕種不了，想把它們租給後來的移民。Treadgold, *Great Siberian Migration*, 182–3; *Poezdka v Sibir' i povol'zhe*, 55–6, 64–5. 1917年，臨時政府把「內閣土地」（屬於皇室所有）移交給財政部，再由地方官員分配財政部下撥的土地。Brike, "Ekonomicheskie protsessy," 13–4.; Zhidkov, "Krest'iane Altaia ot fevralia k Oktiabriu," vyp. 2: 92–110.

81 Voshchinin, *Na sibirskom prostore*, 47–8.

82 截止到1927年1月，俄羅斯社會主義聯邦蘇維埃共和國有95%的耕地，約6.3億英畝（2.33億俄畝；編註：約2.55億公頃），是村社控制的；3.4%的耕地屬於個人的私有財產。Carr, *Socialism in One Country*, I: 214; Thorniley, *Rise and Fall of the Soviet Rural Communist Party* [Basingstoke], 10. 相比之下，在白俄羅斯蘇維埃社會主義共和國，1917年之前的合併農莊有很大比例留了下來。Pershin, *Uchastkovoe zemlepol'zovanie Rossii*, 46–7.

83 Danilov, *Rural Russia*, 160; Atkinson, *End of the Russian Land Commune*, 246.

84 Danilov, *Rural Russia*, 169.

85 認為斯大林可能視察過村莊的看法源自這樣一句話，那是經過合併和編輯的西伯利亞講話的速記記錄中的一句：「我在你們邊區各地走了一趟。」(*Sochineniia*, XI: 2.)（譯註：《斯大林全集》第11卷，第3頁）但這並不能證明他參觀了任何村子。阿夫托爾漢諾夫憑藉（索羅金〔Sorokin〕的）道聽途說就認為斯大林和農民交談過了。Avtorkhanov, *Stalin and the Communist Party*, 12.

86 例如，摩西·盧因就說斯大林是想尋找辦法解決自己引起的危機，並沒有強制推行一種有預謀的、帶有意識形態意圖的集體化計劃：Lewin, *Russian Peasants*, 107–16, 296–302. 與此類似，卡爾和戴維斯寫道：「從斯大林和莫洛托夫這一時期的言論來看，他們不像是深思熟慮之後決定左轉，更不是認為農民的大規模集體化是為期不久就可以行得通的政策，倒像是在棘手的難題面前猶猶豫豫、不知措施，但仍然希望能夠想辦法對付過去。」Carr and Davies, *Foundations of a Planned Economy*, I/i: 85. 許多重要的文件盧因、卡爾和戴維斯當時都看不到；要是看到，不知道另外那些文件是否會讓他們改變自己的觀點，如果是，會朝着甚麼方向。

87 Pavliuckenkov, *Krest'ianskii Brest*, 158（引自RGASPI, f. 325, op. 1, d. 67, l. 5: March 1920).

88 Danilov, *Sovetskoe krest'ianstvo*, 233.

89 每140戶農民中，擁有1名黨員的只有不到1戶。*Izvestiia Tsk RKP (b)*, 1928, no. 23 (255): at 9; Rigby, *Communist Party Membership*, 418. 就像有學者寫的，「不管黨是想控制還是想拉攏農民，人手和聯絡點對於該任務來說都嚴重不足」。Carr and Davies, *Foundations of a Planned Economy*, II: 188. 關於農村黨員的數量，另見Thorniley, *Rise and Fall of the Soviet Rural Communist Party* [New York], 11–7, 200–4.

90 *Izvestiia Sibkraikoma VKP (b)*, 1928, no. 7–8: 1–2.

91 Pethybridge, *One Step Backwards*, 306–7.

92 例如，卡爾就錯誤地認為斯大林的馬克思主義是「膚淺的」。Carr, *Russian Revolution*, 163.

93 從《真理報》以〈托洛茨基分子顛覆共產國際的活動〉為題刊登的奧格伯烏截獲的信件就可以看出這個時間（1月15日）。

94 Fel'shtinskii, *Razgovory s Bukharinym*, 14（引自娜塔莉亞·謝多娃1960年2月29日的信件：Institute of International History, Amsterdam, papers of Sara Jacobs-Weber).

95 Scheffer, *Sieben Jahre Sowjetunion*, 158–61.

96 Serge, *Le tournant obscur*, 155. 當時在場的還有阿道夫·越飛的寡妻和阿布拉姆·別連基的一個姊妹(別爾塔〔Bertha〕)。關於別連基，參見貝利亞1940年9月6日給斯大林的便條：http://stalin.memo.ru/spravki/13-038.HTM.

97 Trotsky, *My Life*, 539–50; Deutscher, *Prophet Unarmed*, 391–4.

856 98 Trotsky, *My Life*, 539–42; Serge and Trotsky, *Life and Death* 155–7; Patenaude, *Stalin's Nemesis*, 88–9; Volkogonov, *Trotsky*, II: 92–5.

99 *Izvestiia TsK KPSS*, 1991, no. 5: 201, n2.

100 政治局多次商討過流放托洛茨基的問題，尼古拉·布哈林和阿列克謝·李可夫反對，斯大林和伏羅希洛夫最贊成，其餘的同意。Volkogonov, *Trotsky*, 308 (引自APRF, f. 45, op. 1, d. 19, 20).

101 *Izvestiia TsK KPSS*, 1991, no. 5: 201. 當被派往哈巴羅夫斯克的遠東計劃部門工作的伊瓦爾·斯米爾加在1927年6月9日到達雅羅斯拉夫爾車站時，他的告別會變成了反對派的公開示威；托洛茨基和季諾維也夫發表了演說。斯大林迅速採取行動，指責其行為違背了他們在1926年10月16日作出的不再參加派別活動的承諾。Trotsky, *My Life*, 530–1.

102 Reswick, *I Dreamt Revolution*, 226–9. 托洛茨基被驅逐的那天，雷瑟克得到了蘇聯方面安排的專訪機會；雷瑟克是唯一根據自己親眼所見進行報道的記者，所以在這一年，他憑藉出色的工作獲得了美聯社的獎項。

103 Deutscher, *Prophet Unarmed*, 394.

104 經過不斷的抗議，托洛茨基一家很快就搬到一處有四個房間的住所。

105 關於這一說法，參見Baumont, *La faillite de la paix*, I: 370.

106 Lerner, *Karl Radek*, 150. 拉狄克很快就被換了地方，轉到了托木斯克。

107 Volkogonov, *Trotsky*, 280, 引自RGASPI, f. 326, op. 1, d, 113, l. 72: 1928年2月27日. 對長期的流放生活感到絕望的拉狄克，很快開始寫信批評托洛茨基，想借此討好斯大林並乞求能給自己平反。

108 *Pravda*, January 31, 1928; Koniukhov, *KPSS v bor'be*, 146–7.

109 Bezrukov, "Za chem Stalin priezhal na Altai?"; Bezrukov, *Priezd I. V. Stalina na Altai*; Dmitrieva, *Barnaul v vospominaniiakh starozhilov*, 97 (P. I. Zakharov). 趕雪橇的是伊萬·謝爾戈萬采夫(Ivan Sergovantsev)。

110 "Iz istorii kollektivizatsii 1928 god," no. 6: 212–4; RGASPI, f. 558, op. 11, d. 118, l.78–84.

111 Kavraiskii and Nusinov, *Klassy i klassovaia bor'ba*, 78 (引自PAAK, f. 4, op. 2, d. 27, l. 48).

112 RGASPI, f. 558, op. 11, d. 119, l. 35.

113 "Stalin v Rubtsovske," *Khleborod Altaia*, December 28, 1991 (L. A. 涅丘納耶夫〔L. A. Nechunaev〕的回憶); Popov, *Rubtsovsk 1892–2000*, 107–8.

114 *Bol'shevik*, 1927, no. 15–16: 90–9, 100–16. 作者格奧爾吉·薩法羅夫〔·沃爾金〕在1917年和列寧一起乘鉛封列車回到俄國，成了一名共青團的領導。Hughes, *Stalin, Siberia*, 88–96.

115 Sosnovskii, "Chetyre pis'ma iz ssylki," 27. 索斯諾夫斯基那年給在哈薩克斯坦的托洛

茨基寫了三封信。(日期為1928年5月30日的第四封信寄到了瓦爾丁〔Vardin〕)。隨後索斯諾夫斯基就被逮捕並關到車里雅賓斯克隔離起來。

116 Hughes, *Stalin, Siberia*, 58.

117 參見克里斯季安·拉柯夫斯基對左派反對派失敗原因的分析，Trotskii, *Predannaia revoliutsiia segodnia* [1990], 61 (從阿斯特拉罕寄給在阿爾馬—阿塔的托洛茨基的信，1928年8月6日).

118 Isaev and Ugrovatov, *Pravokhanitel'nye organy Sibiri*, 150–1; Tepliakov, "*Nepronitsaemye nedra*," 262–4 (引自GANO, f. 1204, op. 1, d. 4, l.57–8); Tumshis and Papchinskii, *1937, bol'shaia chistka*, 7–78 (at 23–4).

119 *Sochineniia*, XI: 3–4.

120 *Sochineniia*, XI: 4. 另見*Pravda*, July 3, 1928, 轉載於*Sochineniia*, XI:105. 那年晚些時候，他指責這樣的官員「不瞭解我們階級政策的原則，企圖這樣來進行工作：在農村中不得罪任何人」。*Sochineniia*, XI: 235 (1928年10月19日在黨的莫斯科委員會和監察委員會會議上的講話；譯註：《斯大林全集》，第11卷，第13頁).

121 *Za chetkuiu klassovuiu liniiu*, 56 (1928年2月17日瑟爾采夫對黨的積極分子的講話).「斯大林說得對，黨對於打倒富農的口號做好了準備。」被流放到西伯利亞的前季諾維也夫分子、左派奧·巴拉巴舍夫在當地的報紙上得出了結論，「對富農的施壓讓執政黨的普通黨員充滿幹勁，準備用老辦法打倒富農。」*Sovetskaia Sibir'*, January 28, 1928.

122 *Sovetskaia Sibir'*, January 25, 1928. 1月22日，西伯利亞總檢察長(I. D. 庫諾夫〔I. D. Kunov〕)在當地報刊上發表文章，試圖解釋第107條如何不僅可以適用於販賣製造品的私商，而且還適用於拒絕出售糧食的農民在法律上具有正當性，自己把自己繞糊塗了。*Sovetskaia Sibir'*, January 22, 1928.

123 *Stepnoi pakhar'*, February 8, 1928; Kavraiskii and Nusinov, *Klassy i klassovaia bor'ba*, 82; Koniukhov, *KPSS v bor'be*, 101.

124 *Soverskaia Sibir'*, January 27 and January 29, 1928 (關於審判比斯克縣14名富農的報道，他們的罪名是以倒賣為目的在鄰省大量收購糧食).

125 當局還沒收了78座磨坊和68座穀倉，並關掉了1,500個皮革作坊。*Pravda*, February 14 and February 29, 1928 (瑟爾采夫); *Za chetkuiu klassovuiu liniiu*, 251; Gushchin, *Sibirskaia derevnia*, 186, 190. 到5月底，被逮捕的達到1,748人，其中有92%的人都被定了罪。在西伯利亞，許多「中」農和貧農也被按照第107條定了罪。Egorova, "Khlebozagotovitel'naia kampaniia 1927–1928," 269 (引自PANO, f. 2, op. 2, d. 217, l. 744). 到1928年5月，西伯利亞約有8,000戶農民被當作富農打倒了。*Istochnik*, 2001, no. 1: 64.

126 1928年， 格伯烏在西伯利亞將36,674人列入監視名單。Ugrovatov, *Krasnyi banditizm v Sibiri*, 187. 到1928年2月29日為止，西伯利亞格伯烏根據第58條(反革命罪)逮捕了123人，其中有64人按照要求被移送檢察機關進行核實(被批准的只有20人)。Tepliakov, *"Nepronitsaemye nedra"*: 222–3.

127 Leonidov and Reikhsbaum, "Revoliutsonnaia zakonnost' i khlebozagotovski," 36–40. 另見Hughes, *Stalin, Siberia*, 211.

128 *Na Leninskom puti*, January 31, 1928: 3.

129 *Izvestiia Sibkraikoma VKP (b)*, 1928, no. 13: 10.

130 據說還有一個代表要求在春天降低糧食的收購價。*Pravda*, March 2, 1928.

131 *Altaiskaia pravda*, December 8, 1988.

132 Gushchin, *Sibir'skaia derevnia*, 188 (RGASPI, f. 17, op. 67, d. 365, l. 9). 關於瑟爾采夫，參見Hughes, "Patrimonialism and the Stalinist System"; Hughes, *Stalin, Siberia*, 200–4. 在政策方面，瑟爾采夫與右派是一致的，但是在與右派的鬥爭中，他是支持斯大林的。

133 Moletotov, *Sibkraikom*, 24.

134 *III Sibir'skaia partiinaia kraevaia konfeterentsiia VKP (b)*, 33.

135 *III Sibir'skaia partiinaia kraevaia konfeterentsiia VKP (b)*, 30–1, 43–4, 197; Hughes, *Stalin, Siberia*, 62.

136 1932年4月，扎科夫斯基被調到明斯克，成為白俄羅斯格伯烏的負責人，他還把自己在西伯利亞的大隊人馬帶到了那裏。

137 "Iz istorii kollektivizatsii 1928 god," no. 6: 214–5.

138 RGASPI, f. 558, op. 11, d. 119, l. 97, 112.

139 "Iz istorii kollektivizatsii 1928 god," no. 7: 178–92.

857

140 Papkov, *Obyknovenyi terror*, 34–5 (引自Tsentr khraneniia iI izuchenia dokumentov noveishei istorii Krasnoiarskgo kraia, f. 42, op. 1, d. 435, l.2–2ob.; d. 438, l.1–8〔親歷者的回憶，採訪並記錄於1953至1954年〕), 36 (引自*Krasnoiarskii rabochii*, February 2, 1928).

141 Il'inykh, *Khroniki khlebnogo fronta*, 143 (引自GANO, f. P–2, op. 2, d. 217, l. 151), 158 (引自GANO, f. P–2, op. 2, d. 217, l. 472).

142 "Iz istorii kollektivizatsii 1928 god," no. 7: 179–82. 另見*Pravda*, February 10, 1928 (米高揚).

143 *Sochineniia*, XI: 10–19.《真理報》(2月15日) 上發表的一篇未署名文章重複了秘密通告中的許多內容(「農村經濟已經增強並且興旺起來了。最重要的是，富農已經增強並且興旺起來了」)。1928年2至5月，有1,434名共產黨官員受到處分(其中有278人被開除)，而這才剛剛開始。Ikonnikova and Ugrovatov, "Stalinskaia repetistiia nastupleniia na krest'ianstvo," 74–7.

144 Shanin, *Awkward Class*, 1–2, 46–74; Fainsod, *Smolensk Under Soviet Rule*, 239.

145 *Izvestiia TsK VKP (b)*, 1928, no. 12–13: 1; *Istoriia kommunisticheskoi partii Sovetskogo Soiuza*, 544–5. 僅派往烏克蘭一地的就多達1萬人。Koniukhov, *KPSS v bor'be*, 118 (引自*Visti*, March 28, 1928).

146 *Sovetskaia Sibir'*, January 28, 1928. Barabashev, "Isil'kul'skie zheleznodorzhniki o klhebe," 47–8; Carr, *Socialism in One Country*, II: 118, 177. 巴拉巴舍夫接着被調到伊爾庫茨克，然後又到了克里米亞，1937年在那裏被捕並處死。"Kak skladyvalas' zhizn' O. V. Rissa": www.oleg-riss.ru/files/Riss_part01.doc.

147 Senin, *A. I. Rykov*.

148 Trotsky archives, Houghton Library, Harvard University, T 1106; *Sotsialisticheskii vetsnik*, July 23, 1928: 15; *XVII s"ezd VKP (b)* [1934], 210; Carr and Davies, *Foundations of a Planned Economy*, I/i: 61; "Materialy fevral'sko-martovskogo plenuma TsK VKP (b) 1937 goda," 19 (布哈林/皮達可夫). 另見Medvedev, *Let History Judge*, 194–5; Lewin, *Russian Peasants*, 218–20; Cohen, *Bukharin*, 278, 444, n31.

149 只有莫洛托夫和古比雪夫毫無保留地支持斯大林。李可夫後來承認他低估了危機的程度；莫洛托夫承認低估了危機持續的時間。Lewin, *Russian Peasants*, 217–9.

150 *Kvashonkin, Sovetskoe rukovodstvo*, 22–4.

151 Danilov, *Kak lomali NEP*, I: 29– 30.

152 Khlevniuk, *Stalinskoe politburo*, 113 (編者按). 另見一篇富有洞察力的文章，E. A. Rees, "Stalin, the Politburo, and Rail Transport Policy," 104–33.

153 Mikoian, *Tak bylo*, 292.

154 Rosenfeldt, *Knowledge and Power*, 34.

155 Rosenfeldt, *The "Special" World*, I: 468–74.

156 *Pravda*, March 10, 1928: 1. 在3月16日北高加索黨的書記處會議上，安德烈耶夫指示葉夫多基莫夫「按照《真理報》社論的精神和莫斯科對問題的提法」寫一篇當地的社論。Kislitsyn, *Shakhtinskoe delo*, 30–1. 政治局成立了一個調查小組，成員有莫洛托夫(被派往斯大林諾)、托姆斯基(被派往沙赫特)和雅羅斯拉夫斯基(被派往阿爾捷莫夫斯克)。雅羅斯拉夫斯基的講話非常偏激，結果斯大林為了不讓尚未進行的審判名聲掃地，不得不發電報制止他。Kukushkin, *Rezhim lichnoi vlasti Stalina*, 96.

157 該定居點原來叫「格魯舍夫卡」(當地河流的名字)，但為了紀念被暗殺的沙皇亞歷山大二世，更名為亞歷山德羅夫斯克—格魯舍夫斯基，這個名字一直沿用到1920年2月。1923年11月，沙赫特的1萬名工人——幾乎是全部的勞動力——舉行罷工。他們解除了礦上衛兵的武裝，並向當地的格伯烏大樓進發，要求提高工資和遵守安全規範。士兵們朝人群開火，打死了幾名抗議者，驅散了其他人。格伯烏封了礦井，逮捕了所有被認為是積極分子的人。尼古拉・克雷連柯在11月4日到達那裏。當他要求遭到鞭打的工人站出來的時候，沒有人上前，他們或是因為害怕，或是因為不信任。*Sotsialisticheskii vestnik*, 1924, no. 1: 7.

158 *Z arkhiviv VUChK-GPU-NKVD-KGB*, 1997, no. 1–2: at 321.

159 葉夫多基莫夫的親信包括米哈伊爾・弗里諾夫斯基(Mikhail Frinovsky)、福明、埃爾扎・格倫德曼(Elza Grundman)、尼古拉・尼古拉耶夫—茹伊德(Nikolai Nikolayev-Zhuid)、V. 庫爾斯基(V. Kursky)等人。

160 Plekhanov, *VChK-OGPU*, 382–5; *Istochnik*, 1995, no. 5, 140–51 (APRF, f. 3, op. 61, d. 648, l.9–14).

161 *Voprosy istorii*, 1995, no. 2: 3–7. 葉夫多基莫夫和斯大林的關係很近，這在秘密警察內部人人皆知。Orlov, *Secret History*, 28.

162 Plekhanov, *VChK-OGPU*, 130 (引自TsA FSB RF f. 2, op. 5, d. 29, l. 1). 另見Wheatcroft, "Agency and Terror," 30.

163 葉夫多基莫夫在1930年黨的第十六次代表大會上得到了表揚：*XVI s"ezd VKP (b)*, 538ff; Ordzhonikidze, *Stat'i i rechi*, II: 230. 第一次逮捕人——明顯是由於有工人告發——是在1927年6月14日，而這件案子起初牽涉到六個人。格伯烏在處理案件時顯然遇到了麻煩，所以只好不斷請求正式延長最後期限，以便判斷是提起訴訟還是釋放被調查人員。直到1928年1月16日，案件的處理方式仍不明確。但是在1928年2月9日，奧格伯烏向李可夫通報了案情。到那時候，「調查」已經進行了將近六個月。Krasil'nikov, *Shakhtinskii protsess*, 822, n1 (TsA FSB, f. r–49447, t. 26, ch. 1, ll., 213–4, 608–9), n2. 另見Avtorkhanov, *Stalin and the Communist Party*, 26–30 (引自與列茲尼科夫〔Rezhnikov〕的交談); Bailes, *Technology and Society*, 69–94; Solzhenitsyn, *The Gulag Archipelago*, 44–5; 以及Carr and Davies, *Foundations of a Planned Economy*, I: 584–90.

164 在北高加索剛剛上任的安德烈·安德烈耶夫接過了沙赫特案這個燙手的山芋，他寫信給斯大林(1928年2月27日)，說葉夫多基莫夫會親自過來，直接匯報。Andreev, *Vospominaniia*, 209; Krasil'nikov, *Shakhtinskii protsess*, I: 72.

165 Danilov, *Kak lomali NEP*, I: 348–400 (RGASPI. f. 558, op. 11, d. 132, l.3–18); *Na prieme*, 27. 葉夫多基莫夫還把北高加索奧格伯烏經濟部的負責人、沙赫特案的始作俑者康斯坦丁·I. 佐諾夫也帶去了莫斯科：GARF, f. 3316, op. 2, d. 628, l. 20. 另見Starkov, "Perekhod k 'politike razgroma'," vyp. 2: 260–1; Iu. A. Shchetinov, "Rezhim lichnoi vlasti Stalina," 見於Kukushkin, *Rezhim lichnoi vlasti Stalina*, 9–97 (at 68, 引自GARF，具體情況未作說明).

166 Krasil'nikov, *Shakhtinskii protsess*, 163–4, 177–81.

167 克雷連柯出席了3月30日北高加索黨委的全體會議，葉夫多基莫夫在會上作了主報告。克雷連柯說「專家問題大家應該都很清楚，沒有他們，我們是應付不了的」。安德烈耶夫回應說：「僅憑我們自己，我們是建設不了社會主義的，我們需要利用專家……我覺得在我們當中，在管理人員當中，內心裏存在對我們格伯烏機構的不信任，認為後者忙着發現犯罪行為，認為他們做得太過了等等。這樣的不信任是存在的。我覺得我們需要消除這種不信任。」Mozokhin and Gladkov, *Menzhinskii*, 267–93.

168 Kislitsyn, *Shakhtinskoe delo*, 51–2.

169 Mikhhutina, "SSSR glazami pol'skikh diplomatov," 58; Rosenbaum, *Community of Fate*, 248.

170 1928年1月發佈了一條有關破壞活動的刑法規定(第58條第7款)的司法解釋，大意是起訴時不需要提供存在「反革命意圖」的證據。Solomon, *Soviet Criminal Justice*, 139–40. 奧格伯烏在1927年的一則通告就已認為，如果由於玩忽職守而導致火災、塌方或爆炸，不管有沒有犯罪意圖，都等同於蓄意破壞。該通告賦予了奧格伯烏在正常司法渠道之外進行審判的權力。Viktorov, *Bez grifa "sekretno"*, 147.

858

171 Kuromiya, "The Shakhty Affair," 46–7 (引自GARF, f. 1652, d. 49, l. 1–9 [no opis']).

172 明仁斯基的腿疼得到了緩解，可他的聽力卻下降得厲害，據說是由於動脈硬化引起的；醫生說他的心臟和主動脈有點肥大。Mozokhin and Gladkov, *Menzhinskii*, 345–6 (未註明出處).

173 在亞戈達倒台的時候，葉夫多基莫夫1937年說了這樣的話：「我問你，亞戈達，你那時是我的上司，當時從你的方面提供了甚麼幫助嗎？（亞戈達：『是在沙赫特事件中嗎？你那時自己並不相信它。』）別給我說那些沒用的。」*Voprosy istorii*, 1995, no. 2: 6–7.

174 *Lubianka: Stalin i VChK-GPU-OGPU-NKVD*, 148–52 (APRF, f. 3, op. 58, d. 328, l.20–5).

175 *Lubianka: Stalin i VChK-GPU-OGPU-NKVD*, 148–61; Krylenko, *Ekonomicheskaia kontr-revoliutsiia*. 據說葉夫多基莫夫握有工程師與國外人員的「被截獲的信件」，他還聲稱那些信件中無傷大雅的內容實際上是密碼，但這些文件後來在審判時沒有提到。Avtorkhanov, *Stalin and the Communist Party*, 28–29. 早在1927年，見風使舵的拉狄克也許是察覺到了政治風向，也許是出於信念，在批評背離政權工業化運動的腐敗的「右傾」官僚和工人時，就指名道姓地譴責過資產階級專家。Graziosi, "Stalin's Antiworker Workerism," 252.

176 Rosenbaum, "The German Involvement in the Shakhty Trial." 李維諾夫曾建議單獨成立一個有威望的委員會，以確定德國人是否有罪，並在審訊時要保證有德國外交部的代表在場。並未成立這樣的特別委員會；3月13日，政治局沙赫特事件委員會增補了負責蘇德軍事關係的伏羅希洛夫。

177 Krasil'nikov, *Shakhtinskii protsess*, I: 164–5; *ADAP*, Serie B, VIII: 300–1; Dyck, *Weimar Germany and Soviet Russia*, 129–30 (引自德國外交部檔案，2860/D559468–70: 蘭曹致施特雷澤曼，1928年3月6日，以及2860/D559755–6: 蘭曹致施特雷澤曼，1928年3月16日); Hilger and Meyer, *Incompatible Allies*, 217–8.

178 Akhtamzian, "Sovetsko-Germanskie ekonomicheskie otnosheniia," 53; Dyck, *Weimar Germany and Soviet Russia*, 119–29.

179 Krasil'nikov, *Shakhtinskii protsess*, I: 163–4.

180 *Torgovaia promyshlennaia gazeta*, March 17, 1928: 1; Dyck, *Weimar Germany and Soviet Russia*, 131 (引自5265/E319203–5: 施特雷澤曼致蘭曹，關於和李維諾夫的談話).

181 RGASPI, f. 558, op. 11, d. 824, l.54–64.

182 Kislitsyn, *Shakhtinskoe delo*, I: 218–9 (1928年3月19日).

183 Kislitsyn, *Shakhtinskoe delo*, I: 231–3, 239–41; Rosenbaum, *Community of Fate*, 254–5. 對蘇聯煤礦工業中存在的混亂和管理不善的詳細描述，見於"Report of Stuart, James & Cooke, Inc. to V.S.N.H.," chapter 1, p. 2, Hoover Institution Archives, Charles H. Stuart Collection, box 1. 1980年代末，蘇聯檢察機關以證據不足為由，宣佈對故意破壞或者為流亡的前礦主及外國情報機關效勞的指控無效。Mozokhin, *VChK-OGPU, karaiushchii mech diktatury proletariat*, 315.

184 Kislitsyn, *Shakhtinskoe delo*, I: 839, n48. 3月21日，政治局作出決議，由格伯烏核實被捕和在押人員的「確切名單」。*Lubianka: Stalin i VChK-OGPU-NKVD*, 153–4 (APRF, f. 3, op. 58, d. 328, l. 195); Kislitsyn, *Shakhtinskoe delo*, I: 222–3.

185 契切林寫信給斯大林（1928年3月12日），報告說國外的反應很強烈，而且不僅是在德國。他建議成立一個委員會，直接處理受到指控的德國公民，但斯大林拒絕了。駐柏林的蘇聯使節克列斯廷斯基給斯大林寫了一封哀愁的長信（1928年3月16至17日），談到了對蘇德關係的影響（「我們在朝着與德國工業界，因而也與德國政府，與德國公眾輿論陷入艱難而持久的衝突方向發展」）。Krasil'nikov, *Shakhtinskii protsess*, I: 203–4, 210–1, II: 856–61.

186 Rosenbaum, *Community of Fate*, 258–63.

187 Terpigorev, *Vospominaniia gornogo inzhenera*, 183; Starkov, "Perekhod k 'politike razgroma'," 255–6 (1928年3月15日警察機關的情緒報告).

188 遺書還説：「列寧的事業會不會死去？」Mozokhin and Gladkov, *Menzhinskii*, 291–2 (鮑里斯·瑟索耶夫〔Boris Sysoev〕，1928年6月9日). 烏克蘭政府首腦弗拉斯·丘巴爾把這份遺書交給了斯大林，斯大林又把它分發給政治局。

189 Bailes, *Technology and Society*, 79.

190 *Sovetskoe rukovodstvo: perepiska*, 28 (伏羅希洛夫致托姆斯基，1928年3月29日); Kuromiya, *Stalin's Industrial Revolution*, 30–1. 伏羅希洛夫從內戰時期擔任南方戰線軍事委員以及後來擔任北高加索軍區司令 (1921–1924) 開始就認識葉夫多基莫夫。關於李可夫和沙赫特事件，參見*Pravda*, March 11, 1928; 以及Reswick, *I Dreamt Revolution*, 246–51.

191 *Pravda*, March 28, 1928. 政治局已經有了一個常設的委員會，負責政治案件，但它仍然成立了一個專門負責沙赫特事件的委員會，成員有李可夫、奧爾忠尼啟則、莫洛托夫、古比雪夫和斯大林；負責蘇德軍事合作的伏羅希洛夫也很快加入了。

192 *Torgovo-promyshlennaia gazeta*, March 6, 1928. 在發表有關沙赫特事件的聲明時，古比雪夫屬下的報紙語氣和緩了許多。*Torgovo-promyshlennaia gazeta*, March 10 and March 11, 1928; Khavin, *U rulia industrii*, 79–81.

193 *Torgovo-promyshlennaia gazeta*, March 29, 1928.

194 *Trotskii, Portrety revoliutsionerov*, 228.

195 *Stenograficheskii otchet pervoi Leningradskoi oblastnoi konferenetsii VKP (b)*, 19.

196 *Kvashonkin,* Sovetskoe rukovodstvo: 28 (RGASPI, f. 74, op. 2, d. 45, l. 4–4ob., 6–60b.).

197 *Pravda*, April 19, 1928; Danilov, *Kak lomali NEP*, I: 417–37. 另見Bukharin, *Izbrannye proizvedenie*, 376.

198 *Trud v SSSR*, 61; Schwarz, *Labor in the Soviet Union*, 6–7. 另見Krzhizhanovskii, *Desiat' let khoziiastvennogo stroitel'stva.*

199 Merridale, *Moscow Politics*, 18, calculating from *Statisticheskii spravochnik goroda Moskvy i Moskovskoi gubernii* (Moscow: Mosgorkomstat, 1927); Davies, *Economic Transformation of the Soviet Union*, 84.

200 Duranty, *I Write as I Please*, 145–7.

201 Kuromiya, *Freedom and Terror*, 104–5 (引自GARF, f. 9474, op. 7, d. 259, l. 110), 141.

202 Chase, *Workers, Society, and the Soviet State*, 278–82; Chase, "Workers' Control and Socialist Democracy," 235–6.

203 Graziosi, "Stalin's Antiworker Workerism," 228.

204 Kislitsyn, *Shakhtinskoe delo*, II: 943–6.

205 Storella, *Voice of the People*, 244–5 (RGAE, f. 396, op. 6, d. 114, l. 748–50).

206 Kuromiya, "The Shakhty Affair," 51 (引自GARF, f. 5459, op. 9, d. 354, l. 5); Lyons, *Assignment in Utopia*, 116.

207 Kislitsyn, *Shakhtinskoe delo*, II: 940–2.

208 Sanukov, "Stalinist Terror in the Mari Republic."

209 Kuromiya, "Crisis of Proletarian Identity."

210 *Izvestiia TsK KPSS*, 1991, no. 5: 195–6

859

211 烏克蘭1928年頭幾個月逮捕的1,017人當中，富農只有452人；同期在北高加索逮捕的2,661人中，富農有1,087人；烏拉爾逮捕的903人中，富農有272人。就連最初的被捕者數據中以「富農」為主的西伯利亞，按照官方標準劃分為中農的那些人，被逮捕的數量也開始上升了。Manning, "The Rise and Fall of 'the Extraordinary Measures'," 15 (引自TsA FSB, f. 2, op. 6, d. 567, l.498–504).

212 Manning, "The Rise and Fall of 'the Extraordinary Measures'," 15 (引自GARF, fond 353s, op. 16s, d. 6, 16–7: February 23, 1928). 米高揚在之前2月12日的《真理報》上承認存在「不正常的現象」，要求把逮捕對象限制在真正的富農，而富農是指至少擁有36噸糧食(2,000普特)的農民，結果政治局在第二天就敦促官員們要嚴格遵守這些指導方針。

213 Shemelev, *Bor'ba KPSS*. 另見Brower, "The Smolensk Scandal and the End of NEP."

214 Danilov, *Kak lomali NEP*, I: 156–68. 另見Lutchenko, "Rukovodstvo KPSS formirovaniem kadrov tekhnicheskoi intelligentsia," 29–42 (at 33, 另見RGASPI, f. 17, op. 2, d. 354, l. 790); 以及Gimpel'son, *NEP*, 254 (引自*Pravda*, October 3, 1988).

215 Danilov, *Kak lomali NEP*, I: 203, 214–24.

216 Danilov, *Kak lomali NEP*, I: 233–5.

217 *KPSS v rezoliutsiiakh* [8th ed.], IV: 84.

218 *Lubianka: Stalin i VChK-GPU-OGPU-NKVD*, 158–61 (APRF, f. 3, op. 58, d. 329, l.32–7: 1928年4月25日).

219 *Lubianka: Stalin i VChK-GPU-OGPU-NKVD*, 156–8 (APRF, f. 3, op. 58, d. 329, l. 28–31).

220 說到1928年4月，卡爾和戴維斯認為，「要是以為此時的大多數領導人，尤其是斯大林，贊成強制措施，或者已經決定放棄市場手段，支持採取直接行動的政策，那還為時過早」。但是從斯大林採取的所有行動來看，情況恰恰相反。Carr and Davies, *Foundations of a Planned Economy*, I: 65–6.

221 *KPSS v rezoliutsiiakh* [1984], IV: 315–6; Manning, "The Rise and Fall of 'the Extraordinary Measures'," 13.

222 就如布哈林後來在列寧格勒黨組織全會的報告中指出的：Bukharin, *Put' k sotsializmu*, 284.

223 Danilov, *Kak lomali NEP*, II: 6 (RGASPI, f. 74, op. 2, d. 38, l. 30).

224 坎貝爾在全世界都非常受歡迎，他兩次來到蘇聯，第一次是在1929年1月，當時他會見了斯大林，第二次是在1930年6月。他參觀了北高加索幾個大型的機械化農場。Campbell, *Russia: Market or Menace*.

225 Danilov, *Kak lomali NEP*, II: 462–5.

226 *Pravda*, April 18, 1928, 轉載於 *Sochineniia*, XI: 54 (at 46, 48). 另見Fitzpatrick, "The Foreign Threat during the First Five Year Plan."

227 Zima, *Chelovek i vlast' v SSSR*, 77–8 (引自GARF, f. 5446, op. 89, d. 11, l.94–5: F. Cherepanov).

228 Manning, "The Rise and Fall of 'the Extraordinary Measures'," 22 (引自RGASPI, f. 17, op. 165, d. 13, l. 5).

229 RGASPI, f. 17, op. 3, d. 683, l. 89.

230 *Moskovskie B'olsheviki*, 251 (引自 *Ob"edinennyi plenum MK i MKK VKP (b), 23–25 aprelia 1928 g.: doklady i rezoliutsii. Moscow, 1928*, 34–5).

231 Danilov, *Tragediia sovetskoi derevni*, I: 236 (RGASPI, f. 17, op. 3, d. 683, l.1–2), 261–2 (d. 684, l.18–20), 255–62. 4月21日，政權用農業收入的累進稅取代了人頭稅，它包括對高收入徵收的「個人稅」和對最頂層的人或富農精英徵收的財富附加稅，此舉符合使用經濟手段打擊富農的觀點。Atkinson, *End of the Russian Land Commune*, 329. 1928年4月25日，前白衛軍軍官彼得·弗蘭格爾因為患上了一種嚴重的肺結核病而在布魯塞爾突然去世，時年49歲。根據多人所說，他從來沒有得過這種病。家人認為他是被有蘇聯特工嫌疑的人毒死的，要麼是在家裏，要麼是該特工假裝成一名前傳令兵，此人在他去世前十天來看過他。*Bolezn', smert' i pogrebenie general-leitenanta barona Petra Nikolaevicha Vrangelia*.

232 Ugrovatov, *Informatsionnaia deiatel'nost organov bezopasnosti*, 82–4; *Sovetskaia dervenia glazami VChK-OGPU-NKVD*, II: 7–8, 21, 38, 46; Krasil'nikov, *Shakhtinskii protsess*, I: 242–83.

233 Plekhanov, *VChK-OGPU, 1921–1928*, 420–1 (引自TsA FSB, f. 66, op. 1, d. 187, l.227ob). 同一天，斯大林在共青團代表大會上說，「不，同志們，我們的階級敵人還存在。不僅存在，而且還在增長，企圖進行反對蘇維埃政權的發動」。他敦促他們「組織自下而上的群眾性的批評」。*Pravda*, May 17, 1928, 見於 *Sochineniia*, XI: 66–77 (at 69)（譯註：《斯大林全集》第11卷，第58頁）.

234 *Izvestiia*, May 19, 1928. 在此期間已經有過一些審判：1925年，一些工程師和從前在外國人冶金廠工作的僱員受到審判並被判犯有間諜罪。*Pravda*, June 4–16, 1925. 1926年，頓巴斯煤礦約有50%的技術人員因生產事故而受到審判。Kuromiya, *Freedom and Terror*, 143 (引自GARF, f. 5459, op. 7, d. 2, l. 139, 150), 144–5.

235 Ivanovich, "Finliandskie shpioni," 193–7; *Vozrozhdenie*, January 6, 1928; *Pravda*, January 1, 1928.

236 Markova, "Litso vraga," 79–99 (at 80–1).

237 Lyons, *Assignment in Utopia*, 42.

238 Bailes, *Technology and Society*, 90.

239 有學者估計斯大林的目的是要煞一煞技術專家的威風，防止他們在政治上團結起來。Bailes, "Politics of Technology," 464.

240 Bailes, *Technology and Society*, 91–2.

241 Reswick, *I Dreamt Revolution*, 247.

242 Hilger and Meyer, *Incompatible Allies*, 219–20. 希爾格(Hilger)出席了審判。巴什金曾在德國接受過教育。

243 Mozokhin, VChk—OGPU, 274–75(TsA FSB, f. ugolovnoe delo N–3738). 蘇聯人還在沙皇時代的檔案中發現了容克特許工廠中德國技術主管的名字，他在世界大戰中擔任過東線德軍情報機關的負責人。之前的這段歷史，就像不可改變的物理特性一樣，被人當作他從事間諜活動的初步證據。

244 Lyons, *Assignment in Utopia*, 125–6.

245 *Torgovaia promyshlennaia gazeta*, July 4, 1928.

246 Kuromiya, "The Shakhty Affair," 48–9 (引自 GARF, f. 9474, op. 7, d. 253, l.106–16).

247 Walter Duranty, *New York Times*, May 19, 1928.

248 Kvashonkin, *Sovetskoe rukovodstvo*, 29–31 (RGASPI, f. 78, op. 7, d. 120, l. 1–3; f. 17, op. 162, d. 6, l. 100, 113).

249 Carr and Davies, *Foundations of a Planned Economy*, I/ ii: 702–4.

250 Zima, *Chelovek i vlast' v SSSR*, 78 (引自 GARF, f. 5446, op. 89, d. 11, l. 110: A. Lesnikov).

251 Plekhanov, *VChK-OGPU, 1921–1928*, 420 (引自 TsA FSB, f. 66, op. 1, d. 187, l. 8, 15, 280).

252 Papkov, *Obyknovennyi terror*, 39 (引自 GANO, f. P–2, op. 2, d. 289A, l. 69ob). 1928年3月，新西伯利亞瑟爾采夫的手下、伊爾庫茨克地區黨委負責人尼古拉·濟明(Nikolai Zimin)向莫斯科告發瑟爾采夫，說他沒有執行政權的政策，結果引發了後來所說的伊爾庫茨克事件。Moletotov, *Sibkraikom*, 44; Hughes, "The Irkutsk Affair."

253 Gushchin, *Sibirskaia derevnia*, 187 (引自 PANO, f. 2, op. 2, d. 279, l. 6); Il'inykh, *Khroniki khlebnogo fronta*, 165–6 (引自 GANO, f. P–2, op. 2, d. 217, l. 738); Rosenfeldt, *The "Special" World*, I: 164.

860

254 1927至1928年度的收成至少比1926至1927年度少了500萬噸，但截止到1928年6月30日，國家收購的小麥和黑麥數量與1926至1927年度的一樣多。Carr, "Revolution from Above," 321.

255 Bordiugov and Kozlov, "The Turning Point of 1929."

256 該刊物把信轉給了政府首腦李可夫。Zima, *Chelovek i vlast' v SSSR*, 75 (引自 GARF, f. 5446, op. 89, l. 12–15, 25, 56–64: V. Repin).

257 Carr and Davies, *Foundations of a Planned Economy*, I: 67. 有學者說得對，繳納糧食的指標帶來的危險在於，會導致農民採取「兩種傳統的應對方法」:「短期的應對方法是隱瞞存糧，長期的應對方法是拒絕播種超過養活自己家人所需的土地。」Carr, *Bolshevik Revolution*, II: 154.

258 Avtorkhanov, *Tekhnologiia vlasti*, 7–11.

259 Avorkhanov, *Tekhnologiia vlasti*, 11–2.

260 *Pravda*, June 2, 1928, 見於 *Sochineniia*, XI: 81–97.

261 Carr, *Socialism in One Country*, II: 106–7 (引自 Shokhin, *Kratkaia istoriiia VLKSM*, 115–6); Kenez, *Birth of the Propaganda State*, 168–9; Balashov and Nelepin, *VLKSM za 10 let v tsifrakh*, 21–2.

262 Manning, "The Rise and Fall of 'the Extraordinary Measures,'" 30 (引自 TsA FSB, f. 2, op. 6, d. 599, 1. 385–7).

263 Zima, *Chelovek i vlast' v SSSR*, 81–2 (引自 GARF, f. 5446, op. 89, d. 9, l. 9–10).

264 Zdanovich, *Organy gosudarstvennoi bezopasnosti*, 306 (引自 TsA FSB, f. 2, op. 6, d. 48, l. 15–6).

265 Kun, *Bukharin*, 229–34, 引自弗魯姆金信件的副本，見於 Trotsky archive, Houghton Library, Harvard University; *Sochineniia*, XI: 116–23.

266 在一本已經出版的文獻集中，給布哈林的信註明的日期是1928年8月，但是在1929年4月，當布哈林在全會宣讀這封信的時候，他給它註明的日期是1928年6月1至2日。Kvashonkin, *Sovetskoe rukovodstvo*, 38–40 (RGASPI, f. 329, op. 2, d. 6, l. 58–60); Bukharin, *Problemy teorii i praktiki sotsializma*, 298–99.

267 對於副農業人民委員莫伊謝伊·「米哈伊爾」·弗魯姆金的來信(1928年6月15日)，斯大林倒是回覆了。弗魯姆金在信中激烈批評了斯大林在農村實行的高壓路線，認為這種路線是在幫國際資產階級的忙。按照黨的規定，這樣的信應該在一個星期之內由政治局集體回覆。斯大林在盛怒之下以自己的名義立即作了回覆。*Sochineniia*, XI: 116–26.

268 1928年6月27日，李可夫收到烏克蘭切爾尼戈夫省農村一個有名的熟人的來信。「阿列克謝！在從列寧那裏繼承了如此豐富的實驗方面的財富之後，你和你虛偽的機關正在把國家引向毀滅……你要知道，我們這些老革命需要跑到森林裏去發動另一場革命了。」Zima, *Chelovek i vlast' v SSSR*, 79 (引自 GARF, f. 5446, op. 89, d. 9, l. 5–6: T. S. Tregubov).

269 Danilov, *Kak lomali NEP*, IV: 558–63 (RGASPI, f. 84, op. 2, d. 40, l. 2–11); Larina, *This I Cannot Forget*, 117.

270 Storella, *Voice of the People*, 235–6 (RGAE, f. 396, op. 6, d. 114, l. 747–8).

271 Danilov, *Kak lomali NEP*, II: 184–7, 448. 另見"Foreign Trade," 225–6.

272 7月1日，關於年初開始採取非常措施一事，中央監察委員會主席團成員阿龍·索爾茨寫信給奧爾忠尼啟則說，「莫洛托夫和斯大林的視察，不管他們是不是有意的，都引發了普遍的專橫和對法律的蔑視」。Kvashonkin, *Sovetskoe rukovodstvo*, 31–4 (RGASPI, f. 85, op. 1/s, d. 156, l. 2–15: July 1, 1928).

273 Scheffer, *Sieben Jahre Sowjetunion*, 323. 1928年9月8日，布羅克多夫—蘭曹在伯林去世。

274 未公佈的文字記錄見於 GARF, f. 9474sch, op. 7s, d. 181–261.

275 Krumin, *Shakhtinskii protsess*. 克魯明(Krumin，1894–1943)是克魯明什(Kruminsh)的縮寫，他畢業於彼得格勒大學歷史系(1916)，是《經濟生活報》的編輯，1928年加入《真理報》編委會。

276 *Sochineniia*, XI: 47. 有關工人階級對沙赫特審判的熱情以及1928至1931年對「階級敵人」採取恐怖政策的證據材料，參見Kuromiya, "The Shakhty Affair," 51, 56.

277 *Danilov, Kak lomali NEP, I: 361; Sochineniia, XI: 158–87.* 在交給自己修改的文字記錄稿上，斯大林加了一句：「在發生了糧食收購危機的時候，我們遭到了農村資本主義分子……第一次反對蘇維埃政策的嚴重進攻，這難道不是事實嗎？」接着他援引列寧的話反問道：「列寧提出的依靠貧農、聯合中農、反對富農的口號是……我們農村工作的基本口號，這難道不對嗎？」(譯註：《斯大林全集》第11卷，第148頁) (I: 360).

278 *Danilov, Kak lomali NEP, II: 354, 513.*

279 *Sochineniia, XI: 159, 188–9* (初版於1949年).

280 *Danilov, Kak lomali NEP, 354–5.* 後來在討論時，斯大林説道，若是為了讓農民願意賣糧而把糧價提高40%，那每年就要花3億盧布，而「為了得到這筆錢，那就要麼從工業，要麼從貿易中拿走一些東西」(II: 519, 未修改的文字記錄).

281 *Danilov, Kak lomali NEP, II: 360–*1*; Sochineniia, XI: 170–*1.

282 1919年9至10月，在準備一本論無產階級專政的小冊子時，列寧草草地在筆記中寫道：「階級鬥爭特別〔愈發〕殘酷和與資本主義及其最高階段相適應的新的反抗形式〔陰謀+怠工+對小資產階級的影響，等等，等等〕……剝削者的反抗在他們被推翻**之前**就已經開始，被推翻後更從**兩方面加劇**。」"O diktature proletariata," *PSS*, XXXIX: 261–3. 同樣，例如捷爾任斯基和莫洛托夫共同下發的一則通告(1921年2月)聲稱：「在輸掉外部戰線的戰鬥後，反革命正在致力於從內部推翻蘇維埃政權。為了達到這個目的，它會不擇手段，利用所有經驗，所有的背叛的本領。」Lauchlan, "Young Felix Dzerzhinsky," 1–19 (引自RGASPI, f. 17, op. 84, d. 228, l. 52).

283 *Van Ree, Political Thought of Joseph Stalin, 114–5.*

284 *Sochineniia, XI: 45; Kuromiya, Stalin's Industrial Revolution, 6 (*引自Trotsky archive, Houghton Library, Harvard University, T–1835).

285 *Kun, Bukharin, 233–4.*

286 *Danilov, Kak lomali NEP, II: 380.*

287 4月19日，2,000名失業人員打砸了列寧格勒勞動力交易所；5月3日，1萬人在莫斯科勞動力交易所發生暴亂，讓民警流了血，並且打砸貨攤；5月15日，在(哈薩克斯坦的)謝米帕拉京斯克，3,000人闖進了市政廳，搶劫了商店。*Danilov, Kak lomaliNEP, II: 5–6 (RGASPI, f. 17, op. 85, d.307, l. 28–*31, 41–*5).*

288 *Danilov, Kak lomali NEP, II: 382–7.*

289 *Danilov, Kak lomali NEP, II:460–*1.

290 Fel'shtinskii, *Razgovory s Bukharinym, 43.* 另見*Lewin, Russian Peasants, 306.*

291 Danilov, *Kak lomali NEP*, II: 516–7.

292 *KPSS v rezoliutsiiakh* [1984], IV: 351; *KPSS v rezoliutsiiakh* [1984], II: 516–7.

293 *Pravda*, August 5, 1928 (莫洛托夫).

861

294 與此同時，總檢察長克雷連柯指示司法部門準備把第107條大量用於打擊投機倒把分子和那些試圖壟斷糧食市場的人。*Pravda*, July 20, 1928; Danilov, *Kak lomali NEP*, III: 6. 法因博利特的赦免被逮捕農民的要求通過得比較晚，司法人民委員揚松到8月7日才下令釋放所有根據第107條被判刑的貧農和中農。Manning, "The Rise and Fall of 'the Extraordinary Measures,'" 41 (引自TsA FSB, f. 66, op. 1, d. 243, l. 243). Fainblitt, *Amnistiia i sudebnyi prigovor*.

295 在關於全會的一次總結性的報告中，斯大林對列寧格勒黨組織説，「但糧食必須收購」。*Pravda*, July 15, 1928, 見於 *Sochineniia*, XI: 204–18.

296 Kumanev and Kulikova, *Protivostoianie*, 142–4.

297 托洛茨基後來寫道，「1927年初，季諾維也夫本來準備投降認輸」，後來，中國的事態發展將他從軟弱無用之中救了出來，但只是暫時的，因為在托洛茨基及其支持者在黨的第十五次代表大會上拒絕放棄自己的主張時，托洛茨基指出，季諾維也夫和加米涅夫已經跑回去乞求斯大林。Trotskii, *Moia zhizn'* [1991], 502.

298 Nazarov, *Stalin i bor'ba za liderstvo*, 119–20 (引自 RGASPI, f. 326, op.1, d. 99, l. 12). 1928年1月，季諾維也夫説自己的小集團曾經和托洛茨基作過「鬥爭」。Nazarov, *Stalin i bor'ba za liderstvo*, 119 (引自 RGASPI, f. 324, op. 1, d. 363, l. 7).

299 Medvedev, *Let History Judge*, 196–8.

300 Danilov, *Kak lomali NEP*, IV: 558–63 (RGASPI, f. 84, op. 2, d. 40, l. 2–11). 另見 Daniels, *Documentary History of Communism* [1960], I: 308–9 (出自 Trotsky archive, Houghton Library, Harvard University, T–1897); 以及 Kun, *Bukharin*, 251–61.

301 Larina, "Nezabyvaemoe," 120; Larina, *This I Cannot Forget*, 118.

302 Danilov, *Kak lomali NEP*, IV: 561.

303 「他瘋了，」據説布哈林在托洛茨基被流放到哈薩克斯坦之前當着他的面説斯大林，「他認為自己能把一切都做了，一個人就能扛起一切，其他所有人都是障礙。」Trotsky, "Iz chernovikov nezakonchennoi Trotskim biografii Stalina" [1939?], 見於 Trotskii, *Portrety revoliutionerov* [1991], 180–1 (at 181); [1988], 141.

304 證據顯示，對於托洛茨基不斷責備自己和季諾維也夫的「投降」，加米涅夫感到很沮喪。他在1928年9月對莫斯科大劇院外面的一些托洛茨基的支持者説，托洛茨基是個「固執的人」，還説托洛茨基永遠不會像加米涅夫和季諾維也夫那樣，要求把自己召回莫斯科工作，而是會「待在阿爾馬—阿塔，直到他們給他派輛專列，但他們只有在國內形勢到了克倫斯基逼到門口的地步時才會派出那輛列車。」"Vstrecha i razgovor tt. K. I P. s Kamenevym 22 sentiabria 1928 goda," 見於 Fel'shtinskii, *Razgovory s Bukharinym*, 51–4 (at 53).

305 這話據説是斯大林説的，它在傳播時有多種説法：*Trotsky's Diary in Exile* [1958], 64; Ioffe, *Odna noch'*, 33–4; Serebriakova, "Oni delali v chest' idee," 3.

306 加米涅夫後來被迫堅持説，他和季諾維也夫當時贊成給他們恢復黨內職務的條件。RGASPI, f. 84, op. 2, d. 40, l. 12–3.

307 布哈林還説，「總的來説，這份文件是不可靠的，是假的」。Danilov, *Kak lomali NEP*, III: 572–6 (RGASPI, f. 84, op. 2, d. 40, l. 25–31: 致奧爾忠尼啟則的信，1929年1月30日).

308 索柯里尼柯夫還説，布哈林想要的不是與加米涅夫和季諾維也夫組成一個集團，而是讓他們在與斯大林的鬥爭中保持中立。Danilov, *Kak lomali NEP*, IV: 564–5 (RGASPI, f. 84, op. 2, d. 40, l. 14–5: 致奧爾忠尼啟則的信，1929年1月28日).

309 Larina, *This I Cannot Forget*, 115–7. 此事發生的時候，拉莉娜15歲。

310 Danilov, *Kak lomali, NEP*, II: 531, 535

311 McDermott and Agnew, *Comintern*, 70.

312 Budnitskii, "*Sovershenno lichno i doveritel'no!*," III: 404–10 (1928年8月16日).

313 Vatkin, "Goriachaia osen' dvadtsat vos'mogo," 103.

314 在將近200名被流放的反對派成員的支持下，托洛茨基給代表大會送去了一篇批評綱領草案的文章。Degras, *The Communist International* [London], II: 446–55.

315 Adibekov and Shirinia, *Politbiuro TsK RKP (b)—VKP (b) i Komintern,* 541–3 (RGASPI, f. 17, op. 3, d. 700, l. 1–2), 551–2 (RGASPI, f. 495, op. 19, d. 228, l. 129); McDermott and Agnew, *Comintern*, 68–90.

316 據布哈林的第三任妻子安娜·拉莉娜說，斯大林有一次對布哈林的父親說，「你是怎麼培養兒子的？我想學學你的辦法。啊，多好的兒子，多好的兒子！」Larina, *This I Cannot Forget*, 221–3.

317 Alliluyeva, *Twenty Letters*, 31; 以及Gregory, *Politics, Murder, and Love*, 16–8; Young, "Bolshevik Wives."

318 除了蘇聯黨之外，綱領草案未經其他任何黨的討論；同樣很能說明問題的是，在大會開幕的時候，將要表決通過的提綱甚至都沒準備好。Eudin and Slusser, *Soviet Foreign Policy*, I: 106–20; Carr and Davies, *Foundations of a Planned Economy*, III/i: 193–222.

319 Firsov, "N. I. Bukharin v Kominterne," 189–90; *International Press Correspondence*, August 23, 1928: 941.

320 *International Press Correspondence*, September 4, 1928: 1,039.

321 英國代表團發表了一則聲明(1928年8月22日)，反對所謂的右傾：「我們希望對庫西寧及其他某些同志挑起爭論的時機和方法表達鄭重的抗議」，尤其是「急於給持有不同意見的同志貼標籤的做法」。*International Press Correspondence*, December 27, 1928: 1,743–4; McDermott and Agnew, *Comintern*, 233–4.

322 莫洛托夫沒有交出斯大林那年的信件。Lih, *Stalin's Letters to Molotov*, xiv. 斯大林在莫斯科的最有一次有記載的會晤是8月1日(美國共產黨人傑伊·洛夫斯通〔Jay Lovestone〕)；他在回到莫斯科後的第一次有記錄的會晤是在1928年10月5日(作家法捷耶夫). *Na prieme*, 28, 774, 780–1.

323 Valedinskii, "Organizm Stalina vpolne zdorovyi," 68–73.

324 Danilov, *Kak lomali NEP*, IV: 689; Trotskii, *Moia zhizn'*, II: 111.

325 Khlevniuk, *Politbiuro*, 22 (未註明出處，也沒有給出日期).

326 Dohan, "Foreign Trade," 223.

327 Danilov, *Kak lomali NEP*, III: 591–3 (at 592: RGASPI, f. 558, op. 11, d. 765, l. 48–49ob).

328 Vernadskii, *Dnevniki*, 76, 87. 加里寧領導下的蘇維埃執行委員會的土地和選舉委員會主席V. G. 雅科文科(V. G. Yakovenko)，於1928年6至8月實地考察過西伯利亞農村之後，在1928年10月3日寫信給斯大林說：「農民們執意認為蘇維埃政權不想讓他們活得體面。」*Izvestiia TsK KPSS*, 1991, no. 7: 186–90.

329 Pribytkov, *Apparat*, 87–90 (附有從米高揚檔案中複製的副本). 斯大林在信末詢問了奧爾忠尼啟則的健康狀況。

330 Pribytkov, *Apparat*, 100 (附有副本：98–9).

331 Kvashonkin, *Sovetskoe rukovidstvo*, 44–8 (RGASPI, f. 669, op. 1, d. 30, l. 124–9).

332 Danilov, *Kak lomali NEP*, III: 591–3 (at 592–3: RGASPI, f. 558, op. 11, d. 765, l. 48–49ob).

333 Tauger, "Grain Crisis or Famine?," 167 (引自 *Visty*, September 27, 1928: 2).

334 *International Press Correspondence*, October 19, 1928: 1337–8, October 26, 1928: 1383, 見於 Daniels, *Documentary History of Communism* [1993], I: 164–6.

862

335 Daniels, *Documentary History of Communism* [1993], I: 166–9. 另見 Cohen, *Bukharin*, 295–6.

336 Danilov, *Kak lomali NEP*, III: 12.

337 Vaganov, *Pravyi uklon v VKP (b)*, 161–3, 174–5.

338 Pribytkov, *Apparat*, 108.

339 Danilov, "Vvedenie," in Danilov, *Tragediia sovetskoi derevni*, I: 59. 另見 Carr and Davies, *Foundations of a Planned Economy*, I/ i: 237.

340 *Izvestiia*, February 7, February 19, and February 22, 1929.

341 Bukharin, *Problemy teorii i praktiki sotsializma*, 306–7 (1929年4月18日).

342 Kvashonkin, *Sovetskoe rukovodstvo*, 58–9 (RGASPI, f. 669, op. 1, d. 30, l. 133–42).

343 Danilov, *Kak lomali NEP*, III: 16 (RGASPI, f. 17, op. 2, d. 417, l. 125).

尾聲 如果當初斯大林死了

1 Viola, *Peasant Rebels*, 238; Danilov, *Tragediia sovetskoi derevni*, II: 787–808 (TsA FSB, f. 2, op. 8, d. 679, l. 36–72: March 15, 1931).

2 Nove, *The Soviet Economy*, 186; Courtois, *Black Book of Communism*, 167–8.

3 Kravchenko, *I Chose Freedom*, 67.

4 Alec Nove, "Was Stalin Really Necessary?," 86–92, 轉載於 Nove, *Was Stalin Really Necessary?*, 17–39, 以及對諾烏的書的評論，Gregory Grossman, *Europe-Asia Studies*, 17/ 2 (1965): 256–60; von Laue, *Why Lenin?*; Hobsbawm, *Age of Extremes*. 另見 Kotkin, "Left Behind."

5 Nove, "The Peasants, Collectivization, and Mr. Carr"; Lih, "Bukharin's 'Illusion'."

6 Davis, *Economic Transformation*, 11–13.

7 Cohen, "The 1927 Revaluation of the Lira."

8 Sloin and Sanchez-Sibony, "Economy and Power in the Soviet Union." 這是以多漢的〈新經濟政策時期蘇維埃經濟中的對外貿易〉("Soviet Foreign Trade in the NEP Economy") 為基礎的；Dohan, "The Economic Origins of Soviet Autarky."

9 除了意識形態的狹隘性問題，對蘇聯國內爭論的分析是有説服力的：Ehrlich, *The Soviet Industrialization Debate*; Lewin, *Political Undercurrents*.

10 Ustrialov, *Pod zankom revoliutsii*; Bukharin, *Tsezarizm pod maskoi revoliutsii*.

11 Sakharov, *Politcheskoe zaveshchanie*, 645.

12 Bukharin, *Izbrannye proizvedeniia*, 146–230 (at 196–7). 另見Siegelbaum, *Soviet State and Society*, 228.

13 Bukharin, "O novoi ekonomichheskoi politike," 3–15.

14 Manning, "The Rise and Fall of 'the Extraordinary Measures'," 15 (引自GARF, f. 374, op. 217, d. 1556, l. 22–8).

15 Brovkin, *Russia After Lenin*, 168. 關於布哈林對富農的輕視，參見Cohen, *Bukharin*, 187–92.

16 Davies, *Socialist Offensive*, 27.

17 Liberman, *Building Lenin's Russia*, 65–8.

18 Carr and Davies, *Foundations of a Planned Economy*, I/ ii: 733–5. R. W. 戴維斯對新經濟政策及其困境的分析最為出色，他堅持認為蘇聯的工業化計劃注定了新經濟政策失敗的命運。這種説法可能正確，也可能不正確。但是，工業化計劃以及布爾什維主義實際推行的一切，背後都是因為信奉社會主義(反資本主義)。這就是意識形態。Davies, *Socialist Offensive*, 36–7. 另見Carr, *Socialism in One Country*, I: 520.

19 Johnson and Temin, "The Macroeconomics of NEP"; Chaudhry, "The Myths of the Market."

20 Sokol'nikov, *Finansovaia politika revoliutsii*, II: 479–90.

21 *Pravda*, May 8, 1927. 其他人覺得蘇聯代表團的表現令人失望：Runciman, "The World Economic Conference at Geneva."

22 *Pravda*, August 3, 1927.

23 1926年，斯大林以破壞外匯市場為由，強行將財政人民委員部的一名官員定罪並且處死，而他這樣做的目的，部分就在於抹黑索柯里尼柯夫；實際上，在逮捕和處決這名官員的情況公開後，外匯市場基本就凍結了，李可夫對此是拍手稱快。「外匯黑市是索柯里尼柯夫的產物，他把它生出來，給它滋養，自始至終都在愛護它，」李可夫在1926年7月黨的全會上説，「我們消滅了索柯里尼柯夫製造出來的這個東西……我們不需要花更多的錢」(去支持可自由兑換的盧布匯率)。Mozokhin, *VChK-OGPU*, 208–10 (引自APRF, f. 3, op. 57, d. 91, 1. 58; TsA FSB, f. 2, op. 5, pro. 581, 1. 121–2); RGASPI, f. 17, op. 2, d. 246, 1.53.

24 Stephen F. Cohen, *Bukharin*, 329.

25 *Khrushchev Remembers*, 222.

26 *Pravda*, August 10, 1928.

27 Sutton, *Western Technology and Soviet Economic Development*, vol. II. 有理由懷疑，要是沒有大規模的西方技術援助，蘇聯當時還行不行，而除了相關的政治因素外，這種情況不是蘇聯獨有的。Keller, *Ost minus West = Null*.

28 Sanchez-Sibony, "Depression Stalinism."

29 奧格伯烏不久便在監獄裏為「資產階級」專家成立了若干研究所(實驗設計局)。Viktorov, *Bez grifa "sekretno,"* 108, 146–7.

30 Avtorkhanov, *Tekhnologiia vlasti*, 26.

31 摩西·盧因提出了要是斯大林當初死了會怎樣的問題，但他沒有充分地回答這個問題：*Journal of Modern History*, 47/ 2 (1975): 364–72 (關於塔克的《革命者斯大林》〔*Stalin as Revolutionary*〕的評論).

32 列寧在寫給秘書福季耶娃的信(1921年12月28日)中說：「我要會見斯大林，並請事先替我接通奧布赫(醫生)的電話，以便詢問斯大林的情況。」*PSS*, LIV: 99 (譯註：《列寧全集》第52卷，第166頁)；Golikov, *Vladimir Il'ich Lenin*, IX: 565, 52. 有關斯大林的闌尾炎，參見現存的首批關於其健康狀況的文件：RGASPI, f. 558, op. 4, d. 675, l. 1–23 (1921年3月25日).

33 Nikolai Nad, "Kto ubil Mikhaila Frunze," *Izvestiia*, October 26, 2010.

34 Golikov, *Vladimir Il'ich Lenin*, VI: 390, IX: 348, 618, X: 348, 566, 588, 639, XI: 47, 113, 128; Meijer, *Trotsky Papers*, II: 26–9, 66–7; McNeal, *Stalin*, 50.

35 Golikov, *Vladimir Il'ich Lenin*, IX: 565, 572.

36 RGASPI, f. 558, d. 1279, d. 1482.

37 Plekhanov and Plekhanov, *F. E. Dzerzhinskii*, 583 (TsA FSB, f. 2, op. 3, d. 4, l. 2: February 8, 1925).

38 Bosworth, *Mussolini's Italy*, 240.

39 Tumshis and Papchinskii, *1937, bol'shaia chistka*, 52. 時任莫斯科軍區奧格伯烏特別部部長的米哈伊爾·弗里諾夫斯基(生於1898年)在15英里(編註：約24公里)外的謝爾普霍夫公路上抓住了那些恐怖分子。被抓獲的兇手是格里戈里·拉德科維奇(Georgy Radkovich)和德米特里·莫諾馬霍夫(Dmitri Monomakhov)。1928年11月，弗里諾夫斯基被亞戈達提拔為克里姆林宮衛戍司令。

40 Loginov, *Teni vozhdin*.

41 Fel'shtinskii, *Razgovory s Bukharinym*, 43. 另見Deutscher, *Prophet Unarmed*, 442.

42 "Samoubiistvo ne opravdanie," 93. 托姆斯基後來再也沒提過這件事(除了在1936年8月22日自殺時給斯大林的遺書中)，但他的助手們(A. 斯列普科夫、D. 馬列茨基〔D. Maretsky〕和L. 金茲堡〔L. Ginzburg〕)講過托姆斯基1929年秋天威脅斯大林的事。

43 「很少有偉人」，卡爾還寫道，「作為他們所在的時間和空間的產物，表現得像斯大林這樣明顯。」Carr, *Socialism in One Country*, I: 151, 192.

參考文獻

在多年的研究和教學生涯中，下面列出的檔案館我大多都花過一些時間（除了前克格勃檔案館這個重要的例外，該館對幾乎所有的研究者都不開放）。我在前蘇共檔案館和胡佛研究所檔案館（該館藏有大量蘇聯檔案的副本以及豐富的原始資料）進行過全面的研究。自從有了掃描和數字化技術，很多檔案都不必親身前往查閱（特別是在俄國同行共享充分的訪問權限的情況下）。但是，考慮到這項工作涉及的範圍，最有效的研究策略似乎是既盡可能地在檔案館工作，也對已出版的檔案彙編以及廣泛而可靠地採用了未刊原始資料的學術論著進行詳盡研究。檔案彙編以及極少數有權查閱保密檔案的研究者的成果，對於瞭解秘密警察和軍隊的情況特別重要。我還認真梳理了同期的大量期刊文獻，確保不會遺漏那些或許已經年代久遠的學術成果。請讀者留意，本項研究是在不同時間、不同地點進行的，有些資料館碰巧擁有，比如說，某個版本的黨的代表大會文件或者公開出版的回憶錄，而別的地方則擁有其他版本，這在尾註中就可以看出。讀者還會發現，有些人名有不同的拼寫方式，比如托洛茨基，如果參考的是其作品的英文版，在正文和參考文獻中寫作「Trotsky」，而如果是俄文著作，則寫作「Trotskii」（按照美國國會圖書館的拼法）。這些都屬於音譯方面不能令人滿意的地方。同時，非俄羅斯人的名字在正文中是按照原有的拼法，因此，波蘭族的捷爾任斯基的名字寫成「Dzierżyński」，只有在註釋和參考文獻中才按照俄羅斯化的拼法寫成「Dzerzhinskii」。

APRF: Russian Presidential Archive (former politburo archive) [俄羅斯總統檔案館（前政治局檔案館）]

AVP RF: Foreign Policy Archive of the Russian Federation [俄羅斯聯邦外交政策檔案館]

GANO: State Archive of Novosibirsk [新西伯利亞國家檔案館]

GARF: State Archive of the Russian Federation [俄羅斯聯邦國家檔案館]

GF IML: Georgian Affiliate of the Communist Party Archive [蘇共檔案館格魯吉亞分館]

GIAG: Georgia State Historical Archive [格魯吉亞國家歷史檔案館]

Hoover Institution Archive, Stanford University [斯坦福大學胡佛研究所檔案館]

RGAE: Russian State Economic Archive [俄羅斯國家經濟檔案館]

RGAKFD: Russian State Archive of Photographs and Film [俄羅斯國家影像資料檔案館]

RGALI: Russian State Archive of Literature and Art [俄羅斯國家文學藝術檔案館]

RGASPI: Russian State Archive of Social and Political History (former central party archive) [俄羅斯國家社會及政治歷史檔案館(前蘇共中央檔案館)]

RGIA: Russian State Historical Archive [俄羅斯國家歷史檔案館]

RGVA: Russian Military Archive [俄羅斯軍事檔案館]

TsA FSB: Central Archive of the Federal Security Service (former KGB) [聯邦安全局中央檔案館(前克格勃檔案館)]

TsGAKFFD SPb: Central State Archive of Photographs, Film, and Phonographic Documents, St. Petersburg [聖彼得堡國家影音文獻中央檔案館]

Abraham, Richard. *Alexander Kerensky: The First Love of the Revolution*. New York: Columbia University Press, 1987.

Abramovich, Isai L. *Vospominaniia i vzgliadi*, 2 vols. Moscow: KRUK-Prestizh, 2004.

Abramovitch, Raphael R. *The Soviet Revolution, 1917–1939*. New York: International Universities Press, 1962.

Abramowicz, Hirsz. *Profiles of a Lost World: Memoirs of East European Jewish Life before World War II*. Detroit: Wayne State University Press, 1999.

Abrams, R. "Political Recruitment and Local Government: The Local Soviets of the RSFSR, 1918–1921," *Soviet Studies*, 19/4 (1968): 573–80.

Abrosimova, T. A., et al., eds. *Peterburgskii komitet RSDRP (b) v 1917 godu: protokoly imaterialy zasedanii*. St. Petersburg: Bel'veder, 2003.

Adamets, Serguei. *Guerre civile et famine en Russie: le pouvoir bolchevique et la population face à la catastrophe démographique, 1917–1923*. Paris: Institut d'études slaves, 2003.

Adelman, Jonathan R. "The Development of the Soviet Party Apparat in the Civil War: Center, Localities, and Nationality Areas," *Russian History* 9/1 (1982): 86–110.

Adibekov, G. M., and Shirinia, K. K., eds. *Politbiuro TsK RKP(b)—VKP(b) i Komintern, 1919–1943: dokumenty*. Moscow: Rosspen, 2004.

Adibekov, G. M., et al., eds. *Politbiuro TsK RKP (b)—VKP (b) i Evropa: resheniia 'osoboi papki', 1923–1939*. Moscow: Rosspen, 2001.

———. *Politbiuro TsK RKP (b)—VKP (b): povestki dnia zasedanii 1919–1952*, 3 vols. Moscow: Rossen, 2000–1.

Adibekova, Zh., and Latsis, O. "V predchuvstvii pereloma: poslednye pis'ma i zapiski F. E. Dzerzhinskogo," *Kommunist*, 1989, no. 8: 79–88.

Agabekov, Georges. *OGPU: The Russian Secret Terror*. New York: Brentano's, 1931.

Agafonov, V. K. *Zagranichnaia okhranka*. Petrograd: Kniga, 1918.

Agursky, Mikhail. "Stalin's Eccelsiastical Background," *Survey* 28/4 (1984): 1–14.

Airapetian, G. A. *Legendarnyi Gai*. Moscow: Voenizdat, 1965.

Airapetov, Oleg. "Revolution and Revolt in the Manchurian Armies, as Perceived by a Future Leader of the White Movement," in *The Russian Revolution of 1905: Centenary Perspectives*, edited by Jonathan D. Smele and Anthony Heywood. London and New York: Routledge, 2005.

Akhtamzian, Abdulkahn. "Voennoe sotrudnichestvo SSSR i Germanii v 1920–1933 gg.," *Novaia i noveishaia istoriia*, 1990, no. 5: 3–24.

———. "Soviet-German Military Cooperation, 1920–1933," *International Affairs* [Moscow] (1990), no. 7: 95–113

———. "Sovetsko-Germanskie ekonomicheskie otnosheniia v 1922–1932 gg.," *Novaia i noveishaia istoriia*, 1990, no. 5: 42–56.

Albertini, Luigi. *The Origins of the War of 1914*, 3 vols. New York: Oxford University Press, 1952–57.

Aldanov, Mark. "Durnovó: Prophet of War and Revolution," *Russian Review*, 2/1 (1942): 31–45.

Aleksandrov, G. F. *Iosif Vissarionovich Stalin: kratkaia biografiia*, 2nd ed. Moscow: OGIZ, 1947.

Alekseenkov, P. *Kokandskaia avtonomiia*. Tashkent: Uzgiz, 1931.

Aleshkin, P. F., and Vasil'ev, Iu. A., eds. *Krest'ianskie vosstaniia v Rossii v 1918-1922 gg.: ot makhnovshchiny do antonovshchiny*. Moscow: Veche, 2012.

Alfred Rosenberg, *Der jüdische Bolschewismus*. N.p., 1921.

Ali, J. "Aspects of the RKP(b) Secretariat, March 1919–April 1922," *Soviet Studies*, 26/3 (1974): 396–416.

Aliamkin, Andrei V., and Baranov, Aleksandr G. *Istoriia denezhnogo obrashcheniia v 1914–1924 gg.: po materialam Zaural'ia*. Ekaterinburg: Ural'skii gos. universitet, 2005.

Alioshin, Dmitri. *Asian Odyssey*. New York: Henry Holt, 1940.

Allen, W.E.D. "The Caucasian Borderland," *Geographical Journal*, 99/5–6 (1942): 225–37.

———. *A History of the Georgian People from the Beginning Down to the Russian Conquest in the Nineteenth Century*. London: K. Paul, Trench, Trubner, 1932.

Alliluev, Sergei. "Moi vospominaniia," *Krasnaia letopis'*, 1923, no. 5: 169–81.

———. "Vstrechi s tovarishchem Stalinym," *Proletarskaia revoliutsiia*, 1937, no. 2.

———. *Proidennyi put'*. Moscow: OGIZ, 1946.

Alliluev, Vladimir. *Khronika odnoi sem'i: Alliluevy-Stalin*. Moscow: Molodaia gvardiia, 1995.

Allilueva, Anna S. *Vospominaniia*. Moscow: Soevtskii pisatel', 1946.

Allilueva, Svetlana. *Dvadtsat' pisem k drugu*. New York: Harper and Row, 1967.

Alliluyeva, Svetlana. *Only One Year*. New York: Harper and Row, 1969.

———. *Twenty Letters to a Friend*. New York: Harper and Row, 1967.

Alstadt, Audrey. "Muslim Workers and

the Labor Movement in Pre-War Baku," in *Turkic Culture: Continuity and Change*, edited by S. M. Akural. Bloomington: Indiana University Press, 1987.

Al'tman, M. M. "Lichnost' reformatora: narkom finansov G. Ia. Sokol'nikova 1888–1939," in *Denezhnaia reforma v Rossii, istoriia i sovremennost': sbornik statei*. Moscow: Drevlekhranilishche, 2004.

Amelung, Heinz. *Bismarck-Worte*. Berlin: Deutsches Verlagshaus Bong, 1918.

Anan'ich, Boris V., and Ganelin, R. Sh. "Nikolai II," *Voprosy istorii*, 1993, no. 2: 58–76.

———. "Opyt kritiki memuarov S. Iu. Vitte," *Voprosy istoriografii i istochnikovedeniia istorii SSSR: sbornik statei*. Moscow-Leningrad: Akademiia nauk SSSR, 1963.

Anchabadze, I. D., and Volkova, N. Ia. *Stary Tblisi: Gorod i gorozhane v XIX veka*. Moscow: Nauka, 1990.

Anderson, K. M., ed. *Stenogrammy zasedanii politbiuro Tsk RKP (b)—VKP (b) 1923–1938 gg.*, 3 vols. Moscow: Rosspen, 2007.

Andreev, A. A. *Vospominaniia, pis'ma*. Moscow: Politicheskaia literatura, 1985.

Andrew, Christopher M. *Her Majesty's Secret Service: The Making of the British Intelligence Community*. New York: Viking, 1986.

———, and Gordievsky, Oleg. *KGB: The Inside Story of its Foreign Operations from Lenin to Gorbachev*. New York: HarperCollins, 1990.

———, and Mitrokhin, V. M. *The Mitrokhin Archive*. London: Allen Lane, 1999.

Anfert'ev. I. A., ed. *Smerch*. Moscow: DOSAAF SSSR, 1988.

Anglo-sovetskie otnosheniia so dnia podpisaniia torgovogo soglasheniia do razryva (1921–1927 gg.): noty i dokumenty. Moscow: Litizdat narkomindela, 1927.

Angress, Werner T. *Stillborn Revolution: The Communist Bid for Power in Germany, 1921–1923*. Princeton, NJ: Princeton University Press, 1963.

Anin, Boris Iu. *Radioelektronnyi shpionazh*. Moscow: Tsentropoligraf, 2000.

Anin, David S. "The February Revolution: Was the Collapse Inevitable?" *Soviet Studies*, 18/4 (1967): 435–57.

Anisimov, Evgeny. *The Reforms of Peter the Great: Progress through Coercion*. Armonk, NY: M. E. Sharpe, 1994.

Annenkov, Iurii. "Vospominania o Lenine," *Novyi zhurnal*, no. 65, 1961.

———. *Dnevnikh moikh vstrech: tsikl tragedii*, 2 vols. New York: Inter-Language Literary Associates, 1966.

———. *Semnadtsat' portretov*, 2 vols. Leningrad: Gosizdat, 1926.

Anosov, S. D. *Koreitsy v ussuriiskom krae*. Khabarovsk-Vladivostok: Knizhnoe delo, 1928.

Anstiferov, Alexis, et al. *Russian Agriculture During the War*. New Haven, CT: Yale University Press, 1930.

Antonov-Ovseenko, Anton. *Stalin bez maski*. Moscow: Vsia Moskva, 1990.

———. *The Time of Stalin: Portrait of a Tyranny*. New York: Harper and Row, 1981.

———. *Stroitel'stvo Krasnoi armii v revoliutsii*. Moscow: Krasnaia nov', 1923.

Antonov-Ovseenko, Vladimir. *Zapiski o grazhdanskoi voine*, 4 vols. Moscow: Gosizdat/Otdel voennoi literatury, 1924–33.

Antropov, S. V. "Sviaz' tekstil'nykh rabochikh s zemleiu i iiul'skie otpuska," *Izvestiia tekstil'noi promyshlennosti i torgovli*, 1927, no. 23–24.

Antsiferov, Alexis N., et al. *Russian Agriculture During the War: Rural Economy*. New Haven, CT: Yale University Press, 1930.

Aptekar', Pavel A. "Khimchistka po-Tambovskii," *Rodina*, 1994, no. 5: 56–7.

———. "Krest'ianskaia voina," *Voenno-istoricheskii zhurnal*, 1993, no. 1: 50–55.

Aralov, Semen I. *Lenin i Krasnaia armiia: vospominania*. Moscow: Znanie, 1958.

———. *Lenin vel nas k pobede: vospominaniia*. Moscow: Gospolitizdat, 1962.

Arenshtein, A. "Tipografiia Leninskoi 'Iskry' v Baku," *Voprosy istorii*, 1956, no. 11: 105–12.

Argenbright, Robert. "Bolsheviks, Baggers and Railroaders: Political Power and Social Space, 1917–1921," *Russian Review*, 52/4 (1993): 506–27.

———. "Documents from Trotsky's Train in the Russian State Military Archive: A Comment," *Journal of Trotsky Studies*, 4/1 (1996): 1–12.

———. "Honour among Communists: 'The Glorious Name of Trotsky's Train,'" *Revolutionary Russia*, 11/1 (1998): 45–66.

———. "Marking NEP's Slippery Path: The Krasnoshchekov Show Trial," *Russian Review*, 61/2 (2002): 249–75.

———. "Red Tsaritsyn: Precursor of Stalinist Terror," *Revolutionary Russia*, 4/2 (1991): 157–83.

Arkomed, S. T. *Rabochee dvizhenie i sotsial-demokratiia na Kavkaze: s 80-kh godov po 1903 g.*, 2nd ed. Moscow-Leningrad: Gosizdat, 1923.

Armstrong, John. "Mobilized and Proletarian Diasporas," *American Political Science Review* 70/2 (1976): 393–408.

Armstrong, John A. "Tsarist and Soviet Elite Administrators," *Slavic Review*, 31 (1972): 1–28.

———. *The Soviet Bureaucratic Elite: A Case Study of the Ukrainian Apparatus*. New York: Praeger, 1959.

Arnold, Arthur Z. *Banks, Credit and Money in Soviet Russia*. New York: Columbia University Press, 1937.

Arosev, A. "Institut' V. I. Lenina," *Proletarskaia revoliutsiia*, 1923, no. 11: 269–74.

Arsen'ev, E. *Podzhigateli voiny*. Moscow: Moskovskii rabochii, 1931.

Arsenidze, Razhden. "Iz vospominaniia o Staline," *Novyi zhurnal*, no. 72 (1963): 218–36.

Arshinov, Petr. *Istoriia makhnovskogo dvizheniia, 1918–1921 gg.* Berlin: Izd. Gruppy russkikh anarkhistov v Germanii, 1923.

Artamonov, Andrei. *Spetsob'ekty Stalina: ekskursiia pod grifom "sekretno."* Moscow: Algoritm, 2013.

Ascher, Abraham. "Prime Minister P. A. Stolypin and his 'Jewish' Adviser," *Journal of Contemporary History*, 30/3 (1995): 515–32.

———. "The Coming Storm: The Austro-Hungarian Embassy on Russia's Internal Crisis, 1902–1906," *Survey*, 53 (1964): 148–64.

———. "The Solovki Prisoners, the Mensheviks and the Socialist International," *Slavonic and East European Review*, 47 (1969): 423–35.

———. *P. A. Stolypin: The Search for Stability in Imperial Russia*. Stanford, CA: Stanford University Press, 2001.

———. *The Revolution of 1905*, 2 vols. Stanford, CA: Stanford University Press, 1988–1992.

Askew, William C. "An American View of Bloody Sunday," *Russian Review*, 11/1 (1952): 35–43.

Asprey, Robert B. *The German High Command at War: Hindenburg and Ludendorff Conduct World War*. New York: W. Morrow, 1991.

Astaf'ev, I. I. *Russko-germanskie diplomaticheskie otnosheniia, 1905–1911 gg.: ot Portsmutskogo mira do Potsdamskogo soglasheniia*. Moscow: Moskovskii Universitet, 1972.

Astrov, W., et al., eds. *An Illustrated History of the Russian Revolution*, 2 vols. New York: International Publishers, 1928.

Atkin, Muriel. "Russian Expansion in the Caucasus to 1813," *Russian Colonial Expansion to 1917*, edited by Michael Rywkin. London: Mansell, 1988.

Atkinson, Dorothy. *The End of the Russian Land Commune, 1905–1930*. Stanford, CA: Stanford University Press, 1983.

Atlas, Zakharii V. *Ocherki po istorii denezhnogo obrashcheniia v SSSR 1917–1925 gg.* Moscow: Gos. finansovoe izdatel'stvo, 1940.

Avalov, Z. D. *The Independence of Georgia in International Politics, 1918–1921*. London: Headley Brothers, 1940.

———. *Prisoedinenie Gruzii k Rossii.* St. Petersburg: A. S. Suvorin, 1901.
———. *Nezavisimost' Gruzii v mezhdunarodnoi politike 1918–1921 gg : vospominaniia, ocherki.* Paris: Imprimerie de Navarre, 1924.
Avdeev, N., et al. *Revoliutsiia 1917 goda: khronika sobytii* , 6 vols. Moscow: Gosizdat, 1923–30.
Avrekh, A. Ia. "Chrezvychainaia sledstvennaia komissiia Vremennogo pravitel'stva: zamysl' i ispolnenie," *Istoricheskie zapiski*, 118 (1990): 72–101.
Avrich, Paul. *Anarchist Portraits.* Princeton, NJ: Princeton University Press, 1988.
———. *Kronstadt, 1921.* New York: W. W. Norton, 1974.
Avtorkhanov, Abdurakhman. *Proiskhozhdenie partokratii*, 2 vols. Frankfurt-am-Main: Posev, 1973.
———. *Stalin and the Communist Party: A Study in the Technology of Power.* New York: Praeger, 1959.
———. *Tekhnologiia vlasti.* Munich: Tsentral'noe ob'edinenie politicheskikh emigrantov iz SSSR, 1959.
Aydin, Cemil. *The Politics of Anti-Westernism in Asia: Visions of World Order in Pan-Islamic and Pan-Asian Thought.* New York: Columbia University Press, 2007.
Azhavakov, A. "Gorod Gori," in *Sbornik materialov dlia opisaniia mestnosti i plemen Kavkaza.* Tiflis: Upravlenie Kavkazskogo uchebnogo okruga, 1883.
Azovtsev, N. K. *Grazhdanskaia voina v SSSR*, 2 vols. Moscow: Voenizdat, 1980–5.
Baabar, C. *Twentieth-Century Mongolia.* Cambridge: White Horse, 1999.
Babel, I. *1920 Diary.* New Haven, CT: Yale University Press, 1995.
———. *Konarmiia.* Moscow: OGIZ, 1926.
Babichenko, Leonid G. "Politbiuro TsK RKP (b), Komintern i sobytiia v Germanii v 1923 g.: novye arkhivnye materialy," *Novaia i noveishaia istoria*, 1994, no. 2: 125–57.
Babkov, Andrew. "National Finances and the Economic Evolution of Russia," *Russian Review*, 1/3 (1912): 170–91.
Baddeley, John F. *The Russian Conquest of the Caucasus.* London: Longmans, Green, 1908.
Badriashvili, N. I. *Tiflis.* Tiflis: Tifsovet, 1934.
Baedeker, Karl. *Russia: A Handbook for Travelers.* New York: C. Scribner's Sons, 1914. New York: Arno Press, 1971.
Bagilev, K. N. *Putevoditel' po Tiflisu.* Tiflis: K. N. Begichev, 1896.
Baiguzin, R. N. *Gosudarstvennaia bezopasnost' Rossii: istoriia i sovremennost'.* Moscow: Rosspen, 2004.
Baikaloff, A. *I Knew Stalin.* London: Burns Oates, 1940.
———. "Moi vstrechi s Osipom Dzhugashvili," *Vozrozhdenie*, 1950, no. 3–4.
Bailes, Kendall E. "The Politics of Technology: Stalin and Technocratic Thinking among Soviet Engineers," *American Historical Review*, 79/2 (1974): 445–69.
———. *Technology and Society Under Lenin and Stalin: Origins of the Soviet Technical Intelligentsia, 1917–1941.* Princeton, NJ: Princeton University Press, 1978.
Bailey, F. M. *Mission to Tashkent.* London: J. Cape, 1946.
Bailey, Sydney D. "The Russian Constituent Assembly of 1918," *Parliamentary Affairs*, VII/3 (1953): 336–44.
Balabanoff, Angelica. *Impressions of Lenin.* Ann Arbor: University of Michigan Press, 1964.
———. *My Life as a Rebel.* New York: Greenwood Press, 1938.
Balashov, A.P. and Markhashov, Iu. S., "Staraia ploshchad', 4 (20-e gody)," *Polis*, 1991, no. 1: 180–7, no. 2: 166–74, no. 4: 182–8, no. 5: 189–96, no. 6: 180–7.
Balashov, A. P. and Nelepin. *VLKSM za 10 let v tsifrakh.* Moscow: Molodaia gvardiia, 1928.
Ballis, William B. "The Political Evolution of a Soviet Satellite: The Mongolian People's Republic," *Western Political Quarterly*, 9/2 (1956): 293–329.
Barabashev, O. "Isil'kul'skie zheleznodorzhniki o klhebe," *Na leninskom puti*, 1928, no. 1 (January 31).
Baranov, A. V. "'Voennaia trevoga' 1927 g. kak faktor politischeskikh nastroenii v neposvskom obshchvestve (po material iuga Rossii)," *Rossiia i mir glazami druga druga: iz istorii vzaimovospriiatiia.* Moscow: IRI RAN, 2007, 175–93.
Baranov, Valentin. *Krest'ianskoe vosstanie v Tambovskoi gubernii: 1920–1921 gg.* Tambov: n.p., 1991.
Barany, Zoltan. "Soviet Takeover: The Role of Advisers in Mongolia and in Eastern Europe after World War II," *East European Quarterly*, 28/4 (1994): 409–33.
Bark, Sir Peter. "The Last Days of the Russian Monarchy: Nicholas II at Army Headquarters," *Russian Review*, 16/3 (1957): 35–44.
Barmin, A. G. *Sokoly Trotskogo.* Moscow: Sovremennik, 1997.
Barmine, Alexandre. *Vingt ans au service de l'U.R.S.S.: souvenirs d'un diplomate soviétique.* Paris: Albin Michel, 1939. Translated as *One Who Survived: The Life Story of a Russian Under the Soviets.* New York: G. P. Putnam's Sons, 1945.
Baron, Salo W. *The Russian Jew under Tsars and Soviets.* New York: Macmillan, 1964.
Baron, Samuel H. "Between Marx and Lenin: G. V. Plekhanov," *Soviet Survey*, 32 (1960): 94–101.
———. *Plekhanov: Father of Russian Marxism.* Stanford, CA: Stanford University Press, 1963.
Barraclough, Geoffrey. *An Introduction to Contemporary History.* New York: Basic Books, 1964.
Barrett, Thomas M. *At the Edge of Empire: The Terek Cossacks and the North Caucasus Frontier, 1700–1860.* Boulder, CO: Westview, 1999.
Barsov, A. A. *Balans stoimostnykh obmenov mezhdu gorodom i derevnei.* Moscow: Nauka, 1969.
Bartashevich, K. M. "Moskva zhdet . . . khleba," *Pogranichnik*, 1967, no. 16: 34–37.
Batenina, E. S. *Kavkaz.* Moscow: Transpechat' NKPS, 1927.
Batsell, Walter Russell. *Soviet Rule in Russia.* New York: Macmillan, 1929.
Batumskaia demonstratsiia 1902 goda. Moscow: Partizdat, 1937.
Bauer, Otto. "The Nationalities Question and Social Democracy" [1907], in *The Nationalism Reader*, edited by Omar Dahbour and Micheline R. Ishay. Atlantic Highlands, NJ: Humanities Press, 1995.
Baumgart, Winfried, ed. *Von Brest-Litovsk zur deutschen Novemberrevolution.* Gottingen: Vandenhoeck & Ruprecht, 1971.
———. *Deutsche Ostpolitik 1918: Von Brest-Litowsk bis zum Ende des Ersten Weltkrieges.* Vienna and Munich: Oldenbourg, 1966.
———. *The Crimean War 1853–1856.* New York: Oxford University Press, 2000.
Baumont, Maurice. *La faillite de la paix, 1918–1939*, 2 vols. Paris: Presses universitaires de France, 1951.
Bazhanov, Boris. *Avec Staline dans le Kremlin.* Paris: Les Éditions de France, 1930.
———. *Bazhanov and the Damnation of Stalin*, edited by David W. Doyle. Columbus: Ohio State University Press, 1990.
———. *Bajanov révèle Staline: souvenirs d'un ancien secrétaire de Staline.* Paris: Gallimard, 1979.
———. *Stalin: der Rote Diktatur.* Berlin: P. Aretz, 1931.
———. *Vospominaniia byvshego sekretaria Stalina.* Paris: Tret'ia vol'na, 1980. 2nd ed. Paris and New York: Tret'ia vol'na, 1983. Moscow: SP Sofinta, 1990.
Beatty, Bessie. *The Red Heart of Russia.* New York: Century Co., 1918.
Bechhofer, Carl Eric. *In Denikin's Russia and the Caucasus, 1919–1920.* London: W. Collins Sons, 1921.
Beck, Hermann. *The Origins of the Authoritarian Welfare State in Prussia:*

Conservatives, Bureaucracy, and the Social Question, 1815–70. Ann Arbor: University of Michigan Press, 1995.
Beck, Józef. *Dernier rapport: Politique polonaise 1926–1939.* Neuchâtel: Éditions de la Baconniere, 1951.
Beckendorff, Paul. *Last Days at Tsarskoe Selo: An Inside Account.* Found at http://www.alexanderpalace.org/lastdays/intro.html.
———. *Last Days at Tsarskoe Selo.* London: W. Heinemann, 1927.
Becker, Jean-Jacques. *The Great War and the French People.* Dover, NH: Berg, 1985.
Becker, Seymour. *Nobility and Privilege in Late Imperial Russia.* Dekalb: Northern Illinois University Press, 1985.
———. *Russia's Protectorates in Central Asia: Bukhara and Khiva, 1865–1924.* Cambridge, MA: Harvard University Press, 1968.
Beer, V. A. *Kommentarii novykh provintsial'nykh uchrezhdenii 12 iulia 1889 goda.* Moscow: Tip. A. I. Mamontova, 1894.
Beisembaev, S. *Lenin i Kazakhstan*, 2nd ed. Alma-Ata: Kazakhstan, 1987.
Beletskii, Stepan P. "Grigorii Rasputin: Iz vospominanii," *Byloe*, no. 20 (1922), no. 21, 22 (1923).
Beletskii, S. P. *Grigorii Rasputin: iz zapisok.* Petrograd: Byloe, 1923.
Beliaev, N. Z., et al. *Mikhail Kol'tsov, kakim on byl.* Moscow: Sovetskii pistael', 1989.
Beliakov, L. P. *Lagernaia sistema i politicheskie represii, 1918–1953.* Moscow-St. Petersburg: VSEGEI, 1999.
Belov, Evgenii. *Baron Ungern fon Shternberg: biografiia, ideologiia, voennye pokhody, 1920–1921 gg.* Moscow: Agraf IV RAN, 2003.
Belov, G. A., ed. *Iz istorii Vserossiiskoi Chrezvychainoi komissii, 1917–1922 gg.: sbornik dokumentov.* Moscow: Politicheskaia literatura, 1958.
Bender, Sara. *The Jews of Bialystok during World War II and the Holocaust.* Hanover, MA: University Press of New England, 2008.
Bennigsen, Alexandre S., and Wimbush, S. Enders. *Muslim National Communism in the Soviet Union: A Revolutionary Strategy for the Colonial World.* Chicago: University of Chicago Press, 1979.
Benvenuti, Francesco. *The Bolsheviks and the Red Army, 1918–1922.* New York: Cambridge University Press, 1988.
Berberova, Nina. *Zheleznaia zhenshchina.* Moscow: Knizhnaia palata, 1991.
Berdiaev, Nikolai. *Samopoznanie.* Moscow: Mysl', 1991.
Berdzenishvili, V. "Iz vospominanii," *Zaria vostoka*, February 28, 1938.
Berelowich, A., and Danilov, V. P., eds. *Sovetskaia derevnia glazami VChK-OGPU-NKVD: dokumenty i materialy, 1918–1939*, 4 vols. Moscow: Rosspen, 1998.
Berezin, Mabel. *Making the Fascist Self: The Political Culture of Interwar Italy.* Ithaca, NY: Cornell University Press, 1997.
Berezov, Pavel I. *Valerian Vladimirovich Kuibyshev, 1888–1935.* Moscow: Molodaia gvardiia, 1958.
Berghahn, Volker R. *Germany and the Approach of War in 1914*, 2nd ed. New York: St. Martin's Press, 1993.
———. *Imperial Germany, 1871–1914: Economy, Society, Culture, and Politics.* Providence, RI: Berghahn Books, 2005.
Beria, Sergo. *Beria My Father: Inside Stalin's Kremlin.* London: Duckworth, 2001.
Beriia, L. P., and Broido, G., eds. *Lado Ketskhoveli: sbornik.* Moscow: Partizdat, 1938.
Berk, Stephen M. "The Coup d'État of Admiral Kolchak: The Counter-Revolution in Siberia and Eastern Russia, 1917–1918." Phd diss., Columbia University, 1971.
Berkhin, I. B. *Voennaia reforma v SSSR 1924–1925.* Moscow: Voenizddat, 1958.
Berkman, Alexander. *Kronstadt.* Berlin: Der Syndikalist, 1922.
———. *The Bolshevik Myth: Diary 1920–1922.* London: Hutchinson, 1925, 1925.
Berlin, Isaiah, and Jahanbegloo, Ramin. *Conversations with Isaiah Berlin.* New York: Scribner's, 1991.
Berman, Harold J. *Soviet Criminal Law and Procedure: The RSFSR Codes*, rev. ed. Cambridge, MA: Harvard University Press, 1972.
Bernstein, Herman. *The Willy-Nicky Correspondence.* New York: Knopf, 1918.
———. *Na putiakh k terimodoru.* Paris: Mishen, 1931,
Besedovskii, Grigorii. *Revelations of a Soviet Diplomat.* London: Williams and Norgate, 1931.
Bessonova, A. M., et al. *Biblioteka V. I. Lenina v Kremle.* Moscow: Vsesoiuznaia knizhnaia palata, 1961.
Best, Geoffrey. "The Militarization of European Society, 1870–1914," in *The Militarization of the Western World*, edited by John Gillis. New Brunswick, NJ: Rutgers University Press, 1989.
Bestuzhev, I. V. *Bor'ba v Rossii po voprosam vneshnei politiki 1906–1910.* Moscow: Akadaemiiia nauk SSSR, 1961.
Bezobrazov, Vladimir Mikhailovich. *Diary of the Commander of the Russian Imperial Guard, 1914–1917.* Edited by Marvin Lyons. Boynton Beach, FL: Dramco, 1994.
Bezrukov, Grigorii N. "Za chem Stalin priezhal na Altai?" *Altaiskaia pravda*, December 8, 1988.
———. *Priezd I. V. Stalina na Altai: ianvar' 1928 g.: materialy k seminarskim zaniatiiam po politistorii dlia studentov.* Barnaul: BGPU, 1997.
Bialika, B. A., et al., eds. *V. I. Lenin i A. M. Gor'kii: pis'ma vospominaniia, dokumenty*, 2nd ed. Moscow: Akademiia Nauk, 1961.
Bibineishvili, B. *Kamo.* Moscow: Staryi bol'shevik, 1934.
Biggart, John. "Kirov before the Revolution," *Soviet Studies*, 23/3 (1972): 345–72.
Black, Clayton. "Zinoviev Re-Examined: Comments on Lars Lih's 'Populist Leninist,'" in *The NEP Era: Soviet Russia, 1921–1928*, 2 (2007): 25–38.
Blackstock, Paul W. *The Secret Road to World War Two: Soviet Versus Western Intelligence, 1921–1939.* Chicago: Quadrangle Books, 1969.
Blainey, Geoffrey. *The Causes of War.* New York: Free Press, 1973.
Blank, Stephen. "Soviet Nationality Policy and Soviet Foreign Policy: the Polish Case, 1917–1921," *International History Review*, 7/1 (1985): 103–28.
———. "Soviet Politics and the Iranian Revolution 1919–1921," *Cahiers du monde russe et sovietique*, 21/2 (1980): 173–94.
———. "The Contested Terrain: Muslim Political Participation in Soviet Turkestan, 1917–19," *Central Asian Survey*, 6/4 (1987): 47–73.
———. "The Struggle for Soviet Bashkiria, 1917–1923," *Nationalities Papers*, 11/1 (1983): 1–26.
———. *The Sorcerer as Apprentice: Stalin as Commissar of Nationalities, 1917–1924.* Westport, CT: Greenwood, 1994.
Blium, Arlen V. *Za kulisami "ministerstva pravdy": tainaia istoriia sovetskoi tsenzury 1917–1929.* St. Petersburg: Akademicheski proekt, 1994.
Blobaum, Robert E. "To Market! To Market! The Polish Peasantry in the Era of the Stolypin Reforms," *Slavic Review*, 59/2 (2000): 406–26.
———. *Feliks Dzierżyński and the SDKPiL: A Study of the Origins of Polish Communism.* Boulder, CO: East European Monographs, 1984.
Blum, Jerome. *Lord and Peasant in Russia from the Ninth to the Nineteenth Century.* Princeton: Princeton University Press, 1961.
Boersner, Demetrio. *The Bolsheviks and the National and Colonial Question 1917–1928.* Genève: Librairie E. Droz, 1957.
Boffa, Giuseppe. *The Stalin Phenomenon.* Ithaca, NY: Cornell University Press, 1992.
Bogdanovich, A. V. *Tri poslednikh samoderzhavtsa: dnevnik.* Moscow and Leningrad, L. D. Frenkel', 1924, No-

vosti, 1990.
Bogushevskii, V. "Kanun piatiletki," in *God vosemnadtsatyi: al'manakh vos'moi*, edited by M. Gor'kii. Moscow: Khudozhestvennaia literatura, 1935.
Bohn, T. M. "'Dummheit oder Verrat'— Gab Miljukov am 1. November 1916 das 'Sturmsignal' zur Februarrevolution?" *Jahrbucher fur Geschichte Osteuropas*, 41/3 (1993): 361–93.
Bohon, J. W. "Reactionary Politics in Russia: 1905–1909." Phd diss., University of North Carolina at Chapel Hill, 1967.
Bolezn', smert' i pogrebenie general-leitenanta barona Petra Nikolaevicha Vrangelia. Brussels: Soiuz gallipoliitsev v Belgii, 1928.
Bolsheviks and the October Revolution: Central Committee Minutes of the Russian Social-Democratic Labour Party (bolsheviks), August 1917–February 1918. London: Pluto, 1974.
Bolshevik Propaganda: Hearings before a Subcommittee on the Judiciary, United States Senate, Sixty-fifth Congress, third session and thereafter, pursuant to S. Res. 439 and 469 : February 11, 1919, to March 10, 1919. Washington, D.C.: Government Printing Office, 1919.
Boltinov, S. "Iz zapisnoi knizhki arkhivista: novye dannye ob ubiistve Lado Ketskhoveli," *Krasnyi arkhiv*, 91 (1938): 271–75.
Bompard, M. "Le traite de Bjoerkoe," *Revue de Paris*, 25 (1918): 423–48.
Bonch-Bruevich, Mikhail D. *Vsia vlast' sovetam: vospominaniia*. Moscow: Voenizdat, 1957, 1958, 1964.
Bonch-Bruevich, Vladimir D. "Smert' i pokhorony Vladimira Il'icha (po lichnym vospominaniiam)," *Krasnaia nov'*, 1925, no. 1: 186–91.
———. *Izbrannye sochinenii*, 3 vols. Moscow: Akademiia nauk SSSR, 1959-63.
———. *Na boevykh postakh fevral'skoi i oktiabr'skoi revoliutsii*, 2nd ed. Moscow: Federatisia, 1931.
———. *Pereezd Sovetskogo pravitel'stva iz Petrograda v Moskvu (po lichnym vospominaniam)*. Moscow: Zhizn' i znanie, 1926.
———. *Pokushenie na Lenina 30 Avgusta 1918 g.: po lichnym vospominaniiam*. Moscow: Zhizn' i znanie, 1924.
———. *Tri pokusheniie na V. I. Lenina*. Moscow: Federatisia, 1930.
———. *Ubiistvo germanskogo posla Mirbakha i vosstanie levykh eserov (po lichnym vopsominaniiam)*. Moscow: Gudok, 1927.
———. *Vospominaniia o Lenine*. Moscow: Akademiia nauk, 1963. Nauka, 1965. Nauka, 1969.
Bond, Brian. *War and Society in Europe, 1870–1970*. New York: St. Martin's Press, 1984.
Bordiugov, G. A., ed., *Neizvestnyi Bogdanov*, 3 vols. Moscow: Airo-XX, 1995.
Bordiugov, G. A., and Kozlov, V. A. "The Turning Point of 1929 and the Bukharin Alternative," *Soviet Studies in History*, 28 (1990): 8–39.
Borges, E. "The New Czar and What We May Expect from Him," *Harper's*, June, 1895: 129–38.
Borodin, A. P. "P. N. Durnovó: Portret tsarskogo sanovnika," *Otechestvennaia istoriia*, 2000, no. 3: 48–69.
———. *Gosudarstvennyi sovet Rossii, 1906–1917*. Kirov: Viatka, 1999.
Borrero, Mauricio. *Hungry Moscow: Scarcity and Urban Society in the Russian Civil War, 1917–1921*. New York and Oxford: Peter Lang, 2003.
Bortnevski, V. G. "White Administration and White Terror: the Denikin Period," *Russian Review*, 52/3 (1993): 354–66.
———. "Oprichnina: nevozvrashchenets Grigorii Agabekov i sekretnaia sluzhba Stalina," *Sobesednik*, 1989, no. 34 (August): 12–3.
———. "White Intelligence and Counter-Intelligence During the Russian Civil War," Carl Beck Papers, no. 1108, 1995.
———, and Varustina, E. L., eds. "A. A. Borman: Moskva 1918 (iz zapisok sekretnogo agenta v Kremle)," in *Russkoe proshloe*. Leningrad: Svelen, 1991.
Borys, Jurij. *The Sovietization of the Ukraine, 1917–1923: The Communist Doctrine and Practice of National Self-Determination*. Edmonton: Canadian Institute of Ukrainian Studies, 1960, 1980.
Borzecki, Jerzy. *The Soviet-Polish Treaty of 1921 and the Creation of Interwar Europe*. New Haven, CT: Yale University Press, 2008.
Borzunov, V. F. "Istoriia sozdaniia transsibirskoi zhelezno-dorozhnoi magistrali—nachala XX. vv," 3 vols, PhD diss., Tomsk, 1972.
Bosworth, R. J. B. *Mussolini's Italy: Life under the Fascist Dictatorship, 1915–1945*. New York: Penguin, 2006.
Bourne, Kenneth, and Watt, D. Cameron, eds. *British Documents on Foreign Affairs: Reports and Papers from the Foreign Office Confidential Print*, Part II, From the First to the Second World War. Series A, the Soviet Union, 1917–1939, 17 vols. Bethesda, MD: University Publications of America, 1984–92.
Boyd, John. "The Origins of Order Number 1," *Soviet Studies*, 19/3 (1967): 359–72.
Brackman, Roman B. *The Secret File of Joseph Stalin: A Hidden Life*. London and Portland, OR: Frank Cass, 2001.
Bradley, James F. N. *Allied Intervention in Russia*. New York: Basic, 1968.
Bradley, Joseph. *Voluntary Associations in Tsarist Russia: Science, Patriotism, and Civil Society*. Cambridge, MA: Harvard University Press, 2009.
Brandt, Conrad. *Stalin's Failure in China, 1924–1927*. Cambridge, MA: Harvard University Press, 1958.
Brewer, John. *Sinews of Power: War, Money, and the English State, 1688–1783*. Cambridge, MA: Harvard University Press, 1988.
Breyfogle, Nicholas. *Heretics and Colonizers: Forging Russia's Empire in the South Caucasus*. Ithaca, NY: Cornell University Press, 2005.
Brianskii, A. M., et al. *Vsesoiuznaia perepis' naseleniia 1926 goda*. Moscow: TsSU SSSR, 1928.
Bridge, F. R. *Great Britain and Austria-Hungary 1906–1914: A Diplomatic History*. London: London School of Economics and Political Science; Weidenfeld and Nicolson, 1972.
Brike, S. "Ekonomicheskie protsessy v sibirskoi derevne," *Zhizn' sibiri*, 1927, no. 1.
Brinkley, George A. *The Volunteer Army and the Allied Intervention in South Russia, 1917–1921*. South Bend, IN: University of Notre Dame Press, 1966.
Brinton, Crane. *Anatomy of Revolution*. New York: W. W. Norton, 1938.
Broadberry, Stephen, and Harrison, Mark, eds. *The Economics of World War*. New York: Cambridge University Press, 2005.
Brock, J. "The Theory and Practice of the Union of the Russian People, 1905–1907." Phd diss., University of Michigan, 1972.
Broido, Vera. *Lenin and the Mensheviks: The Persecution of Socialists under Bolshevism*. Aldershot, England: Gower/M. Temple Smith, 1987.
Brook-Shepherd, Gordon. *Storm Petrels: The First Soviet Defectors, 1928–1938*. London: Collins, 1977.
Broue, Pierre. *The German Revolution, 1917–1923*. Leiden, Netherlands: Brill, 2005.
Brovkin, Vladimir N. *The Mensheviks After October: Socialist Oppression and the Rise of the Bolshevik Dictatorship*. Ithaca, NY: Cornell University Press, 1987.
———. "Workers' Unrest and the Bolsheviks' Response in 1919," *Slavic Review* 49/3 (1990): 350–73.
———. *Behind the Front Lines of the Civil War: Political Parties and Social Movements in Russia, 1918–1922*. Princeton, NJ: Princeton University Press, 1994.
———, ed. *Dear Comrades: Menshevik Reports on the Bolshevik Revolution and the Civil War*. Stanford, CA: Hoover Institution Press, 1991.
———. *Russia after Lenin: Politics, Cul-*

ture, and Society, 1921–1929. London and New York: Routledge, 1998.

Browder, Robert Paul, and Kerensky, Alexander F., eds. *The Russian Provisional Government: Documents*, 3 vols. Stanford, CA: Hoover Institution Press, 1961.

Brower, Daniel R. "The Smolensk Scandal and the End of NEP," *Slavic Review*, 45/4 (1986): 689–706.

Brown, Stephen. "Lenin, Stalin and the Failure of the Red Army in the Soviet-Polish War of 1920," *War and Society*, 14/2 (1996): 35–47.

Brunck, Helma. *Bismarck und das preussische Staatsministerium, 1862–89.* Berlin: Duncker and Humboldt, 2004.

Brunn, Geoffrey, and Mamatey, Victor S. *The World in the Twentieth Century*, 4th ed. Boston: Heath, 1962.

Brusilov, A. A. *A Soldier's Note-book, 1914–1918.* London: Macmillan, 1930.

———. *Moi vospominaniia.* Moscow: Voenizdat, 1963.

Brutzkus, B. D. "Die russische Agrarrevolution," *Zeitschrift fur die gesammte Staatswissenschaft*, 78 (1924): 301–45.

Buber-Neumann, Margarete. *Von Potsdam nach Moskau: Stationen eines Irrweges.* Stuttgart: Deutsche Verlags-Anstalt, 1957.

Bublikov, A. A. *Russkaia revoliutsiia.* New York: [s.n.] , 1918.

Bubnov, Andrei, et al., eds. *Grazhdanskaia voina 1918–21*, 3 vols. Moscow: Voennyi vestnik, 1928–30.

Buchan, John. *A History of the Great War*, 4 vols. Boston: Houghton Mifflin, 1922.

Buchanan, Sir George. *My Mission to Russia and Other Diplomatic Memories*, 2 vols. Boston: Little, Brown, 1923.

Buchanan, Meriel. *Petrograd: The City of Trouble, 1914–1918.* London: Collins, 1918.

Budberg, Aleksei. "Dnevik," in *Arkhiv russkoi revoliutsii*, ed. Gessen. XV (1924): 254–345.

Budennyi, S. M. *Proidennyi put,'* 3 vols. Moscow: Voenizdat, 1958–1973.

Budnikov, V. P. *Bol'shevistskaia partiinaia pechat' v 1917 g.* Kharkov: Kharkovskii universitet, 1959.

Budnitskii, O. V. *Rossiiskie evrei mezhdu krasnymi i belymi (1917–1920).* Moscow: Rosspen, 2006.

Budnitskii, Oleg, ed. *Sovershenno lichno i doveritel'no!' B. A. Bakhmetev–V. A. Maklakov: perepiska 1919–1951*, 3 vols. Moscow and Stanford: Rosspen and the Hoover Institution Press, 2001–2.

———. "Boris Bakhmeteff's Intellectual Legacy in American and Russian Collections," *Slavic and East European Information Resources*, 4/4 (2003): 5–12.

———. *Den'gi russkoi emigratsii: kolchakovskoe zoloto 1918–1957.* Moscow: Novoe literaturnoe obozrenie, 2008.

Bukharin, N. K. "O novoi ekonomichheskoi politiki i nashikh zadachakh," *Bol'shevik*, 1925, no. 9–10 (June 1): 3-15.

———. *Izbrannye proizvedeniia.* Moscow: Politicheskaia literatura, 1988.

———. *Problemy teorii i praktiki sotsializma.* Moscow: Politizdat, 1989.

———. *Put' k sotsializmu v Rossii: izbrannye proizvedeniia.* Novosibirsk: Nauka, Sibirskoe otdelenie, 1990.

———. *Tsezarizm pod maskoi revoliutsii: po povodu knigi prof. N. Ustrialova Pod znakom revoliutsii.* Moscow: Pravda, 1925.

Bukhnikashvili, G. *Gori: Istoricheskii ocherk.* Tblisi: Zaria vostoka, 1947.

Bukov, K. I., et al., eds. *Nedorisovannyi portret, 1920: 50-letie V. I. Lenina v rechakh stat'iakh, privetstviiakh.* Moscow: Moskovskii rabochii, 1990.

Buldakov, V. P., et al. *Bor'ba za massy v trekh revoliutsiakh v Rossii: proletariat i srednie gorodskie sloi.* Moscow: Mysl', 1981.

Bullock, David. *The Russian Civil War, 1918–1921.* Oxford: Osprey, 2008.

Bulygin, Paul. *The Murder of the Romanovs.* London: Hutchinson, 1935.

Bunin, Ivan. *Cursed Days: A Diary of Revolution.* Chicago, Ivan R. Dee, 1998.

Bunyan, James. *Intervention, Civil War, and Communism in Russia, April–December 1918: Documents and Materials.* Baltimore: Johns Hopkins University, 1936.

———, and Fisher, Harold H., eds. *The Bolshevik Revolution, 1917–1918: Documents and Materials.* Stanford, CA: Stanford University Press, 1934.

Burbank, Jane. *Intelligentsia and Revolution: Russian Views of Bolshevism, 1917–1922.* New York: Oxford University Press, 1986.

Burdzhalov, E. N. "Revolution in Moscow," *Soviet Studies in History*, 26/1 (1987–8): 10–100.

———. *Vtoraia russkaia revoliutsiia: vosstanie v Petrograde.* Moscow: Nauka, 1967. Translated as *Russia's Second Revolution: The February 1917 Uprising in Petrograd.* Bloomington: Indiana University Press, 1987.

Burgess, William Francis. "The Istpart Commission: The Historical Department of the Russian Communist Party Central Committee, 1920–1928." Phd diss., Yale University, 1981.

Burgina, Anna. *Sotsial-demokraticheskaia menshevistskaia literatura.* Stanford, CA: Hoover Institution Press, 1967.

Bushkovitch, Paul. "Princes Cherkasskii or Circassian Murzas: The Kabardinians in the Russian Boyar Elite, 1560–1700," *Cahiers du monde russe*, 45/1–2 (2004): 9–30.

———. *Peter the Great: The Struggle for Power, 1671–1725.* New York: Cambridge University Press, 2001.

Bushnell, John. "The Tsarist Officer Corps 1881–1914: Customs, Duties, Inefficiencies," *American Historical Review*, 86/4 (1981): 753–80.

———. *Mutiny amid Repression: Russian Soldiers in the Revolution of 1905–1906.* Bloomington: Indiana University Press, 1985.

Buzurbaev, G. U. *Kuibyshev v Sibiri.* Novosibirsk: Novosibirskoe obl. gosizdat, 1939.

Bykov, P. M. *Poslednie dni Romanovykh.* Sverdlovsk: Ural-kniga, 1926.

Cameron, G. Poulet. *Personal Adventures and Excursions in Georgia, Circassia, and Russia*, 2 vols. London: Henry Colburn, 1845.

Cameron, Rondo, and Bovykin, V. I., eds. *International Banking, 1870–1914.* New York: Oxford University Press, 1991.

Campbell, T. D. *Russia: Market or Menace.* London: Longman, 1932.

Canali, M. *Il delitto Matteotti: affarismo e politica nel primo governo Mussolini.* Bologna: Il Mulino, 1997.

Carley, Michael Jabara. "Episodes from the Early Cold War: Franco-Soviet Relations 1917–1927," *Europe-Asia Studies*, 52/7 (2000): 1275–1305.

———. "The Politics of Anti-Bolshevism: The French Government and the Russo-Polish War, December 1919 to May 1920," *Historical Journal*, 19/1 (1976): 163–89.

———. *Silent Conflict: A Hidden History of Early Soviet-Western Relations.* Lanham, Md.: Rowman & Littlefield, 2014.

Carr, Edward Hallett. "Revolution from Above: Some Notes on the Decision to Collectivize Soviet Agriculture," in *The Critical Spirit: Essays in Honor of Herbert Marcuse*, edited by K. H. Wolff and Barrington Moore, Jr. Boston: Beacon (1967): 313–27.

———. "The Origins and Status of the Cheka," *Soviet Studies*, 10/1 (1958): 1–11.

———. *Socialism in One Country 1924–1926*, 3 vols. New York: Macmillan, 1958.

———. *The Bolshevik Revolution, 1917–1923*, 3 vols. New York: Macmillan, 1953.

———. *The Interregnum, 1923–1924.* New York: Macmillan, 1954.

———. *The Russian Revolution from Lenin to Stalin, 1917–1929.* New York: Macmillan, 1979.

———, and Davies, R. W. *Foundations of a Planned Economy, 1926–1929*, 3 vols. London and Basingstroke: Macmillan, 1969–1978.

Carsten, Frederick L. *Revolution in Central Europe, 1918–1919.* Berkeley: University of California Press, 1972.

Chaikan, Vadim A. *K istorii Rossiikoi*

revoliutsii, vyp. 1. Moscow: Grzhebin, 1922.
Chakhvashvili, I. A. *Rabochee dvizhenie Gruzii, 1870–1904.* Tbilisi: Sabchota Sakartvelo, 1958
Chamberlain, Lesley. *Lenin's Private War: The Voyage of the Philosophy Steamer and the Exile of the Intelligentsia.* New York: St. Martin's Press, 2006.
Chamberlin, William Henry. *The Russian Revolution*, 2 vols. New York: Macmillan, 1935.
Channon, John. "The Bolsheviks and the Peasantry: The Land Question during the First Eight Months of Soviet Rule," *Slavonic and East European Review*, 66/4 (1988): 593–624.
———. "Tsarist Landowners After the Revolution: Former Pomeshchiki in Rural Russia during the NEP," *Soviet Studies*, 34/4 (1987): 575–98.
Chaquèri, Cosroe. *The Soviet Socialist Republic of Iran, 1920–1921: Birth of the Trauma.* Pittsburgh: University of Pittsburgh Press, 1995.
Chase, William J. *Workers, Society, and the Soviet State: Labor and Life in Moscow, 1918–1929.* Urbana: University of Illinois Press, 1987.
———. "Workers' Control and Socialist Democracy," *Science and Society*, 50/2 (1986): 226–38.
Chaudhry, Kiren Aziz. "The Myths of the Market and the Common History of Late Developers," *Politics and Society*, 21 (1993): 245–74.
Chavchavadze, David. *The Grand Dukes.* New York: Atlantic International Publications, 1990.
Chavichvili, Khariton A. *Patrie, prisons, exil—Stalin et nous.* Paris: Defense de la France, 1946.
———. *Revolutionnaires russes à Geneve en 1908.* Geneva: Poesie vivante, 1974.
Chelidze, Karlo S. *Iz revoliutsionnogo proshlogo Tbilisskoi dukhovnoi seminarii.* Tbilisi: Tbilisskoi universitet, 1988.
Chermenskii, E. D. "Nachalo vtoroi rossiiskoi revoliutsii," *Istoriia SSSR*, 1987, no. 1.
———. *IV Gosudarstvennaia Duma i sverzhenie tsarizma v Rossii.* Moscow: Mysl', 1976.
Cherniavskii, Georgii. "Samootvod: kak Stalin sam sebia s genseka snimal," *Rodina*, 1994, no. 1: 67-69.
Cherniavsky, Michael, ed. *Prologue to Revolution: Notes of A. N. Iakhontov on the Secret Meetings of the Council of Ministers, 1915.* Englewood Cliffs, NJ: Prentice-Hall, 1967.
———. *Tsar and People: Studies in Russian Myths.* New Haven, CT: Yale University Press, 1969.
Chernina, Eugenia, Dower, Paul Casteñeda, and Markevich, Andrei. "Property Rights, Land Liquidity, and Internal Migration," working paper.
Chernomortsev A. "Krasnyi Tsaritsyn," *Donskaia volna (ezhedel'nik istorii, literatury i satiri)*, February 3, 1919: 6–10.
Chernov, Victor M. "Lenin: A Contemporary Portrait," *Foreign Affairs* (March 1924): 366–372.
———. *The Great Russian Revolution.* New Haven, CT: Yale University Press, 1936.
Chernov, V. M. *Rozhdenie revoliutsionnoi Rossii (fevral'skaia revoliutsiia).* Paris, Prague, New York: Iubeleiyni komitet po izdaniiu trudov V. M. Chernova, 1934.
Chernykh, Alla I. *Stanovlenie Rossii sovetskoi: 20-e gody v zerkale sotsiaologii.* Moscow: Pamiatniki istoricheskoi mysli, 1998.
Chertok, Semen. *Stop-Kadr.* London: OPI, 1988.
Chervinskaia, N. S. *Lenin, u rulia strany Sovetov: po vospominaniiam sovremennikov i dokumentam, 1920–1924*, 2 vols. Moscow: Politcheskaia literatura, 1980.
Chevychelov, Viacheslav Ia. *Amaiak Nazaretian.* Tblisi: Sabchota Sakartvelo, 1979.
Chicherin, G. *Two Years of Soviet Foreign Policy: The Relations of the Russian Socialist Federal Soviet Republic with Foreign Nations, from November 7, 1917, to November 7, 1919.* New York: The Russian Soviet Government Bureau, 1920.
Chicherin, G. V. *Vneshniaia politika Sovetskoi Rossii za dva goda: ocherk, sostavlennyi k dvukhletnei godovshchine raboche-krest'ianskoi revoliutsii.* Moscow: Gosizdat, 1920.
Chickering, Roger. "Sore Loser: Ludendorff's Total War," in *The Shadows of Total War: Europe, East Asia, and the United States, 1919–1939*, edited by Roger Chickering and Stig Forster. New York: Cambridge University Press, 2003.
Chigir, Olesia Ia. "Grigorii Iakovlevich Sokol'nikov: lichnost' i deiatel'nost'." Phd diss., Ryazan, 2009.
Chistiakov, K. *Ubit' za Rossiiu! Iz istorii Russkogo emigrantskogo "aktivizma," 1918–1939 gg.* Moscow: Ippolitov, 2000.
Chistiakov, O. I. "Formirovanie RSFSR kak federativnoe gosudarstvo," *Voprosy istorii*, 1968, no. 8: 3–17.
———. "Obrazovanie Rossiiskoi Federatsii, 1917–1920 gg.," *Sovetskoe gosudarstvo i pravo*, 1957, no. 10: 3–12.
Chkhetia, Shalva K. *Tblisi v XIX stoletii* (1865–1869). Tblisi, 1942.
Chmielski, E. "Stolypin's Last Crisis," *California Slavonic Papers*, 3 (1964): 95–126.
Chokaiev, Mustapha. "Turkestan and the Soviet Regime," *Journal of the Royal Central Asian Society*, 18 (1931): 403–20.
Christensen, Thomas J., and Snyder, Jack. "Chain Gangs and Passed Bucks: Predicting Alliance Patterns in Multipolarity," *International Organization*, 44/2 (1990): 137–68.
Chudaev, D. A. "Bor'ba Komunisticheskoi partii za uprochnenie Sovetskoi vlasti: razgrom levykh eserov," *Uchenye zapiski Moskovskogo oblastnogo pedagogicheskogo instituta*, XXVII/ii (Moscow, 1953), 177–226.
Chuev, Feliks. *Kaganovich, Shepilov.* Moscow: Olma, 2001.
———. *Molotov: poluderzhavnyi vlastelin.* Moscow: Olma, 1999.
———. *Molotov Remembers: Inside Kremlin Politics.* Chicgao: I. R. Dee, 1993.
———. *Sto sorok besed s Molotovym.* Moscow: Terra, 1991.
———. *Tak govoril Kaganovich: ispoved' stalinskogo apostola.* Moscow: Otechestvo, 1992.
Chugaev, D. A. *Revoliutsionne dvizhenie v Rossii v avguste 19–17 g.: razgrom kornilovskogo miatezha.* Moscow: Akademiia nauk SSSR, 1959.
———, et al., eds. *Petrogradskii voenno-revoliutsionnyi komitet: dokumenty i materialy*, 3 vols. Moscow: Nauka, 1966–67.
Chulok, I. S. *Ocherki istorii batumskoi kommunisticheskoi organizatsii 1890–1921 gody.* Batum: Sabtsota Adzara, 1970.
Churchill, Rogers Platt. *The Anglo-Russian Convention of 1907.* Cedar Rapids, IA: The Torch, 1939.
Churchill, Winston. *The World Crisis: The Aftermath.* London: T. Butterworth, 1929.
Clark, Christopher. *Kaiser Wilhelm II.* Harlow: Longman, 2000.
———. *The Sleepwalkers: How Europe Went to War in 1914.* New York: Penguin, 2012.
Claudin, Fernando. *The Communist Movement: from Conmintern to Cominform.* New York: Monthly Review Press, 1975.
Cleinow, Georg. *Neue Sibirien (Sib-krai): eine Studie zum Aufmarsch der Sowjetmacht in Asien.* Berlin: R. Hobbing, 1928.
Codrescu, Andrei. *The Posthuman Dada Guide: Tzara and Lenin Play Chess.* Princeton, NJ: Princeton University Press, 2009.
Cohen, Jon S. "The 1927 Revaluation of the Lira: A Study in Political Economy," *Economic History Review*, 25/4 (1972): 642–54.
Cohn, Norman. *Warrant for Genocide: The Myth of the Jewish World-Conspiracy and the Protocols of the Elders of Zion.* London: Eyre & Spottiswoode, 1967.
Colton, Timothy J. "Military Councils and Military Politics in the Russian Civil War," *Canadian Slavonic Papers*, 18/1 (1976): 36–57.
———. *Moscow: Governing the Socialist*

Metropolis. Cambridge, MA: Belknap Press of Harvard University, 1995.
Conant, Charles A. *Wall Street and the Country: A Study of Recent Financial Tendencies*. New York and London: G. P. Putnam's Sons, 1904.
Conquest, Robert. *Stalin: Breaker of Nations*. New York: Viking, 1991.
———. *The Great Terror: A Reassessment*. New York: Oxford University, 1990.
Conrad, Sebastian. *Globalisation and Nation in Imperial Germany*. New York: Cambridge University Press, 2010.
Conte, Francis. *Christian Rakovski, 1873–1941: A Political Biography*. Boulder, CO: East European Monographs, 1989.
Cook, Andrew, *To Kill Rasputin: The Life and Death of Gregori Rasputin*. London: Tempus, 2006.
Coox, Alvin D. *Nomonhan, Japan against Russia, 1939*. Stanford, CA: Stanford University Press, 1985, 1990.
Cotton, Sir Henry. *New India, or India in Transition*. London: Kegan Paul, Trench, Trübner, 1907.
Courtois, Stéphane, et al. *The Black Book of Communism*. Cambridge, MA: Harvard University Press, 1999.
Crampton, R. J. "The Balkans, 1914–1918," in *The Oxford Illustrated History of the First World War*, edited by Hew Strachan. New York: Oxford University Press, 1998.
Crawford, Rosemary A., and Crawford, Donald. *Michael and Natasha: The Life and Love of Michael II, the Last of the Romanov Tsars*. London: Weidenfeld & Nicolson, 1997.
Crisp, Olga. "The State Peasants under Nicholas I," *Slavonic and East European Review*, 37, no. 89 (1959): 387–412.
———. *Studies in the Russian Economy Before 1914*. New York: Barnes and Noble, 1976.
D'Abernon, Edgar V. *The Eighteenth Decisive Battle of the World: Warsaw 1920*. London: Hodder & Stoughton, 1931.
Dakhshleiger, G. F. *V. I. Lenin i problem kazakhstanskoi istoriografii*. Alam-Ata: Nauka KSSR, 1973.
Dallin, David J. *Soviet Espionage*. New Haven, CT: Yale University Press, 1955.
Daly, Jonathan W. *Autocracy Under Siege: Security Police and Opposition in Russia, 1866–1905*. DeKalb: Northern Illinois University Press, 1998.
———. *The Watchful State: Security Police and Opposition in Russia, 1906–1917*. DeKalb: Northern Illinois University Press, 2004.
Dan, Lidiia. "Bukharin o Staline," *Novyi zhurnal*, 1964, no. 75: 181-2.
Dan, Theodore. *The Origins of Bolshevism*. New York: Harper and Row, 1964.
Daniels, Gordon, et al. "Studies in the Anglo-Japanese Alliance (1902–1923)," London School of Economics, Suntory and Toyota International Centres for Economics and Related Disciplines, Paper No. IS/2003/443, January 1903. Found at http://sticerd.lse.ac.uk/dps/is/is443.pdf.
Daniels, Robert V. "Stalin's Rise to Dictatorship," in *Politics in the Soviet Union*, edited by Alexander Dallin and Alan F. Westin. New York: Harcourt, Brace and World, 1966.
———. "The Bolshevik Gamble," *Russian Review*, 26/4 (1967): 331–40.
———. "The Left Opposition as an Alternative to Stalinism," *Slavic Review*, 50/2 (1991): 277–85.
———. "The Secretariat and Local Organizations in the Russian Communist Party, 1921–1923," *American Slavic and East European Review*, 16/1 (1957): 32–49.
———. *Conscience of the Revolution: Communist Opposition in Soviet Russia*. Cambridge, MA: Harvard University Press, 1960.
———. *Red October: The Bolshevik Revolution of 1917*. New York: Scribner's, 1967.
———. *The Nature of Communism*. New York: Random House, 1962.
———, ed. *The Russian Revolution*. Englewood Cliffs, NJ: Prentice Hall, 1972.
———, ed., *A Documentary History of Communism*, 2 vols. New York: Random House, 1960. rev. ed., 2 vols. Hanover, NH: University Press of New England for University of Vermont, 1984, 3rd ed. Hanover, NH: University Press of New England for University of Vermont, 1993.
Danilevskii, A. F. *V. I. Lenin i voprosy voennogo stroitel'stva na VIII s"ezde RKP (b)*. Moscow: Voenizdat, 1964.
Danilov, G. "How the Tsar Abdicated," *Living Age*, no. 336 (April 1929): 99–104.
Danilov, Iu. N. *Rossiia v mirovoi voine, 1914–1915 gg*. Berlin: Slovo, 1924.
———. "Moi vospominaniia ob imperatore Nikolae II-om i vel. kniaze Mikhaile Aleksandroviche," in *Arkhiv russkoi revoliutsii*, edited by Gessen. XIX, 1928.
Danilov, V. P. "We Are Starting to Learn about Trotsky," *History Workshop*, 29 (1990): 136–46.
———. "Pereraspredelenie zemel'nogo fonda Rossii v rezul'tate Velikoi Oktiabr'skoi revoliutsii," in I. I. Mints, ed., *Leninskii dekret "o zemle" v deistvii; sbornik statei*. Moscow: Nauka, 1979, 261–310.
———. *Rural Russia under the New Regime*. Bloomington: Indiana University Press, 1988.
———, and Khlevniuk, Oleg, eds. *Kak lomali NEP: stenogrammy plenumov TsK VKP(b) 1928–1929 gg.*, 5 vols. Moscow: Demokratiia, 2000.
———, ed. *Nestor Makhno, krest'ianskoe dvizhenie na Ukraine, 1918–1921: dokumenty i materialy*. Moscow: Rosspen, 2006.
———, et al., eds. *Krest'ianskoe vosstanie v Tambovskoi gubernii v 1919–1921 gg., "Antonovshchina": dokumenty i materialy*. Tambov: MINTS, 1994.
———. *Sovetskoe krest'ianstvo: kratkii ocherk istorii, 1917–1970*, 2nd ed. Moscow: Politizdat, 1973.
———. *Tragediia sovetskoi derevni: kollektivizatsiia i raskulachivaniie, dokumenty i materialy, 1927–1939*, 5 vols. Moscow; Rosspen, 2000.
Darlington, Thomas. *Education in Russia*. London: Wyman and Sons, 1909.
Daulet, Shafiga. "The First All-Muslim Congress of Russia, Moscow, 1–11 May 1917," *Central Asian Survey*, 8/1 (1989): 21–47.
Davatts, V. Kj., and L'vov, N. N. *Russkaia armiia na chuzhbine*. Belgrad: Russkoe izdate'stvo, 1923.
Davies, Norman. "Izaak Babel's 'Konarmiya' Stories, and the Polish-Soviet War," *Modern Language Review*, 67/4 (1972): 845–57.
———. *White Eagle, Red Star: The Polish-Soviet War, 1919–1920*. London: Macdonald, 1972.
Davies, R. W. "Carr's Changing Views of the Soviet Union," in *E. H. Carr A Critical Appraisal*, edited by Michael Cox. London: Palgrave, 2000.
Davies, Robert W. *From Tsarism to the New Economic Policy: Continuity and Change in the Economy of the USSR*. Basingstroke: Macmillan, 1990.
———. *From Tsarism to the New Economic Policy: Continuity and Change in the Economy of the USSR*. Ithaca, NY: Cornell University Press, 1991.
———. Review of David Stone, *International History Review*, 23/3 (2001): 699–701.
———. *The Socialist Offensive: The Collectivization of Soviet Agriculture, 1929–1930*. Cambridge, MA: Harvard University Press, 1980.
———. *The Soviet Economy in Turmoil, 1929–1930*. Cambridge, MA: Harvard University Press, 1989.
———, and Wheatcroft, Stephen G. "Further Thoughts on the First Soviet Five-Year Plan," Slavic Review, 34/4 (1975).
———. *The Years of Hunger: Soviet Agriculture, 1931–1933*. New York: Palgrave Macmillan, 1994.
Davies, Robert W., et al. *The Economic Transformation of the Soviet Union, 1913–1945*. New York: Cambridge University Press, 1994.
———, eds. *NEP: priobreteniia i poteri*. Moscow: Nauka, 1994.
Davies, Sarah, and Harris, James, eds. *Stalin: a New History*. New York: Cambridge University Press, 2005.
Davis, Jerome. "Stalin, New Leader, Ex-

plains Aims and Policies of Soviets," *New York American*, October 3, 1926: 1–2.

———. *Behind Soviet Power: Stalin and the Russians*. West Haven, CT: Reader's Press, 1949.

Davis, Mike. *Late Victorian Holocausts: El Niño, Famines, and the Making of the Third World*. London and New York: Verso, 2001.

Davletshin, Tamurbek. "The Federal Principle in the Soviet State," *Studies on the Soviet Union*, 6/3 (1967).

———. *Sovetskii Tatarstan: teoriia i praktika Leninskoi natsional'noi politiki*. London: Our World, 1974.

Davydov, Mikhail A. *Vserossiiskii rynok v kontse XIX-nachale XX vv. i zheleznodorozhnaia statistika*. St. Petersburg: Aleteiia, 2010.

Dawrichewy, Joseph. *Ah: ce qu'on rigolait bien avec mon ami Staline!* Paris: Jean-Claude Simoen, 1979.

de Basily, Nicolas. *Diplomat of Imperial Russia, 1903–1917: Memoirs*. Stanford, CA: Hoover Institution Press, 1973.

de Begnac, Yvon. *Palazzo Venezia: storio di un Regime*. Rome: La Rocca, 1950.

de Felice, Renzo. *Mussolini il fascista*. Turin: G. Einaudi, 1966–68.

———. *Mussolini il rivoluzionario, 1883–1920*. Turin: G. Einaudi, 1965.

de Gaulle, Charles. *Lettres, notes et carnets*, 12 vols. Paris: Plon, 1980–88.

de Groot, Gerard J. *Douglas Haig, 1861–1928*. London: Unwin Hyman, 1988.

De Lon, Roy Stanley. "Stalin and Social Democracy: The Political Memoirs of David A. Sagirashvili." Phd diss., Georgetown University, 1974.

de Madariaga, Isabel. *Russia in the Age of Catherine the Great*. New Haven, CT: Yale University Press, 1981.

De Michelis, Cesare G. *The Non-Existent Manuscript: A Study of the Protocols of the Sages of Zion*. Lincoln, NB: University of Nebraska Press, 2004.

de Taube, Michel. *La politique russe d'avant-guerre et la fin de l'empire des tsars (1904–1917): memoires*. Paris: E. Leroux, 1928.

Deacon, Richard. *A History of the Russian Secret Service*. New York: Taplinger, 1972.

Deal, Zack. *Serf and Peasant Agriculture: Khar'kov Province, 1842–1861*. New York: Arno, 1981.

Debo, Richard K. "G. V. Chicherin: A Historical Perspective," in *Soviet Foreign Policy, 1917–1991: A Retrospective*. London: Frank Cass, 1994, ed. by Gabriel Gorodetsky.

———. "Lloyd George and the Copenhagen Conference of 1919–1920: The Initiation of Anglo-Soviet Negotiations," *The Historical Journal* 24/2 (1981): 429–41.

———. "The Making of a Bolshevik: Georgii Chicherin in England, 1914–1918," *Slavic Review*, 25/4 (1966): 651–62.

———. *Revolution and Survival: The Foreign Policy of Soviet Russia, 1917–18*. Toronto: University of Toronto Press, 1979.

———. *Survival and Consolidation: The Foreign Policy of Soviet Russia, 1918–21*. Montreal and Buffalo: McGill-Queen's University Press, 1992.

Dedijer, Vladimir. *The Road to Sarajevo*. New York: Simon & Schuster, 1966.

Degoev, Vladimir V. *Kavkaz i velikie derzhavy, 1829–1864 gg.: Politika, voina, diplomatiia*. Moscow: Rubezhi XXI, 2009.

Degras, Jane, ed. *Soviet Documents on Foreign Policy*, 3 vols. London and New York: Oxford University Press, 1951–53.

———. *The Communist International, 1919–1943: Documents*, 3 vols. New York: Oxford University Press, 1956–65.

———. *The Communist International, 1919–1943: Documents*, 2 vols. London: Frank Cass, 1971.

Deist, Wilhelm, and Feuchtwanger, E. J. "The Military Collapse of the German Empire: The Reality behind the Stab in the Back Myth," *War in History*, 3/2 (1996): 186–207.

Dekrety Sovetskoi vlasti, 16 vols. Moscow: Gosizdat/Rosspen, 1957.

Demidov, V. V. "Khlebozagotovitel'naia kampaniia 1927/28 g. v sibirskoi derevne," in *Aktual'nye problemy istorii sovetskoi Sibiri*, edited by V. I. Shishkin. Novosibirsk: Nauka, sibirskoe otdelenie, 1990.

———. *Politicheskaia bor'ba i oppozitsiia v Sibiri, 1922–1929 gg*. Novosibirsk: Sibirskii kadrovyi tsentr, 1994.

Denezhnaia reforma 1921–1924 gg., sozdanie tverdoi valiuty: dokumenty i materialy. Moscow: Rosspen, 2008.

Denezhnoe obrashchenie i kreditnaia sistema Soiuza SSR za 20 let: sbornik vazhneishikh zakonodatel'nykh materialov za 1917–1937 gg. Moscow: Gosfinizdat, 1937.

Denikin, A. I. *Ocherki russkoi smuty: Krushenie vlasti i armii*, 5 vols. Paris and Berlin: J. Povolozky & cie, 1921–26.

Desiat' let Kommunisticheskogo universiteta im. Ia. M. Sverdlova: 1918–1928 gg. Moscow: Kommunisticheskii universitet, 1928.

Desiat' let sovetskoi diplomatii: akty i dokumenty. Moscow: Litizdat narkomindela, 1927.

Deutscher, Isaac. *Stalin: A Political Biography*, 2nd ed. New York: Oxford University Press, 1967.

———. *The Prophet Armed: Trotsky, 1879–1921*. New York: Oxford University Press, 1954.

———. *The Prophet Unarmed: Trotsky, 1921–1929*. New York: Oxford University Press, 1959.

———. *The Unfinished Revolution: Russia, 1917–1967*. New York: Oxford University Press, 1967.

Dewey, John, et al. *The Case of Leon Trotsky: Report of Hearings on the Charges Made Against Him in the Moscow Trials, by the Preliminary Commission of Inquiry*. New York: Harper and Row, 1937.

D'iachenko, V. P. *Istoriia finansov SSSR 1917–1950 gg*. Moscow: Nauka, 1978.

Diakin, V. S. "Stolypin i dvoriantsvo (Proval mestnoi reformy)," in *Problemy krest'ianskogo zemlevladeniia i vnutrennei politiki Rossii: dooktiabr'skii period*. Leningrad: Nauka, 1972, 231–74.

———. "The Leadership Crisis in Russia on the Eve of the February Revolution," *Soviet Studies in History*, 23/1 (1984): 10–38.

———. *Burzhuaziia, dvorianstvo i tsarizm v 1911–1914 gg*. Leningrad: Nauka, 1988.

———. *Russkaia burzhuaziia i tsarizm: v gody pervoi mirovoi voiny (1914–1917)*. Leningrad: Nauka, 1967.

D'iakov, Iu. L., and Bushueva, T. S., eds. *Fashistskii mech kovalsia v SSSR, Krasnaia Armiia i Reikhsver, tainoe sotrudnichestvo 1922–1933: neizvestnye dokumenty*. Moscow: Sovetskaia Rossiia, 1992.

Dickerman, Leah, ed. *Dada*. Washington, D.C.: National Gallery of Art, 2006.

Dickinson, G. Lowes. *The International Anarchy, 1904–1914*. New York: The Century Co., 1926.

Dickson, P. G. M. *Finance and Government under Maria Theresa 1740–1780*. Oxford: Clarendon, 1987.

Dillon, Emile Joseph. *The Eclipse of Russia*. London and Toronto: J. M. Dent & Sons, 1918.

Dimanshtein, S. M., ed. *Revoliutsiia i natsional'nyi vopros*. Moscow: Kommunisticheskaia akademiia, 1930.

Dimitriev, Iu. A. *Sovetskii tsirk: ocherki istorii, 1917–1941*. Moscow: Iskusstvo, 1963.

Dirketivy glavnogo komandovaniia Krasnoi Armii (1917–1920). Moscow: Voenizdat, 1969.

Diskussiia 1923 goda: materialy i dokumenty. Moscow: Gosizdat, 1927.

Dmitrenko, Sergei L. *Bor'ba KPSS za edinstvo svoikh riadov, oktiabr' 1917–1937 gg*. Moscow: Politiizdat, 1976.

Dmitrenko, V. P. "Chto takoe NEP?" *Voprosy istorii*, 1988, no. 9: 44-7.

Dmitriev, Iurii. *Pervyi chekist*. Moscow: Molodaia gvardiia, 1968.

Dmitriev, V. K. *Kriticheskie issledovaniia o potreblenii alkogoliia v Rossii*. Moscow: V. P. Riabushinskii, 1911.

Dmitrieva, L. M., ed. *Barnaul v vospominaniakh starozhilov: XX vek*. Barnaul:

Altaiskii gos. universitet, 2007.
Dmitrievskii, Sergei V. *Sovetskie portrety*. Berlin: Strela, 1932.
———. *Sud'ba Rossii: pis'ma k druz'iam*. Stockholm: Strela, 1930.
Dnevnik imperatora Nikolaia II, 1890–1906 gg. Berlin: Slovo, 1923. Moscow: Polistar, 1991.
Dobb, Maurice. *Russian Economic Development since the Revolution*, 2nd ed. London: Routledge, 1929.
Dobrorolski, S. K. *Die Mobilmachung der russischen Armee 1914*. Berlin: Deutsche Verlagsgesellschat fur Politik und Geschichte m.b.h, 1922.
Dobrynin, V. V. *Bor'ba s bol'shevizmom na iuge Rossii: uchastie v bor'be donskogo kazacehstva*. Prague: Slvianskoe izdatel'stvo, 1921.
Doctorow, Gilbert S. "The Russian Gentry and the *Coup D'État* of 3 June 1907," *Cahiers du monde russe et sovietique*, 17/1 (1976): 43–51.
Doctorow, G. S. "The Fundamental State Law of 23 April 1906," *Russian Review*, 35/1 (1976): 33–52.
———. "The Introduction of Parliamentary Institutions in Russia during the Revolution of 1905–1907." Phd diss., Columbia University, 1975.
Documents on British Foreign Policy, 1919–1939, 62 vols. London: H. M. Stationery Office, 1946– . Cited as *DBFP*.
Dohan, Michael R. "Soviet Foreign Trade in the NEP Economy and Soviet Industrialization Strategy." Phd diss., Massachusetts Institute of Technology, 1969.
———. "Foreign Trade," in *From Tsarism to the New Economic Policy: Continuity and Change in the Economy of the USSR*, ed. by R. W. Davies. Ithaca, NY: Cornell University, 1991, 212–34.
———. "The Economic Origins of Soviet Autarky, 1927/8–1934," *Slavic Review*, 35/4 (1976): 603–35.
"Dokladnaia zapiska Vitte Nikolaiu II," *Istorik-Marksist*, 1935, no. 2–3: 130-39.
Dokumenty i materialy po istorii sovetsko-pol'skikh otnoshenii, 12 vols. Moscow: Akademiia nauk SSSR, 1963–1986.
Dokumenty vneshnei politiki SSSR, 21 vols. Moscow: Politcheskaia literatura, 1957–77. Cited as *DVP SSSR*
Dolbilov, Mikhail. "Rozhdenie imperatorskikh reshenii: monarkh, sovetnik i 'vysochaishaia volia' v Rossii XIX v.," *Istoricheskie zapiski*, 9 (2006), 5–48.
Dower, Paul Casteñeda, and Markevich, Andrei. "Do Property Rights in Russia Matter? The Stolpyin Titling Reform and Agricultural Productivity," working paper, New Economic School, Moscow, Russia (2012).
Dowling, Timothy C. *The Brusilov Offensive*. Bloomington: Indiana University Press, 2008.
Drabkin, Iakov S., et al., eds. *Komintern i ideia mirovoi revoliuitsii: dokumenty*. Moscow: Nauka, 1998.
Drabkina, E. "Moskva 1918," *Novyi mir*, 1958, no. 9: 156–57.
Drabkina, S. M. "Dokumenty germanskogo polsa v Moskve Mirbakha," *Voprosy istorii*, 1971, no. 9: 120–30.
Drachkovitch, Milorad M., and Lazitch, Branko, eds. *The Comintern: Historical Highlights, Recollections, Documents*. New York: Praeger, 1966.
———. *Lenin and the Comintern*. Stanford, CA: Hoover Institution Press, Stanford University, 1971.
Dreiser, Theodore. *Dreiser Looks at Russia*. New York: H Liveright, 1928.
Drezen, A. K. *Burzhuaziia i pomeshchiki 1917 goda: chastnye soveshehaniia chlenov Gosudarstvennoi Dumy*. Moscow-Leningrad: Partizdat, 1932.
Dridzo, Vera. *Nadezhda Konstantinovna*. Moscow: Politicheskaia literatura, 1958.
———. "O Krupskoi: pis'mo v redakstiiu," *Kommunist*, 1989, no. 5: 105–6.
Drujina, Gleb. "The History of the North-West Army of General Iudenich." Phd diss., Stanford University, 1950.
Dubenskii, D., ed. *Ego Imperatorskoe Velichestvo Gosudar' Imperator Nikolai Aleksandrovich v desitvuiushchei armii*, 4 vols. Petrograd: Ministerstvo Imp. Dvora, 1915–16.
Dubentsov, B., and Kulikov, A. "Sotsial'naia evoliutsiia vysshei tsarskoi biurokratii vo votroi polovine XIX-nachale XX v.," in *Problemy sotsial'no-ekonomicheskoi i politicheskoi istorii Rossii XIX-XX vekov: sbornik statei*, edited by Boris Ananich et al. St. Petersburg: Aleteiia, 1999.
Dubinskii-Mukhadaze, Ilya Moiseevich. *Ordzhonikidze*. Moscow: Molodaia gvardiia, 1963, 1967.
Dubrovskii, Sergei M. *Stolypinskaia zemel'naia reforma: iz istorii sel'skogo khoziaistva i krest'ianstva Rossii v nachale XX veka*. Moscow: Akademiia nauk, 1963.
Duda, Gerhard. *Jeno Varga und die Geschichte des Instituts für Weltwirtschaft und Weltpolitik in Moskau 1921–1970: zu den Möglichkeiten und Grenzen wissenschaftlicher Auslandsanalyse in der Sowjetunion*. Berlin: Akademie, 1994.
Dullin, Sabine. *Men of Influence: Stalin's Diplomats in Europe, 1930–1939*. Edinburgh: Edinburgh University Press, 2010.
Dumova, N. "Maloizvestnye materialy po istorii kornilovshchiny," *Voprosy istorii*, 1968, no. 2: 69–93.
Duraczynski, E., and Sakharov, A. N., eds. *Sovetsko-Pol'skie otnosheniia v politicheskikh usloviakh Evropy 30-x godov XX stoletiia: sbornik statei*. Moscow: Nauka, 2001.
Duranty, Walter. "Artist Finds Lenin at Work and Fit," *New York Times*, October 15, 1922.
———. "Lenin Dies of Cerebral Hemorrhage; Moscow Throngs Overcome With Grief; Trotsky Departs Ill, Radek in Disfavor," *New York Times*, January 23, 1924.
———. *I Write as I Please*. New York: Simon & Schuster, 1935.
Durnovo, Nikolai. *Sud'ba gruzinskoi tserkvi*. Moscow: Russkii stiag, 1907.
Duval, Jr., Charles. "The Bolshevik Secretariat and Yakov Sverdlov: February to October 1917," *Slavonic and East European Review*, 51, no. 122 (1973): 47–57.
———. "Yakov M. Sverdlov and the All-Russian Central Executive Committee of Soviets (VTsIK): A Study in Bolshevik Consolidation of Power, October 1917–July 1918," *Soviet Studies*, 31/1 (1979): 3–22.
Dvadtsat' let VChK-OGPU-NKVD. Moscow: OGIZ, 1938.
"Dve besedy s L. M. Kaganovichem," *Novaia i noveishaia istoriia*, 1999, no. 2: 101–22.
Dyck, Harvey L. "German-Soviet Relations and the Anglo-Soviet Break 1927," *Slavic Review*, 25/1 (1966): 67–83.
———. *Weimar Germany and Soviet Russia, 1896–1933: A Study in Diplomatic Instability*. New York: Columbia University Press, 1966.
Dzerzhinskaia, S. *V gody velikikh boev*. Moscow: Mysl', 1964.
———. *Izbrannye proizvedeniia*. Moscow: OGIZ, 1947.
Dzerzhinskii, F. E. *Feliks Dzerzhinskii: dnevnik zakliuchennogo, pis'ma*. Minsk: Belarus, 1977.
Dziewanowski, M. K. *Communist Party of Poland: An Outline of History*. Cambridge, MA: Harvard University Press, 1959.
———. *Joseph Pilsudski: A European Federalist, 1918–1922*. Stanford: Hoover Institution Press, 1969.
Easter, Gerald M. *Reconstructing the State: Personal Networks and Elite Identity in Soviet Russia*. New York: Cambridge University Press, 2000.
Eastman, Max. *Heroes I Have Known: Twelve Who Lived Great Lives*. New York: Simon & Schuster, 1942.
———. *Leon Trotsky: The Portrait of a Youth*. New York: Greenberg, 1925.
———. *Love and Revolution: My Journey through an Epoch*. New York: Random House, 1964.
———. *Since Lenin Died*. New York: Boni & Liveright, 1925.
Edgerton, David. *The Shock of the Old: Technology and Global History since 1900*. New York: Oxford University

Press, 2006.
Edmondson, Charles M. "The Politics of Hunger: The Soviet Response to the Famine of 1921," *Soviet Studies*, 29/4 (1977): 506-18.
Egorov, Aleksandr. *L'vov-Varshava, 1920 god: vzaimodeistvie frontov*. Moscow-Leningrad: Gosizdat otdel voennoi literatury, 1929.
Egorova, L. P. "Khlebozagotovitel'naia kampaniia 1927–1928 gg. i bor'ba s kulachestvom v zapadnosibir'skoi derevne," *Voprosy istorii Sibiri*, Tomsk: Tomskii gosudarstvenyi universitet, 1967, vyp. 3: 255-70.
Ehrenburg, Ilya. *Memoirs: 1921–1941*. Cleveland, OH: World Pub. , 1968.
Ehrlich, Alexander. *The Soviet Industrialization Debate, 1924–1928*. Cambridge, MA: Harvard University Press, 1960, 1967.
Eichengreen, Barry J. *Golden Fetters: The Gold Standard and the Great Depression, 1919–1939*. New York: Oxford University Press, 1992.
Eichwede, Wolfgang. *Revolution und Internationale Politik: zur kommunistischen Interpretation der kapitalistischen Wetlt, 1921–1925*. Cologne: Böhlau, 1971.
Einaudi, Luca. *Money and Politics: European Monetary Unification and the Gold Standard, 1865–1873*. New York: Oxford University Press, 2001.
Ekonomicheskoe polozhenie Rossii nakanune Velikoi Oktiabr'skoi sotsialisticheskoi revoliutsii: dokumenty i materialy, 3 vols. Moscow: Akademiia nauk, 1957; Leningrad: Nauka, 1967.
Eleuov, T. E. *Inostrannaia voennaia interventsiia i grazhdanskaia voina v Srednei Azii i Kazakhstane: dokumenty i materialy*. Alma-Ata: Akademiia nauk Kazakhskogo SSR, 1964.
Elleman, Bruce A. "Secret Sino-Soviet Negotiations on Outer Mongolia, 1918–1925," *Pacific Affairs*, 66/4 (1993–4): 539–63.
———. *Diplomacy and Deception: The Secret History of Sino-Soviet Diplomatic Relations, 1917–1927*. Armonk, NY: M. E. Sharpe, 1997.
Ellis, John. *Social History of the Machine Gun*. Baltimore: Johns Hopkins University Press, 1976, 1986.
Elpatevskii, S. Ia. *Vospominaniia*. Leningrad: Priboi, 1929.
Elwood, Ralph Carter. *Roman Malinovsky: A Life without a Cause*. Newtonville, MA: Oriental Research Partners, 1977.
———. *Russian Social Democracy in the Underground: A Study of the RSDRP in the Ukraine, 1907–1914*. Assen: Van Gorcum, 1974.
Ely, Christopher. "The Question of Civil Society in Late Imperial Russia," in *A Companion Volume to Russian History*, edited by Abbott Gleason. Oxford: Blackwell, 2009.
Emmons, Terence, ed. *Time of Troubles: The Diary of Iurii Vladimirovich Got'e*. Princeton, NJ: Princeton University Press, 1988.
———. *The Formation of Political Parties and the First National Elections in Russia*. Cambridge, MA: Harvard University Press, 1983.
Engel, Barbara. "Not By Bread Alone: Subsistence Riots in Russia During World War I," *Journal of Modern History*, 69/3 (1997): 696–721.
Engelstein, Laura. *Moscow 1905: Working Class Organization and Political Conflict*. Stanford, CA: Stanford University Press, 1982.
Engerman, David C. *Modernization from the Other Shore: American Intellectuals and the Romance of Russian Development*. Cambridge, MA: Harvard University Press, 2003.
Englander, David. "Military Intelligence and the Defence of the Realm," *Bulletin of the Society for the Study of Labour History*, 52/1 (1987): 24–32.
Ennker, Benno. "The Origins and Intentions of the Lenin Cult," in *Regime and Society in Twentieth Century Russia*, edited by Ian Thatcher. London: Macmillan Press, 1999, 118-28.
———. *Die Anfänge des Leninkults in der Sowjetunion*. Cologne: Böhlau, 1997.
Enukidze, A. *Nashi podpol'nye tipografii na Kavkaze*. Moscow: Novaia Moskva, 1925.
Epikhin, A. Iu., and Mozokhin, O. B. *VChK-OGPU v borb'e s korruptsiei v gody novoi ekonomicheskoi politiki, 1921–1928*. Moscow: Kuchkovo pole, 2007.
Erdmann, Karl Dietrich, ed. *Kurt Riezler: Tagebücher, Aufsätze, Dokumente*. Göttingen: Vandenhoeck & Ruprecht, 1972.
Erickson, John. *The Soviet High Command: A Military-Political History, 1918–1941*. New York: St. Martin's, 1962. 3rd ed. London and Portland, OR: Frank Cass, 2001.
Erikson, Erik H. *Young Man Luther: A Study in Psychoanalysis and History*. New York: W. W. Norton, 1958.
Erofeev, Valerii. *Valerian Kuibyshev v Samare: mif stalinskoi epokhi*. Samara: Samarskoe otdelenie Litfonda, 2004.
Eroshkin, N. P. *Ocherki istorii gosudarstvennykh uchrezdenii dorevoliutsionnoi Rossii*. Moscow: Gos. Uchebno-pedagogicheskoe izdatel'stvo, 1960.
Erykalov, E. F. *Oktiabr'skoe vooruzhennoe vosstanie v Petrograde*. Leningrad: Lenizdat, 1966.
Esadze, Semen. *Istoricheskaia zapiska ob upravlenii Kavkazom*, 2 vols. Tblisi: Guttenberg, 1907.
Esikov, S. A., and Kanishev, V. V. "Antonovskii NEP," *Otechestvennaia istoriia*, 1993, no. 4: 60–71.
Esthus, Raymond A. "Nicholas II and the Russo-Japanese War," *Russian Review*, 40/4 (1981): 396–411.
Etherton, P. T. *In the Heart of Asia*. London: Constable and Co., 1925.
Eudin, Xenia, and Fisher, Harold T., eds. *Soviet Russia and the West, 1920–1927: A Documentary Survey*. Stanford, CA: Hoover Institution Press, 1957.
———, and Slusser, Robert, eds. *Soviet Foreign Policy, 1928–1934: Documents and Materials*. University Park, PA: Pennsylvania State University Press, 1967.
Eudin, Xenia Joukoff, and North, Robert C., eds. *Soviet Russia and the East, 1920–1927: A Documentary Survey*. Stanford, CA: Stanford University Press, 1957.
Evans, Les, and Block, Russell, eds. *Leon Trotsky on China*. New York: Monad, 1976.
Evreinoff, N. *Histoire du Theâtre Russe*. Paris: du Chene, 1947.
Faerman, E . "Transportirovka 'Iskry' izza granitsy i rasprostranenie ee v Rossii v 1901–1903 gg.," *Muzei revoliutsiii SSSR: pervyi sbornik*. Moscow, 1947.
Fainblitt, S. *Amnistiia i sudebnyi prigovor: s prilozheniem vazhneishikh aktov ob amnistii za 10 let*. Moscow: Gosizdat, 1928.
Fainsod, Merle. *International Socialism and the World War*. Cambridge, MA: Harvard University Press, 1935.
———. *Smolensk Under Soviet Rule*. Cambridge, MA: Harvard University Press, 1958.
Falasca-Zamponi, Simonetta. *Fascist Spectacle: The Aesthetics of Power in Mussolini's Italy*. Berkeley: University of California Press, 1997.
Fallows, T. "Governor Stolypin and the Revolution of 1905 in Saratov," in *Politics and Society in Provincial Russia: Saratov, 1590–1917*, edited by Rex A. Wade and Scott J. Seregny. Columbus: Ohio University Press, 1990.
Farbman, M. *Bolshevism in Retreat*. London: Collins, 1923.
Fay, Sidney B. "The Kaiser's Secret Negotiations with the Tsar, 1904–1905," *American Historical Review*, 2/1 (1918): 48–72.
———. *The Origins of the World War*, 2 vols. New York: Macmillan, 1929.
Fearon, James D. "Rationalist Explanations for War," *International Organization*, 49/3 (1995): 379–414.
Fedor, Julie. *Russia and the Cult of State Security: The Chekist Tradition, from Lenin to Putin*, Abingdon, Oxon, and New York: Routledge, 2011.
Fedyshyn, Oleh S. *Germany's Drive to the East and the Ukrainian Revolution, 1917–1918*. New Brunswick, NJ: Rutgers University Press, 1971.
Feigina, L. A. *B'orkskoe soglashenie*. Mos-

cow: Izd. M. i S. Sabashnikovykh, 1928.
Feis, Herbert. *Europe: The World's Banker 1870–1914: An Account of European Foreign Investment and the Connection of World Finance with Diplomacy before the War.* New Haven, CT: Yale University Press, 1930.
Feitelberg, M. *Das Papiergeldwesen in Rate-Russland.* Berlin: Praeger, 1920.
Feldman, Gerald D. *The Great Disorder: Politics, Economics, and Society in the German Inflation, 1914–1924.* New York: Oxford University Press, 1993.
Feldman, Robert. "The Russian General Staff and the June 1917 Offensive," *Soviet Studies*, 19/4 (1968): 526–42.
Fel'shtinskii, Iurii, ed. *Kommunisticheskaia oppozitsiia v SSSR, 1923–1927: iz arkhiva L'va Trotskogo*, 4 vols. Benson, VT: Chalidze, 1988.
Fel'shtinskii, Iurii. *Bol'sheviki i levye esery, oktiabr' 1917–iuin' 1918: na puti k odnoi partiinoi diktatury.* Paris: YMCA, 1985.
———. *Brestskii mir, oktiabr' 1917 goda–noiabr' 1918 g.* Moscow: Terra, 1992.
———. *Razgovory s Bukharinym.* New York: Telex: 1991.
Ferguson, Niall. "Political Risk and the International Bond Market between the 1848 Revolution and the Outbreak of the First World War," *Economic History Review*, 59/1 (2006): 70–112.
———. *The Pity of War.* New York: Basic Books, 1999.
Fergusson, Adam. *When Money Dies: The Nightmare of Deficit Spending, Devaluation, and Hyperinflation in Weimar Germany.* New York: Public Affairs, 2010.
Ferris, John. "Turning Japanese: British Observations of the Russo-Japanese War," in *Rethinking the Russo-Japanese War, 1904–05*, 2 vols., edited by Rotem Kowner. Folkstone: Global Oriental, 2007.
Ferro, Marc. "The Russian Soldier in 1917: Undisciplined, Patriotic, and Revolutionary," *Slavic Review*, 30/2 (1971): 483–512.
———. *La revolution de 1917: la chute du tsarisme et les origines d'Octobre.* Paris: Aubier, 1967.
———. *The Great War.* London: Routledge and Keegan Paul, 1973.
"Fevral'skaia revoliutsiia i okhrannoe otdelenie," *Byloe*, 1918, no. 1: 158–76.
Fić, Victor M. *The Bolsheviks and the Czechoslovak Legion: The Origins of Their Armed Conflict.* New Delhi: Abinav, 1978.
Field, Daniel, trans. "Petition Prepared for Presentation to Nicholas II," Documents in Russian History. Found at: http://academic.shu.edu/russianhistory/index.php/Workers'_Petition,_January_9th,_1905_(Bloody_Sunday).
Figes, Orlando, and Kolonitskii, Boris. *Interpreting the Russian Revolution: The Language and Symbols of 1917.* New Haven, CT: Yale University Press, 1999.
Figes, Orlando. "The Failure of February's Men," *The Historical Journal*, 31/2 (1988): 493–9.
———. *A People's Tragedy: The Russian Revolution, 1891–1924.* London: Jonathan Cape, 1996.
———. *Peasant Russia, Civil War: The Volga Countryside in Revolution, 1917–1921.* Oxford: Clarendon Press, 1989.
Filat'ev, D. F. *Katastrofa Belogo dvizheniia v Sibiri, 1918–1922 gg.: vpechatleniia ochevidtsa.* Paris: YMCA-Press, 1985.
Filimonov, V. G. *Vozniknovenie i razvitie RSFSR kak federativnogo gosudarstva: material v pomoshch' lektoru.* Moscow: Obshchestvo po rasprostraneniiu politicheskogo i nauchnogo znanii, 1958.
———. *Obrazovanie i razvitie RSFSR.* Moscow: Iuridicheskaia literatura, 1963.
Finansovaia politika Sovetskoi vlasti za 10 let: sbornik statei. Moscow: Moskovskii rabochii, 1928.
Finer, Samuel E. *The Man on Horseback: The Role of the Military in Politics*, 2nd ed. New York: Penguin, 1976.
Fink, Carole. *The Genoa Conference: European Diplomacy, 1921–1922.* Chapel Hill: University of North Carolina Press, 1984.
———, et al., eds. *Genoa, Rapallo, and European Reconstruction in 1922.* New York: Cambridge University Press, 1991.
Firsov, F. I. "K voprosu o taktike edinogo fronta v 1921–1924 gg.," *Voprosy istorii KPSS*, 1987, no. 10: 113–27.
———. "N. I. Bukharin v Kominterne," in *Bukharin: chelovek, politik, uchenyi*, edited by V. V. Zhuravlev and A. N. Solopov. Moscow: Politicheskaia literatura, 1990.
Firsov, Fridrikh I. "Nekotorye voprosy istorii Kominterna," *Novaia i noveishaia istoriia*, 1989, no. 2: 75–107.
Fischer, Conan. *The Ruhr Crisis, 1923–1924.* New York: Oxford University Press, 2003.
Fischer, Fritz. *Germany's Aims in the First World War.* New York: W. W. Norton, 1967, 1976.
———. *War of Illusions: German Policies from 1911 to 1914.* London: Chatto & Windus, 1975.
Fischer, George. *Russian Liberalism: From Gentry to Intelligentsia.* Cambridge, MA: Harvard, 1958.
Fischer, Louis. *Men and Politics: Europe Between the Two World Wars.* New York: Harper & Row, 1946.
———. *Russia's Road from Peace to War: Soviet Foreign Relations 1917–1941.* New York: Harper & Row, 1969.
———. *The Life of Lenin.* New York: Harper & Row, 1964.
———. *The Soviets in World Affairs: A History of Relations between the Soviet Union and the Rest of the World, 1917–1929*, 2 vols. Princeton, NJ: Princeton University Press, 1951.
Fischer, Ruth. *Stalin and German Communism: A Study in the Origins of the State Party.* Cambridge, MA: Harvard University Press, 1948.
Fisher, Harold H. *The Famine in Soviet Russia, 1919–1923: The Operations of the American Relief Administration.* New York: Macmillan, 1927.
Fitzpatrick, Sheila. "The Civil War as Formative Experience," in *Bolshevik Culture: Experience and Order in the Russian Revolution*, edited by Abbott Gleason et al. Bloomington: Indiana University Press, 1985.
———. "The Foreign Threat during the First Five Year Plan," *Soviet Union/Union sovietique*, 5/1 (1978): 26–35.
Fleer, M. G., ed. *Rabochee dvizhenie v gody voiny.* Moscow: Voprosy truda, 1925.
Fleischhauer, Ingeborg. *Die Deutschen im Zarenreich: Zwei Jahrhunderte deutsch-russiche Kulturgemeinschaft.* Stutgart: Deutsche verlags-Anstalt, 1986.
Fleishman, L. *V tiskakh provokatsii: operatisiia "Trest" i russkaia zrubezzhnaia pechat'.* Moscow: Novoe literaturnoe obozrenie, 2003.
Flerov, Vasilii S. *V. V. Kuibyshev—vydaiushchiisia proletarskii revoliutsioner i myslitel': stat'i, vospominaniia, dokumenty.* Tomsk: Tomskii gosudarstvennyi universitet imeni V. V. Kuibysheva, 1963.
Fofanova, M. V. "Poslednoe podpol'e V. I. Lenina," *Istoricheskii arkhiv*, 1956, no. 4: 166–72.
Fokke, D. G. "Na tsene i za kulisami Brestskoi tragikomedii tmemuary uchastnika," ed. by Gesseu, *Arkhiv russkoi revoliutsii*, 1930, no. 20, 5–207.
Fomin, Fedor T. *Zapiski starogo chekista*, 2nd ed. Moscow: Politicheskaia literatura, 1964.
Forster, Kent. *The Failures of the Peace: The Search for a Negotiated Peace During the First World War.* Washington, D.C.: American Council on Public Affairs, 1942.
Forster, Stig. "Dreams and Nightmares: German Military Leadership and the Images of Future War," in Manfred F. Boemke, et al., eds. *Anticipating Total War: The German and American Experiences, 1871–1914.* Washington, D.C.: German Historical Institute, 1999, 343–76.
Fotieva, L. A. *Iz zhizni V. I. Lenina.* Moscow: Politcheskaia literatura, 1967.
Frank, Allen J. *Bukhara and the Muslims*

of Russia: Sufism, Education, and the Paradox of Prestige. Leiden and Boston: Brill, 2013.
Frank, V. S. "The Land Question and the 1917 Revolution," *Russian Review*, 1/1 (1945): 22–35.
Frankel, Edith Rogovin, et al., eds. *Revolution in Russia: Reassessments of 1917*. New York: Cambridge University Press, 1992.
Freedman, Lawrence. *Strategy: A History*. New York: Oxford University Press, 2013.
Freeze, Gregory L. "Reform and Counter-Reform 1855–1890," in *Russia: A History*, edited by Gregory L. Freeze. New York: Oxford University Press, 1997.
French, David. *British Strategy and War Aims, 1914–1916*. London: Allen & Unwin, 1986.
Frenkin, Mikhail. *Zakhvat vlasti bol'shevikami v Rossii i rol' tylovykh garnizonov armii: podgotovka i provedenie Oktaibr'skogo miatezha, 1917–1918 gg*. Jerusalem: Stav, 1982.
Frenkin, Mikhail S. *Russkaia armiia i revoliutsiia, 1917–1918*. Munich: Logos, 1978.
Freund, Gerald. *Unholy Alliance: Russian-German Relations from the Treaty of Brest-Litovsk to the Treaty of Berlin*. New York: Harcourt, Brace, 1957.
Fridenson, Patrick. "The Coming of the Assembly Line to Europe," in *The Dynamics of Science and Technology*, edited by Wolfgang Krohn et al. Dordrecht, Holland, and Boston: D. Reidel Publishing Company, 1978.
Frierson, Cathy A., ed. *Aleksandr Nikolaevich Englehardt's Letters from the Country, 1872–1887*. New York: Oxford University Press, 1993.
Fuhrmann, Joseph T. *Rasputin: A Life*. New York: Prager, 1990.
———, ed. *The Complete Wartime Correspondence of Tsar Nicholas II and the Empress Alexandra: April 1914–March 1917*. Westport, CT: Greenwood, 1999.
Fuller, Jr., William C. "The Russian Empire," in *Knowing One's Enemies: Intelligence Assessments before the Two World Wars*, edited by Ernest F. May. Princeton: Princeton University Press, 1985.
———. *Civil-Military Conflict in Imperial Russia, 1881–1914*. Princeton, NJ: Princeton University Press, 1985.
———. *Strategy and Power in Russia 1600–1914*. New York: Free Press, 1992.
———. *The Foe Within: Fantasies of Treason and the End of Imperial Russia*. Ithaca, NY: Cornell University Press, 2006.
Fulop-Miller, Rene. *Rasputin: The Holy Devil*. New York: Viking Press, 1928.
———. *The Mind and Face of Bolshevism: An Examination of Cultural Life in Soviet Russia*. London and New York: G. P. Putnam's Sons, 1927.
———. *The Mind and Face of Bolshevism: An Examination of Cultural Life in Soviet Russia*. New York: Knopf, 1928.
Futrell, Michael. *Northern Underground: Episodes of Russian Revolutionary Transport and Communication through Scandinavia and Finland*. New York: Praeger, 1963.
Gafurov, B. G. *Lenin i natsional'no-osvoboditel'noe dvizhenie v stranakh vostoka*. Moscow: Vostochnaia literatura, 1970.
Gagliardo, J. *From Pariah to Patriot: The Changing Image of the German Peasant, 1770–1840*. Lexington: University Press of Kentucky, 1975.
Gaida, Fedor A. *Liberal'naia oppozitsiia na putiakh k vlasti (1914—vesna 1917 g.)*. Moscow: Rosspen, 2003.
Gaiduk, Il'ia "Sovetsko-Amerikanskie otnosheniia v pervoi polovine 20-x godoov i sozdanie 'Amtorga,'" *Russkii vopros*, 2002, no. 2.
Galai, Shmuel. *The Liberation Movement in Russia, 1900–1905*. New York: Cambridge University Press, 1973.
Galoian, G. A. *Rabochee dvizhenie i natsional'nyi vopros v Zakavkaz'e, 1900–1922*. Erevan: Aiastan, 1969.
Gal'perina, B. D., et al., eds. *Sovet ministrov Rossiiskoi imperii v gody Pervoi mirovoi voiny: Bumagi A. N. Iakhontova*. St. Petersburg: Bulanin, 1999.
———. "Chastnye soveshchanii gosudarstvennoi dumy—tsentr splocheniia burzhuaznykh partii Rossii," in *Neproletarskie partii Rossii v trekh revoliutsiakh: sbornik statei*, edited by K. V. Gusev. Moscow: Nauka, 1989.
Gambarov, Iu. S., et al., eds. *Entsiklopedicheskii slovar' russkogo bibliograficheskogo instituta Granat*, 58 vols. Moscow: Russkii biograficheskii institut Granata, 1922–48.
Gamburg, Iosif K. *Tak eto bylo: vospominaniia*. Moscow: Politcheskaia literatura, 1965.
Gammer, Moshe. *Muslim Resistance to the Tsar: Shamil and the Conquest of Chechnia and Daghestan*. London and Portland, OR: F. Cass, 1994.
Ganelin, Rafail. "The Day Before the Downfall of the Old Regime: 26 February 1917 in Petrograd," in *Extending the Borderlands of Russian History: Essays in Honor of Alfred J. Rieber*, edited by Marsha Siefert. New York: Central European University Press, 2003.
Ganelin, Rafail, et al. "Vospominaniia T. Kirpichnikova kak istochnik po istorii fevral'skikh revoliutsionnykh dnei 1917 g. v Petrograde," *Rabochii klass Rossii, ego soiuzniki i politicheskie protivniki v 1917 godu*. Leningrad: Nauka, 1989.
Gann, Lewis H. "Western and Japanese Colonialism: Some preliminary Comparisons," in *The Japanese Colonial Empire, 1895–1945*, edited by Ramon Meyers et al. Princeton, NJ: Princeton University Press, 1984.
Gapon, George. *The Story of My Life*. London: Chapman and Hall, Ltd., 1905
Gaponenko, L. S., ed. *Revoliutsionnoe dvizhenie v Rossii posle sverzheniia samoderzhaviia*. Moscow: Akaademiia nauk SSSR, 1958.
———, and V. M. Kabuzan. "Materialy sel'sko-khoziastvennykh perepisei 1916–1917 gg.," *Voprosy istorii*, 1961, no. 6: 97–115.
Garafov, Vasif. "Russko-turetskoe sblizhenie i nezavisimost' Azerbaijana 1919–1921 gg.," *Kavkaz i globalizatisiia*, 4/1–2 (2010): 240–48.
Gaspar'ian, Armen. *Operatsiia Trest: Sovetskaia razvedka protiv russkoi emigratsii, 1921–1937 gg*. Moscow: Veche, 2008.
Gatrell, Peter. *Government, Industry, and Rearmament in Russia, 1900–1914: The Last Argument of Tsarism*. New York: Cambridge University Press, 1994.
———. *Russia's First World War: A Social and Economic History*. Harlow, England: Pearson-Longman, 2005.
———. *The Tsarist Economy, 1857–1914*. New York, 1986.
———. *A Whole Empire Walking: Refugees in the Russian Empire during the First World War*. Bloomington: Indiana University Press, 1999.
Gegeshidze, Zinaida T. *Georgii Teliia: biograficheskii ocherk*. Tblisi: Sabchota Sakartvelo, 1958.
Geifman, Anna. *Entangled in Terror: The Azef Affair and the Russian Revolution*. Wilmington, DE: Scholarly Resources, 2000.
———. *Revoliutsionnyi terror v Rossii, 1894–1917*. Moscow: Kron Press, 1997.
———. *Thou Shalt Kill: Revolutionary Terrorism in Russia, 1894–1917*. Princeton, NJ: Princeton University Press, 1993.
Gelb, Michael. "The Far-Eastern Koreans," *Russian Review* 54/3 (1995): 389–412.
Gellner, Ernest. *Encounters with Nationalism*. Oxford: Blackwell, 1994.
Genis, Vladimir L. "G. Ia. Sokolnikov," *Voprosy istorii*, 1988, no.12: 59–86.
———. *"S Bukharoi nado konchat"': k istorii butaforskikh revoliutsii, dokumental'naia khronkia*. Moscow: MNPI, 2001.
Genkina, Esfir' B. "Bor'ba za Tsaritsyn v 1918 godu," *Proletarskaia revoliutsiia*, 1939, no. 1: 75–110.
———. "Priezd tov. Stalina v Tsaritsyn," *Proletarskaia revoliutsiia*, 1936, no. 7: 61–92
———. "V. I. Lenin i perekhod k novoi

ekonomicheskoi politike," *Voprosy istorii*, 1964, no. 5: 3-27.
———. *Perekhod sovetskogo gosudarstva k novoi ekonomicheskoi politike, 1921–1922*. Moscow: Politicheskaia literatura, 1954.
———. *Tsaritsyn v 1918 godu*. Moscow: Politizdat pri TsK VKP(b), 1940.
George, David Lloyd. *War Memoirs*, 2 vols. London: Odhams Pm, 1942.
Gerasimov, Aleksandr V. "Na lezvii s terroristami," in *Okhranka: vospominaniia rukovoditelia politicheskogo syska*, 2 vols, edited by Z. I. Peregudovaia . Moscow: NLO, 2004.
———. *Na lezvii s terroristami*. Paris: YMCA, 1985.
Gerassimoff, Alexander. *Der Kampf gegen die erste russische Revolution: Erinnerungen*. Frauenfeld: Leipzig, 1934.
Germanis, Uldis. *Oberst Vacietis und die lettischen Schutzen im Weltkrieg und in der Oktoberrevolution*. Stockholm: Almqvist & Wiksell, 1974.
Gershchenkron, Alexander. "Agrarian Policies and Industrialization in Russia 1861–1917," in *The Cambridge Economic History of Europe*, edited by H. J. Habakkuk and M. Postan. New York: Cambridge University Press, VI/ii: 706–800.
Gerson, Lennard D. *The Secret Police in Lenin's Russia*. Philadelphia: Temple University, 1976.
Gerutis, Albertis, ed. *Lithuania: 700 Years*. New York: Manyland Books, 1969.
Gessen, I. V., ed. *Arkhiv russkoi revoliutsii*, 22 vols. Berlin: Slowo, 1921–37.
Getzler, Israel. "Lenin's Conception of Revolution As Civil War," *Slavonic and East European Review*, 74/3 (1996): 464–72.
———. "The Communist Leaders' Role in the Kronstadt Tragedy of 1921 in the Light of Recently Published Archival Documents," *Revolutionary Russia*, 15/1 (2002): 24–44.
———. *Kronstadt, 1917–1921: The Fate of a Soviet Democracy*. New York: Cambridge University Press, 2002.
———. *Martov: A Political Biography of a Russian Social Democrat*. New York: Cambridge University Press, 1967.
Geyer, Dietrich. *Russian Imperialism: The Interaction of Domestic and Foreign Policy 1860–1914*. New Haven, CT: Yale University Press, 1987.
Geyer, Michael. "Insurrectionary Warfare: The German Debate about a *Levee en masse* in October 1918," *Journal of Modern History*, 73/3 (2001): 459–527.
———. "The Militarization of Europe," in *The Militarization of the Western World*, edited by John Gillis. New Brunswick, NJ: Rutgers University Press, 1989.
"Gibel' tsarskogo Petrograda: fevral'skaia revoliutsiia glazami gradonachl'nika A. P. Balka," *Russkoe proshloe: Istoriko-dokumental'nyialm al'manakh*, 1991, no. 1: 7–72.
Gil', Stepan K. *Shest' let s V. I. Leninym: vospominaniia lichnogo Shofera Vladimira Il'icha Lenina*, 2nd ed. Moscow: Molodaia gvardiia, 1957.
Gilensen, V. M. "Neizvestnoe iz zhizni spetsshluzb: 'dvuikoi' pobedili sovetskie 'monarkhisty,'" *Voenno-istoricheskii zhurnal*, 2001, no. 6: 71–76.
Gililov, Solomon S. *V.I. Lenin, organizator Sovetskogo mnogonatsional'noe gosudarstvo*. Moscow: Politicheskaia literatura, 1960.
Gill, Graeme J. *Peasants and Government in the Russian Revolution*. New York: Barnes and Noble, 1979.
———. "Political Myth and Stalin's Quest for Authority in the Party," in *Authority, Power, and Policy*, ed. by T. H. Rigby. New York: St. Martin's, 1980, 98–117.
———. *The Origins of the Stalinist Political System*. New York: Cambridge University Press, 1990.
Gilliard, Pierre. *Thirteen Years at the Russian Court*. London: Hutchinson, 1921.
Gimpel'son, Efim G. *NEP i Sovetskaia politicheskaia sistema 20-e gody*. Moscow: Institut Rossiiskoi istorii RAN, 2000.
———. *Sovetskie upravlentsy, 1917–1920 gg*. Moscow: Institut Rossiiskoi istorii RAN, 1998.
———. *Sovetskii rabochii klass, 1918–1920 gg*. Moscow: Nauka, 1974.
Gindin, Aron M., ed. *Kak bol'sheviki ovladeli gosudarstvennym bankom: fakty i dokumenty oktiabr'skikh dnei v Petrograde*. Moscow: Gosfinizdat, 1961.
Gintsberg, L. I. *Rabochee i kommunisticheskoe dvizhenie Germanii v bor'be protiv fashizma, 1929–1933*. Moscow: Nauka, 1978.
Gippius, Zinaida. *Siniaia kniga: Peterburgskii dnevnik, 1914–1918*. Belgrade: Radenkovich, 1929.
Gizzatullin, I. G., and Sharafutdinov, D. R., eds. *Mirsaid Sultan-Galiev: stati, vystupleniia, dokumenty*. Kazan: Tatarskoe knizhnoe izd-vo, 1992.
Gladkov, I. A. *Sovetskoe narodnoe khoziaistvo 1921–25 gg*. Moscow: Akademiia nauk SSSR, 1960.
Gladkov, Teodor. *Nagrada za vernost'—kazn'*. Moscow: Tsentrpoligraf, 2000.
Gleason, William. "Alexander Guchkov and the End of the Russian Empire," *Transactions of the American Philosophical Society*, New Series, 73/3 (1983): 1–90.
Gleb Maksimilianovich Krzhizhanovskii: zhizn' i deiatel'nost'. Moscow: Nauka, 1974.
Glebov, Serguei. "The Challenge of the Modern: The Eurasianist Ideology and Movement, 1920–1929." Phd diss., Rutgers University, 2004.
Glenny, M. V. "The Anglo-Soviet Trade Agreement, March 1921," *Journal of Contemporary History*, 5/2 (1970): 63–82.
Glinka, Ia. V. *Odinnadtsat' let v Gosudarstvennoi Dumy, 1906–1917: dnevnik i vospominaniia* (Moscow: NLO, 2001
Glurdzhidze, G. "Pamiatnye gody," *Rasskazy starykh rabochikh Zakavkaz'ia o velikom Staline*. Tblisi: Molodaia gvardiia, 1937: 17–21.
Gogokhiia, D. "Na vsiu zhizn' zapomnilis' eti dni," *Rasskazy starykh rabochikh Zakavkaz'ia o velikom Staline*, 2nd ed. Tblisi: Molodaia gvardiia, 1937: 7-16.
Gogolevskii, A. V., et al., eds. *Dekrety Sovetskoi vlast o Petrograde, 25 oktiabria (7 noiabria) 1917 g.—29 dekabria 1918 g*. Leningrad: Lenizdat, 1986.
Goikhbarg, A. G. *A Year in Soviet Russia: A Brief Account of the Legislative Work of 1917–1918*. London: People's Information Bureau, 1929.
———. *Sotsial'noe zakonodatel'stvo sovetskoi respubliki*. Moscow: Narodnyi kommissariat iustitsii, 1919.
Goland, Iurii. "Currency Regulation in the NEP period," *Europe-Asia Studies*, 46/8 (1994): 1251–96.
———. *Diskusii ob ekonomicheskoi politike v gody denezhnoi reformy, 1921–1924*. Moscow: Ekonomika, 2006.
Golder, Frank A., ed. *Documents of Russian History, 1914–1917*. New York and London: The Century Co., 1927.
Goliakov, Ivan T. *Sbornik dokumentov po istorii ugolovnogo zakonodatel'stva SSSR i RSFSR, 1917–1952 gg*. Moscow: Iuridicheskaia literatura, 1953.
Golikov, Georgii N., ed. *Vladimir Il'ich Lenin: biograficheskaia khronika*, 12 vols. Moscow: Politicheskaia literatura, 1970–82.
Golinkov, D. L. *Krushenie antisovetskogo podpol'ia v SSSR*, 2 vols. Moscow: Politizdat, 1978.
Golod 1921–1922: sbornik. New York: Predstavitel'stvo Rossiskogo obshchestva Krasnogo kresta v Amerike, 1923.
Golovin, N. N. *Rossiiskaia kontr-revoliutsiia v 1917–1918 gg.*, 5 vols. Paris: Illustrirovaniia Rossiia, 1937.
———. *The Russian Army in the World War*. New Haven, CT: Yale University Press, 1931.
———. *Voennye usiliia Rossii v mirovoi voine*, 2 vols. Paris: Tovarishchestvo ob'edinennykh izdatelei, 1939.
Golub, P. A. "Kogda zhe byl uchrezhden institute voennykh kommissarov Krasnoi Armii?" *Voprosy istorii KPSS*, 1962, no. 4: 155–60.
Golubev, A. V. *Esli mir obrushitsia na nashu Respubliku': sovetskoe obshchest-*

vo i vneshniaia ugroza. Moscow: Kuchkovo pole, 2008.

———, et al., eds. *Direktivy glavnogo komandovaniia Krasnoi Armii, 1917–1920: sbornik dokumentov*. Moscow: Voenizdat, 1969.

Goncharov, V. L., ed. *Vozvyshenie Stalina: oborona Tsaritsyna*. Moscow: Veche, 2010.

Goodwin, Barry K., and Grennes, Thomas. "Tsarist Russia and the World Wheat Market," *Explorations in Economic History* 35 (1998): 405–30.

———. *Vladimir Ilich Lenin*. Leningrad: Gosizdat, 1924.

Gordienko, A. A. *Obrazovanie Turkestanskoi ASSR*. Moscow: Iuridicheskaia literatura, 1968.

Gordon, Jr., Harold J. *Hitler and the Beer Hall Putsch*. Princeton, NJ: Princeton University Press, 1972.

Gorgiladze, "Rasprostranenie marksizma v Gruzii," in *Ocherkii istorii Gruzii*, V (1990), ch, 15, edited by M. M. Gaprindashvili, and O. K. Zhordania. Tblisi: Metsniereba.

Goriachkin, F. T. *Pervyi russkii fashist: Petr Arkadievich Stolypin*. Kharbin: Merkurii, 1928.

Goriaeva, T. M. *Istoriia sovetskoi politicheskoi tsenzury: dokumenty i kommentarii*. Moscow: Rosspen, 1997.

Gor'kii, A. M. "Prazdnik shiitov," *Nizhegorodskii listok*. June 28, 1898.

———. *Nesvoevremennye mysli i rassuzhdenii o revoliutsii i kul'ture 1917–1918 gg*. Moscow: Interkontakt, 1990.

Gor'kii, Maksim. *Sobranie sochinenii*, 2nd ed., 25 vols. Moscow-Leningrad: Khudozhestvennaia literatura, 1933.

Gorky, Maxime. *Lenine et la paysan russe*. Paris: Editions du Sagittaire chez Simon Kra, 1925.

———. *Untimely Thoughts: Essays on Revolution, Culture, and the Bolsheviks, 1917–1918*. New York: P. S. Eriksson, 1968.

Gorlizki, Yoram, and Khlevniuk, Oleg. "Stalin and His Circle," in *The Cambridge History of Russia*, edited by Ronald Grigor Suny. New York: Cambridge University Press, 2006.

Gorlov, S. A. *Sovershenno sekretno: al'ians Moskva-Berlin*, 1920–1933. Moscow: Olma, 2001.

Gorlov, Seregi A. *Sovershenno sekretno, Moskva-Berlin 1920–1933: (Voenno-politicheskiie otnosheniia mezhdu SSSR i Germaniei)*. Moscow: IVI RAN, 1999.

Gornyi, V. A., ed. *Natsional'nyi vopros v perekrestke mnenii, 20-e gody: dokumenty i materialy*. Moscow: Nauka, 1992.

Gorodetskii, E. N. *Rozhdenie Sovetskogo gosudarstva (1917–1918 gg.)*. Moscow: Nauka, 1965.

Gorodetsky, Gabriel. "The Soviet Union and Britain's General Strike of May 1926," *Cahiers du monde russe et sovietique*, 17/2–3 (1976): 287–310.

———. *Precarious Truce: Anglo-Soviet Relations, 1924–1927*. New York: Cambridge University Press, 1977.

Gosudarstvennyi apparat SSSR, 1924–1928 gg. Moscow: Tsentral'noe statisticheskoe upravlenie SSSR, 1929.

Gosudarstvennyi Sovet: stenograficheskie otchety, thirteen sessions. St. Petersburg: Gosudarstvennaia tip., 1906–17.

Goulder, Alvin. "Stalinism: A Study of Internal Colonialism," *Telos*, no. 34 (1977–8): 5–48.

———. *The Two Marxisms: Contradictions and Anomalies in the Development of Theory*. London: Macmillan, 1980.

Gourko, Basil. *War and Revolution in Russia*. New York, Macmillan, 1919.

Graf, D. W. "Military Rule behind the Russian Front, 1914–1917: The Political Ramifications," *Jahrbucher fur Geschichte Osteuropas*, 22/3 (1974): 390–411.

Grant, S. "The Peasant Commune in Russian Thought, 1861–1905." Phd diss., Harvard University, 1973.

Grant, W. Horsley. *A Medical Review of Soviet Russia*. London: British Medical Association, 1928.

Grave, Berta, ed. *Burzhuaziia nakanune fevral'skoi revoliutsii*. Moscow: Gosizdat, 1927.

Grazhdanskaia voina v SSSR. Moscow: Voenizdat, 1986.

Graziosi, Andrea. "'Building the First System of State Industry in History': Piatakov's VSNKh and the Crisis of the NEP, 1923–1926," *Cahiers du monde russe et sovietique*, 32/4 (1991): 539–80.

———. "Stalin's Antiworker Workerism, 1924–1931," *International Review of Social History*, 40/2 (1995): 223–58.

———. "State and Peasants in the Reports of the Political Police, 1918–1922," in *A New, Peculiar State: Explorations in Soviet History, 1917–1937*, edited by Andrea Graziosi. Westport, CT: Praeger, 2000.

———. "The New Archival Sources: Hypotheses for a Critical Assessment," *Cahiers du monde russe*, 40/1–2 (1999): 13–64.

———. *Bol'sheviki i krest'iane na Ukraine, 1918–1919 gg*. Moscow: Airo-XX, 1997.

Gregor, A. James. *The Fascist Persuasion in Politics*. Princeton, NJ: Princeton University Press, 1974.

———. *Young Mussolini and the Intellectual Origins of Fascism*. Berkeley: University of California Press, 1979.

Gregory, Paul R. "Grain Marketings and Peasant Consumption, Russia, 1885–1913," *Explorations in Economic History* 17/2 (1980): 135–64.

———. *Before Command: An Economic History of Russia from Emancipation to the First Five-Year Plan*. Princeton, NJ: Princeton University Press, 1994.

———. *Politics, Murder, and Love in Stalin's Kremlin: The Story of Nikolai Bukharin and Anna Larina*. Stanford, CA: Hoover Institution Press, 2010.

———. *Russian National Income, 1885–1913*. New York: Cambridge University Press, 1983.

———, and Naimark, Norman. *The Lost Politburo Transcripts: From Collective Rule to Stalin's Dictatorship*. New Haven, CT: Yale University Press, 2008.

Gregory, Paul, and Mokhtari, Manouchehr. "State Grain Purchases, Relative Prices, and the Soviet Grain Procurement Crisis," *Explorations in Economic History*, 30/2 (1993): 182–94.

Grigorov, Grigorii I. *Povoroty sud'by i proizvol: vospominaniia, 1905–1927 gody*. Moscow: OGI, 2005.

Grinevetskii, V. I. *Poslevoennye perspektivy Russkoi promyshlennosti*, 2nd ed. Moscow: Vserossiiskii tsentral'nyi soiuz potrebitel'skikh obshchestv, 1922.

Gromov, Evgenii S. *Stalin: iskusstvo i vlast'*. Moscow: EKSMO Algoritm, 2003.

Gronsky, Paul P. "The Zemstvo System and Local Government in Soviet Russia, 1917–1922," *Political Science Quarterly*, 38/4 (1923): 552–68.

———, and Astrov, Nicholas J. *The War and the Russian Government*. New Haven, CT: Yale University Press, 1920.

Gross, Jan. "War as Social Revolution," in *The Establishment of Communist Regimes in Eastern Europe, 1944–1949*, edited by Norman Naimark and Leonid Gibianskii. Boulder, CO: Westview Press, 1997.

Gruber, Helmut. *International Communism in the Era of Lenin: A Documentary History*. Ithaca, NY: Cornell University Press, 1967.

Grunt, A. Ia. *Moskva 1917–i: Revoliutsiia i kontrrevoliutsiia*. Moscow: Nauka, 1976.

"Gruzinskii ekzarkhat," *Pravoslavnaia bogoslovskaia entsiklopediia*, ed. by A. P. Lopukhin. St. Petersburg: Milshtein, Nevskaia, Rossiia, 1900–11.

Guins, George Constantine. *Sibir', soiuzniki i Kolchak, povorotnyi moment russkoi istorii, 1918–1920: vpechatleniia i mysli chlena Omskogo pravitel'stva*, 2 vols. Pekin: Russkaia dukhovnaia missiia, 1921.

Gul', Roman B. *Krasnye marshaly: Tukhachevskii, Voroshilov, Bliukher, Kotovskii*. Moscow: Molodaia gvardiia, 1990.

Gulevich, K., and Gassanova, R. "Iz istorii bor'by prodovol'stvennykh otriadov rabochikh za khleb i ukreplenie sovetskoi vlasti (1918–1920 gg.),"

Krasnyi arkhiv, 89–90 (1938): 103–54.
Guliev, A. *Muzhestvennyi borets za kommunizm: Lado Ketskhoveli*. Baku: Arzernesir, 1953.
Gumz, Jonathan E. *The Resurrection and Collapse of Empire in Habsburg Serbia, 1914–1918*. New York: Cambridge University Press, 2009.
Gurko, Vladimir Iosifovich. *Features and Figures of the Past: Government and Opinion in the Reign of Nicholas II*. Stanford, CA: Stanford University Press, 1939.
Gurvich, Georgy S. *Istoriia sovetskoi konstitutsii*. Moscow: Sotsalisticheskaia akademiia, 1923.
Gusakova, Z. "Veril v luchshuiu zhizn' naroda," *Gazeta nedeli* [Saratov], November 20, 2012.
Gusev, K. V. *Krakh partii levykh eserov*. Moscow: Sotsial'no-ekonomicheskaia literatura, 1963.
Gushchin, N. Ia. *Sibirskaia derevnia na puti k sotsializmu: sotsial'no-ekonomicheskoe razvitie sibirskoi derevni v gody sotsialisticheskoi rekonstruktsii narodnogo khoziaistva 1926–1937 gg*. Novosibirsk: Nauka, sibirskoe otdelenie, 1973.
———, and Il'inykh, V. A. *Klassovaia bor'ba v sibir'skoi derevne, 1920-e-seredina 1930-x gg*. Novosibirsk: Nauka, 1987.
Gvardeitsy Oktiabria: rol' korennykh narodov stran Baltii v ustanovlenii i ukreplenii bol'shevistskogo stroia. Moscow: Indrik, 2009.
Gvosdev, Nikolas K. *Imperial Policies and Perspectives towards Georgia, 1760–1819*. New York: St. Martin's Press, 2000.
Haber, Ludwig F. *The Poisonous Cloud: Chemical Warfare in the First World War*. Oxford: Clarendon, 1986.
Hafner, Lutz. "The Assassination of Count Mirbach and the 'July Uprising' of the Left Socialist Revolutionaries in Moscow, 1918," *Russian Review* 50/3 (1991): 324–44.
———. *Die Partei der linken Sozialrevolutionare in der russischen Revolution von 1917/18*. Cologne: Bohlau Verlag, 1994.
———. *Gesellschaft als lokale Veranstaltung: Die Wolgastasdte Kazan und Saratov (1870–1914)*. Cologne: Bohlau Verlag, 2004.
Hahlweg, Werner. *Der Diktatfrieden von Brest-Litowsk 1918 und die bolschewistische Weltrevolution*. Munster: Aschendorff, 1960.
———. *Lenins Ruckkehr nach Russland, 1917: die deutschen Akten*. Leiden: E. J. Brill, 1957.
Haimson, Leopold H. "The Mensheviks after the October Revolution, Part II: The Extraordinary Party Congress," *Russian Review*, 39/2 (1980): 181–207.
———. "The Problem of Social Stability in Urban Russia, 1905–17," *Slavic Review*, 23/4 (1964): 619–42, and 24/1 (1965): 1–22.
———. "The Workers' Movement After Lena: The dynamics of labor unrest in the wake of the Lena goldfield massacre (April 1912–July 1914)," in *Russia's Revolutionary Experience, 1905–1917: Two Essays*. New York: Columbia University Press, 2005.
———, ed. *The Mensheviks: From the Revolution of 1917 to the Second World War*. Chicago: University of Chicago Press, 1974.
Halevy, Élie. *The World Crisis of 1914–1918: An Interpretation*. Oxford: Clarendon, 1930.
Halfin, Igal. *Intimate Enemies: Demonizing the Opposition, 1918–1928*. Pittsburgh: University of Pittsburgh Press, 2007.
Hall, Coryne. *Imperial Dancer: Mathilde Kschessinskaya and the Romanovs*. Thrupp, Stroud, Gloucestershire: Sutton, 2005.
Hamilton, Richard F., and Herwig, Holger H. *Decisions for War, 1914–1917*. New York: Cambridge University Press, 2004.
Hammond, Thomas T. "The Communist Takeover of Outer Mongolia: Model for Eastern Europe?," *Studies on the Soviet Union*, 11/4 (1971): 107–44.
———, and Farrell, Robert, eds. *The Anatomy of Communist Takeovers*. Munich: Institute for the Study of the USSR, 1971.
Harcave, Sidney. *Count Sergei Witte and the Twilight of Imperial Russia: A Biography*. Armonk, NY: M. E. Sharpe, 2004.
Hard, William. *Raymond Robins' Own Story*. New York and London: Harper & Bros., 1920.
Harding, Neil. *Leninism*. Durham, NC: Duke University Press, 1996.
Hardy, Eugene. "The Russian Soviet Federated Socialist Republic: The Role of Nationality in its Creation." Phd diss., University of California, Berkeley, 1955.
Harper, Samuel N. *Civic Training in Soviet Russia*. Chicago: University of Chicago Press, 1929.
———. *The New Electoral Law for the Russian Duma*. Chicago: University of Chicago Press, 1908.
———, and Harper, Paul V. *The Russia I Believe In*. Chicago: University of Chicago Press, 1945.
Harris, James. "Stalin as General Secretary: The Appointment Process and the Nature of Stalin's Power," in *Stalin: A New History*, ed. by Davies and Harris, 63–82.
Harrison, Margeurite. *Marooned in Moscow: The Story of an American Woman Imprisoned in Russia*. New York: Doran, 1921.
Harrison, Mark. "Prices in the Politburo, 1927: Market Equilibrium Versus the Use of Force," in *Lost Politburo Transcripts*, ed. by Gregory and Naimark, 224–46.
Hart, B. H. Liddell. *The Real War: 1914–18*. Boston: Little, Brown and Co., 1930.
Hasegawa, Tsuyoshi, "Crime, Police and Mob Justice in Petrograd During the Russian Revolution of 1917," in *Religious and Secular Forces in Late Tsarist Russia: Essays in Honor of Donald W. Treadgold*, edited by Charles E. Timberlake. Seattle: University of Washington Press, 1992.
———. *The February Revolution: Petrograd, 1917*. Seattle: University of Washington Press, 1981.
Haslam, Jonathan. *The Soviet Union and the Threat from the East, 1933–41: Moscow, Tokyo, and the Prelude of the Pacific War*. Houndmills, Basingstoke: Macmillan, 1992.
Headrick, Daniel R. *The Tools of Empire: Technology and European Imperialism in the Nineteenth Century*. New York: Oxford University Press, 1981.
Heenan, Louise Erwin. *Russian Democracy's Fatal Blunder: the Summer Offensive of 1917*. New York: Praeger of Greenwood, 1987.
Hegelsen, M. M. "The Origins of the Party-State Monolith in Soviet Russia: Relations between the Soviets and the Party Committees in the Central Provinces, October 1917–March 1921." Phd diss., University of New York at Stony Brook, 1980.
Heimo, M., and Tivel, A. *10 let Kominterna v resheniiakh i tsifrakh*. Moscow: Gosizdat, 1929.
Heinzen, James W. *Inventing a Soviet Countryside: State Power and the Transformation of Rural Russia, 1917–1929*. Pittsburgh: University of Pittsburgh Press, 2004.
Helfferich, Karl. *Der Weltkrieg*, 3 vols. Berlin: Ullstein & Co, 1919.
Hellie, Richard. "The Structure of Russian Imperial History," *History and Theory*, 44/4 (2005): 88–112.
Henderson, Arthur, and Dovgalevsky, V. "Anglo-Soviet Relations, 1918–1929," *Bulletin of International News*, 6/7 (October 10, 1929): 3–12.
Hennock, E. P. *The Origin of the Welfare State in England and Germany, 1850–1914: Social Policies Compared*. New York: Cambridge University Press, 2007.
Herwig, Holger H. "Germany and the 'Short War' Illusion: Toward a New Interpretation," *Journal of Modern History*, 66/3 (2002): 681–93.
Hewitson, Mark. "The Kaiserreich in Question: Constitutional Crisis in Germany before the First World War," *Journal of Modern History*, 73/4 (2001): 725–80.

———. *Germany and the Causes of the First World War*. New York: Berg, 2004.
Hickey, Paul C. "Fee-Taking, Salary Reform, and the Structure of State Power in Late Qing China, 1909–1911," *Modern China*, 17/3 (1991): 389–417.
Hilger, Gustav, and Meyer, A. G. *The Incompatible Allies: A Memoir-History of German-Soviet Relations, 1918–1941*. New York: Macmillan, 1953.
Hill, George. *Go Spy the Land*. London: Cassell, 1932.
Hillis, Faith. "Between Empire and Nation: Urban Politics, Violence, and Community in Kiev, 1863–1907." Phd diss., Yale University, 2009.
Himmer, Robert. "First Impressions Matter: Stalin's Brief Initial Encounter with Lenin, Tammerfors 1905," *Revolutionary Russia*, 14/2 (2001): 73–84.
———. "Soviet Policy toward Germany during the Russo-Polish War, 1920," *Slavic Review*, 35/4 (1976): 665–82.
———. "The Transition from War Communism to the New Economic Policy: An Analysis of Stalin's Views," *Russian Review*, 53/4 (1994): 515–29.
Hindus, Maurice. *The Russian Peasant and the Revolution*. New York: Holt, 1920.
Hingley, Ronald. *The Russian Secret Police: Muscovite, Imperial Russian, and Soviet Political Security Operations*. New York; Simon & Schuster, 1971.
Hirsch, Francine. *Empire of Nations: Ethnographic Knowledge and the Making of the Soviet Union*. Ithaca, NY: Cornell University, 2005.
Hitler Trial Before the People's Court in Munich, The. Arlington, VA: University Publications of America, 1976.
Hoare, S. *The Fourth Seal: The End of a Russian Chapter*. London: W. Heinemann Ltd, 1930.
Hobsbawm, Eric. *Age of Extremes: A History of the World, 1914–1991*. New York: Pantheon Books, 1994.
Hoch, Steven L. *Serfdom and Social Control in Russia: Petrovskoje, a Village in Tambov*. Chicago: University of Chicago, 1986.
Hochschild, Adam. *King Leopold's Ghost: A Story of Greed, Terror, and Heroism in Colonial Africa*. New York: Houghton Mifflin, 1998.
Hoetzsch, Otto. *Russland*. Berlin: G. Reimer, 1915.
Hoffmann, Max. *War Diaries and other Papers*, 2 vols. London: M. Secker, 1929.
Hollander, Paul. *Political Pilgrims: Western Intellectuals in Search of the Good Society*. New Brunswick, NJ: Transaction, 2004.
Holmes Larry E., and Burgess, William. "Scholarly Voice or Political Echo? Soviet Party History in the 1920s," *Russian History/Histoire Russe*, 9/1–2 (1982): 378–98.
Holquist, Peter. "'Information Is the Alpha and Omega of Our Work': Bolshevik Surveillance in Its Pan- European Context," *Journal of Modern History*, 69/3 (1997): 415–50.
———. "Anti-Soviet *Svodki* from the Civil War: Surveillance as a Shared Feature of Russian Political Culture," *Russian Review*, 56/3 (1997): 445–50.
———. "Dilemmas of a Progressive Administrator: Baron Boris Nolde," *Kritika*, 7/2 (2006): 241–73.
———. "State Violence as Technique: The Logic of Violence in Soviet Totalitarianism," in *Modernity and Population Management*, edited by Amir Weiner. Stanford, CA: Stanford University Press, 2003.
———. "Violent Russia, Deadly Marxism? Russia in the Epoch of Violence, 1905–21," *Kritika*, 4/3 (2003): 627–52.
———. *Making War, Forging Revolution: Russia's Continuum of Crisis, 1914–1921*. Cambridge, MA: Harvard University Press, 2002.
Hone, Joseph N., and Dickinson, Page L. *Persia in Revolution: With Notes of Travel in the Caucasus*. London: T. Fisher Unwin, 1910.
Honig, Jan Willem. "The Idea of Total War: from Clausewitz to Ludendorff," in *The Pacific War as Total War*. Tokyo: NIDS International Forum on War History, National Institute for Defence Studies, 2012.
Hooker, James R. "Lord Curzon and the 'Curzon Line,'" *Journal of Modern History*, 30/2 (1958).
Horak, Stephen, ed. *Poland's International Affairs, 1919–1960: A Calendar of Treaties, Conventions, and Other International Acts, with Annotations, References, and Selections from Documents and Texts of Treaties*. Bloomington: Indiana University Press, 1964.
Horne, John, ed. *A Companion to World War I*. Chichester, U.K., and Malden, MA: Wiley-Blackwell, 2010.
Horney, Karen. *Neurosis and Human Growth: The Struggle toward Self-Realization*. New York: W. W. Norton, 1950.
———. *The Neurotic Personality of our Time*. New York: W. W. Norton, 1937.
Hosking, Geoffrey A. *The Russian Constitutional Experiment: Government and Duma, 1907–1914*. New York: Cambridge University Press, 1973.
———. "Patronage and the Russian State," *Slavonic and East European Review*, 78 (2000): 306–13.
———. *Russia: People and Empire, 1552–1917*. Cambridge, MA: Harvard University Press, 1997.
Hounshell, David. *From the American System to Mass Production, 1800–1932*. Baltimore, MD: John Hopkins University Press, 1984.
Howard, Michael. *The Causes of Wars*. Cambridge, MA: Harvard University Press, 1983.
———. *The First World War*. New York: Oxford University Press, 2002.
Hughes, J. R. "The Irkutsk Affair: Stalin, Siberian Politics and the End of NEP," *Soviet Studies*, vol. 41/2 (1989): 228–53.
———. *Stalin, Siberia, and the Crisis of the New Economic Policy*. New York: Cambridge University Press, 1991.
———. "Patrimonialism and the Stalinist System: the Case of S. I. Syrtsov," *Europe-Asia Studies*, 48/4 (1996): 551–68.
Hughes, Lindsey. *Peter the Great: A Biography*. New Haven, CT: Yale University Press, 2002.
Hull, Isabel V. *Absolute Destruction: Military Culture and the Practices of War in Imperial Germany*. Ithaca, NY: Cornell University Press, 2005.
———. *The Entourage of Kaiser Wilhelm II, 1888–1918*. New York: Cambridge University Press, 1982.
Hullinger, Edward Hale. *The Reforging of Russia*. New York: E. P. Dutton, 1925.
Hunczak, Taras, ed. *The Ukraine, 1917–1921: A Study in Revolution*. Cambridge, MA: Harvard Ukrainian Research Institute, 1977.
Hunt, Lynn. *Politics, Culture, and Class in the French Revolution*. Berkeley: University of California Press, 1984.
Hynes, A. L., et al., eds. *Letters of the Tsar to the Tsaritsa, 1914–1917*. New York: Dodd, Mead, 1929.
Iakov Mikhailovich Sverdlov: sbornik vospominanii i statei. Leningrad: Gosizdat, 1926.
Iakubovskaia, S. I. *Stroitel'stvo soiuznogo sovetskogo sotsialisticheskogo gosudarstva, 1922–1925 gg*. Moscow: Akademiia nauk SSSR, 1960.
Iaroslavsky, E. *O Tovarishche Staline*. Moscow: OGIZ, 1939.
Iarov, S. V. "Krest'ianskoe vol'nenie na Severo-Zapade Sovetskoi Rossii v 1918–1919 gg.," in *Krest'ianovedenie, teoriia, istoriia, sovremennost': ezhegodnik*, edited by P. Danilov and T. Shanin. Moscow: Aspekt, 1996.
Iazhborovskaia, I. S., and Papsadanova, V. C. *Rossiia i Pol'sha: sindrom voiny 1920 g*. Moscow: Academia, 2005.
Ignat'ev, Anataolii V. *Russko-angliiskie otnosheniia nakanune Oktiabr'skoi revoliutsii, fevral'-oktiabr' 1917 g*. Moscow: Nauka, 1966.
Ignat'ev, Gennadii S. *Moskva v pervyi god proletarskoi diktatury*. Moscow: Nauaka, 1975.
———. *Oktiabr' 1917 goda v Moskve*. Moscow: Nauka, 1964.

III Sibir'skaia partiinaia kraevaia konferentsiia VKP (b): stenograficheskii otchet. Novosibirsk: Sibkraikom VKP (b) , 1927.
Ikonnikova, I. P., and Ugrovatov, A. P. "Stalinskaia repetistiia nastupleniia na krest'ianstvo," *Voprosy istorii KPSS*, 1991, no. 1: 68–81.
Il'inykh, Vladimir A. *Khroniki khlebnogo fronta: zagotovitel'nye kampanii kontsa 1920-kh gg. v Sibiri.* Moscow: Rosspen, 2010.
Il'in-Zhenevskii, Aleksandr F. "Nakanune oktiabria," *Krasnaia letopis'*, 1926, no. 4 (19): 5–26.
———. *The Bolsheviks in Power: Reminiscences of the Year 1918.* London: New Park, 1984.
Ilizarov, B. S. *Tainaia zhizn' Stalina.* Moscow: Veche, 2002.
Ilizarov, S. "Stalin, Strikhi k portretu na fone ego biblioteki i arkhiva," *Novaia i noveishaia istoriia*, 2000, no. 3: 182–205, and no. 4: 152–66.
Ioffe, A. A. (V. Krymskii). *Genuezskaia Konferentsiia.* Moscow: Krasnaia nov', 1922.
———. *Mirnye peregovory v Brest-Litovske s 22/9 dekabria 1917 g. po 3 marta (18 fevralia) 1918 g.* Moscow: NKID, 1922.
Ioffe, Genrikh. "Trest': legendy i fakty," *Novyi zhurnal*, 2007, no. 2047.
———. *Revoliutsiia i sud'ba Romanovykh.* Moscow: Respublika, 1992.
Ioffe, Mariia. *Odna noch': povest' o pravde.* New York: Khronika, 1978.
Ioffe, Nadezhda. *Vremia nazad: moia zhizn', maia sud'ba, moia epokha.* Moscow: Biologicheskie nauki, 1992.
Iosif Stalin v ob'iatiakh sem'i: iz lichnogo arkhiva. Moscow: Edition q, 1993.
Iremashvili, Joseph. *Stalin und die Tragodie Georgiens.* Berlin: Verfasser, 1932.
Iroshnikov, M. P. "K voprosu o slome burzzhuaznoi gosudarstvennoi mashiny v Rossii," in *Problemy gosudarstvennogo stroitel'stva v pervye gody Sovetskoi vlasti: sbornik statei.* Leningrad: Nauka, 1973, 46-66.
———. *Predsedatel' soveta narodnykh komissarov V. I. Ul'ianov (Lenin): ocherki gosudarstvennoi deiatel'nosti v 1917–1918 gg.* Leningrad: Nauka, 1974.
———. *Sozdanie sovetskogo tsentral'nogo gosudarstvensogo apparata.* Moscow: Nauka, 1966.
Isaacs, Harold R. *The Tragedy of the Chinese Revolution*, rev. ed. Stanford, CA: Stanford University Press, 1951.
Isaev, V. I., and Ugrovatov, A. P. *Pravokhanitel'nye organy Sibiri v sisteme upravleniia regionom, 1920-e gg.* Novosibirsk: Nuaka-Tsentr, 2006.
Isbakh, Aleksandr A. *Tovarishch Absoliut.* Moscow: Znanie, 1963, 1973.
Iskenderov, M. S. *Iz istorii bor'by kommunisticheskoi partii Azerbaidzhana za pobedu sovetskoi vlasti.* Baku: Azerbaidzhanskii gosizdat, 1958.
Iskhod k vostoku. Sofia: Rossiisko-Bolgarsko knigo, 1921.
Iskrov, M. V. "O razrabotke V. I. Leninym prodovol'stvennoi politiki 1918 g.," *Voprosy istorii KPSS*, 1963, no.7: 74–86.
Israelin, V. L. "Neopravdavshiisia prognoz graf Mirbakha: Iz istorii antisovetskoi politki germanskogo imperializma v 1917–1918 gg.," *Novaia i noveishaia istoriia*, 1967, no. 6: 56–65.
Istoricheskie mesta Tblisi: putevoditel' po mestam sviazannym s zhizn'iu i deiatel'nost'iu I. V. Stalina. 2nd ed. Tblisi: GF IML, 1944.
Istoricheskii ocherk razvitiia tserkovnykh shkol za istekshee dvadtsatipiatiletie, 1884–1909. St. Petersburg: Uchilishchnyi sovet pri Sviateishem synode, 1909.
Istoriia grazhdanskoi voiny v SSSR, 5 vols. Moscow: Gosizdat, 1935–60.
Istoriia kommunisticheskoi partii Sovetskogo Soiuza. Moscow: Politizdat, 1970.
Istoriia Moskvy, 6 vols. Moscow: Akademiia nauk, 1952–59.
Istoriia natsional'no-gosudarstvennogo stroitel'stva v SSSR 1917–1972, 2 vols. Moscow: Mysl', 1972.
Iswolsky, A. P. *Recollections of a Foreign Minister.* New York: Doubleday, 1921.
Itogi vypolneniia pervogo piatiletnego plana razvitiia narodnogo khoziaistva Soiuza SSR. Moscow: Gosplan SSSR, 1933.
Iubileinaia vystavka Krasnykh Armii i Flota, 1918–1923: kratkii putevoditel'. Moscow: Muzei Krasnykh Armii i Flota, 1923.
Iudin, V. N. *Lenin pisal v Tsaritsyn: Dokumental'no-publitsistkie ocherki.* Volgograd: Nizhne-Volskoe knizhnoe izdatel'stvo, 1985.
Iuldashbaev, B. Kh., ed. *Obrazovanie Bashkirskoi Avtonomnoi Sovetskoi Sotsialisticheskoi Respubliki: Sbomik dokumentov i materialov.* Ufa: Bashkirskoe knizhnoe izdatel'stvo, 1959.
Iurovskii, V. E. "Arkhitektor denezhnoi reform 1922–1924," *Voprosy istorii*, 1995, no. 2: 138–43.
Iurtaeva, E. *Gosudarstvennyi sovet v Rossii (1906–1917 gg.).* Moscow: Editorial URSS, 2001.
Iuzefovich, L. *Samoderzhets pustyni: fenomenon sud'by barona R. F. Ungern-Shternberga.* Moscow: Ellis-Bak, 1993.
Iuzhnyi front (mai 1918–mart 1919), bor'ba sovetskogo naroda s interventami i belogvardeitsami na iuge Rossii: sbornik dokumentov. Rostov-na-Donu: Rostovskoe knizhnoe izd-vo, 1962.
Ivanov, Anatolii. *Neizvestnyi Dzerzhinskii: fakty i vymysly.* Minsk: Valev, 1994.
Ivanov, I. E. *Podpol'nye tipografii Leninskoi "Iskry" v Rossii: 1901–1903 gody.* Kishinev: Shtintsa, 1962.
Ivanov, N. Ia. *Kornilovshcina i ee razgrom.* Leningrad: Leingradskii universitet, 1965.
Ivanov, Vsevolod M., and Shmelev, A. N. *Leninizm i ideino-politicheskii razgrom trotskizma.* Leningrad: Leninzdat, 1970.
Ivanova, Galina M. *Gulag v sisteme totalitarnogo gosudarstva.* Mosscow: Moskovskii obshchestvennyi nauchnyi fond, 1997.
Ivanova, L. V. "Institut Marksa-Engelsa-Lenina: Komissiia po istorii oktiabr'skoi revliutsii i istorii kommunisticheskoi partii (Istpart)," in *Ocherki istorii istoricheskoi nauki v SSSR*, edited by M. V. Nechkina. Moscow: Nauka, 1966.
Ivanovich, P. "Finliandskie shpioni: delo Pauku i drugie v Voennom tribunale Leningradskogo voenogo okruga," *Sud idet* [Leningrad], 1928, no. 4.
Iwanski, Gereon, et al., eds. *II Zjazd Komunistycznej Partii Rabotniczej Polski, 19.IX–2.X.1923: Protokoły, Obrad, i Uchwały.* Warsaw: Ksiazka i Wiedza, 1968.
I Leningradskaia oblastnaia konferentsiia VKP (b), 15–19 noiabria 1927 goda: stenograficheskii otchet. Leningrad: VKP (b), 1929.
III vserossiiskii s'ezd sovetov rabochikh, soldatskikh i krest'ianskikh deputatov. Petrograd: TsIK, 1918.*IV Vsemirnyi kongress Kommunisticheskogo Internatsionala, 5 noiabria-3 dekabria 1922 g.: izbrannye doklady, rechi i rezoliutsii.* Petrograd: Gosizdat, 1923.
IV Vserossiikii s'ezd sovetov rabochikh, soldatskikh, krestianskikh, i kazach'ikh deputatov: Stenografischeskii otchet. Moscow: Gosizdat, 1919.
IX s'ezd RKP (b), mart-aprel' 1920: Protokoly. Moscow: Politicheskaia literatura, 1960.
IX konferentsiia RKP (b), sentiabr" 1920 goda: protokoly. Moscow: Politcheskaia literatura, 1972.
"Iz besedy tovarishcha Stalina s nemetskim pisatelem Emilem Liudvigom, 13 Dekabria 1931 g.," *Bol'shevik*, 1932, no. 8: 33–42.
Iz istorii grazhdanskoi voiny v SSSR: sbornik dokumentov i materialov, 3 vols. Moscow: Sovetskaia Rossiia, 1960–1.
"Iz istorii kollektivizatsii 1928 god: poezdka Stalina v Sibir'," *Izvestiia TsK KPSS*, 1991, no. 5: 193–204, no. 6: 202–16, no. 7: 179–86.
Iz istorii VChK: sbornik dokumentov, 1917–1921 gg. Moscow: Politizdat, 1958.
Iziumov, Aleksei S., ed. *Khleb i revoliutsiia: prodovol'stvennaia politika kommunisticheskoi partii i sovetskogo pravitel'stva v 1917–1922 gg.* Moscow: Sovetskaia Rossiia, 1972.
Izmozik, Vladlen S. *Glaza i ushi rezhima: gosudarstvennyi politicheskii kontrol'*

za naseleniem sovetskoi Rossii v 1918–1928 godakh. St. Petersburg: Sankt-Peterburgskii universitet ekonomiki i finansov, 1995.

"Iz perepiski E. D. Stasovoi i K. T. Novgorodtsevoi (Sverdlovoi), mart-dekaibr' 1918 g.," *Voprosy istorii*, 1956, no.10: 91–2.

Izvolsky, Alexander. *The Memoirs of Alexander Izwolsky.* London: Hutchinson, 1920.

"Iz vospominaniia I. I. Vatsetisa," *Voenno-istoricheskii zhurnal*, 1962, no. 4.

"Iz zaiavleniia uchashchiksia tifliskoi dukhovnoi seminarii ekzarkhu Gruzii, 1 dekabria 1893," in *Lado Ketsokhevli: sbornik dokumentov i materialov.* Tblisi: Sabchota sakartvelo, 1969.

Jablonowski, Horst. "Die Stellungnahme der russischen Parteien zur Aussenpolitik der Regierung von der russisch-englischen Verstandigung bis zum ersten Weltkrieg," in *Forschungen zur osteuropaischen Geschichte*, 5, (1957): 60-92.

Jacobson, Jon. "Is There a New International History of the 1920s?" *American Historical Review*, 88/3 (1983): 617–45.

———. *When the Soviet Union Entered World Politics.* Berkeley: University of California Press, 1994.

Jahn, Hubertus F. *Patriotic Culture in Russia during World War I.* Ithaca, NY: Cornell University Press, 1995.

Janos, Andrew C., and Slottman, William, eds. *Revolution in Perspective: Essays on the Hungarian Soviet Republic of 1919.* Berkeley: University of California Press, 1971.

Jansen, Marc. *A Show Trial Under Lenin: The Trial of the Socialist Revolutionaries, Moscow, 1922.* The Hague and Boston: M. Nijhoff and Kluwer, 1982.

Jarausch, Konrad H. "Cooperation or Intervention? Kurt Riezler and the Failure of German Ostpolitik, 1918," *Slavic Review*, 31/2 (1972): 381–98.

———. *The Enigmatic Chancellor: Bethmann Hollweg and the Hubris of Imperial Germany.* New Haven, CT: Yale University Press, 1972.

Jasny, Naum. *The Socialized Agriculture of the USSR: Plans and Performance.* Stanford, CA: Stanford University Press, 1949.

Jászi, Oscar. *The Dissolution of the Habsburg Monarchy.* Chicago: University of Chicago Press, 1929.

Jaures, Jean. *L'Organisation socialiste de la France: l'armee nouvelle.* Paris: L'Humanité , 1911.

Jersild, Austin. *Orientalism and Empire: North Caucasus Mountain Peoples and the Georgian Frontier, 1845–1917.* Montreal: McGill-Queen's University Press, 2002.

Jervis, Robert. *Perception and Misperception in International Relations.* Princeton, NJ: Princeton University Press, 1976.

Joffe, Maria. *One Long Night: A Tale of Truth.* London: Clapham, 1978.

Joffe, Nadzehda. *Back in Time: My Life, My Fate, My Epoch.* Oak Park, MI: Labor Publications, 1995.

Johnson, Gaynor, ed. *Locarno Revisited: European Diplomacy 1920–1929.* London: Routledge, 2004.

Johnson, Simon, and Temin, Peter. "The Macroeconomics of NEP," *Economic History Review*, 46/4 (1993): 750–67.

Jones, David R. "Imperial Russia's Armed Forces at War, 1914–1917: An Analysis of Combat Effectiveness" (1986), in *Military Effectiveness*, ed. by Millet, A. R. and Murray, W., 3 vols. Boston: Allen and Unwin, 1988, I: 249–328.

———. "Nicholas II and the Supreme Command: An Investigation of Motives," *Study Group on the Russian Revolution: Sbornik*, no. 11 (1985): 47–83.

Jones, Stephen F. "Russian Imperial Administration and the Georgian Nobility: The Georgian Conspiracy of 1832," *Slavonic and East European Review*, 65/1 (1987): 55–76.

———. "The Non-Russian Nationalities," in *Society and Politics in the Russian Revolution*, edited by Robert Service. New York: St. Martin's Press, 1992.

———. *Socialism in Georgian Colors: The European Road to Social Democracy, 1883–1917.* Cambridge, MA: Harvard University Press, 2005.

———. "The Establishment of Soviet Power in Trascaucasia: The Case of Georgia, 1921–1928," *Soviet Studies*, 40/4: 616–639.

Jordania, N. N. "Staline, L'Écho de la lutte" [October 1936], unpublished manuscript in Hoover Institution Archives, Boris Nicolaevsky Collection, box 144, folder 3, 1–2.

Journal intime de Nicholas II (juillet 1914–juillet 1918). Paris: Payot, 1934.

Jowitt, Ken. *New World Disorder: The Leninist Extinction.* Berkeley: University of California Press, 1992.

Kabuzan, Vladimir M. *Russkie v mire: dinamika chislennosti i rasseleniia (1719–1989): formirovanie etnicheskikh i politicheskikh granits russkogo naroda.* St. Petersburg: BLITS, 1996.

———. *Izmenenie v razmeshchenii naseleniia Rossii v XVIII-pervoi polovine XIX vv.* Moscow: Nauka, 1971.

Kacharava, Iu. M., ed. *Bor'ba za uprochenie sovetskoi vlasti v Gruzii: sbornik dokumentov i materialov (1921–1925 gg.)* Tblisi: Sabchota Sakartvelo, 1959.

Kaganovich, L. M. *Pamiatnye zapiski rabochego, kommunista-bol'shevika, profsoiuznogo, partinogo i sovetsko-gosudarstvennogo rabotnika.* Moscow: Vagrius, 1996.

Kahan, Arcadius. *The Plow, The Hammer and the Knout: An Economic History of Eighteenth-Century Russia.* Chicago: University of Chicago Press, 1985.

Kahn, David. *The Codebreakers: The Story of Secret Writing.* New York: Macmillan, 1967.

Kak russkii narod zavoeval svobodu: Obzor revoliutsionnykh sobytii. Petrograd: S. Samoilov, 1917.

Kakurin, N. E. *Kak srazhalas' revoliutsiia*, 2 vols. Moscow-Leningrad: Gosizdat, 1925-6.

———. *Russko-pol'skaia kampaniia 1918–1920: politiko-strategicheskii ocherk.* Moscow: Vysshii voenno-redaktsionnyi sovet, 1922.

———. *Razlozhenie armii v 1917 godu.* Moscow-Leningrad: Gosizdat, 1925.

———, and Melikov, V. A. *Voina s belopoliakami 1920 goda.* Moscow: Voenizdat, 1925.

Kalinin, M. I. *Stalin: sbornik statei k piatidesitiletiu so dnia rozhdeniia.* Moscow-Leningrad: Gosizdat, 1929.

Kalyvas, Stathis N. *The Logic of Violence in Civil War.* New York: Cambridge University Press, 2006.

Kamenev, Lev B. *Bor'ba za mir: otchet o mirnykh peregovorakh v Breste.* Petrograd: Zhizn' i znanie, 1918

———. *Stat'i i rechi.* Leningrad: Gosizdat, 1925.

Kamenev, Lev. *Mezhdu dvumia revoliutsiiami: sbornik statei*, 2nd ed. Moscow: Novaia Moskva, 1923.

Kaminskii, V. and Vereshchagin, I. "Detstvo i iunost' vozhdia." *Molodaia Gvardiia*, no 12. 1939.

Kann, S. K. "Opyt zheleznodorozhnogo stroitel'stva v Amerike i proektirovanie Transsiba," in *Zarubezhnye ekonomicheskie i kul'turnye sviazi Sibiri (XVIII-XX vv.)*, edited by L. M. Goriushkin. Novosibirsk: RAN, Sibirskoe otdelenie, 1995.

Kanonenko, Veronika. "Kto ubil Mikhail Frunze," *Shpion*, 1994, no. 1 (3): 78–81.

Kantor, Iulia. *Voina i mir Mikhaila Tukhachevskogo.* Moscow: Ogonek, 2005.

Kantor, R. "K istorii chernykh kabinetov," *Katorga i ssylka*, XXXVII (1927).

Kantorovich, V., and Zaslavskii, D. *Khronika fevral'skoi revoliutsii: fevral'–mai 1917.* Moscow: Byloe, 1924.

Kapchinskii, Oleg. *Gosbezopasnosti iznutri: Natisonal'nyi i sotsial'nyi sostav.* Moscow: Iauza-Eksmo, 2005.

Kapitsa, Mikhail S. *Sovetsko-kitaiskie otnosheniia.* Moscow: Politicheskaia literatura, 1958.

Kappeler, Andreas. *The Russian Empire: A Multiethnic History.* Harlow, U.K.:

Longman, 2001.

Karaeva, T. F., ed. *Direktivy komandovaniia frontov krasnoi armii, 1917–1922 gg.: sbornik dokumentov,* 4 vols. Moscow: Voenizdat, 1971–8.

Karaganov, A. V. *Lenin: sobranie fotografii i kinokadrov*, 2nd ed., 2 vols. Moscow: Iskusstvo, 1980.

Kara-Murz, G. S., et al. eds. *Strategiia i taktika Kominterna v natsional'no-kolonial'noi revoliutsii na primere Kitaia: sbornik dokumentov*. Institut MKh i MP, 1934.

Karl, Rebecca. *Staging the World: Chinese Nationalism at the Turn of the Twentieth Century*. Durham, NC: Duke University Press, 2002.

Karliner, M. M. "Angliia i Petrogradskaia konferentsiia Antanty 1917 goda," in *Mezhdunarodnye otnosheniia, politika, diplomatiia XVI-XX veka: Sbornik stateĭ k 80-letiiu akademika I. M. Maiskogo*, edited by V. V. Al'tman. Moscow: Nauka, 1964.

Karpinskii, V. A. "Vladimir Il'ich za granitsei v 1914–1917 gg.," in *Zapiski instituta Lenina*, 3 vols. Moscow: Institute Lenina pri TsK VKP (b), 1927–8.

Karpov, Nikolai. *Krest'ianskoe dvizhenie v revoliutsii 1905 goda v dokumentakh*. Moscow: Gosizdat, 1926.

Karpovich, Michael. "The Russian Revolution of 1917," *Journal of Modern History*, 2/2 (1930): 258–80.

———. "Two Types of Russian Liberalism: Maklakov and Miliukov," in *Continuity and Change in Russian and Soviet Thought*, edited by Ernest J. Simmons. Cambridge, MA: Harvard University Press, 1955.

Kartevskii, S. I. *Iazyk, voina i revoliutsiia*. Berlin: Russkoe universal'noe izdatel'stvo, 1923.

Kartunova, A. I. "Kitaiskii vopros v perepiske G. V. Chicherin i L. M. Karakhana," *Novaia i noveishaia istoriia*, 1998, no. 6: 3–18.

———. "Novyi vzgliad na razryv s Chan Kaishi," *Vostok*, 1997, no. 1.

Katalog Tiflisskoi deshevoi biblioteki, chast' 1. Tiflis, 1896.

Katkov, George. "German Foreign Office Documents on Financial Support to the Bolsheviks in 1917," *International Affairs*, 32/3 (1956): 181–9.

———. *Russia, 1917: The February Revolution*. New York: Harper & Row, 1967.

———. *The Kornilov Affair: Kerensky and the Breakup of the Russian Army*. New York: Longman, 1980.

Katsenellenbaum, S. S. *Russian Currency and Banking, 1914–1924*. London: P. S. King, 1925.

Kaufman, A. E. "Cherty iz zhizni gr. S. Iu. Vitte," *Istoricheskii vestnik*, no. 140 (April 1915).

Kautsky, Karl. *Das Erfurter Programm in seinem grundsatzlichen Teil erlautert.* Berlin-Bad-Godesberg: Verlag J.H.W. Dietz Nachf., 1974.

———. *Georgia, A Social-Democratic Peasant Republic: Impressions and Observations*. London: International Bookshops, 1921.

Kavkaz: Opisanie kraia i kratkii istoricheskii ocherk ego prisoedineniia k Rossii, 3rd ed. Moscow: I. V. Leont'eva, 1911.

Kavkaz: spravochnaia kniga storozhila, 2nd ed., chast' 1. Tiflis: E. G. Meskhi, 1889.

Kavraiskii, V., and Nusinov, I. *Klassy i klassovaia bor'ba v sovremennoi derevne*. Novosibirsk: Sibkraiizdat, 1929.

Kavtaradze, A. G. *Voennye spetsialisty na sluzhbe Respubliki sovetov, 1917–1920 g.* Moscow: Nauka, 1988.

Kazemzadeh, Firuz. *The Struggle for Transcaucasia, 1917–1921*. New York: Philosophical Library, 1951.

Keegan, John. *The First World War*. New York: Knopf, 1999.

Keep, John L. H. *The Russian Revolution: A Study in Mass Mobilization*. New York: W. W. Norton, 1976.

———. *The Rise of Social Democracy in Russia*. Oxford: Clarendon, 1963.

———. "1917: The Tyranny of Paris over Petrograd," *Soviet Studies*, 20/1 (1968–9): 22–35.

———. "Light and Shade in the History of the Russian Administration," *Canadian-American Slavic Studies*, 6/1 (1972): 1–9.

———. *Soviet Studies*, 18/3 (1967): 376–80.

———, ed. and trans. *The Debate on Soviet Power: Minutes of the All-Russian Central Executive Committee, Second Convocation*. Oxford, 1979.

Keiger, John F. V. *Raymond Poincare*. New York: Cambridge University Press, 2002.

Keller, V., and Romanenko, I. *Pervye itogi agrarnoi reformy*. Voronezh: Gosizdat, Voronezhskoe otdelenie, 1922.

Keller, Werner. *Ost minus West = Null: der Aufbau Russlands durch den Western*. Munich-Zurich: Dromersche Verlagsanstalt Th. Knauer Nach folger, 1960. Translated as *East minus West = Zero: Russia's Debt to the Western World, 1862–1962*. New York: Putnam, 1962.

Ken, O. H. *Mobilizatsionnoe planirovanie i politcheskie resheniia, konets 1920-seredina 1930-kh godov*. St. Petresburg: Evropeiskii universitet, 2002.

Ken, O. N., and Rupasov, A. I. *Politbiuro TsK VKP (b) i otnosheniia SSSR s zapadnymi sosednimi gosudarstvami (konets 20-30-kh gg.): problemy, dokumenty, opyt kommentariia*. St. Petersburg: Evropeiskii dom, 2000.

Kendirbai, Gulnar. "The Alash Movement," in *The Turks*, edited by Hasan Celal Guzel et al. Ankara: Yeni Turkiye, 2002.

Kenez, Peter. "Changes in the Social Composition of the Officer Corps during World War I," *Russian Review*, 31/4 (1972): 369–75.

———. "The Ideology of the White Movement," *Soviet Studies*, 32/1 (1980): 58–83.

———. *Civil War in South Russia*, 2 vols. Berkeley: University of California Press, 1971, 1977.

———. *The Birth of the Propaganda State: Social Methods of Mass Mobilization, 1917–1929*. New York: Cambridge University Press, 1985.

Kennan, George F. "The Sisson Documents," *Journal of Modern History*, 37/2 (I956): 130–54.

———. *Russia and the West Under Lenin and Stalin*. Boston: Little, Brown, 1961.

———. *Russia Leaves the War*. Princeton, NJ: Princeton University Press, 1956.

———. "The Breakdown of the Tsarist Autocracy," in *Revolutionary Russia*, Richard Pipes ed., 1–15.

———. *The Fateful Alliance: France, Russia and the Coming of the First World War*. New York: Pantheon, 1984.

Kennedy, David. *Over Here: The First World War and American Society*. New York: Oxford University Press, 1980.

Kennedy, Paul M. *The Rise of the Anglo-German Antagonism, 1860–1914*. Boston: George Allen and Unwin, 1980.

Kennel, Ruth. "The New Innocents Abroad," *American Mercury*, XVII (May 1929).

Kerenskii, A. F. *Delo Kornilova*. Ekaterinoslav, 1918. Translated as *The Prelude to Bolshevism: The Kornilov Rising*. New York: Dodd, Mead, and Company, 1919.

Kerensky, Alexander F. "Lenin's Youth—and My Own," *Asia*, 34/2 (1934): 69-74.

———. *The Catastrophe: Kerensky's Own Story of the Russian Revolution*. New York: D. Appleton, 1927.

———. *The Kerensky Memoirs: Russia and History's Turning Point*. New York, Duell, 1965.

Kern, Stephen. *The Culture of Time and Space, 1880–1918*. Cambridge, MA: Harvard University Press, 1983.

Kerzhentsev, P. M. *Printsipy organizatsii*, 3rd ed. Moscow-Petrograd: Gosizdat, 1924.

Ketskhoveli, Vano. "Druz'ia i soratniki tovarishcha Stalina," *Rasskazy o Velikom Staline*, kn. 2. Tblisi: Zaria vostoka, 1941.

———. "Iz vospominanii o Lado Ketskhoveli," *Zaria vostoka*, August 17, 1939.

———. "Na zare sozdania partii rabochego klassa," *Zaria vostoka*, July 17, 1939.

Keyes, Ralph. *The Quote Verifier: Who Said What, Where, and When*. New York: Macmillan, 2006.

Keynes, J. M. *The Economic Consequences of the Peace*. London: Macmillan, 1919.

Khachapuridze, G. "Gruziia vo vtoroi polovine XIX veka," *Istorik Marksist*, 1940, no. 8: 46-66.

Khadziev, Khan. *Velikii boiar*. Belgrade: M. A. Suvorin, 1929.

Khalid, Adeeb. "Tashkent 1917: Muslim Politics in Revolutionary Turkestan," *Slavic Review*, 55/2 (1996): 270–96.

———. *The Politics of Cultural Reform: Jadidism in Central Asia*. Berkeley: University of California Press, 1998.

Kharmandanian, Segvard V. *Lenin i stanovlenie Zakavkazskoi federatsii, 1921–1923 gg*. Yerevan: Aiasgan, 1969.

Khaustov, V.N., et al., eds. *Lubianka: Stalin i VChK-GPU-OGPU-NKVD, ianvar' 1922-dekabr'* 1936. Moscow: Mezhdunaordnyi fond demokratiia, 2003.

Khavin, A. F. *U rulia industrii*. Moscow: Politizdat, 1968.

Khelemskii, Iu. S.. "Soveshchanie v Sovnarkome o gosapparate [1923 g.]," *Sovetskoe gosudarstvo i pravo*, 1990, no. 9: 111–12.

Khinchuk, L. M. *K istorii anglo-sovietskikh otnoshenii*. Moscow: Gosizdat, 1928.

Khlevniuk, Oleg V. *In Stalin's Shadow: The Career of "Sergo" Ordzhinikidze*. Armonk, NY: M. E. Sharpe, 1995.

———. *Master of the House: Stalin and His Inner Circle*. New Haven, CT: Yale University Press, 2009.

———. *Politbiuro: mekhanizmy politcheskoi vlasti v 30-e gody*. Moscow: Rosspen, 1996.

———, et al., eds. *Stalinskoe politburo v 30-e gody: Sbornik dokumentov*. Moscow: AIRO-XX, 1995.

Khmel'kov, Andrei I., ed. *K. E. Voroshilov na Tsaritsynskom fronte: sbornik dokumentov*. Stalingrad: Stalingradskoe oblastnoe knizhnoe izdatel'stvo, 1941.

———, ed. *Stalin v Tsaritsyne: sbornik statei i dokumentov*. Stalingrad: Stalingradskoe oblastnoe knizhnoe izdatel'stvo, 1939.

Khoshtaria-Brose, Edisher V. *Ocherki sotsial'no-ekonomicheskoi istorii Gruzii: promyshlennost', goroda, rabochii klass (XIX v.-nachalo XX v.)*. Tblisi: Metsniereba, 1974.

Khromov, S. S. *Po stranitsam lichnogo arkhiva Stalina*. Moscow: Moskovskii gos. universitet, 2009.

Khromov, S. S., and Kuibysheva, G. V. *Valerian Vladimirovich Kuibyshev: biografiia*. Moscow: Politicheskaia literatura, 1988.

Khromov, Semen S. *Leonid Krasin: neizvestnye stranitsy biografii, 1920–1926 gg*. Moscow: Insitut Rossiiskoi istorii RAN, 2001.

Khrushchev, Nikita. *Khrushchev Remembers*. Boston: Little, Brown, 1970.

———. *Memoirs*, 4 vols. University Park, PA: Pennsylvania State University Press, 2004–7.

———. "Secret Speech to 20th Congress CPSU," in *The Anti-Stalin Campaign and International Communism: A Selection of Documents*. New York: Columbia University, Russian Institute, 1956.

Kilcoyne, Martin. "The Political Influence of Rasputin." Phd diss., University of Washington, 1961.

Kim, M. P., ed. *Istoriia Sovetskogo krest'ianstva i kolkhoznogo stroitel'stva v SSSR: materialy nauchnoi sessii, sostoiavsheisia 18–21 aprelia 1961 g. v Moskve*. Moscow: Akademiia nauk SSSR, 1963.

Kimitaka, Matsuzato. "Soryokusensoto chihotochi: daiichiji sekaitaisenki roshsia no shokuryojigyo to nojishido." Phd diss., Tokyo University, 1995.

Kin, D., and Sorin, V., eds. *Sed'moi s'ezd: mart 1918 goda*. Moscow: Gosizdat, 1928.

Kindleberger, Charles P. *The World in Depression, 1929–1939*. Berkeley: University of California Press, 1986.

King, Charles. *The Ghost of Freedom: A History of the Caucasus*. New York: Oxford University Press, 2008.

Kingston-Mann, Esther. "Deconstructing the Romance of the Bourgeoisie: A Russian Marxist Path Not Taken," *Review of International Political Economy*, 10/1 (2003): 93–117.

———. "Lenin and the Beginnings of Marxist Peasant Revolution: The Burden of Political Opportunity July-October, 1917," *Slavonic and East European Review*, 50 (1972): 578–88.

Kirby, D. G. *War, Peace, and Revolution: International Socialism at the Crossroads, 1914–1918*. Aldershot, UK: Glower, 1986.

Kir'ianov, Iu. I. *Pravye partii v Rossii, 1911–1917*. Moscow: Rosspen, 2001.

———, ed. *Pravye partii: dokumenty i materialy, 1905–1917*, 2 vols. Moscow: Rosspen, 1998.

Kirilina, Alla. *Neizvestnyi Kirov: mify i real'nost'*. Moscow: Olma, 2001.

Kirillov, V. S., and Sverdlov, A. Ia. *Grigorii Konstantinovich Ordzhonikidze (Sergo): biografiia*. Moscow: Politicheskaia literatura, 1962.

Kirion, Episkop. *Kratkii ocherk istorii Gruzinskoi tserkvi i ekzarkhata*. Tiflis: K. P. Kozlovskii, 1901.

Kislitsyn, S. A. *Shakhtinskoe delo: nachalo stalinskikh represii protiv nauchno-tekhnicheskoi intelligentsia v SSSR* . Roston-na-Donu: NMTs Logos, 1993.

Kitanina, T. M. *Voina, khleb i revoliutsiia: Prodovol'stvennyi vopros v Rossii 1914-oktiabr' 1917 g*. Leningrad: Nauka, 1985.

Kitchen, Martin. *The Silent Dictatorship: The Politics of the German High Command under Hindenburg and Ludendorff, 1916–1918*. New York: Holmes & Meier, 1976.

Kizevetter, A. A. "Moda na sotsializm," *Russkie vedomosti*, June 25, 1917.

Klante, Margarete. *Von der Wolga zum Amur: Die tschechische Legion und der russissche Burgerkrieg*. Berlin: Ost-Europa Verlag, 1931.

Klement'ev, Vasilii F. *V Bol'shevitskoi Moskve (1918–1920)*. Moscow: Russkii put', 1998.

Klemm, Max, ed. *Was sagt Bismarck dazu?*, 2 vols. Berlin: A Scherl, 1924.

Klepikov, S. A. *Statisticheskii spravochnik po narodnomu khoziaistvu*, vyp. 2. Moscow: Gosudarstvennoe izdatel'stvo, 1923.

Klier, John Doyle. *Russia Gathers Her Jews: The Origins of the "Jewish Question" in Russia, 1772–1825*. Dekalb: Northern Illinois University Press, 1986

Kliuev, Leonid. *Bor'ba za Tsaritsyn 1918–1919 gg*. Moscow-Leningrad: Gosizdat, otdel voennoi literatury, 1928.

Klyuchevsky, Vasily. *Peter the Great*. Boston: Beacon, 1958.

Knei-Paz, Baruch. *The Social and Political Social Thought of Leon Trotsky*. Oxford: Clarendon, 1978.

Knobler, S., et al., eds. *The Threat of Pandemic Influenza: Are We Ready? Workshop Summary*. Washington, D.C.: The National Academies Press, 2005.

Knox, Alfred. "General V. A. Sukhomlinov," *Slavonic Review*, 5/13 (1926): 148–52.

———. *With the Russian Army, 1914–1917; being chiefly extracts from the diary of a military attaché*, 2 vols. New York, Dutton, 1921.

Kochan, Lionel. "Kadet Policy in 1917 and the Constituent Assembly," *Slavonic and East European Review*, 45 (1967): 183–92.

Kocharovsky, K. "Aleksandr Arkadievich Kaufman," in *Encyclopedia of the Social Sciences*, edited by Edwin Seligman and Alvin Johnson. New York: Macmillan, 1948.

Koda, Yoji. "The Russo-Japanese War: Primary Causes of Japanese Success," *Naval War College Review*, 58/2 (2005): 10–44.

Koehl, Robert Lewis. "A Prelude to Hitler's Greater Germany," *American Historical Review*, 59/1 (1953): 43–65.

Koenker, Diane. *Moscow Workers and the 1917 Revolution*. Princeton, NJ: Princeton University Press, 1981.

———, et al., eds. *Party, State, and Society in the Russian Civil War: Explora-*

tions in Social History. Bloomington: Indiana University Press, 1990.
———, ed. *Revelations from the Russian Archives: Documents in English Translation*. Washington, D.C.: Library of Congress, 1997.
Kofod, A. A. *Russkoe zemleustroistvo*, 2nd ed. St. Petersburg: Sel'skii vestnik, 1914.
Kokovtsov, Vladimir N. *Iz moego proshlogo: vospominaniia, 1903–1919*, 2 vols. Paris: Privately published, 1933.
———. *Out of My Past*. Stanford, CA: Hoover Institution Press, 1935.
Kol'tsov, M. E. *Izbrannoe*. Moscow: Moskovskii rabochi, 1985.
Kolesnichenko, I. "K voprosu o konflikte v Revvoensovete Iuzhnogo fronta (sentiabr'–oktiabr' 1918 goda)," *Voenno-istoricheskii zhurnal*, 1962, no. 2.
———, and Lunin, V. "Kogda zhe byl uchrezhden institut voennykh kommissarov Krasnoi Armi?" *Voenno-istoricheskii zhurnal*, 1961, no. 9.
Kolesnik, Aleksandr. *Khronika zhizni sem'i Stalina*. Moscow: IKRA, 1990.
Kolodnyi, Lev. *Kitai-gorod: avtorskii putevoditel'*. Moscow: Golos-Press, 2004.
Kolonitskii, Boris I. "'Democracy' in the Consciousness of the February Revolution," *Slavic Review*, 57/1 (1998): 95–106.
———. "Anti-Bourgeois Propaganda and anti-'*Burzhui*' Consciousness in 1917," *Russian Review*, 53/2 (1994): 183–96.
———. "Kerensky," in *Critical Companion to the Russian Revolution 1914–1921*, ed. by Edward Acton, et al. Bloomington: Indiana University Press, 1997.
———. "Pravoekstremistskie sily v marte-oktiabre 1917 g. (na materialakh petrogradskoi pechati)," *Natsional'naia pravaia prezhde i teper': istoriko-sotsiologicheskie ocherki*, edited by O. T. Vite. 3 vols. in 7. St. Petersburg: Institut sotsiologii Rossiiskoi Akademii nauk, Sankt-Peterburgskii filial, 1992.
———. *Symvoly vlasti i bor'ba za vlast': K izucheniiu politicheskoi kul'tury Rossiiskoi revoliutsii 1917 goda*. St. Petersburg: Dmitrii Bulanin, 2001.
Koloskov, V. V. *XIII konferentsiia RKP (b)*. Moscow: Vysshaia shkola, 1975.
Komarov, N. S. "K istorii instituta Lenina i tsentral'nogo partiinogo arkhiva 1919–1931 gg.," *Voprosy istorii*, 1956, no. 10: 181-91.
———. "Sozdanie i deietel'nost' Istparta 1920–1928 gg.," *Voprosy istorii KPSS*, 1958, no. 5: 153–65.
Komintern i Vostok: bor'ba za leninskuiu strategiiu i taktiki v natsional'no osvoboditel'nom dvizhenii. Moscow: Vostochnaia literatura, 1969.
Kommunisticheskaia partiia Sovetskogo Soiuza v rezoiliutsiiakh i resheniiakh s'ezdov, konferentsii i plenumov TsK, 1898–1986, 15 vols., 9th ed. Moscow: Politicheskaia literatura, 1983–.
Kommunisticheshkaia partiia Sovetskogo Soiuza v rezoliutsiiakh i resheniiakh s'ezdov, konferentsii i plenumov TsK, 8th ed., 13 vols. Moscow: Politicheskaia literatura, 1970.
Kommunisticheskii internatsional: kratkii istoricheskii ocherk. Moscow: Politizdat, 1969.
Kondratenko, E. *Kratkii ocherk ekonomicheskogo polozheniia Kavkaza po noveishim ofitsial'nym i drugim otchetam: prilozhenie k Kavkazskomu kalendariu (na 1888 g.)*. Tiflis: [s.n.], 1888.
Kondrat'ev, Nikolai. *Rynok khlebov i ego regulilirovanie vo vremia voiny i revoliutsii*. Moscow: Novaia derevnia, 1922.
Koniukhov, Grigorii A. *KPSS v bor'be s khlebnymi zatrudneniami v strane 1928–1929 gg*. Moscow: Sotsial'no-ekonomicheskaia literatura 1960.
Korbel, Josef. *Poland Between East and West: Soviet and German Diplomacy toward Poland, 1919–1933*. Princeton, NJ: Princeton University Press, 1963.
Korbut, M. "Uchet departamentom politsii opyta 1905 goda," *Krasnyi arkhiv*, 18 (1926): 219–27.
Korkunov, N. M. *Russkoe gosudarstvennoe pravo*. St. Petersburg: M. M. Stasiulevich, 1901.
Kornakov, P. K. "Opyt privlecheniia veksilologicheskikh pamiatnikov dlia resheniia geral'dicheskikh problem," *Novye numizmaticheskie issledovaniia*, no. 4, Trudy Gosudarstvennogo Istoricheskogo muzeia, 1986, vyp. 61: 134–48.
———. "Znamena Fevral'skoi revoliutsii," *Geral'dika: materialy i issledovaniia: sbornik nauchnykh trudov*, edited by G. V. Vilinbakhov Leningrad: Gos. Ermitazh, 1983.
Kornatovskii, Nikolai A. *Razgrom kontrrevoliutsionnykh zagovorov v Petrograde v 1918–1919 gg*. Leningrad, Lenizdat, 1972.
———. *Stalin—rukovoditel' oborony Petrograda, vesna-leto 1919 goda*. Leningrad: Gazetno-zhurnal'noe i knizhnoe izd-vo Leningradskogo soveta RK i KD, 1939.
Koroleva, V. V. "Deiatel'nost' V. I. Lenina po organizatsii dostavki 'Iskry' v Rossiiu (dekabr' 1900 g.–noiabr' 1903 g.)," *Trudy Kazanskogo aviatsionnogo instituta*, vyp. 54 (1962): 17–30.
Korotyshevskii, Viktor. "Garazh osobogo znacheniia," *Proza*, May 27, 2009. Found at http://www.proza.ru/2009/05/27/581.
Korros, Alexandra. *A Reluctant Parliament: Stolypin, Nationalism, and the Politics of the Russian Imperial State Council, 1906–1911*. Lanham, MD: Rowman and Littlefield, 2002.
Korzhikhina, T. P., and Figatner, Iu. "Sovetskaia nomenklatura: stanovlenie, mekhanizmy, deistviia," *Voprosy istorii*, 1993, no. 7: 25-38.
Korzhikhina, T. Z. "Obshchestvo starykh Bol'shevikov (1922–1935)," *Voprosy istorii KPSS*, 1989, no. 11: 50–65.
Kosachev, V. G. "Nanakune kollektivizatsii: poezdka I. V. Stalina v Sibir'," *Voprosy istorii*, 1998, no. 5.
Kosheleva, L., et al. *Pis'ma I. V. Stalina V.M. Molotovu, 1925–1936 gg. : sbornik dokumentov*. Moscow, Rossiia molodaia, 1995.
Kostin, N.D. *Vystrel v serdtse revoliutsii*. Moscow: Politizdat, 1989.
Kostiushko, I. I. *Pol'skoe biuro TsK RKP (b) 1920–1921 gg*. Moscow: RAN Institut slavianovedeniia, 2005.
Kostiushko, Ivan, ed. *Pol'sko-Sovetskaia voina 1919–1920 gg.: ranee neopublikovanye dokumenty i materialy*, 2 vols. Moscow: Institut slavianovedeniia i balkanistiki RAN, 1994.
Kostrikova, A. M., and Kostrikova, E. M. *Eto bylo v Urzhume*. Kirov, 1962.
Kotel'nikov, K. G., ed. *Vtoroi vserossiiskii s"ezd sovetov R. i S.D*. Moscow-Leningrad: Gosizdat, 1928.
Kotel'nikov, K. G., and Mueller, V. L., eds. *Krest'ianskoe dvizhenie v 1917 godu*. Moscow-Leningrad: Gosizdat, 1927.
Kotkin, Stephen. "Left Behind: Is Eric Hobsbawm History?" *New Yorker*, September 29, 2003.
———. "Modern Times: the Soviet Union and the Interwar Conjuncture," *Kritika*, 2/1 (2001): 111–64.
———. *Magnetic Mountain: Stalinism as a Civilization*. Berkeley: University of California, 1995.
Kotsonis, Yanni. *Making Peasants Backward: Managing Populations in Russian Agricultural Cooperatives, 1861–1914*. New York: St. Martin's Press, 1990.
Kotyrev, Andrei N. *Mavzolei V. I. Lenina: proektirovanie i stroitel'stvo*. Moscow: Sovetskii khudozhnik, 1971.
Kournakoff, Sergei. *Savage Squadrons*. Boston and New York: Hale, Cushman, and Flint: 1935.
Kozhevnikova, V. "Gody staroi *Iskry: 1901–1902 gg*.," *Proletarskaia revoliutsiia*, 1924, no. 3 (26): 133–41.
Kozlov, V. A., and Semenova, E. A. "Sotsiaologiiia detstva: obzor sotsial'no-pedagogicheskikh obsledovanii 20-x godov," *Shkola i mir kul'tury etnosov*. Moscow, 1993, vyp. 1.
Kramer, Alan. *Dynamic of Destruction: Culture and Mass Killing in the First World War*. New York: Oxford University Press, 2007.
Krasil'nikov, S. A., ed. *Shakhtinskii prot-*

sess 1928 g.: podgotovka, provedenie, itogi, 2 vols. Moscow: Rosspen, 2011.
———, et al., eds. *Intelligentsiia, obshchestvo, vlast': opyt vzaimootnosheni, 1917-konets 1930 gg.* Novosibirsk: RAN, Sibirskoe otdelenie, 1995.
Krasin, Leonid. *Voprosy vneshnei torgovli.* Moscow: Gosizdat, 1928.
Krasnaia Moskva, 1917–1920 gg. Moscow: Moskovskii sovet, 1920.
Krasnov, Valerii G., and Daines, V., eds. *Neizvestnyi Trotskii: krasnyi Bonapart: dokumenty, mneniia, razmyshleniia.* Moscow: Olma, 2000.
Krastinš, J ā nis, ed. *Istoriia Latyshskikh strelkov, 1915–20.* Riga: Zinatne, 1972.
Kratkaia istoriia grazhdanskoi voiny v SSSR. Moscow: Politicheskaia literatura, 1962.
Kravchenko, Victor. *I Chose Freedom: The Personal and Political Life of a Soviet Official.* New York: Scribner's, 1947.
Kreindler, Isabelle. "A Neglected Source of Lenin's Nationality Policy," *Slavic Review*, 36/1 (1977): 86–100.
Krementsov, Nikolai. *A Martian Stranded on Earth.* Chicago: University of Chicago Press, 2011.
Krivitsky, Walter G. *In Stalin's Secret Service.* New York: Harper & Bros., 1939.
———. *I Was Stalin's Agent.* London: H. Hamilton, 1939.
Krivosheev, G. F., ed. *Grif sekretnosti sniat.* Moscow: Voennoeizdat, 1993.
———. *Rossiia i SSSR v voinakh XX veka: Poteri vooruzhenykh sil, statisticheskoe issledovanie.* Moscow: Olma, 2001.
Kronstadskaia tragediia 1921 g.: dokumenty, 2 vols. Moscow: Rosspen, 1999.
Krumin, Garal'd I. *Shakhtinskii prostess.* Moscow-Leningrad: Moskovskii rabochii, 1928.
Krupskaia, N. K. *Izbrannye proizvedeniia.* Moscow: Politicheskaia literatura, 1988.
———. *O Lenine: sbornik stat'ei i vystuplenii.* Moscow: Politicheskaia literatura, 1965.
———. "Poslednie polgoda zhizni Vladimira Il'icha (3 fevralia 1924 goda)," *Izvestiia TsK KPSS*, 1989, no. 4: 169–78.
Krupskaya, N. K. *Memories of Lenin.* New York: International Publishers, n.d. [1930].
———. *Reminiscences of Lenin.* Moscow: Progress, 1959.
Krylenko, Nikolai V. *Sudoustroitstvo RSFSR: lektsii po teorii i istorii sudoustroitstva.* Moscow: Iuridicheskoe izdatel'stvo NKIu, 1924.
———, ed. *Ekonomicheskaia kontr-revoliutsiia v Donbasse: itogi shakhtinskogo dela, stat'i i dokumenty.* Moscow: Iuridicheskoe izsatel'stvo NKIu RSFSR, 1928.
Kryzhanovskii, Sergei E. *Vospominaniia iz bumag S. E. Kryzhanovskago, posliedniogo gosudarstvennago sekretaria Rossiiskoi imperii.* Berlin: Petropolis, 1938.
Krzhizhanovskii, G. M. *Desiat' let khoziaistvennogo stroitel'stva v SSSR, 1917–1927*, 2nd ed. Moscow: Gosplan, 1927.
Ksenofontov, F. A. *Lenin i imperialisticheskaia voina 1914–1918 gg.: k desiatiletiiu imperialisticheskoi voiny.* Tashkent: Sredne-aziatskoe biuro, 1924.
Kshesinskaia, M. *Vospominaniia.* Moscow: ART, 1992.
Kudelli, Praskov'ia. F., ed. *Pervyi legal'nyi Peterburgskii komitet bol'shevikov v 1917 godu: sbornik materialov i protokolov zasedanii.* Moscow and Leningrad: Gosizdat, 1927.
Kudiukhina, M. M. "Krasnaia armiia i 'voennye trevogi' vtoroi poloviny 1920-kh godov," *Rossiia i mir glazami druga druga: iz istorii vzaimovospriiatiia.* Moscow: IRI RAN, 2007, 153–74.
Kudriashov, Sergei, ed. *Krasnaia armiia v 1920-e gody.* Moscow: Vetsnik arkhiva prezidenta Rossiiskoi Federatsii, 2007.
Kuibyshev, V. V. *Epizody iz moei zhizni.* Moscow: Staryi bol'shevik, 1935.
Kuibysheva, Elena. *Valerian Vladimirovich Kuibyshev, 1888–1935: iz vospominanii sestry.* Moscow: Politicheskaia literatura, 1938.
Kuibysheva, G. V. *Valerian Vladimirovich Kuibyshev: biografiia.* Moscow: Politicheskaia literatura, 1966.
Kukushkin, Iu. S. *Rezhim lichnoi vlasti Stalina: k istorii formirovanii.* Moscow: Moskovskii universitet, 1989.
Kuleshov, Sergei. "Lukollov mir." *Rodina*, 1991, no. 9–10: 72–5.
Kulikov, S. "Vremennoe pravitel'stvo i vysshaia tsarskaia biurokratiia," *The Soviet and Post-Soviet Review*, 24/1–2 (1997): 67–83.
Kul'sharipov, M. M. *Z. Validov i obrazjovanie Bashkirskoi Avtonomnoi Sovetskoi Respubliki (1917–1920 gg.)* Ufa: Bashkirskoe knizhnoe izdatel'stvo, 1992.
Kumanev, V. A., and Kulikova, I. S. *Protivostoianie: Krupskaia-Stalin.* Moscow: Nauka, 1994.
Kun, Miklos. *Bukharin: ego druz'ia i vragi.* Moscow: Respublika, 1992.
———. *Stalin: An Unknown Portrait.* Budapest: Central European University Press, 2003.
Kuromiya, Hiroaki. "The Crisis of Proletarian Identity in the Soviet Factory, 1928–1929," *Slavic Review*, 44/2 (1985): 280–97.
———. "The Shakhty Affair," *South East European Monitor*, 4/2 (1997): 41–64.
———. *Freedom and Terror in the Donbas: A Ukrainian-Russian Borderland, 1870–1990s.* New york: Cambridge University Press, 1998.
———. *Stalin.* New York: Pearson/Longman, 2005.
———. *Stalin's Industrial Revolution: Politics and Workers, 1928–1932.* New York: Cambridge University Press, 1988.
Kuropatkin, A. N. *The Russian Army and the Japanese War*, 2 vols. London: J. Murray, 1909.
Kurzman, Charles. *Democracy Denied, 1905–1915: Intellectuals and the Fate of Democracy.* Cambridge, MA: Harvard University Press, 2008.
Kuusinen, Aino. *Rings of Destiny: Inside Soviet Russia from Lenin to Brezhnev.* New York: Morrow, 1974.
Kuusinen, Otto. *Neudavsheesia izobrazhenie "nemetskogo Oktiabria": po povodu "Uroki Oktiabria" Trotskogo.* Leningrad: Gosizdat, 1924.
Kuvarzin, A. I. *Dorogami neskonchaemykh bitv.* Kiev: Politicheskaia literatura Ukrainy, 1982.
Kuz'min, N. F. *Krushenie poslednego pokhoda Antanty.* Moscow: Politicheskaia literatura, 1958.
———. "Ob odnoi ne vypolnennoi dikertive glavkoma," *Voenno-is-toricheskii zhurnal*, 1962, no. 9: 49–66.
Kuz'min, S. *Pod gnetom svobod (Zapiski natsionalista).* St. Petersburg: M. Aleneva, 1910.
Kuz'min, Sergei L., ed. *Baron Ungern v dokumentakh i memuarakh.* Moscow: KMK, 2004.
———. *Istoriia barona Ungerna: opyt rekonstruktskii.* Moscow: KMK, 2011.
Kuz'min, V. I. *Istoricheskii opyt sovestkoi industrializatsii.* Moscow: Mysl', 1969.
Kvakin, A. V., ed. *Okrest Kolchaka: dokumenty i materialy.* Moscow: AGRAF, 2007.
Kvashonkin, A. V., ed. *Bol'shevistskoe rukovodstvo: perepiska, 1912–1927.* Moscow: Rosspen, 1996.
Kvinitadze, G. I. *Moi vospominaniia v gody nezavisimosti Gruzii 1917–1921.* Paris: YMCA, 1985.
Lado Ketskhoveli: Sbornik dokumentov i materialov. Tblisi: Sabchota Sakartvelo, 1969.
LaFeber, Walter. *The Clash: A History of U.S.-Japanese Relations.* New York: W. W. Norton, 1997.
Lakoba, Stanislav. "'Ia Koba, a ty Lakoba,'" in *Moe serdtse v gorakh: ocherki o sovremennoi Abkhazii*, edited by Fasil Iskander. Ypshkar Ola, 2001: 50–78.
Lambert, Nicholas A. *Planning Armageddon: British Economic Warfare and the First World War.* Cambridge, MA: Harvard University Press, 2012.
Lamzdorf, V. N. *Dnevnik, 1891–1892.* Moscow: Akademiia, 1934.
Landa, R. G. "Mirsaid Sultan-Galiev," *Voprosy Istoriia KPSS*, 1999, no. 8: 53-70.

Landis, Erik C. *Bandits and Partisans: The Antonov Movement in the Russian Civil War.* Pittsburgh: University of Pittsburgh Press, 2008.

Lane, D. *Roots of Russian Communism: A Social and Historical Study of Russian Social-Democracy, 1898–1907.* Assen: Van Gorcum, 1969.

Lang, David Marshall. *A Modern History of Soviet Georgia.* New York: Grove Press, 1962.

———. *The Last Years of the Georgian Monarchy, 1658–1832.* New York: Columbia University Press, 1957.

Lapin, N., ed. "Progessivnyi blok v 1915–1917 gg.," *Krasnyi arkhiv*, 56 (1933): 80–135.

Laporte, Maurice. *Histoire de l'Okhrana, la police secrète des tsars, 1880–1917.* Paris: Payot, 1935.

Lappo, D. *Iosif Vareikis.* Moscow: Politicheskaia literatura, 1966.

Larin, Iurii. "Ukolybeli," *Narodnoe khoziaistvo*, 1918, no. 11.

———. *Sovetskaia derevnia.* Moscow: Ekonomicheskaia zhizn', 1925.

Larina, Anna. "Nezabyvaemoe," *Znamia*, 1988, no. 11.

———. *This I Cannot Forget: The Memoirs of Nikolai Bukharin's Widow.* New York: W. W. Norton, 1993.

Larsons, M. J. *Im Sowjet-Labyrinth.* Berlin: Transmare Verlag, 1931.

Laruelle, Marlene. *L'ideologie eurasiste russe, ou Comment penser l'empire.* Paris: L'Harmattan, 1999.

Latsis, M. *Chrezvychainye komissii po bor'be s kontr-revoliutsiei.* Moscow: Gosizdat, 1921.

———. *Otchet VChK za chetyre goda ee deiatel'nosti, 20 dekabria 1917–20 dekabria 1921 g.* Moscow: VChK, 1922.

———. "Vozniknoveniie Narodnogo kommisariata vnutrennikh del i organizatsiia vlasti na mestakh," *Proletarskaia revoliutsiia*, 1925, no. 2 (37): 136–59.

Latyshev, A. G. *Rassekrechennyi Lenin.* Moscow: Izd-vo Mart, 1996.

Lauchlan, Iain. "The Accidental Terrorist: Okhrana Connections to the Extreme-Right and the Attempt to Assassinate Sergei Witte in 1907," *Revolutionary Russia*, 14/2 (2001): 1–32.

———. "Young Felix Dzerzhinsky and the Origins of Stalinism." http://www.ed.ac.uk/polopoly_fs/1.124547!/fileManager/wp-iain-lauchlan-YoungFelix.pdf

———. *Russian Hide-and-Seek: The Tsarist Secret Police in St. Petersburg, 1906–1914.* Helsinki: Suomalaisen Kirjiallisuuden Seura/Finnish Literature Society, 2002.

Lawton, Lancelot. *An Economic History of Soviet Russia*, 2 vols. London: Macmillan, 1932.

———. *The Russian Revolution, 1917–1926.* London: Macmillan, 1927.

Lazarski, Christopher. "White Propaganda Efforts in the South during the Russian Civil War, 1918–19: The Alekseev-Denikin Period," *Slavonic and East European Review*, 70/4 (1992): 688–707.

League of Nations, *Records of the . . . Assembly, Plenary Meetings*, 26 vols. Geneva: Publications Department of the League of Nations, 1920–46.

Lebedev, M. "Sostoianie i perspektivy razvitiia elevatornogo khoziaistva v sibkrae," *Zhizn' sibiri*, 1928, no. 2.

Le Donne, John P. *The Russian Empire and the World 1700–1917: The Geography of Expansion and Containment.* New York: Oxford University Press, 1997.

———. *Absolutism and Ruling Class: The Formation of the Russian Political Order, 1700–1825.* New York: Oxford University Press, 1991.

———. *The Russian Empire and the World, 1700–1917: The Geopolitics of Expansion and Containment.* New York: Oxford University Press, 1997.

Lee, Hermione. *Virginia Woolf's Nose: Essays on Biography.* Princeton, NJ: Princeton University Press, 2005.

Lee, John. *The Warlords: Hindenburg and Ludendorff.* London: Weidenfeld & Nicolson, 2005.

Leggett, George. *The Cheka: Lenin's Political Police.* Oxford: Clarendon, 1981.

Lehovich, Dimitry V. *White Against Red: The Life of General Anton Denikin.* New York: W. W. Norton, 1974.

Lelashvili, G. "Lado Ketskhoveli, besstrashnyi revoliutsioner," *Rasskazy o Velikom Staline*, kn. 2. Tblisi: Zaria vostoka, 1941.

Lelevich, G. (L. G. Kal'manson.) *Oktiabr' v stavke.* Gomel: Istpart, 1922.

Lemke, Mikhail. *250 dnei v tsarskoi stavke (25 sentabria 1915–2 iiulia 1916).* Petersburg: Gosudarstvennoe izdatel'stvo, 1920.

Lenczowski, George. *Russia and the West in Iran, 1918–1948.* Ithaca, NY: Cornell University Press, 1949.

Lenin v pervye mesiatsy sovetskoi vlasti: sbornik statei i vospominanii. Moscow: Partizdat, 1933.

Lenin v vospominaniiakh chekistov. Moscow: Pogranichnik 1969.

Lenin, V. I. *Collected Works*, 45 vols. Moscow: Foreign Languages Pub. House, 1960–70.

———. *Lenin o Trotskom i trotskizme.* Moscow: Novaia Moskva, 1925.

———. *Leninskie dekrety o Moskve.* Moscow: Moskovskii rabochii, 1978.

———. *Pol'noe sobranie sochinenii [PSS]*, 5th ed., 55 vols. Moscow: Politicheskaia literatura, 1958–65. Cited as *PSS* (author understood).

———. *Sobranie sochinenii*, 20 vols. Moscow-Leningrad: Gosizdat, 1920–6.

———. *Sobranie sochinenii*, 2nd and 3rd eds., 30 vols. Moscow-Leningrad: Gosizdat, 1925–32.

———. *Sobranie sochinenii*, 4th ed, 45 vols. Moscow: Politicheskaia literatura, 1941–67.

———. *V. I. Lenin: neizvestnye dokumenty: 1891–1922.* Moscow: Rosspen, 1999.

———. *Selected Works*, 3 vols. Moscow: Progress, 1975.

Leninskii sbornik, 40 vols. Moscow: Gosizdat, 1924–85.

Lenoe, Matthew E. "Agitation, Propaganda, and the 'Stalinization' of the Soviet Press, 1922–1930," Carl Beck Papers, no. 1305, 1998.

Lensen, George A. "Japan and Tsarist Russia: The Changing Relationship," *Jahrbucher fur geschichte Osteuropas*, 10/3 (1962): 337–49.

Lensen, George Alexander. *Japanese Recognition of the USSR: Japanese-Soviet Relations, 1921–1930.* Tallahassee, FL: Diplomatic Press, 1970.

Leonard, Raymond W. *Secret Soldiers of the Revolution: Soviet Military Intelligence, 1918–1933.* Westport, CT: Greenwood Press, 1999.

Leonidov, I., and Reikhsbaum, A. "Revoliutsonnaia zakonnost' i khlebozagotovski," *Na leninskom puti*, 1928, no. 1–2 (January 31).

Leonov, Nikolai S. *Likholet'e.* Mosscow: Mezzhdunarodnye otnosheniia, 1994.

Leonov, S. V. *Rozhdenie sovetskoi imperii: gosudarstvo i ideologiia, 1917–1922 gg.* Moscow: Dialog-MGU, 1997.

Leont'ev, Iaroslav V., ed. *Partiia levykh sotsialistov-revoliutsionerov: dokumenty i materialy, 1917–1925 gg.*, 3 vols. Moscow: Rosspen, 2000.

Leontovitsch, Victor. *Geschichte des Liberalismus in Russland.* Frankfurt am Main: Vittorio Klostermann, 1957.

Lepeshinskii, I. *Revoliutsiia na Da'lnem vostoke.* Moscow: Gosizdat, 1923.

Lerner, Warren. "Attempting a Revolution from Without: Poland in 1920," *Studies on the Soviet Union*, 11/4 (1971): 94–106.

———. "Poland in 1920: A Case Study in Foreign-Policy Decision Making under Lenin," *South Atlantic Quarterly*, 72/3 (1973):406–14.

———. *Karl Radek: The Last Internationalist.* Stanford, CA: Stanford University Press, 1970.

Leroy-Beaulieu, Anatole. *The Empire of the Tsars and Russians*, 3 vols. New York and London: G. P. Putnam's Sons, 1898.

Leskov, Valentin. *Okhota na vozhdei: ot Lenina do Trotskogo.* Moscow: Veche, 2005.

Lessons of the German Events. London: London Caledonian Press, 1924.

Levine, Isaac Don. *Stalin's Great Secret.* New York: Coward-McCann, 1956.

Lewin, Moshe. *Lenin's Last Struggle.* New

York: Panetheon, 1968.
———. *Political Undercurrents in Soviet Economic Debates: From Bukharin to the Modern Reformers*. Princeton, NJ: Princeton University Press, 1974.
———. *Russia/USSR/Russia: The Drive and Drift of a Superstate*. New York: New Press, 1995.
———. *Russian Peasants and Soviet Power: A Study of Collectivization*. New York: W. W. Norton, 1968.
Lewis, Ben, and Lih, Lars, eds. *Zinoviev and Martov: Head to Head in Halle*. London: November Publications, 2011.
Lewis, J. Patrick "Communications Output in the USSR: A Study of the Soviet Telephone Systems," *Soviet Studies*, 28/3 (1976): 406–17.
Lewis, Jon E. *The Mammoth Book of Eyewitness World War I: Over 280 First-Hand Accounts of the War to End All Wars*. Philadelphia: Running Press, 2003.
Liadov, M. "Zarozhdenie legal'nogo i revoliutsionnogo marksizma v Rossii," *Front nauki i tekhniki*, 1933, no. 2.
Liadov, P. F. *Istoriia Rossiiskogo protokola*. Moscow: Mezhdunarodnye otnosheniia, 2004.
Liberman, Simon. *Building Lenin's Russia*. Chicago: University of Chicago Press, 1945.
Liebich, Andre. "Menshevik Origins: The Letters of Fedor Dan," *Slavic Review*, 45/4 (1986): 724–8.
Lieven, Dominic C. B. "Bureaucratic Authoritarianism in Late Imperial Russia: The Personality, Career, and Opinions of P. N. Durnovó," *Historical Journal*, 26/2 (1983): 391–402.
———. "Dilemmas of Empire 1850–1918: Power, Territory, Identity," *Journal of Contemporary History*, 34/2 (1999): 163–200.
———. "Pro-Germans and Russian Foreign Policy 1890–1914," *International History Review*, 2/1 (1980): 34–54.
———. "Russia, Europe, and World War I," in *Critical Companion to the Russian Revolution, 1914–1921*, edited by Edward Acton et al. Bloomington: Indiana University Press, 1997.
———. "Russian Senior Officialdom under Nicholas II: Careers and Mentalities," *Jahrbucher fur Geschichte Osteuropas*, 32/2 (1984): 199–223.
———. *Empire: The Russian Empire and its Rivals*. New Haven, CT: Yale University Press, 2002.
———. *Nicholas II: Twilight of the Empire*. New York: St. Martin's Press, 1994.
———. *Russia and the Origins of the First World War*. New York: St. Martin's Press, 1983.
———. *Russia's Rulers under the Old Regime*. New Haven, CT: Yale University Press, 1989.
———. *The Aristocracy in Europe, 1815–1914*. New York: Columbia University Press, 1992.
———, ed. *British Documents on Foreign Affairs: Reports and Papers from the Foreign Office Confidential Print*. Part I, Series A, Russia, 1859–1914, 6 vols. Frederick, MD: University Publications of America, 1983.
Lih, Lars. "The Ironic Triumph of 'Old Bolshevism'," *Weekly Worker*, November 25, 1010. Found at http://www.cpgb.org.uk/home/weekly-worker/843/the-ironic-triumph-of-old-bolshevism.
Lih, Lars T. *Lenin Rediscovered:* What is to be Done? *in Context*. Leiden: Brill, 2006.
———. "1912: 'A faction is not a party'," *Weekly Worker* 912, May 3, 2012.
———. "Bolshevik *Razverstka* and War Communism," *Slavic Review*, 45/4 (1986): 673–88.
———. "Bukharin's 'Illusion': War Communism and the NEP," *Russian History/Histoire Russe*, 27/4 (2000): 417–59.
———. "Political Testament of Lenin and Bukharin and the Meaning of NEP," *Slavic Review*, 50/2 (1991): 240–52.
———. "Zinoviev: Populist Leninist," *The NEP Era: Soviet Russia, 1921–1928*, 2 (2007): 1–23.
———. *Bread and Authority in Russia, 1914–1921*. Berkeley: University of California Press, 1990.
———. *Lenin*. London: Reaktion Books, 2011.
———, et al., eds. *Stalin's Letters to Molotov*. New Haven, CT: Yale University Press, 1995.
Lincoln, W. Bruce. *Passage Through Armageddon: The Russians in War and Revolution, 1914–1918*. New York: Simon & Schuster, 1986.
———. *Red Victory: A History of the Russian Civil War*. New York: Simon & Schuster, 1989.
Lipatnikov, Iu. "Byl li agentom okhranki Sverdlov?" *Situatsii*, 1991, no. 1.
Lipitskii, S. V. *Voennaia deiatel'nost' TsK RKP (b), 1917–1920*. Moscow: Politizdat, 1973.
Litvak, Dmitriy, and Kuznetzov, Alexander. "The Last Emir of Noble Bukhara and His Money," *International Bank Note Society journal*, 50/3 (2011).
Litvin, Al'ter, ed. *Levye esery i VChK: sbornik dokumentov*. Kazan: NKT, 1996.
———. *Krasnyi i belyi terror v Rossii, 1918–1922 gg*. Kazan: Tatarskoe gazetno-zhurnalnoe izd-vo, 1995.
Litvinov, M. Iu., and Sidunov, A. V. *Shpiony i diversanty: bor'ba s pribaltiiskim spionazhem i natsionalisticheskim bandformirovaniiami na Severo-Zapade Rossii*. Pskov: Pskovskaia oblastnaia tipografiia, 2005.
Liu, F. F. *A Military History of Modern China, 1924–1929*. Princeton, NJ: Princeton University Press, 1956.
Liubimov, Nikolai Nikolaevich, and Erlikh, Aleksandr Nikolaevich. *Genuezskaia konferentsiia: vospominaniia uchastnikov*. Moscow: Institut mezhdunarodnykh otnoshenii, 1963.
Liubosh, S. *Russkii fashist: Vladimir Purishkevich*. Leningrad: Byloe, 1925.
Liulevicius, Vejas Gabriel. *War Land on the Eastern Front: Culture, National Identity, and German Occupation in World War I*. New York: Cambridge University Press, 2000.
Livezeanu, Irina. *Cultural Politics in Greater Romania: Regionalism, Nation Building, and Ethnic Struggle, 1918–1930*. Ithaca, NY: Cornell University Press, 1995.
Lobanov, M. P. *Stalin v vospominaniakh sovremennikov i dokumentakh epokhi*. Moscow: Eksmo-Algoritm, 2002.
Lockhart, R. H. Bruce. *British Agent*. New York: G. P. Putnam's Sons, 1933.
———. *Memoirs of a British Agent: Being an Account of the Author's Early Life in Many Lands and of His Official Mission to Moscow in 1918*. New York: G. P. Putnam's Sons, 1932.
Loewe, Heinz-Dietrich. *Antisemitismus under reaktionaere Utopie: Russischer Konservatismus um Kampf gegen Wandel von Staat under Gesellschaft, 1890–1917*. Hamburg: Hoffmann und Campe, 1978.
Logachev, Vladimir A. "'V khlebnom raoine Zapadnoi Sibiri': ot prodraverstka k golodu," *Vestnik Tomskogo gusudarstvennogo universiteta: Istoriia*, 2012, no. 3.
Loginov, V. T. *Leninskaia "Pravda" 1912–1914 gg*. Moscow, 1962.
Loginov, Vladimir. *Teni Stalina: General Vlasik i ego soratniki*. Moscow: Sovremennik, 2000.
Lohr, Eric. "War and Revolution, 1914–1917," in *The Cambridge History of Russia*, edited by Dominic Lieven. New York: Cambridge University Press, 2006.
———. *Nationalizing the Russian Empire: The Campaign Against Enemy Aliens During World War I*. Cambridge, MA: Harvard University Press, 2003.
Loukianov, Mikhail. "Conservatives and 'Renewed Russia,' 1907–1914," *Slavic Review*, 61/4 (2002): 762–86.
Loukomsky, A. S. *Memoirs of the Russian Revolution*. London: Fisher, Unwin, 1922.
Lowe, Heinz-Dietrich. "Political Symbols and Rituals of the Russian Radical Right, 1900–1914," *Slavonic and East European Review*, 76/3 (1998):

441–66.
Lubny-Gertsyk, I. L. *Dvizhenie naseleniia na territorii SSSR za vremia mirovoi voiny i revoliutsii*. Moscow: Planovoe khoziaistvo, 1926.
Luchinskaia, A. V. *Velikii provokator Evno Azef*. Petrograd: Raduga, 1923.
Ludendorff, Erich. *My War Memories, 1914–1918*, 2 vols. London: Hutchinson, 1919.
Lukomskii, A. S. *Vospominaniia*. Berlin: Otto Kirchner, 1922.
Lunacharskii, A. V. *Sobranie sochinenii*, 8 vols. Moscow: Khudozhestvennaia literatura, 1963–67.
———. *Revoliutsionnye siluety*. Moscow: Deviatoe ianvaria, 1923.
Lunacharsky, Anatoly. *Revolutionary Silhouettes*. New York: Hill and Wang, 1967.
Luppol, A. P. "Iz istorii sovetskogo gosudarstvennogo gerba," in *Ezhegodnik Gosudarstvennogo istoricheskogo muzeia*. Moscow: Sovetskaia Rossiia, 1960.
Lutchenko, A. I. "Rukovodstvo KPSS formirovaniem kadrov tekhnicheskoi intelligentsia, 1926–1933 g.," *Voprosy istorii KPSS*, 1966, no. 2: 29–42.
Lutovinov, I. S. *Likvidatsiia miatezha Kerenskogo-Krasnogo*. Moscow and Leningrad: Voenizdat, 1965.
Luxemburg, Rosa. *Die russische Revolution: eine kritische Wurdigung*. Berlin: Gesellschaft und Erziehung, 1920.
Luzyanin, S. G. "Mongolia: Between China and Soviet Russia (1920–1924)," *Problems of the Far East*, 1995, no. 2.
Lyandres, Semyon. "On the Problem of 'Indecisiveness' among the Duma leaders during the February Revolution: The Imperial Decree of Prorogation and the decision to Convene the private meeting of February 27, 1917," *The Soviet and Post-Soviet Review*, 24/1–2 (1997): 115–27.
———. "Progressive Bloc Politics on the Eve of the Revolution: Revisiting P. N. Miliukov's 'Stupidity or Treason' Speech of November 1, 1916," *Russian History*, 31/4 (2004): 447–64.
———, ed. "'O Dvortsovom perevorote ia pervyi raz uslyshal posle revoliutsii . . .': Stenogramma besedy N. Z. Bazili s A. S. Lukomskim (parizh, 24 fevralia 1933 g.)," *Russian History*, 32/3-4 (2005): 215-58.
Lyons, Eugene. *Assignment in Utopia*. New York: Harcourt, Brace, 1937.
———. *Stalin: Czar of All the Russias*. Philadelphia: J. B. Lippincott, 1940.
Lyttelton, Adrian. *The Seizure of Power: Fascism in Italy 1919–1929*, 2nd ed. Princeton, NJ: Princeton University Press, 1987.
Macey, David A. J. *Government and Peasant in Russia, 1861–1906: The Prehistory of the Stolypin Reforms*. DeKalb: Northern Illinois University Press, 1987.
Machiavelli, Niccolo, *Gosudar'*, edited by N. Kurochkin. St. Petersburg, 1869.
MacKenzie, David. *Apis: The Congenial Conspirator. The Life of Colonel Dragutin T. Dimitrijević*. Boulder, CO: East European Monographs, 1989.
Mackenzie, F. A. *Russia Before Dawn*. London: T. F. Unwin, 1923.
MacMillan, Margaret. *Paris 1919: Six Months that Changed the World*. New York: Random House, 2002.
Magerovskii, D. A. *Soiuz Sovetskikh Sotsialisticheskikh Respublik: obzor i materialy*. Moscow: NKID, 1923.
Magerovsky, E. L. "The People's Commissariat for Foreign Affairs, 1917–1946." Phd diss., Columbia University, 1975.
Magidov, B. "Kak ia stal redaktorom 'Soldat revoliutsii'," *Bol'shevistskaia pechat'*, 1936, no. 11: 30–3.
Magnes, Judah L. *Russia and Germany at Brest-Litovsk*. New York: Rand School of Social Science, 1919.
Maier, Charles S. *Recasting Bourgeois Europe: Stabilization in France, Germany, and Italy in the Decade after World War I*. Princeton, NJ: Princeton University Press, 1975.
Maiskii, Ivan. *Sovremennaia Mongoliia*. Irkutsk: Irkutskoe otdelenie, 1921.
Makarov, S. V. *Sovet ministrov Rossiiskoi Imperii 1857–1917*. St. Petersburg: St. Petersburg University Press, 2000.
Makarova, G. P. *Narodnyi Komissariat po delam natsional'nostei RSFSR 1917–23 gg*. Moscow: Nauka, 1987.
Makeev, N. Ia. "Bakinskaia podpol'naia tipografiia 'Nina' (1901–1905)," *Trudy Azerbaidzhanskogo filiala IML pri TsK KPSS*. Baku, 1952.
Makharadze, F. *K tridsatiletiiu sushchestvovaniia Tiflisskoi organizatsii: podgotovitel'nyi period, 1870–1890. Materialy*. Tiflis: Sovetskii Kavkaz, 1925.
Makharadze, F. E., and Khachapuridze, G. E. *Ocherki po istorii rabochego i krest'ianskogo dvizheniia v Gruzii*. Moscow: Zhurnal'no-gazetnoe obidenenie, 1932.
Makharadze, Filipp. *Ocherki revoliutsionnogo dvizheniia v Zakavkaz'e*. Tblisi: Gosizdat Gruzii, 1927.
Makharadze, N. B. *Pobeda sotsialisticheskoi revoliutsii v Gruzii*. Tblisi: Sabchota Sakartvelo, 1965.
Makintsian, P., ed. *Krasnaia kniga VChK*, 2 vols. Moscow: Gosizdat, 1920.
Maklakov, V. A. "The Agrarian Problem in Russia before the Revolution," *Russian Review*, 9/1 (1950): 3–15.
———. *Pervaia Gosudarstvennaia Duma: vospominaniia sovremennika*. Paris: L. Beresniak, 1939.
Maksakov, B., ed. "Iz arkhiva S. Iu. Vitte" and "Doklady S. Iu. Vitte Nikolaiu II," *Krasnyi arkhiv*, 11–12 (1925): 107–43, 144–58.
Maksakov, V., and Turunov, A. *Khronika grazhdanskoi voiny v Sibiri 1917–1918*. Moscow and Leningrad: Gosizdat, 1926.
Mal'chevskii, I. S., ed. *Vserossiiskoe Uchreditel'noe Sobranie*. Moscow-Leningrad: Gosizdat, 1930.
Male, Donald J. *Russian Peasant Organization Before Collectivization: A Study of Communes and Gathering, 1925–1930*. New York: Cambridge University Press, 1971.
Malenbaum, Wilfred. *The World Wheat Economy, 1885–1939*. Cambridge, MA: Harvard University Press, 1953.
Malia, Martin. *Alexander Herzen and the Birth of Russian Socialism, 1812–1855*. Cambridge, MA: Harvard, 1961.
Maliavskii, A. D. *Krest'ianskoe dvizhenie v Rossii v 1917 g. (mart-oktiabr')*. Moscow: Nauka, 1981.
Malinovskii, Iu. P. "K pereezdu TsK RKP (b) i Sovetskogo pravitel'stva iz Petrograd v Moskvu (mart 1918 g.)," *Voprosy istorii*, 1968, no. 11: 99–103.
Mal'kov, Pavel D. *Zapiski komendanta Moskovskogo Kremlia*, 3rd ed. Moscow: Molodaia gvardiia, 1959, 1967.
Mal'kov, V. L., ed. *Pervaia mirovaia voina: prolog XX veka*. Moscow: Nauka, 1998.
Malkov, Pavel D. *Reminiscences of a Kremlin Commandant*. Moscow: Progress, 1960.
Malle, Silvana. *The Economic Organization of War Communism, 1918–1921*. New York: Cambridge University Press, 1985.
Malozemoff, Andrew. *Russian Far Eastern Policy, 1881–1904, with Special Emphasis on the Causes of the Russo-Japanese War*. Berkeley: University of California Press, 1958.
Malyshev, M. O. *Oborona Petrograda i izgnanie nemetskikh okkupantov s severeozapada v 1918 godu*. Leningrad: Leningradskii universitet, 1974.
Mamontov, V. I. *Na Gosudarevoi sluzhbe: vospominaniia*. Tallinn: Tallinna Eesti Kirjastus-Ühisuse trükikoda, 1926.
Manchester, Laurie. *Holy Fathers, Secular Sons: Clergy, Intelligentsia, and the Modern Self in Revolutionary Russia*. DeKalb: Northern Illinois University Press, 2008.
Manikovskii, A. A. *Boevoe snabzhenie russkoi armii, 1914–1918 gg*. Moscow: Voennyi Redaktsion, 1923.
Manikovskii, Aleksei A. *Boevoe snabzhenie russkoi armii v mirovoiu voinu*, 2 vols. Moscow: Voennaia literatura, 1930.
Manning, Roberta T. "The Rise and Fall of 'the Extraordinary Measures', January–June 1928: Towards a Reexamination of the Onset of the Stalin Revolution," Carl Beck Papers, no. 1504, 2001.
Manuil (Lemeshevskii), Metropolitan. *Die Russischen orthodoxen Bischofe von*

1893 bis 1965: Bio Bibliographie, 6 vols. Erlangen: Lehrstuhl für Geschichte und Theologie des Christlichen Ostens, 1979–89.

Manusevich, A. Ia. "Pol'skie sotsial-demkoraticheskie i drugie revoliutsionnye grupy v Rossii za pobedu v uprochenie sovetskoi vlasti (oktiabr" 1917–ianvar" 1918 gg.)," in *Iz istorii pol'skogo rabochego dvizheniia*. Moscow: Sotsial'no-ekonomicheskaia literatura, 1962.

March, G. Patrick. *Eastern Destiny: Russia in Asia and the North Pacific*. Westport, CT: Praeger, 1996.

Markina, N. A., and Federovna, T. S., eds. *Baltiiskie moriaki v bor'be za vlast' Sovetov v 1919 godu: dokumenty i materialy*. Leningrad: Nauka, 1974.

Markov, Evgenii. *Ocherki Kavkaza: Kartiny kavkazskoi zhizni, prirody i istorii*, 2nd ed. St. Petersburg and Moscow: M. F. Vol'f, 1904.

Markov, Nikolai E. *Voiny temnykh sil*. Paris: Doloi zlo, 1928–30.

Markova, Liliana. "Litso vraga," in *Kino: politika i liudi, 30-e gody*. Moscow: Materik, 1995.

Marks, Steven. *Road to Power: The Trans-Siberian Railroad and the Colonization of Asian Russia, 1850–1917*. Ithaca, NY: Cornell University Press, 1991.

Marshall, Alexander. "Turkfront: Frunze and the Development of Soviet Counter-insurgency in Central Asia," in *Central Asia: Aspects of Transition*, edited by Tom Everett-Heath. London: RoutledgeCurzon, 2003.

Martin, Terry. "The Origins of Soviet Ethnic Cleansing," *Journal of Modern History*, 70/4 (1998): 813–61.

Martov, L. *Spasiteli ili uprazdniteli? Kto i kak razrushal R.S.D.R.P.* Paris: Golos Sotsialemokrata, 1911.

Martynov, A. "Ot abstraktsii k konkretnoi deiatel'nosti," *Nashe slovo*, Setpember 16, 1915.

Martynov, A. P. *Moia sluzhba otdel'nom korpuse zhandarmov: Vospominaniia*. Stanford, CA: Hoover Institution Press, Stanford University, 1972.

Martynov, Evgenii I. *Kornilov: popytka voennogo pervorota*. Leningrad-Moscow: Izdatel'stvo voennoi tip. upr. delami Nkvm. i RVS SSSR, 1927.

———. *Tsarskaia armiia v fevral'skom perevote*. Leningrad: Izd. Voennoi Tip. upr. delami narkomvoenmor i RVC SSSR, 1927.

Marx, Karl, and Engels, Friedrich. *Selected Correspondence of Karl Marx and Friedrich Engels: A Selection with Commentary and Notes*. London: M. Lawrence, 1944.

———. *Selected Correspondence*. Moscow: Progress, 1965.

———. *Collected Works*, 50 vols. New York: International Publishers, 1975-2004.

———. *Selected Works*. London: Lawrence and Wishart, 1968.

———. *The Communist Manifesto*, with a new afterword by Stephen Kotkin. New York: Signet, 2010.

Masaryk, T. G. *The Making of a State*. London: Allen and Unwin, 1927.

Maslov, P. *Agrarnyi vopros v Rossii*, 2 vols. St. Petersburg, 1905–8.

Maslov, S. S. *Rossiia posle chetyrekh let revoliutsii*. Paris: Russkaia pechat', 1922

Masolov, Aleksandr. *Pri dvore imperatora*. Riga: Fillin, n.d.

Massell, Gregory J. *The Surrogate Proletariat: Moslem Women and Revolutionary Strategies in Soviet Central Asia, 1919–1929*. Princeton, NJ: Princeton University Press, 1974.

Massie, Robert K. *Nicholas and Alexandra*. New York: Atheneum, 1967.

"Materialy fevral'sko-martovskogo plenuma TsK VKP (b) 1937 goda," *Voprosy istorii*, 1992, no. 2–3.

Materialy "Osoboi papki" Politbiuro TsK RKP (b)—VKP (b) po voprosu sovetsko-pol'skikh otnosheniii 1923–1944 gg. Moscow: RAN Institut slavianovedeniia, 1997.

Matteotti, Giacomo. *Un anno di dominazione fascista*. Rome: Uffacio stampa del Partito Socialista Unitario, 1924.

Mau, Vladimir. *Reformy i dogmy, 1914–1929: ocherki istorii stanovleniia khoziastvennoi sistemy sovetskogo totalitarizma*. Moscow: Delo, 1993.

Mawdsley, Evan, and White, Stephen, eds. *The Soviet Elite from Lenin to Gorbachev: The Central Committee and Its Members, 1917–1991*. New York: Oxford University Press, 2000.

———. *The Russian Civil War*. Boston: Allen & Unwin, 1987.

———. "An Elite Within an Elite: Politburo/Presidium Membership under Stalin, 1927–1953," in *The Nature of Stalin's Dictatorship: The Politbburo, 1924–1953*, E. A. Rees, ed. New York: Palgrave Macmillan, 2004, 59–78.

Maylunas, Andrei, and Mironenko, Sergei, eds. *A Lifelong Passion: Nicholas and Alexandra, Their Own Story*. New York: Doubleday, 1997.

Mayzel, Matitiahu. *Generals and Revolutionaries: The Russian General Staff During the Revolution. A Study in the Transformation of Military Elites*. Osnabruck: Biblio, 1979.

McAuley, Mary. *Bread and Justice: State and Society in Petrograd, 1917–1922*. Oxford: Clarendon, 1991.

McCann, James M. "Beyond the Bug: Soviet Historiography of the Soviet Polish War of 1920," *Soviet Studies*, 36/4 (1984): 475–93.

McCauley, Martin, ed. *The Russian Revolution and the Soviet State 1917–1921: Documents*. London and Basingstoke: Macmillan, 1975.

McClelland, Charles E. *The German Historians and England: A Study in Nineteenth-Century Views*. New York: Cambridge University Press, 1971.

McCullough, David. *The Path Between the Seas: The Creation of the Panama Canal, 1870–91*. New York: Simon & Schuster, 1977.

McDermott, Kevin, and Agnew, Jeremy. *The Comintern: A History of International Communism from Lenin to Stalin*. Houndmills, Basingstoke: Macmillan, 1996.

McDonald, David MacLaren. "A Lever without a Fulcrum: Domestic Factors and Russian Foreign Policy, 1905–1914," in *Imperial Russian Foreign Policy*, edited by Hugh Ragsdale. Washington, D.C., and New York: Woodrow Wilson Center and Cambridge University Press, 1993.

———. "The Durnovo Memorandum in Context: Official Conservatism and the Crisis of Autocracy," *Jahrbucher fur Geschichte Osteuropas*, 44/4 (1996): 481–502.

———. "United Government and the Crisis of Autocracy, 1905–1914," in *Reform in Modern Russian History*, edited by Theodore Taranovski. Washington, D.C., and New York: Woodrow Wilson Center and Cambridge University Press, 1995.

———. *United Government and Foreign Policy in Russia, 1900–1914*. Cambridge, MA: Harvard University Press, 1992.

MChK: iz istorii Moskovskoi chrezvychainoi komissii (1918–1921). Moskva: Moskovskii Rabochii, 1978.

McIlroy, John, et al., eds. *Industrial Politics and the 1926 Mining Lockout*, 2nd ed. Cardiff: University of Wales Press, 2009.

McKean, Robert. *The Russian Constitutional Monarchy, 1907–1917*. New York: St. Martin's Press, 1977.

McKean, Robert B. "Constitutional Russia," *Revolutionary Russia*, 9/1 (1996): 33–42.

———. *St. Petersburg Between the Revolutions: Workers and Revolutionaries, June 1907–February 1917*. New Haven, CT: Yale University Press, 1990.

McLellan, David, ed. *Karl Marx: Selected Writings*. Oxford: Oxford University Press, 2000.

McNeal, Robert H. "Stalin's Conception of Soviet Federalism," *Annals of the Ukrainian Academy of Arts and Sciences in the United States*, 9/1–2 (1961): 12–25.

———. *Bride of the Revolution: Krupskaya and Lenin*. Ann Arbor: University of Michigan Press, 1972.

———. *Stalin: Man and Ruler*. New York: New York University Press, 1988.

———. *Stalin's Works: An Annotated Bib-*

liography. Stanford, CA: Hoover Institution Press, 1967.
McReynolds, Louise. "Mobilising Petrograd's Lower Classes to Fight the Great War," *Radical History Review*, 57 (1993): 160–80.
Medish, Vadim. "The First Party Congress and its Place in History," *Russian Review*, 22/2 (1963): 168–80.
Medlin, Vergil D., and Powers, Steven L., eds. *V. D. Nabokov and the Russian Provisional Government 1917*. New Haven, CT: Yale University Press, 1976.
Medvedev, Roy. "New Pages from the Political Biography of Stalin," in *Stalinism: Essays in Historical Interpretation*, edited by Robert C. Tucker. New York: W. W. Norton, 1977.
———. *Let History Judge: The Origins and Consequences of Stalinism*. New York: Columbia University Press, 1989.
———. *On Stalin and Stalinism*. Oxford and New York: Oxford University Press, 1979.
Medvedeva Ter-Petrosyan, S. F. "Tovarishch Kamo," *Proletarskaia revoliutsiia*, 1924, no. 8–9 (31–32): 117–48.
Mehlinger, Howard D., and Thompson, John M. *Count Witte and the Tsarist Government in the 1905 Revolution*. Bloomington: Indiana University Press, 1972.
Meijer, Jan M., ed. *The Trotsky Papers, 1917–1922*, 2 vols. The Hague: Mouton, 1971.
Meir, Natan. *Kiev, Jewish Metropolis: A History, 1859–1914*. Bloomington: Indiana University Press, 2010.
Mel'tiukhov, Mikhail. *Sovtesko-pol'skie voiny: voenno-politicheskoe protivostoianie 1918–1939 gg*. Moscow: Veche, 2001.
Melancon, Michael S. *The Lena Goldfields Massacre and the Crisis of the Late Tsarist State*. College Station: Texas A&M University Press, 2006.
———. *The Socialist Revolutionaries and the Russian Anti-War Movement*. Columbus: Ohio State University Press, 1990.
———. "From the Head of Zeus: The Petrograd Soviet's Rise and First Days, 27 February–2 March 1917," Carl Beck Papers, no. 2004, 2009.
Mel'gunov, Sergei P. *"Zolotoi nemetskii kliuch" k bolshevitskoi revoliutsii*. Paris: Dom knigi, 1940.
———. *Kak bol'sheviki zakhvatili vlast': oktiabr'skii perevorot 1917 goda*. Paris: La Renaissance, 1953.
———. *Martovskie dni 1917 goda*. Paris: Editeurs reunis, 1961.
———. *Sud'ba Imperatora Nikolaia II posle otrecheniia*. Paris: La Renaissance, 1951.
———. *Tragediia Admirala Kolchaka: iz istorii grazhdanskoi voiny na Volge, Urale i v Sibiri*, 3 vols. Belgrade: Russkaia tipografiia, 1930–1.
Melgunov, Sergei P. *The Bolshevik Seizure of Power*. Santa Barbara, CA: ABC-Clio, 1972.
Melikov, V. A. *Geroicheskaia oborona Tsaritsyna v 1918 godu*. Moscow: Voenizdat, 1940.
———. *Srazhenie na Visle v svete opyta maisko-avgustskoi kampanii 1920 goda: politiko-strategicheskii i operativnyi ocherk*. Moscow: Krasnoznamennaia voennaia akademiia R.K.K.A. im. M. V. Frunze, 1931.
Melville, Cecil F. *The Russian Face of Germany: An Account of the Secret Military Relations Between the German and Soviet-Russian Governments*. London: Wishardt and Co., 1932.
Mendel, Arthur. "Peasant and Worker on the Eve of the First World War," Slavic Review, 24/1 (1965): 23–33.
"'Menia vstretil chelovek srednego rosta . . .' Iz vospominaniia skul'ptura M. D. Ryndiuksoi o rabote nad biustom I. V. Stalina v 1926 g.," *Golosa istorii: muzei revoliutsii. Sbornik nauchnykh trudov*, vyp. 23 kn. 2 (Moscow, 1992): 111–8.
Menning, Bruce W. *Bayonets Before Bullets: The Imperial Russian Army, 1861–1914*. Bloomington: Indiana University Press, 1992.
Merridale, Catherine. *Moscow Politics and the Rise of Stalin: The Communist Party in the Capital, 1925–32*. New York: St. Martin's Press, 1990.
Meyer, Alfred G. "The Soviet War Scare of 1927," *Soviet Union*, 5/1 (1978): 1–25.
Meyer, Alfred. *Leninism*. Cambridge, MA: Harvard University Press, 1957.
Mgaloblishvili, Sofron. *Vospominaniia o moei zhizni: Nezabyvaemye vstrechi*. Tblisi: Merani, 1974.
Mgeladze, Akaki. *Stalin, kakim ia ego znal: stranitsy nedavnogo proshlogo*. Tblisi, 2001.
Michel Kettle, *The Allies and the Russian Collapse, March 1917–March 1918*. Minneapolis: University of Minnesota Press, 1981.
Mif, Pavel. "Kitaiskaia kommunisticheskaia partiiia v kriticheskie dni," *Bol'shevik*, 1927, no. 21, 23–24.
Mikhailovich, Alexander. *Once a Grand Duke*. New York: Farrar and Rinehart, 1932.
Mikhailovich, Velikii kniaz' Aleksandr. *Kniga vospominanii*, 2 vols. Paris: Biblioteka illiustrirovanoi Rossoi, 1933.
Mikhaleva, V. M., ed. *Revvoensovet Respubliki: protokoly 1920–1923 gg*. Moscow: Editorial URSS, 2000.
Mikhhutina, I. B. "SSSR glazami pol'skikh diplomatov (1926–1931 gg.)," *Voprosy istorii*, 1993, no. 9: 45-58.
Mikhutina, I. V. *Pol'sko-Sovetskaia voina, 1919–1920 gg*. Moscow, Institut slavianovedeniia i blakanistiki, 1994.
Mikoian, A. I. "Na Severnom Kavkaze," *Novyi mir*, 1972, no. 12.
———. *Dorogoi bor'by: kniga pervaia*. Moscow: Politizdat, 1971.
———. *Feliks Dzerzhinskii*. Moscow: Partizdat, 1937.
———. *Mysli i vospominaniia o Lenine*. Moscow: Politizdat, 1970.
———. *Tak bylo*. Moscow: Vargrius, 1999.
Mil'chik, I. I. "Fevral'skie dni," *Leningradskaia pravda*, February 28, 1917.
Miliukov, P. N. "From Nicholas II to Stalin: Half a Century of Foreign Politics," typescript (n.d.), Hoover Institution Archives (the manuscript appears to date from 1942).
———. *Istoriia vtoroi russkoi revoliutsii*, 3 vols. in 1. Sofiia: Rossiisko-Bolgarskoe izd-vo, 1921–4.
———. *Ocherki po istorii Russkoi kul'tury*. St. Petersburg: I. N. Skorokhodov, 1904.
———. *Vospominaniia, 1859–1917*, 2 vols. New York: Izd-vo im. Chekhova, 1955.
———. *Vtoraia Duma: publitsitskaia khronika 1907*. St. Petersburg: Obshchestvenaia polza, 1908.
———, and Stites, Richard. *The Russian Revolution*. Gulf Breeze, FL: Academic International Press, 1978.
Miliukov, Paul, et al. *Histoire de Russie*, 3 vols. Paris: E. Leroux, 1932–3.
Miliutin, Vladimir. *O Lenine*. Leningrad: Gosizdat, 1924.
Millar, James R., and Nove, Alec. "A Debate on Collectivization: Was Stalin Really Necessary?" *Problems of Communism*, 25/4 (1976): 49–62.
Miller, Viktor I. *Soldatskie komitety russkoi army v 1917 g.: vozniknovenie i nachal'nyi period deiatel'nosti*. Moscow: Nauka, 1974.
Minakov, S. T. *Sovetskaia voennaia elita*. Orel: Orelizdat, 2000.
———. *Stalin i ego marshal*. Moscow: Yauza Eksmo, 2004.
Minczeles, Henri. *Histoire generale du Bund: un mouvement revolutionnaire juif*. Paris: Editions Austral, 1995.
Ministerstvo finansov, 1802–1902, 2 vols. St. Petersburg: Ekspeditsiia zagotovleniia gosudarstvennykh bumag, 1902.
Ministerstvo vnutrennykh del: istoricheskii ocherk, 2 vols. St. Petersburg, 1902.
Mints, I. I. *Dokumenty velikoi proletarskoi revoliutsii*, 2 vols. Moscow: Gosizdat, 1938, 1948.
Mintslov, S. R. *Peterburg v 1903–1910 godakh*. Riga: Kniga dlia vsekh, 1931.
Mirnyi dogovor mezhdu Gruziei i Rossiei. Moscow: Prodput', 1920.
Mironov, Georgii E. *Gosudari i gosudarevy liudi: gosudari i gosudarevy liudi, rossiiskie reformatory i kontrreformatory XIX-nachala XX veka*. Moscow: Mart, 1999.
Misshima, Yasuo, and Tomio, Goto. *A*

Japanese View of Outer Mongolia. New York: Institute of Pacific Relations, 1942.
Mitchell, Allan. *Revolution in Bavaria, 1918–1919: The Eisner Regime and the Soviet Republic*. Princeton, NJ: Princeton University Press, 1966.
Mitchell, David J. *1919: Red Mirage*. New York: Macmillan, 1970.
Mitchell, Mairin. *The Maritime History of Russia, 848–1948*. London: Sidgwick and Jackson, 1949.
Mlechin, L. M. *Russkaia armiia mezhdu Trotskim i Stalinym*. Moscow: Tsenrtopoligraf, 2002.
Mnatsakanian, A. *Poslantsy Sovetskoi Rossii v Armenii*. Erevan: Aipetrat, 1959.
Moggridge, D. E. *The Return to Gold, 1925: The Formulation of Economic Policy and Its Critics*. Cambridge, U.K.: Cambridge University Press, 1969.
Moletotov, I. A. *Sibkraikom: partiinoe stroitel'stvo v Sibiri 1924–1930 gg*. Novosibirsk: Nauka, 1978.
Molotov, V. M. *Na shestoi god*. Moscow: Gosizdat, 1923.
Mombauer, Annika. "A Reluctant Military Leader? Helmuth von Moltke and the July Crisis of 1914," *War in History*, 6/4 (1999): 417–46.
———. *Helmuth von Moltke and the Origins of the First World War*. New York: Cambridge University Press, 2001.
———. *The Origins of the First World War*. London: Longman, 2002.
Mommen, Andre. *Stalin's Economist: The Economic Contributions of Jeno Varga*. London and New York: Routledge, 2011.
Monas, Sidney. "The Political Police: The Dream of a Beautiful Autocracy," in *The Transformation of Russian Society*, edited by Cyril Black. Cambridge, MA: Harvard University Press, 1967.
———. *The Third Section: Police and Society in Russia under Nicholas I*. Cambridge, MA: Harvard University Press, 1961.
Montefiore, Simon Sebag. *Young Stalin*. New York: Knopf, 2007.
———. *Stalin: Court of the Red Tsar*. London: Weidenfeld, 2003.
Moore, Barrington. *Soviet Politics: The Dilemma of Power*. Cambridge, MA: Harvard University Press, 1950.
Morozov, K. N. *Sudebnyi protsess sotsialistov-revoliutsionerov i tiuremnoe protivostoianie (1922–1926): etika i taktika protivo-borstva*. Moscow: Rosspen, 2005.
Morozov, V. M. *Sozdanie i ukreplenie sovetskogo gosudarstvennogo apparata, noiabr' 1917 g.—mart 1919 g*. Moscow: Politicheskaia literatura, 1957.
Morozova, Irina Y. *The Comintern and Revolution in Mongolia*. Cambridge: White Horse, 2002.
Morris, Edmund. *Colonel Roosevelt*. New York: Random House, 2010.
Moskalev, M. A. *bol'shevistskie organizatsii Zakavkaz'ia pervoi russkoi revoliutsii i v gody stolypinskoi reaktsii*. Moscow, 1940.
Moskovskie Bol'sheviki v bor'be s pravym i "levym" opportunizmom, 1921–1929 gg. Moscow: Moskovskii rabochii, 1969.
Moskvich, Grigorii. *Putevoditel' po Kavkazu*, 20th ed. St. Petersburg: Putivoditeli, 1913.
Mostashari, Firouzeh. *On the Religious Frontier: Tsairst Russia and Islam in the Caucasus*. London and New York: I. B. Tauris, 2006.
Mostiev, B. M., ed. *Revoliutsionnaia publitsistika Kirova, 1909–1917 gg*. Ordzhonokidze: Ir, 1971.
Motherwell, Robert. *Dada Painters and Poets: An Anthology*. New York: Wittenborn, Shultz, 1951.
Motojiro, Akashi. *Rakka ryusui: Colonel Akashi's Report on His Secret Cooperation with the Russian Revolutionary Parties during the Russo-Japanese War*. Translated [abridged] by Inaba Chiharu. Helsinki: Suomen Historiallinen Seura, 1988.
Mozokhin, O. *VChK-OGPU, karaiushchii mech diktatury proletariat: na zashchite ekonoimicheskoi ezopasnosti gosudarstva i v bor'be s terrorizmom*. Moscow: Iauza-Eksmo, 2004.
Mozokhin, Oleg, and Gladkov, Teodor. *Menzhinskii: intelligent s Lubianki*. Moscow: Iauza, 2005.
Mstislavskii, Sergei D. *Five Days Which Transformed Russia*. Bloomington, Indiana University Press, 1988.
———. *Piat' dnei: nachalo i konets Fevral'skoi revoliutsii*, 2nd ed. Berlin: Z. I. Grzhebin, 1922.
Muller, Rolf-Dieter. *Das Tor zur Weltmacht: Die Bedeutung der Sowjetunion fur die deutsche Wirtschafts—und Rustungspolitik zwischen den Weltkriegen*. Boppard am Rhein: Harald Boldt, 1984.
Munck, J. L. *The Kornilov Revolt: A Critical Examination of the Sources and Research*. Aarhus, Denmark: Aarhus University Press, 1987.
Munck, Ronaldo. *The Difficult Dialogue: Marxism and Nationalism*. London: Zed, 1986.
Murin, Iurii. "Eshche raz ob otstavkakh I. Stalina," *Rodina*, 1994, no. 7: 72–3.
Murphy, George G. S. *Soviet Mongolia: A Study of the Oldest Political Satellite*. Berkeley: University of California Press, 1966.
Murphy, J. T. *New Horizons*. London: J. Lane, 1941.
Murtazin, M. L. *Bashkiriia i bashkirskie voiska v* grazhdanskuiu *voinu*. Moscow: Voennaia tipografiia upr. delami Narkomvoenmor i RVS, 1927.
Nabokov, V. D. *Vremennoe pravitelstvo: vospominaniia*. Moscow: Mir, 1924.
———. "Vremennoe pravitel'stvo," in *Arkhiv russkoi revoliutsii*, ed. by Gessen, I: 9–96.
"Nachalo voiny 1914 g: podennaia zapis' b. ministerstva innostrannykh del," Krasnyi arkhiv, 1923, no. 4: 3–62.
Nad, Nikolai. "Kto ubil Mikhaila Frunze," *Izvestiia*, October 26, 2010.
Nadezhdin, P. P. *Kavkazskii krai: priroda i liudi*, 2nd ed. Tula: E. I. Druzhinina, 1895.
Nadtocheev, Valerii. "'Triumvirat' ili 'semerka'? Iz istorii vnutripartiinoi bor'by v 1924–1925 godakh," in *Trudnye voprosy istorii: poiski, razmyshleniia, novyi vzgliad na sobytiia i fakty*, edited by V. V. Zuravlev. Moscow: Politicheskaia literatura, 1991.
Nafziger, Steven. "Communal Institutions, Resource Allocations, and Russian Economic Development, 1861–1905." Phd diss., Yale University, 2006.
Naida, S. F. *O nekotorykh voprosakh istorii grazhdanskoivoiny v SSSR*. Moscow: Voenizdat, 1958.
N a lbandian, E . N. "'Iskra' i tipografiia 'Nina' v Baku," *Trudy Azerbaizhanskogo filiala IML pri TsK KPSS*. Baku, 1960.
Namier, Lewis. "After Vienna and Versailles," in *Conflicts: Studies in Contemporary History*, edited by Lewis Namier. London: Macmillan, 1942.
Na prieme u Stalina: tetradi (zhurnaly) zapise[illegible] lits, priniatykh I.V. Stalinym: 1924–1953 gg. Moscow: Novyi khronograf, 2008.
Narskii, I. V. *Zhizn' v katastrofe: budni naseleniia Urala v 1917–1922 gg*. Moscow: Rosspen, 2001.
Nash, Ian Hill. *The Anglo-Japanese Alliance: The Diplomacy of Two Island Empires 1894–1907*. London: Athlone, 1966; Curzon reprint, 2004.
Naumov, A. N. *Iz utselevshikh vospominanii, 1868–1917*, 2 vols. New York: A. K. Naumova and O. A. Kusevitskaia, 1954–5.
Naumov, V. and Kurin. L. "Leninskoe zaveshchanie," in *Urok daet istoriia*, edited by V. Afanas'ev and G. Smirnov. Moscow: Politizdat, 1989.
Naumov, Vladimir. "1923 god: sud'ba leninskoi al'ternativy," *Kommunist*, 1991, no. 5: 30–42.
Naville, Pierre. *Trotsky vivant*. París: Juillard, 1962.
Nazanskii, V. I. *Krushenie velikoi Rossii i doma Romanovykh*. Paris, 1930.
Nazarov, Mikhail. *Missiia Russkoi emigratsii*. Stavropol: Kavkazskii krai, 1992.
Nazarov, O. G. *Stalin i bor'ba za liderstvo v bol'shevistkoi partii v usloviakh NEPa*. Moscow: IVI RAN, 2002.
Neilson, Keith. *Britain and the Last Tsar: British Policy and Russia, 1894–1917*. Oxford: Clarendon Press, 1995.

———. *Britain, Soviet Russia and the Collapse of the Versailles Order, 1919–1939.* New York: Cambridge University Press, 2006.

———. *Strategy and Supply: The Anglo-Russian Alliance, 1914–1917.* London: George Allen & Unwin, 1984.

Nekliudov, M. A. "Souvenirs diplomatiques: l'Entrevue de Bjoerkoe," *Revue des deux mondes*, 44 (1918): 423–48.

Nenarokov, A. P. *K edinstvu ravnykh: kul'turnye faktory ob"edinitel'nogo dvizheniia sovetskikh narodov, 1917–1924.* Moscow: Nauka, 1991.

Nenarokov, Al'bert P., ed. *Revvoensovet Respubliki, 6 sentiabria 1918 g.–28 avgusta 1923 g.* Moscow: Politizdat, 1991.

"Neopublikovannye materialy iz biografii tov. Stalina," *Antireligioznik*, 1939, no. 12: 17–21.

Nettl, J. P. *Rosa Luxemburg.* New York: Oxford University Press, 1966.

Neuberg, A. *Armed Insurrection.* London: NLB, 1970.

Nevskii, V. I. *Doklad ot narodnogo kommissara putei soobshcheniia predesedateliu soveta narodnykh komissarov tov. Leninu.* Moscow: Narkomput, 1919.

Newstad, E. R. W. "Components of Pessimism in Russian Conservative Thought, 1881–1905." Phd diss., University of Oklahoma, 1991.

Newton, Lord Thomas. *Lord Lansdowne: A Biography.* London: Macmillan, 1929.

Nicolaevsky, Boris. *Aseff: The Russian Judas.* London: Hurst and Blackett, 1934.

Nicolson, Harold. *King George V: His Life and Reign.* London: Constable, 1952.

———. *Peacemaking 1919: Being Reminiscences of the Paris Peace Conference.* New York: Houghton Mifflin, 1933.

Nielsen, Jes Peter, and Weil, Boris, eds. *Russkaia revoliutsiia glazami Petrogradskogo chinovnika: dnevnik 1917—1918 g.* Oslo: Reprosentralen Universitetet i Oslo Slavisk-Baltisk Institut, 1986.

Niessel, Henri A. *Le triomphe des bolscheviks et la paix de Brest-Litovsk: Souvenirs, 1917–1918.* Paris: Plon, 1940.

Nikoalevskii, Boris. *Tainye stranitsy istorii*, ed. by Iu. Fel'shtinskii. Moscow: Gumanitarnaia literatura, 1995.

Nikolaev, A. N. *Chekisty: sbornik.* Moscow: Molodaia gvardiia, 198.

Nikolaev, M. G. "Na puti k denezhnoi reforme 1922–1924 godov: chetyre arestov N. N. Kutlera," *Otechestvennaia istoriia*, 2001, no. 1.

"Nikolai II—imperatritse Marii Fedeorovne, 12 ianvaria 1906," *Krasnaia nov'*, 1927, tom 3 (22).

Nikolai-on [Danielson]. *Ocherki nashego poreformennogo obshchestvennogo khoziaistva.* St. Petersburg: A. Benke, 1893.

Nikol'skii, B. V. "Iz dnevnikov 1905 g.," in *Nikolai II. Vospominaniia. Dnevniki*, edited by B. V. Anan'ich and R. Sh. Ganelin. St. Petersburg: D. Bulanin, 1994.

Nikonov, V. A. *Molotov: molodost'.* Moscow: Vagrius, 2005.

Nikulin, Lev. *Zapiski sputnika.* Leningrad: Izd. Pisatelei, 1932.

Nish, Ian. "The Clash of Two Continental Empires: the Land War Reconsidered," in *Rethinking the Russo-Japanese War, 1904–05*, 2 vols, edited by Rotem Kowner. Folkstone: Global Oriental, 2007.

———. *The Origins of the Russo-Japanese War.* London: Longman, 1985.

Nolan, Mary. *Visions of Modernity: American Business and the Modernization of Germany.* New York: Oxford University Press, 1994.

Nol de, Boris. "Tseli i real'nost' v velikoi voine," in *Dalekoe i blizkoe: istoricheskie ocherki.* Paris: Sovremennye zapiski, 1930.

Nosovich, A. L. *Krasnyi Tsaritsyn, vzgliad iznutri: zapiski belogo razvedchika.* Moscow: AIRO-XXI, 2010.

———. *Zapiski vakhmistra Nosovicha.* Paris: self-published, 1967.

Nove, Alec. "The Peasants, Collectivization, and Mr. Carr," *Soviet Studies*, 10/4 (1958–9): 384–9.

———. *An Economic History of the USSR.* London: Allen Lane, 1969.

———. *The Soviet Economy: An Introduction*, 2nd ed. New York: Praeger, 1969.

———. "Was Stalin Really Necessary?" *Encounter*, April 1962: 86–92.

———. *Was Stalin Really Necessary? Some Problems of Soviet Political Economy.* New York: Praeger, 1964.

Novitskaia, T. E. *Uchreditel'noe sobra- nie, Rossiia, 1918: stenogrammy i drugie dokumenty.* Moscow: Nedar, 1991.

Nowak K. F., ed. *Die Aufzeichnungen des Generalmajors Max Hoffmann*, 2 vols. Berlin: Kulturpolitik, 1929.

Nyamaa, D., ed. *A Compilation of Some Documents Relating to the Foreign Relations of the Mongolian People's Republic.* Ulaanbaatar: State Publishing House, 1964.

O'Brien, Phillips Payson. *The Anglo-Japanese Alliance, 1902–1922.* London: RoutledgeCurzon, 2004.

Occleshaw, Michael. *Dances in Deep Shadows: The Clandestine War in Russia, 1917–20.* New York: Carroll and Graf, 2006.

O'Connor, Timothy. *The Engineer of Revolution: L. B. Krasin and the Bolsheviks, 1870–1926.* Boulder, CO: Westview Press, 1992.

———. *Diplomacy and Revolution: G. V. Chicherin and Soviet Foreign Affairs, 1918–1930.* Ames: Iowa State University Press, 1988.

Odet Eran, *The Mezhdunarodniki.* Ramat Gan: Turtledove Publishers, 1979.

Offer, Avner. "Going to War in 1914: a Matter of Honour?" *Politics and Society*, 23/2 (1995): 213–41.

———. *The First World War: An Agrarian Interpretation.* Oxford: Clarendon, 1989.

Okorokov, A. Z. *Oktiabr' i krakh russkoi burzuazhnoi pressy.* Moscow: Mysl', 1970.

Oldenbourg, Serge, ed. *Le coup d'etat bolcheviste, 20 octobre–3 decembre 1917.* Paris: Payot, 1929.

Ol'denburg, Sergei S. *Gosudar' Imperator Nikolai II Aleksandrovich.* Berlin: Stiag i fond po izdaniiu tsarskikh portretov, 1922.

———. *Istoriia tsarstvovaniia Imperatora Nikolaia II 1894–1917*, 2 vols. Belgrad: Obshchestvo rasprostraneniia russkoi natsional'noi i patrioticheskoi literatury, 1938.

———. *Last Tsar: Nicholas II, His Reign, and His Russia*, 4 vols. Gulf Breeze, FL: Academic International Press, 1975–8.

Olekh, G. L. *Povorot, kotorogo ne bylo.* Novosibirsk: Novosibirsk universiteta, 1992.

Omissi, David. *The Sepoy and the Raj: The Indian Army, 1860–1940.* Basingstoke: Macmillan, 1994.

Oppenheim, Samuel A. "Between Right and Left: Grigorii Yakovlevich Sokolnikov and the Development of the Soviet State, 1921–1929," *Slavic Review*, 48/4 (1989): 592–613.

Orakhelashvili, Mamia. *Sergo Ordzhonikidze: biograficheskii ocherk.* Leningrad: Partizdat, 1936.

Orde, Anne. *British Policy and European Reconstruction after the First World War.* New York: Cambridge University Press, 1990.

Ordzhonikidze, G. K. *Stat'i i rechi*, 2 vols. Mosow: Politicheskaia literatura, 1956–7.

———. "Bor'ba s men'shevikami," in *Dvadtsat' piat' let bakinskoi organizatsii bol'shevikov.* Baku: 1924.

Ordzhonokidze, Zinaida G. *Put' Bol'shevika: stranitsy iz zhizni G.k. Ordzhonikidze.* Moscow: Politcheskaia literatura, 1956, 1967.

Orlov, Alexander. *Secret History of Stalin's Crimes.* New York, Random House, 1953.

Orlov, Boris, "Mif o Fanni Kaplan," *Istochnik*, 1993, no. 2: 70–1.

Orlova, M. I. *Revoliutsionnyi krizis 1923 g. v Germanii i politika kommunistitcheskoi partii.* Moscow: Moskovskii universitet, 1973.

Orlovsky, Daniel. "Corporatism or Democracy: The Russian Provisional Government of 1917," in *Landscaping the Human Garden: Twentieth Century Population Management in a*

Comparative Framework, edited by Amir Weiner. Stanford, CA: Stanford University Press, 2003.
———. "Political Clientelism in Russia: The Historical Perspective," in *Leadership Selection and Patron-Client Relations in the USSR and Yugoslavia*, edited by T. H. Rigby and B. Harasymiw. London and Boston: Allen & Unwin, 1983.
———. "Reform During Revolution: Governing the provinces in 1917," *Reform in Russia and the USSR: Past and Prospects*, edited by in Robert O. Crummey. Urbana: University of Illinois Press, 1989.
———. "Russia in War and Revolution," in *Russia: A History*, edited by Gregory Freeze. New York: Oxford University Press, 1997Osipova, T. V. *Klassovaia bor'ba v derevene v period podgotovki i provedeniia oktiabr'skoi revoliutsii*. Moscow: Nauka, 1974.
O'Rourke, Kevin, and Williamson, Jeffrey. *Globalization and History: The Evolution of a Nineteenth-Century Atlantic Economy*. Cambridge, MA: Massachusetts Institute of Technology Press, 1999.
Osinskii. "Glavnyi nedostatok," in *Prodovol'stvennaia politika v svete obshchego khoziaistvennogo stroitel'stva sovetskoi vlasti: sbornik materialov*. Moscow: Gosizdat, 1920.
Os'kin, D. P. *Zapiski soldata*. Moscow: Federatisia, 1929.Osklokov, E. N. *Pobeda kolkhoznogo stroia v zernoykh raionakh Severnogo Kavkaza*. Rostov-na-Donu: Rostovskii universitet, 1973.
Osorgin, M. A. *Okhrannoe otdelenie i ego sekrety*. Moscow: Griadushchee, 1917.
Ossendowski, Ferdinand. *Beasts, Men, and Gods*. New York: E. P. Dutton, 1922.
Ostal'tseva, Alevtina F. *Anglo-russkoe soglashenie 1907 goda: vliianie russko-iaponskoi voiny i revoliutsii 1905–1907 godov na vneshniuiu politiku tsarizma i na peregruppirovku evropeiskikh derzhav*. Saratov: Saratovskii universitet, 1977.
Ostrovskii, Aleksandr V. "Predki Stalin," *Genealogicheskii vestnik*, no 1. 2001.
———. *Kto stoial za spinoi Stalina?* Moscow: Tsentropoligraf-Mim Delta, 2004. (Earlier edition, Olma 2002.)
Otchet 15 s"ezdu partii. Moscow: VKP (b), 1925.
Otchet Komissii TsIK SSSR po uvekovecheniiu pamiati V. I. Ul'ianova (Lenina). Moscow: TsIk SSSR, 1925.
Otchet po revizii Turkestankogo kraia. St. Petersburg: Senatskaia tip., 1910.
Ottokar (Theobald Otto Maria) Czernin von und zu Chudenitz, Graf. *In the World War*. New York: Harper & Brothers, 1920.
Ovsiannikov, A. A. *Miusskaia ploshchad', 6*. Moscow: Moskovskii rabochii, 1987.
Owen, Launcelot A. *The Russian Peasant Movement, 1906–1917*. London: P. S. King & Son, 1937.
Paleologue, Maurice. *An Ambassador's Memoirs*, 3 vols. Paris: Plon, 1921–2.
———. *La Russie des Tsars pendant la grand guerre*, 3 vols. Paris: Plon, 1921–2.
Palij, Michael. *The Ukrainian-Polish Defensive Alliance, 1919–1921: An Aspect of the Ukrainian Revolution*. Edmonton: Canadian Institute of Ukrainian Studies, 1995.
Pallot, Judith. *Land Reform in Russia, 1906–1917: Peasant Responses to Stolypin's Project of Rural Transformation*. New York: Oxford University Press, 1999.
Palmer, James. *Bloody White Baron: The Extraordinary Story of the Russian Nobleman Who Became the Last Khan of Mongolia*. New York: Basic Books, 2009.
Pankratova, A. N., et al., eds. *Revoliutsiia 1905–1907 gg. v Rossii: Dokumenty i materialy*, 5 vols. Moscow: Akademiia nauk, 1955–61.
Pantsov, Alexander. *Tainaia istoriia sovetsko-kitaiskikh otnoshenii: bol'sheviki i kitaiskaia revolutsiia 1919–1927*. Moscow: Muravei-Gaid, 2001. Translated as *The Bolsheviks and the Chinese Revolution, 1919–1927*. Richmond, Surrey: Curzon, 2000.
Papers Relating to the Foreign Relations of the United States: Russia, 1918, 3 vols. Washington, D.C.: Department of State, 1931–2.
Papkov, Sergei. *Obyknovenyi terror: politika Stalinizma v Sibiri*. Moscow: Rosspen, 2012.
Paquet, Alfons. *Im kommunistischen Russland: Briefe aus Moskau*. Jena: E. Diederichs, 1919.
Pares, Bernard, ed. *Letters of the Tsaritsa to the Tsar, 1914–1916*. Westport, CT: Hyperion, 1979.
———. *My Russian Memoirs*. London: J. Cape, 1931.
———. *The Fall of the Russian Monarchy: A Study of Evidence*. New York: Knopf, 1939.
Park, Alexander G. *Bolshevism in Turkestan, 1917–1927*. New York: Columbia University Press, 1957.
Parkadze, G. "Boevye bol'shevistskie druzhiny v Chiature v 1905 gody," *Rasskazy o Velikom Staline*, kn. 2. Tblisi: Zaria vostoka, 1941.
Parrish, Michael. *Soviet Security and Intelligence Organizations, 1917–1990: A Biographical Dictionary and Review of Literature in English*. New York: Greenwood Press, 1992.
Parsons, J. W. R. "The Emergence and Development of the National Question in Georgia, 1801–1921." Phd diss., University of Glasgow, 1987.
Pashukanis, S., ed. "K istorii anglo-russkogo soglasheniia 1907 g.," *Krasnyi arkhiv*, 69–70 (1935): 3–39.
Patenaude, Bertrand. *A Wealth of Ideas: Revelations from the Hoover Institution Archives*. Stanford, CA: Stanford General Books, 2006.
———. *Stalin's Nemesis: The Exile and Murder of Leon Trotsky*. London: Faber and Faber, 2009.
———. *The Big Show in Bololand: The American Relief Expedition to Soviet Russia in the Famine of 1921*. Stanford, CA: Stanford University Press, 2002.
Paustovskii, Konstantin. *Povest' o zhizni*. Moscow: Sovremennyi pistael', 1993, 1966–7.
Paustovsky, Konstantin. *The Story of a Life*. New York: Pantheon Books, 1967.
Pavel Sudoplatov, *Special Tasks: The Memoirs of an Unwanted Witness, a Soviet Spymaster*. Boston: Little, Brown, 1994.
Pavlovsky, George. *Agricultural Russia on the Eve of the Revolution*. London: G Routledge and Sons, 1930.
Pavliuchenkov, Sergei A. *"Orden mechenostsev": Partiia i vlast posle revoliutsii 1917–1929*. Moscow: Sobranie, 2008.
———. *Krest'ianskii Brest, ili predystoriia bol'shevistskogo NEPa*. Moscow: Russkoe knigoizdatel'skoe t-vo, 1996.
———. *Rossiia Nepovskaia*. Moscow: Novyi khronograf, 2002.
Pavlov, A. A., ed. *Chekisty: sbornik dokumental'nykh rasskazov i povesti*. Gorky: Volgo-Vyatskoe knizhnoe izdatel'stvo, 1968.
Pavlova, Irina V. "Mekhanizm politicheskoi vlasti v SSSR v 20–30-e gody," *Voprosy istorii*, 1998, no. 11–12: 49–66.
———. "Poezdka Stalina v Sibir': pochemu v Sibir'?" *Eko*, 1995, no. 2.
———. *Stalinizm: Stanovlenie mekhanizma vlasti*. Novosibirsk: Sibirskii khronograf, 1993.
Pavlovich, M. "SSSR i vostok," *Revoliutsionnyi vostok*. Moscow-Leningrad, 1927.
Payne, Robert. *The Rise and Fall of Stalin*. New York: Simon & Schuster, 1965.
Pearce, Brian. *How Haig Saved Lenin*. New York: St. Martin's Press, 1987.
Pearce, Cyril. *Comrades in Conscience: The Story of an English Community's Opposition to the Great War*. London: Francis Boutle, 2001.
Pearson, Raymond. *The Russian Moderates and the Crisis of Tsarism, 1914–1917*. New York: Barnes and Noble, 1977.
Pedroncini, Guy. *Les mutineries de 1917*, 2nd ed. Paris: Publications de la Sorbonne, Presse Universitaires de France, 1983.
Pegov, A. M., et al. *Imena moskovskikh ulits*. Moscow: Moskovskii rabochii,

1979.

Penner, D'Ann R. "Stalin and the Ital'ianka of 1932–1933 in the Don Region," *Cahiers du monde russe*, 39/1–2 (1998): 27–67.

Pentkovskaia, V. V. "Rol' V. I. Lenina v obrazovanii SSSR," *Voprosy istorii*, 1956, no. 3: 13–24.

Peregudova, Z. I. "Deitel'nost komissii Vremennogo pravtitel'stva i sovetskikh arkhivov po raskrytiiu sekretnoi agentury tsarskoi okhranki," *Otechestvennye arkhivy*, no. 5 (1998): 10–22.

———. *Politicheskii sysk Rossii, 1880–1917*. Moscow, 2000.

Pereira, Norman G. O. *White Siberia: The Politics of Civil War*. Montreal and Kingston: McGill-Queen's University Press, 1996.

Perepiska sekretariata TsK RSDRP (b) s mestnymi partiinymi organizatsiiamii: sbornik dokumentov, 8 vols. Moscow: Politicheskaia literatura, 1957–74.

Perepiska V. I. Lenina i rukovodimykh im uchrezhdenii s partiinymi organizatsiiami, 1903–1905 gg. Moscow, 1975.

Perlmutter, Amos. *Modern Authoritarianism: A Comparative Institutional Analysis*. New Haven, CT: Yale University Press, 1981.

Perrie, Maureen. "Food Supply in a Time of Troubles: Grain Procurement and the Russian Revolution," *Peasant Studies*, 17/3 (1990): 217–25.

———. "The Russian Peasant Movement of 1905–1907: Its Social Composition and Revolutionary Significance," *Past and Present*, 57 (1972): 123–55.

———. *The Agrarian Policy of the Russian Socialist-Revolution Party: From its Origins through the Revolution of 1905–1907*. New York: Cambridge University Press, 1976.

Pershin, D. P., ed. *Baron Ungern: Urga i Altan-Bulak*. Samatra: Agni, 1999.

Pershin, P. N. *Uchastkovoe zemlepol'zovanie Rossii: khutora i otruba, ikh rasprostranenie za desiatiletie 1907–1911 gg. i sud'by vo vremia revoliutsii (1917–1920 gg.)*. Moscow: Novaia derevnia, 1922.

Pervaia vseobshchaia perepis' naseleniia Rossiiskoi imperii, 1897 g., LXIX (Tiflisskaia guberniia). St. Petersburg: Tsentral'nyi statisticheskii komitet MVD, 1905.

Pervyi kongress Kominterna mart 1919 g. Moscow: Partizdat, 1933.

Pervyi legal'nyi Peterburgskii komitet bol'shevikov v 1917 godu: sbornik materialov i protokolov zasedanii. Moscow and Leningrad: Gosizdat, 1927.

Pervyi s"ezd narodov vostoka, Baku, 1–8 sentiabria, 1920 g.: stenograficheskie otchety. Petrograd: Kommunisticheskii internatsional, 1920.

Peskova, G. N. "Diplomaticheskie otnosheniia mezhdu SSSR i Kitaem, 1924–1929 gg.," *Novaia i noveishaia istoriia*, 1998, no. 1, 2.

———. "Stanovleniie diplomaticheskikh otnoshenii mezhdu Sovetskoi Rossiiei i Kitaem, 1917–1924 gg.," *Novaia i noveishaia istoriia*, 1997, no. 4: 105–34, 1998, no 1: 106–19, no. 2: 66–88.

Pestkovskii, S. S. "Ob oktiabr'skie dniakh v Pitere," *Proletarskaia revoliutsiia*, 1922, no. 10: 94–104.

———. "Vospominaniia o rabote v Narkmonatse," *Proletarskaia revoliutsiia*, 1930, no. 6: 124–31.

Peters, [Ia]. "Vospominaniia o rabote VChK v pervyi gody revoliutsii," *Proletarskaia revoliutsiia*, 1924, no. 10 (33): 5–32.

Peterson, Claes. *Peter the Great's Administrative and Judicial Reforms: Swedish Antecedents and the Process of Reception*. Stockholm: A.-B/ Nordiska Bokhandeln, 1979.

Pethybridge, Roger. *One Step Backwards, Two Steps Forward: Soviet Society and Politics in the New Economic Policy*. Oxford: Clarendon, 1990.

———. *The Spread of the Russian Revolution: Essays on 1917*. New York: St. Martin's Press, 1972.

Petrogradskaia obshchegorodskaia konferentsiia RSDRP (bol'shevikov), aprel' 1917 goda: protokoly. Moscow: Politicheskaia literatura, 1958.

Petrov, Iurii P. *Partiinoe stroitel'stvo v Sovetskoi armii i flote: deiatel'nost' KPSS po sozdaniiu i ukrepleniiu politorganov, partiinykh i komsomolskikh organizatsii v vooruzhennykh silakh (1918–1961 gg.)*. Moscow: Voenizdat, 1964.

Petrov, Nikolai. *50 i 500*. Moscow: Vserossiiskoe teatral'noe obshchestvo, 1960.

Pflanze, Otto. *Bismarck and the Development of Germany*, 2nd ed., 3 vols. Princeton, NJ: Princeton University Press, 1990.

Piaskovskii, A. B., ed. *Vosstanie 1916 goda v Srednei Azii i Kazakhstane: sbornik dokumentov*. Moscow: Akademiia Nauk, 1960.

Piat' let vlasti Sovetov. Moscow: TSIK, 1922.

Pietsch, Walter. *Revolution und Staat: Institutionen als Trager der Macht in Sowjetrussland 1917–1922*. Cologne: Verlag Wissenschaft und Politik, 1969.

Pikhoia, R. G., and Zelenov, M.V., eds. *I. V. Stalin: istoricheskaia ideologiia v SSSR v 1920–1950-e gody: perepiska s istorikami, stat'i i zametki po istorii, stenogrammy vystuplenii. Sbornik dokumentov i materialov*. St. Petersburg: Nauka-Piter, 2006.

Pilenko, Aleksandr, ed. *At the Court of the Last Tsar; Being the Memoirs of A. A. Mossolov, Head of the Court Chancellery, 1900–1916*. London: Methuen, 1935.

Pil'skii, P. M. "Pervoe dekabrai," in *Baltiiskii arkhiv: russkaia kul'tura v Pribal'tike*, edited by Irina Belobrovtseva, et al. Tallinn: Avenarius, 1996.

Piontkowski, S. *Grazhdanskaia voina v Rossii: khrestomatiia*. Moscow: Kommunisticheskii universitet im. Ia. M. Sverdlova, 1925.

Piłsudski, Josef. *Year 1920*. New York: Piłsudski Institute of New York, 1972.

Piotrovskii, Adrian. *Za sovetskii teatr!* Leningrad: Academiia, 1925.

Pipes, Richard. "The First Experiment in Soviet Nationality Policy: the Bashkir Republic, 1917–1920," *Russian Review*, 9/4 (1950): 303–9.

———. *Peter Struve*, 2 vols. Cambridge, MA: Harvard University Press, 1970, 1980.

———. *Russia Under the Bolshevik Regime*. New York: Knopf, 1994.

———. *The Degaev Affair: Terror and Treason in Tsarist Russia*. New Haven, CT, and London: Yale University Press, 2003.

———. *The Formation of the Soviet Union: Communism and Nationalism, 1917–1923*. Cambridge, MA: Harvard University Press, 1953.

———. *The Russian Revolution*. New York: Knopf, 1990.

Pipes, Richard, ed. *The Unknown Lenin: From the Secret Archive*. New Haven, CT: Yale University Press, 1996.

———. *Revolutionary Russia*. Cambridge, MA: Harvard University Press, 1968.

Pirani, Simon. *The Russian Revolution in Retreat, 1920–24: Soviet Workers and the New Communist Elite*. London: Routledge, 2008.

Pitcher, Harvey J. *Witnesses of the Russian Revolution*. London: John Murray, 1994.

Pittaluga, Giovanni B. "The Genoa Conference: Was it Really a Failure?" Found at http://dev3.cepr.org/meets/wkcn/1/1671/papers/The_Genoa_Conference_finale.pdf.

Platova, E. E. *Zhizn' studenchestva Rossii v perekhodnuiu epokhu, 1921–1927 gg.* St. Petersburg: SPbGUAP SPbGU, 2001.

Platten, Fritz. *Die Reise Lenins durch Deutschland in plombierten Wagen*. Berlin, 1924.

Plekhanov, A. A., and Plekhanov, A. M. *Zheleznyi Feliks: Belye piatna v biografii chekista*. Moscow: Olma, 2010.

———, eds. *F. E. Dzerzhinskii—predsedatel' VChK-OGPU: sbornik dokumentov, 1917–1926*. Moscow: Mezhdunarodnyi fond Demokratiia, 2007.

Plekhanov, A. M. *VChK-OGPU v gody novoi ekonomicheskoi politiki 1921–1928*. Moscow: Kuchkovo pole, 2006.

———. *VChK-OGPU, 1921–1928*. Moscow: X-History, 2003.

Plekhanov, Aleksandr. *Dzerzhinskii: Pervyi chekist Rossii.* Moscow: Olma, 2007.
Pobeda oktiabr'skoi revoliutsii v Uzbekistane: sbornik dokumentov, 2 vols. Tashkent: Fan, 1963–72.
Podbolotov, Sergei. "Monarchists Against their Monarch: The Rightists' Criticism of Tsar Nicholas II," *Russian History*, 31/1–2 (2004): 105–20.
"Podpol'naia titpografiia 'Iskra' v Baku (Materialy Vano Sturua)," in *Iz proshlogo: Stat'i i vospominaniia iz istorii Bakinskoi organizatsii i rabochego dvizheniia v Baku.* Baku: Bakinskii rabochii, 1923.
Podvoiskii, N. I. *Krasnaia gvardiia v oktiabr'skie dni.* Moscow-Leningrad: Gosizdat, 1927.
Poezdka v Sibir' i povol'zhe: zapiska P. A. Stolypina i A. V. Kriosvehina. St. Petersburg: A. S. Suvorin, 1911.
Pogerelskin, Alexis. "Kamenev in Rome," *The NEP Era: Soviet Russia, 1921–1928, 1* (2007): 101–81.
Pogrebinskii, A. P. "Voenno-promyshlennye komitety," *Istoricheskie zapiski*, 11 (1941): 160–200.
———. *Ocherki istorii finansov dorevoliutsionnoi Rossii, XIX-XX vv.* Moscow: Gosfinizdat, 1954.
Pokhlebkin, V. V. *Velikii psevdonim.* Moscow: Iudit, 1996.
Pokrovskii, M., and Gelis, I. R., eds. "Politcheskoe polozhenie Rossii nakanune fevral'skoi revoliutsii v zhandarmskom osveshchenii," *Krasnyi arkhiv*, 17 (1926): 3–35.
Pokrovskii, M. N., and Iakovlev, Ia. A., eds. *Gosudarstvennoe soveshchanie.* Moscow-Leningrad: Gosizdat, 1930.
Pokrovsky, M. N. *A Brief History of Russia*, 2 vols. London: Martin Lawrence, 1933.
Polan, A. J. *Lenin and the End of Politics.* Berkeley: University of California Press, 1984.
Polanyi, Karl. *The Great Transformation.* Boston: Beacon, 1957.
Poletaev, V. E. et al. *Revoliutsionnoe dvizhenie v Rossii: aprel'skii krizis.* Moscow: Akademiia nauk, 1958.
Polikarenko, I. E., ed. *O Felikse Edmundoviche Dzerzhinskom: vospominaniia, stat'i, ocherki sovremennikov.* Moscow: Politiizdat, 1977.
Politicheskii dnevnik, 1964–1970. Amsterdam: Fond Imeni Gertsena, 1972.
Politika Sovetskoi vlasti po natsional'nym delam za tri goda. 1917–1920 gg. Moscow: Gosizdat, 1920.
Polivanov, A. A. *Iz dnevnikov i vospominanii po dolzhnosti voennogo ministra i ego pomoshchnikov, 1907–1916 gg.* Moscow: Vysshii voen. redaktsionnyi sovet, 1924.
Pollock, Troy E. *Creating the Russian Peril: Education, the Public Sphere, and National Identity in Imperial Germany, 1890–1914.* Rochester, NY: Camden House, 2010.
Pol'ner, T. I. *Zhiznennyi put' kniazia Georgiia Evgenevicha L'vova.* Paris: [s.n.], 1932; Moscow: Russkii put', 2001.
Polnoe sobranie zakonov Rossiiskoi imperii, series 3. St. Petersburg: Tipografiia II Otdieleniia Sobstvennoi Ego Imperatorskago Velichestva Kantseliarii, 1830–1916.
Polovtsoff, Peter A. *Glory and Downfall: Reminiscences of a Russian General Staff Officer.* London: G. Bell, 1935.
Polovtsov, A. A. *Dvenik gosudarstvennogo sekretaria,* P. A. Zaionchkovskii, ed. 2 vols. Moscow: Nauka, 1966.
Pope, Arthur. *Maksim Litvinoff.* New York: I. B. Fischer, 1943.
Popoff, George. *The Tcheka: The Red Inquisition.* London: A. M. Philpot, 1925.
Popov, M. A. *Rubtsovsk 1892–2000: istoricheskie ocherki.* Rubtsovsk: [s.n.], 2004.
Popov, Nikolai. *Outline History of the C.P.S.U.*, 2 vols. New York, International Publishers, 1934.
Pospelov et al., Petr N. *Vladimir Il'ich Lenin; biografiiia.* Moscow: Politicheskaia literatura, 1960, 1963.
Pozhigailo, P. A., ed. *P. A. Stolypin –programma reform: dokumenty i materialy*, 2 vols. Moscow: Rosspen, 2003.
Pravilova, Ekaterina. *Zakonnost' i prava lichnosti: administrativnaia iustitsiia v Rossii, vtoraia polovina 19 veka—oktiabr' 1917.* St. Petersburg: Obrazovanie-Kultura, 2000.
Preobrazhenskii, Evgenii. *Bumazhnye den'gi v epokhu proletarskoi diktatury.* Moscow: Gosizdat, 1920.
Pribytkov, Viktor. *Apparat.* St. Petersburg: VIS, 1995.
Price, M. Philips. *My Reminiscences of the Russian Revolution.* London: G. Allen & Unwin, 1921.
Price, Morgan Philips, and Rose, Tania, eds. *Dispatches from the Revolution: Russia 1916–1918.* London and Chicago: Pluto, 1997.
Prior, Robin, and Wilson, Trevor. *The Somme.* New Haven, CT: Yale University Press, 2005.
Prishvin, Mikhail M. *Dnevniki*, 11 vols. Moscow: Moskovskii rabochii, 1991–2012.
Proceedings of the Brest-Litovsk Peace Conference [electronic resource]: the peace negotiations between Russia and the Central Powers 21 November, 1917–3 March, 1918. Washington, D.C.: Government Printing Office, 1918.
Prokofiev, Sergei. *Soviet Diary 1927 and Other Writings.* London: Faber and Faber, 1991.
Protasov, L. G. *Vserossiiskoe Uchreditol'noe Sobranie: istoriia rozhdeniia i gibeli.* Moscow: Rosspen, 1997.
Protokoly Tsentral'nogo komiteta RSDRP (b), August 1917 g.—fevral' 1918 g. Moscow-Leningrad: Gosizdat, 1929. *Moscow: Poiticheskaia literature, 1958.*
Protokoly zasedanii Vserossiiskogo Tsentral'nogo Ispolnitel'nogo Komiteta V-go sozyva: stenograficheskii otchet. Moscow: VTsIK, 1919.
Protokoly zasedaniia VTsIK Sovetov rabochikh, soldatskikh, krest'ianskikh i kazach'ikh deputatov II sozyva. Moscow: VTsIK, 1918.
Psurtsev, N. D. *Razvitie sviazi v SSSR.* Moscow: Sviaz', 1967.
Purishkevich, V. M. *Bez zabrala: otkrytoe pis'mo bol'shevikam Soveta Petrogradskikh rabochikh deputatov.* Harbin: Bergut, syn i ko., 1917.
———. *Vpered! Pod dvukhtsvetnym flagom (Otkrytoe pis'mo russkomu obshchesvtu).* Petrograd, 1917.
Putintsev, N. D. "Statisticheskii ocherk Tomskoi gubernii," *Otchet po kommandovaniiu predsedatelia ot voennogo ministerstva v ekspeditsiiu dlia izyskaniia Zapadno-Sibirskoi Zheleznoi dorogi.* Samara, 1892.
Putna, Vitovt. *K Visle i obratno.* Moscow: Voennyi vestnik, 1927.
Rabinowitch, Alexander. "Dos'e Shchastnogo: Trotskii i delo geroia Baltiiskogo flota," *Otechestvennaia istoriia*, 2001, no. 1: 61–81.
———. "Maria Spiridonova's 'Last Testament'," *Russian Review*, 54/3 (1995): 424–44.
———. *Prelude to Revolution: The Petrograd Bolsheviks and the July 1917 Uprising.* Bloomington: Indiana University Press, 1968.
———. *The Bolsheviks Come to Power: The Revolution of 1917 in Petrograd.* Bloomington: Indiana University Press, 1976.
———. *The Bolsheviks in Power: The First Year of Soviet Rule in Petrograd.* Bloomington: Indiana University Press, 2007.
Radek, Karl. *Vneshniaia politika sovetskoi Rossii.* Moscow-Petrograd: Gosizdat, 1923.
———. *Voina pol'skikh belogvardeitsev protiv Sovetskoi Rossii (Doklad na sobranii agitatorov Moskovskikh organizatsii komunisticheskoi partii 8 maia 1920 g.)* Moscow: Gosizdat, 1920.
Radkey, Oliver H. *Agrarian Foes of Bolshevism.* New York: Columbia University Press, 1968.
———. *Russia Goes to the Polls: The Election to the Russian Constituent Assembly of 1917.* Ithaca, NY: Cornell University Press, 1989.
———. *The Sickle Under the Hammer: The Russian Socialist Revolutionaries in the Early Months of Soviet Rule.* New York: Columbia University Press, 1963.
———. *Unknown Civil War in Soviet Russia: A Study of the Green Move-*

ment in the Tambov Region, 1920–1921. Stanford, CA: Hoover Institution Press, 1976.

Radzinskii, Edvard. *Ubiistvo tsarskoi sem'i.* Moscow: Novosti, 1991. Translated as *The Last Tsar: The Life and Death of Nicholas II.* New York: Doubleday, 1992.

Radzinsky, Edvard. *Stalin: The First In-depth Biography Based on Explosive New Documents from Russia's Secret Archives.* New York: Doubleday, 1997.

———. *The Rasputin File.* New York: Nan A. Talese/Doubleday, 2006.

Raeff, Marc. *Understanding Imperial Russia.* New York: Columbia University Press, 1984.

———. "Some Reflections on Russian Liberalism," *Russian Review,* 18/3 (1959): 218–30.

———. "The Bureaucratic Phenomenon of Imperial Russia, 1700–1905," *American Historical Review,* 84/2 (1979): 399–411 (esp. 405–6).

———. "The Russian Autocracy and its Officials," *Harvard Slavic Studies,* 4 (1957): 77–91.

Rakh'ia, Eino. "Poslednoe podpol'e Vladmira Il'icha," *Krasnaia letopis',* 1934, no. 1 (58): 79–90.

———. "Moi predoktiabr'skie i posleoktiabr'skie vstrechi s Leninym," *Novyi mir,* 1934, no. 1:24–39.

Rakovskii, Kh. *Kniaz' Metternikh: ego zhizn' i politicheskaia deiatel'nost'.* St. Petersburg: Iu.N. Erlikh, 1905.

Raleigh, Donald J. "Revolutionary Politics in Provincial Russia: the Tsaritsyn 'Republic' in 1917," *Slavic Review,* 40/2 (1981): 194–209.

———. *Experiencing Russia's Civil War: Politics, Society, and Revolutionary Culture in Saratov, 1917–22.* Princeton, NJ: Princeton University Press, 2002.

———. *Revolution on the Volga: 1917 in Saratov.* Ithaca, NY: Cornell University Press, 1984.

———, ed. *Provincial Landscapes: Local Dimensions of Soviet Power, 1917–1953.* Pittsburgh: University of Pittsburg Press, 2002.

Randolph, John. *The House in the Garden: The Bakunin Family and the Romance of Russian Idealism.* Ithaca: Cornell, 2007.

Rank, Otto. *The Trauma of Birth.* New York: Harcourt, Brace, 1929, 1973.

Ransel, David. "Character and Style of Patron-Client Relations in Russia," in *Klientelsysteme im Europa der Fruhen Neuzeit,* edited by Antoni Maczak. Munich: R. Oldenbourg, 1988.

Ransome, Arthur. *Russia in 1919.* New York: B. W. Heutsch, 1919.

Rapoport, V. N., and Geller, Iu. *Izmena rodine.* Moscow: Pik strelets, 1995.

Rappaport, Helen. *The Last Days of the Romanovs: Tragedy at Ekaterinburg.* New York: St. Martin's Press, 2009.

Raskol'nikov, F. F. "V iiul'skie dni," *Proletarskaia revoliutsiia,* 1923, no. 5: 53–101.

———. *Krosnshtadt i piter v 1917 godu.* Moscow and Leningrad: Gosizdat, 1925.

———. *Na boevykh postakh.* Moscow: Voerilzdat, 1964

———. *Rasskazy michmana Il'ina.* Moscow: Sovetskaia literatura, 1934.

———. "V tiur'me Kerenskogo," *Proletarskaia revoliutsiia,* 1923, no. 10 (22): 150–2.

Ravich-Cherkasskii, M. *Istoriia kommunisticheskoi partii (bol'shevikov) Ukrainy.* Kharkov: Gosizdat Ukrainy, 1923.

Rawson, Don C. *Russian Rightists and the Revolution of 1905.* New York: Cambridge University Press, 1995.

Rawson, Donald. "The Death Penalty in Tsarist Russia: An Investigation of Judicial Procedures," *Russian History,* 11/1 (1984): 29–52.

Rayfield, Donald. "Stalin as Poet," *PN Review,* 41 (1984): 44–7.

———. *Stalin and His Hangmen: An Authoritative Portrait of a Tyrant and Those who Served Him.* New York: Viking, 2004.

———. *The Literature of Georgia: A History,* 3rd ed. London: Gannett, 2010.

———. *The Literature of Georgia: A History.* Oxford: Clarendon, 1994.

Reed, John. *Ten Days That Shook the World.* New York: Boni and Liveright, 1919. New York: Vintage, 1960.

Rees, E. A. *"Iron Lazar": A Political Biography of Lazar Kaganovich.* London and New York: Anthem Press, 2012.

———. "Stalin, the Politburo, and Rail Transport Policy," in *Soviet History 1917–1953: Essays in Honour of R. W. Davies,* edited by Julian Cooper, Maureen Perrie, and E. A. Rees. New York: St. Martin's Press, 1995.

———. *State Control in Soviet Russia: The Rise and Fall of the Workers' and Peasants' Inspectorate, 1920–1934* (1987)

Rei, August. *The Drama of the Baltic Peoples.* Stockholm: Kirjaustus Vaba Eesti, 1970.

Reichenbach, Bernard. "Moscow 1921: Meetings in the Kremlin," *Survey,* 53 (1964): 16–22.

Reiss, Tom. *The Orientalist.* New York: Random House, 2005.

Reissner, Larisa. *Oktober, ausgewählte Schriften.* Berlin: Neuer deutscher Verlag, 1927.

Remak, Joachim. *Sarajevo: The Story of a Political Murder.* New York: Criterion, 1959.

Remington, Thomas. "Institution Building in Bolshevik Russia: The Case of 'State Kontrol'," *Slavic Review,* 41/1 (1982): 91–103.

Remnev, Anatolii V. *Samoderzhavnoe pravitel'stvo: komitet ministrov v sisteme vyshshego upravleniia Rossiiskoi imperii (vtoraia polovina XIX-nachalo XX veka).* Moscow: Rosspen, 2010.

Rendle, Matthew. *Defenders of the Motherland: The Tsarist Elite in Revolutionary Russia.* New York: Oxford University Press, 2010.

Reshetar, John. *The Ukrainian Revolution, 1917–1920.* Princeton, NJ: Princeton University Press, 1952.

———. "Lenin on the Ukraine," *Annals of the Ukrainian Academy of Arts and Sciences in the United States,* 9/1–2 (1961): 3–11.

Resolutions and Decisions of the Communist Party of the Soviet Union, 5 vols. Toronto and Buffalo, NY: University of Toronto Press, 1974.

Reswick, William. *I Dreamt Revolution.* Chicago: H. Regnery Co., 1952.

Rezanov, A. S. *Shturmovoi signal P. N. Miliukova: s prilozheniem pol'nago teksta rechi, proiznesennoi Miliukovym v zasiedanii Gosudarstvennoi Dumy 1 noiabria 1916 g.* Paris: self-published, 1924.

Reznik, Aleksandr V. *Trotzkizm i levaia oppozitsiia v RKP (b) v 1923–1924 gody.* Moscow: Svobodnoe makstskoe izdatel'stvo, 2010.

Rezoliutsii i postanovleniia pervoi Vsesoiuznoi konferentsii obshchestva starykh bol'shevikov (25–28 ianv. 1931). Moscow, 1931.

Riabushinskii, V. P., ed., *Velikaia Rossiia,* 2 vols. Moscow: P. P. Riabushinkii, 1911

Riasanovsky, Nicholas V. "The Emergence of Eurasianism," *California Slavic Studies* 4 (1967): 39–72.

———. *The Teaching of Charles Fourier.* Berkeley: University of California, 1969.

Riddell, John, ed. and trans. *Workers of the World and Oppressed Peoples, Unite!: Proceedings and Documents of the Second Congress, 1920,* 2 vols. New York: Pathfinder Press, 1991.

———, ed. *Founding the Communist International: Proceedings and Documents of the First Congress, March 1919.* New York: Pathfinder Press, 1987.

———. *To See the Dawn: Baku 1920—First Congress of the Peoples of the East.* New York: Pathfinder Press, 1993.

Rieber, Alfred, ed. *The Politics of Autocracy: Letters of Alexander II to Prince A. I. Bariatinskii, 1857–1864.* Paris: Mouton, 1966.

Rieber, Alfred J. "Stalin: Man of the Borderlands," *American Historical Review,* 106/5 (2001): 1651–91.

———. "Alexander II: A Revisionist View," *Journal of Modern History,* 43/1 (1971), 42–58.

———. "Persistent Factors in Russian

Foreign Policy: An Interpretive Essay," in *Imperial Russian Foreign Policy*, edited by Hugh Ragsdale. Washington, D.C.: Wilson Center Press, 1993.

———. "Stalin as Foreign Policy Maker: Avoiding War, 1927–1953," in *Stalin: A New History*, Davies and Harris, eds. New York: Cambridge University Press, 2005, 140–58.

———. "Stalin as Georgian: The Formative Years," in *Stalin:* A *New History*, Davies and Harris, eds. New York: Cambridge University Press, 2005, 18–44.

Rigby, T. H. "Birth of the Central Soviet Bureaucracy," *Politics* [Sydney], 7/2 (1972): 121–135.

———. "Early Provincial Cliques and the Rise of Stalin," *Soviet Studies*, 33/1 (1981): 3–28.

———. "Staffing USSR Incorporated: The Origins of the Nomenklatura System," *Soviet Studies*, 40/4 (1988): 523–37.

———. "The First Proletarian Government," *British Journal of Political Science*, 4/1 (1974): 37–51.

———. "The Origins of the Nomenklatura System," in *Felder und Vorfelder russischer Geschichte*, edited by Inge Auerbach, et al. Freiburg (im Breisgau): Rombach, 1985.

———. "The Soviet Political Elite, 1917–1922," *British Journal of Political Science*, 1/4 (1971): 415–36.

———. "Was Stalin a Disloyal Patron?" *Soviet Studies*, 38/3 (1986): 311–24.

———. *Communist Party Membership in the U.S.S.R., 1917–1967*. Princeton, NJ: Princeton University Press, 1968.

———. *Lenin's Government: Sovnarkom, 1917–1922*. New York: Cambridge University Press, 1979.

———, et al., eds. *Authority, Power, and Policy in the USSR: Essays Dedicated to Leonard Schapiro*. London: Macmillan, 1980.

Riha, Thomas. *A Russian European: Miliukov*. South Bend, IN: University of Notre Dame Press, 1969.

Rikhter, Zinaida. *Kavkaz nashikh dnei*. Moscow: Zhizn' i znanie, 1924.

Robbins, Jr., Richard G. "Choosing the Russian Governors: The Professionalization of the Gubernatorial Corps," *Slavonic and East European Review*, 58 (1980): 541–60.

———. *The Tsar's Viceroys: Russian Provincial Governors in the Last Years of the Empire*. Ithaca, NY: Cornell University Press, 1987.

Robertson, D. H. "A Narrative of the General Strike of 1926," *Economic Journal*, 36 (1926): 375–93.

Robinson, Geroid T. *Rural Russia under the Old Regime*. New York: Columbia University Press, 1934.

Robson, Roy P. *Solovki: The Story of Russia Told Through its Most Remarkable Islands*. New Haven, CT: Yale University Press, 2004.

Rodzianko, M. V. *Krushenie imperii*. Leningrad: Priboi, 1929.

———. *Reign of Rasputin: An Empire's Collapse*. Gulf Breeze, FL: Academic International Press, 1973.

Rodzyanko, Mikhail V. *The Reign of Rasputin*. London: Philpot, 1927.

Rogachevskaia, L. S. *Likvidatsiia bezrabotitsy v SSSR 1917–1930 gg.* Moscow: Nauka, 1973.

Rogger, Hans. "Russia in 1914," *Journal of Contemporary History*, 1/4 (1966): 95–120.

———. "Russia," in *The European Right: A Historical Profile*, edited by Hans Rogger and Eugen Weber. Berkeley: University of California Press, 1965.

———. "The Formation of the Russian Right: 1900–1906," in *California Slavic Studies*, III, edited by Nicholas Riasanovsky and Gleb Struve. Berkeley and London: University of California Press, 1964.

———. "Was There a Russian Fascism? The Union of Russian People," *Journal of Modern History*, 36/4 (1964): 398–415.

———. *Russia in the Age of Modernization 1881–1917*. London and New York: Longman, 1983.

———. *Jewish Policies and Right-Wing Politics in Imperial Russia*. London: Macmillan, 1986

Rohl, John C. G., and Sombart, Nicolaus, eds. *Kaiser Wilhelm II, New Interpretations: The Corfu Papers*. New York: Cambridge University Press, 1982.

Rolf, Matte. *Sovetskie massovy prazdniki*. Moscow: Rosspen, 2009.

Rollin, Henri. *L'apocalypse de notre temps: les dessous de la propagande allemande d'apres des documents inedits*. Paris: Gallimard, 1939.

Romano, Andrea. "Permanent War Scare: Mobilization, Militarization, and Peasant War," in *Russia in the Age of Wars, 1914–1945*, edited by Andrea Romano and Silvio Pons. Milan: Feltrinelli, 2000.

Romanov, B. A. "Rezentsiia: Graf S. Iu. Vitte, Vospominaniia tsarstvovaniia Nikolaia II," *Kniga i revoliutsiia: ezhemesiachnyi kritiko-bibliograficheskii zhurnal*, 1923, no. 2 (26): 54–6:

———. *Rossiia v Man'chzhurii 1892–1906*. Leningrad: Institut Dal'nego vostoka, 1928.

Ronaldshay, Earl of. *The Life of Lord Curzon: Being the Authorized Biography of George Nathtaniel, Marquess Curzon of Kedleston, K. G*, 3 vols. London: Ernest Benn, 1928.

Ropponen, Risto. *Die Kraft Russlands*. Helsinki: Historiallisia tutkimiksia, 1968.

Rorlich, Azade-Ay e. *The Volga Tatars: a Profile in National Resilience*. Stanford, CA: Hoover Institution Press, 1986.

Rose, Kenneth. *King George V*. New York: Random House, 1984.

Rosenbaum, Kurt. "The German Involvement in the Shakhty Trial," *Russian Review*, 26 (1962): 238–60.

———. *Community of Fate: German-Soviet Diplomatic Relations, 1922–1928*. Syracuse, NY: Syracuse University Press, 1965.

Rosenberg, Alfred. *Der jüdische Bolschewismus*. [s.l.] [s.n.], 1921.

Rosenberg, William G. "Representing Workers and the Liberal Narrative of Modernity," *Slavic Review*, 55/2 (1996): 245–69.

———. *Liberals in the Russian Revolution: The Constitutional Democratic Party, 1917–1921*. Princeton, NJ: Princeton University Press, 1974.

Rosenfeldt, Nils Erik. *Knowledge and Power: The Role of Stalin's Secret Chancellery in the Soviet System of Government*. Copenhagen: Rosenkilde and Bagger, 1978.

———. *Stalin's Special Departments: A Comparative Analysis of Key Sources*. Copenhagen: C. A. Reitzels Forlag, 1989.

———. *The "Special" World: Stalin's Power Apparatus and the Soviet System's Secret Structures of Communication* System, 2 vols. Copenhagen: Museum Tusculanum, 2009.

Roshchin, S. K. *Politicheskaia istoriia Mongolii, 1921–1940 gg.* Moscow: Institut vostokovedeniia RAN, 1999.

Roshwald, Aviel. *Ethnic Nationalism and the Fall of Empires: Central Europe, Russia and the Middle East, 1914–1923*. London and New York: Routledge, 2001.

Rosmer, Alfred. *Moscou sous Lenine*. Paris: Pierre Horay, 1953.

Rossiia: entsiklopedicheskii slovar'. St. Petersburg: Brokgauz i Efron, 1898.

Rossiia v mirovoi voine 1914–1918 (v tsifrakh). Moscow: Tip. M.K. Kh. imeni F. Ia. Lavrova, 1925.

Rossiiskaia Sotisalisticheskaia Federativnaia Sovetskaia Respublika i Gruzinskaia demokraticheskia respublika, ikh vzaimootnoshenii. Moscow: Gosizdat, 1922.

Rostunov, I. I. *General Brusilov*. Moscow: Voenizdat, 1964.

———. *Russkii front pervoi mirovoi voiny*. Moscow: Nauka, 1976.

Rothschild, Joseph. *East Central Europe Between the World Wars*. Seattle: University of Washington Press, 1974.

———. *Pilsudski's Coup d'Etat*. New York: Colombia University Press, 1966.

Rozhkov, A. "Internatsional durakov," *Rodina*, 1999, no. 12: 61–66.

Rubakin, N. A. *Rossiia v tsifrakh*. St. Petersburg, 1912

Rubtsov, Iurii. *Iz-za spiny vozhdia: poli-*

ticheskaia i voennaia deiatel'nost' L.Z. Mekhlisa. Moscow: Ritm Esteit, 2003.
———. *Marshaly Stalina.* Moscow: Feniks, 2002.
Rubtsov, V. I. "Voenno-politcheskaia deiatel'nost' G. Ia. Sokol'nikova, 1917–1920 gg.," kandidatskaia dissertatsiia, Moscow, 1991.
Ruge, Wolfgang. *Die Stellungnahme der Sowjetunion gegen die Besetzung des Ruhrgebiets: zur Geschichte der deutsch-sowjetischen Beziehungen von Januar bis September 1923.* Berlin: Akademie-Verlag, 1962.
Runciman, W. Leslie. "The World Economic Conference at Geneva," *Economic Journal*, 37 (1927): 465–72.
Rupen, Robert. *How Mongolia is Really Ruled—A Political History of the Mongolian People's Republic 1900–1978.* Stanford, CA: Hoover Institution Press, 1979.
———. *Mongols of the Twentieth Century*, 2 vols. Bloomington: Indiana University Press, 1964.
Rusanova, I. B. "I. P. Tovstukha: k 80-letiiu so dnia rozhdeniia," *Voprosy istorii KPSS*, 1969, no. 4: 128–30.
Russell, Bertrand. *Justice in War Time.* Chicago: Open Court, 1916.
———. *The Practice and Theory of Bolshevism.* New York: Harcourt, Brace and Howe, 1920.
Russky, N. S. "An Account of the Tsar's Abdication," *Current History*, 7/2 (1917): 262–4.
Rutherford, Ward. *The Tsar's War, 1914–1917: The Story of the Imperial Russian Army in the First World War*, rev. ed. Cambridge, U.K.: Ian Faulkner, 1992.
Rutych, Nikolai N. *Belyi front generala Iudenicha: biografii chinov Severo-Zapadnoi armii.* Moscow: Russkii put', 2002.
Ruud, Charles A., and Stepanov, Sergei A. *Fontanka 16: The Tsars' Secret Police.* Montreal: McGill-Queen's University, 1999.
Rykov, A. I. *Angliia i SSSR: doklad na plenume Moskovskogo soveta 1 iiunia 1927 g.* Moscow: Gosizdat, 1927
———. *Izbrannye proizvedenniia.* Moscow: Ekonomika, 1990.
———. *Ten Years of Soviet Rule: An Economic, Social and Political Survey of the Soviet Government's Achievements from 1917 to 1927.* London: National Committee of Friends of Soviet Russia by the Labour Research Dept, 1928.
Saar, Juhan (Eduard Laaman). *Le 1-er décembre 1924: l'échec du coup d'état tenté par les communistes à Tallinn (Esthonie).* Tallinn: Walwur, 1925.
Sadikov, P., ed. "K istorii poslednikh dnei tsarskogo rezhima (1916–1917 gg.)," *Krasnyi arkhiv*, 14 (1926): 227–49.
Sadoul, Jacques. "La Fondation de la Troisieme international," *La Correspondance international*, 4/17 (March 12, 1924).
———. *Notes sur la revolution bolchevique, octobre 1917–janvier 1919.* Paris: Éditions de la Sirene, 1919.
Safarov, Georgii I. *Kolonial'naia revoliutsiia: opyt Turkestana.* Moscow: Gosizdat, 1921.
Sagan, Scott D. "1914 Revisited: Allies, Offense, and Instability," *International Security*, 11/2 (1986): 151–76.
Sakharov, Valentin A. *Na rasput'e: diskussiia po voprosam perspektiv i putei razvitiia sovetskogo obshchestva, 1921–1929.* Moscow: Akva-Term, 2012.
———. *Politicheskoe zaveshchanie Lenina: real'nost' istorii i mify politiki.* Moscow: Moskovskii universitet, 2003.
Sakwa, Richard. "The Commune State in Moscow in 1918," *Slavic Review*, 46/3–4 (1987): 429–49.
———. *Soviet Communists in Power: A Study of Moscow During the Civil War, 1918–21.* New York: St. Martin's Press, 1988.
Sal'ko, S. V. "Kratkii otchet o deiatel'nosti Glavnogo Neftianogo Komiteta za pervyi god ego sushchestvovaniia," *Izvestiia Glavnogo Neftianogo Komiteta*, no. 213 (1919): 77.
Salzmann, Stephanie C. *Great Britain, Germany and the Soviet Union: Rapallo and After, 1922–1934.* Rochester, NY: Boydell Press, 2003.
Samoilo, A. A. *Dve zhizni*, 2nd ed. Leningrad: Lenizdat, 1963.
Samoilov, F. *Pervyi sovet rabochikh deputatov.* Leningrad: Molodaia gvardiia, 1931.
"Samoubiistvo ne opravdanie: predsmertnoe pis'mo Tomskogo Stalinu," *Rodina*, 1996, n. 2: 90–93.
Samuelson, Lennart. *Plans for Stalin's War Machine: Tukhachevskii and Military Planning, 1925–1941.* New York: St. Martin's Press, 2000.
———. *Soviet Defence Industry Planning: Tulhachevskii and Military-Industrial mobilization.* Stockholm: Stockholm Institute of East European Economies, 1996.
Sanborn, Joshua. "The Genesis of Russian Warlordism: Violence and Governance during the First World War and the Civil War," *Contemporary European History*, 19/3 (2010): 195–213.
Sanchez-Sibony, Oscar. "Depression Stalinism: the Great Break Reconsidered," *Kritika*, 15/1 (2014): 23–39.
Sandomirski, German, ed. *Materialy Genuezskoi konferentsii: podgotovka, otchety zasedanii, raboty komissii, diplomaticheskaia perepiska i pr.* Moscow: Izd. pisatelei, 1922.
Sandqvist, Tom. *Dada East: The Romanians of Cabaret Voltaire.* Cambridge, MA: Massachusetts Institute of Technology Press, 2006.
Santoni, W. "P. N. Durnovo as Minister of the Interior in the Witte Cabinet." Phd diss., University of Kansas, 1968.
Sanukov, Ksenofont. "Stalinist Terror in the Mari Republic: the Attack on 'Finno-Ugrian Bourgeois Nationalism'," *Slavonic and East European Review*, 74/4 (1996): 658–82.
Sapir, Boris, ed. *Fedor Il'ich Dan: pis'ma (1899–1946).* Amsterdam: Stichtung Internationaal Instituut voor Sociale Geschiedenis, 1985.
Sarkisov, A. *Bakinskaia tipografiia leninskoi "Iskry."* Baku, 1961.
Savchenko, Viktor A. *Avantiuristy grazhdanskoi voiny: istoriucheskie rassledovaniie.* Kharkov: Folio; Moscow: AST, 2000.
Savel'ev, Iu. S. *V pervyi god velikogo oktiabria.* Moscow: Mysl', 1985.
Savich, G. G., ed. *Novyi gosudarstvennyi stroi Rossii: spravochnaiai kniga.* St. Petersburg: Brokgauz-Efron, 1907.
Savich, N. *Vospominaniia.* St. Petersburg and Dusseldorf: Logos and Gluboi vsadnik, 1993.
Savinkov, B. S. *K delu Kornilova.* Paris: Union, 1919.
Savitskaia, R. M. "Razrabotka nauchnoi biografii V. I. Lenina," *Voprosy istorii*, 1971, no. 4: 120-30.
Savko, N. *Ocherki po istorii partiinykh organiizatsii v Krasnoi Armii, 1917–1923 gg.* Moscow and Leningrad: Gosizdat, 1928.
Sazonov, S. D. *Vospominaniia.* Paris: E. Sial'skaia, 1927.
Sbornik deistvuiushchikh dogovorv soglashenii i konventsii, zakliuchennykh R.S.F.S.R. s inostrannymi gosudarstvami, 5 vols. St. Petersburg: Gosizdat, 1921–23.
Sbornik tsirkuliarnykh pisem VChK-OGPU. Moscow, 1935.
Sbornik zakonodatel'nykh i normativnykh aktov o repressiiakh i reabilitatsii zhertv politicheskikh repressii. Moscow: Respublika, 1993.
Schafer, Daniel E. "Local Politics and the Birth of the Republic of Bashkortostan, 1919–1920," in *A State of Nations: Empire and Nation-Making in the Age of Lenin and Stalin*, edited by Ronald Grigor Suny and Terry Martin. New York: Oxford University Press, 2001.
Schapiro, Leonard. "Lenin after Fifty Years," in *Lenin, the Man, the Theorist, the Leader: a Reappraisal*, edited by Leonard Schapiro and Peter Redday. New York: Praeger, 1967.
———. "The Birth of the Red Army," in *The Red Army*, edited by Liddel Hart. New York: Harcourt, Brace, 1956.
———. "The General Department of the CC of the CPSU," *Survey*, 21/3 (1975): 53–65.
———. *The Origin of the Communist Au-*

tocracy: Political Opposition in the Soviet State, First Phase 1917–1922. Cambridge, MA: Harvard University, 1955; New York: Praeger, 1965; London: LSE, 1977.
———. *Soviet Treaty Series: A Collection of Bilateral Treaties, Agreements, and Coventions, Etc., Concluded Between the Soviet Union and Foreign Powers,* 2 vols. Washington, D.C.: Georgetown University Press, 1950.
Scheffer, Paul. *Sieben Jahre Sowjetunion.* Leipzig: Bibliographisches Institut Ag., 1930.
Scheibert, Peter. *Lenin an der Macht: Das Russische Volk in der Revolution 1918–1922.* Weinheim: Acta Humaniora, 1984.
Scheidemann, Philipp. *Memoiren enies Sozialdemokraten.* Dresden: Reissner, 1930.
Schimmelpenninck van der Oye, David. *Toward the Rising Sun: Russian Ideologies of Empire and the Path to War with Japan.* DeKalb: Northern Illinois University Press, 2001.
Schleifman, Nurit. *Undercover Agents in the Russian Revolutionary Movement: The SR Party, 1902–14.* Basingstoke, Hampshire: Macmillan, 1988.
Schneiderman, Jeremiah. *Sergei Zubatov and Revolutionary Marxism: The Struggle for the Working Class in Tsarist Russia.* Ithaca, NY; Cornell University Press, 1976.
Schorske, Carl. *Fin-de-Siecle Vienna: Politics and Culture.* New York: Knopf, 1980.
Schroeder, Paul W. "Stealing Horses to Great Applause: Austria-Hungary's Decision in 1914 in Systemic Perspective," in *An Improbable War: The Outbreak of World War I and European Political Culture before 1914,* edited by Holger Afflerbach and David Stevenson. New York: Berghahn Books, 2007.
———. "The Lights that Failed—and Those Never Lit," *International History Review,* 28/1 (2006): 119–26.
Schurer, H. "Radek and the German Revolution," *Survey,* 53 (1964): 59–69, 55, (1965): 126–40.
Schwartz, Benjamin I. *Chinese Communism and the Rise of Mao.* Cambridge, MA: Harvard University Press, 1951.
Schwarz, Solomon. *Labor in the Soviet Union.* New York: Praeger, 1952.
Schwittau, G. G. *Revoliutsiia i narodnoe khoziaistvo v Rossii 1917–1921.* Leipzig: Tsentral'noe t-vo kooperativnogo izdatel'stva, 1922.
Scott, James C. *Seeing like a State: How Certain Schemes to Improve the Human Condition have Failed.* New Haven, CT: Yale University Press, 1998.
Seaton, Albert. *Stalin as Military Commander.* New York: Praeger, 1976.
VII (aprel'skaia) Vserossiiskaia konferentsiia RSDRP (bol'shevikov). Moscow: Politicheskaia literatura, 1958.
VII ekstrennyi s"ezd RKP (b), mart 1918 goda: stenograficheskii otchet. Moscow: Politicheskaia literatura, 1962.
Selected Correspondence of Karl Marx and Friedrich Engels: A Selection with Commentary and Notes. London: Lawrence, 1944.
Sel'skokhoziaistvennoe vedomstvo za 75 let, 1837–1912. St. Petersburg: Kantselariia Glavnoupravleniia zemleustroitsom i zemledeliem, 1914.
Selunskaia, V. M. *Izmeneniia sotsial'noi struktury sovetskogo obshchestva: oktiabr" 1917–1920.* Moscow: Mysl', 1974.
Semashko, Nikolai. *Otchego bolel i umer V. I. Lenin.* Leningrad: Gosizdat, 1924.
Semevslkii, V. P. *Monarkhiia pered krusheniem.* Moscow-Leningrad, 1927.
Senin, A. S. *A. I. Rykov: stranitsy zhizni.* Moscow: Rosvuznauka, 1993.
Senn, Alfred Erich. "Lithuania's Fight for Independence: The Polish Evacuation of Vilnius, July 1920," *Baltic Review,* 23 (1961): 32–9.
———. "The Rakovski Affair: A Crisis in Franco-Soviet Relations, 1927," *Études Slaves et Est-Europeennes/Slavic and East-European Studies,* 10/3–4 (1965–6): 102–17.
———.*The Russian Revolution in Switzerland, 1914–1917.* Madison: University of Wisconsin Press, 1971. Seraphim, Ernst. *Russische Portrats: die Zarenmonarchie bis zum Zusammenbruch 1917,* 2nd ed., 2 vols. Zurich-Leipzig-Vienna: Almathea, 1943.
Serebriakova, Galina. "Oni delali v chest' idee, kotoroi sluzhili," *Izvestiia,* January 30, 1989.
Serebrianskii, Z. "Sabotazh i sozdanie novogo gosudarstvennogo apparata," *Proletarskaia revoliutsiia,* 1926, no. 10: 5–17.
Seregin, A. V. "Vyshii monarkhicheskii sovet i operatsiia 'Trest'," *Vorprosy istorii,* 2012, no. 11.
Serge, Victor. *La vie et la mort de Leon Trotsky (avec Natalya Sedova).* Paris: Amiot-Dumont, 1951.
———. *Le tournant obscur.* Paris: Îles d'or, 1951.
———. *Memoirs of a Revolutionary, 1901–1941.* New York: Oxford University Press, 1963.
———. *Ot revoliutsii k totalitarizmu: vospominaniia revoliutsionera.* Orenburg: Praksis, 2001.
Serge, Victor, and Trotsky, Natalya Sedova. *The Life and Death of Leon Trotsky.* New York: Basic Books, 1975.
Sergeev, A. A., ed. "Fevral'skaia revoliutsiia 1917 goda," *Krasnyi arkhiv,* 21 (1927): 3–78.
Sergeev, A. F., and Glushik, E. F. *Besedy o Staline.* Moscow: Krymskii most, 2006.
Sergeev, Evegeny. *Russian Military Intelligence in the War With Japan, 1904–5: Secret Operations on land and at Sea.* New York: Routledge, 2007.
Sergo Ordzhonikidze v Tsaritsyne i Stalingrade. Stalingrad: Obl. kn-vo, 1937.
Sering, Max. *Die Umwalzung der osteuropaischen Agrarverfassung.* Berlin: Deutsche Landbuchhandlung, 1921.
Service, Robert. *Lenin: A Political Life,* 3 vols. Bloomington: Indiana University Press, 1985.
———. *Spies and Commissars: Bolshevik Russia and the West.* London: Macmillan, 2011.
———. *Stalin: A Biography.* Cambridge, MA.: Harvard Belknap, 2005.
———. *The Bolshevik Party in Revolution: A Study in Organisational Change, 1917–1923.* New York: Barnes and Noble, 1979.
Seton-Watson, Hugh. *The Russian Empire, 1801–1917.* Oxford: Clarendon, 1967.
Sever, Aleksandr, and Kolpakidi, Aleksandr. *Spetsnaz GRU: samaia pol'naia entsiklopediia.* Moscow: Eksmo-Iauza, 2012.
Sevost'ianov, G. N., ed. *Moskva-Berlin, politika i diplomatiia Kremlia, 1920–1941: sbornik dokumentov,* 3 vols. Moscow: Rosspen, 2011.
———. *"Sovershenno sekretno": Lubianka—Stalinu o polozhenii v strane (1922–1934 gg.),* 10 vols. Moscow: IRI RAN, 2001–13.
———. *Delo Generala Kornilova, materialy Chrezvychainoi komissii po rassledovaniiu dela o byvshem Verkhovnom glavnokomanduiushchem generale L. G. Kornilove i ego souchastnikakh, avgust 1917–iiun' 1918: dokumenty,* 2 vols. Moscow: Mezhdunarodnyi fond Demokratiia, 2003.
Shagrin, Boris, and Todd, Albert, eds. *Landmarks: A Collection of Essays on the Russian Intelligentsia.* New York: Karz Howard, 1977.
Shambarov, Valerii. *Gosudarstvo i revoliutsiia.* Moscow: Algoritm, 2001.
Shanin, Teodor. *Late Marx and the Russian Road: Marx and the Peripheries of Capitalism.* New York: Monthly Review Press, 1983.
———. *The Awkward Class: Political Sociology of Peasantry in a Developing Society.* Oxford: Clarendon Press, 1972.
———. *The Rots of Otherness: Russia's Turn of the Century,* 2 vols. New Haven, CT, and London: Yale University Press, 1986.
Shankowsky, Lew. "Disintegration of the Imperial Russian Army in 1917," *Ukrainian Quarterly,* 13/4 (1957): 305–28.
Shaposhnikov, B. M. *Na Visle: k istorii kampanii 1920 g.* Moscow: Voenizdat, 1924.
Sharapov, German V. *Razreshenie agrar-*

nogo voprosa v Rossii poske pobedy oktiabr'skoi revoliutsii, 1917–1920 gg. Moscow: VPSh i AON pri TsK KPSS, 1961.
Shatsillo, K. F. "Delo polkovnika Miasoedova," *Voprosy istorii,* 1967, no. 4: 103–16.
Shatunovskaia, Lidiia. *Zhizn' v Kremle.* New York: Chalidze Publications, 1982.
Shchëgolëv, P. E. *Okhranniki i avantiuristy, sekretnye sotrudniki i provokatory.* Moscow: GPIB, 2004.
———, ed. *Padenie tsarskogo rezhima: stenograficheskie otchety doprosov i pokazanii, dannykh v 1917 g. v Chrezvychainoi sledstvennoi komissii Vremennogo pravitel'stva,* 7 vols. Leningrad: Gosizdat, 1924–7.
———. *Otrechenie Nikolaia II.* Leningrad: Krasnaia gazeta, 1927.
Shefov, A. N. *Moskva, kreml', Lenin.* Moscow: Politizdat, 1969.
Sheinis, Z. "Pervye shagi diplomaticheskoi deiatel'nosti M. M. Litvoinov," *Novaia i noveishaia istoriia,* 1988, no. 1: 152–69.
Sheinis, Zinovy. *Maxim Litvinov.* Moscow: Progress Publishers, 1990.
Shelestov, Dmitrii. *Vremia Alekseia Rykova.* Moscow: Progress, 1990.
Shelokhaev, V. V. *Politicheskie partii Rossii, konets XIX–pervaia tret' XX veka: entsiklopediia.* Moscow: Rosspen, 1996.
———, ed. *Russkii liberalizm: istoricheskie sud'by i perspektivy. Materialy mezhdunarodnoi nauchnoi konferentsii, Moskva, 27–29 maia 1998 g.* Moscow: Rosspen, 1999.
Shepelev, L. E. *Chinovny mir Rossii XVIII-nachalo XX v.* St. Petersburg: Iskusstvo-SPB, 1999.
Sheridan, Clare. *From Mayfair to Moscow: Clare Sheridan's Diary.* London: Boni and Liveright, 1921.
Shestakov, Andrei V. *Krest'ianskaia revoliutsiia 1905–1907 gg. v Rossii.* Moscow: Gosizdat, 1926.
Shevtsov, A. V. *Izdatel'skaia deiatel'nost' russkikh nesotsialisticheskikh partii nachala XX veka.* St. Petersburg: Rossiiskaia Natsional'naia Biblioteka, 1997.
Shikman, A. P. *Deiateli otechestvennoi istorii: Biograficheskii spravochnik.* Moscow, 1997.
Shin, Peter Yong-Shik. "The Otsu incident: Japan's Hidden History of the Attempted Assassination of Future Emperor Nicholas II of Russia in the town of Otsu, Japan, May 11, 1891 and its Implication for Historical Analysis." Phd diss., University of Pennsylvania, 1989.
Shipov, D. N. *Vospominaniia i dumy o perezhitom.* Moscow: M. i. S. Sabashnikov, 1918.
Shishkin, V. I. "Poezdka I. V. Stalina v Sibir' (15 ianvaria–6 fevralia 1928 g.)," in *Problemy agrarnogo i demograficheskogo razvitiia Sibiri v XX-nachale XXI vv.: materialy vserossiiskoi nauchnoi konferentsii,* edited by V. A. Il'inykh.Novosibirsk: Institut istorii SO RAN, 2009.
———, ed. *Sibirskaia Vandeia, 1920–1921,* 2 vols. Moscow: Mezhdunarodnyi fond Demokratiia, 2000–01.
Shishkin, Valerii A. *Stanovlenie vneshnei politiki postrevliutsionnoi Rossii i kapitalisticheskii mir 1917–1930 gody: ot revoliutsionnogo "zapadnichestva" k "natsional-bol'shevizmu," ocherk istorii.* St. Petersburg: Dmitrii Bulanin, 2002.
———. *Vlast', politika, ekonomika: Poslerevoliutsionnaia Rossiia (1917–1928 gg.)* St. Petersburg: Dmitrii Bulanin, 1997.
Shklovsky, Viktor. *A Sentimental Journey: Memoirs, 1917–1922.* Ithaca, NY: Cornell University Press, 1984.
Shliapnikov, A. G. *Kanun semnadtsatogo goda: vospominaniia i dokumenty o rabochem dvizhenii i revoliutsionnom podpol'e za 1914–1916 gg.,* 2 vols. Moscow: Gosizdat, 1923.
Shliapnikov, Aleksandr G. Nashi raznoglasiia," *Pravda,* January 18, 1924.
———. *Semnadtsatyi god,* 4 vols. Moscow and Leningrad: Gos. Sots-ekon. izd., 1923–31.
Shmelev, N. N. *Bor'ba KPSS za razvitie tiazheloi promyshlennosti na Severnom Kavkaze, 1926–1932 gg.* Rostov-na-Donu: Rostovskii universitet, 1981.
Shokhin, Andrei. *Kratkaia istoriiia VLKSM,* 2nd ed. Moscow: Molodaia gvardiia, 1928.
Showalter, Dennis E. *Tannenberg: Clash of Empires.* Hamden, CT: Archon, 1991.
Shpilrein, I. N., et al. *Iazyk krasnoarmeitsa.* Moscow-Leningrad: Gosizdat, 1928.
Shreider, Mikhail. *NKVD iznutri: zapiski cheskista.* Moscow: Vozvrashchenie, 1995.
Shteinberg, Valentin. *Ekab Peters.* Moscow: Politicheskaia literatura, 1989.
Shturman, D. *Mertvye khvataiut zhivykh: chitaia Lenina, Bukharina, i Trotskogo.* London: Overseas Publication Interchange, 1982.
Shtyrliaev, V. "Geroi grazhdanskoi voiny Dmitrii Zhloba," Voenno-*istoricheskii zhurnal,* 1965, no. 2: 44–46.
Shub, David. "The Trial of the SRs," *Russian Review,* 23/4 (1964): 362–9.
———. *Lenin: A Biography.* Garden City, NY: Doubleday, 1949.
Shukman, Harold. *Lenin and the Russian Revolution* (New York: Putnam, 1967; 1981).
Shul'gin, V. V. *Chto nam v nikh ne nravitsia: ob antisemitizme v Rossii.* Paris: Russia Minor, 1929.
———. *Dni.* Belgrad: M. A. Suvorin, 1925.
———. *Gody. Dni. 1920.* Moscow: Novosti, 1990.
———. *Days of the Russian Revolution: Memoirs from the Right, 1905–1917.* Gulf Breeze, FL: Academic International Press, 1990.
Shveitzer, V. I. "V achinskoi ssylke," *Izvestiia,* March 12, 1937.
Shveitzer, Vera. *Stalin v turukhanskoi ssylke: vospominaniia starogo podpol'shchika* Moscow: Molodaia gvardiia, 1943.
Shvetsov, V. V. "Lev Trotskii i Maks Istmen: istoriia odnoi politicheskoi druzhby," *Novaia i noveishaia istoriia,* 1990, no. 6: 152–69.
———. *Diskussiia v RKP (b) 1923 goda: k 70-letiu nepa.* Moscow: Znanie, 1991.
Sibir' i velikaia zheleznaia doroga. St. Petersburg: I. A. Efron, 1896.
Sibir'skaia Sovetskaia entsiklopediia, 3 vols. Novosibirsk: Sibirikoe kraevoe izd, 1929–32.
Sidorov, Arkadii L., ed. *Revoliutsionnoe dvizheniie v armii i na flote v gody pervoi mirovoi voiny, 1914–fevral' 1917.* Moscow: Nauka, 1966.
Sidorov, Vasilii. *Po Rossii. Kavkaz. Putevye zametki i vpechatleniia.* St. Petersburg: M. Akifiev i I. Leontiev, 1897.
Sidorovnin, Gennadii, ed. *Stolypin, zhizn' i smert': sbornik,* 2nd ed. Saratov: Sootchestvennik, 1997.
Siegelbaum, Lewis H. "The Workers Group and the War-Industries Committees: Who Used Whom," *Russian Review,* 39/2 (1980).
———. *Soviet State and Society Between Revolutions, 1918–1929.* New York: Cambridge University Press, 1992.
———. *The Politics of Industrial Mobilization in Russia, 1914–1917.* New York: St. Martin's Press, 1983.
Sigler, Krista Lynn. "Kshesinskaia's Mansion: High Culture and the Politics of Modernity in Revolutionary Russia." Phd diss., University of Cincinnati, 2009.
Simonov, N. S. "'Strengthen the Defense of the Land of Soviets': The 1917 'War Alarm' and its Consequences," *Europe-Asia Studies,* 48/8 (1996).
———. "Krepit' oboronu stranam sovetov (voenna trevoga 1927 i ee posledstviia)," *Otechestvennaia istoriia,* 1996, no. 3: 155–61.
———. *Voenno-promyshlennyi kompleks SSSR v 1920–1950-e gody: tempoy ekonomicheskogo rosta, struktura, organizatsiia proizvodstva i upravlenie.* Moscow: Rosspen, 1996.
Simonova, T. "Mir i schast'e na shtykakh," *Rodina,* 2000, n. 10: 60–64.
Sinel'nikov, S. S. *Kirov.* Moscow, 1964. aaa
Singleton, Seth. "The Tambov Revolt," *Slavic Review,* 25/3 (1969): 497–512.

Sinyavsky, Andrei. *Soviet Civilization: A Cultural History*. New York: Arcade, 1990.

Skobelev, M. "Gibel' tsarizma," *Ogonek*, March 13, 1927: 1–2.

Skvortsov-Stepanov, Ivan I. *S Krasnoi Armiei na panskuiu Pol'shu: vpechatleniia i nabliudeniia*. Moscow: Gosizdat, 1920.

Slashchov-Krymskii, Ia. S. *Belyi Krym 1920 g*. Moscow: Nauka, 1990.

Slavinskii, Dmitrii B. *Sovetskii Soiuz i Kitai: istoriia diplomaticheskikh otnoshenii, 1917–1937 gg*. Moscow: Iaponiia segodnia, 2003.

Slavinsky, Boris N. *The Japanese-Soviet Neutrality Pact: A Diplomatic History, 1941–1945*. London and New York: RoutledgeCurzon, 2004.

Sletov, S. *K istorii vozniknoveniia partii sotsialistov revoliutsionerov*. Petrograd: P. P. Soikina, 1917.

Slezkine, Yuri. "The USSR as a Communal Apartment, or How a Socialist State Promoted Ethnic Particularism," *Slavic Review*, 53/2 (1994): 414–52.

Sloin, Andrew, and Sanchez-Sibony, Oscar. "Economy and Power in the Soviet Union, 1917–39," *Kritika*, 15/1 (2014): 7–22.

Slusser, Robert. *Stalin in October: The Man Who Missed the Revolution*. Baltimore, Johns Hopkins University Press, 1987.

Smidovich, P. G. "Vykhod iz podpol'ia v Moskve," *Proletarskaia revoliutsiia*, 1923, no. 1 (13): 171–77.

Smirnoff, Serge. *Autour de l'assassinat des Grand-Ducs*: Ekaterinbourg, Alapaievsk, Perm, Pétrograd. Paris: Payot, 1928.

Smirnov, N. *Repressirovanoe provosudie*. Moscow: Gelios ARV, 2001.

Smith, Edward Ellis. *The Young Stalin: The Early Years of an Elusive Revolutionary*. New York: Farrar, Strauss and Giroux, 1967.

Smith, Jeffrey R. "The Monarchy Versus the Nation: The 'Festive Year' 1913 in Wilhelmine Germany," *German Studies Review*, 23/2 (2000): 257–74.

Smith, Jeremy. *The Bolsheviks and the National Question, 1917–1923*. New York: Macmillan, 1999.

———. "The Georgian Affair of 1922—Policy Failure, Personality Clash or Power Struggle?" *Europe-Asia Studies*, 50/3 (1998): 519–44.

———. "Stalin as Commissar for Nationality Affairs, 1918–1922," in *Stalin: A New History*, Davies and Harris, eds., 45–62.

Smith, Leonard V. *Between Mutiny and Obedience: The Case of the French Fifth Infantry Division during World War I*. Princeton, NJ: Princeton University Press, 1994.

Smith, R. E. F., ed. *The Russian Peasant 1920 and 1984*. London: Cass, 1977.

Smith, Steve A. *A Road is Made: Communism in Shanghai 1920–1927*. Honolulu: University of Hawaii Press, 2000.

Snyder, Jack. *Ideology of the Offensive: Military Decision Making and the Disasters of 1914*. Ithaca, NY: Cornell University Press, 1984.

Sobolev, Ivan. *Bor'ba s "nemetskim zasiliem" v Rossii v gody Pervoi Mirovoi Voiny*. St. Petersburg: Rossiiskaia natsional'naia biblioteka, 2004.

Soboleva, T. A. *Istoriia shifroval'nogo dela v Rossii*. Moscow: OLMA, 2002.

Sokol'nikov, G. Ia. *Brestskii mir*. Moscow: Gosizdat, 1920.

———. *Finansovaia politika revoliutsii*, 2 vols. Moscow: Nauka, 2006.

———. *Gosudarstvennyi kapitalizm i novaia finansovaia politika*. Moscow: NKF, 1922.

———. *K voprosu o natsionalizatsii bankov*. Moscow, 1918.

———. *Novaia finansovaia politika: na puti k tverdoi valiute*. Moscow: Nauka, 1995.

Sokolov, A. K. *Ot voenproma k VPK: sovetskaia voennaia promyshlennost' 1917–iiun' 1941 gg*. Moscow: Novyi khronograf, 2012.

Sokolov, Aleksandr S. *Finansovaia politika Sovetskogo gosudarstva 1921–1929 gg*. Moscow: Zvedopad, 2005.

Sokolov, E. N. *Finansovaia politika Sovetskoi vlasti (oktiabr' 1917–avgust 1918 gg.)*. Ryazan: Riazanskii gos. universitet im. S. A. Esenina, 2008.

Sokolov, Nikolai A. *Ubiistvo tsarskoi sem'i*. Berlin: Slowo, 1925.

Soldatov, V. V. "Izmeneniia form obshchinnogo zemlepol'zovaniiia v Sibiri," *Voprosy kolonizatsii*, 1910, no. 7.

Solnick, Steven L. "Revolution, Reform and the Soviet Telephone System, 1917–1927," *Soviet Studies*, 43/1 (1991): 157–76.

Solomon [Isetskii], Georgii. *Sredi krasnykh vozhdei: lichno perezhitoe i videnoe na sovetskoi sluzhbe*, 2 vols. Paris: Mishen, 1930.

Solomon, Jr., Peter H. *Soviet Criminal Justice Under Stalin*. New York: Cambridge University Press, 1996.

Solov'ev, E. D., and Chugunov, A. I. *Pogranichnye voiska SSSR, 1918–1928: sbornik dokumentov i materialov*. Moscow: Nauka, 1973.

Solov'ev, Iu. G. "Samoderzhavie i dvorianskii vopros v kontse XIX v." *Istoricheskie zapiski*, 1971, no. 88: 150–209.

Solzhenitsyn, Aleksandr. *The Gulag Archipelago*, 3 vols. New York: Harper & Row, 1973.

Sontag, John P. "The Soviet War Scare of 1926–1927," *Russian Review*, 34/1 (1975): 66–77.

Sontag, Raymond James. *Germany and England: Background of Conflict, 1848–1894*. New York and London: D. Appleton-Century, 1938.

Sorokin, Pitirim A. *Leaves from a Russian Diary*. New York: E. P. Dutton & Co, 1924.

Sosnovskii, L. S. "Chetyre pis'ma iz ssylki," *Biulleten' oppozitsii*, September 1929, 3–4: 15–29.

Sotsialistickheskoe stroitel'stvo SSSR. Moscow, 1923.

Souvarine, Boris. *Stalin: A Critical Survey of Bolshevism*. New York: Longman, Green, 1939.

———. *Staline; aperçu historique du bolchévisme*. Paris: Plon, 1935.

Sovetsko-Germanskie otnosheniia ot peregovorov v Brest-Litovske do podpisaniia Rapall'skogo dogovora: sbornik dokumentv, 2 vols. Moscow: Politicheskaia literatura, 1968–71.

Sovety v Oktiabre: sbornik dokumentov. Moscow: Kommunisticheskaia akademiia, 1928.

"Sovremennoe pravosudie," *Dym otechestva*, 1914, no. 22: 1–2.

Spiridovich, Aleksander I. *Istoriia bol'shevizma v Rossii: ot vozniknoveniia do zakhvata vlasti, 1883–1903–1917*. Paris: Franko-Russkaia pechat', 1922.

———. *Zapiski zhandarma*. Kharkov: Proletarii, 1928.

———. *Raspoutine 1863–1916, d'apres les documents russes et les archives privees de l'auteur*. Paris: Payot, 1935.

———. *Velikaia voina i fevral'skaia revoliutsiia 1914–1917 gg.*, 3 vols. New York: Vseslavianskoe izd., 1960–2.

Spirin, L. M. *Klassy i partii v grazhdanskoi voine v Rossii*. Moscow: Mysl', 1968.

———. *Krakh odnoi aventiury, miatezh levykh eserov v Moskve 6–7 iiulia 1918 g*. Moscow: Politicheskaia literatura, 1971.

———. *Krushenie pomeschchik'ikh i burzhuaznykh partii v Rossii nachalo XX v-1920 g*. Moscow: Mysl', 1977.

Spisok chlenov Vsesoiuznogo obshchestvo starykh bol'shevikov na i ianv. 1933. Moscow: 1933.

Spring, D. W. "Russia and the Coming of War," in *The Coming of the First World War*, edited by R. J. W. Evans and Hartmut Pogge von Strandmann. Oxford: Clarendon, 1988.

Stalin, I. V. *Beseda s inostrannymi rabochimi delegatsiaiami*. Moscow-Leningrad: Gosizdat, 1927.

———. *Na piutiakh k Oktiabriu*. Moscow: Gosizdat, 1925.

———. *Ob oppozitsii: stat'i i rechi, 1921–1927*. Moscow: Gosizdat, 1928.

———. *Na putiakh k Oktiabriu: stat'i i rechi, mart-oktiabr' 1917*. Moscow: Gosizdat, 1925.

———. *O Lenine i o leninzme*. Moscow: Gosizdat, 1924.

———*Sochineniia*, 13 vols. Moscow: Politicheskaia literatura, 1946–51. vols. 14–16, Robert H. MacNeal, ed. Stanford, CA: Hoover Institution,

1967. Cited as *Sochineniia* (author understood).

Staliunas, Darius. *Making Russians: Meaning and Practice of Russification in Belarus and Lithuania After 1863.* Amsterdam: Rodopi, 2007.

Stankevich, V. B. *Vospominaniia 1914–1919 gg.* Berlin: J. Ladyschnikow, 1920.

Starkov, Boris A. "Perekhod k 'politike razgroma': shakhtinskoe delo," in *Istoriki otvechaiut na voprosy*, ed. by N. N. Maslov and A. N. Svalov. Moscow: Moskovskii rabochii, 1988.

Starr, S. Frederick. *Decentralization and Self-Government in Russia, 1830–1870.* Princeton: Princeton University Press, 1972.

Startsev, Vitalii I. "Begstvo Kerenskogo," *Voprosy istorii*, 1966, no. 11: 204–5.

———. *Vnutrenniaia politika Vremennogo pravitel'stva: pervogo sostava.* Leningrad: Nauka, 1980.

Stasova, E. D. *Vospominaniia.* Moscow: Mysl', 1969.

Stasova, Elena. *Stranitsy zhizni i bor'by.* Moscow: Politizdat, 1957.

"Stavka 25-26 oktiabria 1917 g.," in *Arkhiv russkoi revoliutsii*, ed. by Gessen, VII: 279–320.

Stead, W. T. *Truth About Russia.* London and New York: Cassell & Company, 1888.

Steimetz, George. *Regulating the Social: The Welfare State and Local Politics in Imperial Germany.* Princeton, NJ: Princeton University Press, 1993.

Steinberg, Isaac. "The Events of July 1918," undated manuscript, Hoover Institution Archive.

———. *Spiridonova: Revolutionary Terrorist.* London: Methuen, 1935

———. *Ot fevralia po oktiabr' 1917 g.* Berlin-Milan, Skify, 1919.

Steinberg, John W. *All the Tsar's Men: Russia's General Staff and the Fate of Empire, 1898–1914.* Washington, D.C., and Baltimore: Woodrow Wilson Center/Johns Hopkins University, 2010.

Steinberg, Jonathan. *Bismarck: A Life.* New York: Oxford University Press, 2011.

———. *Yesterday's Deterrent: Tirpitz and the Birth of the German Battle Fleet.* London: Macdonald, 1965.

Steinberg, Mark. "Revolution," in *The Fall of the Romanovs: Political Dreams and Personal Struggles in a Time of Revolution*, edited by Mark D. Steinberg and Vladimir M. Khrustalëv. New Haven, CT: Yale University Press, 1995.

———. "Workers and the Cross: Religious Imagery in the Writings of Russian Workers 1910–1924," *Russian Review*, 53/2 (1994): 213–39.

———. *Moral Communities: The Culture and Class Relations in the Russian Printing Industry 1867–1907.* Berkeley: University of California Press, 1992.

———, and Khrustalëv, Vladimir M., eds. *The Fall of the Romanovs: Political Dreams and Personal Struggles in a Time of Revolution.* New Haven, CT: Yale University Press, 1995.

Steiner, Zara S. *The Lights that Failed: European International History 1919–1933.* Oxford: Oxford University Press, 2005.

Steinwedel, Charles Robert. "Invisible Threads of Empire: State, Religion, and Ethnicity in Tsarist Bashkiria, 1773–1917." Phd diss., Columbia University, 1999.

Steklov, Iu. M. *Bortsy za sotsializm*, 2nd ed., 2 vols. Moscow-Leningard: Gosizdat, 1923–24.

Stephan, John J. "The Crimean War in the Far East," *Modern Asian Studies*, 3/3 (1969), 257–77.

———. *The Russian Far East: A History.* Stanford, CA: Stanford University Press, 1994.

Stepnaov, S. A. *Chernaia sotnia v Rossii 1905–1914 gg.* Moscow: Rosvuznauka, 1992.

Stepun, Fedor. *Byvshee i nesbyvsheesia*, 2 vols. New York: Izd-vo im. Chekhova, 1956.

Stevenson, David. *Armaments and the Coming of War: Europe, 1904–1914.* Oxford: Clarendon, 1996.

———. *Cataclysm: The First World War as Political Tragedy.* New York: Basic Books, 2004.

Stites, Richard. *Revolutionary Dreams: Utopian Vision and Experimental Life in the Russian Revolution.* New York: Oxford University Press, 1989.

Stockdale, Melissa Kirschke. *Paul Miliukov and the Quest for a Liberal Russia.* Ithaca, NY: Cornell University Press, 1996.

———. "Politics, Morality and Violence: Kadet Liberals and the Question of Terror," *Russian History*, 22/1 (1995): 455–80.

Stone, David R. *Hammer and Rifle: The Militarization of the Soviet Union, 1926–1933.* Lawrence: University Press of Kansas, 2000.

Stone, Helena M. "Another Look at the Sisson Forgeries and their Background," *Soviet Studies*, 37/1 (1985): 90–102.

Stone, Norman. *The Eastern Front, 1914–1917.* New York: Scribner's, 1975.

Storella, Carmine J., and Sokolov, A.K., eds., *The Voice of the People: Letters from the Soviet Village, 1918–1932.* New Haven, CT: Yale University Press, 2013.

Storozhev, V. N. "Fevral'skaia revoliutsiia 1917 g.," *Nauchnye izvestiia* (Moscow, 1922), sbornik 1: 142–3.

Strachan, Hew. *The First World War.* New York: Oxford University Press, 2003.

———. *The First World War.* New York: Viking, 2004.

Strauss, Leo. "Kurt Riezler, 1882–1955," *Social Research*, 23/1 (1956): 3–34.

Strizhkov, Iu. K. *Prodovol'stvennye otriady v gody grazhdanskoi voiny I inostrannoi interventsii, 1917–1922.* Moscow: Nauka, 1973.

Strong, Anna Louise. *China's Millions: The Revolutionary Struggles from 1927 to 1935.* New York: Knight Publishing Co., 1935.

Struve, P. V. "Istoricheskii smysl russkoi revoliutsii i natsional'nye zadachi," in *Iz glubiny: sbornik statei o russkoi revoliutsii.* Moscow: Moskovskii universitet, 1990.

———, ed. *Food Supply in Russia During the War.* New Haven, CT: Yale University Press, 1930.

———. "Witte und Stolypin," in *Menschen die Geschichte machten: viertausend Jahre Weltgeschichte in zeit- und lebensbildern*, 3 vols, edited by Peter Richard Rohden and Georg Ostrogorsky. Vienna: L. W. Seiden & Sohn, 1931.

Sukennikov, M. *Krest'ianskaia revoliutsiia na iuge Rossii: s pis'mami L. N. Tol'stogo tsariu.* Berlin: Ioann Rede, 1902.

Sukhanov, Nikolai. *The Russian Revolution, 1917: Eyewitness Account*, 2 vols. New York: Harper and Row, 1962.

———. *Zapiski*, 7 vols. Berlin: Z. I. Grzhebin, 1922–23.

Sukhorukhov, V. T. *XI Armiia v boiakh na Severnom Kavkaze i Nizhnei Volge, 1918–1920 gg.* Moscow: Voenizdat, 1961.

Suliashvili, David. *Uchenicheskie gody.* Tblisi: Zarya vostoka, 1942.

Sullivant, Robert S. *Soviet Politics and the Ukraine, 1917–1957.* New York: Columbia University Press, 1962.

Sultanbekov, Bulat. *Pervaia zhertva Genseka: Mirsaid Sultan-Galiev, sud'ba, liudi, vremia.* Kazan: Tatarskoe knizhnoe izdatel'stvo, 1991.

Sultan-Galiev, Mirsaid. *Stat'i, vtystupleniia, dokumenty.* Kazan: Tatarskoe knizhnoe izdatel'stvo, 1992.

Sumbadze, A. S. *Sotsial'no-ekonomicheskie predposylki pobedy Sovetskoi vlasti v Azerbaidzhane.* Moscow: Nauka, 1972.

Sunila, August A. *Vosstanie 1 dekabria 1924 goda: opyt kommunisticheskoi partii Estonii v podgotovke i provedenii vooruzhennogo vosstaniia estonskogo proletariata 1924 goda i ego istoricheskoe znachenie.* Tallinn, Eesti Raamat, 1982.

Suny, Ronald Grigor, ed. *Transcaucasia, Nationalism, and Social Change: Essays in the History of Armenia*, 2nd ed. Ann Arbor: University of Michigan Press, 1996.

———. "A Journeyman for the Revolution: Stalin and the Labor Movement in Baku, June 1907–May 1908," *Soviet Studies*, 23/3 (1972): 373–94.

———. "Beyond Psychohistory: The Young Stalin in Georgia," *Slavic Review*, 50/1 (1991): 48–58.

———. "Tiflis, Crucible of Ethnic Politics, 1860–1905," in *The City in Late Imperial Russia*, edited by Michael F. Hamm. Bloomington: Indiana University Press, 1986.

———. *Looking Toward Ararat: Armenia in Modern History*. Bloomington: Indiana University Press, 1993.

———. *The Making of the Georgian Nation*, 2nd ed. Bloomington: Indiana University Press, 1994.

Suslov, P. V. *Politicheskoe obespechenie sovetsko-pol'skoi kampanii 1920 g.* Moscow: Gosizdat, 1930.

Sutton, Antony C. *Western Technology and Soviet Economic Development*, 3 vols. Stanford, CA: Hoover Institution on War, Revolution, and Peace, Stanford University, 1968–73.

Suvorin, A. S. *Dnevnik*. Moscow-Petrograd, 1923.

Suvorin, S. A. *Chetvertyi (ob"edinitel'nyi) s"ezd RSDRP: Aprel' (aprel'-mai) 1906 goda: protokoly*. Moscow, Politicheskaia literatura, 1959.

Suvorov, N. I., ed. *Trekhsotletie doma Romanovykh 1613–1913: istoricheskie ocherki*. Moscow: A. I. Mamontov, 1913.

Sverchkov, Dmitrii F. *Kerenskii*, 2nd ed. Leningrad: Priboi, 1927.

Sverdlov, Iakov Mikhailovich. *Izbrannye proizvedennye*, 3 vols. Moscow: Politcheskaia literatura, 1957–60.

Sverdlova, K. T. *Iakov Mikhailovich Sverdlov*. Moscow: Molodaia Gvardiia, 1957, 1960, 1976. 4th ed. Moscow: Molodaia gvardiia, 1985.

Sviatitskii, N. V. *Kogo russkii narod izbral svoimi predstaviteliami*. Moscow: Zemlia i volia, 1918.

Svod zakonov Rossiiskoi imperii, 16 vols. St. Petersburg: Obshchestvennaia pol'za, 1897.

Swain, Geoffrey. "The Disillusioning of the Revolution's Praetorian Guard: Latvian Riflemen Summer-Autumn 1918," *Europe-Asia Studies*, 51/4 (1999): 667–86.

———. "Vacietis: The Enigma of the Red Army's First Commander," *Revolutionary Russia*, 16/1 (2003): 68–86.

Syromatnikov, Sergius. "Reminiscences of Stolypin," *Russian Review*, 1/2 (1912): 71–88.

Syrtsov, V. A. *Skazanie o Fedorovskoi Chudotvornoi ikone Bozhei materi, chto v g, Kostrome*. Kostroma, 1908.

Sytin, P. V. *Iz istorii Moskovskikh ulits*. Moscow: Moskovskii rabochii, 1948. Sovremennik, 2000.

Szeftel, Marc. *The Russian Constitution of April 23, 1906: Political Institutions of the Duma Monarchy*. Brussels: Éditions de la Librarie encyclopedique, 1976.

Szporluk, Roman. "Lenin, 'Great Russia,' and Ukraine," *Harvard Ukrainian Studies*, 28/1–4 (2006): 611–26.

Tagantsev, N. A. *Perezhitoe: uchrezhdenie Gosudarstvennoi Dumy v 1905–1906 gg*. Petrograd: Gos. Tip. 1919.

Tagirov, I. R., ed. *Neizvestnyi Sultan-Galiev: rassekrechennye dokumenty i materialy*. Kazan: Tatarskoe knyzhnoe izdatel'stvo, 2002.

Tainy natsional'noi politiki TsK RKP: chetvertoe soveshchanie TsK RKP (b) s otvestvennymi rabotnikami natsional'nykh respublik i oblastei v Moskve 9–12 iiunia 1923 g. Moscow: INSAN, 1992.

Talakavadze, Sevastii. *K istorii kommunisticheskoi partii Gruzii*. Tiflis: Glavpolitprosvet, 1926.

Tang, Peter S. H. *Russian and Soviet Policy, in Manchuria and Outer Mongolia, 1911–1931*. Durham, NC: Duke University Press, 1959.

Taranovski, Theodore. "The Politics of Counter-Reform: Autocracy and Bureaucracy in the Reign of Alexander III, 1881–1994." Phd diss., Harvard University, 1976.

Tarasiuk, D. A. *Pozemel'naia sobstvennost' poreformennoi Rossii: istochnikovedchestvennoe issledovanie po perepisi 1877–1878 gg*. Moscow: Nauka, 1981.

Taratuta, V. K. "Kanun revoliutsii 1905 g. na Kavkaze (iz vospominaniia)," *Zaria vostoka*, December 19, 1925.

Tarkhova, N. S. "Trotsky's Train: An Unknown Page in the History of the Civil War," in *The Trotsky Reappraisal*, edited by Terry Brotherstone and Paul Dukes. Edinburgh: Edinburgh University Press, 1992.

Tarle, E. V. "Germanskaia orientatsiia i P. N. Durnovó v 1914 g.," *Byloe*, 1922, no. 19: 161–76.

———. "Zapiska P. N. Durnovó Nikolaiu II: Fevral 1914 g.," *Krasnaia nov'*, 1922, no. 10: 178–99.

Tatishchev, S. S. *Imperator Aleksandr Vtoroi*, 2 vols. St. Petersburg: A. S. Suvorin, 1903.

Tauger, Mark B. "Grain Crisis or Famine? The Ukranian State Commission for Aid to Crop-Failure Victims and the Ukranian Famine of 1928–1929," unpublished paper courtesy of the author.

Tauger, Mark B. "Statistical Falsification in the Soviet Union: A Comparative Case Study of Projections, Biases, and Trust," Donald Treadgold Papers, University of Washington, 2001.

Taylor, A. J. P. *The First World War: An Illustrated History*. London: H. Hamilton, 1963.

———. *The Struggle for Mastery in Europe*. Oxford: Clarendon, 1963.

———. *War by Timetable*. London: Macdonald, 1969.

Tepliakov, Aleksei G. *"Nepronitsaemye nedra": VChK-OGPU v Sibiri 1918–1929 gg*. Moscow: AIRO-XXI, 2007.

Teplianikov, I. A. "Vnikaia vo vse," in *Marshal Tukhachevskii: vospominaniia druzei i soratnikov*, edited by Nikolai Koritskii, et al. Moscow: Voenizdat, 1965.

Terpigorev, Aleksandr M. *Vospominaniia gornogo inzhenera*. Moscow: Akademiia nauk SSSR, 1956.

Teruyuki, Hara. *Shibberia shuppei: kakumei to kanshō, 1917–1922*. Tokyo: Chikuma Shob ō , 1989.

Thaden, Edward, ed. *Russification in the Baltic Provinces and Finland, 1855–1914*. Princeton, NJ: Princeton University Press, 1981.

Thatcher, Ian D. "Trotskii, Lenin, and the Bolsheviks, August 1914–February 1917," *Slavonic and East European Review*, 72/1 (1994): 72–114.

———. *Leon Trotsky and World War One: August 1914–February 1917*. New York: St. Martin's Press, 2000.

Thompson, John M. *Russia, Bolshevism and the Versailles Peace*. Princeton, NJ: Princeton University Press, 1966.

Thompson, Wayne C. *In the Eye of the Storm: Kurt Reizler and the Crisis of Modernity*. Ames: University of Iowa Press, 1980.

Thorniley, Daniel. *The Rise and Fall of the Soviet Rural Communist Party, 1927–1939*. New York: Macmillan, 1988.

Thun, Alphons. *Istoriia revoliutsionnykh dvizhenii v Rossii*. St. Petersburg: Ligi Russk. Revoliuts. Sots.-Dem., 1906.

Tiander, Karl. *Das Erwachen Osteuropas: Die Nationalbewegung in Russland und der Weltkrieg*. Vienna and Leipzig: Wilhelm Braumueller, 1934.

Tikhomirov, L. A. "Nuzhny li printsipy?," in *K reforme obnovlennoi Rossii: Stat'i 1909, 1910, 1911 gg*, edited by Tikhomirov. Moscow: V. M. Sablina, 1912.

Tilly, Charles. "War Making and State Making as Organized Crime," in *Bringing the State Back In*, edited by Peter B. Evans et al. New York: Cambridge University Press, 1985.

———. *Coercion, Capital, and European States, AD 990–1990*. Cambridge, MA: Blackwell, 1990.

Timashev, N. S. *Publichno-pravovoe polozhenie lichnosti. Pravo Sovetskoi Rossii*. Prague: Plamia, 1925.

Tishkov, A. V. *Felix Dzerzhinskii: Commemorating the Centenary of His Birth*. Moscow: Novosti Press Agency Publishing House, 1976.

Togan, Zaki Validi. *Vospominaniia: bor'ba musul'man Turkestana i drugikh vostochnikh tiurok za natsional'noe sushchestvovanie i kul'turu*. Moscow: [s.n.], 1997.

Tokés, Rudolf L. *Béla Kun and the Hungarian Soviet Republic: The Origins and Role of the Communist Party of*

Hungary in the Revolutions of 1918–1919. New York: Praeger, 1967.
Tolf, Robert W. *The Russian Rockefellers: The Saga of the Nobel Family and the Russian Oil Industry*. Stanford, CA: Hoover Institution Press, 1976.
Torke, Hans-Joachim. "Das Russische Beamtentum in der ersten Halfte des 19. Jahrhunderts," *Forschungen zur osteuropaischen Geschichte*, 13 (1967): 7–345.
Tornovskii, M. G. "Sobytiiia v Mongolii-Khalkhe v 1920–1921 godakh: voenn-istoricheskii ocherk (vospominaniia)," in *Legendarnyi baron: neizvestnye stranitsy Grazhdanskoi voiny*, edited by Sergei L. Kuz'min. Moscow: KMK, 2004.
Tovarishch Kirov: rasskazy rabochikh, inzhenirov, khoziaistvennikov, uchenykh, kolkhoznikov i detei o vstrechakh s S. M. Kirovym. Moscow: Profizdat, 1935.
Tovstukha, I. P., ed. *Iosif Vissarionovich Stalin: kratkaia biografiia*. Moscow: Gosizdat, 1927.
Treadgold, Donald. *The Great Siberian Migration*. Princeton, NJ: Princeton University Press, 1957.
Trepov, "Vespoddaneishaia zapiska D. F. Trepova (16 oktiabria 1905)," *Byloe*, 1919, no. 14: 109–11.
Trifonov, Ivan Ia. *Ocherki istorii klassovoi bor'by v SSSR, 1921–1937 gg*. Moscow: Politcheskaia literatura, 1960.
Trimberger, Ellen Kay. *Revolution from Above: Military Bureaucrats and Development in Japan, Turkey, Egypt and Peru*. New Brunswick, NJ: Transaction, 1978.
Troitskii, S. M. *Russkii absoliutizm i dvorianstvo v XVIII veke: Formirovanie biurokratii*. Moscow: Nauka, 1974.
Trotskii, L. "Vospominaniia ob oktiabr'skom perevorote," *Proletarskaia revoliustiia*, 1922, no. 10: 59–61.
———. "Zaveshchanie Lenina [December 1932]," in *Portrety revoliutsionerov* [1991], 265–91. Also in *Gorizont*, 1990, no. 6: 38–41.
———. *Chto i kak proizoshlo: shest' statei dlia mirovoi burzhuaznoi pechati*. Paris: Navarre, 1929.
———. *Dnevniki i pis'ma*. Tenafly, NJ: Ermitage, 1986, 1990.
———. *Kak vooruzhalas' revoliutsiia (na voennoi rabote)*, 3 vols. Moscow: Vysshii voennyi redaktsionnyi sovet, 1923–25.
———. *Kommunistichekii internatsional posle Lenina: velikiii organizator porazhenii*. Moscow: Spartakovets-printima, 1993.
———. *Literatura i revoliutsiia*. Moscow: Krasnaia nov', 1923.
———. *Moia zhizn': opyt avtobiografii*, 2 vols. Berlin: Granit, 1930. Moscow: Panorama, 1991. *Note: All endnote citations refer to the 1930 edition unless otherwise indicated.*
———. *O Lenine: materialy dlia biografii*. Moscow: Gosizdat, 1924.
———. *Piat' let Kominterna*. Moscow: Gosizdat, 1924.
———. *Portrety revoliutsionerov*, ed. Iu. Fel'shtinski. Benson, VT: Chalidze, 1984 and 1988. Moscow: Moskovsky rabochii, 1991.
———. *Predannaia revoliutsiia*. Moscow: NII kul'tury, 1991.
———. *Sochineniia*, 21 vols. Moscow: Gosizdat, 1920–27.
———. *Stalin*, 2 vols. Benson, VT: Chalidze, 1985. Moscow: Politicheskaia literatura, 1990.
———. *Stalinskaia shkola fal'sifakatsii: popravki i dopolneniia k literature epigonov*. Berlin: Granit, 1932.
———, and Safarov, G. I. *Trotskii o Lenine i leninizme: sbornik materialov*. Leningrad: Priboi, 1925.
Trotskizm i molodezh': sbornik materialov. Leningrad: Priboi, 1924.
Trotsky, Leon. *1905*. Moscow: Gosizdat, 1922. New York: Random House, 1971.
———. *Between Red and White: a Study of Some Problems of Revolution, with Particular Reference to Georgia*. London: Communist Party of Great Britain, 1922.
———. *Challenge of the Left Opposition, 1926–27*, 2 vols. New York: Pathfinder Press, 1975, 1980.
———. *Lenin*. New York: Garden City Books, 1959.
———. *On Lenin: Notes Toward a Biography*. London: Harrap, 1971.
———. *My Life: An Attempt at an Autobiography*. New York: C. Scribner's Sons, 1930. New York: Pathfinder Press, 1970. *Note: All endnote citations refer to the 1970 edition unless otherwise indicated.*
———. *Stalin: An Appraisal of the Man and His Influence*. New York: Harper and Brothers, 1941. New York: Stein and Day, 1946. London: Macgibbon and Kee, 1968. *Note: All endnote citations refer to the 1941 edition unless otherwise indicated.*
———. *Terrorism and Communism: A Reply to Karl Kautsky*. Ann Arbor: University of Michigan Press, 1961.
———. *The Essential Trotsky*. New York: Barnes & Noble, 1963.
———. *The History of the Russian Revolution to Brest-Litovsk*. London: Socialist Labour Party, 1919.
———. *The History of the Russian Revolution*, 3 vols. New York: Simon & Schuster, 1932.
———. *The History of the Russian Revolution*. Ann Arbor, University of Michigan Press, 1961.
———. *The Real Situation in Russia*. London: Allen & Unwin, 1928.
———. *The Stalin School of Falsification*. New York: Pioneer, 1937.
———. *The Suppressed Testament of Lenin*. New York: Pioneer Publishers, 1935.
———. *Trotsky's Diary in Exile, 1935*. Cambridge, MA: Harvard University, 1958. New York: Atheneum, 1963.
———. *Where Is Britain Going?* London: Communist Party of Great Britain, 1926.
———. *Writings of Leon Trotsky, 1936–1937*. New York: Pathfinder Press, 1978.
———, et al. *Portraits: Political and Personal*. New York: Pathfinder Press, 1977.
———, and Shachtman, Max. *The New Course*. New York: New International, 1943.
Trud v SSSR: ekonomiko-statisticheskii spravochnik. Moscow: Ekonomgiz, 1932.
Trudy i Vserossiiskogo S"ezda Sovetov Narodnogo Khoziiastva, 25 maia–4 iuinia 1918: Stenograficheskii otchet. Moscow: Vysshii sovet narodnogo khoziaistva, 1918.
Trusova, N. S., ed. *Nachalo pervoi russkoi revoliutsii: ianvar'-mart 1905 goda*. Moscow, 1955.
Tsakunov, S. V. *V labirinte doktriny: iz opyta razrabotki ekonomicheskogo kursa strany v 1920-e gody*. Moscow: Rossiia molodaia, 1994.
Tsapenko, M. N. *Vserossiiskoe soveshchanie soveta rabochikh i soldatskikh deputatov*. Leningrad: Gosizdat, 1927.
"Tsensura," *Bol'shaia sovetskaia entsiklopediia*, 1st ed., LX.
Tsereteli, I. G. *Vospominaniia o fevral'skom revoliutsii*, 2 vols. Paris: Mouton, 1963.
Tsirk: malenkaia entsiklopediia, 2nd ed. Moscow: Sovetskaia entsiklopediia, 1979.
TsK RKP (b)—VKP (b) i natsional'nyi vopros. Moscow: Rosspen, 2005.
Tsvigun, S. K., et al., eds. *V. I. Lenin i VChK: sbornik dokumentov 1917–1922 gg*. Moscow: Politizdat, 1975.
Tsziun, Lin. "Sovetskaia Rossiia i Kitai v nachale 20-x godov," *Novaia i noveishaia istoriia*, 1997, no. 3: 46–57.
Tuchman, Barbara Wertheim. *Guns of August*. New York: Macmillan, 1962.
Tucker, Robert C. "A Case of Mistaken Identity: DJughashvili-Stalin," *Biography*, 5/1 (1982): 17–24.
———. "A Stalin Biography's Memoir," in *Psychology and Historical Interpretation*, edited by William McKinley Runyan. New York and Oxford: Oxford University Press, 1988.
———. *Stalin as Revolutionary, 1879–1929: A Study in History and Personality*. New York: W. W. Norton, 1973.
———. *Stalin in Power: The Revolution from Above, 1929–1941*. New York: W. W. Norton, 1990.

———, ed. *Stalinism: Essays in Historical Interpretation*. New York: W. W. Norton, 1977.
———. *The Lenin Anthology*. New York: W. W. Norton, 1975.
Tukhachevskii, M. N. *Izbrannye proizvedenniia*. Moscow: Voenizdat, 1964.
———. *Pokhod za Vislu: lektsii, prochitannye na dopolnitel'nom kurse Voennoi Akademii RKKA 7–10 fevralia 1923 goda*. Smolensk: Tipografiia Zapfronta, 1923.
Tumarkin, Nina. *Lenin Lives! The Lenin Cult in Soviet Russia*. Cambridge, MA: Harvard University Press, 1983.
Tumshis, Mikhail, and Papchinskii, Aleksander. *1937, bol'shaia chistka: NKVD protiv ChK*. Moscow: Iauza-EKSMO, 2009.
Turner, L. F. C. "The Russian Mobilization in 1914," in *The War Plans of the Great Powers, 1880–1914*, edited by Paul M. Kennedy. Boston: George Allen and Unwin, 1979.
Tutaev, David, Alliluyev, Sergei, and Alliyueva, Anna. *The Alliluyev Memoirs: Recollections of Svetlana Stalina's Maternal Aunt Anna Alliluyeva and her Grandfather Sergei Alliluyev*. New York: Putnam, 1968.
Tyrkova-Williams, Ariadna. *From Liberty to Brest Litovsk: The First Year of the Russian Revolution*. London: Macmillan, 1919.
Uchenie Lenina o revoliutsii i diktature roletariat. Moscow: Gosizdat, 1925.
Uglanov, N. A. "O Vladmire Iliche Lenine (v period 1917–1922 gg.)," *Izvestiia TsK KPSS*, 1989, no. 4: 192.
Ugolovnyi Kodeks RSFSR. Moscow: NKIu, 1926, 1927, 1929.
Ugrovatov, A. P. *Krasnyi banditizm v Sibiri, 1921–1929 gg*. Novosibirsk: IUKEA, 1999.
Ukhtomskii, E. E. *Puteshestvie na Vostok ego imperatorskogo vysohchestva gosudaria naslednika tsarevicha, 1890–1891*, 3 vols. St. Petersburg, 1893–97.
Ukraintsev, N. "A Document on the Kornilov Affair," *Soviet Studies*, 25/2 (1973): 283–98.
Ulam, Adam B. *Expansion and Coexistence: The History of Soviet Foreign Policy*. New York: Praeger, 1968.
———. *Stalin: The Man and His Era*. New York: Viking Press, 1973.
———. *The Bolsheviks: The Intellectual and Political History of the Triumph of Communism in Russia*. New York: Macmillan, 1965.
Uldricks, Teddy. *Diplomacy and Ideology: The Origins of Soviet Foreign Relations 1917–30*. London: Sage, 1979.
Ul'ianova, M. I. *O Lenine i sem'e Ul'ianovykh: vospominaniia, ocherki, pis'ma*. Moscow: Politicheskaia literatura, 1978.
———. "O Vladimire Il'iche (poslednie gody zhizni," *Izvestiia TsK KPSS*, 1991, no. 1: 127–38, no. 2: 125–40, no. 3: 183–200, no. 4: 177–91.
———."Ob otnoshenii V. I. Lenina k I. V. Stalinu," Izvestiia TsK KPSS, 1989, no. 12: 196–99.
Ullman, Richard H. *The Anglo-Soviet Accord*. Princeton, NJ: Princeton University Press, 1972.
Ulrich Brockdorff-Rantzau, Graf. *Dokumente*. Charlottenburg: Detusche Verlags, 1920.
Ulricks, T. J. "The 'Crowd' in the Russian Revolution: Towards Reassessing the Nature of Revolutionary Leadership," *Politics and Society*, 4/3 (1974): 397–413.
Upton, Anthony F. *The Finnish Revolution, 1917–1918*. Minneapolis: University of Minnesota Press, 1980.
Uratadze, Grigorii I. *Vospominaniia gruzinskogo sotsial-demokrata*. Stanford, CA: Hoover Institution Press, 1968.
Urazaev, Sh. Z. *Turkestanskaia ASSR—pervoe sotsialisticheskoe gosudarstvo v Srednei Azii*. Moscow: Politicheskaia literatura, 1961.
Urban, G. R. *Stalinism: Its Impact on Russia and the World*. London: Maurice Temple Smith, 1982.
Uroki Oktiabria. Berlin: Berlinskoe knigoizd-vo, 1924.
Urusov, S. D. *Zapiski tri goda gosudasrtvennoi sluzhby*. Moscow: NLO, 2009.
Ushakov, A. I. *Belyi iug: noiabr' 1919–noiabr' 1920 gg*. Moscow: AIRO-XX, 1997.
Ustav obshchestva starykh bol'shevikov: Instruktsiia po organizatsii filial'-nykh otdelenii, Spisok chlenov Obshchestvo i anketa. Moscow, 1928.
Ustrialov, Nikolai. *Pod zankom revoliutsii*. Harbin: Russkaia zhizn', 1925.
U Velikoi mogily. Moscow: Krasnaia zvezda, 1924.
V Vserossiiskii s"ezd RKSM, 11–19 oktiabria 1922 g.: stenograficheskii otchet. Moscow-Leningrad: [AU: Please provide publisher], 1922.
V zhernovakh revoliutsii: russkaia intelligentsia mezhdu belymi i krasnymi v porevoliutsionnye gody, sbornik doumentov i materialov. Moscow: Russkaia panorama, 2008.
V. I. Lenin: neizvestnye dokumenty, 1891-1922. Moscow: Rosspen, 1999.
V. Ia. Bliukher v Kitae 1924–1927 gg.: novye dokumenty glavnogo voennogo sovetnika. Moscow: Natalis, 2003.
Vaganov, F. M. *Pravyi uklon v VKP (b) i ego razgrom, 1928–1930*. Moscow: Politicheskaia literatura, 1970.
Vaisberg, Roman E. *Den'gi i tseny: podpol'nyi rynok v period "voennogo kommunizma."* Moscow: Gosplan SSSR, 1925.
Vakar, N. "Stalin: Po vospominaniiam N. N. Zhordaniia," *Poslednie novosti*, December 16, 1936.
Vaksberg, Arkadii. *Hôtel Lux: les partis frères au service de l'Internationale communiste*. Paris: Fayard, 1993.
———. *Iz ada v rai i obratno*. Moscow: Olimp, 2003.
———. *Stalin's Prosecutor: The Life of Andrei Vyshinsky*. New York: Grove Weidenfeld, 1991.
Valedinskii, Ivan Aleksandrovich. "Organizm Stalina vpolne zdorovyi," *Istochnik*, 1998, no. 2: 68–73.
Valentinov, N. *Nasledniki Lenina*. Moscow: Terra, 1991.
———. *Novaia ekonomicheskaia politika i krizis partii posle smerti Lenina*. Stanford, CA: Hoover Institution Press, Stanford University, 1971. Moscow: Sovremennik, 1991. *Note: All endnote citations refer to the 1971 edition unless otherwise indicated.*
Valliant, Robert Britton. "Japan and the Trans-Siberian Railroad, 1885–1905." Phd diss., University of Hawaii, 1974.
Valuev, P. A. *Dnevnik P. A. Valueva*, 2 vols. Moscow: Akademiia nauk SSSR, 1961.
van de Ven, Hans J. "Public Finance and the Rise of Warlordism," *Modern Asian Studies*, 30/4 (1996): 829–68.
Van Evera, Stephen. "The Cult of the Offensive and the Origins of the First World War," *International Security*, 9/1 (1984): 58–107.
———. "Why Cooperation Failed in 1914," *World Politics*, 38 (1985): 80–117.
Van Halen, D. J. *Memoirs of Don Juan Van Halen*, 2 vols. London: Henry Colburn and Richard Bentley, 1830.
van Ree, Erik. "Reluctant Terrorists? Transcaucasian Social-Democrats 1901–9," *Europe-Asia Studies*, 60/1 (2008): 127–54.
———. "Socialism in One Country: a Reassessment," *Studies in East European Thought*, 50/2 (1998): 77–117.
———. "Stalin and the National Question," *Revolutionary Russia*, 7/2 (1994): 214–38.
———. "The Stalinist Self," *Kritika*, 11/2 (2010): 257–82.
———. *The Political Thought of Joseph Stalin: A Study in Twentieth-Century Revolutionary Patriotism*. New York: RoutledgeCurzon, 2002.
Varneck, Elena, ed. *The Testimony of Kolchak and Other Siberian Materials*. Stanford, CA: Stanford University Press, 1935.
Vasetskii, N. A. *Trotskii: opyt politicheskoi biografii*. Moscow: Respublika, 1992.
Vasil'chikov, Boris. *Vospominaniia*. Moscow-Pskov: Nashe nasledie, 2003.
Vasileva, Larisa. *Kremlin Wives*. New York: Arcade, 1994.
Vasilyev, A. T. *The Ochrana: The Russian Secret Police*. Philadelphia: Lippincott, 1930.
Vatkin, Iu. "Goriachaia osen' dvadtsat vos'mogo (k voprosu o stalinizatsii

kominterna)" in *Oni ne molchali*, ed. by A. V. Afanas'ev. Moscow: Politizdat, 1991.
Vatlin, A. "Panika: Sovetskaia Rossiia oseni 1918 goda glazami nemtsa," *Rodina*, 2002, n. 9: 78–81.
Vatlin, Aleksandr. *Komitern: idei, resheniia, sud'by*. Moscow: Rosspen, 2009.
———, et al., eds. *Stenogrammy zasedanii politburo TsK RKP (b), 1923–1938*. Moscow: Rosspen, 2007.
Vatsetis, J. "Grazhdanskaia voina: 1918 god," in *Pamiat': istoricheskii sbornik* (Moscow 1977, Paris 1979), no. 2.
Velikanova, O. V. "Lenina v massovom soznanii," *Otechestvennaia istoriia*, 1994, no. 2.
Velikanova, Olga. "The Myth of the Besieged Fortress: Soviet Mass Perception in the 1920s–1930," Stalin-Era Research and Archives Project, University of Toronto Centre for Russian and East European Studies, working paper no. 7 (2002).
———. *Popular Perceptions of Soviet Politics in the 1920s. Disenchantment of the Dreamers*. Basingstoke: Palgrave Macmillan, 2013.
———. *The Making of an Idol: On Uses of Lenin*. Gottingen: Muster-Schmidt, 1996.
Velikii pokhod K. E. Voroshilova ot Luganska k Tsaritsynu i geroicheskaia oborona Tsaritsyna. Moscow: Gos. voen. izd-vo Narkomata Oborony Soiuza SSR, 1938.
Vereshchak, Semyon. "Stalin v tiur'me (vospominaniia politicheskogo zakliuchennogo)," *Dni*, January 22, 1928.
Vernadskii, V. I. *Dnevniki, 1926–1934*. Moscow: Nauka, 2001.
Verner, Andrew. *The Crisis of Russian Autocracy: Nicholas II and the 1905 Revolution*. Princeton: Princeton University Press, 1990.
V Vsemirnyi kongress Kommunisticheskogo Internatsionala 17 iiunia–8 iiulia 1924 g.: stenograficheskii otchet, 2 vols. Moscow: Gosizdat, 1925.
V Vserossiiskii s"ezd sovietov rabochikh, krest'ianskikh, soldatskikh i kazach'ikh deputatov, Moskva, 4–10 iiulia'1918 g.: stenograficheskii otchet. Moscow: VTsIK, 1918.
VI s"ezd RSDRP (bol'shevikov), avgust 1917 goda: protokoly. Moscow: Politicheskaia literatura, 1958.
VI (Parizhskaia) Vserossiiskaia konferentsiia RSDRP, 18–30 (5–17) aprelia 1912 g.: sbornik statei i dokumentov. Moscow: Politicheskaia literatura, 1952.
VII Vsebelorusskii s"ezd sovetov: stenograficheskii otchet. Minsk: TsIK BSSR, 1925.
VIII s'ezd RKP (b), mart 1919 goda: protokoly. Moscow: Politicheskaia literatura, 1933. Politizdat, 1959.
VIII s'ezd RKP (b), 18–28 marta 1919 goda: stenograficheskii otchet. Moscow: Kommunist, 1919. Partizdat, 1933. Politicheskaia literatura, 1959.
Viktorov, B. V. *Bez grifa "sekretno": zapiski voennogo prokurora*. Moscow: Iuridicheskaia literatura, 1990.
Vil'kova, V. P., ed. *RKP (b), vnutripartiinaia bor'ba v dvadtsatye gody: dokumenty i materialy*. Moscow: Rosspen, 2004.
Vinogradov, V. K. "Zelenaia lampa," *Nezavisimaia gazeta*, April 20, 1994.
———, ed. *Genrikh Iagoda: narkom vnutrennykh del SSSR, general'nyi kommissar gosudarstvennoi bezopasnosti: sbornik dokumentov*. Kazan: [s.n.], 1997.
———. *Arkhiv VChK: sbornik dokumentov*. Moscow: Kuchkovo Pole, 2007.
———, et al. *Fanni Kaplan, ili kto strelial v Lenina: sbornik dokumentov*, 2nd ed. Moscow: X-History, 2003.
Vinogradov, V. K., et al. *Pravoeserovskii politicheskii protsess v Moskve, 8 iiunia–4 avgusta 1922 g.: stenogrammy sudebnykh zasedanii*. Moscow: Rosspen, 2011.
Viola, Lynne. "The Peasant Nightmare: Visions of Apocalypse in the Soviet Countryside," *Journal of Modern History*, 62/4 (1990): 747–70.
———. *Peasant Rebels Under Stalin: Collectivization and the Culture of Peasant Resistance*. New York: Oxford University Press, 1996.
———, ed. *The War Against the Peasantry, 1927–1930: The Tragedy of the Soviet Countryside*. New Haven, CT: Yale University Press, 2005.
Viroubova, Anna. *Memories of the Russian Court*. New York: Macmillan, 1923.
———. *Souvenirs de ma vie*. Paris, 1927.
Vishnevskii, N. M. *Printsipy i metody organizivannogo raspredeleniia produktov prodovol'stviia i predmetov pervoi neobkhodimosti*. Moscow: VSNKh, 1920.
Vishniak, Mark. *Dan' proshlomu*. New York: Chekhov, 1954.
———. *Le regime sovietiste*. Paris: Union, 1920.
———. *Vserossiiskoe uchreditel'noe sobranie*. Paris: Sovremennyia zapiski, 1932.
Vitte, S. Iu. *Samoderzhavie i zemtsvo: konfidential'naia zapiska ministra finansov stats-sekretaria S. Iu. Vitte (1899 g.)*, 2nd ed. Stuttgart: J. H. W. Sietz Nachf., 1903.
———. *Vospominaniia: tsarstvovanie Nikolaia II*, 3 vols. Moscow-Leningrad: Gosizdat, 1923–4. Moscow: Izd. sotsial'no-ekonomicheskoi literatury, 1960. Moscow: AST, 2000.
VKP (b), Komintern i natsional'no-revoliutsionnoe dvizhenie v Kitae: dokumenty, 4 vols. Moscow: Buklet, 1994–2003.
Vladimirova, Vera. *Kontr-revoliutsiia v 1917 g.: kornilovshchina*. Moscow: Krasnaia nov', 1924.
———. "Levye esery v 1917–1918 gg.," *Proletarskaia revoliutsiia*, 1927, no. 4: 101–40.
———. "Iul'skie dni 1917 goda," *Proletarskaia revolutsiia*, 1923, no. 5: 3–52.
Vneshniaia torgovlia SSSR za 1918–1940 gg.: statisticheskii obzor. Moscow: Vneshtorgizdat, 1960.
Vodolagin, Mikhail A. *Krasnyi Tsaritsyn*. Volgograd: Nizhne-Volzhskoe knizhnoe izd-vo 1967.
Voeikov, Vladimir N. *S tsarem i bez taria: vospominaniia poslednego Dvortsovogo Komendanta Gosudaria Imperatora Nikolaia II*. Helsinki: [s.n.], 1936.
Voitsekhovskii, Sergei L. *Trest: vospominaniia i dokumenty*. Ontario, Canada: Zaria: 1974.
Volin, B. M. *12 biografii*. Moscow: Rabochaia Moskva, 1924.
———, ed. *Sed'maia (aprel'skaia) konferentsiia RSDRP (b)*. Moscow: Politicheskaia literatura, 1955.
Volin, M. S. "Istpart i Sovetskaia istoricheskaia nauka," in *Velikii oktiabr': istoriia, istoriografiia, istochnikovendenie: sbornik statei*, edited by Iu. A. Poliakov. Moscow: Nauka, 1978.
Volin, S. Iu. "Vokrug Moskovskoi Dumy," *Proletarskaia revoliutsiia*, 1922, no. 6.
Voline [Vsevolod Mikhailovich Eichenbaum], *The Unknown Revolution, 1917–1921*. New York: Free Life Editions, 1974.
Volkogonov, D. A. *Lenin: politicheskii portret*, 2 vols. Moscow: Novosti, 1994.
———. *Stalin: politicheskii portret*, 4th ed., 2 vols. Moscow: Novosti, 1996.
———. *Stalin: Triumph and Tragedy*. New York: Grove Weidenfeld, 1991.
———. *Triumf i tragediia: politicheskii portret I. V. Stalina*, 2 vols. Moscow, Novosti, 1989,
———. *Trotskii: politcheskii portret*, 2 vols. Moscow: Novosti, 1992.
Volkogonov, Dmitri. *Lenin: Life and Legacy*. London: HarperCollins, 1994.
———. *Trotsky: The Eternal Revolutionary*. New York: The Free Press, 1996.
Volkov, S. V. *Tragediia russkogo ofitserstva*. Moscow: Tsentropoligraf, 2002.
Volobuev, Pavel. *Ekonomicheskaia politika Vremmenogo Pravitel'stva*. Moscow: Nauka, 1962.
Volodarskii, M. I. *Sovety i ikh iuzhnye sosedi Iran i Afganistan 1917–1933*. London: Overseas Publications Interchange, 1985.
Voloshin, F. F. "Dmitrii Ivanovich Kurskii (k 100-letiiu so dnia rozhdeniia)," *Sovetskoe gosudarstvo i pravo*, 1974, no. 12: 98–102.
Vompe, P. *Dni oktiabrskoi revoliutsii i zheleznodorozhniki: Materialy k izucheniiu istorii revoliutsionnogo dvizheniia na zheleznykh dorogakh*. Moscow: TsK zheleznodorozhnikov,

1924.

von Bothmer, Karl Freiherr. *Mit Graf Mirbach in Moskau: Tagebuch-Aufzeichnungen und Aktenstrucke vom 19 April bis 24 August 1918*, 2nd ed. Tubingen: Osiander'sche Buchhandlung, 1922.

von Clausewitz, Carl. *On War*. New York: Knopf, 1993.

Von Geldern, James. *Bolshevik Festivals, 1917–1920*. Berkeley: University of California Press, 1993.

Von Hagen, Mark. "The *levee en masse* from the Russian Army to the Soviet Union, 1874–1938," in *People in Arms: Military Myth and National Mobilization since the French Revolution*, edited by Daniel Moran and Arthur Waldron. New York: Cambridge University Press, 2003.

———. *Soldiers in the Proletarian Dictatorship: The Red Army and the Soviet Socialist State, 1917–1930*. Ithaca, NY: Cornell University Press, 1990.

———. *War in a European Borderland: Occupations and Occupation plans in Galicia and Ukraine, 1914–1918*. Seattle: University of Washington Press, 2007.

von Hindenburg, Paul. *Out of My Life*, 2 vols. New York: Harper and Brothers, 1921.

von Korostowetz, W. K. *Graf Witte, der Steuermann in der Not*. Berlin: Brückenverlag, 1929.

von Kuhlmann, Richard. *Erinnerungen*. Heidelberg: L. Schneider, 1948.

von Laue, Theodore H. "A Secret Memorandum of Sergei Witte on the Industrialization of Russia," *Journal of Modern History*, 26/1 (1954): 60–74.

———. "The Fate of Capitalism in Russia: The Narodnik Version," *American Slavic and East European Review*, 13/1 (1954): 11–28.

———. "The High Cost and the Gamble of the Witte System: A Chapter in the Industrialization of Russia," *Journal of Economic History*, 13/4 (1953): 425–48.

———. *Sergei Witte and the Industrialization of Russia*. New York, Columbia University Press, 1963.

———. *Why Lenin? Why Stalin? A Reappraisal of the Russian Revolution, 1900–1930*. Philadelphia, Lippincott: 1964, 1971.

von Mayenburg, Ruth. *Hotel Lux: Das Absteigequartier der Weltrevolution*. Munich: Piper, 1991.

———. *Hotel Lux: Mit Dimitroff, Ernst Fischer, Ho Tschi Minh, Pieck, Rakosi, Slansky, Dr. Sorge, Tito, Togliatti, Tschou En-lai, Ulbricht und Wehner im Moskauer Quartier der Kommunistischen Internationale*. Munich: Bertelsmann, 1978.

von Moltke, Helmuth. *Erinnerungen, Briefe, Dokumente 1877 bis 1916*. Stuttgart: Der kommende Tag Verl., 1922.

von Muller, Georg. *The Kaiser and His Court*. London: MacDonald, 1961.

von Riekhoff, Harald. *German-Polish Relations, 1918–1933*. Baltimore: Johns Hopkins Press, 1971.

von Vollmar, Georg. *Der isolierte sozialistiche Staat: eine sozialokonomische Studie*. Zurich: Volksbuchhandlung, 1878.

von Zwehl, Hans. *Erich von Falkenhayn: General der Infanterie: eine biographische Studie*. Berlin: E. S. Mittler, 1926.

Voronin, E. P., et al., eds. *Voenno-revoliutsionnye komitety deistviiushchei armii, 25 oktiabria 1917–mart 1918 g*. Moscow: Nauka, 1978.

Voronovich, N., ed. *Zelenaia kniga: istoriia krest'ianskogo dvizheniia v chernomorskoi gubernii*. Prague: Chernomorskaia krest'ianskaia delegatsiia, 1921.

Voroshilov, K. E. "Iz istorii podavleniia Kronshtadtskego miatezha," *Voenno-istoricheskii zhurnal*, 1961, no. 3: 15–35.

———. "Iz istorii podavleniia Kronstadskogo mitaezha," Voenno-*istoricheskii zhurnal*, 1961, no, 3: 15–35.

———. *Lenin, Stalin, i krasnaia armiia: stat'i i rechi*. Moscow: Partizdat, 1934.

———. *Rasskazy o zhizni (vospominaniia)*. Moscow: Politizdat, 1968.

Voshchinin, V. P. *Na sibirskom prostore: kartiny pereselentsev*. St. Petersburg: Nash vek, 1912.

Vospominaniia o Vladimire Il'iche Lenine, 3 vols. Moscow: Politicheskaia literatura, 1956–61. 2nd ed, 5 vols. Moscow: Politcheskaia literatura, 1979.

Voss, A., et al. *Von hamburger Aufstand zur politische Isolierung: kommunistische Politik 1923–1933 in Hamburg und in deustchen Reich*. Hamburg: Landeszentrale für politische Bildung, 1983.

Vsesoiuznaia Kommunisticheskaia Partiia (b) v rezoliutsiiakh s"ezdov, konferetnsii i plenumov TsK, 1898–1935, 5th ed., 2 vols. Moscow: Partizdat, 1935–6.

Vsesoiuznaia Kommunisticheskaia Partiia (b) v rezoliutsiiakh s"ezdov, konferetnsii i plenumov TsK, 1898–1939, 6th ed., 2 vols. Moscow: Partizdat, 1940–41.

Vucinich, Wayne S. "Mlada Bosna and the First World War," in *The Habsburg Empire in World War I: Essays on the Intellectual, Political, Military and Economics of the Habsburg War Effort*, edited by Robert A. Kann et al. Boulder, CO: East European Quarterly, 1977.

Vulliamy, C. E., ed. *From the Red Archives*. London: Geoffrey Bles, 1929.

Vygodskii, Semen Iu. *Vneshniaia politika SSSR, 1924–1929*. Moscow: Politcheskaia literatura, 1963.

Vysylka vmesto rasstrela 1921–1923: deportazatsiia intelligentsii v dokumentakh VChK-GPU. Moscow: Russkii put', 2005.

"Vystuplenie N. I. Bukharina posviashchennoe pamiati Skvortsova-Stepanova," *Voprosy istorii*, 1988, no. 5: 75–84.

Wade, Rex A. "Argonauts of Peace: The Soviet Delegation to Western Europe in the Summer of 1917," *Slavic Review*, 26/3 (1967): 453–67.

———. "Why October? The Search for Peace in 1917," *Soviet Studies*, 20/1 (1968): 36–45.

———. *Red Guards and Workers' Militias in the Russian Revolution*. Stanford, CA: Stanford University Press, 1984.

———. *The Russian Revolution, 1917*. New York: Cambridge University Press, 2000.

———. *The Russian Search for Peace: February–October 1917*. Stanford, CA: Stanford University Press, 1969.

Wagner, Moritz. *Travels in Persia, Georgia and Koordistan*, 3 vols. London: Hurst and Blackett, 1856.

Waite, Robert G. L. *Vanguard of Nazism: The Free Corps Movement in Post-War Germany, 1918–1923*. New York: W. W. Norton, 1952.

Waldron, Arthur. "The Warlord: Twentieth-Century Chinese Understandings of Violence, Militarism, and Imperialism," American Historical Review, 96/4 (1991): 1073–1100.

Waldron, Peter. *Between Two Revolutions: Stolypin and the Politics of Renewal in Russia*. London: UCL, 1998.

Walkin, Jacob. *The Rise of Democracy in Pre-Revolutionary Russia: Political and Social Institutions Under the Last Three Czars*. New York: Praeger, 1962.

Waller, Bruce. *Bismarck at the Crossroads: The Reorientation of German Foreign Policy After the Congress of Berlin, 1878–1880*. London: Athlone, 1974.

Wandruszka, Adam. *House of Habsburg: Six Hundred Years of a European Dynasty*. New York: Doubleday, 1964.

Wandycz, Piotr S. *August Zaleski: Minister Spraw Zagranicznych RP 1926–1932 w Swietle Wspomnien i Dokumentów*. Paris: Instytut Literacki, 1980.

———. *Soviet-Polish Relations, 1917–1921*. Cambridge, MA: Harvard University Press, 1969.

———. *Twilight of French Eastern Alliances, 1926–1936: French-Czechoslovak-Polish Relations from Locarno to the Remilitarization of the Rhineland*. Princeton, NJ: Princeton University Press, 1988.

Ward, Chris. *Stalin's Russia*. New York: Routledge, Chapman and Hall, 1993.

Ward, John. *With the "Die-Hards" in Siberia*. London: Cassell, 1920.

Wargelin, Clifford F. "A High Price for Bread: The First Treaty of Brest-Litovsk and the Break-Up of Austria-Hungary, 1917–1918," *International History Review*, 19/4 (1997): 757–88.

Warth, Robert D. *Nicholas II: The Life and Reign of Russia's Last Monarch*. Westport, CT: Praeger, 1997.

———. *The Allies and the Russian Revolution*. Durham, NC: Duke University Press, 1954.

Waters, Brenda Meehan. *Autocracy and Aristocracy: The Russian Service Elite of 1730* New Brunswick, NJ: Rutgers University Press, 1982.

Waters, M. A., ed. *Rosa Luxemburg Speaks*. New York: Pathfinder Press, 1970.

Watson, Derek. *Molotov and Soviet Government: Sovnarkom, 1930–41*. New York: St. Martin's Press, 1996.

Waxmonsky, Gary Richard. "Police and Politics in Soviet Society 1921–1929." Phd diss., Princeton University, 1982.

Wcislo, Francis W. *Reforming Rural Russia: State, Local Society and National Politics, 1855–1914*. Princeton, NJ: Princeton University Press, 1990.

———. *Tales of Imperial Russia: The Life and Times of Sergei Witte, 1849–1915*. New York: Oxford University Press, 2011.

Weeks, Theodore. *Nation and State in Late Imperial Russia and Russification on Russia's Western Frontier, 1861–1914*. De Kalb: Northern Illinois University Press, 1994.

Wehner, Markus, and Petrov, Iu. A. "Golod 1921–1922 gg. v Smarskoi gubernii i reaktsiia sovetskogo pravitel'stva," *Cahiers du monde russe*, 38/1/2 (1997): 223–41.

Weiner, Douglas. "Dzerzhinskii and the Gerd Case: The Politics of Intercession and the Evolution of 'Iron Felix' in NEP Russia," *Kritika*, 7/4 (2006): 759–91.

Weissman, Neil. "Regular Police in Tsarist Russia, 1900–1914," *Russian Review*, 44/1 (1985): 45–68.

Weissman, Neil B. *Reform in Tsarist Russia: The State Bureaucracy and Local Government, 1900–1914*. New Brunswick, NJ: Rutgers University Press, 1981.

Weitz, Eric D. *Creating German Communism, 1890–1990: From Popular Protests to Socialist State*. Princeton, NJ: Princeton University Press, 1997.

———. *Weimar Germany: Promise and Tragedy*. Princeton, NJ: Princeton University Press, 2007.

Werth, Nicolas. "Rumeurs defaitistes et apocalyptiques dans l'URSS des annees 1920 et 1930," *Vingtieme siecle, revue d'histoire*, 71 (2001): 25–35.

Westad, Odd Arne. *The Global Cold War: Third World Interventions and the Making of Our Times*. Cambridge: Cambridge University Press, 2005.

Westwood, J. N. *A History of Russian Railways*. London: G. Allen and Unwin, 1964.

———. *The Historical Atlas of World Railroads*. Buffalo, NY: Firefly, 2009.

———. *Russia Against Japan, 1904–5: A New Look at the Russo-Japanese War*. Albany: State University of New York, 1986.

Wheatcroft, Stephen G. "Agency and Terror: Evdokimov and Mass Killing in Stalin's Great Terror," *Australian Journal of Politics and History*, 53/1 (2007): 20–44.

Wheeler-Bennett, John. *The Forgotten Peace: Brest-Litovsk, March 1918*. London: Macmillan, 1938.

———. "The Meaning of Brest-Litovsk Today," *Foreign Affairs*, 17/1 (1938): 137–152.

Wheen, Francis. *Karl Marx*. London: Fourth Estate, 1999.

White, Elizabeth. *The Socialist Alternative to Bolshevik Russia: The Socialist Revolutionary Party, 1921–1939*. London and New York: Routledge, 2011.

White, Howard J. "1917 in the Rear Garrisons," in *Economy and Society in Russia and the Soviet Union, 1860–1930: Essays for Olga Crisp*, edited by Linda Edmondson and Peter Waldron. New York: St. Martin's Press, 1992.

———. "Civil Rights and the Provisional Government," in *Civil Rights in Imperial Russia*, edited by Olga Crips and Linda Edmondson. Oxford: Clarendon Press, 1989.

White, J. D. "The Kornilov Affair: A Study in Counter Revolution," *Soviet Studies*, 20/2 (1968): 187–205.

White, James D. "Early Soviet Historical Interpretations of the Russian Revolution, 1918–1929," *Soviet Studies*, 37/3 (1985): 330–52.

White, John Albert. *The Diplomacy of the Russo-Japanese War*. Princeton, NJ: Princeton University Press, 1964.

———. *The Siberian Intervention* Princeton, NJ: Princeton University Press, 1950.

White, Stephen. *The Origins of Detente: The Genoa Conference and Soviet-Western Relations, 1921–1922*. New York: Cambridge University Press, 1985.

Widerkehr, Stefan. "Forging a Concept: 'Eurasia' in Classical Eurasianism," paper presented at the 2007 Annual Soyuz Symposium, Princeton University, April 2007.

Wilbur, C. Martin. *The Nationalist Revolution in China, 1923–1929*. New York: Cambridge University Press, 1984.

———, and How, Julie Lien-ying. *Documents on Communism, Nationalism, and Soviet Advisers in China, 1918–1927: Papers Seized in the 1927 Peking Raid*. New York: Columbia University Press, 1956.

———. *Missionaries of Revolution: Soviet Advisers and Nationalist China, 1920–1927*. Cambridge, MA: Harvard University Press, 1989.

Wilcox, E. H. *Russia's Ruin*. London: Chappell & Hall, 1919.

Wildman, Allan K. *The End of the Russian Imperial Army*, 2 vols. Princeton, NJ: Princeton University Press, 1980, 1988.

———. "Officers of the General Staff and the Kornilov Movement," in *Revolution in Russia*, Frankel, ed., 76–101.

Williams, A. R. *Through the Russian Revolution*. New York: Boni and Liveright, 1921. Williams, Andrew J. *Trading with the Bolsheviks: The Politics of East-West Trade, 1920–1939*. Manchester: Manchester University Press, 1992.

Williams, B. J. "Great Britain and Russia, 1905–1907 Convention," in *British Foreign Policy under Sir Edward Grey*, edited by F. H. Hinsley. New York: Cambridge University Press, 1977.

Williams, Beryl. *The Russian Revolution, 1917–1921*. Oxford: Basil Blackwell, 1987.

Williams, Robert C. "Russian War Prisoners and Soviet-German Relations, 1918–1921," *Canadian Slavonic Papers*, 9/2 (1967): 270–95.

Williamson, Jeffrey G. "Globalization, Factor Prices and Living Standards in Asia before 1940," in *Asia Pacific Dynamism 1550–2000*, edited by A. J. H. Latham et al. London: Routledge, 2000.

Williamson, Jr., Samuel. *Austria-Hungary and the Origins of the First World War*. Houndmills and London: Macmillan, 1991.

Wilson, Keith, ed. *Decisions for War, 1914*. New York: St. Martin's Press, 1995.

Wohlforth, William C. "The Perception of Power: Russia in the Pre-1914 Balance," *World Politics*, 39/3 (1987): 353–81.

Wolfe, Bertram D. "Lenin and the Agent Provocateur Malinovsky," *Russian Review* 5/1 (1945): 49–69.

———. "The Influence of Early Military Decisions upon the National Structure of the Soviet Union," *American Slavonic and East European Review*, 9/3 (1950): 169–79.

———. *Three Who Made a Revolution*. New York: Dial Press, 1948.

———, ed. *Khrushchev and Stalin's Ghost*. New York: Praeger, 1957.

Woodruff, David. *Money Unmade: Barter and the Fate of Russian Capitalism*. Ithaca, NY: Cornell University Press,

1999.
———. "The Politburo on Gold, Industrialization, and the International Economy, 1925–1926," in *Lost Politburo Transcripts*, ed. by Gregory and Naimark, 199–223.
Woodworth, Bradley. "Civil Society and Nationality in the Multiethnic Russian Empire: Tallinn/Reval, 1860–1914." Phd diss., Indiana University, 2003.
Wortman, Richard. "Nicholas II i obraz samoderzhaviia," *Istoriia SSSR*, 1991, no. 2: 119–28.
———. "Russian Monarchy and the Rule of Law: New Considerations of the Court Reform of 1864," *Kritika*, 6/1 (2005): 145–70.
———. *Scenarios of Power: Myth and Ceremony in Russian Monarchy*, 2 vols. Princeton: Princeton University Press, 2000.
———. *The Crisis of Russian Populism*. New York: Cambridge University Press, 1967.
Wright, Jonathan. "Locarno: a Democratic Peace?" *Review of International Studies* 26/2 (2010): 391–411.
Wu, Tien-wei. "A Review of the Wuhan Debâcle: The Kuomintang-Communist Split of 1927," *Journal of Asian Studies*, 29/1 (1969): 125–43.
Wyszczelski, Lech. *Varshava 1920*. Moscow: Astrel', 2004.
X s'ezd RKP (b), mart 1921 goda: stenograficheskii otchet. Moscow: Gosizdat, 1921. Moscow: Partizdat, 1933. Moscow: Politicheskaia literatura, 1963.
XI s'ezd RKP (b): protokoly. Moscow: Partizdat, 1936. *Stenograficheskii otchet*. Moscow: Politicheskaia literatura, 1961.
XI Vserossiiskii s'ezd Sovetov: stenograficheskii otchet. Moscow: VTsIK SSSR, 1924.
XII s'ezd RKP (b): stenograficheskii otchet. Moscow: Politizdat, 1968.
XIII konferentsiia RKP (b): biulleten'. Moscow: Krasnaia nov', 1924.
XIII s"ezd VKP (b), mai 1924 g.: stenograficheskii otchet. Moscow: Politizdat, 1963.
XIV konferetnisia RKP (b): stenograficheskii otchet. Moscow-Leningrad: Gosizdat, 1925.
XIV s"ezd VKP (b): stenograficheskii otchet. Moscow-Leningrad: Gosizdat, 1926.
XV konferentsiia VKP (b), 26 oktiabria–3 noiabria 1926 g.: stenograficheskii otchet. Moscow and Leningrad: Gosizdat, 1927.
XV s"ezd VKP (b): stenograficheskii otchet, Moscow, Gosizdat, 1928. 2 vols. Moscow: Politicheskaia literatura, 1961–2.
XVI Moskovskaia gubernskaia konferentsiia VKP (b). Moscow: MGK VKP (b), 1927.
XVI partiinaia konferentsiia VKP (b), aprel' 1929 g.: stenografischekii otchet. Moscow: Politicheskaia literatura, 1962.
XVI s"ezd VKP (b): stenograficheskii otchet. Moscow: Partizdat, 1935.
XVII s"ezd VKP (b): stenograficheskii otchet, 26 ianvaria—10 fevralia 1934 g. Moscow: Partizdat, 1934.
Yaney, George L. "Some Aspects of the Imperial Russian Government on the Eve of the First World War," *Slavonic and East European Review*, 43/I (1964): 68–90.
———. "The Concept of the Stolypin Land Reform," *Slavic Review*, 23/2 (1964): 275–93.
———. *The Systematization of Russian Government: Social Evolution in the Domestic Administration of Imperial Russia, 1711–1905*. Urbana: University of Illinois Press, 1973.
———. *Urge to Mobilize: Agrarian Reform in Russia, 1861–1930*. Urbana: University of Illinois Press, 1982.
Yanov, Alexander. *The Origins of Autocracy: Ivan the Terrible in Russian History*. Berkeley: University of California Press, 1981.
Yarkovsky, Jan M. *It Happened in Moscow*. New York: Vantage Press, 1961.
Yaroslavsky, E. *Landmarks in the Life of Stalin*. Moscow: Foreign Publishing House, 1940.
Yevtuhov, Catherine. *Portrait of a Russian Province: Economy, Society, and Civilization in Nineteenth-Century Nizhnii Novgorod*. Pittsburgh: University of Pittsburgh Press, 2012.
Yiulenev, I. V. *Sovetskaia kavaleriia v boiakh za Rodinu*. Moscow: Voenizdat, 1957.
Young, Harry F. "The Misunderstanding of August 1, 1914," *Journal of Modern History*, 48/4 (1976): 644–65.
Young, James. "Bolshevik Wives: A Study of Soviet Elite Society." Phd diss., Sydney University, 2008.
Za chetkuiu klassovuiu liniiu: sbornik dokumentov kraikoma VKP (b) i vystuplenii rukovodiashchikh rabotnikov kraia. Novosibirsk: Sibkraikom VKP (b), 1929.
Za leninizm: sbornik statei. Moscow and Leningrad: Gosizdat, 1925.
Zabih, S. *The Communist Movement in Iran*. Berkeley and Los Angeles: University of California Press, 1966.
Zagorsky, S. O. *State Control of Industry in Russia During the War*. New Haven, CT: Yale University Press, 1928.
Zaionchkovskii, P. A. *Pravitel'stvennyi apparat samoderzhavnoi Rossii v XIX v*. Moscow: Mysl', 1978.
Zakharov, Vladimir V. *Voennye aspekty vzaimootnosheniia SSSR i Germanii: 1921-iiun' 1941*. Moscow: Gumanitarnaaia Akademiia vooruzhennykh sil, 1992.
Zal'kind, Aron B. "O zabolevaniiakh partaktiva," *Krasnaia nov'*, 1925, no. 4: 187–203.
Zalkind, I. A. "N.K.I.D. v semnadtsatom godu," *Mezhdunarodnaia zhizn'*, 1921, no. 10.
Zamoyski, Adam. *Warsaw 1920: Lenin's Failed Conquest of Europe*. London: HarperCollins, 2008.
Zamyatin, Yevgeny. "Comrade Churygin Has the Floor," in *The Fatal Eggs and Other Soviet Satire 1918–1963*, edited by Mirra Ginsburg. New York: Grove, 1964.
Zarubin, V. G. *Bez pobeditelei: iz istorii grazhdanskoi voiny v Krymu*. Simfereopol: Tavriia, 1997.
Zasedanie vserossiiskogo tsentral'nogo ispolnitel'nogo komiteta 4-go sozyva: protokoly. Moscow: Gosizdat, 1920.
Zashikhin, A. N. "O chisle zhertv krovavogo voskresen'ia," *Vestnik pomorskogo universiteta*, 2008, no. 3: 5–9.
Zbarskii, B. I. *Mavzolei Lenina*. Moscow: Politcheskaia literatura, 1945.
Zdanovich, A. A. *Organy gosudarstvennoi bezopasnosti i Krasnaia armiia: deiatel'nost' organov VChK-OGPU po obespecheniiu bezopasnosti RKKA, 1921–1934*. Moscow: Kuchkovo pole/ Iks-Khistori, 2008.
Zdesenko, V. I. *Gorki Leninskie*. Moscow: Moskovskii rabochii, 1985.
Zeidler, Manfred. *Reichswehr und Rote Armee 1920–1933: Wege und Stationen einer ungewohnlkichen Zusammenarbeit*, Munich: R. Oldenbourg, 1993; 2nd ed., 1994.
Zelenov, M. V. "Rozhdeniie partiinoi nomenklatury," *Voprosy istorii*, 2005, no. 2: 3–24.
Zeman, Z. A. B. *The Break-Up of the Habsburg Empire, 1914–1918*. New York: Oxford University Press, 1961.
———, ed. *Germany and the Revolution in Russia 1915–1918: Documents from the Archives of the German Foreign Ministry*. New York: Oxford University Press, 1958.
"Zemel'nye poriadki za uralom," in *Aziatskaia Rossiia*, 3 vols, edited by G. V. Glinka. St. Petersburg: A.F. Marks, 1914.
Zen'kovskii, Aleksandr V. *Pravda o Stolypine*. New York: Vseslovianskoe, 1956.
Zenkovsky, Serge. "The Tataro-Bashkir Feud of 1917–1920," *Indiana Slavic Studies*, 2 (1958): 37–61.
———. *Pan-Turkism and Islam in Russia*. Cambridge, MA: Harvard University Press, 1967.
Zetkin, Klara. *Reminiscences of Lenin*. New York: International, 1934.
———. *Vospominaniia o Lenine*. Moscow: Politicheskaia literatura, 1955.
———, et al. *We Have Met Lenin*. Moscow: Foreign Languages Publishing House, 1939.
Zhidkov, G. P. "Krest'iane Altaia ot fevralia k oktiabriu: k istorii krakha kabinetskogo zemlevladeniia," in *Voprosy istorii sotsial'no-ekonomicheskoi i*

kul'turnoi zhizni Sibiri i Dal'nego Vostoka. Novosibirsk: Nauka, Sibirskoe otdelenie, 1968.

Zhilinskii, V. B. *Organizatsiia i zhizn' okhrannago otdeleniia vo vremia tsarskoi vlasti*. Moscow: T-vo Riabushkinskikh, 1918.

Zhitkov, N. "Prodfurazhnoe snabzhenie russkikh armii v mirovuiu voinu," *Voenno-istoricheskii zhurnal*, 1940, no. 12: 65–81.

Zhordaniia, N. *Moia zhizn'*. Stanford, CA: Hoover Institution Press, 1968.

———. *Bol'shevizm*. Berlin: TsK sotsial-demoktraticheskoi rabochei partii, no date.

Zhukov, G. K. *Vospominaniia i razmyshleniia*, 3 vols. Moscow: Novosti, 1995.

Zhukovskii, N. P. *Polnomochnyi predstavitel' SSSR*. Moscow: Politizdat, 1968.

Zhvaniia, G. K. *Bol'shevistkaia pechat' Zakavkaz'ia nakanune i v period pervoi Russkoi revoliutsii*. Tblisi: Tsentral'nyi komitet Kommunisticheskoi partii Gruzii, 1958.

Zibert, V. "O bol'shevistskom vospitanii," *Na strazhe*, 1924, no. 25: 9–10.

Zima, V. F. *Chelovek i vlast' v SSSR v 1920–1930e gody: politiki represii*. Moscow: Sobranie, 2010.

Zimmerman, Joshua D. *Poles, Jews, and the Politics of Nationality: The Bund and the Polish Socialist Party in Late Tsarist Russia, 1892–1914*. Madison: University of Wisconsin Press, 2005.

Zinov'ev, G. *Leninizm: vvedenie v izuchenie Leninizma*. Leningrad: Gosizdat, 1925.

———. *Litsom k derevne!* Leningrad: Gosizdat, 1925.

———. *N. Lenin*. Petrograd: Petrogradskii Sovet, 1918.

———. *God revoliutsii: fevral' 1917—mart 1918*. Leningrad: Gosizdat, 1925.

———. *Istoriia Rossiiskoi kommunisticheskoi partii (bol'shevikov)*. Yekaterinburg: Ural-kniga, 1923.

———. *Bol'shevizm ili trotzkizm?* Leningrad: proletarii, 1925.

———. *Bor'ba za Petrograd, 15 oktiabra–6 noiabria 1919*. Petrograd: Gos. sotsial'no-ekonomicheskoe izd., 1920.

———. *Zwolf Tage in Deutschland*. Hamburg: C. Hoym Nachf. L. Cahnbley, 1921.

———. and Trotskii, L. *O miatezhe levykh s. r.* Moscow: Petrogradskii Sovet, 1918.

Zitser, Ernest A. *The Transfigured Kingdom: Sacred Parody and Charismatic Authority at the Court of Peter the Great*. Ithaca, NY: Cornell University Press, 2004.

Ziv, G. A. *Trotskii: kharakteristika (po lichnym vospominaniiam)*. New York: Narodopravstvo, 1921.

Zlokazov, G. I. *Petrogradskii Sovet rabochikh i soldatskikh deputatov v period mirnogo razvitiia revoliutsii*. Moscow: Nauka, 1969.

Znamenskii, Oleg N. *Vserossiiskoe Uchreditel'noe Sobranie: istoriia sozyva i politicheskogo krusheniia*. Leningrad: Nauka, 1976.

Zohrab, Irene. "The Socialist Revolutionary Party, Kerensky and the Kornilov Affair: From the Unpublished papers of Harold W. Williams," *New Zealand Slavonic Journal* (1991): 131–61.

Zuber, Terence. *Inventing the Schlieffen Plan: German War Planning, 1871–1914*. New York: Oxford University Press, 2002.

Zubov, Nikolai. *F. E. Dzerzhinskii: biografiia*, 2nd ed. Moscow: Politicheskaia literatura, 1965.

Zubov, Platon. *Kartina Kavkazskogo kraia prinadlezhashchago Rossii, i soprediel'nykh onomu zemel': v istoricheskom, statisticheskom, etnograficheskom, finansovom i torgovom otnosheniiakh*, 4 vols. St. Petersburg: Konrad Vingeber, 1834–5.

Zuckerman, Fredric S. *The Tsarist Secret Police in Russian Society, 1880–1917*. Basingstoke, Hampshire: Macmillan, 1996.

Zviagintseva, A. P. "Organizatsiia i deiatel'nost' militsii Vremmenogo pravitel'stva Rossii v 1917 g.," Phd diss., Moscow State University, 1972.

圖片出處

AGKM: Altai State Regional Museum [國立阿爾泰地區博物館]

RGAKFD: Russian State Archive of Photographs and Film [俄羅斯國家影像資料檔案館]

RGKFAD SPb: Russian State Archive of Films and Photographs, St. Petersburg [聖彼得堡俄羅斯國家影像資料檔案館]

RGASPI: Russian State Archive of Social and Political History (former central party archive)[俄羅斯國家社會及政治歷史檔案館(前蘇共中央檔案館)]

TsGAKFFD SPb: Central State Archive of Photographs, Film, and Phonographic Documents, St. Petersburg [聖彼得堡國家影音文獻中央檔案館]

1. RGAKFD, albom, 1068, no. 80
2. 俄羅斯國家政治史博物館(State Museum of Political History of Russia)
3. RGAKFD, albom 830, no. 20
4. *Adskaia pochta*, 1906, no. 3
5. RGAKFD, ed. khr. 5-4736
6. TsGAKFFD, E-6486
7. RGAKFD, albom 1057, foto 2
8. Getty Images
9. 哥里斯大林博物館(Stalin Museum Gori)
10. RGASPI, f. 558, op. 11, d.1671, l. 01
11. RGAKFD, ed. khr. 4-8936
12. 哥里斯大林博物館
13. 哥里斯大林博物館
14. 哥里斯大林博物館
15. Ostrovskii, *Kto stoial za spinoi Stalina*
16. 胡佛研究所檔案館(Hoover Institution Archives)
17. RGAKFD, ed. khr. 0-44748
18. RGAKFD, ed. khr. 2-19694
19. 格魯吉亞蘇維埃社會主義共和國檔案館(Georgian Soviet Socialist Republic Archive) (II), fond no. 6, I. 斯大林檔案
20. RGAKFD, ed. khr. V-2
21. 薩拉熱窩歷史檔案館(Sarajevo Historical Archives)
22. 波斯尼亞和黑塞哥維那國家檔案館(National Archive of Bosnia and Herzegovina)
23. RGAKFD, ed. khr. 4-8391;
24. RGAKFD, ed. khr. 0-140426

25. *Kornilov* (系列 : *zhizn' zamechatel'nykh liudei*);
26. 左 : RGAKFD, ed. khr. 2-30761; 右 : The Granger Collection, New York
27. TsGAKFFD, d. 19316
28. Jonathan Sanders
29. RGAKFD, ed. khr. V-2410
30. 胡佛研究所檔案館
31. RGASPI, f. 393, op. 1, d. 26
32. RGAKFD, ed. khr. 58898
33. RGASPI, f. 558, op. 11, d. 1651, l. 18, 19
34. RGAKFD, ed. khr. G-343
35. Vladimir Genis, *S Bukharoi nado konchat': k istorii butaforskikh revoliutsii: dokumental'naia khronika*
36. S. L. Kuz'min, *Istoriia barona Ungerna: opyt rekonstruktsii*
37. David King Collection, London
38. 胡佛研究所檔案館
39. RGASPI, f. 393, op. 1, d. 32, l.3
40. RGAKFD, ed khr. V-1438
41. RGASPI, f. 393, op. 1, d. 39, l. 7
42. RGAKFD, ed. khr. 4-8538
43. RGASPI, f. 394, op. 1, d, 30. l. 4
44. David King Collection, London
45. 舒謝夫建築博物館 (Shchusev Museum of Architecture), 莫斯科
46. RGAKFD
47. 俄羅斯國立圖書館 [列寧圖書館, Russian State Library (Leninka)], 明信片
48. David King Collection, London
49. David King Collection, London
50. RGAKFD, ed. khr. V-20
51. Alexander Plekhanov et al., *Feliks Dzerzhinskii: k 130-letiiu so dnia rozhdeniia*
52. RGAKFD, ed. khr. V-3334
53. 左上 : RGAKFD; 右上 : *Artuzov* (系列 : *zhizn' zamechatel'nykh liudei*); 左下 : *Artuzov* (系列 : *zhizn' zamechatel'nykh liudei*); 右下 : 公共領域
54. RGASPI, d. 74, op. 2, d. 168, l. 21
55. RGAKFD, ed. khr. 5-10767
56. RGASPI, ed. khr. G-21
57. 舒謝夫建築博物館, 莫斯科
58. Sergei Deviatov et al., *Blizhnaia dacha Stalina*
59. Artem Sergeev, *Besedy o Staline*
60. RGASPI, f. 558, op. 11, d. 1651 albom l. 9, foto 27
61. The Granger Collection, New York
62. 阿利盧耶夫家庭影集
63. Bettmann/CORBIS
64. Bettmann/CORBIS
65. RGAKFD
66. RGAKFD, ed. khr. V-40
67. RGAKFD, ed. khr. 2-54874
68. AGKM, nvf 2032
69. AGKM, of 2627
70. RGAKFD, ed. khr. 2-54971
71. RGAKFD, ed. khr. 2-53820
72. FotoSoyuz
73. RGASPI, f. 74, op. 2, d. 169, l. 22

索引

本索引中頁碼為英文原書頁碼，即本書邊碼

一劃

二劃

三劃

四劃

五劃

六劃

七劃

八劃

九劃

十劃

十一劃

十二劃

十三劃

十四劃

十五劃

十六劃

十七劃

十八劃

十九劃

二十劃

二十一劃

二十二劃